基于跨文化交际视角下英汉对比与翻译研究

李志鸿　著

北京出版集团
北 京 出 版 社

图书在版编目（CIP）数据

基于跨文化交际视角下英汉对比与翻译研究 / 李志鸿著. — 北京 : 北京出版社, 2022.1
ISBN 978-7-200-16372-8

Ⅰ. ①基… Ⅱ. ①李… Ⅲ. ①英语—翻译—研究
Ⅳ. ①H315.9

中国版本图书馆CIP数据核字(2022)第007862号

基于跨文化交际视角下英汉对比与翻译研究
JIYU KUA WENHUA JIAOJI SHIJIAO XIA YINGHAN DUIBI YU FANYI YANJIU

李志鸿 著

出　版　北京出版集团
　　　　北京出版社
地　址　北京北三环中路6号
邮　编　100120
网　址　www.bph.com.cn
总发行　北京出版集团
经　销　新华书店
印　刷　三河市天润建兴印务有限公司
开　本　787毫米×1092毫米　16开本
印　张　13
字　数　220千字
版印次　2022年1月第1版　2023年9月第1次印刷
书　号　ISBN 978-7-200-16372-8
定　价　48.00元
质量监督电话　010-58572697，58572393
如有印装质量问题，由本社负责调换

前言

近年来，全球经济和科技快速发展，各国之间的联系也越来越紧密。在信息互通的过程中，人们日益加强了政治，经济，科技，文化等领域的交流与合作。这一切无不推动着各种文化之间的渗透和融合，由此也引发了各种文化间的对话与融合问题。在英语和汉语中有很多谚语、成语等比较有民族特色的词语，它们从各自的角度解释了民族文化的独特渊源、传统、价值观以及生活习俗。因此，不同语言之间的沟通，不仅仅是语言的沟通，还是两种文化之间的沟通，人们之间的交际也是文化的交际，这也是文化本身的价值所决定的。也正是因为语言的这种特殊性，在进行翻译时要充分考虑语言中所蕴含的文化特性，站在跨文化的角度对英语翻译进行分析，这是贯穿全文的一条主线。

把翻译看作跨文化交际（或交流），就意味着译者的工作不仅仅是和文字打交道，翻译也不只是大家所认为的从一种语言到另一种语言的转换。把复杂的翻译过程回归到“原作→译者→译文”这个简单的流程上，我们可以看出翻译就是一个交流过程，译者是中心，与原文和译文都有联系。但在与两种语言打交道这个表象的背后是一个包含了更多因素和参与者的复杂的交际网络。通过相关的实践研究发现，翻译的综合性非常强，要求译者不仅有比较扎实的理论基础，同时也要拥有相关的实践经验。

为了确保跨文化交际的顺利进行，有效克服跨文化交际中的语言障碍和文化障碍，该书探讨了跨文化交际视角下翻译理论在实践中的应用问题，系统总结了很多相关的参考案例。具体地说，第一章概述了翻译的基本知识，第二章介绍了跨文化交际翻译研究的理论基础及译者的使命感等，第三章至第六章从语言、文体、文化层面结合大量实例探讨了跨文化交际视角下解决翻译问题的主要策略。通过跨文化交际学的理论阐释和解决翻译问题，对促进全世界范围内文化的交流和翻译事业的发展，产生了很强的现实意义。

在“跨文化交际视角下英汉对比与翻译研究”成果的影响下，笔者从传统的翻译研究向比较多元化的研究发展，一直从事电影字幕、公示语、轨道交通专业英语、政治文本的翻译实践，先后发表学术论文 5 篇，并将跨文化交际能力的培养融入到平时的英语教学中，不断强化学生的跨文化意识，持续拓展学生的文化知识，实现学生跨文化交际能力和翻译水平的全面提高。

在撰写的过程中，本书参阅了大量有关英汉语言、英汉文化对比的书籍、期刊和文献，同时为了保证论述的全面性与合理性，本书也引用了许多专家，学者的观点。在此，谨向以上相关作者表示最诚挚的谢意，并将相关参考文献列于书后，如有遗漏，敬请谅解。由于作者水平有限，书中如有错漏在所难免，恳请同行专家和读者不吝指正。

李志鸿　著

山西工程职业学院

目 录

第一章　英语翻译概述

第一节　中西方翻译理论概述

一、中国翻译理论研究

（一）中国近代翻译理论研究

近代翻译理论是指19世纪40年代至20世纪20年代形成的有关翻译的见解和理论。这一时期的翻译以西学翻译为主，涌现出一批优秀的翻译家，他们致力于翻译的实践研究，提出了独到的翻译见解和理论。可以说，这一时期是我国翻译理论自成体系的开创时期。

1. 徐寿、傅兰雅的翻译理论

徐寿是洋务运动时期著名的化学家、科技翻译家，他与傅兰雅合译或自译西方书籍13种，代表作有《化学鉴原》《化学术数》《化学考质》等，并首创了一套化学元素的中文名称。傅兰雅结合自己丰富的翻译经验，提出了翻译应"不失原文要旨""易于领会"的翻译标准。这一时期的翻译大家对翻译理论的最大贡献是对科学技术术语的统一工作，从译名统一的原则到科学术语词典的编纂都在翻译史上留下了宝贵的财富。傅兰雅、徐寿等人提出了著名的"译名七原则"。

（1）尽可能直译，而不意译。

（2）万一不能意译，则要用尽量适当的汉字音译，要建立音译体系，基本词素要固定，要用官话音译。

（3）新术语尽可能同汉语的固有形式构建相一致。

（4）译名要简练。

（5）译名要予以准确的定义。

（6）译名在各种场合都要符合原意，不致矛盾。

（7）译名要有灵活性。

"译名七原则"的提出对科技名词的翻译和外来科学技术的引入做出了巨大贡献，促进了中国翻译理论的形成；有力驳斥了汉语难译科技书籍的说法，指出中国人也可以创造新词汇；倡导科技译名统一，并指定译名的具体规则，使得有关地理、物理、化学、医学、数学等科学书籍译成，并广泛流传。

2. 马建忠的翻译理论

马建忠是19世纪60年代的语言学家，他关于翻译的论述主要见于其19世纪90年代写的《拟设翻译书院议》这篇文章中。他在文中明确指出了翻译对中国反抗外国欺侮，并最后战胜外敌的重大意义和创设翻译书院、展开翻译活动、培养翻译人才的紧迫性。在该文中，马建忠提出了自己的“善译”翻译观：“夫译之为事难矣，译之将奈何？其平日冥心钩考，必先将所译者与所以译者两国之文字，深嗜笃好，字栉句比，以考彼此文字孳生之源，同异之故。所有相当之实义，委曲推究，务审其音声之高下，析其字句之繁简，尽其文体之变态，及其义理精深奥折之所由然。夫如是，则一书到手，经营反覆，确知其意旨之所在，而又摹写其神情，仿佛其语气，然后心悟神解。振笔而书，译成之文，适如其所译而止，而曾无毫发出入于其间，夫而后能使阅者所得之益，与观原文无异，是则为善译也已”。

这段话的意蕴非常丰富、全面，涉及语义学、语用学、文法学、修辞学，以至进入了文化研究的领域。在他看来，“翻译是很难的事情，我们应该怎么翻译呢？平时在翻译训练中就应该培养自己对两种语言的浓厚兴趣，用心思考，一定要先将所要翻译的语言和用来翻译的语言进行仔细的研究和比较，以考察两种语言文字产生的渊源，领悟两种语言相同或相异的缘由。对两种语言相当的意义应加以反复推敲，务必探究其语调的高低，分析其字句的繁简，弄清其文体的变异，了解其内涵细微差异的由来。这样，拿到一本书必须反复阅读，掌握它的精神实质，并且揣摩出它的风格，体会到它的语气，才能消化吸收，写起来得心应手，使译文和原文一模一样，没有分厘丝毫的差别，读者能从中得到与看原文相同的收获，这样的翻译可称得上好翻译。”

马建忠非常注重源语言和文本，强调细致的文本分析，而且推崇翻译中的直译。他的“善译”理论与当代的翻译等值理论如出一辙，建构了中国近代重要译学理论的发展基础。可以认为他是采用以语言对比研究为取向、以翻译对等为中心、注意翻译过程和翻译方法的中国翻译理论家先驱。

3. 梁启超的翻译理论

梁启超是我国近代史上著名的思想家和文学家。梁启超把翻译当作强国之道，目的在于推行维新变法。梁启超在其长篇巨著《变法通议》的第七章（论译书）中指出了译书的两个弊端，“一曰徇华文而失西义，二曰徇西文而梗华读”，即一是由于遵循汉语的表达习惯而失去了原文的文化内涵等，二是由于遵循英语的表达习惯而造成汉语译文的晦涩难懂。同样在第七章中，梁启超曾指出，“自鸠摩罗什、实叉难陀皆深通华文，不著笔受。

玄奘之译《瑜伽师地论》等，先游身毒，学其语，受其义，归而记忆其所得从而笔之。言译者，当以此义为最上。”这段话的含义是：鸠摩罗什和玄奘等都精通汉语和梵文，能够了解原文含义，因此翻译时无须多加润饰，只需记下来直接译成汉语即可，这是翻译的最佳方法，也值得其他译者效仿。梁启超还曾指出，“凡译书者，将使人深知其意，苟其意靡失，虽取其文而删增之，颠倒之，未为害也。然必译者之所学与著书者之所学相去不远，乃可以语于是”，其含义是：翻译书籍务必要让读者深刻了解原文含义，如果原文含义有所靡失，只保留原文部分含义或增减原文内容、颠倒原文顺序等，都是有害的。另外，译者的学识专业必须和原作者接近，这样才能翻译出质量上乘的作品。

4. 林纾的翻译理论

林纾是中国近代翻译史上的翻译大师，也是中国文学翻译事业的先行者和奠基人，被公认为中国近代文学翻译的开山鼻祖。林纾不懂外语，但他仍然和朋友共同翻译了十几个国家的几十位作家的作品。尽管其译文难免出现一些错误，但这并不影响他对中国翻译事业做出贡献。林纾的翻译思想主要体现在以下几个方面。

（1）翻译不易

林纾认为，翻译书籍需抱有严谨、审慎的态度，要想翻译出好的作品，首先译者必须了解原文所引用的历史典故、风俗文化、古籍旧说等知识，同时还需了解源语和目的语之间的异同，在传递源语文化的同时使译文符合目的语的表达习惯，这样才能达到理想的翻译效果。

（2）译文要忠实于原著

林纾认为，译者在翻译外国作品时难免会对书中的内容产生异议，但翻译时仍需忠实于原文，将原文的特征、思想表现出来。

（3）译名统一

林纾在《中华大字典》的序言中阐述其对译名统一问题的看法，汉语中一个字只有一个含义，只有将一个一个的汉字联合起来才能成文。因此，在翻译英文时往往需要耗费大量汉字，再加上由于没有一定的名词，常会和英文原作相左。对此，林纾提出“由政府设局，制新名词，择其淳雅可与外国名词相通者，加以界说，以惠学者”。尽管这个提议并未被当局采纳，但却是他对中国翻译的另一个重要贡献。

5. 鲁迅的翻译理论

鲁迅是中国著名的思想家、革命家、文学家、评论家。接下来将具体介绍鲁迅的翻译思想。

（1）翻译目的

鲁迅认为，翻译的目的有两个：为革命服务和供大家参考。

鲁迅在《“硬译”与“文学的阶级性”》一文中曾论及“为什么而译”这一问题，他的回答是“为了我自己，和几个以无产文学批评家自居的人，和一部分不图‘爽快’，不怕艰难，多少要明白一些这理论的读者。”鲁迅认为翻译一般的文章和作品是为了供大家参考，而翻译革命的文学作品、科学的文艺理论的目的则是要解剖自己、提高自己，帮助那些不甚了解革命理论却“以无产文学批评家自居的人”，帮助同一阵营里的文学工作者。总的来说，鲁迅认为翻译要“有5用”“有益”。

（2）信为主，顺为辅

鲁迅认为，翻译应做到两个字“信”和“顺”，并认为“信”是翻译工作中最重要的，译者应在保证“信”的同时尽量使译文流畅通顺。对于当时有人曾提出的“与其信而不顺，不如顺而不信”的观点，鲁迅在《再来一条“顺”的翻译》中加以批判，并提出了“宁信而不顺”的观点，“这自然是‘顺’的，虽然略一留心，即容或会有多少可疑之点……这才明白《时报》是因为译者不拘泥于‘硬译’，而又要‘顺’，所以有些不‘信’了。倘若译得‘信而不顺’一点，大略是应该这样的……”。

对此人们常常产生一个误解：鲁迅求信而不求顺，但仔细阅读这段话不难看出，“信而不顺”的观点是在相互比较的情况下提出的，是相对的而非绝对的。事实上，鲁迅并未把“信”和“顺”对立起来，并不认为取“信”就要放弃“顺”，而是持“以信为主，以顺为辅”的观点。

（3）直译为主，意译为辅

对于翻译的策略，鲁迅明确提出“直译”的主张，这是针对晚清以来翻译多随意删减、颠倒、附益的不良风气而提出的。鲁迅在《域外小说集》的《略例》中指出，“任情删易，既为不诚。故宁拂戾时人，逢徙具足耳”，这表达了其“直译”的观点。需要指出的是，鲁迅所提倡的“直译”并非“死译”，也不是“逐字翻译”，而是既保存原文全部的思想内容，又要尽量保留原文的语言形式、风格等。

（4）复译有必要

由于晚清时期很多学者乱译、硬译，致使很多读者都不愿意看翻译的作品，并且严重影响了中国读者对原作的认识。鲁迅认为，要改变这种情况需要对那些已有翻译版本的原作进行复译。他在《非有复译不可》一文中曾指出，“诬赖，开心，唠叨，都没有用处，唯一的好方法是又来一回复译，还不行，就再来一回。”这一思想对我国翻译事业的健康发展做出了不可磨灭的贡献。

（5）提倡翻译批评

对于当时国内盛行的乱译、硬译现象，鲁迅提出了翻译批评。他不仅指出了以前的翻译批评的不当之处，还对翻译批评该如何开展提出了很多独到的见解，为后来翻译批评的正确发展起到了促进作用。

在《为翻译辩护》中，鲁迅指出，翻译作品不好的主要责任虽在于译者，但读书界、出版界、批评家也同样有一定的责任。要改变、整顿现在翻译的恶劣风气，正确的翻译批评是必须的。通过翻译批评指出坏的，奖励好的，如果没有好的，则较好的也可以。如果连较好的也没有，则要在指出译本坏的地方之余还要指出其好的地方。

由上可知，鲁迅对翻译批评的态度十分宽容。他鼓励和支持翻译，并提倡区分译文质量的好坏，为读者选出好的或者较好的译文，即使没有这样的译本，也要从不完全坏的译本中找出好的方面，从而尽可能地让读者受益。这种翻译批评法对于端正翻译批评之风无疑是极为有利的，而鲁迅的这种辩证唯物主义思想也成为中国翻译批评日后进一步发展的基石，有助于将中国的翻译批评引入一条正确的道路上。

6. 严复的翻译理论

严复是中国近代翻译史上学贯中西、划时代意义的翻译家，也是我国首创完整翻译标准的先驱者。严复吸收了中国古代佛经翻译思想的精髓，并结合自己的翻译实践经验，在《天演论》译例言里鲜明地提出了“信、达、雅”的翻译原则和标准。

“信”是指忠实准确地传达原文的内容

“达”指译文通顺流畅

“雅”可解为译文有文采，文字典雅

这条著名的“三字经”对后世的翻译理论和实践的影响很大，20 世纪的中国译者都深受这三个字影响。

（二）中国现代翻译理论研究

1. 胡适的翻译理论

胡适是我国现代著名学者、诗人、历史学家、文学家和哲学家。从 20 世纪 10 年代末起，胡适陆续翻译了都德、莫泊桑、契诃夫等人的短篇小说，拜伦的长诗《哀希腊》，易卜生的剧本《娜拉》（与罗家伦合译）等西方著作。

胡适也是中国白话新诗翻译的领军人物。他认为，用文言文字译诗，无论做得怎样好，“究竟只够供少数人的赏玩，不能行远，不能普及”。诗歌必须为贫民大众所理解和接受，因此翻译应该做到明白流畅。胡适的诗歌翻译无论在语言、格律上还是意境上都极大地促进了白话的开创和发展。

胡适用十分严肃认真的态度对待翻译，提出了“三负责”之说。他认为，写文章有两重责任：一是向自己负责，二是向读者负责。但翻译文章时却有三重责任：“一是要对原作者负责任，求不失原；二是要对读者负责任，求他们读懂；三是要对自己负责任，求不致自欺欺人。”

他在《建设的文学革命论》中提出了翻译西洋文学名著时只译名家著作，不译第二流以下著作的看法。他还主张全用白话进行翻译。他的这两个观点在当时很有影响，大大推动了白话文翻译的发展。

2. 郭沫若的翻译理论

郭沫若是中国现代著名的诗人、文学家、戏剧家以及翻译家，其翻译理论主要表现在以下几个方面。

（1）风韵译理论

郭沫若在为田汉译《歌德诗中所表现的思想》一文的《附白》中指出，“诗的生命，全在它那种不可把握之风韵，所以我想译诗的手腕与直译意译之外，当得有种‘风韵译’”。“风韵译”理论不赞同移植或逐字逐句地翻译，而是强调“以诗译诗”，认为翻译的过程是两种文化融合的过程，不仅仅是两种语言的转换，更是译者对原文审美风格的再创造。

（2）生活体验论

对于译者的素质，郭沫若认为，主体性、责任心是译者必须具备的。他认为翻译工作要求译者具有正确的出发点和高度的责任感，一方面要慎重选择作品，另一方面还要以严肃的态度进行翻译。除了责任心以外，郭沫若认为，译者主观感情的投入对翻译工作也十分重要。翻译之前，译者首先要深入了解原文作家和作品，只有这样才能更深刻地了解原文和作者的思想。郭沫若曾说自己在翻译别人的作品时常常和原作者“合而为一”，使自己变成作者，融入作品中去，体会原作的情感与内涵。这种“合而为一”的翻译思想对翻译理论的发展同样做出了重要的贡献。

（3）好的翻译等于创作

郭沫若早期将原作与翻译之间的关系比作处女和媒婆，认为翻译是一种附属事业，贬低了翻译的作用。而随着文学思想转变，郭沫若端正了对翻译的态度，认识到了翻译的重要作用，并指出“好的翻译等于创作，甚至可以超过创作”。翻译有时比创作还困难。因为创作需要一定的生活体验，而翻译却需要体验别人体验的生活。另外，翻译要求译者不仅要有很高的英文功底，还要有扎实的汉语功底。由此可见，翻译其实并不比创作容易。

翻译不是一个简单的工作，而是一种需要创造力的艺术。好的翻译和创作无异，甚至会超过创作。而郭沫若本人在翻译过程中无不关注原作的艺术风格以及精神思想，并将其融入笔端，进行艺术的再创作。只有这样的创造性翻译，才能是真正高质量的翻译。

3. 茅盾的翻译理论

茅盾是中国现代著名小说家、文学评论家、文化活动家。他所倡导的是“神韵”与“形貌”辩证统一的文学翻译批评理论，对中国的文学翻译批评产生了极大的影响。

前面我们提到，晚清时期严复提出了“信、达、雅”的翻译标准，是对中国传统翻译批评影响深远的一种模式，也可以说是晚清文学翻译批评的标准模式。但在实践中，译者与翻译批评者之间互动不够，翻译批评难以真正起到指导翻译活动的作用。而随着五四运动的兴起，中西文化的碰撞为文学翻译以及文学翻译批评注入了新的活力。

茅盾在大量翻译外国文学作品的同时也十分注重中国古代文论中的精华。对于当时文学翻译批评界争论不下的“直译”和“意译”问题，茅盾提出了符合中国传统文化思想的文学翻译批评主张，即“形貌”和“神韵”相结合的辩证统一的翻译批评理论。

对于直译和意译，茅盾曾说道，由于英汉文字不同，对所有文本一律采取直译法很难。译者往往照顾了语言的形式就会导致神韵不足，而照顾了神韵，语言形式又会和原文不同，即“形貌”与“神韵”无法同时保留。尽管如此，“形貌”与“神韵”却又是相反相成的，“单字”“句调”不仅构成了语言的“形貌”，同时也构成了语篇的“神韵”。

茅盾通过中国文论中的“形貌”“神韵”“单字”“句调”概念打破了晚清以来文学翻译批评的限制，他所倡导的“形貌”与“神韵”的辩证统一的翻译批评理论也是对当时争论已久的“直译”和“意译”问题的一个最佳解决办法与完善，这使得中国的翻译批评摆脱了传统束缚，产生了新的生机，极大地促进了中国传统文学翻译批评向现代文学翻译批评转换。

4. 叶君健的翻译理论

叶君健，著名翻译家、儿童文学家，擅长用世界语、英语写作。曾翻译毛泽东《论持久战》和其他一些最新论著，在菲律宾马尼拉出版，这是毛泽东著作第一次在国外以英译本形式正式出版流传。叶君健通晓英文、法文、丹麦文、瑞典文、世界语等多种语言文字，一生翻译了大量外国文学著作，尤以翻译安徒生的童话而闻名于世。其他主要译著有：爱斯古里斯的《亚格曼农王》、麦特林克的《乔娜娜》、易卜生的《总建筑师》、托尔斯泰的《幸福的家庭》、梅里美的《卡尔曼》、贝洛奇等的《南斯拉夫当代童话选》等。主要论著有：《读书与欣赏》《西楼集》等。叶君健先生自20世纪50年代末翻译《安徒生童话全集》以来，一贯关注译者在翻译中的主体性和创造性。传统翻译观念认为译者应充当“隐形人”，彻底“隐身”，完全忽略了译者客观存在的介入行为。叶君健认为，文学翻译不是简单的符码转化，不是单纯的翻译技巧问题，翻译有再创造的一面，因而也是一种文学创作。译作的倾向和功能要受到译者的文化身份、修养、意识形态、立场等因素的影响。

20世纪末，他发表了《翻译也要出“精品”》一文，系统地论述了他的“精品”理论，即把一部外国作品移植到国文中来，如果功夫到家，就使其转化成为本国文学作品。在文中，他格外强调了“译者的个性”和“个性的译作”。他的“精品”论具有鲜明的学术个性，是他毕生翻译经验的精华，也是他留给译界后人的最后一笔财富。

5. 傅雷的翻译理论

傅雷是中国著名的文学翻译家、文艺评论家，他在《高老头》译序中提出了“神似论”的翻译标准，具体来说对翻译理论的贡献主要表现在以下两个方面。

（1）传神达意

傅雷曾说，领悟原文是一回事，而将原文含义用汉语表达出来又是另外一回事。他认为，翻译时要做到“传神达意”必须做到以下三点。

第一，中文写作。傅雷认为，好的译文要给人一种原作者在用汉语写作的感觉，这样原文的精神、意义以及译文的完整性和流畅性都得以保全，也不会产生以辞害意或以意害辞的问题。

第二，反复修改。傅雷对待翻译的态度极其严肃，并以“文章千古事，得失寸心知”为座右铭。傅雷指出，好的翻译离不开反复的锤炼和修改，做文字工作不能只想着一劳永逸，而应该不断地推敲、完善。

第三，重视译文的附属部分。所谓译文的附属部分，即注解、索引、后记、译文序等内容，这些内容都对译文能否“传神达意”有着重大影响，妥善处理这些内容有助于读者更好地理解原文的形式和内容。

（2）神形和谐

傅雷认为，翻译要像临画，重点求神似，形似再次。他将中国古典美学理论运用于翻译之中，用绘画中的“形神论”的观点来对待翻译。傅雷指出，要做到传神达意，仅仅按照原文句法拼凑堆砌是不行的，更重要的是要和原文神似。然而，这并不是说译者可以抛弃原文的形式，而是要在和原文神似的基础上追求形似，不能求形而忘神。神和形是语篇的两个方面，二者紧密联系。神依附于形而存在，神又是形的根本意图。因此，二者是一个和谐的整体，其各自的轻重，无法简单地用三七开进行衡量。

形与神的和谐需要译者的创造。傅雷认为，翻译的标准应该是假设译文是原作者用汉语撰写的，并提倡译文必须使用纯粹的、规范的中文，不能声音拗口。另外，为了再现原文的生动内容，体现出时空、语境的差异，傅雷还指出译者必须杂糅各地方言，也可以使用一些旧小说套语和文言。然而，使用方言、旧小说套语和文言的关键在于适当调和各成分在语篇中的作用，避免导致译文风格支离破碎。傅雷的这种将方言、旧小说套语、文言和行话等融入白话文中，从而竭尽所能地转达原文的“神韵”，不能不说是一个创造性之举。

6. 钱钟书的翻译理论

钱钟书是我国著名的作家、文学研究家，他对翻译也有着很多发人深省的论述。“化境说”是钱钟书对翻译理论的主要观点也是最大贡献。“化境”和中国传统文论一脉相承，原指艺术造诣达到精妙的境界，而被钱钟书引入翻译领域中则指原作的“投胎转世”。钱钟书在《七缀集·林纾的翻译》中首次提出了“化境说”的翻译观。具体而言，“化”包括以下三个方面

（1）转化，即将一国文字转换成另一国文字。

（2）归化，即能用汉语将外国文字准确、流畅、原汁原味地表现出来，读起来不像是

译本，倒像是原作。

（3）化境，即原作的“投胎转世”，虽然语言表现变了，但精神姿致如故。

此外，“化”还需注意以下两个方面。

（1）翻译时不能因为语言表达的差异而表现出生硬、牵强之感，否则须得“化”之。

（2）“化”的时候不能随便去“化”，不能将原文文本中有的东西“化”没了，即虽然换了一个躯壳，译文仍要保留原文的风味、精神、韵味。

“化境”是钱钟书将原本用于中国古典美学的“境界”概念引入到翻译领域中得出的一种翻译理论。他指出“境界”是所有学科的共性，是相通的。钱钟书将文学翻译理论纳入文艺美学范畴的做法对于中国文化而言意义深远。“化境说”不仅兼顾了翻译中的语言形式和神韵，还强调了译者的创造性。因此，“化”是翻译的最高境界。

7. 王佐良的翻译理论

王佐良是我国著名的英美文学研究家和文学翻译家。在翻译领域，他是继承中国传统翻译思想和借鉴西方译论，探索我国现代翻译理论的先行者。20 世纪 50 年代起，他以双向翻译从事文化交流和文学研究，把中国戏剧文学名著《雷雨》等作品译成英文，把多种英诗移译为中文，主张以诗译诗，存原诗风貌。他的主要译著有《彭斯诗选》，培根的《论读书》《英国诗文选译集》《苏格兰诗选》，曹禺的《雷雨》《朱利安与马达罗》等。他的主要著作有《翻译：思考与试笔》《英语文体学引论》《英国文学论文集》。他还主编《英国文学史》《英国诗史》，并花费七年时间参加《雪莱全集》（全 7 卷，300 余万字）的译校工作。

20 世纪 80 年代，他在《新时期的翻译观》一文中提出在继承我国传统翻译思想的基础上对外开放的指导思想。他较早提出、引进西方现代语言学科理论，将其付诸中国的翻译理论研究，并提议建立翻译研究的跨学科、综合性途径。王佐良在多篇论文中反复强调他的翻译观点，即译文要忠实原作，译文是原作的灵魂，是整个概念、整片情感、整个作品的意境、气氛或效果。这一观点与西方当代翻译功能主义学派的目的论的观点基本一致。1984 年和 1985 年，王佐良先后发表了《翻译中的文化比较》和《翻译与文化繁荣》两篇文章，论述了翻译与文化的密切关系，提出“翻译者必须是一个真正意义上的文化人”。在王佐良“把翻译研究与比较文化结合起来”的积极倡导下，20 世纪 80 年代末至 90 年代初，国内出现一股“文化翻译热”，一度形成翻译理论研究的“文化学派”。

8. 焦菊隐的翻译理论

焦菊隐是我是著名的戏剧家，杰出的导演艺术家，卓越的文学翻译家和翻译理论家。他精通多种文字，译笔流畅自然，且具有独特的戏剧风格。其主要译作有法国波特莱尔的《月亮的恩惠》、莫里哀的《伪君子》、左拉的《娜娜》、高乃伊的《希德》；美国爱伦·坡的《海上历险记》《爱伦·坡故事集》；俄国契诃夫的《歌女》《樱桃园》，高尔基的

《布雷乔夫》，丹钦柯的《文艺·戏剧·生活》；丹麦安徒生的《现代戏剧译丛》；印度迦梨陀娑的《失去的戒指》；匈牙利贝拉·巴拉兹的《安魂曲》等。

焦菊隐发现有的译文若是用原文去对照，可能任何一句都没有错，但全段或全篇读完反倒不知道说的是什么。产生这种现象的原因在于译者孤立地理解句子或段落，忽略了原文的整体思想与感情。因此，他发表了著名论文《论直译》，提出了“整体论”的翻译思想，认为译者要建立整体观念，做到整体意义对应，然后再从上而下、由大到小考察每个部分的意义，逐步完成各个部分的对应。他提出的“整体论”是对篇章翻译理论的一大贡献，丰富了我国的翻译理论和思想，具有重要的理论意义和实践价值。他从哲学的角度科学地论述了词的绝对价值和相对价值，指出一个词在篇章中的意义往往不是它的固有词义，而是它在特定环境（上下文）中的具体所指。他还提出翻译是“二度”创造的艺术。许多翻译工作者经过一二十年的努力，仍未能提升自己的水平，就是因为缺乏“翻译是二度创造艺术”的认识。

二、西方翻译理论

（一）古代中世纪翻译理论

1. 西塞罗的翻译理论

西塞罗是古罗马共和国末期的政治家、哲学家、著名演说家、散文家、律师和拉丁语言大师，是西方翻译史上最早的翻译理论家之一。西塞罗曾翻译过许多古希腊政治、哲学、文学等方面的名著，其中包括柏拉图的《蒂迈欧篇》和荷马的《奥德赛》。因此，他的译论深深植根于翻译实践的基础之上。西塞罗对翻译理论的阐述主要见于《论最优秀的演说家》和《论善与恶之定义》。虽然这两部著作并非论述翻译的专著，但其中的精辟见解却对后世的翻译理论与实践产生了深远的影响。

在《论最优秀的演说家》第 5 卷第 14 章中，西塞罗提出的所谓“解释员”式翻译与“演说家”式翻译的区分，即“直译”与“意译”两种基本译法的区分，是西方翻译理论起源的标志性语言。在《论善与恶之定义》中，西塞罗提出翻译必须采取灵活的方式，选词造句要符合自己的语言以达到感动读者的目的。在此基础上，西塞罗强调翻译是一种文学创作。西塞罗是西方翻译史上正式提出翻译的两种基本方法、译作与原作的关系、形式与内容的关系及译者的权限和职责等问题的第一人。他打破了翻译只限于实践而脱离理论的状态，是西方翻译史上的第一位理论家。

2. 哲罗姆的翻译理论

哲罗姆提出了切实可行、系统严谨的翻译原则，主要有以下几点。

（1）翻译不能始终字当句对，而必须采取灵活的原则。

（2）应区别对待文学翻译与其他翻译。

（3）正确的翻译必须依靠正确的理解。

3. 贺拉斯的翻译理论

贺拉斯是古罗马时期的著名政治家、抒情和讽刺诗人、文艺批评家、翻译家。他的翻译思想集中体现于《诗艺》（又名《致皮索兄弟书简》）。《诗艺》中“忠实原作的译者不会逐词死译”这句话后来成为活译、意译者用来批评死译、直译的名言。他受西塞罗的影响，认为翻译必须避免直译，应选择意译，但意译并不意味着翻译可以天马行空地任意发挥。同时，他根据自己的创作和翻译实践率先提出“以希腊为典范的旗帜”，制订出一套古典主义的文艺原则，提倡创新、平易、和谐、寓教于乐的风格，影响了文艺复兴以后的许多翻译家。

4. 布鲁尼的翻译理论

列奥那多・布鲁尼是意大利著名的人文主义者、学者和政治家，是中世纪末期最著名的翻译理论家。他在《论正确的翻译方法》这篇论文中对翻译问题进行了专门论述，是西方翻译史上最早对翻译问题进行专题研究的学者。布鲁尼的翻译思想主要有以下三个方面的内容。

（1）译者应当尽可能模仿原作风格。

（2）任何语言都可以用来进行有效翻译。

（3）翻译的实质是把一种语言里的东西转移到另一种语言中，因此译者必须具备广泛的知识。

5. 昆体良的翻译理论

昆体良是西塞罗、贺拉斯之后提倡活译的另一位著名人物，以演说家、修辞学家著称。他一生写过三部著作，其中最有名也是唯一残存的作品就是《修辞学原理》。这部12卷本的《修辞学原理》讨论的是有关修辞学家一生从生到死的教育问题，但昆体良在第八、九、十卷阐述了自己的翻译思想。他不仅提出了翻译的分类，即一般普通材料的翻译和创造性转换性质的翻译，界定了“翻译”和“释义”，还主张译者可以通过翻译改进写作风格，与原文竞争，甚至可以通过改编翻译，用编译的语言提高原文的质量。《修辞学原理》是西方翻译理论著作中最早提出与原作“竞争”的论著。

6. 奥古斯汀的翻译理论

奥古斯汀的翻译理论可以概括为以下几点。

（1）译者必须通晓两种语言，熟悉并“同情”所译题材，还须具有一定的校勘能力。

（2）翻译中必须注意朴素、典雅、庄严三种风格。

（3）翻译中必须考虑“所指”“能指”和译者“判断”的三角关系。

（4）翻译的基本单位是词。

奥古斯汀的翻译理论对后世影响巨大，他的符号理论被哲学家和语言学家当作共同财产，直到今天仍在发挥作用。

（二）文艺复兴时期翻译理论

1. 马丁·路德的翻译理论

马丁·路德翻译的《伊索寓言》具有很高的文学价值。路德在翻译理论方面的主要贡献体现在以下几个方面。

（1）使用人民大众所熟悉的通俗语言才能使翻译大众化。

（2）翻译必须注重语法和意思的联系。

（3）翻译要将原文的语言现象放在首位，要采用意译的方法来帮助读者完全看懂译文。

（4）翻译必须集思广益。

（5）系统地提出了翻译的七条原则：可以改变原文的词序；可以合理运用语气助词；可以增补必要的连词；可以略去没有译文对等形式的原文词语；可以用词组翻译单个的词；可以把比喻用法译成非比喻用法，把非比喻用法译成比喻用法；注意文字上的变异形式和解释的准确性。

2. 多雷的翻译理论

在多雷看来，翻译是译意，而不是译字。为了表达作者意图，译者有调整、颠倒译文句式的权力。多雷在《论出色翻译的方法》一文中对翻译问题进行了系统的论述。他认为，要想翻译得出色，必须做到以下五点。

（1）译者必须完全了解他所翻译的作品的意义和内容。

（2）译者应该精通原文语言和目的语语言，不损害原文的优美。

（3）译者不应该亦步亦趋地逐字翻译。

（4）译者应该避免刻板的拉丁化味太浓的语言，使用通俗的形式表达。

（5）译者应该调整次序，重构语序，避免生硬的翻译。

多雷的翻译理论造诣很高，再加上他本人被神职人员迫害致死，所以他的“五原则”在西方翻译界极受珍视，《论出色翻译的方法》这篇论文可被视作西方最早的一篇系统论述翻译问题的文章，在西方翻译思想史上占有相当重要的地位。

（三）西方近代翻译理论

1. 巴特的翻译理论

巴特翻译过亚里士多德、贺拉斯等许多古希腊、古罗马的经典作品，是 18 世纪法国乃至欧洲最富影响力的文学理论和翻译理论家之一。他的代表著作有《论文学原则》和

《纯文学教程》。巴特认为语言的普遍因素不是语法，而是语序，语法结构为句子次序所支配。因此如果出现矛盾，语法结构应让位于句子次序。他在《论文学原则》的第五部分着重讨论了翻译的语序问题，并提出了12条规则，如应该保留原文思想出现的先后顺序，原作中所有的连接词都应该保留，译文应该使用尽可能相同的篇幅来表达，使译文具有与原文同等程度的明晰，必须在译文中保留原作的修辞手段和形式等。

《论文学原则》集中体现了他对于翻译问题的种种看法，观点新颖，论述精当，是西方18世纪翻译理论发展史上一个重要的里程碑。巴特既是一个翻译理论家，同时又是一位积极的翻译实践者。他所译的亚里士多德的《诗学》始终保留原作的语序，句子长短也与原文接近，达到了形式上的对等。

2. 歌德的翻译理论

歌德是享誉世界的文坛巨匠，是近代德国伟大的文学家、翻译家和翻译理论家。他所译的意大利雕刻家切里尼的《自传》、西班牙戏剧家卡尔德隆的戏剧和法国哲学家狄德罗的《拉摩的侄儿》等作品，在整个欧洲文学中都是最有影响的上乘之作。

在歌德看来，翻译是世界事务中最重要、最有价值的活动之一，译者是人民的先知，因此人们应该重视翻译。他认为文学作品包括诗作的可译性之所以存在，是因为不同的语言在其意思和音韵的传译中有着彼此相通的共性。他把翻译分为三类：传递知识的翻译、按照译语文化规范的改编性翻译和逐字对照翻译。歌德的翻译理论是建立在浪漫派的美学基础之上的，因此他认为第三类翻译最好，既能传递原文的信息，又可以体现译文的优美。同时，他还提出不论外国名著是诗体还是散文体，都应使用平易明快的散文体来翻译。歌德的翻译理论，尤其是以散文译诗和三种翻译类型的主张，对德国以及其他欧洲国家的翻译理论和实践都有非常巨大的影响。

3. 洪堡的翻译理论

洪堡是德国的哲学家、教育改革家和语言学家，对德国在18世纪末至19世纪初成为西欧翻译理论研究中心做出过特殊贡献。《按语言发展的不同时期论语言的比较研究》和《论人类语言结构的差异及其对于人类精神发展的影响》是他的两部代表性论著。此外，他为自己翻译的古希腊戏剧家埃斯库罗斯的《阿伽门农》写过一篇重要的序言。在这些论著中，他用崭新的观点对语言问题进行了深刻的讨论。

洪堡认为，语言和人类思维、民族精神、文化有着密不可分的关系，语言决定思想文化。他进而提出，可译性与不可译性是一种辩证关系。虽然语言的不同给翻译带来一定的困难，但不同语言之间的翻译是可能的，而且翻译对丰富译入语民族文学和语言起到难以替代的作用。在谈到翻译原则时，洪堡主张把忠实列为翻译的首要原则，但这种忠实必须指向原文真正的特点而不是其他的旁枝末节。

洪堡的最大贡献在于他提出了一种两元论的语言观。尽管在19世纪这种语言观并没有引起重视，但在20世纪，现代语言学家如斐迪南·德·索绪尔（Ferdinand de Saussure）、帕尔西格、加丁姆等在洪堡两元论的影响下提出了二分法语言观，即语言可以从“语言系统”和“言语系统”两个方面来进行分析，奠定了现当代翻译理论的基础。可见，没有洪堡的两元论就没有二分法语言观，也就没有了当今翻译理论的繁荣发展。

4. 施莱尔马赫的翻译理论

施莱尔马赫是一位颇有影响的德国古典语言学家。19世纪10年代他在柏林德国皇家科学院宣读了一篇长达30多页的论文《论翻译的不同方法》，从理论上阐述了翻译的原则和方法问题。这篇论文至今仍是翻译研究领域具有标志性意义的重要文献。施莱尔马赫在《论翻译的不同方法》中表达了以下几个重要的思想。

（1）翻译可以分为“真正的翻译”和“纯粹的口译”。施莱尔马赫是西方第一个把笔译和口译明确区分并加以阐述的人。在他看来，“纯粹的口译”主要适用于商业翻译，是一种机械的活动，不值得为之付出特别的学术关注。

（2）“真正的翻译”可以分为“释译”和“模仿”。前者主要指翻译科学或学术类文本，后者主要指处理文学艺术作品。二者的区别在于：释译需要克服语言的非理性但可以达到原文和译文之间的等值，模仿可以利用语言的非理性却无法做到在所有方面都与原文精确对应。

（3）译者必须正确理解语言和思维的辩证关系。

（4）翻译有两种不同的途径，一种是使作者向读者靠拢，另一种是使读者向作者靠拢。这一思想后来被美国翻译理论家韦努蒂发展为翻译的归化和异化理论，在翻译界产生巨大的影响。

（四）西方现代翻译理论

在现当代，国外涌现出了一大批翻译理论学家，他们对翻译的研究大大丰富了翻译理论的内容，拓展了翻译研究的方向，对世界翻译理论做出了巨大的贡献。这里我们就以学派为分类标准，介绍一些具有代表性的学者的翻译理论。

1. 语言学派

奥古斯汀以亚里士多德的“符号”理论为基础，提出了语言符号的“能指”“所指”和译者“判断”的三角关系，开创了西方翻译理论的语言学传统。20世纪初，斐迪南·德·索绪尔（Ferdinand de Saussure）提出的普通语言学理论，对语言和言语、语言的历时和共时进行了区分，提炼出语言符号六对对立统一的性质，深深地影响了其他人文学科，如哲学、人类学、社会学、文化学、历史学、逻辑学、美学等，也极大地影响了西方翻译理论的发展，构筑了此后翻译研究的语言学派的基本框架，为当代翻译研究的各种语言学方法奠定了基础。索绪尔的语言哲学思想为翻译理论研究开辟了新的研究途径，西方翻译学者开始从科学的现代语言学视角来讨论翻译问题，充分运用语言理论来建立自己的翻译模式。翻译语言学派强调翻译过程中的语言现象的研究与分析，着重从语音、词汇、句子、篇章等不同的语言结构层次出发来探询翻译活动的普遍规律。此外，他们以“等值”为理论核心，认为语言和语言之间相互转换的等值方法是解决语言之间翻译问题的根本途径。翻译研究的这一语言学转向是西方翻译理论发展史上出现的第一次质的突破和飞跃，因此在20世纪40年代到70年代初，翻译被纳入了语言学范畴，被视为比较语言学、应用语言学和语义学的一个分支。语言学派在地域上分布较广，代表性学者也很多，下面介绍其中几位学者的观点。

（1）奈达的翻译理论

著名语言学家和翻译理论家尤金·A. 奈达（EugeneA. Nida）是公认的现代翻译理论的奠基人，也是语言学派最重要的代表人物之一。从20世纪40年代开始，奈达共发表250多篇文章，著述40多部，其著述数量之多，质量水平之高，论述之详尽，系统之完备，在西方翻译理论史上都是空前的。他的代表性专著有《翻译科学探索》《翻译理论与实践》《语言结构与翻译》《从一种语言到另一种语言》以及《语言与文化：翻译中的语境》等。

奈达是第一个提出“翻译的科学”这一概念，是“翻译科学说”的倡导者，因此翻译语言学派也被称为翻译科学派。他在语言学研究的基础上，把信息论应用于翻译研究，认为翻译即交际，创立了翻译研究的交际学派。他还就翻译过程提出“分析”“转换”“重组”和“检验”的四步模式。此外，他从社会符号学出发，论述了语言符号的相互依存性及对比意义，把符号的意义分解为“当下”“分析”和“综合”三个层次，具有操作性。奈达最有影响力的贡献是提出了“动态对等”的翻译原则，进而从社会语言学和语言交际功能的观点出发提出“功能对等”的翻译原则。功能对等是奈达翻译理论的核心思想，在西方翻译理论发展史上占据了重要的地位。

奈达的翻译理论依据扎实的语言学基础对翻译概念及术语进行了科学明晰的界定。理论与实践的相互结合确立了奈达的学术地位。尽管如此，奈达的动态对等原则乃至功能对等原则都过于注重内容而忽视形式，有一定的局限性。如果应用于文学翻译，有可能导致风格的失落和文学性的削弱。

（2）卡特福德的翻译理论

卡特福德（Catford）在《翻译的语言学理论》一书中探讨了翻译的定义和基本类型、翻译等值、形式对应、意义和完全翻译、转移、翻译等值的条件、语法翻译和词汇翻译、翻译转换或翻译转位、翻译中的语言变体以及可译限度等内容，从现代语言学视角诠释翻译问题，是翻译理论史上的划时代著作，在世界翻译学界产生了广泛影响。卡特福德的主要翻译理论包括以下几个方面。

第一，对等值做了较为深入的研究，认为确立语言之间的等值关系是翻译的本质和基础。

第二，将翻译界定为“用一种等值的语言（译语）的文本材料去替换另一种语言（源语）的文本材料”，并指出“对等”是关键词，将寻求对等视作翻译研究和实践的中心问题。

第三，独创了“转换”这一术语，并将“转换”区分为“层次转换”和“范畴转换”两种形式。

第四，建议采用系统地对比原文和译文，辨别两种语言的不同特征，观察两种语言的限制因素的方法来培训翻译人员。

卡特福德摆脱了传统的印象式翻译研究方法，详尽分析了翻译等值的本质和条件，对语言转换的规律进行了科学的阐述，是20世纪少有的有原创性的翻译理论家。

（3）雅各布逊的翻译理论

美国著名语言学家罗曼·雅各布逊（Roman Jakobson）发表的《论翻译的语言学问题》第一次将语言学、符号学引进了翻译学，并从语言学的角度对语言和翻译的关系、翻译的重要性以及翻译中存在的一般问题进行了详尽的分析和论述，为当代语言学派翻译研究的理论方法做出了开创性的贡献，被奉为翻译研究经典之作。在这篇论文中，雅各布逊首次将翻译分为三类：语内翻译、语际翻译和符际翻译，这一分类方式准确概括了翻译的本质，在译学界影响深远。此外，雅各布逊认为翻译必须考虑语言的认识、表达和工具等功能，还必须重视语言的比较，包括语义、语法、语音、语言风格以及文学体裁的比较。

雅各布逊的研究领域十分广泛，这种多领域跨学科的研究使他在沟通欧美语言学的交流中起到了突出作用。其著作《语言学与诗学》入选100位哈佛大学教授推荐的最有影响的书。雅各布逊的语言功能理论给翻译研究提供了超越词汇、句子以外的语境模式，探讨了翻译中语言的意义、等值、可译性和不可译性等翻译理论和实践中的根本问题。他对语言和翻译的新颖而全面的论述开启了20世纪翻译研究的语言学派的大门。

（4）纽马克的翻译理论

英国学者纽马克（Newmark）在奈达、卡特福德等人翻译思想的启迪下，将跨文化交际理论和现代语言学的研究成果（如格语法、功能语法、符号学和交际理论等）运用到翻译研究中，形成了自己在许多翻译理论问题上独到的见解和认识。他提出了“交际翻译”和“语义翻译”的概念，还提出自己的一套文本功能及其分类。

20世纪80年代，在《翻译问题探索》一书中，纽马克提出的“语义翻译”和“交际翻译”两个重要的翻译策略成为西方翻译研究史上的重要里程碑。纽马克认为，语义翻译和交际翻译的区别在于：前者产生的效果力求接近原文文本；后者则在目标语结构许可的情况下尽可能准确再现原文意义和语境。但是在翻译中具体采用哪一种翻译方法还须考虑到不同的文本类型，这样才能达到效果等值。语义翻译法和交际翻译法是纽马克翻译理论的核心所在，也是其翻译理论中最主要、最有特色的组成部分。20世纪90年代，针对原有理论中的不足，纽马克又提出了一个新的翻译概念，并将其正式定义为“关联翻译法”，即原作或译出语文本的语言越重要，就越要紧贴原文翻译。这标志着他的翻译理论渐趋系统和完善。

此外，他借鉴、修正和补充了雅各布逊的功能模式，将文本功能分为表情功能、信息功能、呼唤功能、审美功能、寒暄功能、元语言功能等六种，使文本的功能分析更加系统和完备。在此基础上，他试图通过对源语和目的语系统的比较和描述来建立文本类型的样板。纽马克勤于著述，他的代表作还有《翻译教程》《关于翻译》《翻译散论》等。

2. 功能学派

德国的功能翻译理论产生于20世纪70年代到80年代，当时结构主义语言学对德国译学界的影响越来越大，导致翻译成为语言学的附属品，严重制约了翻译这一学科的发展。理论与实践的严重脱节促使一些学者寻找新的途径，功能学派应运而生。

功能学派翻译理论认为，要想解决翻译研究中的所有问题，不能完全依靠纯语言学理论。因此，他们针对翻译语言学派中的薄弱环节，广泛借鉴交际理论、行为理论、信息论、语篇语言学并接受美学的思想，将研究的视角从源语文本转向目标文本，成为当代德国翻译界影响最大、最活跃的学派。

功能学派翻译理论推翻了原文的权威地位，帮助译者摆脱了传统的对等、转换等语言学翻译方法的羁绊，转而运用功能和交际方法来分析、研究翻译，在翻译理论史上有着重要的意义。它的诞生，标志着流行于20世纪50年代至70年代的结构主义语言学统治地位的结束。下面介绍功能学派中具有代表性学者的翻译理论。

（1）莱斯

莱斯（Reiss）毕业于海德堡大学翻译学院，长期在高校从事翻译教学研究工作，是德国翻译功能学派早期重要的创建者之一，同时也是弗米尔、曼塔里和诺德的老师。

莱斯早期的理论研究主要围绕对等概念展开。她认为翻译追求的对等应该是语篇层面的对等，而非词、句的对等，所以主张将翻译策略和语言功能、语篇类型以及文章体裁结合起来考察。但到了后期，在自身翻译实践的启发下她认识到在翻译实践中不可能实现真正的对等，于是她逐渐将研究的目光转向翻译的功能，并和弗米尔一起成为翻译研究功能论的倡导者。莱斯于20世纪70年代出版了《翻译批评的可能性与限制》一书。在这本书中，莱斯首次把功能范畴引入翻译批评，将语言功能、语篇类型和翻译策略相联系，发展了以原文与译文功能关系为基础的翻译批评模式，从而提出了功能派理论思想的雏形。目前，翻译理论界普遍认为《翻译批评的可能性与限制》一书标志着功能学派的创立。

莱斯借鉴卡尔·比勒（Karl Buhler）对语言功能的三分法，将语篇分为重翻内容文本、重形式文本、重感染文本三个类型。在安德鲁·切斯特曼（Andrew Chesterman）的德文版本里，她将这三个类型分别称之为“信息文本”“表情文本”和“感染文本”。一些翻译理论书籍将这三个类型概括为信息型、表达型和操作型。莱斯认为，不同的文本类型决定不同的翻译方法。每一种语言功能都有一个相对应的语言层面，逻辑功能对应信息层面，审美功能对应表情层面，对话功能对应的是操作层面。能否传达原文的主导功能是评判译文的重要因素。另外，她认为目标文本的形态首先应该由目标语境中所要求的功能和目的决定，功能随接受者的不同而改变。

莱斯的功能类型及其翻译方法超越了字、词、句的层面，力图再造适当的功能效果，以达到交际目的。除此之外，这种分类将文本概念、翻译类型、翻译目的联系在一起，强调任何一种翻译类型都是在特定环境中为特定的翻译目的服务。这些观点为功能翻译理论的形成奠定了坚实的理论基础。但是，莱斯的理论由于自身的局限性受到不少学者的质疑。譬如，语言的功能是否只有三种，不同类型文本之间的界限是否如其所言那样分明，仅凭语篇类型来决定翻译的策略是否可行等，也就是说，莱斯对文本类型的划分只在译文要实现的功能和原文功能对等的时候才有意义。正因为如此，莱斯的功能对等论不被视为常规标准而只被当作特殊标准。

（2）弗米尔

弗米尔（Vermeer）长期从事翻译教学研究工作，是杰出的语言学家。他在莱斯的指导下研究语言学和翻译理论，突破了莱斯的理论局限，创立了目的论。

作为一名有长期翻译实践经验的译者，弗米尔认为翻译不仅仅是语言符号的转换，而且是一项非言语行为。翻译符号的使用，是为了达到一定的目的，而且会涉及不同的跨文化模式。为此，弗米尔在现代语言学（实用语言学、语言行为论、话语语言学）和美学的启发和影响下，在与莱斯合著的《普通翻译理论原理》一书中提出了以翻译“目的论”为主的基本理论。目的论影响深远，功能学派因此也被称为“目的学派”。目的论坚持三个原则：目的原则、连贯原则和忠实原则。

第一，目的原则将行为理论引入翻译理论中，认为翻译行为所要达到的目的决定了翻译所应采取的方法策略。

第二，连贯原则具体指语篇内连贯，即译文必须符合逻辑，符合译入语的表达习惯，能够让读者理解，并在目的语文化以及使用译文的交际环境中有意义。

第三，忠实原则具体指语篇间连贯，即译文不违背原文，译文和原文存在某种联系，并不要求译文和原文在内容上一字不差。目的论所要求的忠实，其程度和形式是由译文的目的和译者对原文的理解来决定的。

在上述三个原则中，语篇间连贯从属于语篇内连贯，而二者同时受目的原则的统领。也就是说，当目的原则要求语篇间或者语篇内不连贯时，二者都将失去作用。目的论的出现，标志着翻译的研究角度由以语言学和形式翻译理论为主，转向更加倾向于功能化和社会、文化方向，因而成为功能主义翻译理论最核心的理论。

（3）曼塔里

曼塔里（Manttari）是德国籍翻译学者和翻译家，长期在荷兰工作。她借鉴冯·莱特（Gerog Henrik von Wright）的行为理论和里宾（Jochen Rehbein）的功能语用学提出翻译行为论，进一步发展了功能派翻译理论。20 世纪 80 年代发表的《翻译行为——理论与方法》一书集中体现了她的学术观点。曼塔里认为，“目的语的文本功能并不是从分析原文文本中自动获得的，而是通过跨文化交际的目的，从语用角度达到目的语文本的功能。”换句话说，译文功能与原文功能不同，根据语境做出“功能改变”是译者主体性的体现。功能改变不是例外，而是常态。

此外，曼塔里特别重视行为参与者（信息发出者、译者、译文使用者、信息接受者）和环境条件（时间、地点、媒介）。她对自己理论模式中参与者的角色做了这样的分析：信息发起者可以是需要翻译的公司或个人，委托人是译者的联系人。原文文本的生成者是创作原文文本的人，但不一定与翻译有关。目的语文本的生成者就是译者，而目的语文本的使用者，是具体使用译文的个人。目的语的接受者是目的语最终的受众。从一开始，译者在翻译行为中扮演至关重要的角色，他是跨语际转换的专家和任务的执行者。

（4）诺德

克里斯蒂安·诺德（Christiane Nord）在学术思想上深受莱斯的文本类型学的影响。此外，她积极倡导弗米尔的目的论，认同曼塔里的翻译行为理论，是功能学派目的论的第二代代表性人物。她首次用英语全面系统地介绍了功能学派的各种学术思想，并针对其不足提出了自己的观点。

诺德的研究领域主要涉及功能主义目的论的哲学基础、语篇分析及翻译类型等。她尤其关注译文接受者的研究、双语能力与译者培训、翻译培训的过程、忠诚原则、决定忠诚原则的因素、译者的责任与地位等方面的问题。主要代表作有《翻译中的文本分析》和《目的性行为——析功能翻译理论》。

“功能加忠诚”原则中的“功能”指的是“使译文对译语文化接受者起作用的目的”，而“忠诚”属道德范畴，关注翻译活动参与者之间的关系，强调的是“译者应当把翻译交际行为所有参与方的意图和期望都加以考虑”。诺德提出的功能加忠诚模式其实走的是折中路线。理论上貌似完美，可以自圆其说，但在实际动作中困难重重。再加上诺德使用的是语篇分析的模式，这使她最终不能走出对等的局限。

（五）西方后殖民主义翻译理论

后殖民主义伴随 20 世纪 60 年代末欧洲殖民体系在全球范围的土崩瓦解和 20 世纪 70 年代初解构主义学派的蓬勃兴起而逐渐发展成为一种多元文化批评理论。后殖民主义翻译理论超越语言的局限，主要关注翻译在殖民化过程中所涉及的权力运作机制，以及随之而来的一系列抵抗的历史等内容，是翻译理论与当代前沿文化理论相结合的产物之一，是西方翻译理论中不可或缺的一部分。后殖民主义翻译理论的主要代表人物有被称为“三巨子”的爱德华·赛义德、盖亚特里·斯皮瓦克和霍米·巴巴。“三巨子”虽然不是严格意义上的翻译理论家，但他们的文化观点却给传统的翻译观念带来极大的冲击和全新的视角。要想摸清后殖民主义翻译理论的脉络，就无法跨越他们三人的理论观点。下面就对他们的翻译理论进行具体介绍。

1. 赛义德

赛义德是巴勒斯坦裔美国文学批评家和文化学者，一般被认为是后殖民翻译思潮的最杰出的代表和领军人物。他20世纪70年代出版的富有挑战意味的专著《东方主义》理论带有强烈的意识形态和文化政治批判色彩，其批判的锋芒直指西方的帝国主义文化霸权和强权政治，是后殖民主义理论的奠基性著作。

赛义德指出，东方主义作为西方人对东方的一种根深蒂固的认识论体系，始终充当着西方殖民主义的意识形态支柱，从本质上来说是西方殖民主义者试图制约东方而制造出的一种政治教义。由此，赛义德将研究的触角直接指向历来被西方主流学术界所忽视、并且故意边缘化了的一个领地，即东方或第三世界，建构了一个供他批判和消解的对象，为跨学科的文化学术研究开辟了一个崭新的理论视野，对后来的所有后殖民主义翻译理论和实践产生深远的启示作用。

《东方主义》一书的出版，不仅奠定了赛义德本人的学术声誉和地位，同时也标志着他的后殖民理论体系建构的开始。赛义德的另一重要贡献是“理论的旅行”概念的提出。在20世纪80年代出版的《旅行中的理论》中，赛义德指出理论有时可以“旅行”到另一个时代和场景中，而理论在旅行的过程中往往会失去某些原有的力量和反叛性，必然会与彼时彼地的文化接受土壤和环境发生作用进而产生新的意义，所以理论的变形是完全有可能发生的，导致这一后果的重要因素就是翻译。正因为如此，通过翻译而达到的文化再现使东方在西方人眼中始终扮演着一个“他者”的角色。赛义德以东方主义文化批判为核心的后殖民批评理论深刻批判了西方传统文化中的各种“中心论”，是当今后殖民翻译理论的重要源泉，在第三世界尤其是中国产生巨大的共鸣和反响。

2. 斯皮瓦克

斯皮瓦克是当今世界首屈一指的文学理论家和文化批评家，也是继赛义德之后最有影响、最有争议、最杰出的后殖民理论批评家。斯皮瓦克的文化研究横跨多学科、多流派，既有解构主义、翻译理论、女性主义、马克思主义，又有比较文学、社会学、哲学、底层人研究等，主要著作有《论文字学》（翻译并写序言）、《另一个世界：文化政治文集》《底层人研究选集》《后殖民理性的批判走向行将消失的当下的历史》《后殖民批判家》《学科的死亡》《另一个亚洲》等。

解构主义的旗帜性人物保罗·德里达是斯皮瓦克的博士生导师，在他的指导下，斯皮瓦克深受德里达的解构主义的影响，而斯皮瓦克本人的学术生涯就是以翻译德里达的《论文字学》开始的。虽然在《论文字学》的“译者前言”中，斯皮瓦克没有专门讨论传统意义上的翻译问题，但她从一种独特的文化理论阐释的角度解释并发挥了德里达的重要理论概念，如延异、差异、播撒、痕迹、踪迹、语音中心主义、逻各斯中心主义等。同时，这篇“译者前言”开启了人文科学著作翻译的一种新的可能性：阐释，即不拘泥于原作中具体的文字、段落甚至结构，而是从一个宏观的视角引领读者进入一部深奥的理论著作。时至今日，法文读者在遇到《论文字学》原著中难以理解的地方时，总能通过查阅斯皮瓦克的英译本找到答案，这是一般的理论著作翻译难以达到的高度。

斯皮瓦克的另一重要著作是《翻译的政治》。她在文章中探讨了语言的修辞与逻辑之间的关系，指出“每一种语言的修辞性都会对语言的逻辑系统造成一定的破坏”，因此在翻译中，译者不应该压抑语言的思路，而应该理解、认可语言的修辞性。同时，她强调翻译不仅仅是简单的传递意义，而是充满了政治和意识形态等文化批判意义的伦理政治问题。斯皮瓦克的理论把翻译紧紧与意识形态、种族、修辞性、差异性、距离感等因素联系起来，将翻译研究带入后殖民的“文化翻译”场景，为整个西方翻译界提供了全新的界定与洞见。

3. 巴巴

巴巴的主要研究领域是后殖民理论和20世纪批评理论，主要代表作有《民族与叙事》《文化的定位》《大都会主义》《爱德华·赛义德：话题的继续》，主述要论文有《奈保尔》《制造差异：文化战争的遗产》《塑造范农》。巴巴的后殖民术语“第三空间”“混杂性”“言说的现在”是后殖民理论中不可或缺的概念，其《民族与叙事》和《文化的定位》是西方后殖民研究的必读书目，在学术界影响很大。

巴巴将民族建构与话语叙述理论糅为一体，并将其运用于文化翻译实践，从而创造性地发展了具有解构性的后殖民文化研究和翻译理论研究。他的混杂性理论影响了全球性后殖民语境下的民族和文化身份研究，他提出的模拟概念证明了模拟作为一种模棱两可的话语具有颠覆性。他的文化翻译理论强调语境的特殊性、历史的差异性和少数族裔的立场，极大地挑战了西方文化霸权的优越性。

总之，巴巴全方位地探讨了翻译问题与后殖民文化以及民族之间的关系，高屋建瓴地分析了文化翻译的特征，他对后殖民翻译理论的贡献是不言而喻的。

（六）西方女性主义翻译理论

始于20世纪60年代的西方第二次妇女运动高潮促使女性主义者们将视野投向文本。她们以解构主义的理论为武器，希望通过解构传统的男性中心主义话语，建立全新的男女平等关系。另一方面，20世纪80年代，翻译研究开始了轰轰烈烈的“文化转向”大潮，许多传统观念都受到挑战或解构，被压抑已久的各种力量纷纷揭竿而起，以期能重塑自己的文化身份。在这样的大背景下，形成了女性主义翻译理论。

女性主义翻译理论探讨了女性主义与翻译的历史渊源、对翻译的影响及作用，颠覆了传统译论中原文与译文的主仆关系，瓦解了传统译论关于译文要忠实于原文的观点，给翻译研究带来全新的启迪。女性主义翻译理论的主要代表人物有雪莉·西蒙（Semon）、张伯伦、冯·弗罗托（Frodo）等。

1. 西蒙

西蒙是著名翻译理论家、文化专家，是当代女性主义翻译理论最有影响力的声音。《翻译的性别：文化认同和政治交流》主要探讨作为政治与文学运动的女性主义对于翻译理论和实践的影响，是西蒙重要的译学理论专著之一，是西方第一本全面论述女性主义视角下的翻译问题的学术性专著，也是女性主义翻译理念最广为阅读的著作。

西蒙摒弃了传统的翻译理念，认为翻译不是简单机械的语言转换，而是无限的文本链与话语链中的意义的不断延伸。此外，西蒙从建构主义的观点出发，指出翻译的衍生性和女性的从属性，在历史上的低下地位都是一种建构。性别像其他文化身份一样，是身份与经验的构成因素，是由社会意识和话语建构的。西蒙通过系统考察西方，尤其是加拿大女性作家和女性译者的话语实践，为女性主义翻译理论奠定了坚实的基础。

2. 张伯伦

张伯伦是美国翻译家和女性主义翻译理论家，曾在《当代文学》《国际小说》《符号》发表过论文。发表于《符号》的文章《性别和翻译的隐喻》立刻就成为女性翻译研究的经典代表作。在《性别和翻译的隐喻》中，张伯伦通过梳理西方翻译史上 17 世纪到 20 世纪关于翻译的性别化隐喻，深入探究这些隐喻中所隐含的性别政治。张伯伦指出："尽管我们所看到的翻译的隐喻试图给翻译的次等地位披上一件阳性语言的外衣，但是西方文化却极力强化这种次等地位，坚持赋予翻译女性化的地位。"因此，对于长期流传于西方的男女之间的等级关系、文本的等级关系以及这种带歧视性的隐喻必须予以消解。这样，我们才能真正理解翻译，承认女性的平等地位。

张伯伦通过后解构主义理论的运用，解构了原文和译文、男性和女性的边界，提高了女性译者的政治文化地位和女性译者的主体地位，对翻译理论界产生了巨大的影响。

3. 弗罗托

弗罗托是加拿大著名的女性主义翻译理论家，她的性别研究渗透到了学术研究与文艺翻译的各个方面。她对女性文化的深入研究深刻影响了她的翻译实践、翻译理论与翻译批评观点，使翻译成为探索性别与文化相互作用的重要领域。

弗罗托在翻译研究领域的探索与成就可谓硕果累累，20 世纪 90 年代出版的翻译理论专著《翻译与性别》是继西蒙《翻译中的性别》之后女性主义视角下的又一力作，该书将翻译置于女权运动以及这场运动对“父权”语言的批判背景中，聚焦翻译对父权社会中作品的重现，阐述了女性实验性作品的翻译实践。

弗罗托的女性主义翻译理论充分吸收了当代各种理论思潮并以此来建构自己的译论，同时她采用实证的研究方法，从北美女性作家着手收集了大量素材，从翻译技术角度进行微观分析。弗罗托认真分析了女性主义翻译理论存在的问题和面临的挑战并清醒地认识到，女性只是为女性翻译提供一个起点，性别的语言在不同语境中可能有不同的含义，因此需要采用不同的、动态的翻译策略来翻译女性的语言和文化。弗罗托的研究对西方整个女性主义翻译理论和实践产生了极其深远的影响。

第二节 翻译的定义

一、翻译的定义

随着世界经济全球化的不断加深，国与国之间的交流日益频繁。翻译作为交际的媒介和信息转换的手段，其重要性也日益凸显。事实上，自翻译活动诞生以来，人们对翻译的各种研究就没有停止过。本章作为开篇章，首先对翻译的各种基础知识进行介绍，包括翻译的定义与分类等，以帮助读者对翻译活动有一个整体上的把握和认知。

翻译工作至今已经走过了千百年的历程。可以说，无论是在东方还是在西方，翻译工作都源远流长、历史悠久。但是对于到底什么是翻译的问题，学界一直众说纷纭，不同的学者有不同的看法。下面将从国内和国外两个视角来看一下不同学者对翻译的界定。

（一）国内较有代表性的翻译定义

（1）茅盾认为，文学翻译是用一种语言把原作的艺术意境传达出来，使读者在读译文的时候能够像读原作一样得到启发、感动和美的感受。

（2）吕俊认为，翻译是一种跨文化的信息交流与交换活动，其本质是传播、是传播学中的一个有特殊性质的领域。

（3）林煌天认为，翻译是语言活动的一个重要组成部分，是指把一种语言或语言变体的内容变为另一种语言或语言变体的过程或结果，或者是把一种语言材料构成的文本用另一种语言准确而完整地再现出来。

（4）沈苏儒认为，翻译是把具有某一文化背景的发送者用某种语言（文字）所表达的内容尽可能充分、有效地传达给使用另一种语言（文字）、具有另一种文化背景的接受者。

（5）王克非认为，翻译是将一种语言文字所蕴含的意思用另一种语言文字表达出来的文化活动。

（6）孙致礼认为，翻译是把一种语言表达的意义用一种语言传达出来，以达到沟通思想情感、传播文化知识、促进社会文明，尤其是推动译语文化兴旺昌盛的目的。

（7）林汉达认为，正确的翻译就是尽可能地按照中国语文的习惯，忠实地表达原文中所有的意义。

（8）王以铸认为，好的翻译绝不是把原文的一字一句硬搬过来，而主要的却是要传达原来文章的神韵。

（9）范仲英认为，翻译是人类交流思想过程中沟通不同语言的桥梁，使通晓不同语言的人能够通过原文的重新表达而进行思想交流。翻译是把一种语言（即源语）的信息用另一种语言（即译语）表达出来，使译文读者能得到原文作者所表达的思想，得到与原文读者大致相同的感受。

（10）张今认为，翻译是两个语言社会（language-community）之间的交际过程和交际工具，它的目的是要促进本语言社会的政治、经济和文化进步，它的任务是要把原作中包含的现实世界的逻辑映像或艺术映像，完好无损地从一种语言移注到另一种语言中去。

（11）谭载喜认为，翻译是把一种语言文字的意义用另一种语言文字表达出来的过程，它主要是一门技术，同时也具有许多艺术的特征，如它的创造性特征，但绝不是科学。谭载喜主要强调了翻译的技术性和艺术性。

（12）张培基认为，翻译是运用一种语言把另一种语言所表达的思维内容准确而完整地重新表达出来的语言活动。

（13）许钧认为，翻译是以符号转换为手段、意义再生为任务的一项跨文化的交际活动。

以上我们介绍了国内外学者对翻译的各种见仁见智的定义。无论是国外学者还是中国学者，都将翻译视作一种文字之间的转换活动。具体来说，翻译过程主要包括理解、表达和校核三个阶段。

（1）理解是翻译过程的第一阶段。理解可分为广义理解和狭义理解。广义理解指对原文作者的个人、原作产生的时代背景、作品的内容以及原作读者对该作品的反映。狭义的理解仅指对原作文本的理解。首先反复研读原作内容，弄清原作题材、文体、作者写作态度和作品主旨，并借助词典，弄清楚那些不太熟悉的诸如人名、地名、历史事件名称、科技术语的翻译等。不能一拿到原作便下笔翻译，因为不研读原文便下笔翻译必定会产生以偏概全、译文不自然、欠通顺、前后不统一等问题。准确的翻译必须基于对原文的正确理解基础之上。理解是翻译的基础，是翻译的前提。只有理解了原文，才能进行翻译，也才能保证质量。这种理解主要包括语法分析、语义分析、语体分析和语篇分析，通过这些分析，弄懂原文的语言难点、原文内容的逻辑关系、上下文的关联、民族的文化传统和背景知识等，翻译才会成功。

（2）表达是翻译过程的第二阶段。在这一过程中，译者要注意恰到好处地再现原作的思想内容和语体色彩，使译文既忠实于原作又符合译入语的语法和表达习惯。要做到这一点，译者就必须在选词、组词成句、组句成篇上下功夫，在技巧运用上下功夫。

例：The winds of November were like summer breezes to him, and his face glowed with the pleasant cold. His cheeks were flushed and his eyes glistened; his vitality was intense, shining out upon others with almost the material warmth.

十一月的寒风，对他就像夏天吹拂的凉风一样。舒适的冷空气使他容光焕发，两颊通红，两眼闪光。他生气勃勃，叫别人感到是一团炙手的火。

英语 material warmth 字面意思是“物质的温暖”，这里具体译作“一团炙手的火”，言明意清，让人一看就懂。

例：My dear girls, I am ambitious for you, but not to have you make a dash in the world-marry rich men merely because they are rich, or have splendid houses, which are not homes because love is wanting.

亲爱的姑娘们，我对你们期望很高，可并不是叫你们在世上出人头地——要你们去嫁给富人，仅仅因为他们有钱，有奢华的住房，缺少爱情的话，豪华的住房算不得上家。

英语 ambitious 既可表示“雄心壮志的”意思，也可表示“野心勃勃的”意思，这里选用褒义词“期望很高”翻译比较妥当。

表达时应注意避免翻译腔。所谓翻译腔，就是指译文不符合汉语语法和表达习惯，晦涩难懂。

例：To appease their thirst its readers drank deeper than before, until they were seized with a kind of delirium.

译文1：为了解渴，读者比以前越饮越深，直到陷入了昏迷状态。

译文2：读者为了满足自己的渴望，越读越想读，直到进入了如痴如醉的状态。

比较之下，译文1死抠原文形式，死抠词典释义，翻译腔严重，让人难以明白其意思。

表达时，还应注意避免过分表达和欠表达。所谓过分表达，就是指译文画蛇添足，增加了原文没有的东西；而欠表达则是省略或删去了不该省、不该删的原文内容。

（3）校核是翻译过程的第三阶段。切不可认为校核是多余之举。优秀的译者总是十分重视校核的作用。通过校核，可以发现并改正自己犯下的错误，可以修改或润色译文，使译文的风格前后贯通，并使其与原文的韵味基本相符。

校核一般应注意以下几点：译文是否有误译之处；译文在人名、地名、时间、地点以及数字上有无差错或前后不一致情况；译文中段落、句子以及关键词汇有无错漏之处；译文中段落分行有无不恰当之处；译文中的标点符号有无差错等。

(二) 国外较有代表性的翻译定义

(1) 英国18世纪著名学者约翰逊 (Samuel Johnson) 认为, 翻译就是将一种语言换成另一种语言, 并保持原文意思不变。

(2) 美国翻译理论家尤金·A. 奈达 (Eugene A. Nida) 认为, 所谓翻译, 是指从语义到文体在译语中用最切近而最自然的对等语再现源语的信息。这是国外比较有代表性的翻译定义。

(3) 杜波斯 (Dubois) 认为, 翻译是把第一种语言 (源语) 语篇所表达的东西用第二种语言 (目的语) 重新表达出来, 尽量保持语义与语体方面的等值。

(4) 英国著名语言学家和翻译理论家卡特福德 (J. C. Catford) 认为, 翻译是一种语言 (源语) 的话语材料被另一种语言 (目标语) 中的对等的话语材料替代。卡特福德认为翻译主要是两种存在状态, 一是源语即译出语, 一是目标语即译入语。

(5) 纽马克 (Peter Newmark) 认为, 通常翻译就是把一个文本的意义按原作者所意想的方式移入另一种文字。

(6) 韦努提 (Venuti) 认为, 翻译是译者依靠解释所提供的目的语中的能指链替代构成源语文本的能指链的过程。韦努提一反传统的"对等"角度的定义, 否定了结构主义所信奉的所指与能指或自荐的对应关系, 认为能指和所指是可以分裂的, 符号与意义之间是不一致的, 因此文本意义具有不确定性。在韦努提看来, 翻译只是用一种表层结构代替另一种表层结构。

(7) 图瑞 (Gideon Tmiry) 认为, 在任何情况下, 译文都表现为或被认为是目的语文化中的一种目的语文本。这一定义提出了目的语文化, 并使翻译研究的范畴从语言层面向文化层面拓展。

(8) 苏联语言学派翻译理论家费道罗夫 (Fedorov) 认为, 翻译就是用一种语言把另一种语言在内容与形式不可分割的统一中已表达出来的东西准确而完全地表达出来。

(9) 苏联翻译家巴尔胡达罗夫 (Barkhudarov) 认为, "翻译是把一种语言的言语产物在保持内容方面 (也就是意义) 不变的情况下改变为另外一种语言的言语产物的过程。"

(10) 塞杰尔 (J. C. Sager) 认为, 翻译是由外力激发, 以信息科技为依托, 随交际方式的变化而变化的一种产业活动。这一定义进一步扩大了翻译的外延, 将翻译视为一种产业活动, 其动力来自外部, 并以信息科技为辅助手段。

(11) 弗米尔 (Vermeer) 认为, 翻译是一种信息模仿过程, "翻译是用Z语言模仿A文化的A语言所提供的信息来提供信息, 以实现所希望实现的功能。翻译不是通过换码的方式把词语或句子从一种语言转换成另一种语言, 而是某人在新的功能、文化和语言等条件下, 在新的环境中, 通过尽可能模仿原文的形式特点来提供某文本信息的复杂活动。"

第三节　翻译的标准

翻译标准指衡量译文质量的尺度，在国内国外对译文好坏有不同的观点。西方主要讨论的是可译性、不可译性、可译性限度和等效翻译等，而国内的标准则有严复的“信达雅”、傅雷的“神似”、钱钟书的“化境”等。但翻译的标准没有绝对统一性，在不同的国家、时代，翻译的目的不同，其评判标准也呈多元化趋势。

一、西方的翻译标准

西方的翻译理论虽然众说纷纭，种类繁多，不同学说讨论的重点各不相同，但就翻译标准而言，大体上主要在讨论翻译的可译性、不可译性与可译性限度。

（一）可译性

在西方翻译界，语言之间的可译性是翻译理论和翻译研究讨论的一个基本问题。本雅明（Walter Benjamin）认为，语言是互补的，也是互释性的，这就是不同语言之间相互沟通的根本基础。人们都生活在地球上，虽然各个地域的生态环境、自然条件或者物质资源千差万别，各不相同，但我们仍可以认为人类所居住的地球生态系统是一个统一的大环境。这种物质的统一性使得人类在大脑中形成一个宏观上基本相同的意识形态框架。这也是语际交流的一个重要依据和基础。尽管各种语言的体系差别甚大，但语言之间的翻译主要目的是为了沟通和交流。在这个目标下，如果某个源语言的具体语言要素在目的语中找不到等值对应，在整体的翻译中仍可采取替代、解释等手段来保持信息的完整。

（二）不可译性

不可译性指“译文不可能准确、完整地再现原文”。语言间的不可翻译一般是由两方面的原因造成的。第一，各种语言有其特定的文学形式，如英语中的十四行诗，汉语的唐诗宋词等，其形式对于传情达意有重要作用，但在目的语中并不存在对等的文字形式；第二，语言之间的文化差异导致不同的语言中有各自独特的，体现民族审美观、价值观和思维方式的表达，这样的表达在其他语言中并不存在。不过，随着时代的发展和交流的增加，这样的文化差异性也会逐步转变为可译性。

（三）可译性限度

由于语言形式和文化的差异，语言之间的翻译不可能完全对等。可译性和不可译性并不是截然对立的两面，也没有特别明显的划分。随着社会文化的发展，国际交流的增多，越来越多的不可译变成了可译。译者所能做的，就是最大限度地发挥主观能动性，不断努力突破可译限度。

二、中国的翻译标准

提到中国的翻译标准，最常被人们提起的就是严复的“信达雅”。古言的“传神”“达旨”被后人借用描述好的翻译，针对严复的“信达雅”，后来的翻译理论家们提出了更多的标准来补充说明“信达雅”的内涵。20 世纪以来，傅雷提出了“神似”的标准，钱钟书提出了“化境”的标准等等，直至辜正坤提出“翻译标准多元互补论”，国内对英汉翻译的评判标准的争议至此告一段落。以下简单回顾一下以上标准。

（一）案本而传

早在严复之前的东晋时期，佛经翻译大师道安就提出了“五失本，三不易”之说，开创了中国翻译理论先河，现在已经成为举世公认的佛经翻译原则。他也曾就翻译标准提出了“案本而传”的理论：“逐案本而传，不令有损言游字；时改倒句，余尽实录也。”即按照原文的本意翻译，这样可以不失原义；除了偶尔改变原文的词序，应尽量将原文忠实翻译。

（二）信达雅

严复在《天演论·译例言》中谈道：“‘译’事三难：信、达、雅。求其信，已大难矣！顾信矣不达，虽译犹不译也，则达尚焉……故信达而外，求其尔雅。”中国翻译研究者对于严复提出的这“译事三难”通常解读如下：“信”指忠实于原文内容，为读者准确传达原文中的信息；“达”指用目的语言地道表达，刘德重、思果认为严复的“达”为“达如其分”之意；“雅”指译文的艺术表现力和风格特色应当与原文相当，而刘、思则把这一条标准解读为“切合原文风格”，也就是形式上与原文保持一致。

（三）神似

傅雷在评论何为好的翻译时，说道：“以效果而论，翻译应像临画一样，所求的不在形似，而是神似。”“神似”古语出自东晋顾恺之的人物画论，传说他画人物几年不画眼睛，原因就是他认为“传神写照，正在阿堵中”。即人物的神采精妙之处，都在这个眼睛上，不可轻易画就。后来这个“传神写照”便被沿用于翻译理论中，指对原文内容的准确传达和形式的灵活模仿。后被翻译大家林语堂首次引用作为翻译的标准，再经由朱光潜的“近似”、傅雷的“神似”，最后发展为钱钟书的“化境”。

(四) 化境

“化境”作为术语，最早出现于金圣叹的《水浒传序一》，但用其来点评翻译作品则是出自林语堂的一段话：“文学翻译的最高标准可以说是‘化’。把作品从一国文字转变成另一国文字，既能不因语言习惯的差异而露出生硬牵强的痕迹，又能完全保存原有的风味，那就算得入‘化境’。”这一标准的提出，要求译者能够想原文作者所想，与其达到心灵上的契合，也就是林以亮所描述的“这种契合超越了空间和时间上的限制，打破了种族上和文化上的樊笼”。《中国译学大辞典》认为，“化境是包含或超越两种语言范型、两种文学传统、两种文化特性的翻译境界”。这应当是翻译的一种至高境界，虽然不易达到，但译者应当不断提高自身素质修养，以达到“化境”目标而努力。

(五) 翻译标准多元互补论

辜正坤认为，应当以一种宽容的态度承认多个翻译标准同时存在，这些标准具有不同的侧重点和功能，可以相互补充。由于翻译的目的、社会作用、读者群体特点具有多样性，翻译策略、手法和翻译途径又各有差异，翻译不可能单纯地以某一个或几个标准衡量好坏，所以应当是一个相对的概念。他提出了一个“标准系统”，即“绝对标准—最高标准—具体标准”，其中“绝对标准”指原作，虽然是永远不可能达到的标准，但却可以无限地接近；“最高标准”指“最佳近似度”，也即译文与原文之间所能达到的最大相似程度；“具体标准”指在读者的有限认识能力内所默认的具体判定某篇译文的标准。而这些多元标准的互补性则体现在“一个翻译标准所具有的优点，正是别的翻译标准所具有的缺点”，不同的标准能够衡量译作的不同方面，除了起到各自的作用，还能相辅相成。

第四节　翻译的方法

一、翻译技巧概述

对翻译的基本概念与问题的了解，对英汉语言文化差异的熟悉，是翻译工作必不可少的理论务虚过程。缺少这一课虽然有时也能对付过去，但毕竟后劲不足。但只停留在这一步是不够的。在实际从事翻译前，还有必要学习一些具体的方法，以便在翻译中应用自如。所以，从理论和实践两个角度了解英汉翻译中最常用的一些技巧就显得尤为重要。

翻译的技巧实际就是变通的技巧。源语和译入语差别如此之大，不变通无法进行翻译。于是人们创造了一系列可以帮助译者完成翻译任务的具体方法。这些方法表面上看只是示人以路径的操作技能，但每一个技巧后面都有其存在的语言文化基础。因此，在介绍技巧本身的同时也十分简洁地提一下每个技巧背后的跨文化语言学的基础是有益的，因为，这种对技巧较为深入的了解可能帮助译者在其他情况下触类旁通，更灵活地使用技巧，甚至能打开思路，创造出新的方法。

那么，怎样的翻译技巧才能事半功倍呢？应该说，不同的人可以从不同的角度讨论技巧问题，但基本上都殊途同归到一些相同的技巧上。不过有些角度新颖，就会有耳目一新的感觉。北京大学许渊冲教授套用简单的数学公式描写翻译技巧就是一个很好的例子。现将许教授的数学公式介绍如下：

加词 2 +1 =2（加词不加意）

减词 2 −1 =2（减词不减意）

换词 2 +2 =3 +1（变换符号不变换意思）

移词 1 +2 =2 +1（前后移位）

分译 4 =2 +2（一分为二）

合译 2 +2 =4（合二为一）

深化 1：2 =2：4（具体化）

浅化 2：4 =1：2（抽象化）

等化 2 +2 =2 ×2（寻求灵活对等）

一分为四 4 =1 +1 +1 +1（莎士比亚戏剧中的 woe 译成离合悲欢。）

合四为一 1 +1 +1 +1 =4（鲁迅的“管它冬夏与春秋”译成 I don't care what season it is.）

在这个公式里，各种各样的翻译手段都用人人皆知的数学公式表达出来，看起来清楚易懂。如我们最常用的加词法用 2 +1 =2 的公式，表示虽然在译文中加了 1，但实际价值不变，仍然是 2；又如同样常用的切分断句法在公式中用 4 =2 +2，简明易懂。许教授还认为文学翻译应该是 1 +1 =3，译文甚至可能优于原文。所以，有时用新的角度看老问题会创出新意，展现新成果。

技巧这类变通的手段是为克服跨文化障碍创造出来的。翻译中的障碍大多来自词性、词的语义结构和句法结构等方面的差异。所以，这些技巧和手段的作用点也常常是词性、语义结构、句法结构。常用的技巧种类繁多，但主要包括词性转换法、加减重复法、反面着笔法、分合移位法以及专门针对句型结构的方法，如定语从句的译法、状语从句的译法、被动句的译法等。这些都是用在表达阶段的方法。另外，在理解阶段如何理清短语中词之间的关系也是至关重要的。

二、英语翻译常用技巧

（一）解包袱法

词与词之间的关系有时一目了然，如我们说“漂亮的衣服”，谁都知道“漂亮的”和“衣服”之间的修饰关系。英文也是一样，“wonderful books”中两个词修饰与被修饰的关系也很清楚。这是因为中文里的“的”字给了读者明确的指示，说明了形容词和后面名词的关系；同理，英文以“ful”结尾的形容词也是一个标记，指示英文中这两个词之间的关系。但是，不一定每个词语都是这样明显。例如，报纸上一篇文章的题目是“内蒙古大兴绿色食品”，这个“绿色食品”就不一定是绿颜色的食品。再比如，《纽约客》（New Yorker）杂志上称美国总统克林顿是 the first black president。克林顿明明是白人怎么会一下子成了黑人？black 和 president 两个词之间的关系就无法用原来已牢固树立的形容词修饰名词的关系来解读。原来，作者想表示的是克林顿特别重视黑人的利益并与黑人有特别紧密的关系，所以就不能译成“克林顿是第一个黑人总统”，而应加几个字把 black 和 president 之间的语义关系挑明，如“第一个关注黑人权益的总统”等。但加词就比较困难，因为如果解读错误，加词就必错无疑。比如看到 Clinton is the first woman President 这句话后，就想当然地认为这是在说他和女人有婚外关系这类事，但本句实际是美国女权主义者们的观点，认为克林顿在政治上特别注重妇女的利益，能代表妇女说话，与上面的黑人的情况一样。这就说明，加字必须理解正确。

也许是因为加字有一定问题，或者是因为加字太复杂，但是许多译者有时为了贪图简便，一字不加地照原样搬到中文里的方法也是常常可以见到的，比如 opinion leaders 就译成“意见领袖”，意见和领袖之间的关系根本没有说清楚。到底什么是“意见领袖”？普通读者也许并不能依靠汉语的语言知识和语感弄懂这个词组的意思。但常读时事报刊的人可能没有困难，因为他们已经在大量的阅读中了解到这两个名词已被作为一个整体对待，表示能影响或左右舆论的人。

上面的例子几乎都是名词和名词或形容词和名词的关系。但在实际语言中，各类词之间都有复杂的关系。译者在使用各种翻译技巧前，有必要先将这些缠在一起的关系像解包袱一样解开，然后理顺。这样读者就可以不背这个包袱，这就是所谓的“解包袱法”。但应指出的是，理解时译者必须解开包袱，表达时，我们并不排除“意见领袖”那种译法。下面的例子是解包袱法的重要体现。

例：We want to buy quality steel.

我们要买高质量的钢材。

本句中 quality 和 steel 之间的关系实际上与形容词和名词的关系类似，而且 quality 中实际有 high 的意思在内。形容词修饰名词我们接触的较多，但也常常看到名词 + 名词这种修饰关系。这时两个词之间的关系就可能会比较复杂，译者有必要根据语境仔细分析，不能千篇一律地用一种关系解释所有名词 + 名词的关系。

例： I am pleased to be here to offer a U. S. business perspective on one of today's great quality challenges: building a high skills/high wage workforce.

我很高兴能来此介绍一下美国商界对当今我们在（员工）素质方面所面临的挑战的看法，这项挑战就是如何建立一支高技术、高薪金的劳动队伍。

本句中的 quality 和 challenges 之间的关系就和上句不一样，quality 实际是 challenges 的范围。如果译者把这个短语译成“质量的挑战”，读者就可能要问，这到底是什么意思？我们有时常看到“香港的挑战”这类表达法，但这是什么意思？是香港对别人挑战，还是香港面临某种挑战？照字面意思看应该是香港对别人构成挑战，不少情况下用这个词组的人实际想表达的却是香港面临挑战。

例： The president now is on a poverty tour.

总统目前正在访问贫困地区。

这句是在说克林顿总统到美国仍然非常贫困的地区去访问，所以本句应解读为 The president is touring the poor areas。译者千万不能根据英文的结构译成“贫困的出访”。

例： Noise abatement procedures.

抑制噪声的措施。

在这个词组中，三个名词叠加在一起。这三个词之间的关系应该是 the procedures abate noise，所以翻译时就应该有所调整。

例： Satellite communications ground station equipment repairer.

卫星通信地面站设备修理人员。

本句一共有六个名词叠加在一起，表示的关系是 the person that repairs the equipment used for satellite communications installed in the ground station。翻译时倒并不一定要用这么多的字把关系表达得这么清楚，但至少应该把这个解读出来的意思说出来，使读者不会误解。特别是在科技等文本中，译著有时确实可以省去一些词，使译文简洁，而不是把解读出来的所有意思都用文字表达出来。

例： Professor Smith is leaving the school. That is a stupid loss.

史密斯教授要离开学校了。这个损失实在是不明智才造成的。

这里也是形容词 + 名词的结构。如照语法逻辑译，就是“愚蠢的损失”。这样译成中文的意思不够清楚。其实这里的 stupid 和 loss 没有什么关系，应该是造成损失的人愚蠢。这里，表层的语言结构把词与词之间的语义关系弄模糊了。应该对词语的深层结构关系进行剖析才能厘清头绪。

例： The kiss represents the symbolic loss of the most famous American child.

那轻轻的一吻是一个象征，代表这个美国最著名的孩子已经长大成人了。

本句是在说美国著名童星 Shirley Temple 在银幕上第一次与男友接吻。如果照原文的修饰关系，那么就可能译成“那一吻代表了这个美国最著名的孩子象征性的丧失”。这样的中文很别扭。其实完全可以调整修饰关系，如：The kiss is a symbol that represents the loss of the most famous American child.

例： criminal law（刑法），criminal lawyer（专门处理刑事案件的律师），criminal attack（构成犯罪的攻击），criminally insane（刑事法庭鉴定为患有精神病）.

上面前三个词组中都有 criminal 这个形容词，从语法角度看，前三个词组的语法关系是一样的，都是形容词 + 名词。但每个词组中 criminal 和后面名词的语义关系不同。criminal law 表示 The law involving crime and its punishment；criminal lawyer 表示 the lawyer specializing in criminal law；criminal attack 表示 the attack punishable by criminal law。另外，criminally insane 是副词 + 形容词的结构，很容易被认为是一个普通的词组，但实际它是与刑法有关的一个专门的法律概念，表示某人经刑法程序鉴定患有精神病，不必负所犯罪行的刑事责任。

例： This is a thought-provokingly different explanation.

这个解释完全不同，但却很能给人启发。

本句的基本修饰关系是副词 + 形容词。这里的副词 thought-provokingly 不可能照搬到中文来，我们不能说“启发思想地不同”。我们有必要将这几个词之间的关系理顺。首先最基本的语义关系应该是 The explanation is different。但到底应该怎样将副词引进来？也就是说，What provokes the thought？这可能有两个解释，一个是 The explanation provokes the thought；另一个是 The difference of the explanation provokes the thought。从语法角度看，后者更正确，但在翻译时我们倒不必这么认真，因为两个解释并非一点联系都没有。

例： Bryant Gumbel is sometimes favorably compared with Ted Koppel.

人们有时把布莱恩特·甘贝尔和特德·考波尔相比，认为甘贝尔更好。

本句的基本结构是副词 + 动词，是英文语法中典型的修饰方法。但 favorably 在这里和动词 compared 的关系和 quickly read 中副词和动词的关系并不完全一样。原来布莱恩特·甘贝尔是全国广播公司（NBC）晨间节目的主持人，是一颗正在上升的新星；特德·考波尔则是美国广播公司（ABC）夜线节目的主持人，是美国新闻界的重量级人物。将前者和后者相比，认为前者更好，所以这句可以解读成 The comparison of Gumbel with Koppel favors Gumbel，副词 favorably 中的动作成分在解读时被引出来了。使用这种“解包袱”的方法来分析原文，词与词之间的深层语义关系就能显露出来，在翻译时译者就有极大的自由。

例： With the tree now tall，we get more shade.

由于树长高了，我们就有了更多的树荫。

本句和上句是同样的道理，介词 with 并没有明确指明和主句的因果关系，也要由译者将“包揪”解开。

例：drug-induced diseases（药源性疾病），heart-breaking news（令人心碎的消息）.

这是两个有过去分词和现在分词的短语。在 drug-induced diseases 中是由 drug 引起疾病的 The diseases were induced by the drug. 如要用现在分词表达同样的意思，就必须颠倒词的位置 disease-inducing drug。第二个短语是现在分词短语，heart-breaking news 表示的是 the heart was broken by the news。这种分词结构往往会给译者带来困难，因为分词本身并不明确点明词之间的关系。这时语法知识就非常重要。

上面介绍的解包袱法能将紧紧捆在一起的词与词间的语义关系解开，把隐藏的词和词间的连接方式暴露出来，成为在理解阶段译者可以使用的一个法宝。但是，解开的包袱并非一定要照解开时的样子搬到译入语中。也就是说，通过解包袱法分析后的原文完全可能太具体，因为我们在理解时正是通过加进一些词才将不明确的关系说清楚的，所以我们解开包袱后有时会发现，包袱不解开，译文读者也能理解，于是就决定把包袱重新包起来，照原样放到译入语中：结果我们就有了像“意见领袖”这类的译法。在目前这个追求效率、追求简洁的时代里，这种将包袱原封不动地搬到译入语中的方法也许无法避免。其实不解包袱并非总是没有益处。照原样复原就可以让读者按原文的思路思考，而且在科技等文本中似乎有必要将不解开的整个包袱当成一个符号对待，解释了反而不利于标准化。从更深层的角度来考虑，语言本身就是“暴虐”的，人的思想正是由语言这个媒介被硬性地包装起来的。即便是解开了包袱，也不见得和语言所指的现实一模一样。只要我们用语言，意义就不可避免地要走样，只是程度不同而已。因此，我们应该给“意见领袖”这种译法持保留态度。不过，当原封不动的译法影响读者理解译文时，解开的包袱就不应该重新包起来，加词等变通的手法就不得不用。

（二）词性转换法

词性转换是最常用的手段。我们学英语时老师总是不停地灌输“词性”这一概念，所以在我们头脑里，名词、动词、形容词、副词、介词、连接词、代词等词类分得清清楚楚。这对学习英语的学生来说，可以说是一个长处，但强调词性概念在翻译时就可能成为译者的障碍。因为，词性概念都是建立在语言的表层结构上，而恰恰在表层结构上英汉两种语言差别很大。在英语里可以用一个名词表达的概念，汉语也许可用一个动词；一个汉语里的副词在英语表达时可能转换成形容词，这类例子比比皆是。词性转换这个手段是以词为对象的变通手段，但其作用所及已不仅仅是词。短语间词与词的关系的调整，句型的转换，使用这些手段时，都可能要同时用到词性转换法。

词性转换几乎可以在所有词性间进行，如名词转换成动词，动词转换成名词，介词转换成动词，副词转换成动词，名词转换成形容词等，都是常常使用的。请看下面几个例子：

例： The improbable pregnancy was big news for the woman's family.

她竟然能怀孕，对她的家庭来说可是一大消息。

本句中的名词 pregnancy 转换成了动词“怀孕”，而形容词 improbable 则译成“竟然”，是非常成功的词性转换。

例： It took a long Presidential drive to get them talk again.

只是在总统不顾旅途遥远，驱车前往调停后，双方才恢复了对话。

本句是写叙利亚外长和以色列总理访美期间所进行的谈判陷入僵局，美国总统亲自驱车前往调停，使对话恢复。形容词 Presidential 能转换成名词，long 也相应转换。另外，动词 talk 也变成了名词。

例： Wherever you go, there are signs of human presence.

无论你走到哪里，总有人迹存在。

本句英文名词的 presence 在译文中用了动词“存在”表达。

例： It is already dark, and the chorus of insects and frogs is in full swing.

天已经擦黑，虫鸣蛙噪，一片喧闹。

本句名词词组 chorus of insects and frogs 在译文中变成了动词词组“虫鸣蛙噪，一片喧闹”。

例： A well-dressed man, who looked and talked like an American, got into the car.

一个穿着讲究的人上了车。他的外表和谈吐都像个美国人。

本句原文中的两个动词 looked and talked 在译文中成了名词词组“外表和谈吐”。

例： She was true to her master through the obscurity in which she first labored, through the acclaim that began in the 1960s, through the sometimes heated denunciation that ensued when she defended controversial church teachings on contraception.

她对自己信奉的主忠心耿耿，不管是先前辛苦工作默默无闻的日子，或是 20 世纪 60 年代开始受到赞扬时，还是在她为避孕这项受争议的教义辩护，而偶遭强烈抨击之际，她都始终如一。

本句中形容词词组 true to 在译文中成了动词“忠心耿耿”；名词 obscurity 成了形容词“默默无闻”；名词 acclaim 成了动词“受到赞扬”；名词 denunciation 在译文中成了动词“抨击”，前面的形容词 heated 成了副词性质的“强烈”，转换灵活自如。

例： Securities laws require companies to treat all shareholders reasonably equally.

证券法要求公司给所有持股人既合理又平等的待遇。

本句两个副词 reasonably 和 equally 译成了形容词“既合理又平等”而动词 treat 则变成了名词“待遇”。

例：Time Warner will pay TCI 360 million for Southern Satellite company.

时代华纳愿付给 TCI 三亿六千万美元购买南方卫星这家公司。

本句中介词 for 中文表达时变成了动词“购买”。

从上面的句子中我们已经发现，在学习英语过程中辛苦建立起来的牢固的词性概念，在翻译时都被译者抛在脑后，不予理睬。这样的做法是正确的，否则翻译出来的中文就会缺乏可读性。

（三）增减重复法

1. 增词法

在翻译中，有时译者不得不在原文的基础上略有增减或故意重复某些词。因此，英汉翻译中增词法、减词或省略法和重复法就使用得异常频繁。不过，增减重复时有一条金科玉律：增词不增意，减词不删意。所以，在译入语中的这种增减重复主要用在两种情况，一是把不清楚的语义用更多的字讲清楚，比如 presidential historian 这个词组译成“总统的历史学家”就不够清楚，用增词法译成“研究总统的历史学家”语义一下子就清楚了，二是在译入语中用增减重复法调整语言结构，使译文更像地道的译入语，如 For mistakes had been made，bad ones 这句可译成“因为已经犯了错误，很严重的错误”，但还可以通过增词法使这句话中的两部分关系更协调，进而使中文表达更顺畅“因为已经犯了错误，而且是很严重的错误”，加了一个连接词，但实际没有加任何语义信息。下面是一些有关增词的例子：

例：Asia's strength of economic management，however，has not been its perfection，but its pragmatism and flexibility.

亚洲经济管理向来不以完美见长，而是以务实和弹性取胜。

英文整句已经含有“见长”“取胜”之意，译文是典型的加词不加意。

例：Peter's admirers believe that his legacy goes beyond such reversals.

彼得的拥护者相信他的影响不会被这些后退的情势抹杀掉。

原文 goes beyond 如从反面思路想，就是“不被抹杀掉”的意思。

例：She was more royal than the royals.

她比皇家成员更有皇家气质。

本句 royal 一词实际在译文中成了名词，而且是由加词构成的（皇家气质）。英汉翻译时不少表达抽象特质的形容词或名词都可通过加词来更清楚地表达，如 statesmanship 译成“政治家的风度”等。

例：You must come back before nine. Period!

你必须九点之前回来。没什么可商量的余地。

本句中的 period 是英文中常说的，表示说话人不想让步。不加词就无法翻译。

例： An episode of humor or kindness touches and amuses him here and there.

他不时会碰到一两件事，或是幽默得逗人发笑，或是显出人心忠厚的一面，使人感动。

英文中的 humor 和 kindness 只是两个名词，在译文中则用了加词法，译成很长的两个词组“或是幽默得逗人发笑，或是显出人心忠厚的一面”。

例： There are scenes of all sorts, some dreadful combats, some grand and lofty horse-riding, some scenes of high life, and some of very middling indeed, some lovemaking for the sentimental, and some light comic business.

看看各种表演，像激烈的格斗，精彩的骑术，上流社会的形形色色，普通人家生活的情形，专为多情的看客预备的恋爱场面，轻松滑稽的穿插等。

本句可谓是加词比较合适的作品。其实，加进去的词的意思原文中都有，只是不很明显而已。用“形形色色”更好地表达了 scenes 中的复数形式；“生活的情形”也寓于 some of very middling indeed 之中；“专为预备的”原文字面上没有，但译文绝对没加文外之意。拿掉这些加进去的字也许并非不可，但很可能影响译文的可读性。

例： The famous little Becky Puppet has been pronounced to be uncommonly flexible in the joints, lively on the wire.

那个叫培基的木偶人非常有名，大家一致称赞她的骨节特别灵活，线一牵就活泼地手舞足蹈。

本句先用了转换法将名词 wire 变成了动词“线一牵”，又通过加词，把本来想象中的现象用文字表达出来。有人说哪来的手舞足蹈？但手舞足蹈不正是 lively 的具体化，“线一牵”的结果。

例： The heaven being spread with this pallid screen and the earth with the darker vegetation, their meeting-line at the horizon was clearly marked.

天上悬的既是这样灰白的帐幕，地上铺的又是那种最苍郁的灌莽，所以天边远处天地交接的界线，显得清清楚楚。

恰恰如同很多汉语的句子不用连接词表示各语言成分间的关系一样，本句的现在分词短语 being spread 和主句的关系在英文中也没有被一个具体的词挑明。这在英文的现在分词或过去分词结构当状语的情况下最明显。翻译时译者往往可以把隐藏的关系用一个词表达出来，如本句译者就加了一个原文根本没有的“所以”。

2. 减词法

减词（有时也称为省略）则恰恰相反，是把原文中有的一些词省略不用。省略或减词基本上是针对改善汉语行文的手段。英文中有些词在译文中不一定个个都要写出来，写了不能算错，但省略掉会使译文更简洁。英文里的不少代词、连接词在中文表达时省掉才能避免累赘，“他摇着他的头”中的“他的”就可以省略掉。有些情况下，减词也许是因为该词的意思已经融入其他词中，不必再用一个专门的词来表达了。这种减词十分重要，英汉翻译时每个词都不放过的话，译文的可读性就会受到严重影响。下面是几个省略或减词的例子：

例：When the students finished all the books they had brought，they opened the lunch and ate it.

学生们看完了随身带的书，就打开饭盒吃起来。

代词是经常被省略掉的词，因为如不省略的话就会很累赘。上面这句如果写成“学生们看完了他们随身带着的书，他们就打开饭盒吃起来”，就略显啰唆。

例：She listened to me with her rounded eyes.

她睁圆着眼睛听着我说话。

本句和上句一样也是省略代词，而且不省也显得啰唆。

例：As the manager of the performance sits before the curtain on the boards，and looks into the Fair，a feeling of profound melancholy comes over him in hissurvey of the bustling place.

领班的坐在戏台上幔子前面，对着底下闹哄哄的市场，瞧了半晌，心里不觉悲惨起来。

本句的省略主要是连接词 as，and。由于英文重形合，语言各成分间的关系往往由词挑明，如本句用 as 构成从句，修饰主句 a feeling…，而 as 从句里还用一个 and 表示连接关系。这在汉语里都是可以省略的，上面的译文去掉了连接词，效果更佳。

例：What could marriage mean if we did not feel ourselves capable of love?

连爱都爱不起来，还谈什么婚姻！

本句中的 if 在译文里被省略了，假设从句在中文里变成了另一种表达法（连……还）。

例：Smoking is not allowed in the store-house.

仓库重地，禁止吸烟。

本句中介词 in 被省略，才使译文像一个标语。要是说“在仓库里禁止吸烟”，就不像是一条告诫人的标语，而更像是一般的叙述。

例：He shouldn't have taken advantage of her sexually.

他本不应该占她的便宜。

中文只说“占便宜”也能提示“性”。当然，要从语境中引出这层意思，中文字面并无这层意思。

例：Small islands have played a disproportionately large role in the thinking of evolutionary biologists.

岛屿虽小，但在影响进化论生物学家思维的过程中起到的作用却非常大。

本句中 disproportionately 一词主要是说 small 与 large 之间比例失调，说得直接些，一个这么小，而另一个居然那么大，所以中文表达时可以将 disproportionately 省掉，而用其他表达法将该词的意思结合到整句之中，如“却非常大”。

例： Amelia Doll, though it has had a smaller circle of admirers, has yet been carved and dressed with the greatest care by the artist.

那个叫爱米丽的洋娃娃虽然没有那么叫座，卖艺的倒也费了好些心血刻她的面貌，设计她的服装。

这里对 a smaller circle of admirers 的处理既可以说是省略，也可以说是词性转换。在译文里这几个英文词全都被省略了，而只是用一个“没有那么叫座”表达出来。这实际是将一个名词词组转换成了动词词组。英文中的词全被减掉，但这些词代表的意义却一点不漏地在译文中复现。

3. 重复法

重复法是另一个可以使用的翻译手段。作者之所以要重复是因为行文和修辞的要求。本来可以用两个字，却偏偏用四个字，本来可以用一个成语，却偏偏用两个成语。这一类的重复往往是为了“雅”。但有时倒并不是为使用成语之类的“雅”词，而仅仅是为了满足译文行文表达的基本要求，如“You need and deserve admiration.”可以译成“你需要并也值得羡慕。”但如果重复 admiration，就会更通顺：“你需要让人羡慕，也值得让人羡慕。”下面是几个重复的例子：

例： These seemed to call into question the dominance not only of Western power, hut of Western ideology.

这一切似乎不仅使人怀疑西方强权的垄断地位，而且也使西方意识形态一统天下的局面受到质疑。

原文一个 dominance 后面接两个 of 短语，为了避免单调，译者将 dominance 在中文里重复，而且不是简单地照原样重复，而是用了两个同义词组（“垄断地位”和“一统天下”）。

例： There had been too much publicity about their relationship.

他们的关系已经闹得满城风雨，人人皆知了。

本句中的 publicity 被译者用重复法扩充为“满城风雨，人人皆知”。其实，用其中一个就完全够了，这类重复法用时要谨慎，用得不当，会有华而不实之嫌。

例： But Europe held forth the charms of storied and poetical association.

但欧洲也有它的美，欧洲的美更富于历史与诗意的联想。

本句中的 Europe 和 charms 两个词在译文中都重复了。这种重复不是必不可少的，不重复句子照样通顺，但译者可以根据个人的风格并考虑上下文，选择重复法，以求语言的效果。

（四）反面着笔法

反面着笔有时也称正说反译或反说正译。其基本概念是原文从一个角度下笔，译文恰恰从相反的角度下笔。采取这个译法时被反面处理的可以是词、短语，甚至整个句子。有时采用这个译法是没有办法的，因为照原文角度下笔在译文中行不通。既然从正面无法翻译，所认译者掉转方向，从另一个角度下笔，便可以解决此问题。但有时采用这种方法却是译者为了行文优美的目的，不用这个反面着笔的方法译文并非行不通。反面着笔的方法在实际翻译中如果用得恰到好处，常常会使译者绝处逢生，是英汉翻译中一个非常有用的技巧。下面我们来看反面着笔法的几个实际例子：

例：Yet the process of achieving gender equality is still an ongoing one.

然而争取男女平等的过程仍然是一项未竟之业。

本句 an ongoing one 是指 process 在 ongoing，译文则把这个 ongoing 转到人那里，而且是从反面下笔，译成了“未竟”。

例：You couldn't kill any more.

你已经恶贯满盈了。

原文是“你不能再杀人了”，但译文从另一个角度看，说你“恶贯满盈”。kill 这个概念在译文中被取消，而替换成了杀人的记录（“满盈”）。

例：I hear everything.

什么都瞒不过我。

本句整句都被译者反过来了。原文中 I 是动作的实施者，everything 是被听到的。但译文主语和宾语（受词）的位置和英文恰恰相反。整句都用反面着笔法处理。

例：Peter's admirers believe that his legacy goes beyond such reversals.

彼得的拥护者相信他的影响不会被这些后退情势抹杀掉。

原文是 legacy goes，但译文是 legacy 不被抹杀，引进了句中没有的人的动作（“抹杀”），与原文角度相反。

例：With Silicon Valley's notorious housing prices in mind，1 expected to see a much Worse house.

由于对硅谷房价出奇的高早有所闻，所以看到房子还过得去，真出乎我的意料。

原文是 much worse，但译文却从反面着笔，说成是“还过得去”。

例：Osborne was Sedley's godson，and had been one of the family anytime these 23 years.

奥斯本是赛特笠的干儿子。23 年来，这家子一向没有把他当外人。

本句原文是说他是成员之一，但译文来了个一百八十度大转弯，译成“没把他当成外人”。这是反面着笔运用得十分成功的一例。

例：The moon lies fair upon the straits.

长峡托孤月。

本句是一首诗中的一句。原文是月亮在海峡上空，动作是月亮做出的。但译文完全反了过来，是海峡把月亮托了起来，原文中主动的月亮，译文中被海峡托起。

(五) 分合移位法

1. 切分

切分、合并与移位也是翻译中最常用的方法。切分与合并的对象可小，也可大。有时原文是一个简单句，但句中的某一个词或短语很难照原样处理，有必要将某一个单独的词拿出来，构成一个单独的从句甚至一个单独的句子，比如“Those Chinese scientists in Silicon Valley are understandably proud of their acheivements.”这句中的understandably就可以拿出来单独处理“这些在硅谷工作的中国科学家们对他们取得的成就感到很自豪。这是可以理解的。”有时切分的单位较大，如将一个长句子一分为二。这时，译者实际在调整翻译单位。下面是几个切分的例子：

例：And a growing minority of Western intellectuals agreed.

越来越多的西方知识分子当时接受这种看法，虽然从数量上说，他们仍是少数。

原文是一句简单句，其中没有分句存在，但原文中的growing minority在中文里不可能照原来的语法结构译。所以译者把两个词拆开，一个放到前面（“越来越”），一个单独另组一个分句（“虽然从数量上说，他们仍是少数”）。

例：A naive projection of their past growth rates into the future was likely to greatly overstate their real prospects.

若以过去的增长率来预测未来，会显得考虑欠周，因为那种预测会严重夸大未来的实际增长。

本句中的naive只是一个形容词，修饰名词projection，由于projection是一个动作，所以翻译时可以转换成动词。但naive如转换成副词则不一定方便。所以译者索性彻底改变了句型，一句简单句分成了两个分句。

例：My father was not wrong in judging me too young to manage business of importance.

我父亲认定我太年轻，办不了大事。他算是没说错。

本句原文为一个简单句，但译成中文后成了两句。

例：The president of the university has watched soaring real-estate prices in Silicon Valley prompt a steady exodus of his staff.

硅谷地区房地产价格飞涨，结果大学校长眼看着他手下的人都纷纷离去。

本句的基本句型是The president watched prices prompt exodus，显然是一个简单句。译文则变成了一个包括结果从句的复合句。

例：Many years ago, when I was vicar of a small parish in the north of England, I remember hearing a sad story of a certain businessman.

许多年前，我在英格兰北部的一个小教区当牧师。当时我听人讲起过一个商人的悲惨经历。

本句是一个句子，但译文则用了一个“当时”，使原句变成了两个句子。把一个句子拆成两个或更多的句子也是灵活处理句型结构的常用方法。

例：Macroeconomics stabilization quickly became a major focus of transition policy，however，with varying degrees of success，often due to political pressure for credits and subsidiaries for the enterprise sector coupled，in some cases，with uncontrollable growth of credit in the form of inter-enterprise arrears.

宏观经济的稳定迅速成为转型政策的主要重点，不过各国取得成功的程度不同。其原因往往是企业为取得贷款和补助而向政府施加政治压力，加之在某些情况下，以企业之间欠款形式的信贷也不受控制地增加。

英文原句只是一个句子，但这个句子中有好几个动作：became，success，coupled，growth，这就为切分提供了基础，因为有些表示动作的词（如名词或过去分词）可以通过转换成为分句的动词。所以本句译成中文后是两个句子。抓住有动作的词，将其扩展成另一个句子的办法有时会十分有效地切分长句，使英文转换成几个地道的中文短句。

2. 合并

和切分相反，有时译者要合并语言成分，因为合在一起更符合中文的习惯，更顺畅。和切分一样，合并的可以是几个词，也可以是分句，甚至是几个句子。将几个句子合起来处理，译者的眼光实际就冲破了句子的障碍，是以语段为翻译的取舍单位。合并也是翻译时常常使用的。下面是几个合并的例子：

例：The inauguration took place on a bright，cold，and windy day.

就职典礼那天天气晴朗，寒风凛冽。

原文是三个形容词，但译文中却合并成了两个修饰成分。翻译时有些并列的修饰成分如无特殊意义，译者可以考虑合并，只要原文的意思都包括进去就可以。

例：Thank you for your advice and counsel.

谢谢您的忠告。

本句中两个名词（advice 和 counsel）实际是一个意思，原文重复使用基本上是个语言手段，翻译时可以考虑合并成一个。

例：Montag shook his head. He looked at a blank wall. The girl's face was there，really quite beautiful in memory：astonishing，in fact.

蒙特咨摇摇头。注目粉墙，他仿佛看见那姑娘的肖像；真奇怪，印在他头脑里的肖像的确很美。

原文一共有三个句子，但译文只有两个句子，英文的第二句和第三句合并成了一句。

例： This single stick, which you now behold ingloriously lying in that neglected comer, I once knew in a flourishing state in a forest. It was full of sap, full of leaves, and full of boughs.

君不见，眼前这根孤零零、灰溜溜、羞怯怯地躺在壁角里的扫把，往年在森林里它也曾有过汁液旺盛、枝叶繁茂、欣欣向荣的日子。

英文原文一共两句，但两句都是描写扫把的。所以译者将两句合并成了一句中文。这说明译者取舍翻译单位时不是根据有形的句子，而是根据表面形式后面的意义。

例： The most significant liberalization measures were the easing of exchange controls in the three major industrial countries that had maintained such controls—France, Japan, and the United Kingdom. This relaxation permitted residents of these countries access to foreign currency investments, thereby increasing the substitutability of domestic and foreign assets.

最重要的开放措施是一直保持外汇控制的三个主要工业国——法国、日本和英国——放松了这些控制，这些国家的居民因此能够从事外汇投资，从而增加了国内和国外资产的替代性。

本句原文是两句，但第二句的 This relaxation 就是前面的 liberalization，所以从语义看，第一句完全可以延伸到第二句。译者因此也就没有在中文的句子之间画上一个句号，而是让句子延伸下去，结果译成了一个较长的中文句子。

3. 移位

将原文的语言成分前后移位在翻译中也常用。一般来说，移位最常用在一句之内的语言成分间，如把一个词或短语从前面移到后面，把一个从句从后面移到前面。如果想移动两个句子，那就要从语段的角度找依据。除非有足够理由，一般不主张将数个句子前后移位。

例： I knew every spot where a murder or robbery had been committed or a ghost seen.

什么地方发生过盗窃案或者凶杀案，什么地方有鬼魂出现过，我都知道。

本句句首的 I knew 被放到了句子的最后面，完全颠倒了过来。

例： A woman infected with HIV may be ostracized or abandoned hy her husband if her condition is revealed, even when he is the source of the disease.

即使妇女的 HIV 是被丈夫传染的，病情一旦泄露，还是会遭受冷待或抛弃。

本句最后的分句在译文中放到了最前面，既简洁又清楚。如果仍然放到后而效果就不见得那么好："感染了 HIV 的妇女，如果其病情被泄露出来，可能被丈夫赶走或抛弃，即使她的病情是因丈夫而引起时也是这样"，颠倒法在这里起到了非常好的效果。

（六）对"词性转换"的新认识

将动词换成名词，将名词改成介词这类灵活的方法往往可救译者于"危难"，一句翻译不下去的话，一经转换便可解决。这说明，词性本身往往是障碍，翻详时不能死盯着原文的词性。因此，奈达翻译理论的一个核心内容也与突破词性束缚有关。他主张超越词性，在更深（或者说“更高”）的层次，译者能够游刃有余。对这些基本观念，不需要颠覆，因为这些都是翻译实践中经常使用的策略，在理论中有据可循，在实践时也能够得心应手，应该继续作为翻译的技巧加以传授。

但是多年来，强调转换“利”的一面，却很少关注转换“弊”的一面，对于可以转换讲得多，对于不该转换讲得少，甚至可以说基本没讲。所以就必须对转换这类技巧，给予新的解释，赋予新的内容，再提出更完整的技巧“适应征”。下面让我们用认知语言学领域的进展，对词性转换这一技巧做些补充。

为说明词之间的关系，奈达提出了一组经典例句：

①She sings beautifully.

②the beauty of her singing.

③Her singing is beautiful.

④her beautiful singing.

奈达认为，这四组表达法的语法结构虽然不同，但词之间的深层关系是一样的，所以，仅就文字的基本意思而言，这四句所表达的事件是一样的。他的目的是要给译者一个理论基础，使他们在翻译时不要被词性束缚，大胆地灵活处理。

总体来说，奈达的这个判断应该是切中要害的。问题是，文字的意思有时不仅仅靠基本语义表达，一些附加的信息很可能通过语言的其他手段表达出来。换句话说，语义相同但词性不同很可能传达的信息并不完全一样。有些认知语言学家的研究很值得注意，比如兰盖克（Langacker）就认为，名词、动词、副词、形容词等语言范畴不仅仅是只有形式属性的。语法范畴，而且也承载意义。兰盖克用下面这两个表达法来解释名词和动词之间的差别。

①The Boston Bridge collapsed.

②the collapse of the Boston Bridge.

就语义来说，这两个表达法说的是一回事，但在认知语言学家的眼里，却有所不同。首先，第一句中的 collapsed 是动词，而由动作表达的事件往往更容易给人一种延续感，好像事件在你眼前展开，你好像看到桥在倒下去，好像演电影一样。所以兰盖克认为这种由动作表达的事件是动态的，从观察者的角度说，这个过程是序列扫描。再看第二句中的名词 collapse，显然和第一句中的 collapsed 意义完全一样，但名词却给人一种静态的感觉，一个在时间里序列展开的事件被固定成一幅不移动的画面，这种观察兰盖克把它称为概括扫描。也就是说，动词更凸显事件的序列关系，呈现时间过程；名词则强调其非时间性的一面，它不在你的大脑中促成序列的关系。兰盖克用了另外一对句子说明同一个问题：

①Me suffered terribly.

②His suffering was terrible.

根据兰盖克的解释，第一句中的动词 suffered 给人动感，是有时间序列的，而第二句中的名词 suffering 则是无序列关系的，静止的，无时间延续的。但由于是静止不动的，所以这样的图像更容易给人“物”的印象。相反，在时间中移动的事件就不能给人“物”的感觉，所以根据心理语言学的观察，名词更容易给人留下印象，因为名词的使用率较高，动词则次之，其他词性也都不如名词容易记忆。其他学者也提供了一个类似的例子：

①Lily destroyed the letters secretively.

②Her destruction of the letters was secretive.

根据他们的解释，第一句由动词表达，因而呈现的是一个动态的过程，而这个动态过程是以某一特定的方式展开的，这个方式就是由副词 secretively 表达的。相反，第二句则是以静态呈现的，是概括性扫描，destruction 是以“物”这样的身份呈现的，而这个“物”是由形容词 secretive 修饰的。他们也认为，动词经常表达动态，名词则表达静态。根据有关研究者的观点，名词表示物，形容词表示事物的属性，动词表示事物的状态与过程，副词表示过程的属性，介词则表示事物间的关系。而从心理学的角度讲，名词的隐喻力度最大，最容易被人记住，而其他词性的隐喻力度相对微弱。名词容易被记忆的一个原因是他表示“事物”，而事物较容易在头脑中形成图像，容易被记住。但人们会说，不少名词不是表示物，而是较抽象的动作，比如上面的 collapse 和 suffering，都是由动词变来的名词。所以，这里就牵涉我们对名词化的看法。

所谓名词化，我们指的是将动词或形容词在不变词形或略变词形的情况下用作名词，如 change 既可用作动词，也可用作名词，investigate 这个动词可以将其名词化成 investigation，所以大多数名词化的过程就是词性转换的过程。尽管牵涉的是抽象的动作，但由动词转换成名词这一名词化的过程仍然使这个词增加了类似“物”的特征。所以当我们说 the collapse of the Boston Bridge 时，尽管这是一个动词，却仍然给人一种静止的“物”像。此外，从文体上说，名词化往往使语域提高，使阅读变得艰难，造成作者和读者间距离增大。

除了动词和名词间的转换外，其他词性的转换也有同样的问题，如名词转换成形容词也被认为可能是词的隐喻力度削弱，比如以下的这个例子，“This experience removed any magnetism there was in London.”中的 magnetism 就要比“London was less magnetic.”中的形容词 magnetic 更有隐喻力度。

那么所有这些对翻译的意义何在呢？这个心理语言学的角度提醒译者，词性转换虽然不改变语义，却有可能改变读者心理的感受。“波士顿桥倒塌了”和“波士顿桥的倒塌”在读者心理层面上的冲击力度是不同的。“它对我不再有吸引力”和“它不再吸引我了”在心理语言学家眼里也不能画上等号。过去，对于这类句子的差别我们并不是完全熟视无睹的，但却很少从隐喻力度这个心理语言学的角度来观察。其实，提出这个观察点的目的并非是建议译者不用词性转换，只是意在促进译者把阅读原文的过程变得更精准透彻。大多数情况下，即便词性转换确实造成细微的差别，翻译实践者还是会权衡利弊，最后选择转换。但这并不是说，词性转换和不转换完全一样，这只说明其差别仍然没有达到需要我们放弃转换的地步。但在有些情况下，比如语域非常高的文本的翻译，一些文学作品的翻译，注意这些因转换而造成的细微差别，并在翻译中给予关照，甚至放弃词性转换的译法就是应该推荐的。"The basis of this report is his three-year investigation. "到底是翻译成"这个报告的基础是"，还是"这个报告基于……"要考虑的因素很多，现在应该再加上一个心理语言学的因素。有人把"This agreement addresses each of…"翻译成"这个协议设法逐层处理……"，将其中的 each layer 转换成了"逐层"，以为这是灵活处理的范例，而一位资深的翻译者却翻译成"这个协议涉及……的每一个层面"，后者更准确地反映了原文。

从心理语言学的角度看词性转换这一技巧，能使我们更准确地把握这一技巧，用起来更加得心应手。

第二章　跨文化交际与英汉翻译

第一节　英汉语言文化对比分析

一、英汉语言对比分析

对比分析是语言研究的重要手段。著名语言学家赵元任认为："所谓语言学理论，实际上就是世界各民族语言综合比较分析研究得出的科学结论。"不同语言的对比分析不仅有利于教学和翻译，也有利于语言交际。通过对比分析，人们可以进一步认识外语和母语的特性，在交际时，能够有意识地注意不同语言各自的表现方法，以顺应这些差异，防止出现表达错误，避免运用失当，从而达到交际的目的。

翻译教学和研究的经验表明：翻译理论和技巧必须建立在不同语言和文化对比分析的基础上。英汉互译的一些基本原则和技巧，如选词、转换、省略、重复、增补、变换、拆离、重组等以及时态、语态、习语、术语等的译法，都集中地体现了英汉的不同特点。翻译之所以困难，归根结底是因为两种语言的语言差异和文化差异所造成的障碍。而对比研究就是在两种语言的各个层面上发现相似性和差异性，以便为以后的翻译活动打下坚实的基础。因此，对比、分析和归纳这些差异便成了英汉互译过程中对译者来说必不可少的步骤。

（一）谱系

英语属于印欧语系，是一种拼音文字，单词没有四种声调，但句子可以有不同的语调；汉语属于汉藏语系，是一种表意文字，音节有四种声调变化，语调也很丰富。

（二）语言的类型

从语言形态学分类来看，英语是从综合型向分析型语言发展的语言，汉语却是以分析型为主的语言。

所谓综合型语言，是指这种语言主要通过词本身的形态变化来表达语法意义。所谓分析型语言，是指语言中的语法关系不是通过词本身的形态变化来表达，而是通过虚词和词序等手段来表示。

英语属于综合分析语。其典型特征是它有丰富的形态变化形式，主要包括构词形态和构形形态。构词形态指起构词作用的词缀变化，英语词缀不仅规模大，数量多，而且种类齐全。构形形态指表达语法意义的词形变化，包括动词的变化，各种名词、代词、形容词及副词的变化，以及上述词的词缀变化。这些变化有：性、数、格、时态、语态、语气、比较级、人称和词性等。如英语用 table 表示桌子的单数；tables 则表示复数。英语陈述句中现在时态第三人称单数，动词后要加“s”。

汉语属于分析语。其典型特征是它没有像英语那样严格意义的形态变化形式，即汉语的名词不会改变自身的形式变为复数，动词也没有时态。与英语相比，汉语的词缀构词，无论是规模，还是种类都不及英语。汉语词语组合成句主要依靠词序和虚词。

（三）词汇

1. 在词类划分方面

英汉虽都有实词和虚词之分，语法作用也大体相同，但也有许多不同点。英语的冠词和汉语的量词及助词为各自语言所独有，没有直接的对应关系。而且，汉语中的助词是个特殊的词类，英语虽无此类助词，但其动词的时态和体式，句式陈述与疑问都分别与汉语的助词功能相对应。此外，汉语中也没有英语中的关系词和反身代词。就词类使用的频率来看，由于一个英语句子只能有一个谓语动词，而其他一些含有动作意义的词只能由非限定动词（不定式，分词和动名词）、抽象名词、介词以及定语从句等加以表达，这就大大限制了英语中动词的使用。相比之下，汉语中动词的使用不受任何限制，因而导致汉语多用动词，英语多用名词的现象。英语中的连词和介词的使用比在汉语中使用得要多。由于词类性质的差异，各种词类相互转换便成了英汉互译中常见的翻译技巧。

2. 在构词方面

英汉词汇都使用了派生、合成、转化、缩略等构词手段，但汉语里还有一种构词法——重叠，这是英语很少使用的。

派生主要指在单词前后加上词缀。加在单词前的叫前缀，加在单词后的叫后缀。由于英语属于综合分析语，其典型特征是词缀丰富。汉语属于分析语，其典型特征是它没有像英语那样严格意义的形态变化形式。因此，与英语相比，汉语的词缀在数量上没有英语丰富，运用范围也没有英语广泛。英语词缀分为表示人的、事物的、表示形状的等，可构成名词性、动词性、形容词性等词缀。汉语词缀则主要是表示人的，其后缀要比前缀丰富些，且多数后缀是名词性的。例如下表所列。

英汉前缀后缀对比表（部分）

前缀	英语	dis、un、in、im、re、mis 等
	汉语	老、小、第、阿等
后缀	英语	or、er、ist、ary、ese、ive、ist、ess 等
	汉语	人、者、师、士、夫、家、员、子、父等

合成指由两个或两个以上的词合成一个新词。英语中合成词有的中间可用连字符，有的直接写，如 birth-control、washroom、dustbin、himself、outside、easygoing，widespread 等。汉语中合成词不用连字符，如价值、书架、骨肉、动静、风浪等。

转化指由一种词类转化为另一种词类。转化后的词义与原词义有密切关系。例如：

good　　*adj.* 好的　　*n.* 益处

eye　　*n.* 眼睛　　*v.* 看，目击

英语学习（名词）；学习（动词）英语

努力工作（动词）；教学工作（名词）

缩略构词法在英汉构词法中都存在。英语中的缩略语通常采用合并（如 interpol = international police、heliport = helicopter airport 等）、缩写（如 UFO、VOA、SARS 等）、截短（如 lab、tech、maths、flu 等）。汉语中的缩略词分双音节和三音节两类。例如：地铁（地下铁路），科研（科学研究），高校（高等学校），彩电（彩色电视机），立交桥（立体交叉桥），博士生（博士学位研究生），港澳台（香港、澳门、台湾）。

重叠是汉语构词法的一大特色。汉语中名词、动词、形容词、量词等不同词类的词中都有一部分可以重叠。英语则很少使用重叠构词法。例如：天天、年年、听听、瞧瞧、偏偏、刚刚、千千万万、家家户户、花花世界、老老少少、收拾收拾、干干净净等。

3. 在英汉词汇的词序方面

英汉词序有相同之处，但也有不同之处。其不同之处主要表现在以下几个方面。

（1）英语句中单词的修饰语一般放在中心词前面，短语和从句一般放在中心词后面。汉语定语无论单词还是词组一般都放在中心词前面。例如：

例：This is a black cat.

译文：这是一只黑猫。

例：The girl in white is my sister.

译文：那个穿白衣服的女孩是我的姐姐。

例：This is the black cat that killed the rat.

译文：这就是那只捕杀了老鼠的黑猫。

例：我喜欢我妻子沏的茶。

译文：I like the tea my wife makes for me.

例：农村的孩子喜欢玩沙土。

译文：Children in the countryside like playing sand.

（2）英汉语言的状语位置差别也很大。在正常情况下，英语的谓词状语可出现在动词前后，汉语的谓词状语倾向于出现在动词之前。英汉语言的时间状语和地点状语有单位大小之分。几个同类状语同时出现时，英语中的正常顺序是先小后大，汉语则先大后小，两者顺序完全相反。例如：

例：They studied the problems carefully.

译文：他们仔细地研究了那些问题。

例：He rose from the seat slowly.

Slowly he rose from the seat.

He slowly rose from the seat.

译文：他慢慢地从座位上站了起来。

例：The poet died on a Monday morning in July 2005.

译文：这位诗人死于 2005 年 7 月一个星期一的早晨。

例：湖南师范大学位于湖南省长沙市岳麓山下。

译文：Hunan Norman University is situated at the foot of the Yuelu Mountains in the city of Changsha in Hunan Province.

（3）由于文化背景不同，某些词语的排列顺序不同。例如：

悲欢 joy and sorrow

水火 fire and water

田径 track and field

同一的 one and the same

不论晴雨 rain and shine

饥寒交迫 suffer from cold and hunger

4. 在词汇的意义方面

英汉词汇存在一定的差异。

（1）英语有丰富的同义词。这里的同义词是指两个或两个以上的，彼此有同样的或者差不多同样的基本意义的词。例如，alive，live 和 living 都表示“活着的”“有生命的”意思。这三个词的词义相同，但用法各异。又如英语中可以用下面一些意义相同或接近的词：irate、angry、indignant、wrathful、enraged、infuriated、incensed 等，用来表示汉语的“生气”或“发怒”，但它们各自的含义却有所差异。angry 表示一般生气；irate 表示怒形于色；indignant 表示义愤；wrathful 表示盛怒；enraged 表不狂怒；infuriated 表示因愤恨而愤怒；incensed 则有激怒的意思。再如，表示“走”或“步行”这种动作时，英语中有以下的一些词：walk、go、stroll、saunter、trudge、plod、stride、march、trot strut、shuffle、 wobble、amble 等，但各自的用法却仍有一些差异。

（2）英语中一词多义和一词多用现象相当普遍，同一个词往往属于几个词类，一个词往往具有许多不同的意义。

例：He likes history more than physics.（动词）

译文：他喜欢历史甚于物理学。

例：Like knows like.（名词）

译文：英雄识英雄。

例：Don't treat me like a guest.（介词）

译文：别把我当客人。

例：The two buildings are very like.（形容词）

译文：这两座楼很相像。

例：I hope I can drive the car like you do.（连词）

译文：我希望开汽车开得像你一样好。

同样，汉语中也存在一词多义现象。"上"字在《辞海》中，有十几条意义和百余条词语搭配意义。例如：

上班：to go to work，to be on duty

上报：to report to a higher authority，to appear in the newspapers

上火：to get angry

上路：to set out on a journey

上马：to mount a horse，to come to power，to perform

上门：to visit，to shut the door

（3）英语词义比较灵活多变，词的含义比较广，对上下文的依赖性比较大。汉语的词义相对稳定，词的含义比较窄，对上下文的依赖性比较小。由于两个民族所处的自然环境、思维方式、社会历史、风俗习惯和文化传统不同，英汉两种语言中存在许多不相对应的词汇，主要体现在词义的部分对应和词汇的空缺。

英汉词汇空缺主要是由两种语言的文化差异引起的，它是指源语词汇所承载的文化信息在译语中没有其"对等语"或"对应语"。例如，中国文化中的"跑龙套、三头六臂、炒冷饭、阴、阳、天干地支、农历节气、中医术语"等，在西方文化中根本就找不到对应词或对等词。同样，汉语中也没有英语中的 Karaoke、hard drink、spirits、Hippie、meet one's Waterloo 等概念。

二、英汉语言句法结构的对比分析

英汉两种语言句法差异很大，这和英语是屈折语，而汉语是非屈折语有关。英语的语言形态丰富，被称为屈折语言或有标记的语言（如用词根或词尾变化区别词类，名词的数和格，动词的时态等）。而且词与词之间的关系常由一个客观的词来指示，不像汉语要由读者自己来解读，比如“Don't come in until I call you”，这句英文两个动作之间的关系由一个连接词 until 明确地指示出来，不可能有误解。同样表达这个意思，汉语就完全可以不用任何表示关系的连接词：“不叫你不要进来。”这个例子充分说明英语客观性强，汉语主观性强。汉语是“人治”的语言，而印欧语系的语言是“法治的”。英汉语言在句法上的差异可以概况如下：“英语高度形式化、逻辑化，句法结构严谨完备，并以动间为核心，重分析轻意合；而汉语则不注重形式，句法结构不必完备，动词的作用没有英语中那么突出，重意合轻分析。”

（一）英语重形合，汉语重意合

英汉两种语言一个重形合，一个重意合的特点使得两种语言各有千秋。由于英语重形合，句法结构严谨，所以表意就十分精确；而汉语重意合，句法结构松散，所以就使得词在表达意思上责任更重些。“鸡声茅店月，人迹板桥霜”，鸡声、茅店、月之间的关系，人迹、板桥、霜之间的关系都不必由作者用词语挑明，读者自会解读，甚至不去解读更有美感。但是，有人会认为这是诗，普通的文字是不能如此表达的。例如名词“纸、字”和动词“印”的关系就不是形合所能解释，而只能通过意念把握。与汉语相反，英语往往会显而易见，看不出字里行间还蕴藏着什么意思。

上面提到的英汉两种语言各自的优点都可能在翻译中造成障碍。将一个重形合的文本译成重意合的文本，最常犯的错误就是将形合的特点迁移到重意合的语言中。翻译中译者面临的困难多种多样，但要是选出最大的一个困难，句型结构的迁移则是最大的障碍。

（二）英汉语序差异

除了形合和意合方面的对比外，英汉两种语言的语序也是一个重要的对比方面。英汉两种语言的最基本的语序都是 SVO（subject + verb + object）。因此只要是简单的句子，阅读起来没有什么困难。中国人说“I bought a hook”，美国人说“我买了一本书”，都不用克服语序不同而造成的障碍。只要将语言简化到这一步，电脑翻译就成为可能。但英汉两种语言在表达思想时并不是只用这类简单的句子，只要句型－复杂，语序造成的障碍就显而易见了。“I bought a book yesterday”，就不能译成“我买了一本书昨天。”这时将时间副词移位就是翻译时必须要做的。但是，大部分人都会觉得这种移位并不构成太大的障碍。可是有些英语句子十分复杂，语序不同造成的障碍十分大。

另外，英汉两种语言中从句（子句）语序的差异也是翻译过程中要注意的问题。首先是状语从句。英语有些状语从句可以放在主句前，也可以放到主句后，

例： He got the job although he had no qualifications.

Although he had no qualifications he got the job.

例：We camped there because it was too dark to go on.

Because it was too dark to go on，we camped there.

虽然 although 和 because 等引导的状语从句放在句首或放在主句后总会有些细微的差别，但这是英语语法允许的，所以每对中两句意义基本相同。汉语在处理这类状语从句时较习惯将 although 和 because 从句放在前面，但是放在主句后也是可以接受的。因此在这类状语从句的语序上，英汉两种语言有相似性。但有些状语的语序虽然在英语中可以很灵活，汉语里就有些限制，如：

例：As I was walking down the street，I saw a police car.

I saw a police car as I was walking down the street.

这类句子译成汉语时 as 从句一般不放到后面。一般来说，在英语中既可以放到前面，也可以放到后面的状语从句译成汉语时首选的译法是将状语从句放到前面，尽管有时放到后面也是可以接受的。

除了状语从句外，定语从句（或称形容词子句）的位置也有必要对比。英语定语从句都是放在所修饰的词的右边，称为 Right Branching Direction（RBD），如："The musician who played at the concert is from China."但汉语的形容成分（定语从句），都是放在原修饰词的左边，称为 Left Branching Direction（LBD），如"在音乐会上演奏的那位音乐家是从中国来的。"这种在展开句子的方向上不同的特点给翻译带来一些困难。首先英语 RBD 的特点有利于英语用定语从句表达思想："约翰读了玛丽写给真正爱着的男孩的那封信。"这正是在右面，写作者可直接译为：John read the letter that Mary wrote to the boy that Jane was in love with. 但由于汉语是 LBD，所以在被修饰的名词前放太多的信息就十分不便，因此，英汉 RBD 和 LBD 的差异为译者带来不少困难。译者既然不能在所修饰的名词前放太多的东西，就只能另辟蹊径。结果有些定语从句可以译成各种不同类型的状语从句或直接写成两个句子。

句法对比中另一个值得注意的是被动语态的对比。首先英汉两种语言中都有被动句："Steve was beaten by Tom."和"张三被李四打了。"都是被动结构。但英汉两种语言使用被动句的场合不完全一致。

首先英语语法十分严谨，一个句子必须有主语，但汉语则不然，不用主语是经常见到的。因此，英语只能用被动语态的句子，汉语可以用主动句。例如："The application has been improved. A number of new features have been added and a number of bugs have been fixed."本句用了三个被动结构，如果要用主动语态的话，就很难找到三个动作的实施者，而且科技文章要尽量减少主观色彩，引进主语反而会增加主观色彩，所以用被动语态是最好的选择。但汉语用主动语态时不一定要用主语，所以上面的句子可以译成"已改进了该应用程序，增加了一些新的功能，同时也纠正了一些错误"。英语必须有主语的这一规则使英语的使用有了很大的限制，而汉语既有被动结构，又不一定要用主语的特点，反倒使是否用被动句成为一种选择。例如："The procedure is performed under local anesthesia in an outpatient facility."这句就可以译成无被动形式标识的被动句："这种手术只需局部麻醉，在门诊部就可以做。"或译成无主语的主动句："可在局部麻醉情况下在门诊部施行手术。"另外一个在翻译中要注意的问题是汉语被动句的无形式标识特性。汉语的被动句不一定要用"被"字。有些译者常犯的错误就是不停地使用"被"字。汉语可以说"他选上了"，"麦子收割了"。例如："The article has been translated into English, but with little elegance to speak of."翻译为汉语的人可能将此句译成"这篇文章被译成英语后失去了不少文采"，这里就不如去掉"被"字。即便是使用被动语态的标识词，也不一定要用"被"。汉语中还有"受""遭""为"等都能起到相同的作用，译者要灵活运用。

（三）英语叙述呈静态，汉语叙述呈动态

英语句子多用名词，名词的使用频率大大高于动词，因而叙述呈静态；汉语句子多用动词，因而叙述呈动态。

总的来讲，名词自然地被定义为"静态"，因为它们所指的实体不论是具体（物质）名词，如 house，table，paper，还是抽象（精神）名词，如 hope，botany，length 等都是稳定的。相反，动词自然地被定义为"动态"，动词适合（例如有表示时和体的能力）表示动作、活动、暂时的或变化的情况。

1. 英语的静态倾向首先体现在名词化现象上

它主要指用名词来表达原来属于动词或形容词所表达的概念，例如，用抽象名词来表达动作、行为、变化、状态、品质、情感等概念。名词化是英语的普遍现象，它往往可以使表达比较简洁，造句更为灵活，行文更为自然，便于表达较为复杂的思想内容。英语句子中，动词的使用受到限制，一个句子只能有一个谓语动词；此外，英语具有强大的派生构词法，英语的动词和形容词大多都有相应的名词形式，再加上英语的介词十分丰富，这就使英语句子的表述倾向于静态，尤其是在政论文体和科技文体中更是如此，因为静态表述句子结构比较严谨，具有庄重感和严肃感，更能体现出哲理性和科学性。例如：

例：The doctor's extremely quick arrival and uncommonly careful examination of the patient Brought about his very speedy recovery.

译文：医生迅速到达，并非常仔细地检查了病人，因此病人很快就康复了。

例：Scientific exploration, the search for knowledge has given man the practical results of being able to shield himself from the calamities of nature and the calamities imposed by other man.

译文：科学的探索、知识的追求，使人类获得了避免天灾人祸的结果。

此外，英语中名词和名词化短语的使用日益广泛，还体现在他们不仅"挤掉"了其他一些词类（如形容词），而且还顶替了很多语法结构。例如，bridge crane（桥式起重机）= a crane looking like a bridge，replacement part（备用零件）= part for replacement，a hard worker（工作勤奋的人）＝someone who works hard。

2. 介词优势与名词优势结合

由于英语名词和名词化短语的使用十分普遍，再加上英语句子呈现形合的特点，这必然导致介词的最大使用，因而产生了介词的优势。介词优势与名词优势结合，使英语的静态倾向更为显著。

3. 含有动态意义的形容词和副词来表达动词的意义

英语静态倾向还体现在英语中常常使用一些含有动态意义的形容词和副词来表达动词的意义。英语中有些形容词的词根是动词，例如，useful，delightful，successful，hopeful，forgetful，alive，careless，attractive，explosive，doubtful，productive 等。在英语中使用这类动词的同源形容词与弱化动词相结合的现象很普遍。一些由分词派生的副词或者是以动词一形容词一副词这种方式派生的副词，例如，surprisingly，depressingly，unbelievably，wonderfully 等，也具有某种动态意义。

例： We are always proud of our great motherland.

译文：我们总是为我们伟大的祖国感到骄傲。

例： I am doubtful whether he is still alive.

译文：我怀疑他是否还活着。

例： He is wonderfully patient.

译文：他的忍耐功夫着实令人吃惊。

4. 英语的静态倾向还体现在其动词的弱化和虚化

英语中最常用的动词正是动作意味最弱的动词——to be，以及一些常用的弱式动词如 have、become、grow、feel、go、get 等，这些动词的各种形式都缺乏动态感。此外，英语还常常将动词转化或派生成名词，置于虚化动词（如 have、make、do、take 等）之后作宾语，如 have a look、take a walk、pay visits、do some cleaning 等，这类动词短语往往显得虚弱或平淡无味。

总之，英语常常通过动词的派生、转化、弱化和虚化等手段，采用非动词的形式，如名词、介词、形容词和副词等，来表达动词的意义，因而，叙述呈静态。

与此相比，汉语由于动词没有形态变化，无谓语动词和非谓语动词之分，无定式和非定式之分，前后左右不像英语动词那样都要受到限制。而且汉语的动词注重动态描写，不仅可以作谓语，还可以自由地作主语、宾语、定语、状语和补语等成分，因而使用起来相当方便。因此，汉语的特点是多用动词，尤其是在表达复杂的思想时，常常借助动词，按时间顺序或逻辑顺序，逐步交代，层层推进。例如：

例： 行者见她闭了门，就弄个手段，拆开衣领，把定风丹噙在口中，摇身一变，变作一个蟭虫儿，从她门隙处钻进。(吴承恩《西游记》)

译文：When Monkey saw that she had closed the gate，he decided to play a trick. Having taken the wind-calming pill from his collar and put it in his mouth，he transformed himself into a tiny gnat and squeezed through a crack in the gate.（杨宪益、戴乃迭译）

例：晴雯先接出来，笑道："好啊，叫我研了墨，早起高兴，只写了三个字，扔下笔就走了，哄我等了这一天，快来给我写完了这些墨才算呢!"（曹雪芹《红楼梦》）

译文：Qing-wen greeted him with a smile，exclaiming，"A fine one you are! On the spur of the moment you bade me grind ink for you this morning. But you threw down your brush and went away after having written merely three characters. You ve kept me waiting for you the whole day. You are to use up this ink now. Be Quick!"（杨宪益、戴乃迭译）

5. 汉语的动态倾向主要表现在以下几方面

（1）动词连用是汉语常见的现象，也就是说，现代汉语句子中，可以连续使用几个动词，如汉语中的连动式和兼语式。

例：他们打完球洗澡。(连动式)

译文：They will take a hath after they have played basketball.

例：我们请她跳舞。(兼语式)

译文：We asked her to dance.

（2）动词或动词词组可以充当汉语句子的各种成分。例如：

例：夸奖一回，奉承一回，把老太太的心都说活了。(作主语)

译文：All their praise and flattery are having some effect on the old lady.

例：革命不是请客吃饭。(作表语)

译文：Revolution is not a dinner party.

例：他心不在焉，几乎闯祸。(作谓语)

译文：His absence of mind nearly caused an accident.

例：他们决心洗心革面，脱胎换骨。(作宾语)

译文：They are determined to turn over a new leaf.

例：我先是没有爬上去的勇气，接着便联想到私刑拷打的刑具，不由得毛骨悚然的出走了。(作定语、状语)

译文：To begin with I did not have the courage to climb there. Then，being reminded of some instrument of torturer，with an involuntary shudder I fled.

（3）汉语动词常常重叠或重复。汉语中动词的重叠或重复，可以明显地加强汉语动词感的表现力。例如：

例：要吃有吃，要穿有穿。

译文：You will have enough to eat and sufficient to put on.

例：想喝就喝，想吃就吃，别客气了。

译文：Drink or eat as you like. Please make yourself at home.

此外，汉语中还有大量含有对偶复意或对立并联的动词词组，例如，离乡背井、提心吊胆、前仆后继、想方设法等，这些动词词组也使得汉语句子的动态意味更浓。

由于以上特点，英汉互译的过程往往就是一个静态与动态互相转换的过程。也就是说，英译汉时，主要是英语的部分静态句要向汉语的动态句转化，部分名词、介词，形容词和副词等静词要转化成汉语的动词。

相反，在汉译英时，汉语的动态句要向英语的静态句转化，汉语的动词要向英语的名词、形容词等转化，甚至要向具有某种动态意义的介词和副词转化。

例：I did not know what the future held of marvel or surprise for me. Anger and bitterness had preyed me continually for weeks and a deep languor had succeeded this passionate struggle.

译文：但我不知今后等待我的是什么，会使我欣喜，还是惊骇。几个星期以来，我又气又恨，感到非常苦恼，这种感情上的激烈斗争过去之后，我感到浑身乏力。

例：Reading makes a full man；conference a ready man；and writing an exact man.

译文：读书使人充实，讨论使人机智，写作使人精确。

例：火箭已经用来探索宇宙。

译文：Rockets have found application for the exploration of the universe.

例：采用这种新装置可以大大降低废品率。

译文：The adoption of this new device will greatly cut down the percentage of defective products.

(四) 英语的“主语突显”结构和汉语的“话题突显”结构

主语突显是指主语和谓语这两个语法成分是句子的基本结构，句子中通常要有主语和谓语。话题突显指句子的基本结构是信息单位话题和评说的语言。

英语句子有严谨的主谓结构。主语不可缺少，谓语动词是句子的中心，两者强调协调一致。因此，英语句子主次分明，层次清楚，严密规范。英语句子的主谓结构可归纳为五种基本句型，即SV，SVP，SVO，SVOO，SVOC等。英语中其他各种长短句子，一般都可以看作是这五种基本句型的变式、扩展、组合、省略或倒装。而所有句型中都必须含有SV结构。因此，英语是属于主语突显的语言。

赵元任在《A Grammar of Spoken Chinese》一书中，首次引用话题——评说理论来研究汉语，他指出“在汉语里，主语和谓语之间的关系与其说是施事与动作的关系，不如说是话题一说明的关系，施事与动作可以看作是话题和说明的特例。因此，在汉语里用含义更为广泛的话题说明也许要适合得多”。的确，使用话题一评说观点来分析汉语句子，更能客观地反映出汉英句子在句式结构上的异同。汉语是注重话题的语言。汉语常常将话题，即说话人想要说明的对象，放在句子的开头处，如果语言环境或上下文能暗示话题，也可省略，而将说明部分置于话题之后，对其进行说明或解释。例如：

例：He was canny，openhanded，brisk，candid，and modest.

译文：他为人聪明，生气勃勃，忠厚耿直，谦虚谨慎。

例：Only five customers remained in the bar.

译文：酒吧间只有五个顾客还没走。

例：这些新型汽车速度快，效率高，行动灵活。

译文：These cars of new types are fast，efficient and handy.

例：毛泽东同志指出的骄傲自满、故步自封、夜郎自大的毛病，我们的思想理论工作者同样要竭力避免。(《邓小平文选》第二卷)

译文：Also，our ideological and theoretical workers should always guard against self-satisfaction，narrow-minded conservatism and ignorant boasting，failings which Comrade Mao Zedong warned us against.

(五) 英语的"物称表达法"和汉语的"人称表达法"

汉语句子在描述事物和阐述事理的过程中，习惯使用人称表达法，即用人或有生命的事物作主语。英语句子常用物称表达法，让事物以客观的口气呈现出来，使叙述显得客观公正，语气委婉间接。

英语用非人称作主语主要分为以下两大类。

1. 使用抽象名词或无生命的事物名称作主语，同时使用表示人的动作或行为的动词作谓语，此句式常常带有拟人化的修辞色彩。

例：Excitement deprived me of all power of utterance.

译文：我兴奋得什么话也说不出来。

2. 使用"it""there be"和不定代词"one"作主语。

例：It never occurred to me that she was so dishonest.

译文：我从来也没有想到她这么不老实。

例：In 2004，there was a strike participated in hy five thousand workers.

译文：2004 年，五千个工人参加了一次罢工。

例：One must make painstaking effort before one could succeed in mastering a foreign language.

译文：要掌握一门外语，非下苦功不可。

3. 英语常用被动态，表示物称表达法；汉语常用主动式，采用人称、泛称或隐称表达法。英语使用被动态，可以让叙述的事实或观点以客观、间接和婉转的方式表达出来，避免主观臆断。汉语中却少用或不用被动式，而较多用主动式。汉人的思维重"事在人为"，人的动作和行为必然是由人做的，事或物不可能自己去完成这些动作和行为，因而表达时常常说出施动者，采用人称表达法；如无人称，则采用泛称，如“有人”“人们”“大家”“人家”等。当主语不言自喻时，汉语又常常采用无主语句，即在句中常常隐含人称或省略人称。

例：Rubber is found a good isolating material.

译文：人们发现，橡胶是一种良好的绝缘材料。

例：It is claimed that the accident was caused by mischief-making by a disgruntled employee and not by operation inadequacies remains untested.

译文：有人宣称，那次事故是由一名心怀不满的雇员的恶作剧引起的，并非由操作上的缺陷所致，但此说法尚未验证。

例：又要马儿跑得快，又要马儿不吃草，简直可笑！

译文：You want the horse to run fast and yet you don't let it graze. Isn't it ridiculous!

例：没有调查，就没有发言权。

译文：He who makes no investigation has no right to speak.

因此，在英汉互译过程中，译者应根据英汉句子主语表达习惯的差异，在准确理解原文的基础上，对译文的主语进行重新选择。英译汉时，可将原文的物称主语转换为汉语的人称主语；汉译英时，常常根据汉语意义，或转换或添加适当的主语，以符合译文语言的表达规范。

例：His passion carried him astray.

译文：他因感情冲动而误入歧途。

例：Neither sorrow nor regret followed my passionate outburst.

译文：我发一阵怒之后，并不难过，也不后悔。

例：过河拆桥，忘恩负义绝没有好下场。

译文：Those who kick the ladder will certainly come to no good end.

三、英汉语言话语和篇章结构的对比分析

话语结构这个概念对语言的研究十分重要，所以这几十年来语言学家一直热衷于研究此话语。翻译研究者们也早就开始讨论话语与翻译的关系。但翻译理论方面的成果却没有很好地应用到实践中。换句话说，翻译实践略显滞后。这其中的原因恐怕和传统翻译理论只注意句子结构，很少以话语结构为翻译单位有关。要让译者认识到从话语层看翻译的必要性，首先就应该对英汉两种语言中话语的结构进行比较，然后才能让从事翻译实践的人接受话语理论并应用到翻译实践中去。

所谓话语结构，指的就是人们讲话的固定模式，特别是几个句子如何组合在一起的规则。因此，话语结构是约定俗成的。有些句子的结构并不是很固定的。但有些句子的结构却很固定，不容增减改动，比如英语中的某些套语就是特定场合下约定俗成的固定说法，

不能随意改动。最常见的就是礼貌用语。在人际交往的特定场合，各个文化都有自己特定的用语。比如在把一份礼物赠送给别人时，中国人习惯上会尽量贬低自己的礼物，说一些不见得符合事笑的话，“不成敬意，请笑纳”。在同样的场合西方人却会有另一套用语。再比如如人说你英文说得好，你回答说：“不行，说得不好”，但西方人往往会说 Thank you。甚至最常用的“谢谢”这个表达法在英汉两种语言中的用法也不一样，“谢谢”在英语中使用的频率大大高于它在汉语中的使用频率，使用的场合也不完全相同。比如美国人家庭成员之间常说“谢谢”，但中国家庭中一家人之间不说“谢谢”，说了反倒有些见外（当然随着文化的开放，这种习惯也会改变）。另外如请求之类的用语也有约定俗成的特征。如在电话上想与某人讲话常说“May I talk to John?”汉语如说“我可以和约翰讲话吗?”就很别扭。除此之外，还有其他固定的话语结构，如“That was then.”“This is now.”和“Those things come and go.”等都是所谓“老生常谈”，不停地被说英语的人重复使用着。只要我们仔细观察就会发现，英汉两种语言在这类话语结构的使用上差异很大，这反映了语言背后的文化不同，使用语言的人行为模式不同。翻译这类话语结构是否可以照原文直译，还是完全采用译入语中功能完全对等的译法，这些都是值得讨论的。

另一个与话语结构有关的问题是句子之间的衔接是否紧凑（cohesion），即句子的承前启后。这个问题在以句子为翻译单位时看不出来，但从话语结构的角度看一下子就清楚了。英语中由几个句子构成的一个整体中每句间的承前启后自有一套规则，但汉语在表达同样的思想时就不一定用同样的方法来连接各句。冲破句子的极限来观察语言，看到话语结构这个层次上英汉语言的差异是译者绝不应该忽视的。只要放开眼界，把比句子大的语言单位看作一个一个的整体，就会发现这些较大的语言单位的结构也是受各自文化的制约的。从事翻译工作的人有时常会问一些非常有意思的问题，例如，是否可以将一段中的最后一句放到最前面，或将几个句子的次序颠倒等。这实际上就牵涉到语段篇章的安排，即汉语写作中常说的“布局谋篇”。

篇章结构的异同实际上是思维结构不同在语言上的反映。因此比较一下英汉语言间在思维方式上的差异很有必要。翻译学家辜正坤在他的《翻译标准多元互补论》中曾说，“英语往往把最需要表达的东西放在一个句子的最前边，而汉语却往往把最需要说的东西放在句子的最后边”。他将印欧语与汉语句法结构的差异如何反映心理结构的差异概括如下：

印欧语：由内向外、由小到大、由近到远、由微观到宏观、由个别到整体、由具体到抽象。

汉语：由外向内、由大到小、由远到近、由宏观到微观、由整体到个别、由抽象到具体。

这个差异不仅反映在句子的句法结构上，也反映在比句子大的语言结构上。一个最明显的例子就是英汉两种语言在书写姓名地址时的差异。用英语写信封，总是先写个人的姓名，然后是街、城市、州、国家。但汉语在写信封时却把这个次序完全颠倒过来，例如：

John Smith，389 Pine St. Fresno，CA90111，U. S. A.

中国北京，黄河大街 11 号，李海林先生收，

所以在翻译信封上的地址时，是照原文的排列，还是照译入语习惯的排列，也值得考虑。段落中句子的排列英汉两种语言也有差异。大部分英语的段落总是以主题句起头，结尾处往往有结尾句。这种写作的结构根深蒂固，孩子们从小在学校里就是这么学的。相比之下，汉语中具有高度概括性的句子则常常出现在段落的中间或末尾处。这种差异往往给中国人学英文写作造成困难。英语老师往往要再三强调，先写主题句，然后再围绕主题句展开段落，而说惯汉语的人对这一套说法很不习惯，因此虽然会写一个一个英文的单句，英语的布局谋篇则还要从头学起。那么在英汉两种语言间的翻译中是否要保留原句的布局特征，还是应该采用译入语的布局特征就是一个很值得注意的问题。如果将源语段落内的布局迁移到译入语中就保留了源语的思维过程，而采用译入语的布局安排就是将译入语的思维过程强加到译文中去，虽然两种不同的段落结构并不改变基本的语义，但是，大多数人提出将一段中的句子前后颠倒的方法并不可行。

四、英汉文化差异对比分析与翻译

文化是一个民族知识、经验、信仰、价值、态度、以及时空观念的综合。文化具有一贯性、持久性，渗透于社会生活的各个方面。实际上，关于文化的定义，很难有一个统一的标准。据《大英百科全书》统计，在世界各国的正式出版物中，关于文化的定义达 160 多种。可见，由于学者们的视角不同，对文化的定义也就众说纷纭，莫衷一是。然而，在众多的文化定义中，最有影响的当属英国 19 世纪人类学家爱德华·泰勒（Edward Tylor）在《Primitive Culture》一书中提出的关于文化的定义，“文化是一种复杂体，它包括知识、信仰、艺术、道德、法律、风俗以及其余社会上习得的能力与习惯”。然而泰勒的文化定义似乎只强调了精神方面的文化，而忽略了物质文化。后来日本、美国和俄国的一些学者修正了泰勒的定义，补充了“实物”的文化现象，将泰勒的定义修正为，“文化是复杂体，包括实物、知识、信仰、艺术、道德、法律、风俗以及其余社会上习得的能力与习惯”。简单地说，文化包括一切人类社会的共享的产物，既包括了经过人的加工或包含了人的劳动在内的物质文化，也包括了含社会经济制度、家族制度、婚姻制度、政治法律制度以及根据这些制度所组成的各种团体在内的制度与组织文化，同时还包括了含价值观和世界观，审美标准以及思维模式在内的精神文化。

语言和文化是密不可分，相互依赖，相互作用的。任何一方都不可能脱离另一方而单独存在。语言是文化的一部分，是文化的载体和交流的工具。人们的知识与经验可以用语言来描述和储存。人们的生活习俗、行为模式可以用语言来描述和分析。社会制度、价值观念、信念、世界观等也可以用语言来描述、分析、评价。作为文化的镜子，语言必然受

到文化的影响和制约。因此，语言的发展常常折射出文化的变化，尤其在当今世界全球化过程中更是如此。自改革开放以来的四十多年中，随着中西文化多方位、多渠道的接触与交流，而今汉语中反映当代西方文化的名词术语比比皆是，令人目不暇接，如“克隆”(clone)、“白色污染（white pollution)、“网上购物”（on-line shopping)、“快餐”（fast food)、“麦当劳”（McDonald)、“绿色食品”（green food)、“电子商务“（e-commerce)、“因特网”（Internet)、“电子邮件”（e-mail)、“语音信箱”（voicemail)、“信息高速公路”(information superhighway)、“网址”（website）等。这些新词语已成为汉语词汇的有机组成部分，它们不仅丰富了现代汉语的词汇，提高了汉语的表达能力，还直接影响着人们观念的更新和生活方式的改变，推动着社会文明的发展。文化的交流总是双向的。中华文化源远流长，具有极其旺盛的生命力，中华文化同样不可避免地会反映在英语的词汇中，如“Kowtow”（磕头)、“typhoon”（台风)、“Yin”（阴)、“Yang”（阳)、“Kungfu”（功夫)、“yangko”（秧歌)、“lose face”（丢脸）等。这些词汇已被收入英语词典，作为正式词汇而成为西方文化的组成部分。而且随着我国科学技术的发展，民族文化的振兴和综合国力的增强，中华文化对西方和世界文化的影响将会越来越大，反映中华文化的词汇也会越来越多地融入西方乃至世界文化和语言之中。

文化具有鲜明的民族性特点，是不同民族在特定的历史、地理、习俗等环境里的独特创造。文化是语言赖以生存和发展的土壤，语言不能脱离文化而存在。语言翻译的根本任务在于传播和交流文化。英国的著名译学理论家苏姗·巴思内特（Susan Bassnett）曾将语言比喻为文化有机体中的心脏。她说：“如同在做心脏手术时人们不能忽略心脏以外的身体其他部分一样，我们在翻译时也不能冒险将翻译的言语内容和文化分开来处理。”因此语言的翻译不仅是语符表层指称意义的转换，更是两种不同文化的相互沟通和移植。翻译既涉及两种语言，更涉及两种文化。

翻译是跨文化交际的桥梁。不同国家、民族之间不同文化的交流和渗透，都离不开翻译活动。人类具有共同性，各国文化也有相似或共同之处，因而在翻译过程中，语言形式和意义上的对等或基本对等也会出现。如英语中有“Constant dropping wears the stone”，而汉语中则有“滴水穿石”。但在翻译过程中，译者遇到的更多的是各国文化的差异。文化差异是指人们在不同的生态和自然环境下形成的语言、知识、信仰、人生观、价值观、思维方法、道德、风俗习惯等方面的不同。各个民族的地理位置、价值观念、政治制度等的不同，必然形成文化的不同。不同的文化观念不可避免地会发生局部的交叉碰撞和冲突，尤其是东西方文化差异，可能导致人们对同一事物或同一理性概念的不同理解和解释，有时，甚至引起误解，从而给语言的翻译带来种种障碍和困难。正如美国翻译家尤金·A.奈达所指出的，对于真正成功的翻译而言，熟悉两种文化甚至比掌握两种语言更重要，因为词语只有在其作用的文化背景中才有意义，因此，要做好翻译这个工作，除了必须了解英语与汉语之间的异同点外，还要重视英汉两个民族之间的文化对比研究。

英汉文化差异给语言翻译带来的困难主要体现在以下几个方面。

(一) 词汇空缺

词汇空缺指在某一特定文化中所具有的事物或概念在另一文化中没有其对等语或对应语，从而在翻译中双语转换时形成一种词汇空缺。这类词主要包括以下几个方面：

1. 生态环境方面

如汉文化中的“三伏”“三九”等词在英语中就没有对等词。中国有竹，而英国却没有。

2. 物质文化方面

如汉语中的“饺子”“汤圆”“包子”“长袍马褂”“中山装”等；英语中的“cowboy”（牛仔）、“landing”（两楼梯间的平台）、“motel”（汽车旅馆）、“hot dog”（热狗）等。

3. 社会文化方面

如中国有“官倒”“下海”“走穴”“臭老九”“关系”“大锅饭”“乌纱”“衙门”“全国人民代表大会”“政工干部”“统战部”等词汇，而英语中有“squash”（英国的壁球）、“snooker”（落袋球戏）、“jet lag”（因长时间的远距离飞行旅行而引起的生理时钟紊乱症）、“American Dream”（美国梦）、“telethon”（为竞选进行的长时间电视演说）、“House of Lords”（英国的上院）、“House of commons”（英国的下院）、“Hippies“（嬉皮士）等。

在翻译过程中，对这类词汇空缺的现象，多数情况下采用音译，释义或意译等方法进行翻译，如将“乌纱”“衙门”“阴”“阳”分别音译为“Wusha”“yamen”“yin”“yang”）还有一些文化含义特别丰富的词语，在翻译时必须通过注释来说明该词的语用意义，这样才能使读者了解原语独特的文化现象。

例：togetherness

译文：不分彼此的集体感

例：a throwaway society

译文：一个大手大脚、浪费成风的社会

例：redshirt

译文：美国大学中在体育方面有发展前途的学生

例：官倒

译文：guandao (to earn money illegally by abusing one's power)

例：大腕、大款

译文：a big potato；a big buck；a big cheese

例：钱钟书周岁时“抓阄”，抓了一本书，因此得名“钟书”。（舒展文《钱钟书与杨绛》）

译文：When Qian was just one year old, he was told by his parents to choose one thing among many others; he picked up a book of all things. Thereupon his father very gladly gave him the name “Zhong-shu”（book lover）.

（二）词义冲突

词义冲突是指源语词语所载的文化信息，与译语中的对应词语所承载的文化信息是互相矛盾的，也就是说，词语的表层指称意义相同，但各自所承载的文化含义不尽相同或者相反。如 individualism，其汉语对等语是“个人主义”。在美国，个人主义的典型形象是移民初期身携长枪与斧头，敢于与饥饿、严寒、疾病做斗争的拓荒者，这种个人奋斗精神作为整个民族的文化精髓被传承下来。因此在西方人们重视个性的发展，普遍把个人主义视为个人价值的积极表现，“个人主义”，被视为“拼搏进取”的同义词，具有明显的褒义色彩。但在中国文化中“个人主义”指一切从个人利益出发，把个人利益置于集体利益之上，只顾自己、不顾别人的错误思想。因此，在汉文化中“个人主义”具有明显的贬义色彩。类似的词语还有 liberalism 和自由主义、propaganda 和宣传等。

（三）语义联想

触景生情，借物寓意，是各个民族共同的思维方式。但由于各个民族所处的文化氛围和自然生态环境不同，对于同一种事物，同一种景象，同一种颜色等，不同的民族可能会产生不同的情感反应或不同的语义联想，这也是翻译中需要跨越的另一大障碍。

语义联想主要体现在英汉习语或成语的差异上。习语是一个民族长期以来在某个特定的社会文化条件下习用的形式简洁而意思精辟的、定型的词组或句子，是一个民族语言的精华，它往往和一个民族的历史背景、经济生活、地理环境、风俗习惯或心理状态紧密相连，因而更能体现语言中的文化因素。习语的整体意义并非是其构成的词语意义的简单相加，而是一种引申意义，比喻意义，即联想意义。

英语和汉语中有很多词都带有浓厚的文化色彩。例如，“鹤”在中国文化中象征长寿。父母给孩子取名“鹤年”“鹤龄”，希望孩子们长命百岁。对西方人来说，鹤引不起类似的联想。在中国人的心目中，“龙”是神圣的象征，是中华民族凝聚力的标志，中国人都把自己看作“龙”的传人。汉语中与“龙”有关的词语无一不是褒义词，如“龙腾虎跃”“龙飞凤舞”“龙凤呈祥”等。但在西方人眼里，“龙”是罪恶的象征。“狗”在汉语文化中是一个受到鄙视、诅咒的对象，与狗有关的表达法大都含有贬义，如，“走狗”“狗奴才”“癞皮狗”“狗眼看人低”“狼心狗肺”“狗仗人势”“狗急跳墙”“狗嘴里吐不出象牙”等。但在英语国家文化中，“狗”是一种宠物，得到人们的广泛喜爱，是“人之良友”，甚至被看作家庭中的一员，讲英语的人很难理解为什么“走狗”在汉语中是个贬义词。对他们来说，“dogs”已经很可爱了，“running dogs”就更可爱。在英语语言中，对“狗”的赞誉屡见于谚语或习语中，例如，“a lucky dog”（幸运儿）、“Every dog has his day.”（凡人皆有得意日）、“Give a dog a had name and hang him.”（欲加之罪，何患无辞）等。

英语中的“peasant”在概念意义上与汉语中的“农民”对应，但在内涵意义上却有很大区别。在英语中“peasant”的内涵意义是“一个社会地位低，教育水平差的人”或“乡下人，土里土气的，没教养的人”。而在汉语中“农民”没有这些贬义，“农民”“贫农”都是褒义词，至少是按其基本词义使用的。

同样，颜色词的联想意义在英汉语中的差异也是很大的。红色在汉语中是喜色，它象征着喜庆和欢乐，是褒义最浓烈的一个词，如“红火”“红运”“红包”“红太阳”“开门红”“红豆”等；还有婚礼上红装的新娘子、庆功会上英模披红绸、戴红花，都表示了喜庆、昌盛、幸福。而在英语中则大相径庭，红色大都与暴力、流血和战争有关，用它来表示危险、发怒、禁止，例如，red alert（紧急警报）、red flag（禁止）、red ruin（火灾）、a red battle（血战）等。同样的态度还体现在白色上，对中国人来说，尤其是在过去，白色一直是丧礼的颜色，丧家人在治丧时必须穿白衣、戴白帽、挂白幡、系白腰带或胸佩白花以示悼念，因此，白色具有死亡、伤感、肃穆的联想意义。而在西方，white 表示纯洁无瑕、幸运吉利，例如，white day（吉日），days marked with a white stone（幸福的日子）。在西方的婚礼上，新娘总是身披白色婚纱，给人一种圣洁高雅的美感，象征爱情的纯洁珍贵。

（四）语用含义的差异

语用含义指词语所蕴含的民族文化含义。文化的渊源不同，词语所承载的文化含义也必然有所不同。在特定的文化语境中，词语表层的指称意义与深层的言内意义可能有所不同，或同一事物在不同的文化背景中所引起的语义联想不同。因而这些词语的翻译就涉及沟通和移植异族文化，以达到语用意义的等值转换。译者在处理这些词语时，必须采用释义或加注等方法，使译语读者了解原语文化背景知识和理解句子的隐含之义。

“willow”在汉文化中，常用以喻指春天的来临和春光明媚，或借柳树抒发离别思念之情，故有“春风杨柳万千条”和“昔我往矣，杨柳依依，今我来思，雨雪霏霏”的优美诗（词）句。而在西方文化中，古时候有戴柳叶花圈以哀悼死者的习俗，故“to wear the willow”有“痛失心爱的人，思念亲人”之意，而这种联想意义在汉文化中是没有的。

例： You are quite wrong…in supposing that I have any call…to wear the willow…Miss Windsor…never has been to me more than a bubble.

译文：如果你以为我必须为失去自己心爱的人而哀伤……那你就大错特错了……温莎

小姐……对我来说，从来就是无足轻重的。

例：John can be relied on. He eats no fish and plays the game.

译文：约翰为人可靠。他既忠诚又正直。

“醋”在汉文化中喻指一种不健康的嫉妒心理，尤其是在男女关系中，如“吃醋”“醋罐子”等。在西方文化中，“醋”只是一种调味品，很难把它与嫉妒联系起来。因而在汉译英时，必须采用释义或加注等方法将“醋”的语用含义在英语中再现出来，以便西方读者了解中国的文化背景知识和理解句子的隐含之义。例如：

例：浅花叫了一声奔着井沿跑去，她心里一冷，差一点没有栽到地上死过去。她想，竟来不及拉他一把，自己也跳到井里去吧。(孙犁《藏》)

译文：Qianhua screamed and ran to the well. In a moment of horror she almost fainted and fell. She thought that since she had failed to save him, she might as well jump in and make an end of herself.

第二节　文化差异对翻译的影响

文化差异必然会给作为跨文化交际中一个重要形式的翻译带来极大的影响。根据奈达对翻译中的文化因素所作的分类，我们结合实例，分别从语言文化、社会文化、物质文化和生态文化等方面来分析中西文化差异对英汉翻译的影响。

一、语言文化差异对翻译的影响

语言不仅是文化的重要组成部分，也是文化的载体。英汉两种语言的词汇、句法、习语、修辞等都具有各自的特点。这些特点对翻译有着最为直接的影响。下面就来研究这些差异对翻译的影响。

(一) 词汇方面

词汇含义的部分重合或字面含义相同、实际或文化含义不同的现象十分常见。例如，汉语中的“宠儿”是指被他人特别宠爱的孩子；而英语中的“favorite son”指的却是被自己所在的州所拥护的政治候选人，如果译者不了解这些不同，就可能产生误译。由此可见，在翻译的过程中了解词汇的深层文化内涵非常重要。

例：It was Saturday afternoon, and the landlady was cleaning the stairs.

那是一个星期六的下午，女房东正在打扫楼梯。

在英国，常有人将房屋分间进行出租，这样的人通常被称为“landlord”或“landlady”。如果不了解这一文化背景知识，则很有可能将“landlady”错译为“女地主”。

（二）句法方面

在句法上，汉语造句注重意义连贯，句子形式可根据表意需要加以变通，较为随意，即汉语重意合。相比之下，英语造句对结构有着严格的要求：句子不仅要完整，还要注重形式接应，句子的形式严格受到语法的制约、即英语重形合。因此，在句子翻译层面上，译者必须考虑到英汉句子衔接方式的不同，从而使译文更加符合目的语表达习惯。

例：种瓜得瓜，种豆得豆。

As you sow，so will you reap.

本例汉语表达中并无任何连接词，但却能得到很好地理解。而英语句子却需要靠“as”和“so”来表达衔接前后，表明逻辑关系。由此即可看出汉语重意合、英语重形合的特点。

除了形合、意合的差异外，英汉句子在主语表达上也存在差异，英语习惯用非生物名词作主语，而汉语习惯用生物名词作主语，所以在翻译的时候要注意对主语进行位置上的调换。

例：It is believed that his performance is the best.

人们认为他的表演最好

Not a sound reached our ears.

我们没有听到任何声音。

（三）习语方面

习语是一个民族文化的积淀和人民智慧的结晶，有着明显的民族性，因此英汉两种语言中的习语也存在着很多形似而意悖的现象，所要表达的意思与其字面意思往往没有直接的关系。因此，习语的翻译往往要求译者对习语本身有十分透彻的理解，否则就很容易产生误译。

例：He is the man who always wears two hats.

从字面上理解，wears two hats 可译为“戴两顶帽子”，但如果这样翻译，读者会对译文不知所云。其实，这一习语是“身兼两职、双重身份”的意思，如果了解了这一含义，上句的翻译就不会出现错误了。

例：Since Mike’s wife passed away，he’s been wearing two hats al home as both father and mother.

例：自从迈克的妻子去世以后，他在家里既当爹又当妈。

They are so shorthanded at Joe’s office that he has to wear two hats.

乔的公司太缺人手了，他不得不同时担任两个职务。

（四）修辞方面

修辞是语言表达艺术化的一个重要方法，在文学作品和日常生活中多有涉及。很多修辞格虽然同时存在于汉语和英语中，但在具体使用上总是存在或多或少的差异。这些差异就对翻译造成了不小的障碍。

例："…you had got to the fifth bend，I think?"

"I had not!" cried the Mouse，sharply and very angrily.

"A knot!" said Alice，"oh，do let me help to undo it."

（Lewis Carroll：Alice's Adventures in Wonderland）

"……你说到了第五个弯儿了，不是吗?"

那老鼠很凶很愤怒地喊道："我没有到!"

爱丽丝道："你没有刀吗? 让我给你找一把吧!"（赵元任 译）

本例原文利用"not"和"knot"这两个谐音单词制造出双关修辞，贴切地表现了爱丽丝的心不在焉，达到了幽默的效果。一般来说，双关几乎是不可翻译的，因为汉语中很难找到合适的词与英语单词谐音。如果照搬直译："一个结。噢，让我来帮你解开（结）"，一则显得单调乏味，二则没有体现出"not"和"knot"这两个谐音单词制造出的双关修辞。但赵元任先生利用"到"和"刀"这两个谐音汉字也制造出了双关修辞，再现了原文的语言特色，实属佳译。

总而言之，由于英汉两种语言所属语系不同，语言表达习惯、形式等都有巨大的差异，这就要求译者必须熟悉和灵活处理这些差异，将原文的语言风格、文化内涵原汁原味地呈献给读者，这样才能译得准、译得好。

二、文化差异对翻译的影响

社会文化错综复杂，包罗万象，一个民族的历史、政治、经济、风俗习惯、价值观、思维方式以及社会活动的特点和形式等都是社会文化的表现。与其他文化相比较，社会文化差异对翻译所造成的影响更大一些。以下就针对几种英汉社会文化表现差异对翻译的影响进行简要介绍。

（一）价值观念

汉语社会文化价值观推崇谦虚，在文章中经常可以看到"鄙人""犬子""拙文"等谦辞。而英语社会文化则推崇个人表现，展现个人的自信，故很少有这类自谦的用词。

（二）思维方式

相对而言，中国人重具象思维，对事物的描述和表达都尽可能地具体，而英美人重抽象思维，擅长用抽象的表达描述具体的事物。因此，英语科技文章中多概括、笼统的抽象名词，而汉语文章中多具体词语。在翻译这些具体词语时，如果生硬直译，必然会使译文晦涩难懂，因此需要将英语中的大量抽象名词具体化，以使译文符合英语表达习惯。

例： Is this emigration of intelligence become an issue as absorbing as the immigration of strong muscle?

知识分子移居国外是不是会和体力劳动者迁居国外同样构成问题呢？

本例原文中的“intelligence”一词原意为“智力，理解力”，“muscle”的原意为“肌肉，体力”。但译文并没有进行死译，而是灵活地将它们译为了“脑力劳动者”和“体力劳动者”。很明显，将抽象名词具体化以后，译文就更容易理解了。

（三）风俗习惯

风俗习惯涵盖的范围很广，称呼、寒暄语等都属于风俗习惯的范畴。中西方风俗习惯上的差异也要求翻译者必须综合考虑源语文化和目的语文化，灵活进行翻译，不能将源语文化“生拉硬拽”至目的语中，否则译文就得不到目的语读者的理解和接受，达不到文化传播的目的。

在称呼方面，英语中的亲属称谓只有“dad”“mum”“grandpa”“aunt”“uncle”等为数不多的几种表达，而且多数情况下人们经常直呼其名。但中国素有“礼仪之邦”之称，称谓尊卑有别，长幼有序，区分得十分严格，有时一个称谓不止一种叫法，如“妻子”，英语中只有“wife”一种叫法，但汉语中则有“老婆”“爱人”“内人”“内子”“拙荆”“堂客”等多种称呼。因此，在翻译的过程中遇到这种情况时，译者需要根据上下文推断，来弄明白文中人物的亲属关系，从而确定具体应该翻译成汉语中的何种称谓。

在寒暄语方面，中国人见面打招呼时常说“你要去哪儿?”“你吃饭了吗?”，类似这样的话语只不过是礼节性打招呼的一种方式，并无深意。然而西方人对这几句话却非常敏感，如果翻译时直译容易令他们不知所措甚至有可能引发冲突。因此，要视具体情况作出相应的客套话的转换，改用英语惯用语“Good morning!”“Hello!”或者“How are you?”等。中国人在至爱亲朋之间，很少用“请”“谢谢”之类的用语，不是外人，无须那样客套，若多用反而见外。可是在英语文化中“thank you”“please”“excuse me”等却常不离口，即使在夫妻之间、父母与子女之间，好朋友之间也要不厌其烦地使用。

在祝贺、赞扬、道谢等方面，英汉民族的习惯也基本不同。英美人士听到他人对自己的赞美时，通常会接受赞美，并表示感谢，而中国人面对赞美常表示自己受之有愧。

三、物质文化差异对翻译的影响

物质文化包含的内容非常丰富，涉及衣食住行用各个方面，如饮食、日用品、服饰着装、生产工具和设施等。中西方的物质文化有着巨大的差异，这些差异给翻译带来了不小的困难。

就饮食习惯而言，西方人常以蛋糕、面包等为主食，而中国人主要吃大米，面食等。因此，如果将“a piece of cake”按汉语的习惯译为“蛋糕一块儿”，肯定会令人费解。因为蛋糕是英美人生活中极为常见的东西，制作蛋糕和吃蛋糕都是小事一桩；而对中国人而言，尽管蛋糕并不是稀有的东西，但却很少自己制作，制作起来也有一定困难，因此将其译为“小菜一碟儿”比较妥当。

就服饰着装而言，中西方也有着明显的差异，这些差异背后往往意味着对应词汇、表达的空缺，为翻译工作带来了巨大的困难。

例：这个人的打扮与众姑娘不同，彩绣辉煌，恍若神妃仙子：头上戴着金丝八宝攒珠髻，结着朝阳五凤挂珠钗；项上戴着赤金盘螭璎珞圈；裙边系着豆绿宫绦、双衡比目玫瑰佩；身上穿着缕金百蝶穿花大红洋缎窄裉袄，外罩五彩缂丝石青银鼠褂；下着翡翠撒花洋绉裙。(曹雪芹《红楼梦》)

Unlike the girls, she was richly dressed and resplendent as a fairy. Her gold-filigree tiara was set with jewels and pearls. Her hair-clasps, in the form of five phoenixes facing the sun, had pendants of pearls. Her necklace, of red gold, was in the form of coiled dragon studded with gems. She had double red jade pendants with pea-green tassels attached to her skirt. Her close-filling red satin jacket was embroidered with gold butterflies and flowers. Her turquoise cape, lined with white squirrel, was inset with designs in colored silk. Her skirt of kingfisher-blue crepe was patterned with flowers.

本例原文是对王熙凤服饰的详细描述，这些服饰可以说是中国特有的，译者有必要将中国的服饰文化介绍给英语读者，因此译者对王熙凤的服饰着装进行了细致入微的翻译。

就物品、工具、设施等方面而言，由于物质文明发展的不均衡，有些物品、工具、设施可能在一个国家存在，而在另一个国家不存在或发展不成熟，这些有着强烈地域色彩的词语就很容易导致误译。例如，西方国家汽车的使用很广泛，所以很早就有了“road-side business”这个词语的真正含义是“汽车旅馆”“汽车电影院”“汽车饭店”，但若按字面意思理解，就容易被误译为“路边商业”。另外，“tea-shop”的字面意思虽然是“茶叶商店”，其真正含义却是“小餐馆”。

总而言之，在翻译的过程中，物质文化差异对翻译的影响也是不容忽视的，只有了解了物质文化之间的差异，才能更好地进行翻译，进而实现不同民族间文化交流的目的。

四、生态文化差异对翻译的影响

生态文化包括一个民族所处地域、自然条件和地理环境所形成的文化，表现在不同民族对同一种现象或事物采用不同的言语形式来表达。例如，因纽特人常年生活在冰天雪地中，他们用不同的词汇表示不同状态下的雪，其语言对于雪的描写非常细致，而处在热带和亚热带地区的民族，语言当中一般不会出现特别丰富的词汇来描写雪。由此不难发现，将如此多的描写雪的词语翻译成只有少量描写雪的词语的语言是何等困难的一件事。

就英汉翻译来说，由于中国和大部分西方国家相距遥远，在地理位置、气候环境等方面都有极大的不同，这就要求译者在翻译涉及生态文化的表达时要格外注意，在忠实的前提下使译文更容易为目的语读者所理解、接受。

例如，英国是一个岛国，海洋文化是英语的一大特色，在英语中与海洋、捕鱼、航海有关的词汇及习语数不胜数。例如，“I'm all at sea.”表示一个人感到茫然；“to be in the same boat”形容处于同样的困境。而中华民族发源于黄河流域，距离大海较远，生态文化上属于农业文化。因此，不同的生态文化自然会在语言上表现出来。而语言的统一性又可以在翻译的过程中能找到对应的表达方式。

再如，在中国，河水普遍是向东南方向流，因此有“大江东去”“一江春水向东流”“请君试问东流水”等诗句。然而在欧洲，河水大都是向西北方向流的。因此，中国的诗句“功名富贵若长在，汉水亦应西北流”（李白《江上咏》）应译为“But it sooner could flow backward to its fountains. This stream，than wealth and honour can remain.”

又如，在中国，东风是温暖的，象征着春天的到来；而在英国，东风是寒冷的，西风才是温暖的。因此，“东风”与“east wind”这两个词虽然字面含义一致，但内涵意义却截然不同。因此，中国人喜爱东风，而英国人却讨厌东风，而喜爱西风。英国著名诗人雪莱（Shelley）的《西风颂》就是对“西风报春”的讴歌。在翻译此诗时，应对这一地域文化差异作出注释，否则会给缺乏英国地域文化知识的目的语读者带来理解上的困难。

此外，中国自古以来有“南面为王，北面为朝”“南尊北卑”的传统，“南”的方位在说法上常常置前，所以经常说“从南到北，南来北往”。而要使西方人从英语地域文化上来理解汉语中的“从南到北”时，应该将其翻译为“from north to south”。

综上可以看出，英汉民族在文化上的差异对翻译有着极大的影响，它决定着翻译的准确性和合理性。因此，英汉两种语言间进行翻译时，要求译者不仅要通晓两国的语言文字，还要深刻理解两种文化之间的差异以及这些差异对语言理解的影响，并采用适当的翻译方法，这样才能使原文和译文达到语言意义和文化意义上的等值。

第三节 跨文化视角下英汉翻译的原则与策略

翻译是一门科学，需要坚持一定的理论原则。国内外很多学者对翻译的原则进行了分析，并给出了自身的观点，如奈达的“功能对等”就是对翻译中文化因素的重视与把握。文化在翻译中获得与语言同等的地位，翻译不仅是语言的，还是文化的。也就是说，翻译需要对原作忠实、对原作进行再现，从而实现文化交流与合作。另外，在翻译过程中，会遇到各种文化差异，因此需要掌握基本的翻译策略，掌握了这些文化翻译策略．有助于人们更好地理解这些文化差异。

一、翻译的原则

（一）信息等值原则

文化信息等值原则是文化差异背景下翻译活动的重要原则，具体来说，译者要尽量使译文实现与原文在语言、文本、文化以及思维等多层面的等值。例如，一些文化底蕴浓厚的大学的校训的翻译，都很好地遵循了信息等值的翻译原则。

例：In the Nation's Service and in the Service of All Nations（普林斯顿大学校训）

为国家服务，为世界服务

Peace and Light（塔夫斯大学校训）

和平与光明

（二）文化再现原则

从翻译的性质与任务的角度来看，翻译的过程就是文化再现的过程，因此需要遵循文化再现原则。具体来说，文化再现应该能够再现源语文化的特色。

例：人怕出名猪怕壮。

译文 1：Bad for a man to be famed；Bad for a pig to grow fat.

译文 2：Fattest pigs make the choicest bacon；famous men are for the taking.

上述原文为汉语中的俗语，是中国传统语言形式之一，具有十分丰富的文化内涵。在翻译过程中很难在英语中找到匹配的表达形式。上述俗语的内涵指的是人一旦出名就会有更大的挑战和困难，因此出名之后的生活反倒会十分困难。这就像猪长胖之后逃脱不了被宰杀的命运一样。译文 1 从原文的文化内涵出发，将其含义表达得淋漓尽致。译文 2 采用了创译的形式，但是译文和原文在表达和情感色彩方面都存在差异。

（三）风格再现原则

在进行文化翻译时，风格再现也是一个重要的原则。通常来说，风格再现原则中的风格主要涉及如下几点。

1. 文体风格

文体不同，风格也必然存在差异，如小说文体与诗歌文体、新闻文体与法律文体等，都呈现着各自的特色，这要求译者在进行翻译时，需要考虑不同的文体风格，除了将彼此文化再现出来外，还需要将文体的风格予以再现。以法律文体翻译为例，译者应该注重法律文体中的庄重、严肃的口吻，切记不要将其翻译成大白话，否则就违背了法律文体的法律意义。

2. 人物语言风格

即意味着遇见什么人，说什么样的话，这主要在文学文体中有着明显的体现。

3. 作家个人的写作风格

译文也应该展现原写作者的风格，有些写作者风格简洁，有些写作者要求庄重，有些写作者要求华丽等。因此，在翻译时，译者应该将其凸显出来。

二、文化翻译的策略

（一）归化异化策略

1. 归化和异化的由来

20 世纪 90 年代，美国翻译理论家劳伦斯·瓦努蒂（Lawrence Venuti）在《译者的隐形》中提出了异化策略和归化策略。异化和归化可以看作是直译和意译概念的延伸，但不完全与直译、意译相同。直译和意译关注的最本质的问题就是如何在语言层面上处理形式和意义，通常是单个词、短语或者句子所采用的哪种翻译方法，形式、意义和语言风格是否忠实的问题。

20 世纪二三十年代，鲁迅提出翻译要欧化，不要归化。在 20 世纪 50 年代，傅雷的“神似论”是最著名的翻译观。他在《高老头·重译本序》中，指出“以效果而论，翻译应当像临画一样，所求的不在形似而在神似”，认为“理想的译文仿佛是原作者的中文写作”。文字上要求“译文必须为纯粹之中文，无生硬拗口之病”，并期以“行为流畅，用字丰富，色彩变化气显然，这种观点与鲁迅的观点是截然不同的。

“化境”是 20 世纪 60 年代我国翻译理论中较为重要的一个。这一观点是由钱钟书提出的。钱钟书在《林纾的翻译》一文中指出，“化”是文学翻译的最高理想。将作品从一种语言变成另一种语言，既不能因语言习惯的差异而露出生硬牵强的痕迹，又能完全保存原作的风味，就算实现了“化境”。钱钟书将这种现象也叫作“脱胎换骨气”，他认为译本是否忠实于原文，要看其读起来是否像读原文一样自然。

可见，翻译研究者们对“归化”“异化”的争论早就出现，且一直没有停止。如今，有关翻译归化和异化策略的文章也非常多，且都有着各自的观点，出现了百家争鸣的局面。

2. 归化

归化策略是指对源语表达形式进行省略或替换，找到地道的表达形式表达译入语。这一策略的运用会致使源语文化意义丧失，更符合译入语的文化意义。

例：谋事在人，成事在天。

杨宪益、戴乃迭译：Man proposes, Heaven disposes.

霍克斯译：Man proposes, God disposes.

原句是带有浓重的中国特色的，两个译本都使用了对仗形式，与原作相称，但是对“天”的表达上存在明显的差异。杨宪益夫妇将其翻译为 Heaven，是与中国的文化色彩相符合的；而霍克斯的翻译则为了符合译入语读者的接受程度，将其翻译为 God。之所以存在差异就在于两个译本选择的翻译策略不同。

3. 异化

异化策略是指译者对源语文化进行保留，并尽量向作者的表达贴近的策略。虽然语言是对客观世界的反映，但是受不同思维方式与文化背景的影响，不同民族对同一事物的认知也存在明显的差异。译者在对具有丰富历史色彩的信息进行翻译时，应该尽量保留其文化背景知识，采用异化法是比较好的选择，有助于传递源语文化。

例：As the last straw breaks the laden earners back, this piece of underground information crushed the sinking spirits of Mr. Dombey.

正如压垮负重骆驼脊梁的最后一根稻草，这则秘密的讯息把董贝先生低沉的情绪压到了最低点。

上例将原文中的习语 the last straw breaks the laden camef's back 进行了文化异化翻译，汉语读者不仅完全能够理解，还可以了解英语中原来还有这样的表达方式。

4. 归异互补

归化与异化是文化翻译的两大主要策略，从上述分析可知，二者是对立统一的关系，都存在着各自的适用范畴，但是在一些语境中，仅仅选择其中一种并不可行，甚至无法将源语的真实内容与意义传达出来，这时就需要将二者相结合，采用归异互补策略。

如果说想成为一名好的译者，首先就需要能够在运用归化策略与异化策略时，找到二者之间的折中点，然后根据这一折中点，对原作进行仔细品读，进而采用合适的翻译策略来进行翻译。当然，译者需要对原文的底蕴弄清楚，然后从翻译目的、作者意图等层面考虑，谨慎地对翻译策略做出选择，这样才能把握好翻译的分寸。

例：I gave my youth to the sea and I came home and gave her (my wife) my old age.

我把青春献给了海洋，等我回到家中见到妻子的时候，已经是白发苍苍。

在翻译上述英文句子时，作者采用了归异互补策略。很明显，对 I gave my youth to the sea 这句话的翻译采用了归化策略，而对 I came home and gave her (my wife) my old age 这句话的翻译则采用了异化策略。如果仅仅采用归化法或者异化法，很难达到现在的效果，也很难让目的语读者理解原作的含义。

在处理二者的关系时，著名学者孙致礼认为，应该以异化策略为首选，而归化策略为辅助。这就是说，译者在文化翻译时应该尽可能地实现异化，必要时还要保证归化。具体而言，可以总结为如下几点。

第一，一般来说，译者应该尽量选择异化策略，这样可以使译文实现“形神具备”的效果。因此，在文化翻译实践中，译者如果觉得采用异化策略就可以将原作的内容传达出来，那么选择异化策略即可。

第二，如果译者觉得单独选择异化策略难以将原作的意义完全表达出来，或者很难实现译文的通畅，那么译者可以考虑将异化策略与归化策略相结合。

第三，如果译者觉得采用异化策略是完全行不通的，那么译者不能勉强采用异化策略，而是考虑选择归化策略，舍弃原作的形式，来表达其内涵意义。

总而言之，译者在处理归化与异化的关系时，需要注意一定要适度。具体而言，在采用异化策略时，译者一定要保证不影响译文的理解；在采用归化策略时，译者一定要保证不改变原作的风味，力求做到真正的“文化传真”。

就这一意义上而言，异化策略主要在文化层面上有强烈的表现，而归化策略在纯语言层面有强烈的表现。需要说明的一点是，即便在同一篇文章中，翻译策略也不是唯一的，不能仅使用一种方法来进行翻译。在对待不同的文化问题时，一名好的译者应该洞察其中的文化知识，发挥自身的跨文化意识，采用恰当的翻译策略来进行翻译，争取做好一名文化传播的使者。

（二）文化间性策略

所谓文化间性策略，是指基于文化间性主义与文化间性观，而逐渐形成的一种翻译策略。在文化间性主义者看来，译者在进行文化翻译时应该保证互惠互补、相互协调的文化关系。不同文化有着明显的差异性，运用文化间性来处理，有助于找寻二者的共性，实现不同文化之间的互动。

作为一名好的译者，他/她应该具备文化身份，将不同文化的组成要素进行内化，同时对不同文化的进步与发展情况持开放、接纳的态度。在这种文化间性理念的指导下，译者可以更从容地参与到文化翻译实践中，具体而言可以实现两大效益。

第一，译者保持开放的心态，对不同文化间性接纳与包容，从而采用得体的策略与方式对待与处理不同文化。

第二，译者对源语文化进行拓展与开发，在共性思想的指导下，分析与思考源语文化，进而将源语文化推向世界。

从上述定义与理念分析中可知，文化间性是对归化策略与异化策略所存在的极端主义的弱化，同时也是对“信、达、雅”翻译标准的支持。

例：原文：天时不如地利，地利不如人和。

译文 1：Sky times not so good as ground situation；ground situation not so good as human harmony.

译文 2：Opportunities vouchsafed by heaven are less important than terrestrial advantages, which in turn are less important than the unity among people.

显然，原文是一则典故，意思是在战争中，气候条件是十分重要的，地理形势也十分重要，但是相比二者，人心所向才是最为重要的。对于这则典故的翻译，译文 1 是很不负责任的，属于乱译，而译文 2 则根据文化间性理论，进行了恰当的翻译，且容易让读者理解与把握。

（三）文化调停策略

在文化翻译中，文化调停策略也被广泛地运用，下面就对这一策略的概念与具体的应用进行分析和探讨。

1. 文化调停策略的概念

文化调停策略是指将一部分文化因素省略不翻译，甚至将全部文化因素省略不翻译，直接翻译其中的深层含义。

例：回头人出嫁，哭喊的也有，说要寻死觅活的也有，抬到男家闹得拜不成天地的也有，连花烛都砸了的也有。

Some widows sob and shout when they are forced to remarry; some threaten to kill themselves; refuse to go through with the wedding ceremony after they've been carried to the man's house; some smash the wedding candlesticks.

原文选自鲁迅先生的短篇小说《祝福》。在中国婚俗中，“拜天地”是一种特有的现象，且“天”“地”这两个字有着丰厚的文化内涵。在中国人眼中，“拜天地”就是所谓的婚礼。但是，如果用异化策略进行翻译，目的语读者显然是很难理解其真正含义的，因此将“拜不成天地”译成 refuse to bow to heaven and earth 显然不合理，而采用文化调停策略进行翻译，如译文所示，就将原作的意象进行省略，而直接翻译出原作的深层含义，这样目的语读者就能真正地理解原作的内涵，也能够获得与原作读者相同的感受。

2. 文化调停策略的运用

显然，文化调停策略也是针对归化策略与异化策略来说的，即如果这两种策略不能解决真正的文化问题时，这时候译者采用文化调停策略是正确的。这一策略可以让译文更具有可读性，而且能够减少归化策略与异化策略中的文化问题，但是也有着一定的局限性，即不能对文化意象进行保留，因此不利于文化交流。

例：刘备章武三年病死于白帝城永安宫，五月运回成都，八月葬于惠陵。

Liu Bei died of illness in 233 at present-day Fenjie County, Sichuan Province, and was buried in Chengdu in the same year.

上述原文比较短，却有着丰富的内涵和文化因素，其中涉及了很多古代的地名、年代等内容。对这些地名、年代的翻译，采用归化策略肯定是不行的，因为在英语中难以找到与之相对的词语。而如果采用异化策略，直接进行拼写或者加注，这样的翻译比较复杂，且烦琐，很容易让读者产生困惑。因此，在这种情况下，译者应该将这些文化因素省略，以便于读者理解和把握。

例：当他六岁时，他爹就教他识字。识字课本既不是《五经》《四书》，也不是常识国语，而是天干、地支、五行、八卦、六十四卦名等学起，进一步便学些《百中经》《玉匣记》《增删卜易》《麻衣神相》《奇门遁甲》等书。(赵树理《小二黑结婚》)

When he was six, his father started teaching him some characters from books on the art of fortune-telling, rather than the Chinese classics.

分析上述原文，其中包含汉语文化词汇十几个，如《五经》《四书》以及天干、地支、五行等，还有之后的《百中经》《玉匣记》……对于这些文化词汇的翻译，如果全部翻译出来是非常困难的，且即使翻译出来，目的语读者也很难理解。实际上，对于这些文化词汇，全部翻译出来是没有必要的，这时采用文化调停策略来翻译，将这些不必要的文化内容省去，反而更容易被目的语读者理解。

（四）文化对应策略

所谓文化对应策略，是指采用目的语文化中知名的事件、人物等，对源语文化中的内容进行解析与诠释。例如，“梁山伯与祝英台”在汉语文化中是广为熟知的，但是在西方人眼中并不知道二人到底是谁，如果将其翻译成“罗密欧与朱丽叶”，那么西方人就知道什么意思了。同样，“济公”与“罗宾汉”的互换也是如此。

例：济公劫富济贫，深受穷苦人民爱戴。

Ji Gong, Robin Hood in China robbed the rich and helped the poor.

这是浙江兰溪的济公纪念馆中的一句话，在对这句话进行翻译时，将其翻译成 Ji Gong, Robin Hood in China 就很容易被目的语读者理解，这就是采用了文化对应策略。这样，也很容易让读者融入原作之中，探寻原作的奥妙。

需要说明的是，在归化、异化、归异互补、文化间性、文化调停、文化对应六种文化翻译策略中，归化策略与异化策略仍旧占据主导地位，但是也呈现对立统一的情况。归化策略的运用是译者为了对译语读者进行照顾，在翻译时偏向于译语读者；而异化策略的运用是译者为了对源语文化进行照顾，在翻译时倾向于源语文化。在具体的翻译实践中，译者需要把握好度，恰当选择合适的翻译策略，否则就会走入极端。当然，如果这两种策略无法解决具体的文化问题时，那么译者就考虑运用其他因素，这样才是真正的译者。

例如，在日常生活中，为了保证好的交流效果，一些通知、广告、公告、新闻报道等往往会采用归化策略进行翻译，这样易于读者理解，如果不能运用归化策略，那么可以采用文化调停策略，这样可以使译作更为清晰，读者更易明白，也与目的语读者的阅读习惯相符合。对于那些政论、哲学著作、科技文章等，译者往往会采用异化策略，因为这些文章写作的目的在于宣传，在于弘扬，也有助于填补目的语读者的知识空缺。也就是说，异化策略的运用有助于弥补目的语读者的空白，更多地了解目的语文化。

第四节　关于跨文化视角下英汉翻译中译者责任的思考

一、职业素养

（一）不偏不倚

翻译说到底还是一种跨文化交际活动。众所周知，外国和中国在文化的诸多方面存在很大的差异，同样的汉语材料在中国人眼中和外国人眼中携带着不一样的信息，因此翻译工作者就扮演着原作与译文读者之间的中介者角色。这种角色要求翻译工作者必须尊重客观事实，公正地对待中外双方，不偏不倚，做到立场中立。

从生态翻译学的角度来看，翻译的终极目标在于最大限度地保护原文与译文之间的交际生态。具体来说，翻译工作者需要在超越时空的前提下，既要与原文作者进行平等的交流，维持原文作者的基本思想，又要考虑到译文读者的理解和接受状态，将信息完整地传递给译文读者，进而在原作与译文读者之间寻求一个平衡点，在原文与译文读者的语言、文化、交际三者之间构建一个健康、有序、和谐的生态循环，这样原作与译作才能够永久共存。

（二）追求完美

如果说译者因为翻译水平的限制而无法创造出令人满意的译作，那还情有可原，这是客观的缺陷。毕竟翻译水平的提高不是一朝一夕的事，而是一个漫长的过程。译者只要不断虚心请教和学习，最后一定可以交出理想的译作。最可怕的现象是译者的心和力都用得不到位，这就是主观态度和客观能力的双重缺陷了。译者一定要具备精雕细琢的工匠精神，才能在翻译这条路上走得更远。

在当今这个信息化时代，国家政治、经济的发展不断赶超世界水平，知识的更新速度非常快，数量庞大的新词不断涌现，其中有些词语被人们沿袭了下来，有的词语则在语言的历史长河中消失了。没有什么知识是一劳永逸的，不可能用同一种知识解决过去，现在和未来的所有问题。因此，翻译工作者要广泛查阅各种资料、工具书，运用一切可以使用的资源，多方查证，这样才能获得对翻译对象更全面的认识和理解，才能创造出更加贴切，达意、完善的译文。

二、语言素养

语言素养是翻译的核心素养。语言素养包含语言知识、语言技能、文化素质和语用能力四个方面。

语言知识涉及词汇、句子，语篇和修辞等方面。译者可以根据不同的专业需求，进行专业知识的延伸，了解各个专业领域的语言知识。语言技能包含写、听、说、读四种。语言无法脱离文化而存在，因此语言素质还包括文化素质。文化素质包含三个方面：一是情感态度与价值观，二是自己所具备的文化立场，三是文化认同感和文化鉴别能力。翻译也是一种对语言的运用过程，因此译者还需要具备一定的语用知识。语言的意义说到底是语境中的特定意义，所以译者需要结合语境推断源语的真正意义。语境是语用学研究中的重要概念，它有狭义和广义之分，狭义的语境指话语使用的上下文，广义的语境指的是和语言使用相关的一切因素，包括语言内和语言外的情境。既然原文的意义取决于语境，那么译者必须抓住语境这一线索来理解原文，从而在最大程度上再现原文的信息。

例：犬子将于下个月结婚。

译文 1；My little dog is getting married next month.

译文 2；My son is getting married next month.

这个例子选自中国人写给外国友人的喜帖。译者在翻译之前需要先了解交际语境。首先，交际双方来自中国和外国；其次，汉语中的“犬子”是对儿子的谦称，英语中没有这样的表达；再次，父母在公布儿子的婚讯时将儿子称为“犬子”，是对自己喜悦之情的控制。因此，译文 1 将“犬子”译成 My little dog 显然曲解了原文的语用含义，译文 2 的翻译是正确的。

三、转换能力

译者的转换能力体现在以下几个方面。

（一）适应语言的意义

翻译就是一种跨文化交际活动。跨文化交际就是根据意义选择语言，根据语言推敲意义的过程。从这个角度来说，对语言的适应其实是对意义的适应。翻译工作者要适应的语言意义主要有形式意义、言外意义、文化社会意义、联想意义等。

形式意义是指语言形式所承载的意义，包括语音、词汇句法及修辞等。语言形式是有意义的，在翻译时需要考虑形式，否则原文的风格就消失了。语言的独特性在于自身的语言规则和语言结构。有时候，在翻译中要再现原文信息内容，就必须调整语言形式。原因就在于，翻译中很难做到形式对等，最多就是形式相似罢了。

要想顺利地进行交际，不能满足于对字面意义的了解，还要深度挖掘对方话语中隐含的真正意义。因此，在翻译中，译者就要用目的语完整地传达出原文的言外之意，这样才能实现原文读者和译文读者获得相同的感受。这样的翻译，才称得上是原文和译文在精神上的桥梁。翻译工作者既要适应原文的言外之意，又要适应译文的言外之意，这样才能实现文化传播的目的。

语言是文化的一部分，对语言的理解不能脱离其所属的文化和社会语境。文化之间互相尊重，共同发展，应该是不同文化之间相处的正确之道。在翻译中，译者属于原文的文化语境，因此更需要适应的是译语文化语境。因此，译者需要在准确传达原文意义的前提下，考虑译语文化的接受水平。

联想意义是语言符号给人们带来的暗示性的意义。同一个事物在不同的语言里可能有着不同的联想意义，这也体现了文化语境的特点。例如，汉语中的“狗”常让人联想到“下贱、讨厌”等不好的意义，而英语中的 dog 在西方人那里就能唤起“伙伴、忠诚”等联想。

（二）选择翻译文体和方法

翻译文体是译者创造的一种语言形式，要考虑原文语言的优势和译文语言的特点，是原文语言和译文语言的结合。翻译文体的选择非常重要。翻译工作者要依据不同的传播渠道，将原文翻译成相适应的文体。当材料是通过声音的途径来传播时，译者就必须使译文适合听，这就要求译者了解广播文体的要求，做到语言简洁、重点内容突出。

翻译是对文化的理解和阐释。在翻译过程中，根据中西方文化背景的差异来决定选择何种翻译方法，是达到良好效果的关键。常见的翻译方法包括直译法、直译加注法、意译法、音译法等。具体采用哪种翻译方法，要根据实际情况来确定。例如，当语用发生了转移时，最好采用直译法，这样译文更好理解；当翻译材料为科技内容时，对于哪些行业内的专业词汇，最好选用音译法，保留原来的发言和国际上通用的命名；对于存在文化空缺的内容，可采用直译法加上适当的解释说明，否则容易造成歧义。

（三）具备多种意识

1. 多元文化意识

在新的历史时期，精神文明被提到了更突出的位置。译者作为文化传播的桥梁，在全球化的今天，应该拥有清醒的文化意识。经济全球化和文化全球化相当于一个人的两条腿，我们应该用两条腿走路，否则就不是一个健全的人。不同民族语言文化之间的交流，是一种需要。任何一个民族想发展，必须走出封闭的自我，只有在和其他文化相互碰撞、相互融合的过程中，自身才能得到发展。而在这样一个过程中，翻译始终起着重要的作用。文化多样性不仅为人类文化的融合提供了条件，也有助于提高每一种文化的辨识度及存在的价值。人类在应付各种复杂情况时可以从多样性的文化上寻找可靠的支撑条件，多样性的文化是人类共同财产，为人类文化的发展提供了源源不断的动力。不同文化之间只要不相互抵制，就能使整个文化世界充满勃勃的生机。无论是从当代还是从子孙后代的利益考虑，文化的多样性都应该被肯定。为了人类共同的利益，各个文化都应秉持文化多样性的观念，为人类的生存和发展提供一个新的平台。只有在这个全球化时代，才能建立理想意义上的文化多元性。只有经受了全球化时代洗礼的多样性才是最值得憧憬的。

2. 主体意识

在传统的翻译理论中，译者似乎就是服务于作者和读者的仆人，只需要将源语文本的意义进行一种再现就可以，是一种隐性的存在。但是，随着翻译研究的深入进行，学者们逐渐开始怀疑译者的仆人身份，并认为译者才是翻译活动中的主体。学者之所以提出这种观点，主要基于以下几种理由。首先，翻译是译者需要发挥其主观能动性的实践活动。其次，译者不仅是原文和译文的中介者，而且是原文作者与译文读者的中介者，同时又在翻译中架起了两种语言与文化之间沟通的桥梁。可见，译者处于翻译中的核心地位。再次，解构主义学派和后现代主义都宣扬译者的主体性。国内外很多学者都坚持翻译主体的唯一性，即认为翻译的唯一主体就是译者。译者只有认识了自己的主体性，才能在翻译活动中实现一定的创造性，才能给翻译作品生命。值得注意的是，译者在具有主体意识的同时，也要防止因自身过度膨胀而导致的随心所欲的翻译。在原作者、译者和译文读者等主体之间，建立一种对话式互动关系，才能建立一个健康有序的翻译生态。

3. 读者意识

从接受美学的角度来看，文本是一个多维度的开放式结构，不同的人可以做出不同的解释，相同的人在不同的地点也可以做出不同的解释。可见，在翻译中，原文文本是稳定不变的，但是接受者是动态变化的。读者根据自己的认知来认识译作文本的内涵，填补意义空缺，并对未定性的内容实现具体化，最终实现译作的意义。

在译者的意识中，读者应该是摆在第一位的。在进行翻译之前，译者就要考虑译文的读者的心理需求，并据此选择不同的翻译方法和策略。读者不同的心理需求，促成了不同的译文的产生。图里（Toury）曾经强调，一切翻译都位于一条线的中点，中点的一端是源语规范，另一端是目的语规范。因此，为了实现翻译的目的，译者需要想尽一切办法来满足译文读者的心理需求。译文读者对译作内容的心理需求是影响译作传播效果的重要因素。译文读者对译作内容需求强烈，则阅读的动机指向性越强，译作的传播效果越好；反之，如果译文读者对译作内容的需求不强烈，阅读的指向性就会越低，译作的传播效果就越差。另外，在翻译过程中，如果能够引起译文读者情感上的共鸣，使其产生良好的情绪体验，那么翻译工作就相当于成功了一半；反之，如果无法使译文读者的情感状态处于最佳水平，翻译工作的成效就有待加强。译文读者是译作信息的接收者，是拥有独特的心理特征和丰富感情的个体。译者在翻译过程中应该时刻以满足目标读者的需求为目的，最大程度上使读者与原文的视野相融合。

第三章　跨文化交际视角下的英汉翻译技巧

第一节　英汉词汇翻译

一、翻译中的选词

词是构筑短语、句子、段落和篇章最基本的单位。为了使翻译文本精确通顺，译者必须选择与原文最为贴切的译文表达。因此，选词就成为最基本的翻译技巧之一。

某个单词的意思不仅仅是其在字典当中的解释，更重要的是它在语言中具体应用的含义。字典释义大多只是单词外延意义的记录，通常并不能给出其具体内涵。词本无义，义随人生。同一个单词在不同的上下文中，就成为另一个新的单词。翻译初学者通常生硬地遵照两种语言字面上的对应关系，却忽略了其上下文中的一致。因此，翻译时，必须认真考虑原文中某个单词或短语的实际意思，然后选择译文中最恰当的词语来表达。

（一）选择情感意义

情感意义是指作者想要向读者传达的感情及态度。作者的立场观点、语气语调在语言上都会有所体现，在翻译时就必须注意措辞。通常词句在语言中有三种情感意义：褒义，中性，以及贬义。对于原文中本身就含有褒贬意义的，应该把褒贬意义表达出来；而对于那些本身似为中性的词汇，就必须根据上下文判断其褒贬，从而做出合适的转达。下面主要通过例子来进行解释和分析。

1. 英文褒贬义，汉译褒贬义

例：He is a highly successful student with a brilliant academic record.

他是一个学业出众的高才生。

原文的 successful 和 brilliant 都是褒义词，而且句子本身传达的都是积极含义。因此，译成汉语时应该选择同样带有褒义的词汇“高才生”与“出众”，来表达作者的正面态度。

例：“You chicken!” he cried, looking at Tom with contempt.

“你这胆小鬼！”他轻蔑地看着汤姆嘟囔道。

英文的 chicken 用来指人时，通常形容某人缺乏勇气，胆子很小，在口语中更是如此。原文中的另一个单词 contempt 也透露出句中的汤姆瞧不起对方。翻译时，就必须将这种主观态度直接表达出来。

2. 英文中性，汉译择褒或择贬

例： Aggressive nations threaten world peace.

侵略成性的国家威胁世界和平。

例： A salesman must be aggressive if he wants to succeed.

推销员如要成功，必须有闯劲。

Aggressive 既有“好斗的”之意，又有“执着的”内涵，如何选择其义，关键在于其所在句子透露出来的到底是褒义还是贬义。上面两个例句正好说明了这个英文单词相对的两种含义。

3. 带有文化色彩的情感意义

由于英汉两种文化的差异，英文中某些带有褒义的单词，其汉语对应词却是贬义的。或者刚好相反。遇到这种情况，翻译时就必须认真辨析，并做些改变。

例： individualism：feeling or behaviour of a person who likes to do things his/her own way. regardless of what other people do；theory that favours free action and complete liberty of belief for each individual person（contrasted with the theory that favours the supremacy of the state）；the idea that the rights and freedom of the individual are the most important rights in a society.

个人主义：一切从个人出发，把个人利益放在集体利益之上，只顾自己，不顾别人的错误思想。个人主义是生产资料私有制的产物，是资产阶级世界观的核心。它的表现形式是多方面的，如个人英雄主义、自由主义、本位主义等。

由上可知，individualism（中性词）≠个人主义（贬义词）≈个体主义。

例： pragmatism：a way of dealing with problems in a sensible practical way，instead of following a set of ideas.

实用主义：现代资产阶级哲学的一个派别，创始于美国。他的主要内容是否认世界的物质性和真理的客观性，把客观存在和主观经验等同起来，认为有用的就是真理，思维只是应付环境解决疑难的工具。

由上可知，pragmatism（褒义词）≠实用主义（贬义词）≈务实主义。

（二）选择引申意义

由于英汉两种语言在词语搭配及语境使用上存在许多差异，英译汉时总有些词或词组难以按照字面意义进行直译。为了使译文通顺达意，需要将原文的词义加以引申。引申意义的得出必须依据上下文的内在联系和逻辑关系，使用符合汉语习惯的方式将原文的深层意义表达出来。词义的引申一般可以通过抽象译法、具体译法和转换译法这三种方式来实现。

1. 抽象化

当英文原文用具体事物来表达某种抽象概念或特性时，尤其是用到那些带有强烈西方色彩的词汇，有时可以将其词义从具体引向抽象，从特殊引向一般，从局部引向概括，这样完成由“实”到“虚”的过程，使得译文更符合汉语的地道表达。

例： Every life has its roses and thorns.

每个人的生活既有甘甜，又有苦涩。

原文中的 roses 和 thorns 分别为“玫瑰”和“棘刺”，是十分具体的事物。但在本句里面，却是指代生活当中会遇到的不同体验和感觉。因此，需将原文带有具体意象的词句进行抽象化处理，将它扩展成为“甘甜”与“苦涩”。

例： Arabs rub shoulders with Jews，and have been doing so from the earliest settlement of the territories.

阿拉伯人和犹太人生活在一起，而且从这些地区最初有人居住时就一直如此了。

例句中的 rub shoulders with 字面意思为“与某人擦肩”，属于生活当中具体的动作行为。而在本句中，这层意思必须进行延伸，才能体现原句所要表达的两个民族人民长期相处的深层含义。

例： When I go around on speaking engagements，they all expect me to assume a Quaker-Oats look.

我应邀外出演讲时，他们都指望我摆出一副毫无表情、一本正经的面孔。

Quaker-Oats 是欧美一种有名的麦片商标，商标中画的老头模样毫无表情，因为中文读者对此不熟悉，所以不能直接翻译成“像麦片商标中老头那样的表情”，而应该虚译。

2. 具体化

有时，当英文原文本身就是某种抽象概念或特性时，同样为了使其译文符合汉语表达，则可以将原文中抽象、含蓄或者是朦胧的词义从抽象引向具体，从一般引向特殊，从概括引向局部，完成由“虚”到“实”的过程，以更贴近汉语读者的阅读习惯。

例： He is a valuable acquisition to the team.

他是该队不可多得的新队员。

Acquisition 意为“获得”或“得到”，如若直接按照字面翻译，就可能会翻译成“他是该队宝贵的一种获得”。从中文角度去考虑，这句话很明显是不通顺的。细究本句中 he 和 team 的关系，可知是刚加入的队员。因此将该词词义具体化，从而得出上述译文。

例： The Great Wall is a must for most foreign visitors to Beijing.

对于大多数去北京的外国游客来说，长城是必不可少的游览胜地。

该句中的 must 充当的是名词，如果只翻译成“必须”，句意不完整，不利于读者理解。因此，应该通过释义手段，将词义明确化，使译文流畅。

3. 转换法

有时某个英文单词或词组的译文实在无法通过直译或意译来得出，或者翻译出来的译文不符合中文表达习惯，此时，在保证原文意思不变的情况下，可以转换思维，重组原文的表层形式，转换角度或选用地道的中文进行翻译。

例：No difficulty can break the iron will of the Chinese workers.

任何困难都动摇不了中国工人的钢铁意志。

本例中，和“意志”搭配的汉语动词显然不能采用 break 的字面意思“折断”，这时，就必须进行转换，选择“动摇”来与“意志”进行搭配，从而使译文较为通顺流畅。

例：It is a project that answers many purposes.

这是一项适应多方面需要的工程。

Answer 一词若照搬字面意思直接译成“回答”，和后面的宾语 purpose 无法形成合理通顺的搭配，通过转换，才能得出符合汉语习惯的地道表达。

二、名词的翻译

（一）专有名词

英语专有名词包括人名、地名、国名、机构名称等，在英译汉的过程中，有些问题需要注意。

例：The Einsteins，however，could not afford to pay for the advanced education that young Albert needed.

然而，爱因斯坦的父母无力负担年轻的阿尔伯特深造所需要的费用。

上例中 Einstein 是姓，Albert 是名。英语中定冠词 + 人名的姓 + s，用来指父母、夫妇、兄弟姐妹或是全家人。The Einsteins 指的不是阿尔伯特 · 爱因斯坦本人，而是指爱因斯坦的父母。

例：The search went on in Europe，in the Americas，in India，in China，in Africa. 探索工作继续在欧洲、南北美洲、印度、中国、非洲进行。

我们知道 America 是指“美国”或“美洲”。在上例中定冠词加上 America 的复数，我们就应注意了，它是南美洲和北美洲的统称。

（二）普通名词

英语普通名词有可数和不可数之分，其中有些普通名词既可作可数名词，又可作不可数名词，但意义不尽相同。

1. **单数与复数**

例：①a piece of paper

一张纸

②Where's today's paper?

今天的报纸在哪？

③He read a paper at a medical conference on the results of his research.

他在医学会议上宣读了他的研究论文。

④Immigration officials will ask to see your papers.

移民局的官员将要求你出示证件。

⑤She spent the evening marking examination papers.

她一整晚都在批试卷。

从上例可以看到，paper 用作单数时可以做“纸”“报纸”“论文”解，作复数时可以做“证件”“试卷”解。

再如 people 和 peoples 都是可数名词，但加了 s 与不加 s 意义上有所不同，people 作“人民”“人们”解，但 peoples 则作“各国人民”“各民族”解。因此，在英译汉的过程中，除要辨别单复数的词义外，还要结合不同的语境去理解具体词义。

2. **可数与不可数**

例：One recent use of radar was in the determination of the distance to the moon.

雷达最近的一种用途是测定到月球的距离。

例：Peacetime uses for radar are many.

雷达在和平时期的用途很多。

上两例中，use 受数词 one 修饰或使用复数形式，是可数名词，应当作“用途”解。而 use 作不可数名词时，却应解释为“使用”，如：

例：a room for the use of doctors only.

只供医生使用的房间。

3. **复数**

例：Men and nations working apart created these problems；Men and nations working together must solve them.

人们之间和国家之间离心离德产生这些问题，人们之间和国家之间同心协力必定能解决这些问题。

此例中 men 与 nations 都是复数名词，如果单单译为“人们”和“国家”，不合原意，并且还容易误解为“人们同国家之间离心离德……”。原文中 men 指的是“人与人之间”，

nations 指的是“国家与国家之间”，因此在翻译时应在“人们”和“国家”后面分别补充“之间”一词，否则便会产生误译。

例： The primary task of contrastive analysis must be the comparison of rules and rule systems and not of the structures determined by them.

对比分析的主要任务必然是规则之间和规则体系之间的比较，而不是规则和规则体系所决定的结构之间的比较。

上例中如将 the comparison of rules and rule systems 译为“规则和规则体系的比较”，就容易使人误解为“规则同规则体系之间的比较”。句中 rule，和 rule system 都是复数，指的是“规则与规则之间（的比较）”以及“规则体系与规则体系之间（的比较）”，因此在译成汉语时，应在“规则”和“规则体系”后增加“之间、后半句中的 structures 也是复数，应同样译为“结构之间”。

汉语中重复使用的名词译成英语时，有的可采用名词复数形式来表达。

例： 战争是民族和民族，国家和国家，阶级和阶级，政治集团和政治集团之间互相斗争的最高形式。

War is the highest form of struggle between nations，states，classes or political groups.

例： 长时期的历史经验，必然使我们的党心、军心、民心，集中到在社会主义基础上实现国家的富强，实现包括台湾在内的祖国统一这一基本要求上来。

Long years of historical experience have inevitably turned the hearts and minds of all members of our Party，army and people to the fundamental goal of the prosperity of the country under socialism and of reunification，particularly the return or Taiwan to the motherland.

（三）动作名词

1. 动作名词与其他名词意义

英语中有些名词既可用作动作名词，又可用作一般抽象名词或普通名词，但是它们的含义各不相同。正因为它们在形式上相同，有时就容易引起误解。

例： The commission of certain acts such as armed attack，naval blockades，support lent to armed gangs of terrorists was considered as a form of aggression.

从事诸如武装进攻、海上封锁、向武装的恐怖分子集团提供援助之类的行为，都被认为是一种侵略。

上例中 commission 一词不用作普通名词“委员会”去理解，而是用作动作名词“从事”解，这里的 the commission of certain acts 相当于 committing certain acts。

2. 带否定含义的动作名词

英语中有少数动作名词，如 failure（后接动词不定式），absence 等，带有否定含义，一般可译成汉语“不”“没有”等，但是有时它们容易被误解为一般抽象名词，译为“失败”“缺席”等。

例： His failure to come that evening was due to ill health.

他那天晚上没能来是因为身体不舒服。

failure 用作一般抽象名词时可译为“失败”，如 Failure is the mother of success. “失败是成功之母”，但是在上例中，failure 不能译为“失败”，因为它后接动词不定式 to come，用作动作名词，相当于 to fail to come，理解为 to be not able to come，译为“没能来”。

例： Why does he say nothing about the total absence from his list of poems about future?

他开列的单子中根本没有关于未来的诗歌，对此他为什么只字不提？

上例中 absence 用作一般抽象名词时可作“缺席”“缺乏”解，但用作动作名词时应译为“没有”，此句中 absence…of poem。不宜译为“缺少诗歌”，应译为“没有……诗歌”。

英语动作名词一般不加 s，加了 s 含义就不相同。如 the trouble of translation，译作“翻译的难处”，而 translations of British Literature 则作“英国文学译作”；前者 translation 指翻译这项活动，而后者的 translations 则指具体作品。因此，动作名词加了 s 往往指动作的具体结果。

例： A successful scientist at applies persistent and logical thought to the observations he makes.

凡是有成就的科学家总是对观察到的结果进行持续不断的、合乎逻辑的思考。

observation 是由动词 to observe 派生而来的，作“观察”解释，如 observation of natural phenomena，译为“观察自然现象”或“对自然现象的观察”。但这句中的 bservations 是复数，指的是“观察到的情况、资料或结果以及观察后发表的意见”，在这里可译为“观察到的结果”。

例： As a result of those economies, many of our most important new projects in other fields became possible.

由于采取了这些节约措施，我们在其他方面的许多最重要的新工程才得以实施。

上例中 economies 的单数形式是 economy，可作“经济”“经济制度”，也可作“节约”解释，在这里，economy 是“节约”的意思，因为是复数形式，作具体的“节约措施”解，而不能译为“经济”。

4. 抽象名词

我们这里所说的抽象名词主要是指表示状态或其他抽象概念的名词。英语中有些抽象名词如 desirability，utility，advisability 等，特别是这些词放在 to question，to ask 这类动词后面，可分别译为“是否可取”“是否有用”“是否妥当”等。

例： Our previous occasions, Canada expressed certain reservations about the possibility of obtaining general agreement on a definition of aggression and in fact questioned the desirability and utility, in the light of the international situation, of continuing the search for such a definition.

对于就侵略定义取得大体一致意见的可能性，加拿大过去曾经几次表示过某些保留，事实上，它鉴于当时的国际形势，对于继续谋求这样一个定义是否可取和是否有用也表示过怀疑。

上例中的抽象名词 desirability 和 utility 不宜译为“可取性”和“有用性”，特别是在这里和 questioned 这个表示疑问的动词连用，应译为“是否可取”和“是否有用”。

例： Asked about the advisability of allowing a fire at all so near to buildings, Mr. Banks pointed out that there was no other open space available.

当人们问到让如此靠近建筑物的地方烧火是否妥当时，班克斯先生指出，当时没有其他露天场所可供使用。

上例中抽象名词 advisability 用在 asked about 之后，译为“是否妥当”比译为“妥当性”更能确切地表达原意，更符合汉语的表达习惯。

三、冠词的翻译

冠词是虚词的一种，没有独立的意义，只能依附在名词之前，包括不定冠词“a/an”和定冠词“the”。与汉语不同，英语冠词的存在非常广泛，含义也很丰富。不定冠词“it”与数同“one”同源，表示“一个”；定冠同“the”与“his”和“that”意思接近，表示“这个，那个”，只是指示程度比较弱。一般说来，不定冠词泛指某个事物或人，而定冠词则是特指一个或几个事物或人。而汉语的名词前面是没有冠词的，名词本身也没有明确泛指或者特指的概念。因此在英汉翻译的时候，要根据具体的语言环境决定如何处理名词前面的冠词。

例： You should take the medicine three times a day. 这个药每天吃三次。

You'd better take some medicine. 你最好吃点药。

Pass me the salt. 把盐递给我。

Please give me some salt. 请给我点盐。

另外，英语的专有名词、抽象名词和物质名词前一般不加冠词。但需要注意以下情况中，加冠词和不加冠词之间意义的区别。

例： Do you like the music? 你喜欢这音乐么？

I have a passion for music. 我酷爱音乐。

He took the advice immediately. 他立刻接受了这个意见。

Good advice is beyond price. 好意见是无价宝。

在英汉翻译中，英语冠词的翻译一般涉及如下情况。

（一）冠词的省译

由于不定冠词后面所跟的名字通常是前文没有出现过的事物或者人，一般来说省译得相对较少；而定冠同后面的名字大多数都是之前出现过的，很多时候都被省略了。

例：A man came out of the room.

一名男子从屋里走出来。

汉语名本身没有指示单复数的作用，因此需要用数量词表示出来。上面这个句子中的“man”翻译成了“一名男子”，应当是前文中没有提到过的人物，或者讲话参与者所不知道的人，因此不定冠词是翻译出来了的，而“the room”表示是大家都知道的房间，所以定冠词“the”也就省略了。也有一些情况是不定冠词省略的。

例：I haven't got a thing to wear.

我没有衣服可穿。

原文中的不定冠词“a”没有翻译出来，直接与前面的“haven't got”融合，译为“没有衣服”。

（二）冠词的直接翻译

英语的冠词，在一些情况下是必须翻译出来的。

例：He died on a Monday.

他是在一个星期一去世的。

这个句子中的“a”表示“某个”，并不是所有星期一中的随意一个，而是说者不确定死者去世的时间具体是什么时候，用“a Monday”表示一个比较模糊的时间概念。如果省略了“a”，变成了“他是在星期一去世的”，意思就和原句相去甚远了。

例：The news made her all the sadder.

这消息让她更加悲伤。

定冠词“the”用在“all”与形容词比较级之间，表示“更加……”，因此在译文中这个定冠词是与其搭配词的语义融合在一起的；而“the news”当中的定冠词表示“她”当时所听到的那一则特定的消息，所以在译文中翻译为“这”表示强调。

四、连词的翻译

（一）and

一般来说，连词 and 在连接两个或两个以上处于并列关系的名词、代词等情况下，通常被译为“和”“与”“以及”等，You and I，“我和你”；Pride and Prejudice，《傲慢与偏见》；China，India and other countries in the region，“中国、印度以及该地区的其他国家”。

然而，and 除了作“和”解以外，还包含许多其他意义，下面分类举例加以说明：

1. 连接两个或两个以上动词

当 and 连接两个或两个以上动词时，有时可省略不译，有时可译为“接着”“然后”等。

例：The goalkeeper places the ball，runs up and boots it well up field to the outsideleft.

守门员把球放在地上，跑上去飞起一脚，球越过中线，传给了左边锋。

这句中 and 连接 place、run up 和 boot 三个表示先后紧接着发生动作的谓语动词，译成汉语时应当省略，而不能译为“和”或“以及”。

例：As a result of those measures we weathered the storm and moved on into calmer waters.

由于采取了那些措施，我们经受住了风暴，接着进入了比较平静的海面。

上例中 and 连接 weather 与 move on 这两个动词虽然不是表本一个紧接着一个发生的动作，但也不是表示中间相隔较长一段时间发生的动作，这里的 and 可译为“接着”。

2. 连接两个或两个以上短语或从句

and 连接两个或两个以上短语或从句，除可译为“后来”“随即”“就”以外，还可译为“并且”“又是”等，有时也可省略不译。

例：Further to the west，at a point where the river was fordable，and abbey——the Abbey of Westminster——was founded，and two towns grew up side by side——one centered on the Roman camp，and the other on the Abbey.

西边稍远，在河水浅得可以涉水而过的一个地方造了一座大教堂，即威斯敏斯特教堂。后来两城并肩崛起，一个以罗马人的营地为中心，另一个则以大教堂为中心。

上例中第一个 and 连接 an abbey was founded 与 two towns grew up side by side 两个并列句，句中所叙述的“造教堂”和“城镇兴起”这两件事相隔至少一段时间，这种含义的 and 可译为“后来”；第二个 and 连接两个短语，可省略不译。

3. 表示目的、条件等含义

例：Another opportunity for the three kingdoms to join and oppose was lost.

这三个王国又错过一次联合起来进行对抗的机会。

上例中，如把句中的 to join and oppose 译为“联合和对抗”就没有真正理解 and 在这里的含义。句中连接 to join 和（to）oppose 的 and 表示的不是并列关系，而是表示目的；to join and oppose 相当于 to join to oppose，意思是“联合的目的在于反抗”，这种表示目的含义的 and 译成汉语时一般也可省略不译。

例：Take a look at our village and you will see what changes these five years have brought about.

看看我们这个村子，你就知道五年来发生了多大变化。

上例中的 and 前是祈使句 Take a look…，后面是 you will…brought about，这种用法的 and 表示条件含义，原句相当于 you take a look…，you will see…这里的 and 可译为“就”，而不能译为“以及”。

and 还有一些其他的含义，如 These apples are good and ripe，不能译为“这些苹果又好又熟”，应译为“这些苹果熟透了”，这里的 good and 相当于一个副词，作 very 解。句中的 good and ripe 解释为 well ripe，因此译为“熟透了又如 It is nice and warm by the fire，应译为“在火边很暖和”，其中 nice and 与 good and 一样，也作 very 解。再如 a knife and folk，译为“一副刀叉”；又如 a needle and thread，不译为“一枚针和一根线”，应译为“穿了线的针”。

（二）or

一般情况下，我们习惯于把 or 理解为“或者”，如 We usually watch TV or take a walk after supper，这句中的 or 相当于汉语的“或者”，全句可译为“晚饭后我们通常看电视或散步”。但除此之外，连词 or 有其他的含义，译法也较灵活。

1. 在肯定句中的含义与译法

例：The X-ray or post-mortem examination reveals many broken bones.

无论是 X 光检查还是死后检查，都表明许多骨头已经折断。

上例中 the X-ray or post-mortem examination 相当于 whether it is the X—ray or postmortem examination，因此译为“不论还是”比译为“X 光检查或死后检查……”更加切合原意。

例：Black tea，or red tea as called in China，is now exported in large quantities to European countries.

黑茶，即中国人说的红茶，现在大量出口到欧洲各国。

上例中 or 所连接的两个部分是同一个事物，“黑茶”即“红茶”，只是名称不同而已，指的是同一个东西。这里的 or 是种同位用法，可译成汉语的“即”“也就是”等，若译为“或者”则容易引起误解。

例：Hurry up，or you'll be late.

赶快，否则你要迟到了。

上例中的 or 连接两个并列句，作 if not 或 otherwise 解，可译作“否则”，or 后可接 else，

2. 在否定句中的含义与译法

or 用于否定词 not，no 等后面，不宜译为“或者”，否则会引起误解，可译为“不”“也不”，有时则可译为“和”。

例：If there were no such things as gravity，you could not run or jump rope or swim or drink an ice cream soda.

要是没有地心引力，我们不能奔跑、（不能）跳绳、（不能）游泳，也不能喝一杯冰激凌苏打。

上句中 or 用于 not 或者其他否定词后面时作 and not 解，这句中的头两个 or 译成汉语，可在“跳绳”“游泳”前面重复“不能”，也可以省略，但是第三个 or 宜重复“不能”。

例：The moon had no seas, lakes or rivers or water in any form. There are no forests, prairies or green fields and certainly no towns or cities.

月球上没有海、湖和河，也没有任何形式的水；没有森林，草原和绿色田野，当然也没有城镇和城市。

上例中有四个 or 和 no 连用，但都不宜译为“或者”，其中除了 or water in any form 中的 or 应译为“也没有”外，其他三个 no 后面的 or 都可译为“和”。

（三）more…than…

包括 more…than…的一些句子，一般习惯译为汉语的“比……多”或“超过”，这样的译法在有些情况下是正确的．但除此之外，more…than…还有一些其他的用法，下面分别举例加以说明。

1. 作 rather…than…解，可译为“与其说……不如说……”

例：It seems that the so-called division between the pure scientist and the applied scientist is more apparent than real.

看来纯科学家和应用科学家之间所谓的界限，与其说是实际存在的，不如说是表面的。

上例中的 more apparent than real 不是形容词的比较级，不能译为“比实际更明显”，因为这里的 more…than…连接两个相应的成分，作 rather…than…解，可译为“与其说……不如说……”。由于英语 more…than…肯定 than 前面的 apparent，而汉语“与其说……不如说……”肯定后面的“不如说”，所以 than 前后的两个词译成汉语时要互换位置。

2. 作 not 解，可译为“不”

例：The traveler entertained his host with stories, some of which were really more than could be believed.

过往旅客讲了一些故事给他的主人听，其中有些简直不能相信。

上例中 more than could be believed 不能译为“比能够相信的更多”，应译为“不能相信”，这里的 more than 作 not 解。这种作 not 解的 more than 多半后接 can 或 could 构成谓语动词。

3. 作 not only 解，可译为“不只”“不仅仅”

例：Peace is more than the absence of war.

和平远远不只是意味着没有战争。

上例中 more than 作 not only 解，不宜译为“超过（没有战争）”，应译为“不只是”。这里的 much 用来强调 more than…。可译为“远远”。

五、代词的翻译

代词，也就是代替名词的词，可以分为人称代词、物主代词、自身代词、相互代词、指示代词、疑问代词、连接代词、关系代词、不定代词。代词在句子当中起着名词的作用，也可以作为主语、宾语、表语、同位语等。英汉两种语言相比较而言，代词的用法有相似之处又有不同的地方。汉语代词一般包括人称代词、指示代词和疑问代词，而英语代词则多了名词性代词（mine，his，hers，ours，yours，theirs，its）、关系代词（that，which，when，where，who，etc.）和连接代词等。英语中使用代词的频率更高，指代关系比汉语更加明确，而汉语则倾向于重复人名或称谓，避免指代关系上的混乱。因此在英译汉的时候，一定要弄清楚英文代词的指代关系，翻译出的汉语要适当减少代词的使用，使译文读起来更流畅、更符合汉语行文的习惯。另外，英汉翻译中，只要不影响读者理解指代关系，代词都应当省略不译。有时，为了让汉语读者明白原文中的指示关系，还需要将代词还原为所指代的名词。

例：Harmony is about seven meters long and about four meters wide. It will be a passageway between the laboratories and the rest of the space station.

和谐号船舱约 7 米长、4 米宽，这将会成为空间站实验室和其余部分之间的过道。

这个例子当中，“It”指代的是前文出现过的“Harmony”，由于前后两个句子的主语都是一样的，所以合并为一个句子翻译出来，更利于读者阅读和理解。

第二节　英汉句式翻译

一、从句的翻译

（一）名词性从句

所谓名词性从句，顾名思义就是名词成分用从句来代替，如主语从句、表语从句、宾语从句。

1. 主语从句

主语部分由从句代替。通常从句部分是疑问分句或陈述分句，如果是疑问分句语序是陈述语序，此时翻译成汉语可按原文的正常顺序。

例：Whatever form is used by the majority of educated speakers or writers is correct. 虽然这句话的主语表面上看起来是一个特殊疑问句，但在翻译时我们可按陈述语气来对待。应译为“大多数受过教育的人说话和写作所使用的语言形式是正确的。”

例：Where she spends her time is none of your business.

where 引导的从句翻译时可以直接译出。应译为“她去哪消磨时间不关你的事。”

由 it 做形式主语的主语从句，主语从句是否需要提前译，要视情况而定。

例：It has been estimated that the weight of all the insects destroyed by spiders in Britain in one year would be greater than the total weight of all the human beings in the country.

这句话真正的主语从句过长，所以不提前译，先译 it 做形式主语的部分，it 也没有强调故不需译出。参考译文为“据估计在英国一年中蜘蛛所消灭的害虫的重量要比所有英国人加在一起的体重还要重。”

例：It is curious to consider the diversity of men's talents, and the causes of then-failure or success.

这句话真正的主语从句比较短，所以可以提前翻译。文中没有明确的主语，故 it 需要译出，但没有具体所指，所以可以泛泛地翻译。参考译文为“人各有天分，各人成败的原因也不同。人们对这些问题的思考都透着一分好奇。”

例：It is more important that each kind of wine should be served at whatever the right temperature was for it.

此句主语从句不提前翻译，it 需要译出。参考译文为“这一点对酒来说更显得重要。每个品种的酒，都应该以合适的温度饮用或储存。”

例：It is impossible to make more than the wildest guess at how many they kill, but they are hungry creatures, not content with only three meals a day.

此句主语从句提前翻译，it 不需要译出。参考译文为“它们一年中消灭了多少昆虫，我们简直无法猜测，它们是吃不饱的动物，不满足一日三餐。”

2. 宾语从句

由 what，that，how 引导的宾语从句在翻译时不需要改变句序，也就是通常所说的顺译法。

例：While assembling a new national security team, President George W. Bush is confronting what could become the biggest challenge of his second term.

what 作为疑问词在这不用译出。参考译文为“在组建新的国防班子的时候，小布什总统碰到了他连任以来最棘手的问题。”

例：No one will deny that what we have been able to do in the past five years is especially striking in view of the crisis which we inherited from the previous government.

参考译文为“没有人能够否认由于从前任政府遗留下来的危机，我们在过去 5 年所能够做的现在已经进行不下去了。”

例： The sagas of these people explain that some of them came from Indonesia about 2000 years ago.

参考译文为“当地人的传说告诉了人们：其中有一部分是约在2000年前从印度尼西亚迁来的。”

Other experiments showed that her knees and shoulders had a similar sensitivity.

参考译文为“其他实验表明，她的膝盖和双肩有类似的感觉能力。”

例： I was speaking to her about my aunt, and mentioned that my aunt had been very sad ever since Mary died, and said to her, “Of course, you know how important Mary was to her.”

参考译文为“我在对她说我姑妈的情况时提到，我姑妈自从玛丽死后一直非常伤心，所以我对她说：‘当然，玛丽对她来说是多么重要’。”

3. 表语从句

表语从句的翻译比较简单，一般按照原文的顺序翻译即可。

例： The result would be that the representation of sensations and memories would be confined to smallish, discrete areas in the left hemisphere, while exactly the same input to a corresponding area of the right side would form a sprawling even impressionistic, pattern of activity.

此句句型复杂，但主体是一个表语从句，参考译文为“其结果往往是，感知和记忆的表现总是限于左半脑中的较小且离散的区域，而进入右脑的相应区域的完全相同的输入则总是形成一种散开的甚至印象式的活动模式。”

例： The fact, however, remains that, though seemingly a big military power, she is far from invulnerable in her air defence.

参考译文为“然而，现实情况仍旧是，虽然它貌似一个军事强国，它的空防却远不是无懈可击的。”

例： Perhaps the most commonly voiced objection to volunteer participation during the undergraduate years is that it consumes time and energy that the students might otherwise devote to academic pursuits.

虽然这句话的主语较长，但仍按原文的顺序来翻译。参考译文为“反对在大学期间参加志愿者服务的最普遍的看法是认为社会服务占去了学生的时间和精力，否则，学生会利用这些时间去做学术研究。”

例： What we should like to know is whether life originated as the result of some amazing accident or succession of coincidences, or whether it is the normal event for inanimate matter to produce life in due course, when the physical environment is suitable.

这句话的表语从句部分成分复杂，需要注意翻译的顺序。参考译文为“我们想知道的是生命究竟是起源于某个惊人的事件，或是一系列的巧合呢？还是当自然环境适合，无生命的物质经过相当一段时间就自然而然地产生了生命呢?”

例: The blunt truth of the matter is that human beings are not designed for tasks which require relentless vigilance: for the sophisticated human brain these are boring.

参考译文为“此事说明了一个真切的道理: 人类并不是生来就适合做不间断的高度警觉的工作, 对于复杂的大脑来说, 这些工作太乏味了。”

4. 同位语从句

所谓同位语从句, 是对句中的名词或代词做出进一步的解释。

例: Furthermore, it is obvious that the strength of a country's economy is directly bound up with the efficiency of its agriculture and industry, and that this in turn rests upon the efforts of scientists and technologists of all kinds.

参考译文为“再者, 显而易见的是一个国家的经济实力与其工农业生产效率密切相关, 而效率的提高则又有赖于各种科技人员的努力。”

(二) 定语从句的

定语从句也被称为形容词从句, 在句中做定语, 修饰一个名词或代词, 在句法结构上属于次要成分, 但由于使用范围很广, 极其重要。英语中的定语从句主要分为两类: 限制性定语从句和非限制性定语从句。汉语中没有类似英语中定语从句的结构, 在翻译过程中, 要灵活处理、善于变通。灵活处理和善于变通的度也就关乎原文和译文结构调整的量。无论采用何种办法, 都要遵循译入语的表达习惯, 不断增强译文的可读性。

1. 限制性定语从句

限制性定语从句对所修饰的先行词有限制的作用, 两者之间的关系非常紧密, 定语从句与先行同之间不用逗号分隔。一般说来, 这类句子多采用提前定语从句的方法来翻译。

(1) 前置法

前置法是定语从句的常用翻译方法之一, 是指在翻译过程中将定语从句调整到中心语的前面, 形成汉语中前置定语的结构。前置法通常把原句翻译成“……的……”的偏正结构。例如:

①You are the only person that can help me.

你是唯一能帮助我的人。

②The question that worries us is how long the water can last.

我们都担心的问题是这些水能维持多久。

③Last night I saw a very good movie which was about a lovely samoyed dog.

昨晚我看了一部关于一只可爱的萨摩耶犬的好电影。

④A child whose parents are dead is called an orphan.

双亲都死了的孩子叫作孤儿。

一般说来，使用前置法翻译的定语从句具备这样的特点：其定语结构比较简单，字数较少。如果定语从句结构比较复杂，尤其出现较多的修饰成分时，多采用重复后置法来翻译，这样做是为了避免译文冗长杂糅，也符合汉语的表达习惯。

（2）重复后置法

重复后置法是针对那些字数较多、结构较复杂的定语从句的一种有效的翻译方法。所谓重复后置法是指先重复翻译先行词，然后将定语从句译成并列的后置分句，不调整到中心语前面。例如：

①A province is composed of cities that are composed of towns.

省是由城市组成的，而城市又是由集镇组成的。

②Small wonder then that more scientists are visiting the region to acquire new knowledge which will help us to have a better understanding of the earth as a whole.

难怪现在越来越多的科学家前往该地区以获得新知识，这些知识将有助于我们更好地了解整个世界。

③HR Department is an important part of a company that is responsible for the company personnel management.

人力资源部是公司的重要部门，它负责公司的人事管理。

④It is our teacher received the good news that announced the championship of our team.

是我们老师收到了好消息，说我们队赢了。（后置分句省略了先行词）

（3）融合法

融合法是另一种翻译定语从句的方法，是指把主句和从句融合成为一个新的句子。具体来讲，是把英语中的主句处理为汉语中的主语部分，把英语中的定语从句处理为汉语中的谓语部分，构成一个新的汉语句子。这种方法尤其适用于 there he 句型中的定语从句的翻译。例如：

①There is nothing that does not contain contradiction.

没有什么事物是不包含矛盾的。

②There is a boy on the phone who wants to speak to you.

电话里有个男孩要和你说话。

③There are many people who want to see the panda from China.

许多人想看这只来自中国的熊猫。

④The boy who was crying as if his heart would break said that he was very hungry.

那个男孩哭得似乎心都碎了，说他实在是饿极了。

2. 非限制性定语从句

非限制性定语从句与主句的联系相对没有那么紧密，多起解释或补充说明的作用。翻译这类定语从句，也需根据实际情况，采用前置法或重复后置法。与限制性定语从句有些不同的是，由于非限制性定语从句中主从相对较为独立，因此有时可以采用重复后置法把主句和从句译成两个独立句。例如：

①The Fleher Bridge in Germany, which was opened to traffic at the end of 1979, is a classic example of a cable-stayed bridge.

德国 1979 年底建成通车的佛莱尔大桥是悬索拉桥的典型。

②He liked his younger sister, who was warm and pleasant, but he did not like his elder brother, who was aloof and arrogant.

他喜欢热情活泼的妹妹，而不喜欢冷漠高傲的哥哥。

③The disease AIDS is not the same thing as the AIDS virus HIV, which can lead to the disease.

艾滋病与艾滋病毒不是一回事。艾滋病毒可导致艾滋病。

④Chairman had talked to the CFO Mary, who assured him that the financial problem could be well solved.

董事长和财务总监玛丽谈过话。玛丽向他保证，财务问题会圆满解决。

（三）状语从句

状语从句的种类有很多，按意义可分为时间、地点、原因、目的、结果、条件、让步等。不同的类型的从句翻译时也各有特点。

1. 时间状语从句

例： When I became aware of my imminent mortality, my attitudes changed.

这句话篇幅简短，那么我们可以把状语从句部分译为状语成分，参考译文为“当我得知自己大限将至以后，我的态度就变了。”

例： As land developed, rain water and rivers dissolved salts and other substances from rocks and carried them to the oceans, making the ocean salty.

参考译文为“在陆地形成时，雨水和河水溶解了岩石中的盐和其他物质并把它们带入海洋，使海水变咸。”

2. 原因状语从句

例： The policies open to developing countries are more limited than for industrialized nations because the poorer economies respond less to changing conditions and administrative control.

这句话包含原因状语从句，既然表原因，就要有类似的关联词。参考译文为“由于贫穷国家的经济对形势变化的适应能力差一些，政府对这种经济的控制作用也小一些，所以发展中国家所能采取的政策比起工业化国家来就更有局限性。”

例： Besides learning the prescribed textbooks, you are supposed to read more books on your subject in order that you may expand your scope of knowledge.

参考译文为“为了扩大知识面，你们除了学好规定的教材之外，还应该阅读一些与专业相关的书籍。”

例： He says computer manufacturers used to be more worried about electromagnetic interference, so they often put blocks of material inside to absorb stray signals.

参考译文为“他说过去的计算机生产商往往更担心电磁干扰，所以他们常常内置一层材料来吸收杂散信号。”

3. 让步状语从句

让步状语从句翻译时最显著的特点就是关联词“虽然、但是、即使”。

例： Although humans are the most intelligent creature on earth, anything humans can do, nature has already done better and in far, far less space.

参考译文为“虽然人类是地球上最聪明的生物，人能创造一切，但大自然更富于创造性，早已创造出比人类创造的更好更小巧的东西。”

4. 条件状语从句

例： You jump on the bandwagon when you decide to support a candidate because public opinion studies show he is likely to win.

参考译文为“如果民意调查显示某个候选人很可能会取胜，因此你决定支持他，你就跳上了他的宣传车。”

5. 目的状语从句

例： We do not read history simply for pleasure, but in order that we may discover the laws of political growth and change.

目的状语从句的关联词常用“为了、以免”。参考译文为“我们阅读历史书籍不仅仅是为了兴趣，而是为了发现政治发展与变革的规律。”

例： In plucking wild flowers, he always refrained from taking many from one locality, lest he should injure the future growth.

参考译文为“他采野花的时候避免从一个地方采集很多，以免影响花的生长。”

二、时态的翻译

众所周知，英语有九个时态，其中一般现在时、现在进行时、现在完成时、一般过去时、过去进行时、过去完成时、将来时比较常用。在翻译当中，这些时态的翻译也各有特点。

（一）一般时态（现在，过去）

这两种时态翻译比较简单，一般是按照原文顺序，也无特别明显的标志词。

例：Farmers and nomadic hunters alike enjoyed gathering around the fire, especially on wintry nights, to hear the tales of the storyteller.

参考译文为“农民们和游猎者都尤其喜欢在寒冬的夜晚，围坐在火堆周围，倾听讲故事的人讲述一个又一个故事。”

例：Although food cooked at home is far more healthful than meals eaten at restaurants, Americans are dining out more than ever, the U. S. Agriculture Department said Tuesday.

参考译文为“据美国农业部星期二称，尽管在家煮烧的食物远比餐馆里所用之餐有益于健康，美国人外出用餐仍更频繁。”

（二）进行时态（现在，过去）

这两种时态强调“正在”，所以在翻译时要注意是否有与此有关的词语。

例：The gap of income between the wealthiest and the poorest families in the USA is widening though the national economy began to pick up in the 1990s.

参考译文为“尽管20世纪90年代全国经济复苏，美国家庭最富有者和最贫穷者收入之间的差距正在继续扩大。”

（三）完成时态（现在，过去）

完成时态强调“已经”，在译文中要有所体现。

例：There has been plenty of publicity about “sudden-wealth syndrome” (also known as “affluenza”) ——evidence mainly of the fact that comparatively indigent journalists like to write about the new rich having a bad time, despite their fast cars and swanky houses.

参考译文为“关于‘暴富综合征’（亦称‘富裕病’）已经有不少的宣传——其证据主要基于这样一种事实：经济上较为贫困的新闻工作者们愿意写一些关于新贵日子不好过的消息，尽管他们拥有高速轿车和漂亮住房。”

三、被动语态的翻译

英语中被动语态的使用范围很广。在某些文体的句子中，如科技、经贸、法律等文体使用被动句式几乎成为一种惯例。英语常用被动句的原因可以概括为：施事的原因（施事未知而难以言明，施事从上下文中可以不言自明，施事不如受事重要，或受事需要强调），句法的要求（英语重形合，注重句法结构和表达形式），修辞的考虑（被动句表达方式灵活多变，避免句型单调，取得较好的修辞效果），文体的需要（某些文体倾向于使用被动句，如科技、法律、经贸等）。英语常用结构被动式，少用意义被动式。而汉语则多用意义被动式，少用结构被动式。

与英语相比，汉语中被动句的使用要少见得多。但在汉语句子中，大多数被动意义不用“被动式”，即不用如英语中的结构被动式，而用意义被动式。例如“该方案制定好了”就应译为“The proposal has been made”。汉语句子为意义被动式，而英语译文则为结构被动式。在英译汉中，把英语被动句译成汉语主动句还是译成汉语被动句，取决于哪一种结构更符合汉语的表达习惯。

（一）被动句翻译成主动句

1. 英语的被动句可以翻译成汉语的主动句，在这种情况下，可以保留原主语。例如：

①Many basins were formed by the subsidence of the earths crust.

许多盆地都是因地壳陷落而形成的。

②He was choked with anger.

他气得说不出话来。

2. 有些英语的被动句可以译成汉语的无主语句。例如：

①Thai person was never remembered again.

后来再也没有谁想起那个人。

②The economic reforms must be carried through to the end.

必须把经济改革进行到底。

（二）被动句翻译成被动句

英语的被动句也可以翻译成汉语的被动句，但汉语中常借用以下一些字来表示被动“被”“紧”“遭（受）”“为”“由”“挨”等。例如：

1. That doctor was beaten by a patient.

那医生被一个病人打了。

2. My pens hidden in the drawer have been taken up by others.

我藏在抽屉里的笔都给别人拿光了。

3. This distinguished guest was given a warm welcome.

这位贵宾受到了热烈欢迎。

4. That girl was so moved by the boy’s words and accepted his proposal.

那个女孩为男孩的话深深感动，接受了他的求婚。

5. The lake is fed by several small streams.

这湖是由几条小溪的水汇聚而成的。

6. Mary was severely criticized by her teacher for her laziness.

由于懒惰，玛丽挨了老师狠狠地批评。

（三）it 作为形式主语的句子，翻译成主动形式

有一类以 it 作为形式主语的英语句子，在译文中常要改成主动形式：

1. It is hoped that…希望……
2. It is reported that…据报……
3. It is said that…据说……
4. It may he said without fear of exaggeration that…可以毫不夸张地说……
5. It must be admitted that…必须承认……
6. It must be pointed out that…必须指出……
7. It will be seen from this that…由此可见……
8. It is asserted that…有人主张……
9. It is believed that…有人相信（认为）……
10. It is generally considered that…大家认为……
11. It is well known that…大家知道（众所周知）……
12. It will be said that…有人会说……
13. It was told that…有人曾经说……

（四）充当汉语的主语

有些被动语态的句子如果有合适的状语，可以借用来充当汉译后句子的主语。例如：

1. Many agricultural workers have been trained in the county.

这个县已经培养了许多农业技术员。

2. A photo was hung on the wall.

墙上挂了一张照片。

第三节　英汉语篇翻译

一、把握主旨，通篇谋划

文章的主旨反映作者的写作意图，把握文章的主旨，也就是要了解作者的写作意图。因为作者的写作意图直接影响到了译文的翻译，该如何遣词造句。我们在翻译文章之前，要先分析作者的思路，看看他笔下的人物的行事风格和处事态度。只有这样才能力求使译文符合原文的意思，不歪曲作者的本意。

(一)领会作者的写作主旨

The customers of Holiday Hotel look 500000 towels from its 2638 branch hotels every year, and the hotel wonders what happened to these towels later. However, the hotel has no intention to send a punitive expedition against the shoplifters but intends to enhance the nationwide promotion. The hotel announced to spare these customers on condition that they would tell what they have done with those towels in these years.

这段文章开始是对拿走毛巾的旅客持否定的态度,所以对于"take",我们可以翻译为"卷走"。对于"happen to"可以翻译为"遭遇"。

(二)分析作者笔下人物的性格特点

Tonight there is no moonlight at all. I know that this is a bad omen. This morning when I went out cautiously, Mr. Zhao had a strange look in his eyes, as if he were afraid of me, as if he wanted to murder me. There were seven or eight others who discussed me in a whisper. And they were afraid of my seeing them, so, indeed, were all the people. I passed. The fiercest among them grinned at me; whereupon. I shivered from head to foot, knowing that their preparations were complete.

作者笔下的人物心理是心虚,害怕的,而且充满了怀疑,所以作者用了很多不确定的修饰词,在翻译时,我们也要注意。如"似乎怕我,似乎想害我"要把人物的疑心表现出来。

I used to feel sorry for that ugly black piece of stone lying like an ox in front of our door; none knew when it was left there and none paid any attention to it, except at the time when wheat was harvested and my grandma, seeing the grains of wheat spread all over the ground in the front yard of the house, would grumble: This ugly stone takes so much space. Move it away someday.

这段话作者虽然不是在描写一个人物,但显然他为这块石头赋予了人物的特点,所以我们也要分析作者对于这块石头的态度。我们可以从"ugly"这个词可见一斑,"丑陋的",作者开始对于这块石头无疑是嫌弃的。所以在翻译最后一句话时,我们要翻译为"这块破石头多碍事呀,哪天把它搬走吧。"

(三)深刻理解作者意图。引申某些词语含义

The opening of doors is a mystic act: it has in it some flavor of the unknown, some sense of moving into a new moment, a new pattern of the human rigmarole. It includes the highest glimpses of mortal gladness: reunions, reconciliation's, the bliss of lovers long parted.

这句话中"flavor"这个词的本义是:"味道,风情,情趣"等。但在这里译成这些含

义显然不合适，需要引申为意味。参考译文为“开门这个动作很神秘：既带着一点新时刻即将开始的感觉，是人类繁文缛节的一种新形式。”

我们在英译篇章的时候，首先要考虑句子翻译的正确性与准确性，运用以上学过的基本技巧与方法把每个句子翻译好。其次要考虑句子以外的因素，如文化背景、语言环境等。其中最为重要的是主题性，句与句之间的衔接性与连贯性，也就是说要考虑整体性，把一篇文章作为一个整体来看，而不是一个一个单独的句子。如果只想到句子的意思，则会造成译文无法实现原文的全部功能和意义。

汉语篇章主题句往往不如英语篇章明显，所以我们要学会归纳总结，这样做有利于断句与分层。如果没有主题句，我们自己先要总结一个主题，然后各个分句或段落都围绕这个主题来翻译，因为所有分句与分段都是为表达中心意义服务的。除了总结主题，我们还要把剩下的句子或段落分层，这样可以将复杂的思想化整为零，然后逐个击破。如：

这本文集里的文章风格完全一致。在对语言的理解，采用近来的哲学和语言学的方法了解了其中的含义，这些文章向我们展示了某些“前沿”话题。“前沿”在这里有两层意思。其一：所讨论的话题都是现今思想与学术上比较前瞻性的东西。其二：对这些问题我们不太清楚或理解不够。

这段汉语段落层次分明，主题明确，所以须分段。

“The essays in this collection are composed entirely in this vein. Within the general field of the understanding of language，of the more recent philosophical and linguistic ways of approaching the meaning of meaning，they try to set out certain ‘frontier’ topics. The word ‘frontier’ has two relevant senses. The topics discussed are at the forward edge of current thought and scholarship. They are not yet clearly or fully understood.”

我轻轻地扣着板门，刚才那个小姑娘出来开了门，抬头看了我，先愣了一下，后来就微笑了，招手叫我进去。这屋子很小很黑，靠墙的铺板上，她的妈妈闭着眼平躺着，大约是睡着了，被头上有斑斑的血痕，她的脸向里侧着，只看见她脸上的乱发，和脑后的一个大髻。

这段文字从表面上看层次不明显，我们可以把它加工分为两层，先是“进门”，然后是“妈妈的样子”。层次分好后，我们可按部就班的英译了，值得注意的是一系列的动词，要保持动作的连贯性。参考译文为“knocked softly on the wooden door. The young girl I had met just now answered. Seeing me，she was a little taken aback at first，but soon began to smile and beckoned me in. On the plank bed against the wall，her mother was lying on her back，her eyes closed. She must have gone to sleep. There were blood stains scattered on the bedclothes round her neck. Her face was turned to the wall，and I could only see tangled wisps of hair across her face and the coil at the back of her head.

二、结合语境

从语境的基本概念中我们可以知道，语境有助于加深译者对原文的理解，有助于译者把握全文的感情基调。

将翻译技巧的讲解融于文化语境的分析之中，可以让我们看到：翻译并不仅仅是语言活动，更是一种文化活动。译者如果忽略了原文的文化语境，就会将自己的错误理解转嫁给译文读者，造成译文的不连贯。根据语境对翻译技巧做出选择，应该是最为稳妥的方法。教师一定要让学生明白，无论采用直译、意译的翻译策略，还是增补、诠释等翻译方法，都要有一个理由。语境就是最好的理由。衡量译文的翻译策略是否恰当然也要从语境出发。情景语境的作用在实际操作中往往会通过语域变体来体现。

三、感情色彩

有些词汇或短语，本身是中性的，也就是说没有感情色彩，如褒义，贬义。但它们所在的文章段落有感情色彩，因此在翻译这些词汇时应带上相应的感情色彩。

If you ask him where he got his egg, he answered it's picked up from somewhere. The fact itself is not so honorable. He even planned to put the egg among those laid by his neighbor's hen for incubation. Obviously, his purpose is to grab a little hen after those eggs are hatched. We can see this is the very first step of gaining a fortune as well as a dirty deal of stealing and cheating.

句中“deal”这个词本不带有任何感情色彩，但整段文章作者所用的基调是贬义的，故这个词也有了感情色彩，又因为它前后的词都是贬义的，如“dirty, steal, cheat”，所以这个词应翻译为“勾当”。参考译文为“可见这个发财的第一步计划，又是连偷带骗的一种勾当。”

四、语气

If computer could be made as complex as a human brain, it could be equivalent of a human brain and do whatever a human brain can do.

不足的译文：如果电脑能够被制造得像人脑那样复杂，它完全能够像人脑那样，人脑能干什么，它就能干什么。

一般情况下 can 和 could 均可以表示“能够”的意思。但上句含有 if 引导的表示假设的条件句，句中两处 could 均为虚拟语气，结合上下文的语篇来看，could 应译为“倘若”“可能会”，不宜译为“能够”。因此上例可改译为：倘若电脑能制造得像人脑那样复杂，就可能会与人脑旗鼓相当，完成人脑所能做的一切工作。

Who should come in but the mayor himself?

你道是谁进来了，是市长自己呀！

上句形式上是疑问句，但是情态动词 should 在这里有强调和感叹的含义，因此，将原文的疑问语气译成汉语的感叹语气更为有效和准确。

第四节　英汉修辞格翻译

一、英汉修辞格的特点

英语中对修辞的定义：The art of using words in speaking or writing so as to persuade or influence others. 其明确将修辞看作“在演讲或写作中为说服或影响别人而使用词的艺术”。在古代西方，演讲人为了吸引听众而讲究用词艺术，以提高演讲的效果，这种演讲的传统自古传今。在诗学及修辞学中，西方人明确提出了比喻等修辞手段和风格的概念。

西方的古代哲学家、语言学家，尤其是近现代的哲学家、语言学家都从各自的研究领域或方向对语言的修辞给予了一定的阐述，或将其意思隐含在其表述中。例如，英国哲学家奥斯汀创立的言语行为理论中有一条是言外行为，它是指以言行事，即表明说话是为了达到影响他人或约束自己的目的；美国哲学家格莱斯创立的合作原则中有一条准则是关联准则，它要求说话人语言要贴切；美国语言学家派克从语调的意义出发将说话人在词义之外对话语所加的态度和感情看作修饰句子或短语的词汇意义等。国内的一些学者也从不同的角度对修辞的特性进行了阐述，如修辞是言语行为，言语行为的目的是交流，交流是为了信息和情感的互动，互动就是在平等的基础上的沟通，沟通就要对话。吕熙先生将修辞浓缩为语言的准确、鲜明、精炼、生动、深刻等。

中文“修辞格”从修辞的结构上看，其特点与种类分为四种。

第一，描述体描述对象体。所谓描述体是对对象体表示形象的修辞体，对象体是被描述的对象。

第二，换代体换代本事体，所谓换代体是一种从正面、侧面、反面临时换代本事体的修辞体，本事体是固有的、隐而未说的、与换代体在内容上相同的修辞体。

第三，引导体引导随从体，所谓引导体是指两个或两个以上的修辞语句的先行语句，随从体是引导体的随从，受引导体的引导和支配换句话说，引导体怎么引导，随从体就怎么随从。

第四，变形体变形原形体，所谓变形体是通过增加或减少等手段，对原形体给以结构形式的变化，不是变得面目全非，而是对原形体给以全部、部分形式的保留原形体是指原有语句结构未经任何改变的修辞体。

以上四点将辞格的基本特征、特点、内容全部涵盖在内，比较全面地反映了修辞格的各种结构形式。

从特性上看分为二种：具有动人的表达效果；具有特定的结构模式；具有稳定性、发展性。

综览中外语言修辞特点，其共同点为化平淡为新奇，化呆板为鲜活，化枯燥为生动，化冗杂为洗练，化晦涩为明快，化一般为艺术，激发联想，唤起美感，娱人耳目，增强表现力、说服力和感染力，做到语言形式与表现内容完美、和谐地统一。

二、常用修辞格的翻译运用

（一）比喻

比喻分为明喻、暗喻和借喻，它由三个要素组成：本体，指被比的事物；喻体，指用来做比的事物；喻词，指连接本体与喻体的词。明喻就是两者之间存在着明显的比喻，用像、好像、仿佛、像……一样等字眼来表示。暗喻就是两者之间的关系不太明显，看不出是在打比方，而实际上是在打比方，常用是、就是、等于等词来表示；借喻是用喻体来比喻。

英语修辞中的称谓与汉语的略有不同，不能完全一对一地对照着使用，英语的 simile（明喻）与汉语的明喻基本相同，都是用某一事物或情境去比喻另一事物或情境，而在英语的 simile 构成中，三个要素也是缺一不可的，即本体、喻体、喻词。英语的喻词用 as、like、as…as…等。比如：

as gay as a lark 像百灵鸟一样快活

as sudden as an April shower 像四月的阵雨一样突然

as crazy as a bedbug 像臭虫一样疯狂

as brave as a lion 像狮子—样勇敢

as gentle as a lamb 像羔羊一样温顺

as proud as a peacock 像孔雀一样骄傲

但英语里的 metaphor（隐喻）兼有汉语中的暗喻和借喻的特点，即均将甲物当作乙物来比喻，表达方式为：甲是乙。比如，

a rat leaving a sinking ship 不能共患难的人

a rat in a hole 瓮中之鳖

a black sheep 害群之马

a snake in the grass 潜伏的危险

a bull in a china shop 莽撞闯祸的人

make a duck’s egg 得零分

wake a sleeping wolf 自找麻烦

hold a wolf by the ears 骑虎难下

keep the wolf from the door 免于饥饿（勉强度日）

rain rats and dogs 倾盆大雨

例如：I was shaking all over，trembling like a leaf.

我像风中的落叶一样浑身发抖。(明喻)

例如：She is shedding crocodile tears.

她在假慈悲。(借喻)

除以上三种主要的比喻形式外，汉语里还有一些英语里没有的其他比喻形式，如较喻、层喻、互喻、引喻、反喻、迂喻等，这些比喻形式是在原有三种比喻的基础上稍加变更而来的。

（二）比拟

比拟分为拟人与拟物两种。拟人是将人以外的事物当作人去写的手法；而拟物则相反，是将人作为物或把一种事物当作另一种事物去写的手法，

英语中的拟人与汉语中的拟人相同，都是将事物赋予人的动作、言行、思想及情感，但英语中的拟物是通过象征来表现的。

例：田里现在还只有干裂的泥块，这一带现在是桑树的势力。

译文：The unplanted fields as yet were only cracked clods of dry earth；the mulberry trees reigned supreme here this time of the year.（拟人）

例：The crocodile in the river thought hard and finally he had an idea.

译文：河里的那条鳄鱼冥思苦想，最后终于想出了个主意来。(拟人)

例：Mark my words，the first woman who fishes for him，hooks him.

译文：瞧着吧，不管什么女人钓他，他都会上钩。(拟物)

（三）借代

顾名思义，借代就是借那些与人或事物有密切联系的事物来代人或事物的一种修辞手法。由于借代在代表某类人和事物时具有独特的、明显的或典型的特征，故提到这类人或事物时，人们就很自然地联想到它所指代的另一类人或事物英语中表示借代修辞的方法通常通过换喻或借喻法来表现

例：The pot shouldn't call the kettle black if it's got soot itself!

要正经，除非自己锅底没有黑。

此句用“锅底”代历史行为，用“黑”代污点、不检点。

例：He was promoted from the grey-collar to the while-collar in the shortest time last month.(换喻)

他仅用了一个月时间从灰领晋升到白领，

句中用 grey-collar 指代从事服务业的职员，通称灰领；white-collar 指脑力劳动的，通称白领；前者属服务行业工人，后者属机关职员。

（四）夸张

夸张是指对事物的全部或部分进行过分的、言过其实的描述，这样做是为了突出或夸大某事物以吸引对方或炫耀自己。当然，夸张不只是一味地夸大，也有相反的情况，对某事进行缩小的描述，英语的夸张与汉语的夸张意义相同，都是突出事物的本质以给人留下深刻印象。

例：叶子和花仿佛在牛乳中洗过一样。（朱自清《荷塘月色》）

The lotus leaves and flowers seem to be washed milked.

用“牛乳”来夸张，叶子和花不是在一般的水中洗过，而是在牛乳中洗过，以此来增强读者对月色下荷塘里的叶子和花的感受与印象。

（五）对比

对比是指通过语言将客观事物中相互对立的矛盾体、对立面再现的过程。恰到好处地运用对比的修辞手法能增强文章的色彩，在对比中突出事物的特征、本质，英语中的对比也是将两个正反方面或一个事物相互对立的方面放到一起描述的过程，要求作者在运用此修辞时应遵循对立、对仗等特征。

例：United we stand，divided we fall.

合则存，分则亡。

united 与 divided 相对比，stand 与 fall 相对比

例：Work has a bitter root but sweet fruit.

工作有苦也有甜

bitter 与 sweet 相对应，root 与 fruit 相对应：

（六）反语

反语就是用意义完全相反的词语表达原本想表达的意思。此修辞格在中英两种语言文化中意义相同。人们通常正话反说，或反话正说，不过英语的反语比汉语的含义广些。这是因为英语里除人们常用的语言反语外，还包括戏剧反语和情景反语，它们是戏剧表演上的反语修辞，已超出人们所谈的修辞格范围。例如，鲁迅先生是运用反语的大师，在其散文《藤野先生》里开门见山地在第一自然段就针对清朝政府派往日本的那些富家浪荡子弟的丑态运用反语形象地勾画了出来，让人一看便知道此语不是赞美之词，而是讽刺之语，它是通过反话正说的手法表达出来的。全段如下：

东京也无非是这样上野的樱花烂漫的时节，望去却也像绯红的轻云，但花下也缺不了成群结队的“清国留学生”的速成班，头顶上盘着大辫子，顶得学生制帽的顶上高高耸起，形成一座富士山。也有解散辫子，盘得平的，除下帽来，油光可鉴，宛如小姑娘的发髻一般，还要将脖子扭几扭，实在标志极了。

Tokyo was not so extraordinary after all. When cherry blossom shimmered in Ueno, from the distance it actually resembled light, pink clouds; but under the flowers you would always find groups of short-term “students from Ching Empire”, their long queues coiled on top of their heads upraising the crowns of their student caps to look like Mount Fujiyama. Others had undone their queues and arranged their hair flat on their heads, so that when their caps were removed it glistened for all the world like the lustrous locks of young ladies; and they would toss their heads too. It was really a charming sight.

英语中的反语运用需要读者根据上下语境来进一步解读。

例：A：The boy has broken another glass.

B：A fine thing.

A：这男孩又打碎了一个杯子。

B：打得好呀!

本来这段对话中 A 说话时是带着某种埋怨并希望 B 能批评孩子，没想到 B 却反其道而行之，不但 A 没有得到 B 的响应，反而 B 说出 A 意想不到的话来：此时，A 并未理解 B 说话的意思，B 是故意用反话来回应 A。事实上，B 并不是听到 A 说男孩打碎杯子而真的高兴，不是真的打心眼里看着孩子打碎东西而快活，B 只是说气话，这种气话是通过反语正说的方式来表达的。

（七）双关

双关是指一个词语或一句话涉及两个方面的意思，一个是表面词语的意思，另一个是其隐含的意思。运用双关修辞格的人往往是以其隐含意思来展示其想表达的意思及意图，即言在此而意在彼。运用得当会使语言生动有趣一英汉语中的双关都可分为谐音双关和语义双关两种。谐音双关是将词义不同的谐音词组合在一起的修辞用法。语义双关是指根据一词多义的特点而构成的双关。

例：On Sunday they pray for you and on Monday they prey on you.

这句英语用了“pray（祷告）”和“prey（榨取、掠夺）”两个词谐音双关。但译成中文时如何译，是译成表面意思，还是译成隐含意思呢？两者是有很大区别的，语义感是不同的。第一种译法是从词的表面意思上翻译，即“周日（今天）他们为你祷告，周一（明天）他们就向你榨取”。第二种译法我们取其义翻译，即“他们满嘴的仁义道德，背地里却男盗女娼”。从语感上看，第一种译法显然不如第二种译法强烈，第二种译法给读者的感觉更深刻、逼真，直截了当地揭开了伪善者的面纱，向人们揭露了他们的真面目。

（八）婉曲

婉曲也称委婉，是以转弯抹角的方式来暗示说话人原本的意思，而不是直接说出事情或人物的本质。不同的人在使用委婉时所表达的效果是有差异的、有的人想借此增加语言的力量，有的人是为了不伤及他人或对方而采用委婉，这样对方可在一定程度上接受其观点。汉语的婉曲可分为婉言和曲语。英语中的委婉语通常是说话人不以令人尴尬的语言或粗鲁的语言，而是以含蓄的、温和的语言表达其原意。

例： His mother passed away last night.

他母亲昨晚去世了。

短语 pass away 就是 die 的委婉语，说话人在此不是用 die 直接表达，而是以间接的、委婉的、让对方能够接受的语言来表述这一事实。

例： Millions of heroes have laid down their lives for the liberation of mankind.

无数英雄志士为了人类的解放事业献出了生命

短语 lay down one's life 表示牺牲某人的生命，为人类的解放而献身，比直接说死好听得多、委婉得多。

（九）拈连

拈连指说话者将适用于某人的词语顺势用在另一人身上，它分为全式拈连和略式拈连。这种修辞格在汉语文学作品中广泛运用，与英语 zeugma（轭式搭配）相同。英语轭式搭配是用一个形容词来修饰两个名词，或一个动词支配两个名词，把原本相互不关联的词语联在一起以表示一个更深刻的含意，增强语言的感染力。

例： He caught a cold and a bus.

在此句中，感冒与公共汽车本是不相干的两个方面，但用 catch 这个词将它们串联起来，以幽默的笔触勾勒出他是个弱不禁风的人，费了好大的劲才赶上了公共汽车，但由此得了一场病。如果此句以中文的拈连法翻译，即“他赶上了公共汽车，所以也就赶上了一场感冒”。用“赶上”将两件事连在一起，而第二个“赶上”则是信手拈来的，表现出作者的匠心及诙谐的笔调。不过，我们注意到，英语搭配的特点是，动词后有两个名词，而且都搭配得顺畅，构成一种自然组合，但并非所有的组合都是这样。例如，“weeping eyes and hearts”不能直译为“流泪的眼和心”，这时，采用并列成排比的译法比较合适，即“一双双流泪的眼睛，一颗颗哭泣的心灵”。

（十）对偶

对偶指将意义相关、结构相同、上下字数相等的部分对称地排列在一起以表示一个完整的意思，中文里的对偶要求出句与对句要平仄相对、词性相对，上半句与下半句必须各自独立，然后形成一对平仄律，让读者读起来十分悦耳。按类型分，对偶可分为正对、反对和串对，从结构上看，它又可分为严对与宽对英语的对偶与汉语的对偶在组词时很相似，即上下对应、字数相同、意义相对，表示一种对比或对照的关系。

例：You are going；I am slaying.

你离去，我留下。

英语 you 与 I 对应，going 与 staying 对应字数相同，意义相反，排列对称，译成汉语时也译成对偶句。

例：Man proposes，God disposes.

谋事在人，成事在天。

Man 与 God 对应，propose 与 dispose 对应，字数相等有英语的对偶句尾音节押韵或尾音相同例如，going 与 staying，propose 与 dispose。

（十一）排比

排比是指将两个或两个以上的结构相同、字数大体相等、意义相近的语句用于表达相似或相关内容。排比由小到大可分为词的排比、短语的排比、句子的排比。英语的排比与汉语的排比修辞相同，其目的是给人以整齐划一的美感。

例：Thus we hate what threatens our person，our liberty，our privacy，our income，our popularity，our vanity and our dreams，and plans for ourselves.

在这个英语句子里，作者共用了八个排比词语，由此使这段内容更为明晰、强烈，语言更为气势。翻译应体现出排比句。

译文：我们的身体，我们的自由，我们的隐私，我们的收入，我们的声望，我们的虚荣，我们的梦想以及为自身所做的各种安排，凡此种种受到威胁，我们就会产生仇恨。

（十二）层递

层递是指结构相似的短语、句子、段落依轻重或大小递增或递降展现事物的过程。它是由表及里、层层深入的过程，具有紧密的逻辑关系

例：这是家庭的毁灭，道德的沦丧，国家的崩溃。

这句的递进关系是由小到大的进程关系，先小家后大家，层次分明，论述明确，印象效果深刻，

译文：I was the ruin of the family，the uprooting of moral，the destruction of the nation.

第四章　跨文化视角下英语各类文体的翻译

第一节　文体的概述

人们使用语言来传达信息、交流思想并实现社交交流。这种语言交流是在特定的环境中，以特定的方式，对特定的对象并围绕特定的目的进行的。不同的交流环境、方式、对象和目的要求人们使用不同的“语言”。这种不同的“语言”是社交交流需求所产生的语言的不同功能变体，这就是文体。这是言语交流适应性的最基本原则，也就是说，语言用户不仅必须学习语言的“正确性”，还必须以正确的发音和语调、正确的语法，选择合适的单词和句子、进行恰当的段落安排、表达合理的含义等。学习语言使用的“适合性”，即在什么情况下该说些什么，适合性就是一切。语言的适合性，即文体风格，体现在文章的各个级别和各个语言组成部分中。增加各个级别的语言特征和语言组成部分的风格效果——语音和语调、表达风格色彩的单词和短语以及反映风格功能的句子和段落都组合在一起，形成了整章的文体风格。

翻译风格要取决于其文体，文体和翻译之间的密切关系是显而易见的。翻译的目的是准确、完整地传达原文信息。当然，这种“准确和完整”还包括文体。任何文体都具有与其他文体不同的特征。即使是同一文体，也会使用不同的语类，例如信件、备忘录、通知等，它们都是应用文体，但是它们各自具有属于自己特征的词汇、术语和句子。因此，翻译绝对不能忽略原文的文体风格特征，应符合原文的文体，并以等效的译文文体翻译原文。所谓的篇章得体应该是译文的文体应与原文的文体一致。在翻译之前，翻译人员应首先弄清原文的文体类别，仔细研究其文体特征，包括单词用法、句子特征、修辞手段、表达方式、单词形式和句子排列，并使用所学的翻译技巧处理原文，并使翻译后的文本尽可能适应原文的文体。

文体是作者选择将单词和句子组合在一起以创建整体作品的方式。通常，该方式包含许多不同的组成部分，包括单词的选择、句子的长度和结构、修辞语言的使用以及作者的观点等。一些作者的文体风格也会根据读者和写作目的而变化。文章的文体风格可以帮助读者弄清楚它是什么类型的文章、其目的是什么，以及作者独特的思想和观点。文体类型多种多样，读者有时可能会觉得很难弄清文章的特定文体，或者需要搜索一长串的写作风格。常见的文体类型主要分为：说明文、描写文、记叙文和议论文。

一、说明性文体

说明性文体基于事实，而不是用来讲故事的，也不强调其文学性。说明文用来告知或指导读者有关某个主题的信息，但是是以其最纯粹的形式来说明信息，并不是为了改变读者的想法。说明性文体的更多示例：新闻文章、非小说类书籍、教科书、科学和医学研究文章、使用说明书和食谱等。

说明性文体通过包括举例、链接、引用以及突出显示关键数据点的表格和图表来实现其目的。涉及指令的说明性文体简短且易于理解，并且可能包括插图。通常，此文体不会涉及大胆的意见或价值判断，而只会提供简单明了的信息和数据。

二、描写性文体

描写性文体是作者用来描述一个事情。作者可能正在描述一个地方、一个人或一个对象，但是描写性文体包含许多细节，以便读者可以清楚、完整地了解所写内容。描写性文体的更多示例：诗歌、日记、自然文学等。

三、记叙性文体

记叙性文体主要是用来讲故事。记叙性文体用情节和人物讲故事。这是小说最常见的文体风格，尽管非小说也可以是记叙性文体，只要它专注于角色，他们在做什么以及他们发生了什么。记叙性文体的标志是一个具有开始、中间和结尾组成部分。记叙性文体的例子：长篇小说、创意非小说类例如杂志专题、剧本、传记等。

如上所述，记叙性文体比严格的描写性文体篇幅更长，但是它也可能包含描述性的段落，例如作者停下来详细描述一个角色的外貌或欣赏一个地方的建筑。有时，对于充满事实的说明性文体也是如此。

四、议论性文体

顾名思义，这种写作风格旨在从某种角度赢得读者。它通过提供证据和理由来建立论点，从而支持观点。这有可能会号召发起行动，例如为候选人投票、购买产品、支持事业等。议论性文体的更多例子：学术论文、社论文章、广告文案、产品评论、求职信和推荐信等。

值得注意的是，议论性文体可以结合甚至类似于其他文体风格。例如，政治演讲可能包含记叙性元素，讲述候选人或相关人的故事。说明性文体着手传递信息，但议论性文体是有选择地利用事实来建立案例。

第二节　旅游文体翻译

一、旅游文本的特点

旅游文本属于应用文本范畴，其特点是形式多种多样，内容五花八门、包罗万象，体裁类别丰富多彩，比如旅游城市指南、旅游产品宣传广告、旅游景区景点介绍、旅行社简介，以及包括酒店、餐饮、交通在内的众多旅游设施与服务的介绍等。就文本类别及特点而言，旅游文本属于呼唤型文本，讲求创意，用词新颖，言简意赅，具有很强的感染力和吸引力，意在激发旅游者的旅游体验兴趣；而各类海外旅游接待企业的宣传手册或旅游景点简介等则属于信息型文本，旨在向旅游者提供与旅游产品、服务和设施有关的准确信息，但也注重用词生动形象，同时具有一定的描述性和呼唤感召力。

旅游文本的另一个特点就是往往承载着大量的文化信息，而中西方文化之间存在的巨大差异不可避免地会给旅游文本的翻译工作带来诸多的困难。

二、旅游文本翻译的总体原则

旅游文本翻译属于应用文体翻译，或叫实用文体翻译。一般说来，应用文的翻译应该考虑到文本的功能。当然，不同的应用文体有不同的功能，譬如科技文体的功能和合同文体的功能有着很大的差异。但是，不论翻译哪种应用文体，都需要突出翻译的交际功能。在改革开放、经济迅猛发展的今天，中国的翻译工作者经常要面对应用文类的翻译，常见的有公共告示或揭示语、旅游宣传资料、广告及产品介绍、会议讲话稿等。请求译者翻译的人自然是希望这些译文能在译语语境中实现某种功能，达到某种目的。英译旅游宣传资料则是以外国友人为对象，介绍中国旅游业及旅游资源，吸引他们来华旅游。发展我国旅游业，旅游文本的翻译与旅游文本本身一样，具有向“游客传递、介绍景点信息”和“打动读者”的功能。这样说来，旅游翻译要做到准确、通俗、明晰，译文要有吸引力，能雅俗共赏，使各种不同文化层次的读者均能易于理解，乐于接受。总体说来，相对其他应用文体，翻译旅游文本，译者要考虑到译语的可读性及读者的接受效果，所以，译者的自由度相对较大。但是，这种自由度的大小取决于具体的文体特点。翻译旅游文本的总体原则如下。

（一）遵循旅游文本的功能和目的，忠实地传达原文的实质性信息

实际上，古今中外的翻译家都非常重视翻译的功能。譬如，我国佛典翻译时期的译者在翻译佛经时就特别重视译文是否传达了原文的旨意，同时是否能被读者所理解，也就是

说注重佛典翻译在传达佛教义理和宣传佛法过程中的功能。19世纪60年代的马建忠先生指出："……夫而后能使阅者所得之益，与观原文无异，是则为善译也已……。"由此可见，翻译应该实现在译文中的功用。20世纪20年代前后，鲁迅、瞿秋白等人主张利用翻译来丰富中国的现代白话文，改造当时的中国社会，实际上就是要发挥翻译在语言变化和社会改良中的功能。在西方，从古罗马时期开始，翻译家们就特别重视翻译的功能，如西塞罗在谈及翻译的时候就指出，自己是作为演说家而翻译。即主张活译，从而使译文打动读者或听众。系统提出翻译功能理论的是德国的功能派，其中的代表人物是莱斯（Reiss）、弗米尔（Vermeer）和曼塔利（Mlinttiiri）。尤其是，弗米尔认为要以文本的目的为翻译过程的第一准则，而且将翻译看作是某种既定情况下一种有意图、有目的的行为。

总之，功能理论主要内容是译者在整个翻译过程中的参照物不应是对等翻译理论所关注的原文文本及其功能，而应是译文在译入语言和文化环境中的功能。为达到这一目的，译文必须首先在译入语境中产生意义并发挥作用；其次，译文还要照顾与原语间的关联，对原文保持一定的"忠实"关系。旅游文本的目的旨在吸引目的语的读者，所以翻译这样的文本首先要考虑其在译入语中的功能和目的。旅游资料的功能是通过对景点的介绍、宣传，扩展人们的知识，激发人们旅游、参观的兴趣。因此，旅游文本翻译的最终目的就是通过传递信息来吸引旅游者。外国游客远道而来，吸引他们的并不只是花草树木，亭台楼阁，景点所蕴含的深厚文化往往更令他们着迷。所以，翻译要考虑到旅游文本的这一特点，在译文中要体现其宣传的语气。有鉴于此，翻译旅游文本首先要遵循该文本的功能和目的，在忠实地传达原文实质性信息（如景点名称、交通、食宿、游览路线等信息）的基础上，注重旅游文本的宣传、广告效应，从而使译文吸引更多的译入语读者前往所介绍的地区游览观光。

（二）遵循旅游文本的文本类型，在译文中体现广告宣传的语气

在翻译旅游文本时还要清楚旅游文本属于何种文本类型，因为不同的文本类型翻译的策略也不尽相同。重视文本类型的划分是很多翻译理论家倡导应该重视的问题。布勒（Buhler）将语言功能划分为"说明""表达"和"吸引"三种功能。莱斯（Reiss）根据语言的这三种功能，将文本划分为"注重内容""注重形式""注重对读者的吸引"三种文本类型，纽马克（Newmark）将文本类型划分三类，即"表达型""信息型"和"呼唤型"，但是他认为很少有文本只属于一种类型，大多文本同时包含这三种功能，只是其中一种占主导地位。按照纽马克的分类，其中，表达型包括文学、权威声明、自传、个人通信等，信息型包括科技、商业、工业、经济类的报告、文章、论文、备忘录、纪要等，呼唤型包括通知、指令、宣传、推销、流行小说等。按照以上对文本类型的划分，可以看出，旅游文本更属于信息型和呼唤型。

实际上，我们不能否认，旅游文本虽然也提供必要的信息，但同官方文献、经贸合

同、法律文书、科技文章等信息类文体相比，旅游文本更具有其特殊性，即该种文本的“呼唤”性质，也就是说，信息和呼唤功能两者之间呼唤功能占主要地位。将旅游文本归类为“呼唤型”也是很多学者的共识。贾文波将旅游资料文本归为呼唤型功能文本，他指出：“旅游翻译注重的应是原文与译文间的信息内容和文体功能的对等，而不是语言形式上的对应，更不是展示语言文化异质性的场所。它的功能更像广告，目的是吸引游客，最大限度地取得旅游产品的预期效果。”

（三）迎合目的语读者的文化和审美诉求，灵活处理文化和美学信息

旅游文本是非常重要的广宣文体。由于旅游文本往往要介绍某一旅游目的地的历史、风俗习惯等，所以其中蕴含着丰富的文化信息，但是由于中英两个民族在文化方面存在很多差异，在审美和思维方面也存在很大的不同，所以在翻译中要考虑到这种文化和审美差异。在谈到中文旅游材料的英译时，贾文波指出：“汉、英民族不同的文化背景造就了各自旅游文体独特的语言风格和读者喜闻乐见的形式。”一般而言，英语旅游文本大都行文简明实用，语言直观通达，具有一种朴实自然之美，不像汉语那样追求四言八句，讲究工整对仗、言辞华美。因而，旅游英译不比文学翻译，它只是一种大众读物，读者对象多为国外普通游客，其意图就是要让国外旅游者读懂看懂并喜闻乐见，从中获取相关的自然、地理、文化、风俗方面的信息，因而翻译时必须注重译文的实用性和特殊性，注意内外有别。

顾维勇指出：“要处理好旅游资料中大量的文化信息，译者必须要以偏向译语、侧重读者的方向为准则。”也就是说，译者不能生搬硬套目的语，以及读者不熟悉的原文文化和审美信息，让目的语读者屈从就范于原语的文化和审美思维，这样虽然表面上忠实地传达了原文的信息，但实际上达不到旅游宣传推介的目的。尤其是汉译英的时候，由于中华民族独特的艺术审美思维，汉语旅游材料中往往引经据典，多使用古诗、成语典故以及更多地使用修辞手段达到宣传的目的，译者要根据情况灵活处理，“译者既不能不顾及英语的表达习惯和读者的接受能力，让英语就范于汉语的概念和意象，追求语言文字的和信息量的‘对等’转换，也不能因两种文化的差异造成‘词汇空缺’而经常回避困难”。孟庆升认为，中文旅游材料中的文化处理要遵循两个原则，即“中国文化为基准，以译文读者为导向。”也就是说在不忘宣传中国文化的同时，也要不拘泥于原文，要围绕向读者传达信息这一目的进行。如果生搬硬套地翻译原文中的文化信息，有时可能会损害读者的阅读兴趣，从而就达不到旅游宣传的目的，因此在翻译过程中，应根据具体的文化现象灵活地处理，在尽可能保存原文文化信息的情况下更大地追求满足译文读者的文化信息和审美预期，从而达到翻译宣传的目的。

第三节　科技文体翻译

科技翻译，作为一种翻译实践，古今有之，算不上什么新创举，但作为翻译学相对独立的一个分支，却有一定的新意。它的出现与20世纪70年代末我国实施的改革开放政策密不可分。多年的自我封闭和西方的经济封锁，使我们对世界科技的最新发展知之甚少。改革开放使我们茅塞顿开，同时也让我国的科技工作者觉得眼花缭乱，无所适从。语言的不通，看不懂说明书，更是让许多科技工作者一筹莫展，使许多进口设备要么成了摆设，要么就是一堆废铁。也就是在这个时候，科技英语、科技翻译应运而生，并受到了人们的普遍欢迎和高度重视。四十多年后的今天，旧话重提，虽然少了许多当年的热情，因为不少新生代的年轻科技工作者已是双语应用娴熟的专家，可以直接通读原文，但对于一般读者而言，其中也包括相当数量的一般科技人员，由于外语普及程度的限制以及专业的隔阂，仍然有赖于翻译工作者的帮助才能紧跟科技发展的步伐。本节就科技英语翻译论述进行论述。

一、科技英语的文体特点

对于科技英语或者说专业英语，大多数人都认为就是一般英语加上一些专业词汇。实际上，科技英语在文体和语法结构上都有着很多与日常英语迥然不同的特点。科技文章文体的特点是：清晰、准确、精练、严密。那么，科技文章的语言结构特色在翻译过程中如何处理，这是进行英汉科技翻译时需要探讨的问题。

（一）词汇特点

科技英语并非一种新的英语，而是全民语言用于理、工、农、医等自然题材时所产生的语言变体。虽然它有一些特有的专业词汇，但是基本词汇多属于英语共核部分。因为科技英语的目的是传播科技知识、论证原理、得出结论，对每一个观点都要提出严格的论据。因此，在论证过程中，一定要有条理、层次分明地把握事物的内在规律，将论证过程准确无误地体现在自己的著作中。所以，科技英语词汇无论在用词还是造句方面都具有特色。

科技英语的词汇分为3类：纯科技词汇、通用科技词汇和半科技词汇。

1. 纯科技词汇（即在不同专业中使用的专业技术词汇）

这种词汇在科技英语中出现频率最低，其特点是严谨、规范、词义单一、使用范围狭窄，而且多是国际上通用的，所以专业程度很高。例如：hydroxide（氢氧化物），isotope（同位素），diode（二极管），carburetor（汽化器）等。

2. 通用科技词汇（即不同专业都要经常使用的通用词汇）

这种词汇在科技英语中出现频率较高，词汇量也较大，其特点是词义比较单一，使用范围较纯科技词汇而言相对广一些。例如：frequency（频率），density（密度），magnetism（磁性），height（高度），speed（速度）等。

3. 半科技词汇（即在科技英语中使用的普通词汇）

这种词汇在科技英语中出现频率最高，量也极大，较难掌握。半科技词汇除了本身的基本词义外，在不同的专业中又有不同的词义，其特点是词义繁多、用词灵活、搭配形式多样、使用范围极广。例如：feed（喂养/馈电、供水、输送、加载、电源），ceiling（天花板/上升能力、上限）等。

（二）科技英语词汇的构词方式

科技英语词汇的构词方式有很多，本部分就举例以下几个方面进行论述。

1. 缩略法

缩略词形式多样，翻译时有多种方式可采用，可意译或音译，也可照搬加以注释，甚至是完全照搬。对于有些已经广为流行的缩略语，可将其视为科技新词，如 radar（Radio Detecting and Ranging 无线电定位与测距）可取其音“雷达”；laser（Light Amplification by Stimulated Emission of Radiation 受激辐射式光频放大器），曾被译为“镭射”，现已取其意译做“激光”。采取意译时要“简洁”，否则就体现不出缩略词的优势了。

缩略词在此也指除首字母缩略词之外的缩略形式。对于那些原形冗长复杂的缩略词，完全照搬原意来翻译会让人很难接受，可采取“中西合璧”的方式处理，如 AIDS，通过音译加注释泽作“艾滋病”，充分体现了中文意形义相结合的特点。此外还有 IP 地址，BASIC 语言等等。

随着现代科技的迅猛发展，越来越多的英文缩略同直接进入汉语词汇中，最典型的如 BBS（Bulletin Board System 电子公告牌系统），UFO（Unidentified Flying Object 不明飞行物），VCD（Video Compact Disc 激光视盘）等等，这些词汇已成为汉语的一部分，翻译时可直接照搬。

2. 词缀法

词的最小意义单位是词素，词素可分为自由词素和黏着词素。自由词素本身具有完整意义，可以独立成词，如 iron，pump，steel 等，它们可以不依附于其他词素而独立存在。黏着词素没有完整的意义，不能单独出现在句子中，它们只能依附于其他词素上才能表示出其意义。黏着词素的主要功能是在构词中充当词缀。词缀又分屈折词缀和派生词缀。屈折词缀起语法标记作用，它们依附于其他词素或单词，但不构成新的词汇，如名词复数标记-s/-es 和动词过去时标记-ed 等。派生词缀和别的词素（或单词）搭配可构成新的单词

（派生词）。由此可见，词缀法是科技英语词汇扩充的基本手段，英语派生词缀和别的词素（或单词）搭配可构成新的单词。这一特点使得科技词汇不断推陈出新，以满足科技发展的需要。

3. 合成法

合成法即将两个或两个以上的旧词合成一个新词，通常有合写式（无连字符）和分写式（有连字符）两种：

（1）合写式

backdoor 后门

bitmap 位图

（2）分写式

bug-free 无故障

built-in 内置

close-circuit TV 闭路电视

cut-and-paste software 剪贴软件

Digital—to-Analog 数模转换器

合成词的翻译可取直译法，即将两个合成语素的词义直译，做偏正连缀，必要时可适当增词。

4. 词首字母缩略词

词首字母缩略词是通过把几个词的首字母进行合并而构成的新词，如：ISV（International Scientific Vocabulary），RAR（Radio Acoustic Ranging）和 FACP（Fully Automated Computer Program）等。随着计算机的普及和国际互联网的广泛使用，词首字母缩略词越来越多地出现在英语中，如 MORF（Male OR Female），FAQ（Frequently Asked Questions），FYI（For Your Information）等。缩略词缩短了一组相关词汇的冗长排列，在交流过程中具有简洁、明了的优势，这种构词手段在语言学上符合省力原则，为方便交流起到积极的作用。但同时也需要指出，词首字母缩略词有时也会在交际者之间造成理解困难，或引起误解，从而妨碍交流的有效进行，甚至导致纠纷的产生。例如，词首字母缩略词 FTP 有多种解释，国防工业出版社出版的《英汉技术词典》就罗列了 5 条：①Factory Test Plan；②Field Test Procedures；③Florida Test Procedure；④Fuel Tanking Panel；⑤Functional Test Procedure。可见，这种词汇极易引起交际者不同的理解。

二、科技英语翻译的标准

一个完美的科技文体的译文，必然是原文语言、本族语言和科学知识三者高度统一的产物。首先是掌握原文语言。掌握原文语言的目的在于正确理解原文的精神实质。没有对原文的正确理解，根本谈不上对原文的正确表达。其次是要掌握本族语言。掌握本族语言的目的，在于正确表达原文的精神实质。徒有对原文的正确理解而没有恰到好处的汉语表达形式，也是无济于事的。除了掌握语言外，科技翻译工作者还有一个熟悉科学技术知识的任务。熟悉科学知识的目的在于使翻译能够更好地接近科学技术实际。

（一）忠实于原文

所谓忠实于原文，就是要完整、准确地表达原文的思想内容和核心问题。这是对科技翻译的首要的、也是最起码的要求。原作的内容是客观存在的。译者的任务就是要把这种客观存在原封不动地传达给非原文读者。翻译虽然是语言的一种再创作，但毕竟和纯粹的创作有着本质上的区别。译者必须忠实于原作，决不可自作主张，对原作进行随意地篡改、增删。因为这样做可能曲解原作。

（二）语言通顺易懂

译者要用通顺易懂的语言表达原作的科技内容。所用的术语和词汇必须是本专业读者普遍应用的。句子结构要规范，不得保持与译文语言不相容的原文结构形式。译者固然可以吸收和创造性地运用新的表现方法，但是必须在汉语基本词汇和基本语法的基础上加以融化后运用，不得违反或破坏汉语的规范性。

在翻译实践中，我们应尽量遵循“忠实”和“通顺”这两个标准。但在二者不可兼得的情况下首先要考虑前者，即忠实准确地传达原作的意思，因为科学的灵魂是“真”，科技翻译的灵魂是“准确”。在医学文献翻译中，一字之差就可能断送病人性命；在工程技术翻译中，一个数据之误可能导致重大的技术事故。如果译文基本准确，只是文字略嫌粗糙，还是勉强过得去的；但如果译文与原文出入太大，即使语言再简洁规范，也得推倒重来。因此，“忠实”是科技翻译的根本和前提，而“通顺”是实施科技翻译达到完美的一种手段和途径。

译者要准确地表达原作的科技内容，就必须摆脱原文语言形式的束缚，适当地改变原文的词类、语序和句子表达形式，用规范的汉语表达原作的科技内容，使译文达到或接近翻译标准。

三、科技语体语言的适用范围及表达方式要求

（一）适用范围

科技英语是一种基本的语体类型，当我们谈科技英语的范围时，实际是就所有表达科技内容的语文体式的言语运用而言的。这个范围非常广泛，包括科学技术的专著、学术论文、科学技术报告、实验报告、总结、教材、科学考察报告以及有关的读书笔记等。如果

从科学性考虑，那么各种普及性的通俗科技读物也应包括在内。

（二）表达方式要求

科学关注客观的陈述、逻辑的论证和准确的描述，因此，科学强调客观性、系统性和准确性，这就对科技语言提出了特别的要求。科技语言不能完全使用语言表达形式，因为语言表达形式在科技语体语言中存在着三个不足之处：

1. 语言的复杂性

语言是一个极其复杂的信号载体系统。它拥有数十万个单词和繁复的语法规则，使得句式和词语呈现多变状态。因此，有时就不能够准确无误地记录科技成果信息，也不能让后来的科学工作者准确地认识并接受科技成果。

2. 语言的模糊性

语言中的每一个实词都是对具体事物、状态或动作的概括，而每个虚词都是对各种句法结构关系的概括。概括的词语只能大致地反映事物的特征和范围，缺乏精密，也不能全面。所以语言就有了模糊性，而这种模糊性恰恰是科学英语所不能容的。

3. 语言的歧义性

语言讲究用有限的语言单位去表现无限复杂的客观事物，这就使得语言呈现出多义性，运用起来，常常出现语言的歧义现象。而科学的语言最讲究精确。

四、科技翻译工作者的基本素质

（一）译者要通晓英语并能正确地运用汉语

这是透彻理解原文的前提和确切表达原作的条件。译者应拥有丰富的词汇量，具有系统的外语词法和句法知识，具有处理复杂语言现象的能力。如果不具备这个起码条件，靠一知半解，甚至连蒙带猜，那么不要说对于复杂长句，就是在一些相当浅显的句子面前，也会束手无策。即使硬译出来，译文也必然错误百出。

（二）熟悉相关的翻译理论、掌握常用的翻译方法和技巧

这同样是从事科技英语翻译工作必不可少的要求之一，这也将是本书所要重点讲述的。此外，译者还要关注翻译领域的新理论、新方法以及发展动向。

（三）译者要有高度的责任心和认真的工作态度

科技翻译是一项技术性很强的工作，译者必须有一丝不苟、严肃认真的工作态度。下笔之前，应反复推敲，字斟句酌；完稿后，要有自我否定的精神，要善于从各个不同角度

对自己的译作提出疑问，不厌其烦地进行检查和校改。

（四）具备良好的科学素质和丰富的科技知识

译者要不断吸收和丰富自己的科学文化和专业技术知识，只有对原文涉及的内容了解得越多、知识越丰富，对原文的理解才越深刻，译文的表达也就越准确、越到位。

（五）具有扎实的英语基础和较高的英语阅读能力

能准确地理解英语原文是保证翻译质量的一个基本条件，因此译者需要不断提高自己的英语水平，充分了解科技英语的特点，掌握更多的相关背景知识。

总之，外语水平和科技知识可以保证译文的“忠实和准确”；汉语水平和翻译技巧则可保证译文的通顺流畅；而认真的工作态度又会使这两个方面更加完美。当然，要在以上几个方面都尽善尽美也确非易事。在一般情况下，外语出身的译者在语言知识方面造诣较高，但在表达科技内容时不易做到准确；技术出身的译者在本门业务方面游刃有余，但在语言的理解上可能失之粗疏。这就要求每一个译者要根据自己的具体情况，弥补不足，逐步提高自己的翻译水平。

五、科技英语的翻译方法

翻译是用一种语言将另一种语言表达出来的方法，想要把语言文字所包含的意义准确表达出来，除了要对科技文体的语言特点以及翻译原则有所了解外，还应掌握丰富的翻译方法。本部分就从词汇、句子、篇章三个方面对科技文体的翻译方法进行探究。

（一）科技英语翻译方法改革策略

1. 语义层面的功能对等

每种语言都有各自的特性，科技英语有其专用的术语、句型和篇章结构，在翻译时译者需要考虑到英汉两种语言的语义差别、词语使用的语境及搭配，从而用符合科技规范的术语准确地予以翻译。奈达认为，忠实的翻译无须达到两种语言间词汇和语法的一一匹配，只需再现作者的原意，因此，对原文的理解和鉴赏是翻译的基础，对意义的分析也就成为翻译过程的中心。

2. 文化层面的功能对等

在科技英语的翻译中，词汇和句子层面的对等是实现功能对等的基础，同时也不能忽略文化因素对语篇翻译的影响。奈达认为翻译中文化因素的重要性要高于纯语言层面的差异，文化语境对语篇的理解起了至关重要的作用，因此，译者要将文化语境纳入语篇的横组合关系中，对译文做适度的文化调整，以实现翻译的动态对等。

3. 科技英语翻译中人际意义的实现

科技文本在向读者传递科技信息的同时也体现着一定的人际关系，作为科技文本的两个参与者，传递信息的作者与普通读者之间存在一种权势关系。一方面，科技文本的作者由于拥有更多的专业知识，想保持或加强自身的权势地位；另一方面，他们又希望自己的观点被普通读者接受，希望与读者保持平等信任的关系。系统功能语言学认为，人称在文本中主要起指称作用，通过对人称系统的选择，说话者确定自己在语境中的地位，并建立了与听话者之间的关系。科技文本属于信息型文本，旨在说服读者接受既定的事实和知识，因此，科技英语多采用第一人称代词或第二人称代词来建立与读者的交互，根据所要传达的信息动态地调整与读者的关系，以达到说服读者的目的。

（二）科技英语翻译方法

1. 词汇翻译方法

（1）形象译法

在科技英语中为了更好地表达某些词的形象，常使用一些字母或者词来对其进行描述。形象译法主要分为以下几种。

①用汉字表达形象

例如：

T-plateT 字板

I-steel 工字钢

②用字母等表达形象

例如：

Z-been Z 形梁

X-tube X 形管

O-ring 0 形环

（2）引申译法

引申指的是在原文意义的基础上将词汇的意义进行延续或者扩展。引申译法主要涉及两种具体形式，即由具体意义向抽象意义引申和由抽象意义向具体意义引申。例如：

bank 银行——存储块区

（3）转换译法

①转译为动词

由于英汉语言表达的差异性，一个英语句子中往往只含有一个谓语动词，汉语句子中的动词则相对多一些，因此在翻译中经常将一些英语中的名词、形容词、副词以及介词等转换为汉语中的动词。

例：Despite all the improvements, rubber still has a number of limitations.

尽管改进了很多，但合成橡胶仍有一些缺陷。

例：High precision implies a high degree of exactness but with no implication as to accuracy.

高精度意味着高度的精确度，但并不表明具有准确性。

②转译为形容词。

科技英语中的名词和动词有时也可以转换为形容词。

例：Gene mutation is of great importance in breeding new varieties.

在新品种培育方面，基因突变是非常重要的。

例：Earthquake are closely related to faulting.

地震与断层的产生有着密切的关系。

2. 句子翻译方法

(1) 长复句的翻译方法

长复句在科技文章中十分常见，其翻译也十分重要。关于长复句的翻译，这里我们主要介绍以下几种翻译方法。

①倒译法

有些科技英语长复句的顺序与汉语的表达顺序正好相反，此时长复句的翻译就要采用倒译法。

例：The design, fabrication, and testing of micro—fabricated shear sensors for aerodynamic measurements is mainly discussed in the chapter.

本章节主要讨论用于气动测量的微型剪切传感器的设计、制造和测试。

②调序法

调序也是科技英语常用到的一种翻译方法。所谓调序，就是将英语长句进行分拆和语序调整。由于英汉语言的巨大差异，所以在翻译科技英语长复句时，可在正确理解和传递原文信息的前提下，将原句进行分拆，以使译文与汉语的表达习惯相吻合。

例：As has been said, manufacturing processes can be generally, classified as unit production with small quantities being made each time and mass production with large numbers of identical items or products being produced.

原译：前面说过，生产过程可以笼统地分为每次生产少量工件的“单件生产”，和生产大量规格相同的工件或产品的“批量生产”。

改译：前面说过，生产过程可以笼统地分为单件生产和批量生产，单件生产就是每次生产少量的工件，批量生产就是生产大量的规格相同的工件或产品。

③反译法

反译作为一种常见的翻译手段，在科技翻译中十分常见。所谓反译就是通常所说的反面着笔翻译法，即把原文中肯定的表达形式译成否定形式，或把原文中否定的表达形式译成肯定形式。

例： There are many other energy sources in store.

还有很多种其他能源尚未开发。（肯定形式译为否定形式）

In the high altitude snow and ice remain all year.

海拔高的地方冰雪常年不化。（肯定形式译为否定形式）

④分译法

分译法就是在翻译的时候，将长句化整为零，按意群将句子切分开，译成分句或独立句。利用分译法翻译长难句可以基本保留原句语序，顺译全句，减少漏译的可能。

例： At intervals along the main span, cast-steel cable-bands are attached to the cables, gripping them firmly and excluding moisture from them, and from these bands suspenders of wire-rope or chains hang down.

沿主跨每隔一段距离，在钢缆上安装铸钢卡箍。卡箍要卡紧，且不让水分渗入。吊索和链条的一端从固定这些卡箍上悬挂下来。

⑤综合法

在翻译长复句时，如果仅采用上述单一的方法将很难翻译准确，此时就可以采用综合法，即运用上述翻译方法对句子进行综合处理，这样可以使译文更加准确、严谨。

例： As the science of gene expression grows, we may be able to create genes that can turn themselves off after they have gone through a certain number of cell divisions or after the gene has produced a certain amount of the desired product.

随着基因表现科学的发展，我们也许能够创造这样一些基因：当它们经过了一定次数的细胞分裂后，或者当它们产生了一定数量的合乎需要的产品之后，这种基因能够自行衰亡。

（2）被动语态句的翻译

被动语态句是科技英语中常见的句型，这种句子的翻译有很多方法，可以翻译成汉语被动句，也可以翻译成汉语主动句和无主句。

①译成被动句

英语的被动语态要强调语义，如果汉语译文也想强调这层意思时，就应用被动语态的表达式。除了用“被……”的汉语表达式之外，还可以用“把……、受……、用……、给……、靠……、遭……、得到……、予以……、为所……、由……来……”的汉语被动句式来表达。

例： How long will it be before black and white sets are found only in the museum?

还要经过多久，黑白电视才会被送进博物馆呢？

②译成主动句

科技文章中并不是所有的被动语态句都可以译成汉语被动句，根据实际要求，科技文章中英语被动语态的句子可随汉语的表述习惯翻译成相应的主动句。

例： Pointers are used to build data structures.

指针用来创建数据结构。

③译成判断句

科技文体中的被动句还可以译为汉语中的判断句，也就是“……是的”的句式，给人一种“判断”的口吻。

例： Many car engines are cooled by water.

许多汽车发动机都是用水冷却的。

（三）语篇翻译方法

1. 忠于原文格式

科技文体的格式比较固定，科技英语文体具有逻辑性强、结构紧密等特点。因此，译者在翻译时也应严格遵守科技英语文体的格式，准确地将译文表现出来。

2. 注重语篇连贯

科技英语文体具有严密的逻辑性，文章的内容联系非常紧密，科技英语文体中含有一些明显的语言符号，这些语言符号将整个语篇连接为一个整体。在翻译时，译者应注意语篇的连贯性。

第四节 文学文体翻译

文学作品以语言文字为工具形象化地反映客观现实，属于表情型文本。文学作品的创作是一个形象思维的过程，因此与运用逻辑思维创作的学术论著有着根本的区别。根据形象塑造、体裁结构、语言运用和表现方法等方面的不同，文学作品可以归为四个大类：诗歌、小说、散文和戏剧。

一、文学体裁的特点

（一）形象性

文学作品的基本特征首先表现为形象性，文学作品展现的不是抽象的概念和刻板的公式，而是具体感性的生动画面。

（二）主观性

文学作品以艺术的方式诠释世界，来源于生活而又不是生活的复制。文学作品可以虚构，可以想象，可以对客观现实进行加工和变异，因此文学作品中的人物、事物和景物往往折射出作者的个人视角，体现着作者的个人情感和主观意识。

（三）审美性

文学作品诉诸情感，侧重于审美创造。因此，文学作品在描写事物、人物和景物时会动用一切有效的语言手段，特别是修辞手段，例如比喻、比拟、夸张、对仗等，使读者如见其人、如闻其声、如临其境，获得审美的情绪体验。

（四）多样性

文学作品的多样性表现为三个方面：第一，文学的题材范围可以说是无边无际的，伦理、历史、法律、军事、政治、经济、科技等任何一个领域中的人物和事件都可能进入作品，成为描述的对象。文学作品在描述物象时的深度和广度也是无边无际的，由表及里，由此及彼，由古及今，由实及虚，涉及外貌、声音、色彩、形状、质地、感官反应、心理活动等各个方面。第二，文学的语言范围极其宽泛，涉及正式语、非正式语、口语、书面语、行业语、俚俗语、方言等各种语域。第三，文学作品的风格极其多样。一方面，文学作品由于时代、背景、体裁和题材的不同而具有不同的风格特点；另一方面，每一个作家又具有自己独特的个人风格。

例： In the cemetery the heat was aggressive and personal. The grizzled old priest that ceased speaking but the clamour has not subsided and the sun beat through it Like a flail.

墓地里的高温咄咄逼人，令人不快。头发花白的老牧师已经停止了讲话，但是喧嚣的感觉却挥之不去。阳光像连枷一样从喧嚣中穿击而过。

例： She was attractive in a forthright way，and famously loquacious，especially when there wasn't much to say. And she had that tottery，extraordinarily ugly walk that is affected by English women of the royal class.

她的坦率给她带来了魅力。她的健谈是有名的，尤其是在没什么可说的时候。她走路的样子带着英国贵族妇女所特有的痕迹，步态别扭，姿势格外难看。

例： Charlotte came towards him. He looked into her face and saw that there was a power of acquired self-knowledge that has steadied her eyes'once prodigally sensitive and unsettled gaze.

夏洛蒂走到他的身边，他端详着她的脸，发现她的脸上带着一种自我了解的神情，由此而产生的信心使她从前那敏感而游移的目光变得坚定起来。

例： Outside，the wind of autumn was hissing in the last dry leaves；the sound was not，despite anything the poet might have said，like sobbing violins，but like the muffled percussion of riveted cymbals.

外面，秋天的风嗖嗖地吹过树上最后的枯叶，并不像诗人笔下如泣如诉的小提琴，而是发出发闷的撞击锐被般的声音。

例：After the bad temper of boarding had receded and the train had been going for half an hour, Charlotte felt an unmistakable festive air creep into the compartment and found it answered in herself by the double exhilaration of her journey.

译文：火车开动了半个小时之后，刚上车时的烦躁渐渐消失，夏洛蒂清晰地感觉到一种欢快的气息开始在车厢里弥漫，她心中对于这次旅行所怀有的双重喜悦也不禁油然而生。

例：Peter Gregory kicked the door of the dispersal hut closed behind him with the heel of his boot. He sensed the iciness of the air outside but was too well wrapped to feel it on his skin. He looked up and saw a big moon hanging still, while ragged clouds flew past and broke up like smoke in the darkness. He began to waddle across the grass, each step won from the limits of movement permitted by the parachute that hung down behind as he bucked and tossed his way forward.

译文：彼得·格里高里用靴子的后跟一踹，小屋的门在他身后关上了。他意识到空气中的寒意，但他全身上下裹得很严，所以他的皮肤并不能感觉到冰冷。抬头望去，一轮大大的月亮悬挂在天空，残云缕缕掠过，在黑夜中烟雾一样散开。他拖着沉重的双腿蹒跚走过草地，拖在身后的降落伞使他每走一步都很吃力。

例：And while they'd slept, he had wandered the rooms of his house with a glass in his hand, telling himself that, yes, sooner or later, Eileen would come back. In then ext breath, he would say, "I never want to see your face again. I'll never forgive you for this, you crazy bitch." Then, a minute later, "Come back, sweetheart, please, I love you and need you. The kids need you, too." Some nights that summer he fell asleep in front of the TV and woke up with the set still going on and the screen filled with snow.

译文：他们睡着以后，他手里抓个杯子在房间里转来转去，他先是告诉自己艾琳迟早会回家，紧接着他说，"我再也不要看到你那张脸，你这个疯婆子，我永远都不会原谅你的。"一分钟之后，他请求她说，"回家吧，亲爱的，求你了，我爱你，我需要你，孩子们也需要你。"那个夏天的晚上，他有时就在电视机前睡着了，醒来的时候屏幕上一片雪花点。

例：Sunday and Monday were a nightmare of arguments and recriminations between the two of them, and at six in the morning on Tuesday before Steven left, Adrian finally collapsed in hysterical sobs and agreed to do anything he wanted.

译文：从星期天到星期一，两人不断争吵，互相指责，简直是一场噩梦。到星期二早上六点，史蒂文要离开的时候，阿德莲终于陷入崩溃，她歇斯底里地哭泣着，答应一切都听从他的安排。

二、文学作品的翻译策略

对于文学作品的翻译，翻译界有一句经验之谈：看似容易译时难。

文学作品不同于论述文，它的主题思想不是直白地摆出来，而是隐藏在故事情节之中。为了对作品有一个总体上的把握，在理解阶段译者需要做充分的准备工作，查阅大量的有关参考资料，分析作家的创作意图和思想倾向，了解作品的时代背景，掌握作品的总体构思和发展脉络。在表达方面，文学作品也具有相当的挑战性。

茅盾曾经说过："文学的翻译是用另一种语言，把原作的艺术意境传达出来，使读者在读译文的时候能够像读原作一样得到启发、感动和美的感受。"

一般说来，值得翻译的文学作品都是质量较高的，而一部好的文学作品总是有动人的情感、深刻的内涵、深邃的意境、强烈的感染力和浓厚的艺术效果，看过之后在人们的心里能留下难忘的印象，令人回味无穷。在翻译时，如果不能传达原作的神韵，即使文字忠实、通顺，也不是合格的翻译，用范仲英的话说，就是"白水翻译"，平平淡淡，索然无味。

针对文学翻译的特殊性，傅雷提出了"神似"的标准："以效果而论，翻译应当像临画一样，所求的不在形似而在神似。"傅雷同时认为，在形似与神似不能兼顾时，译者应大胆地摆脱原文形式，着意追求译文与原文的神似。

钱钟书则提出了更加难以实现的"化境"标准，"文学翻译的最高标准是'化'。把文学作品从一国文字转化为另一国文字，既能不因语文习惯的差异而露出生硬牵强的痕迹，又能保持原有的风味，那就算得入于'化境'。"化境说要求译文与原文在除了文字形式以外的所有方面保持一致，可以说是文学翻译的最高标准。不过在具体的翻译实践中，"化境"与其说是翻译的最高标准，不如说是翻译的最高境界，是译者心中的理想和努力的方向。

关于文学的翻译标准，可以说是众说纷纭、莫衷一是。许均指出，虽然不同的译者有着不同的看法，但都无法回避文学翻译在语言、艺术审美、社会功能和文化功能等方面的基本问题，比如怎样对待原作，是"忠实"还是"再创造"？是致力于原作的文字形式转换的对等，还是寻求艺术效果传达的近似？是"异化"还是"归化"？如何处理和协调作者风格和译者风格？如何发挥翻译主体的作用和保持客观性？如何认识文学翻译的目的、功能和艺术本质？如何衡量、评价一部译作的成功与否？

从翻译策略上说，在翻译文学作品时，译者要尽量靠近原作者，高度重视原文的表现形式。在文化现象的处理方面，译者应尽可能地采取异化的手法。文学翻译可以说是一个艰苦的再创造的过程，译者需要做大量的准备工作，深入了解作品的社会、历史和文化背景，分析作品的主题和内涵，熟悉作者的思路、意图、写作习惯以及创作风格等。

下面的几个片段选自雷蒙·卡维尔的短篇小说《小小的好东西》，故事是以时间顺序展开的：星期六下午，安来到购物中心的面包房，给儿子订了一个漂亮的生日蛋糕，上面写着他的名字“斯科蒂”。面包师是一位长相粗俗、态度淡漠的老头儿。安告诉他下个星期一斯科蒂就要满八岁了，面包师只是听着，一句话也不说。然而，接下来发生的事情使安彻底忘记了生日蛋糕的存在。星期一上午，斯科蒂在马路上被一辆车撞倒，但当时情况看起来并不严重，他爬起来，走回家，对妈妈讲述了车祸的经过，然后就两眼一闭，倒了下去。送进医院后，医生的诊断十分乐观，认为斯科蒂处于惊恐之后的睡眠状态，随时有可能醒过来。可是时间一点一点过去，斯科蒂却长睡不醒，使安和丈夫霍华德预感到要出事了，医生的紧张也逐渐升级。最后斯科蒂终于醒了过来，安和霍华德正大喜过望，斯科蒂却又闭上了眼睛，这次是永远不可能再醒过来了。突然失去了儿子的安和霍华德陷入了极度的悲伤和茫然，家里却不断有人打电话来问他们是不是忘了斯科蒂，使他们愤怒得几乎疯狂。安忽然明白过来这是面包师打来的电话，无处发泄的夫妇开车来到面包房，安冲着面包师大吼大叫。这时，面包师用自己的面包卷和倾诉温暖了他们的心，小说的主题和高潮也在此出现。小说的情节和人物的心理跌宕起伏，但雷蒙·卡维尔的叙述一直是简单而冷静，字斟句酌几乎到了吝啬的地步，在情感的描写上也是一种压抑的做法。给人的感觉好像是木刻，或是黑白电影，没有半点多余的修饰和渲染，我们在翻译时要尽量地传达原文的这种形式特征和风格特征。

例：She stood at the window with her hands gripping the sill, and knew in her heart that they were into something now, something hard. She was afraid, and her teeth began to chatter until she tightened her jaws.

译文：她站在窗前，两只手抓着窗台，她心里知道要出事了，要出大事了。她很害怕，牙齿开始咯咯地打架，她只好使劲绷住下巴。

例：“They said they're going to take him down and run more test on him, Ann. They think they're going to operate. They can't figure out why he won't wake up. It's more than just shock or concussion, they know that much now. It's in his skull, the fracture, it has something, something to do with that, they think. So they're going to operate. I tried to call you, but I guess you've left the house.”

“Oh, God,” she said. “Oh, please. Howard, please.” She said, taking his arms.

译文：“他们说要把他带下去再做几项检查，安，他们说可能需要手术。他们搞不懂他怎么还不醒过来。这可能不只是休克或者脑震荡，他们开始怀疑了，他们觉得这和他头骨上那道口子有关系，所以他们想动手术。我本来要给你打电话的，不过我想你可能已经出门了。”

“噢，上帝呀，”她说，“不能啊，霍华德，不能啊。”她抓住霍华德的胳膊。

例：“Hello,” she said, and she heard something in the background, a humming noise. “Hello!” she said, “For God's sake,” she said. “Who is this? What is it you want?”

"Your Scotty. I got him ready for you," the man's voice said. "Did you forget him?"

"You evil bastard!" she shouted into the receiver. "How can you do this, you evil son of a bitch!"

"Scotty," the man said. "Have you forgotten about Scotty?" Then the man hung upon her.

译文："喂，"她说，她听到背景里什么东西的轰鸣声。"喂!"她说，"看在上帝的分上，"她说，"你是谁？你到底要干什么？"

"你的斯科蒂，我给你弄好了，"那个男人的声音说，"你把他忘了吗？"

"你这个混蛋!"她冲着听筒吼起来，"你怎么可以这样，你这个魔鬼!"

"斯科蒂，"男人说，"你把斯科蒂给忘干净了吧？"男人一下把电话挂了。

例："He was hit by a car Monday morning. We've been waiting with him until he died. But, of course, you couldn't be expected to know that, could you? Bakers can't know everything—can they, Mr Baker? But he's dead. He's dead, you bastard!"

译文："星期一早上他被车撞了，我们一直守着他到最后。不过你当然不知道这些了，对不对？面包师哪能什么都知道呢，对吧，面包师先生？可是他死了，他死了！你这个杂种!"

例：They ate rolls and drank coffee. Ann was suddenly hungry, and the rolls were warm. and sweet. She ate three of them, which pleased the baker. Then he began to talk. They listened carefully. Although they were tired and in anguish, they listened what the baker had to say. They nodded when the baker began to speak of loneliness, and of the sense of doubt and limitation that had come to him in his middle years, To repeat the days with the ovens endlessly full and endlessly empty.

译文：他们吃着面包卷，喝着咖啡，安忽然觉得饿了，面包卷的味道温暖又带着甜意，她一口气吃了三个，使面包师很高兴。然后他就开始说话了，尽管他们疲惫不已、痛苦不堪，他们还是用心地听着面包师的倾诉，不断点头表示理解。面包师讲到自己的孤独，讲到步入中年后的疑惑和局限感。烤箱满了又空，空了又满，日复一日，年复一年，永远没个尽头。

第五节　法律文体翻译

广义而言，法律文体通常包括宪法、法律、行政法规、条令、条例、条约、合同书、协议书、契约、遗嘱、文凭、各类证书、规程等。这些内容都以法律文书的形式固定下来，即以文字的形式固定下来。这类专用于法律文书的语言，具有一定的特点，被称为法律语言。

一、法律文体的语义特征

(一) 法律术语的“单义性”特征

“单义性”是指一个术语只表示一个概念的特性。法律术语的“单义性”特征，是指一个法律术语在某个法系或法律体系中只表示一个法律概念，而这一法律概念反过来又只能用这个法律术语来表示的这种特征。法律用语与日常用语不同。在日常用语中，同义词或近义词的使用非常广泛。文学语言中甚至鼓励使用同义词或近义词，以便使文学作品变得更加丰富多彩、韵味无穷。但在法律语言中，为使语义精密、明确、固定，则应避免使用同义词或近义词。与日常用语相比，法律术语的“单义性”特征是显而易见的。有些词，在日常用语中是同义词或近义词，一旦成为法律术语即呈现出“单义性”。

(二) 类义词

类义词是指词类相同且语义上有着某种联系的一组词，这些词常通过“and”或“or”等连词组合在一起，并常常出现在句子的同一位置，用来表示类似但不同的含义。这些词易被人误认为是同义词或近义词，但根据法律术语的“单义性”特征，我们知道它们既非同义词也非近义词。

(三) 对义词

对义词是指词语的意义相互矛盾、相互对立，即词语所表示的概念在逻辑上具有一种矛盾或对立的关系的词。Palmer将这种一一对应的词称为对义关系词。法律专业术语的这类对义现象是由法律工作的性质决定的。一般说来，法律工作的对象往往是利害关系相互对立的两个方面，如刑事案件中的正义与邪恶、行为人与受害人；民事案件中的原告与被告；经济合同中的甲方和乙方等等。这就决定了法律术语不可避免地存在着大量的对义词。

二、法律翻译工作者应具备的条件

(一) 一丝不苟的工作态度

俗话说：法律非儿戏。法律文件的翻译，非严肃认真对待不可。失之毫厘，谬以千里。有时只不过错在一个字、一个标点的翻译上，但也有可能造成严重的法律后果。如在下例中：

The L/Cs (letter of credits) shall be opened by a Chinese bank accepted by Party A and be payable in Swedish Kronor (SEK) with a bank to be appointed by Party A.

原译：信用证应由 A 方接受的一家中国银行开出，并应以瑞典克朗付给 A 方指定的银行。

上例中，“a Chinese bank” 可以是任何一家中国的银行（即在中国注册成立的、具有中国企业法人资格的银行），但被错译成“中国银行”（Bank of China）。原来申请人对开证行可有多种选择，但现在则只能找中国银行了。因此，正确的译文应为：“信用证应由甲方接受的一家中国的银行开出，并应以瑞典克朗付给甲方指定的银行”。

（二）良好的中英文基础

要做好法律翻译工作，译者须有良好的源语和目的语语言基础。源语语言基础的好坏直接关系到对原文的理解。理解是翻译的基础，是翻译过程中最关键的一个环节，对原文缺乏透彻的理解，就谈不上忠实、通顺地用目的语将原文表达出来。

（三）熟悉法律专业知识

目前起草英文法律文件的律师多数是学英美法的，而起草法律文件所依据的法律又是中国法律，这就要求我们的法律翻译工作者既要熟悉中国法又要熟悉英美法，而且是懂得越多越好。懂得越多，翻译起来就越有把握，越少出现错误。

三、法律与法律语体语言

法律是指由国际组织、国家或地方制订，体现统治阶级意志或国际间共同利益，以强制力保证其实施的行为规范的总和，包括宪法、法律条文、法令、行政法规、条例、规章等。现代汉语中，“法律”一词有广义和狭义之分。广义的“法律”指法律的整体，就我国现在的法律而言，它包括作为根本法的宪法、全国人大及其常委会制定的法律、国务院制定的行政法规、某些地方国家机关制定的地方性法规等。狭义的“法律”仅指全国人大和人大常委会制定的法律。在英、美两国，法律的职能广泛地深入到社会活动和日常生活的各个方面，它涉及国家的社会活动、企业团体间的经济活动和家庭个人的日常生活。从立法到司法，从契约到租赁，从保险到期货，所有这些活动都需要一种专门的语言来记录和规定，这种语言便是法律语体语言，专用于法律文本，而且具有明显的特点：

（一）平实性

法律文本一般规定了缔约各方的权利和义务，以及有关人员必须遵守的法规。这就要求法律文本的条款只允许有一种解释，不能有任何漏洞和歧义。因此在法律文件中，全部的语言必须是客观的、现实的，全部的内容必须字面化、外表化。在语言上应讲究平实，剔除语义含糊、文辞不当之处，杜绝含蓄表达、结构混乱，以免造成引申的理解或推理的理解。

(二)庄重性

法律语体语言是法律规范的表达形式，法律的根本属性对法律语体语言提出了特别的要求——法律语言必须具有庄重的色彩。它不能采用文学笔调，不能追求艺术风格，不能运用修辞手段，甚至不宜使用形容词之类的附加成分。

(三)规格性

法律条文经过起草人的历年推敲，经过使用人（包括律师在内）的反复检验，凡语意较为含糊、文辞易生歧义之处已一一剔除，最终形成了一种特别的语言格式。这种格式一旦形成，以后的法律文件起草人只需如法炮制，而不必另辟蹊径，而法律文件使用人（包括律师等）便按图索骥。他们墨守成规，唯恐脱离了久经考验的法律行文规格就会造成意想不到的歧义、误解或疏漏，这样，法律语言便走向高度的规格化。

由此可见，法律的使用在语言上很讲究。20 世纪 60 年代戴维·麦林克夫在其经典研究《法律的语言》中开篇写道“法律是一项措辞的职业”。无论在法律的哪种领域——政府法规、法庭活动或者约束我们日常活动的文件（合同、转让证书、规章、法令）——我们面临的最基本原则是：法律的措辞实际上就是法律。法律语言的使用者对语言表达中细微之处的重视程度是任何别的领域的语言使用者所无法相比的。

四、法律英语的功用

从社会语言功能的角度来看，法律英语的一个非常重要的作用是它的施为功能。英国哲学家约翰·奥斯汀（John Austin）于 20 世纪 50 年代在美国哈佛大学所做的演讲“论言有所为”从哲学的角度对语言交际的本质做了解释。奥斯汀在演说中指出，有些话语不起“报道”或“表述”的作用，因而无须区分语句的“真”或“假”；它们一说出来就是一种行为。他认为有些句子并不用于陈述事实或描述事实，而是用来做事，即言有所为。由此他把有些句子区分为“叙述句”和“施为句”。而法律语言的一个作用就是对所规定的法律的强制执行。例如，当某人经法院宣判为有罪时，那么无论此人是否真的有罪，他就成了有罪之人。再如，一对合法夫妇一经某权威部门的书面或口头准许离婚，那么从今往后，两人将不具有作为夫妇所拥有的权利和义务。

从法律功用的角度来看，法律英语是表述法律的工具。法律中的术语、短语乃至大量的话语，其所指都是由法院所确定的。并不代表普通英语的所指。英国和美国属普通法系国家。普通法是法官制定法，并以判例为基础的法。普通法系国家追求的是“遵循先例原则”，即法院对某一类事实确定一项原则，在以后的案件中可适用于同样一类的事实。在此背景下，法官在对某个案件判决时所选用的词语以及他们通过该词语所表达的真实意图与普通英语中所表示的含义往往是不同的。

五、法律英语翻译方法改革策略

（一）译语语言要准确、严谨、专业

法律专业术语是法律英语的重要组成部分，且法律英语中大量存在古英语、外来语与一般单词的特别用法，在将中文法律文本转换为英文时，既要传达原意，也要专业、地道，因而要求译者准确理解并使用法律专业术语，了解法律文本常用词的法律意义与法律文本常用拉丁语，掌握古体词的基本含义与用法。

（二）固定结构与固定用法的翻译

法律英语文本中常用一些固定的结构表达特定的含义，因而这需要译者做有心之人，多多阅读英文原版法律文件，这样在翻译时这些固定搭配就会自然流于笔端。

（三）多用名词化词语与被动语态

汉语表达中动词占优势，而法律英语文本多使用由动词或形容词加上词缀转化而来的名词化词语表述行为或动作，因此它们都包含了动词或形容词的意义。所以在将汉语法律文本转换为英文时，在保证译文“准确严谨、清晰简明、前后一致、语言规范”的前提下，应尽量将这类动词译成名词化词语。同样，在符合以上标准的前提下，可将中文表达中的主动语态多译为被动语态，以突出译文的专业地道与法律的公正客观。

六、法律英语翻译方法

（一）重复译法

为了清楚地表达法律条文和规则，避免产生歧义，法律英语翻译还经常采用重复译技巧。

例： In any arbitration proceeding, any legal proceeding to enforce any arbitration award and in any legal action between the Parties pursuant to or relating to this Contract…

在根据本合同进行或与本合同有关的双方之间的任何仲裁程序中，在为执行根据本合同进行或与本合同有关的双方之间的任何仲裁裁决的任何法律程序中及在根据本合同进行或与本合同有关的双方之间的任何法律诉讼中……

上述例句在翻译时将短语“根据本合同进行或与本合同有关的”重复了三次，这样的重复很有必要，突出了法律英语语言的严谨性。

需要注意的是，重复并不是任意的、毫无原则的，为了确保法律英语翻译的准确性，

只有在不得不重复的时候才可以酌情对某些表述加以重复，否则应该尽量避免没有意义的重复，确保法律语言的言简意赅。

（二）词性转换法

英语和汉语在词的分类以及词类的语法功能上比较相似。但是在英语中可以充当某个句子成分的词类相对较少，如英语中充当主语的只有名词、代词或相当于名词的动名词或不定式，充当谓语的只有动词；而汉语的情况则完全不同，名词、动词、形容词都可以作主语、谓语、宾语以及表语。因此，在翻译法律英语过程中，译词词性与原词词性未必相同，需要进行词性的转换，即使用词性转换法来进行处理。例如，英语的名词有时需要译成汉语的动词，英语的形容词需要译成汉语的副词；而汉语的动词需要译成英语的名词，汉语的副词需要译成英语的形容词，这样才符合译文的语言表达习惯。转换词性是翻译中较为常用的手段，灵活的词性转换处理可使译文通顺流畅，否则将变得晦涩难懂。当然，词性转换的前提是忠于原文，在不改变原文意思的前提下进行。因此，在法律英语翻译中，应该根据具体情况灵活使用词类转换技巧。

例：Neither party hereto shall be responsible for the failure of the performance here under if caused by war, fire, flood, embargo, explosion, shortage of materials, prohibition of import and export, judicial or governmental restrictions, strike or other labor troubles, or any other causes beyond the control of the party.

该句中的名词结构 prohibition of import and export, the failure of the performance 别被译为动词“禁止进口或出口”“不能执行”。

例：The Parties agree that any restructuring shall not adversely affect the economic interests of the Parties.

双方同意，任何重组不得给双方的经济利益带来不利影响。

该句中的英文名词 affect 被转换为中文名词“影响”。相应地，英文副词 adversely 被转换为中文形容词“不利”。

（三）语序调整法

语序调整法即改变原文的词语顺序，按译语的表达方式，依照时间先后、逻辑关系将原文的顺序加以调整，有时甚至需要全部打乱，重新排列。语序调整法在法律英语中的使用十分普遍。这主要是因为英语和汉语语言结构的不同，在翻译时，需要将原句中的某个成分或某些成分在译句中的位置进行变动调整，从而使译文意思更清晰明了。

例：The Company will retain its full power and authority to use such inventory and assets and to continue to conduct its business after the transfer of the purchased interest and will not violate any PRC laws and regulations.

原译：在转移购买权益后，公司将保留其使用上述存货和资产的充分权力和授权和继续经营其业务，并且不会违反任何中国法律和条例。

改译：本公司将保留使用上述存货和资产以及在转移购买权益后继续经营其业务的充分权力和授权，并且不会违反任何中国法律和条例。

上例改译在表达方面做了些变通，打破了原文的结构模式，用目的语的习惯方法来表达，使译文明白流畅。再以下文为例，如拘泥于原文的句型结构，就很难有条不紊地将译文的意思表达清楚。

例：The amount is equal to "Net Anticipated Profit" of the Company for a period equal to the lesser of (a) five (5) years following the termination of the Joint Venture Contract and (b) the remainder of the joint Venture Term (as such term may have been extended pursuant to applicable laws and regulations). discounted to its present value.

原译：该款额相等于公司在与（a）合作经营合同终止后五（5）年，及（b）合作期限的剩余部分（该期限可能已根据适用法律和条例延长），两个期间中较短者相等的期同内的“预期净利润”的金额，该金额已贴现为其现值。

改译：该款额相等于公司在下述（a）或（b）时段内（两时段中以时间较短者为准）的“预期净利润”的折现金额：（a）合作经营合同终止后五（5）年，及（b）合作期限（该期限可能已根据适用法律和法规延长）内的剩余部分时间。

（四）长句拆译法

法律英语中有很多信息量较大的长句。在翻译时，为了理清各个句子的复杂关系，可以采用拆分法，即切断原文句子，化长为短，或者将原文拆散，重新组织。只有这样，才能使译文正确、通顺、自然。

例：If the seller has given an express undertaking relating to the goods which is stated to have effect for a certain period of time, whether expressed in terms of a specific period of time or otherwise, the limitation period in respect of any claim arising from the undertaking shall commence on the date on which the buyer notifies the seller of the fact on which the claim is based, but not later than on the dale of the expiration of the period of the undertaking.

如卖方就货物提出明确保证，说明在某一期间内有效，不论是否有具体期间，由于这种保证而引起的请求权的时效期限，应自买方将请求权所根据的事实通知卖方之日起算，但不得迟于这种保证期间届满之日。

在翻译该例时，译者根据汉语的表达习惯将其进行了拆分，通过逗号的使用使得译文意思更加明朗化。

第五章　跨文化视角下英汉习俗文化翻译

第一节　英汉色彩文化对比与翻译

一、英汉色彩文化对比

（一）英语 white 与汉语“白”

1. 英语中的 white

西方文化中，white 的文化内涵非常丰富，主要表现在以下方面。

（1）象征纯洁、清白、光明等

以英语为母语的国家在婚礼上会穿白色的婚纱，以示新娘的纯洁无瑕。此外，white 还象征爱情的忠贞不移，to white rose of innocence/virginity。

（2）象征幸运、善意。例如：

a while day 吉日

days marked with a white stone 幸福的日子

a white lie 善意的谎言

（3）表示正直、合法

英语中的 white 可引申出“正直”等含义。例如：

a white man 忠实可靠的人

a white spirit 正直的精神

stand in a white sheet 忏悔

white hope 被寄予厚望的人或事

white light 公正无私的裁判

white-handed 正直的

（4）表示负面的影响或消极的情绪

英语中的 white 也不总是用来象征美好的事物，有时人们也会用它来表示负面的影响或消极的情绪。例如，在战争中，失败一方会打出白旗（whit flag）以示投降；在斗鸡中，认输的一方会竖起颈上插着一根长长的有点白色的羽毛，于是就有 show the white feather 的表达。又如：

white trash 指没有文化、贫穷潦倒的美国白人

white night 不眠之夜

2. 汉语中的"白"

在中国文化中、白色有着丰富的文化内涵，主要表现如下。

（1）代表纯洁、素洁、纯净

例如，《增韵》中记载："白，素也，洁也。"白色还代表没有任何额外的东西例如，白条、白汤、白水。

（2）平民

在中国古代，平民经常穿的就是没有任何修饰的白布衣服。"白衣"代表没有文化和身份的平民。

（3）孝服

在中国民俗里，丧事要穿白色孝服，白色代表着肃杀，是丧事的标志。

（4）表示落后、反动、投降

白色在发展过程中受政治的影响，从而具有腐朽、反动、落后的象征意义例如，"白色恐怖"指反动政权制造的镇压革命的恐怖氛围，"白军"指反动军队：其他词语还有"白区""白匪""白色政权"等。

（5）女性美和婴幼儿健康标准的评判

在现代社会中，白色是对女性美和婴幼儿健康标准的评判。人们普遍认为美丽的女性应该看起来白，因此在中国有"一白遮百丑"的说法。人们对婴幼儿的一个褒义评判标准也是"又白又胖"。

（6）表示奸邪、阴险

例如，忘恩负义的人被称为"白眼狼"，京剧中演奸臣的角色被称为"唱白脸"。

（二）英语 yellow 与汉语"黄"

1. 英语中的 yellow

在西方文化中，yellow 作为普遍存在的颜色，其内涵存在褒、贬两个层面，其中贬义色彩更为浓厚一些。

（1）英语中 yellow 的贬义含义

主要体现在以下方面。

①表示胆怯、懦弱

在英语中，黄色能带给人们喜悦、兴高采烈的心情，但有时也能使人情绪不稳定，常与懦弱、卑怯有关。例如：

yellow dog 懦夫，胆小鬼

yellow-livered 胆小的

yellow streak 性格中的怯懦

②表示警告、危险。例如：

yellow line 黄色警戒线

yellow flag 黄色检疫旗

yellow warning 黄色警告

③表示疾病或指秋天的落叶萧条、死亡或枯黄。例如：

yellow blight 枯黄病

yellow leaf 枯叶

yellow fever 黄热病

④表示以庸俗的文字、耸人听闻的报道吸引读者的报纸或新闻。例如：

yellow journalism 黄色新闻

yellow press 色情出版

⑤表示不值钱的、廉价的、无用的。例如：

yellow covered（法国出版的）黄色纸张印刷或黄色封皮的廉价小说

⑥表示非法合约名称或机构名称。例如：

yellow-dog contract 美国劳资间签订的劳方不加入工会的合约

Yellow Union 黄色工会，常待命出动破坏罢工

（2）yellow 在西方文化中的褒义内涵

主要体现在两个方面。

①象征财富。例如：

yellow boy 金币

②表示荣誉或竞技。例如：

yellow jersey 环法自行车赛冠军所得奖品

yellow ribbon 士兵团结一致的战斗精神

此外，在美国，黄色还表示怀念、思慕和期待远方亲人归来的意思，例如，yellow ribbon 除表示战斗精神外，还指人们在书上、车上或其他地方挂的黄色丝带，用来表示希望正在国外处于困境的亲人早点归来。

2. 汉语中的“黄”

在中国文化中，黄色是一种特殊又矛盾的有代表性的颜色，可以说，黄色自古以来就与中国传统文化有着不解之缘。从古代到现代，人们也赋予了黄色一些极其不同的文化联想意义。具体来说，黄色的文化内涵主要有以下方面。

（1）象征皇权、尊贵

在中国，黄色常常象征着地位的高贵。特别是在中国封建社会中，黄色是皇权的象征，是权力的标志又如，“黄袍”是天子穿的衣服，“黄榜”是指皇帝发出的公告。再如，在古代建筑中，只有皇宫、皇陵才可以使用黄色琉璃，由此可见，黄色是尊贵的象征

（2）象征富足

中华民族发源于黄河流域，又由于金子与成熟的谷物呈黄色，因此黄色仍是富足的象征。古时大户人家常使用各种黄金器皿，佩戴各种黄金首饰，以此显示其富有或显赫的地位。

（3）象征稚嫩

由于婴儿的头发是细细的黄毛，所以黄色可以用来指幼儿，如“黄童白叟”。另外，黄色也常用来讥诮未经世事、稚嫩无知的年轻人，如“黄口小儿”“黄毛丫头”等。

（4）象征下流、堕落

受 yellow back（轰动一时的廉价小说）一词的影响，黄色在现代汉语文化中具有低俗的象征意义，如“黄色小说”“黄色图片”“黄色书刊”“黄色音乐”“黄色电影”“黄色段子”等。

（5）象征凶猛和残暴

在中国戏剧中，黄色脸谱代表着凶猛和残暴。

（三）英语 red 与汉语“红”

1. 英语中的 red

在西方文化中，red 的负面含义更加明显，主要表现在以下方面。

（1）表示负债、亏损

在西方，若账单、损益表中的净收入是负数时，人们会用红笔表示出来以突出显示。因此，red 可以表示负债、亏损。例如：

red ink 赤字

red figure 赤字（经济用语）

in the red 负债、亏损

red balance 赤字差额

（2）表示流血

红色如血，因此西方人常将 red 与流血、危险、激进联系在一起。例如：

red alert 空袭报警

a red battle 血战

red revenge 血腥复仇

red hot political campaign 激烈的政治运动

(3) 表示放荡

由于红色鲜艳，极其夺目，因此在西方文化中有诱惑、邪恶之美等隐喻含义。例如：

paint the town red 花天酒地地玩乐

a red light district 红灯区

a red waste of his youth 因放荡而浪费的青春

(4) 表示愤怒、羞愧

人生气或害羞的时候会脸红，因此 red 也常指愤怒、羞愧的感情。例如：

see red 大发脾气

become red-faced 难为情或困窘

waving a red flag 做惹别人生气的事

除此以外，red 在西方文化中有时也作为褒义词，表示尊贵、荣誉、尊敬例如，在电影节开幕式或欢迎他国首脑的仪式上，主办方常铺红毯（red carpet）以迎接来宾。

2. 汉语中的“红”

红色是中国人最为喜爱的喜庆色，是一种被人们崇尚的颜色，通常具有积极的文化内涵。

(1) 红色在中国人眼中象征着热烈、欢快、喜庆、吉祥、吉兆、财运等。在中国古代，王公贵族所居住的豪宅大院的大门多漆为红色，用以象征富贵。如今，中国人在结婚、过节、欢庆时都用红色作为装饰色调。例如，过节要贴红对联、挂红匾、剪红彩；生孩子要送红蛋；结婚要贴红喜字，用红被面、红枕头；等等。人们在本命年时，不论大人还是小孩，都要扎上红腰带。

此外，表示兴旺和发达的词有“开门红”“红光满面”“红日高照”“满堂红”“红利”“红包”“分红”等，表示成功和圆满的词有“走红”“演红了”“红得发紫”“红极一时”等。

(2) 红色在中国文化中有忠诚的含义，尤其是在戏剧中，红色具有正义、忠良的色彩。例如，关羽在戏剧中是红脸人物，被视为忠心耿耿的英雄。此外，中国人还常用“一片丹心”“赤子”“赤胆”“红心”等来称赞英雄，激励自己。

(3) 由于红色与血、火的色彩相同，因此红色在中国还用来代表革命，这使红色被抹上了一层政治色彩。例如，“红军”“红心”“红旗”“红区”“红领章”“红色政权”“红色根据地”等词。

(4) 红色在现代汉语中还象征着青春、健康和积极向上。例如，“红光满面”“红润”等。

总之，中国人十分喜爱红色，在西方人眼里，红色是中国独具特色的文化象征之一。当然，红色在汉语文化中也有贬义的色彩。红色可以表达某种消极情绪，如“面红耳赤”“脸色通红”“眼红”等。

（四）英语 black 与汉语“黑”

1. 英语中的 black

在西方文化中，black 常被当作“死亡之色”，可见其贬义色彩更浓厚一些。英语中 black 的文化内涵主要体现在以下方面：

（1）象征悲痛、死亡和苦难

欧美国家人们认为，黑色能使气氛显得庄严肃穆，令人肃然起敬，是丧礼时的专用色彩例如，黑色面纱、黑色围巾用于表示对死者的哀悼

（2）常用于描述态度不好、心情坏、脸色差或状况不明。例如：

black-browned 愁眉苦脸的

he in a black mood 生气，发脾气

he/go black in the face 非常生气

又如，Black Tuesday 指 1987 年 10 月 19 日星期二那天华尔街股市崩溃，进而引起世界各地股市的接连崩溃这一特定的历史事件。black economy（黑色经济）指国家经济的一部分，但是建立在未申报收入的基础上，且无法估计税额，实际上属于非法收入。

（3）表示耻辱、不光彩、邪恶、犯罪。例如：

Black Man 邪恶的恶魔

a black eye 丢脸、坏名声

black guard 恶棍、流氓、坏蛋

black deeds 卑劣的行为

black lie 阴险的谎言

black-leg 骗子、工贼

black magic 邪恶的魔力

（4）象征着隆重、严谨和谦虚。black 色调暗、朴素而沉稳，是西方传统服装的主色。例如：

black suit 黑色西装

black dress 黑色礼服

（5）表示盈利

这里的用法正好与 red 相对，西方人习惯以记账通用的黑色字体来标注盈利的数字，因此就有了 in the black（盈利，有结余）的说法。

（6）表示没有希望。例如：

black news 坏消息

The future looked black. 前景黯淡

此外，black 还有许多引申义。例如：

Black tea 红茶

black mouth 诽谤者

Black Hand 黑手党；从事犯罪活动的黑社会组织

black humor 黑色幽默

a black-letter day 倒霉的一天

2. 汉语中的“黑”

“黑”是诸多基本颜色中最为常见的一个，也是颜色词汇中含义较多的一个，在中国的传统文化中，黑色的文化内涵十分复杂，也是褒贬共存的一方面，黑色普遍被认为是黑暗，是光明的对立象征，因此其本身并不被人所喜欢；另一方面，黑色中性特质所表现出的庄重内涵又为人所崇尚，具体来说，汉语中的黑色主要有以下文化内涵。

（1）象征尊贵、庄重

在春秋时期，官员上朝时所穿的朝服颜色是黑色。古书《毛诗故训传》就有这样的解释：“缁，黑色，卿士听朝之正服也。”这是指古代用黑色帛做的朝服，以显其尊贵、庄严的气势。可见，黑色作为古朝服的颜色，在古代的地位并不低即使在今天，黑色仍具有“庄重、显贵、正式”的含义。例如，一般的公务车是以黑色为主导色彩，因为人们认为黑色显得沉稳厚重，能给别人留下身份显赫的印象。

（2）象征刚直不阿、公正无私

在戏剧舞台上，一般用黑色或以黑色为主的色调来表示刚直不阿、严正无私和憨厚忠诚的人物特点，如包拯、李逵、尉迟恭、张飞等人的脸谱色彩都是黑色：

（3）象征恐怖和无助

由于黑色常使人联想起黑夜，因此就有了负面方向的基本联想当人们想起黑夜时，会感到恐怖和无助；当人们看到一些黑色的动物时，如乌鸦、也会产生厌恶之感。

（4）黑色象征着反动、邪恶等

在现代汉语中、有很多用黑色来表示的词语都说明了“黑”不受欢迎的一面。例如，“黑手”“黑话”“黑幕”“黑市”“黑人”“黑户”“黑店”“黑心”“黑帮”“黑货”“黑会”“黑枪”“黑金”“黑账”“黑交易”“黑道”“黑车”“抹黑”“黑社会”“黑势力”“背黑锅”“黑名单”等。

（五）英语 blue 与汉语“蓝”

1. 英语中的 blue

在英语中，blue 的文化内涵主要表现在以下方面。

（1）blue 象征着荣誉和对美好事业的追求，被视为当选者或领导者的标志。例如：

blue book 蓝皮书（用于刊载知名人士）

blue ribbon 蓝带（象征荣誉）

（2）blue 象征博大、力量、永恒，常让人联想到天空和大海等博大的事物。例如，常将苍天和大海称为 the blue。

（3）blue 用于表示反面的含义，如悲哀、空虚、阴冷、抑郁等。例如：

in the blue mood/having the blues 情绪低沉；烦闷；沮丧

a blue Monday 倒霉的星期一

blue about the gills 脸色阴郁；垂头丧气

blues 曲调忧伤而缓慢的布鲁斯

此外，还有一些带有 blue 的英语短语。例如：

Blue chip 热门股票，蓝筹股

a blue-collar worker 体力劳动者

a bolt from the blue 晴天霹雳

blue-pencil 校对、删改

be blue with cold 冻得发青

till all is blue 彻底地

into the blue 无影无踪；遥远地

a blue film 黄色电影

blue revolution 性解放

2. 汉语中的“蓝”

在自然界的色彩中，蓝色给人以轻快明亮的感觉，这是因为大海、天空均为蓝色但是，以蓝色为核心的词语构成在汉语中是十分贫乏的无论在古代汉语还是现代汉语中，“蓝”字通常都是就事论事地使用，没有其他的引申义如《荀子·劝学》中的“青，取之于蓝，而青于蓝”，白居易《忆江南》中的“日出江花红胜火，春来江水绿如蓝”等。

如果说象征意义，在现代，蓝色的一个比较常见的代表意义是“依据”。例如，“蓝本”原本是指书籍正式复印之前为校稿审订而印制的蓝色字体的初印本，后来专指撰著、改编等所依据的底本、原稿。又如，“蓝图”一词源自英语单词 blueprint，原指设计图纸，因其为蓝色而得名、现在也用以喻指建设所依据的设计、规划及人们对未来的宏大设想等。

此外，在中国文化中，蓝色还用来代表稳定、沉着、勇敢和素净。例如，在传统戏剧中，蓝色的脸谱代表着坚毅、勇敢。

（六）英语 purple 与汉语“紫”

1. 英语中的 purple

在英语文化中，purple 被视为高贵的颜色，其文化内涵主要表现在以下方面

（1）表示高雅、显贵、优雅、权力与荣耀

古代的帝王和有权势的高官等都着紫袍 purple 还可以代指那些具有高官头衔的人，甚至是皇族或贵族。例如：

be born inthe purple 出生于王室贵族的或身居显位

the purple 帝位，王权、高位

marry into the purple 嫁到显贵人家

purple passion 暗中被爱着的人

（2）表示华丽、智慧。例如：

purple prose 风格华丽的散文

purple passages/patches 文学作品中辞藻华丽的段落；浮词丽句的段落

此外，purple 还可以用于描述情绪例如，be purple with rage（气得满脸发紫）。

2. 汉语中的“紫”

在中国文化中，紫色虽然不是基本色，由红色和蓝色合成，但具有丰富的文化内涵。

在我国古代，紫色是高贵、祥瑞的象征和标志，因此封建帝王将相经常使用，古代皇宫即为“紫禁城”。民间传说有天帝位于“紫微宫”（星座名称），因而以天帝为父的人间帝王以紫为瑞。同时，将“紫气”作为祥瑞之气：直到如今，紫色仍有祥瑞之意的文化内涵。

（七）英语 green 与汉语“绿”

1. 英语中的 green

（1）代表着青春、生命、希望。在英语文化中，绿色是植物王国的颜色，因此也代表着青春、生命、希望，是春天的象征。例如：

a green age 老当益壮

in the green 血气方刚

in the green tree/wood 在青春旺盛的时代，处于佳境

（2）表示新鲜。例如：

green meat 鲜肉

a green wound 新伤口

（3）表示幼稚、新手、没有经验、不成熟、缺乏训练等。例如：

green hand 新手

as green as grass 幼稚

to be green as grass 幼稚，无经验

Do you see any green in my eye？你以为我是幼稚可欺的吗？

You are expecting too much of him. Hrs still green, you know. 你对他要求太高，你知道他还没经验！

(4) 表示妒忌。例如：

green with envy 眼红

green-eyed 害了红眼病；妒忌

在汉语中，表示这一意义用的是“红”字。

(5) 表示钞票、金钱。由于美国的钞票以绿色为主色调，因而绿色具有钞票的象征意义。人们称“美钞”为 green back，并由此延伸出 green power（金钱的力量，财团）这一说法。如今，随着环保概念的深入，东西方现在都认同“绿色”为环境保护的代名词，例如：

green and luxuriant 绿葱葱

make green by planting 绿化

green food 绿色食品

greenish 同情环保事业的；呈绿色的

green consumerism 绿色消费

the Green Revolution 绿色革命

the Greens 保护环境的政治团体

Green Peace Organization 绿色和平组织

2. 汉语中的“绿”

自古以来，绿色是植物的生命之色，通常象征着生机：同时，绿色在光谱中处于中间位置，是一种平衡色。在中国，绿色代表生命、希望、安全、太平和和平。

(1) 屈原的《楚辞》第九章《橘颂》中记载：“绿叶素荣，纷其可喜兮。”

(2) 在现在汉语中，绿色一般指没有污染，如绿色能源、绿色旅游、绿色食品、绿色科技、绿色工厂等“绿”作为颜色及绿化之意，和英文基本上是对等的。

(3) 绿色象征和平。最典型的例子就是世界和平组织有绿色橄榄枝拥着白鸽的图案，是和平的象征。

(4) 汉语中的绿色也带有贬义色彩。例如，人们通常说的“戴绿帽子”就出于明代郎瑛的《七修类稿》：“吴人称人妻有淫者为绿头巾”。

二、英汉色彩文化互译

(一) 直接翻译法

对于英汉两种语言中具有相同联想意义的色彩词，在翻译时通常可以保留原有形式进行直接翻译。例如：

red rose 红玫瑰

red carpet 红地毯

a dark red blouse 一件深红的罩衫

black market 黑市

black hearted 黑心肠

black list 黑名单

yellow brass 黄铜

grey uniform 灰制服

green tea 绿茶

white flag 白旗

White House 白宫

white terror 白色恐怖

white-collar workers 白领阶层

blue-collar workers 蓝领阶层

The boy flushed red with shame. 这个男孩羞红了脸

The grey-black clouds had suddenly departed and an expanse of colored clouds had blazed up at the western edge of the sky. 灰黑的云突然遁去，西天边烧起一片云彩。

（二）变色翻译法

这种翻译方法主要用于英汉两种语言经常使用不同的色彩词来表达同一个意思的情况具体而言，就是将源语的色彩词转换成目标语中与之相对应的色彩词，使其与读者所处的文化背景、语言习惯相符合的翻译方法。例如：

My finger was caught in crack of the door and got pinched black and blue. 我的手指夹在门缝里，压得又青又紫。

本例中，英语文化习惯用 black and blue 对遍体鳞伤、伤痕累累进行描述，在汉语文化中却用“又青又紫”“青一块紫一块”来表达，如此变色翻译更为恰当。又如：

red sky 彩霞

blue talk 黄色段子

brown bread 黑面包

Brown sugar 红糖

purple wine 红葡萄酒

（三）增色翻译法

增色翻译法是指源语中并未出现色彩词，译者可以根据目的语的表达习惯增添一个或几个色彩词，使其与源语相近或相似例如：

red-letter day 重要的日子/节日

see red 大怒

red tape 繁文缛节

black future 暗淡的前途

make a good start 开门红

Heckling and funeral 红白喜事

He is a popular singer and in fact he becomes even more popular after the competition. 他是个当红歌星，事实上经过那次比赛他就更红了。

His eyes became moist. 他的眼圈红了

(四) 删色翻译法

有时候，英汉两种语言中的一部分颜色词无法进行直译，也无法替换颜色词进行翻译，此时可以去掉颜色词进行意译，以便更准确地表达本意。例如：

heroin/cocaine 白面（儿）

evil mind 黑心肠

honor roll 红榜

good luck 红运

a black look 怒目

red ruin 火灾

She is green with jealousy. 她醋意大发

I dislike John, for he is a yellow dog. 我讨厌约翰，他是个卑鄙小人

He has white hands. 他是无辜的

He is a white-haired boy of the general manager. 他是总经理面前的大红人

第二节　英汉习语文化对比与翻译

习语是某一语言在长期使用过程中所形成的独特、固定的表达方式，在语言方面呈现出通俗、精辟、寓意深刻等特点。作为语言中的精华，习语不但孕育着多姿多彩的文化内容，而且反映出不同民族独有的文化特色。

一、英汉习语文化对比

(一) 英汉习语结构形式对比

从结构形式方面来看，英汉习语存在诸多不同。

1. **英语习语的结构形式**

就英语习语而言，其结构形式的灵活性特点比较明显，可松可紧、可长可短.

例： What one loses on the swings one gets back on the roundabouts.

失之东隅，收之桑榆。

Hair by hair you will pull out the horse's tail.

矢志不移，定能成功。

One boy is a boy，two boys half a boy，three boys no boy.

一个和尚有水吃，两个和尚挑水吃，三个和尚没水吃。

2. **汉语习语的结构形式**

就汉语习语的结构形式来看，整体呈现出用词简练、结构紧凑的特点，并且大多为词组性短语。从习语的字数来看，多为两个字、三个字或四个字的结构形式当然，也有少部分字数较多的对偶性短句，但是，这类汉语习语实属凤毛麟角。

（二）英汉习语对应程度对比

整体而言，英汉习语在对应程度方面存在对应、半对应和不对应的情况。下面就对这几种情况进行具体分析，

1. **英汉习语的对应性**

虽然以英语为母语的国家和中国在思维方式、生活习惯、认知能力等方面存在着诸多差异，但是二者赖以生存的外部条件，包括地理状况、季节更迭、气候变化等，仍存在着各种共性。这种共同的认知反映在语言层面便可通过习语表达出来，英语和汉语都是如此，英语中有许多习语在字面意义、喻体形象和比喻意义方面与汉语习语存在一致性这些习语在两种语言中不仅具有相同的语义，在表达方式与结构上也高度相似，并且这种对应关系从字面意义上便一目了然，这些习语被称为“相互对应的习语”。例如：

pour oil on theflame 火上浇油

be on thin ice 如坐针毡

throw cold water on 泼冷水

draw a cake Io satisfy one's hunger 画饼充饥

A beggar's purse is bottomless.

乞丐的钱袋是无底洞。

A bird is known by its note and a man by his talk.

闻其歌知其鸟，听其言知其人。

Think with the wise，but talk with the vulgar.

同智者一起考虑，与俗人一起交谈.

A burden of one's choice is not felt.

爱挑的担子不嫌重。

2. 英汉习语的半对应性

英汉两种语言属于不同的语系和不同民族的母语，不同环境下的人们在生活经历和对外部世界的看法上不可能完全一致。语言是客观事物在人们头脑中的具体反映，客观外部环境不同，对外部世界的认知也会引起习语的部分不对应。

英语习语和汉语习语都是在其文化的发展过程中，经过长期的社会实践所提炼出来的短语和短句，是文化中的精华。因此，在具体的习语表达形式上也会呈现各自特有的文化内涵。

英汉习语与其民族的文化历史渊源密切相关，并在社会、历史、心理、民俗等各类现象中得以反映英汉习语的意义兼顾字面意义和文化意义。在理解习语的同时，我们要对其意象加以转换，用合适的目的语阐释其内涵这些不完全对应的习语被人们称为“半对应的英汉习语”。例如：

after one's own heart 正中下怀

plentiful as blackberries 多如牛毛

as silent as the graves 守口如瓶

castle in the air 空中楼阁

fish in the water 水中捞月

between the devil and the deep sea 进退维谷

hit someone below the belt/stab someone in the back 暗箭伤人

Beat the dog before the lion. 杀鸡给猴看。

Take not a musket to kill a butterfly. 杀鸡焉用宰牛刀

A word spoken is past recalling. 一言既出，驷马难追。

3. 英汉习语的非对应性

由于英汉两个民族之间的差异，有的事物或现象你有我无，反之亦然，在语言词汇或表达习惯上难免会出现各种各样的偏差。在英语习语中，存在大量与汉语习惯用法和汉文化特征大相径庭的习语，即“非对应的习语”。例如：

bull market 牛市

bear market 熊市

good luck 红运

one's face glowing with health 红光满面

二、英汉习语文化互译

（一）保留形象释义法

保留形象释义法就是在对英汉习语进行互译时，保留原文中的人物、事件等的原有形象，为了方便译入语读者的理解，对这些原有形象进行进一步解释的方法。例如：

蛮夷小丑，如何瓜分得中国了，劝你不必“杞人忧天”，天不会垮的。（李六如《六十年变迁》）

How in the world could those despicable foreign barbarians “partition” a country like ours? The sky will not fall apart! It is not necessary to worry about that!

在对本例中“杞人忧天”这一习语进行翻译时，就采用了保留其原有形象的译法。

（二）变换形象意译法

变换形象意译法是指在翻译习语时，为了使译入语读者完全理解原文意思，采用不再保留原文中人物等原有形象的方法进行变换形象意译。例如：

这都是汪太太生出来的事，“解铃还须系铃人”，我明天去找她。（钱钟书《围城》）

Mrs. Wang is the one who started it all. “Whoever ties the bell around the tiger's neck must untie it.” I am going to see her tomorrow. （珍妮·凯利，茅国权译）

在对本例中“解铃还须系铃人”这一习语进行翻译时，采用了变换形象意译的方法。

（三）舍弃形象意译法

舍弃形象意译法就是将原文中的人物等形象完全舍弃掉，纯粹采用意译法进行翻译。例如：

姐姐通今博古，色色都知道，怎么连这一出戏的名字也不知道，就说了这么一串子，这叫作“负荆请罪”。（曹雪芹《红楼梦》）

Cousin, surely you, sufficiently well versed in ancient and modern literature to be ignorant of the title of that opera. It's called Abject Apologies. （杨宪益、戴乃迭译）

在对本例中的“负荆请罪”进行翻译时，舍弃其原有形象进行了意译。

（四）转换形象套译法

由于汉英两种语言的差异及不同的民族文化背景，习语在翻译时需要转换为译语读者所熟悉的形象。这些习语在内容和形式上都相符合，即对某一具体问题的思维方式和结果以及具体的表达形式有不谋而合的情况，两者不但有相同的隐义，而且有大体相同的形象和比喻。因此，可以使用套译以达到语义对等的效果。例如：

beard the lion in his hen 虎口拔牙/太岁头上动土

spend money like water 挥金如土

While there is life, there is hope. 留得青山在，不怕没柴烧。

Fools rush in where angles fear to tread. 初生牛犊不怕虎。

第三节　英汉节日文化对比与翻译

节日是一个民族、地域的重要特色文化形式，中西方都具有精彩纷呈的节日文化，下面就对这些节日文化及翻译进行分析研究。

一、英汉节日文化差异分析

节日是非常稳定的一种活动方式，具有一定的周期性，并且有很多群众参与，是一个民族长期发展的习俗的积累。

时代是不断发展的，节日文化也在发展中变得丰富多彩，人们在年复一年的活动中不断丰富着节日的内容，并且将这些节日一代代地传承下去，因此，节日对于每一个国家与民族来说都具有非常重要的意义。具体而言，节日文化的意义可以体现在以下两方面。

（1）节日文化是民族文化的重要组成部分。通过节日我们能看出民族的特征，传播节日就是在传播一个民族的文化。节日的弘扬有利于加强不同民族之间的沟通，能传播民族的文化理念以及价值，同时也能提高民众的文化趣味。节日文化与民俗紧密相关，同时也是民俗文化的体现，起着文化传播与传承的作用。

（2）节日可以起到联系感情的作用。人们因节日相聚在一起，共同庆祝、互相祝福，从而起到了加强情感的目的。从人际感情的角度出发，发扬节日文化能够提高民族的向心力，这也是人类适应社会发展的一种方式。

以上内容对中西节日的意义进行了阐述，下面将对中西节日的差异进行分析。

（一）节日起源分析

1. 中国节日以时令为主

中国的节日多数和时令密切相关，从《夏小正》《尚书》的相关记载中就可以找到端倪，早在战国时期，二十四节气就已经形成，这对于以后传统节日的发展而言极为有利。

宋朝的陈元靓曾经写过一本专门论述节日的书——《岁时广记》，通过分析这些节日，我们可以看出节日多与时令有关，比如寒食、清明、端午、冬至等。中国的节日尤为多，这与我国的农业发展密切相关，节日是耕种的重要标志，对生产的影响非常大。

2. 西方节日以信仰为主

西方节日大多与信仰密切相关，比如复活节、主显节以及圣诞节等。

对比中国与西方的节日之后，可以看出中国的节日大多是中国农业文化的具体呈现。西方的节日则是西方信仰文化的客观反映。

自古以来中国都是一个农业大国，在封建社会，我国实行的是自然农业经济，这种方式能够实现自给自足，让人们能够在一个地方固定地居住下来，此时衍生出来的传统文化往往具有非常浓重的农业色彩。在古代，生产力非常低下，也没有很发达的科学技术，当时的人们在农业生产过程中大多依靠天气。后来，随着农业的发展，人们意识到了大自然变化的规律，也总结出了一年中春播秋收的农业规则，这为二十四节气的产生奠定了基础。所以，要想探求节气的起源，完全可以从农业文化的角度进行分析。

从起源上来看，西方的圣诞节、复活节、情人节都是为了纪念相关的人。由此可见，西方的传统节日反映的往往是人们的一种崇拜。

（二）中西节日根源分析

中西方节日有不同的根源，也是中西方价值取向的差异根源。中国社会主要推崇礼治，在这一价值取向下，人们非常重视集体的利益，并且切实遵循着这一要求，当个人的利益与集体的利益出现了背离时，社会总是提倡牺牲个人利益从而保全集体利益，因此，中国的节日更加注重介入活动的集体参与性。

西方社会主要是法治社会，在这种价值取向下，西方人主要从法的角度出发对社会成员的行为进行规范。法治思想非常强调人本主义，也非常重视对个人利益的保护，在法治思想的影响下，西方的节日更重视个人情感的宣泄。

中西方节日的差异还与中西方的信仰体系密切相关。对于民族文化而言，节日是承载各种文化的载体，同时也能够反映一定的民间信仰。节日能够体现出原本的节日意义，同时也是民族信仰的承载。

中国传统文化是一种氏族农业文化的继承，所以人和人之间的关系比较狭隘，所采用的沟通方式是氏族与氏族之间的沟通。在这种关系下，信仰形态方面也比较重视对自然以及祖先的崇拜。

（三）节日活动对比

中西方在庆祝节日时会组织不同的活动，西方节日活动注重交际，中国节日活动注重饮食，下面对其展开具体的对比介绍：

1. 中国节日活动注重饮食

中国人庆祝节日通常以饮食为中心，多以家庭为单位开展中国自古就有“每逢佳节倍思亲”之说，因此在逢年过节之时有回家团圆的传统在中国的春节、元宵节和中秋节等传统的节日中，为了表达人们期盼家人团圆之意，人们所吃的食物多是圆形的，如春节的汤圆、元宵节的元宵、中秋的月饼。逢年过节，特别是春节，人们即便是在千里之外，也要回家与家人团聚。一般情况下，春节拜年多在家族中进行。即使是一些集体娱乐性的节日，如元宵节、端午节，人们也习惯同家人一起参加，很少独自前往，明显具有中国传统以“家”为中心的群体组织文化特色。中国传统节日中的饮食往往具有丰富的寓意和内涵。人们想通过饮食传达一种祝福、祈愿以及对自然和对天地万物的感激。

2. 西方节日活动注重交际

西方人在庆祝节日时会制作一些美食，如感恩节的南瓜饼、圣诞节的火鸡等；但其美食的种类与中国相比还是少很多的，而且食物本身及其名称也没有特别的含义，如南瓜是北美地区一种极为常见的植物，美国人吃火鸡也只是因为当时北美是火鸡栖息地，当然也有例外的情况，如在复活节，由于兔子和彩蛋是复活节最典型的象征，所以在复活节时，美国所有的糖果店都会出售用巧克力制成的复活节小兔子和彩蛋。

与中国节日活动相比，西方的节日活动更注重交往和欢乐，例如，英国北部、苏格兰等地的人们在庆祝复活节时会参加玩滚彩蛋比赛人们将煮好的彩色鸡蛋做上记号，并将其从斜坡上滚下，谁的蛋先破就被别人吃掉，谁就认输，彩蛋完好无损就胜利，并象征着有好运。在节日活动中，重要的是人们收获了快乐，而不是比赛的胜负。

(四) 重要节日对比

无论西方国家还是中国，都有很多传统节日一下面对其中几个重要节日习俗进行对比，包括西方的圣诞节与中国的春节、西方的万圣节与中国的清明节、西方的愚人节与中国的中秋节。

1. 圣诞节与春节

圣诞节和春节分别是西方和中国的两个重要节日，它们的共同之处是都突显了家庭大团圆而营造的欢乐、祥和的氛围。下面分别论述西方圣诞节和中国春节的节日习俗。

(1) 圣诞节

对西方人而言，圣诞节是一年中最重要的节日。在美国，很多人从平安夜开始就筹备整个节日，直到1月6日，这段时间称为“圣诞节节期”。在英国，按照当地的习俗，圣诞节后会连续欢宴12日，这段时间统称为“圣诞季节”。人们在这期间一般不劳动，直到1月7日的圣帕特里克节才开始从娱乐的节日气氛中走出来西方很多国家都特别注重这个节日，并把它和新年连在一起，庆祝活动的热闹与隆重程度大大超过了新年，成为一个全民的节日。与中国人过春节一样，西方人在庆祝圣诞节时也注重家人的团圆，人们围坐在圣诞树下，全家共享节日美餐，吃火鸡，并齐唱圣诞歌，祈求幸福。

(2) 春节

春节是辞旧迎新之际一些春节的习俗活动一进入腊月就开始了，有民谣可反映春节期间的准备和忙碌：“腊月二十一，不许穿脏衣；腊月二十三，脏土往外搬；腊月二十五，扫房掸尘土；腊月二十七，里外全都洗；腊月二十八，家具擦一擦；腊月二十九，杂物全没有。”从腊月二十三的“过小年”开始，家家户户开始打扫房屋庭院，并谓之“扫尘”。因“尘”与“陈”谐音，新春扫尘寓意“除尘（陈）布新”，这一习俗寄托着人们破旧立新的愿望和辞旧迎新的祈求。此外，还有张贴春联，张挂红彤彤的灯笼的习俗。

春节也是与家人团聚的时刻，这是中华民族长期以来不变的传统习惯，在外的游子都争取在大年夜之前赶回家与家人团聚，吃团圆饭。团圆饭又叫“年夜饭”、即全家人聚齐进餐，济济一堂，有吉祥和谐的寓意。

中国人在吃团圆饭时对讲话是特别有讲究的，要多说吉利话，如“好”“发”“多”“余,，等，忌讳说晦气的话，如“没了”“少了”等。鱼是团圆饭中必不可少的一道菜，预示着年年有“余”（鱼）另外，除夕之夜北方人会吃“更年饺子”，南方人则吃年糕，预示一年比一年高。

除夕之夜，全家老少会围坐在一起聊天、看电视，旧称“守岁”，共同迎接新年的到来。

此外，在春节期间，中国人不仅重视与在世亲友间的团聚，还很注重与祖先的团聚。因此，每逢除夕，人们都到墓地举行一些习俗活动，寓意请祖先回家过年，与家人团圆

从初一直到正月十五，人们都会沉浸在过年的欢乐气氛中，并伴随一系列习俗活动，如分发压岁钱、拜年、走亲访友等，共同祝愿亲戚朋友在新的一年里吉祥如意。此外，不同地区庆祝新年的活动也会有所差异，如逛花市、耍龙灯、赏灯会、舞狮子等习俗。

2. 万圣节与清明节

（1）万圣节

万圣节源于古代凯尔特民族的新年节庆，在庆祝万圣节时，西方人会举行一系列的庆祝活动。

万圣节前夜，人们会尽情地装扮自己，尽情地作怪，无须在意他人异样的眼光。孩子们会穿上化装服，戴上面具，到处搞恶作剧。有的孩子还会挨家挨户去“乞讨”，当主人打开门时，孩子们就高喊：trick or treat（捉弄或款待）如果主人回答 treat，并给孩子一些糖果、水果等，孩子们会开心地离开；如果主人拒绝招待的话，那就会被这些孩子捉弄，他们会在主人家的玻璃窗上到处乱画。

另外，很多公共场合会做各种装饰，如各种骷髅、稻草人、南瓜灯等，家家户户举办化装舞会。最热闹的习俗活动要数万圣节大游行，人们随意地在游行中拍照，尽情地享受特别而美好的一天，实现人与自然的和谐共处。

（2）清明节

中国的清明节有重要的纪念功效，可以传达对逝者的缅怀与悼念之情。

每逢清明，人们都要回乡扫墓，清明扫墓、追祭先人，这一习俗由来已久：人们会进行简单的活动，如清除杂草、添加新土、放鞭炮等，用以传达对先人的怀念与敬仰，这也

是对生命的崇尚与热爱。

二、中西节日文化翻译

由于中西方节日带有各自的特点，因此在翻译时不能采用固定的方式，而需要针对不同的节日内涵进行有针对性的翻译。一般来说，西方节日可以按照直译法进行翻译。例如：

Easter Day，Easter Sunday 复活节

April Fools Day 愚人节

Father's Day 父亲节

Labor Day 劳动节

中国节日往往带有深厚的内涵，因此翻译过程较为复杂。下面主要对中国节日的翻译展开具体分析。

（一）直译法

直译法就是按照字面含义进行翻译，是一种保留原文内容与形式的翻译方式。中国很多节日都可以采用直译法进行。例如：

春节 the Spring Festival

建军节 the Army Day

中国青年节 Chinese Youth Day

（二）按照农历翻译

中国是农业大国，很多节日都和农业生产活动息息相关。因此，中国很多节日是按照农历时间换算的。例如：

重阳节是农历的九月初九，据说在这一天插茱萸可以让自己身体健康，驱走病魔。重阳节按照农历可以翻译为 the Double Ninth Festival。

七夕节是农历的七月初七，相传是为了纪念牛郎和织女的爱情故事。按照农历进行翻译，重阳节和七夕节可以分别翻译为 the Double Ninth Festival 和 the Double Seventh Festival。

翻译的目的是进行文化的交流与传播，因此在翻译中不必拘泥于固定的、表面的形式，而应该根据中西习俗灵活地运用多种翻译方式，从而更好地传达节日文化内涵，保证节日文化的顺利传播。

（三）按照习俗翻译

按照习俗进行翻译也是中国人进行节日文化翻译的重要方式。在中国，不同的节日有着不同的庆祝方式，这些庆祝方式各具特色，因此按照这种特色进行翻译也是十分适用的

翻译形式。例如：

在端午节这天，中国人为了纪念伟大的爱国诗人屈原，会吃粽子、赛龙舟。根据这种节日习俗，可以将端午节翻译为 the Dragon-Boat Festival。

再如，中国的中秋节是为了纪念嫦娥与后羿的爱情故事。中国人在这一天都要赶回家和家人一起赏月吃月饼，祈盼团团圆圆。按照这一习俗可将中秋节翻译成 the Moon Festival。按照习俗翻译中国节日可以使西方人从节日的名字中了解中国的文化习俗。

第四节　英汉典故文化对比与翻译

典故可以说是对历史的浓缩，它不仅承载着过往的历史，也凝结着本民族的聪明智慧，典故折射着民族曾经的光辉历史，是民族文化的一座宝藏。对典故文化进行对比与互译，可以使不同民族的人们了解异国他乡的历史，促进世界各民族间的交流。下面就对英汉典故文化对比及其互译进行探究。

一、英汉典故文化对比

（一）英汉典故设喻方式对比

英汉典故在来源方面是基本一致的，因而各自典故的设喻方式也大体类似，概括来看，英汉典故的设喻方式通常有以下几种类型。

1. 借助地名设喻

借助地名设喻是指将特定时间或故事所涉及的地名作为喻体，用以表达一种特定的寓意或喻指例如，英语中的 meet one's Waterloo（遭遇滑铁卢），滑铁卢是比利时的一个城镇，在这里发生的滑铁卢战役中，拿破仑率领的法军战败，后人就用此语来喻指惨遭失败。

汉语中也有这样的典故。例如，“东山再起”的典故讲的是东晋谢安退职后隐居于东山做隐士，但后来又出山任朝廷要职，此语喻指失势之后重新恢复地位、权势等。

2. 借助人物设喻

借助人物设喻是指将特定时间或故事所涉及的人物作为喻体，来表达一种特定的寓意。例如，Shyloek（夏洛克）是莎士比亚喜剧《威尼斯商人》中一位内心残忍的守财奴，经常被用来指那些既吝啬小气又手毒心狠的人。

汉语中也有许多以人物设喻的典故’例如，“孟母三迁”原本说的是孟子的母亲在孟子幼年时十分重视对邻居的选择，目的是为了给他选择一个良好的教育环境来教育他，因此曾三次迁居，后来被用来喻指选择良好的居住和教育环境对儿童教育的重要性。其他以人物设喻的汉语典故还有“成也萧何，败也萧何”“姜太公钓鱼”“王祥卧冰”等。

3. 借助事件设喻

借助事件设喻是指将特定的事件或故事作为喻体，用以表达一种特定的寓意或喻指。例如，英语典故 the Last Supper 出自故事：耶稣得知自己将被一门徒出卖后，依然从容坚定，召集十二门徒共进最后的晚餐，同时当场宣布这一预言。后用该典故喻指遭人出卖。

汉语文化中也有很多以事件设喻的典故。例如，“负荆请罪”这一典故讲的是战国时期廉颇为自己的居功自傲、慢待蔺相如而向其负荆请罪，从而使将相友好相处，后来用该典故喻指认错赔礼。

4. 借助动植物设喻

借助动植物设喻是指将特定的事件或故事所涉及的动植物作为喻体、用以表达一种特定的寓意。例如，英语典故 scapegoat（替罪羊）讲的是亚伦将通过抽签抽来的一只大公羊作为本民族的替罪羊放入旷野。现用来指代人受过或背黑锅的人。

在汉语文化中，“鹬蚌相持，渔翁得利”也是以动植物设喻的典型例子，讲的是一只蚌张开壳晒太阳，鹬去啄它，被蚌壳钳住了嘴，在双方相持不下时，渔翁来了，把两个都捉住了，后人用这一典故来喻指双方相互争执，却让第三方得利。“草木皆兵”讲的是前秦苻坚领兵进攻东晋，进抵涎水流域，登寿春城瞭望，见晋军阵容严整，又远望八公山，把山上的草木都当作晋军而感到惊惧，后来被用来喻指惊慌之时的疑神疑鬼。

（二）英汉典故文化渊源对比

英语与汉语中的很多典故都从神话传说、历史故事、寓言故事、文学作品及风俗习惯中汲取营养，创造了很多脍炙人口的典故。此外，还有一部分英语典故来自影视作品、体育运动或社会生活下面就对两种文化下的典故文化渊源进行对比分析。

1. 英语典故的文化渊源

英语典故的文化渊源主要包括以下几个方面：

（1）历史事件

英国虽然是一个历史悠久的国家，但只有少数反映本民族故事的历史典故在英语文化中，有很多来源于欧洲众多国家历史事件的历史典故。例如，draw a line in the sand（划定一个限度），plumber（管道工/堵塞漏洞、防止泄密人员），smoking gun（冒烟的枪/确凿的证据），shuttle diplomacy（穿梭外交），Tokyo Rose（东京玫瑰）等，类似的英语典故还有很多。

Pyrrhic victory（皮洛士的胜利）喻指得不偿失的胜利这一典故来源于古希腊时期，伊比鲁斯（Epirus）的国王皮洛士（Pyrrhus）在公元前 281 年和公元前 279 年两次率重兵渡海征战意大利，在付出了巨大的代价后取得了胜利。

fiddle while Rome is burning（面对罗马火灾仍弹琴作乐）喻指大难临头却依然寻欢作乐，对大事漠不关心。公元64年，罗马帝国首都罗马遭遇大火，而当时的罗马皇帝尼禄却无动于衷、坐在高高的城楼上一边弹奏乐器、哼唱歌曲，一边欣赏眼前的火灾。

Gold Rush（淘金热）喻指做某事的热潮，这一典故原意是指美国历史上西部淘金时期的高峰期。

"Give me liberty or give me death."（不自由，毋宁死）这一至今广为流传的名言出自美国独立革命领导人之一、演说家帕特里克·亨利（Patrick Henry）。18世纪70年代，在弗吉尼亚第二届革命大会上，帕特里克·亨利在发表演说时提出了这一名言，号召北美殖民地人民团结起来反抗英国统治，并预言战争即将爆发。

fifth column（第五纵队）喻指渗透入敌人内部并暗中进行破坏和里应外合的间谍或内奸该典故源自西班牙内战，当时佛朗哥的莫拉将军声称，他有四支纵队从四面八方包围马德里，而"第五纵队"则在城内与其策应。

"The only thing we have Io fear is fear itself."（我们唯一不得不感到恐惧的就是恐惧本身。）这句人们经常引用的名言出自富兰克林·罗斯福（Franklin Roosevelt）总统的就职演说。当时，美国正遭遇着经济大萧条，处于严重困难时期，罗斯福在就职演讲上希望全国人民能够镇定自若，在危急时刻支持政府。

（2）古代经典

英语文化中有许多典故来自古代的经典作品，特别是古希腊和古罗马神话，还包括各种民间传说、寓言故事及各个时期著名文学戏剧大师的经典作品。西方的寓言故事对英语典故的产生具有重要影响。例如，kill the goose that lays the golden eggs（杀鸡取卵）意思是牺牲将来的利益，满足眼前的需要。这一典故源自《伊索寓言》：有个人有只母鸡，能产出美丽的金蛋。他以为在它肚子里有金块，于是把它杀了，却只见它同别的母鸡是一样的。他希望得到大宗财富，却把微小的利益也失掉了。

（3）文学作品

英语中同样有很多来自文学作品的典故。例如，人们经常使用Odyssey喻指磨难重重的旅程或艰难的历程。在英语文化中，Odyssey（《奥德赛》）与Iliad（《伊利亚特》）合称为希腊的两大史诗，相传为荷马所作，一共有24卷，约12000行。

（4）体育典故

英美国家尤其是美国体育运动十分发达，有着良好的体育传统，大多数人具有运动健身习惯因此，人们通常对体育话题十分感兴趣，从而使许多体育运动的术语流行于人们的日常生活中，久而久之，篮球、棒球、橄榄球、拳击等热门体育项目常用的体育术语通过转义而被广泛用于日常生活领域，并且逐渐演变为典故。例如：

carrythe ball（作持球队员）喻指在某项行动或艰巨任务中承担最重要、最困难的职责。这一典故从橄榄球术语借用而来，原意是指在射门时充当持球队员。

be down and out（击倒出局）喻指经过努力而彻底失败或贫困潦倒，陷于完全无望的处境。这一典故源于拳击比赛中常用的术语，原意是指被对手击倒在地而遭淘汰。

drop back and punt（凌空踢落地反弹球）喻指放弃目前的策略，尝试采用其他办法。这一典故也源于橄榄球术语，原意是指抛球后待球落地反弹起来之后朝对方球门凌空抽射的技术动作。

hat trick（帽子戏法）喻指巧妙而利落地的同时做成多件事。这一典故出自魔术，原意是指魔术师用帽子变的戏法。后来，这一魔术用语不仅用于英国板球运动，指一个板球投手连续三次击中柱门，还用于足球、曲棍球领域，指一个足球或曲棍球队员在同一场比赛中独进三球。

have two strikes against someone（三击中已有两击不中）喻指处于极其不利的境地。这一典故从棒球比赛规则借用而来，原意是指球手三击不中就必须出局退场，因此球手两击不中就很危险了。

hit/strike below the belt（击打腰带以下部位）喻指采取不正当手段攻击或对付对方以获胜。这一典故来自拳击术语，原意是指违规击打对手身上不应击打的部位。

not get to first base（尚未跑上一垒）喻指计划尚未启动，或者在计划开始实施之初就遭受挫折，或者距离成功尚需时日，甚至遥不可及这一典故源自棒球，原意是指棒球击球手没有成功地跑到第一垒。

squeeze play（挤牌）喻指迫使对方处于进退两难的境地，导致其失败而不得不付出代价的行动。这一典故来自桥牌术语，是打桥牌的一种战术，即根据敌我牌情创造条件，以紧逼对方出某张牌，从而迫使对方就范。

strike out（三击不中而出局）喻指失败。这一典故来自棒球术语，原意指击球手在比赛中三击不中就要退场。

swallow the bait，hook，line and sinker（不但吞食了鱼饵，而且连同鱼钩、鱼线和铅坠一同吞了下去）喻指被小恩小惠所诱惑而全盘、彻底地上当受骗、中圈套。这一典故源自钓鱼术语，意指有时鱼过于贪食鱼饵而将鱼钩、鱼线甚至铅坠一并都吞了下去。

play one's trump card（打出王牌）喻指在工作、经商、比赛、对抗或战争中使出绝招，采用最有把握取胜的办法。这一典故原是桥牌术语，意指关键时刻打出王牌以制胜。

"The ball is in sb's court."（该轮到某个球员击球了。）其喻指该轮到某人采取行动了该典故原是网球比赛常用术语。

（5）现当代经典

英语典故还经常取材于现代、当代的各类经典，包括文学、影视等。例如，Snoopy（史努比）、Tarzan（人猿泰山）、Spider-Man（蜘蛛侠）、Superman（超人）、Zorro（佐罗）、Pinocchio（匹诺曹）、Uncle Tom（汤姆叔叔）、Black Humor（黑色幽默）、Shangri-La（香格里拉）、Angry Young Men（愤怒青年）、Sophie's choice（索菲的选择）、Never-

Never Land（永无乡）、Peck's bad boy（佩克的坏孩子）、Seven-year itch（七年之痒）、Yellow Ribbons（黄丝带）。下面介绍一些来源于当代经典的英语典故。

Dragon Lady（龙夫人）喻指因丈夫的权势而操纵大权的女人。这一典故源自连环漫画《佩里与海盗》中一个有权威的、盛气凌人的人。

James Bond（詹姆士·邦德）喻指有勇有谋、反应敏捷、本事高强的人。这一典故源自英国小说家伊安·弗莱明（Ian Fleming）的小说及其电影中智勇双全的代号为007的间谍形象。

Mickey Mouse（米老鼠）常用来喻指简单的、初级的、容易的东西，或者指微不足道的东西，往往表示轻视或不满的情绪。Mickey Mouse在20世纪20年代的动画片《威利号汽船》中问世，后来在一系列的迪士尼动画片中出现，成为沃尔特·迪士尼动画片中最著名的角色，也是迪士尼王国的关键角色。

A Clockwork Orange（发条橙）喻指被洗脑后失去个性的人，尤其是指个性受压制、按条件反射行事的人。这一典故源自20世纪70年代出品的好莱坞电影A Clockwork Orange，该电影改编自同名小说，曾获奥斯卡最佳影片奖提名。电影中描写了一伙追求享乐、没有道德观念的年轻人拉帮结派、胡作非为，闹得四邻不安，导致老一代人只好把自己锁在家里。

the Beat Generation（垮掉的一代）喻指不满现实、反叛传统、追求自由、我行我素的人。the Beat Generation原指20世纪50年代出现的一个文学流派，也指该流派所代表的一代人，其成员被称之为“疲沓派”，这一流派最著名的代表作有艾伦·金斯堡（Allen Ginsberg）的长诗《嚎叫》、杰克-凯鲁亚克（Jack Kerouac）的长篇小说《在路上》。

“Make my day.”（成全我这一天吧。）其喻指对对手的某种行为的强烈反应、高度兴奋，自信能战胜对手，肯定会马到成功，这一典故源自美国电影《奇袭》（Sudden Impact）。该电影中一位名叫“胡来的哈里”的警探拔枪对准一个也试图掏枪的嫌疑人，说“Go ahead，make my day”。

（6）莎翁戏剧

莎士比亚的作品也是英语典故的一个主要来源，下面介绍一些来自莎士比亚戏剧的英语典故。

salad clays（色拉岁月）喻指天真幼稚、缺乏人生经验的青少年时期该典故源自莎士比亚的《安东尼与克里奥帕特拉》。在此剧中，埃及女王克里奥帕特拉称自己在与罗马统帅恺撒相好的时候还是“色拉岁月”。

caviar to the general（对于一般人来说的鱼子酱）喻指阳春白雪，曲高和寡。该典故出自莎士比亚的著名悲剧《哈姆雷特》中的第二幕第二场。

it is Greek to me（他讲的是希腊话）喻指一点儿不理解、一概不通该典故出自莎士比亚的剧本《裘力斯·恺撒》。

“Some men are born great, some achieve greatness, and some have greatness thrust on them.”（有的人是生来的富贵，有的人是挣来的富贵，有的人是送上来的富贵。）其喻指人生的富贵、功名等的获取各有各的道这一典故出自莎士比亚的喜剧《第十二夜》。

2. 汉语典故的文化渊源

从文化渊源进行分析，汉语典故比较常见的文化渊源主要有以下几种。

（1）历史史实

中华民族是一个历史悠久的民族，经历过多次改朝换代，而每个朝代都会发生重大的历史事件。因此，有大量反映历史事件、历史故事的典故成为汉语语言的一部分。例如，“卧薪尝胆”“负荆请罪”“四面楚歌”“闻鸡起舞”“口蜜腹剑”等，这些典故本身就是对历史事件所做的概括，“助纣为虐”“殷鉴不远”等典故则表达了人们对历史的看法和评价，具有一定的社会认识价值、下面再介绍一些源自历史史实的汉语典故

乐不思蜀（be so abandoned to pleasure as forget home and duty）喻指乐而忘返，用于贬义时则指贪图享乐而忘记自己的家乡与职责。根据《三国志·蜀志·后主传》记载：三国时期，蜀汉亡国后，后主刘禅被安置于魏国的都城洛阳。有一天，司马昭问刘禅是否想念西蜀，刘禅回答道：“此间乐，不思蜀。”

纸上谈兵（talk about stratagems only on paper—engage in idle theorizing）喻指不切实际的空谈。这一典故出自《史记·廉颇蔺相如列传》：战国时，赵国的赵括从小善于谈论兵法，于是赵王用他代廉颇为将）结果长平一战，赵军亡四十五万。

毛遂自荐（volunteer to do something/recommend oneself for a position or task）喻指自告奋勇，自己推荐自己担任某项工作，该典故出自史书《史记·平原君列传》：战国时期，秦军围攻赵国都城邯郸，平原君奉命去楚国求救、其门下食客毛遂自动请求与平原君一同前去到了楚国以后，平原君跟楚王谈了一上午都没有结果、于是毛遂挺身而出向楚王陈述利害，楚王才派兵去救赵国。

指鹿为马（call a deer a horse—confound right and wrong）这一典故喻指颠倒是非，根据《史记·秦始皇本纪》记载：秦朝二世皇帝的时候，丞相赵高意欲造反，但是怕别的臣子不附和，于是就想先试验一下。赵高把一只鹿献给二世，并说这是马。秦二世笑着说：“丞相错了吧，把鹿说成马了。”问旁边的臣子，有的说是鹿，有的说是马，有的则不说话。赵高事后暗中把说成鹿的人杀掉了。

庆父不死，鲁难未已（there will be no peace for a nation without getting rid of those bent on crewing internal unrest）喻指不除掉制造内乱的罪魁祸首，国家就无法得到安宁：根据《左传》记载，庆父是春秋时期鲁国鲁庄公的弟弟。在鲁庄公死后，庆父为了篡权夺位，先后杀死了两个继嗣的国君，从而造成鲁国动乱不安、动荡不止。

赔了夫人又折兵（pay a double penalty for attempting to gain an unwarranted advantage）喻指想占便宜者没占到便宜反而遭受损失根据《三国演义》记载：周瑜设计将孙权的妹妹

许配给刘备，准备在刘备到东吴成婚时乘机扣留以夺回荆州，结果刘备带着新婚夫人逃回，周瑜带兵追赶又被诸葛亮用伏兵打败

（2）古老传说

传说是最古老的典故来源之一。例如：

伯牙绝弦（it is quite difficult to find a person who is keenly appreciative of one's talent）这一典故喻指知音难遇据《列子・汤问》记载：伯牙是古代一位善于弹琴的乐者，而钟子期善解琴音，是伯牙的知音。在钟子期死后，伯牙认为再没有人能像钟子期那样懂得他的音乐，于是破琴绝弦，终身不再弹琴。

（3）民间习俗

风俗习惯是指社会上长期形成的风尚、礼节、习惯的总和构成了民间的风俗，是社会文化的重要组成部分，是促使语言不断丰富和发展的源泉，也是典故产生的来源之一。比如，汉语中的“各人自扫门前雪，休管他人瓦上霜”这一典故源自人们的生活习惯在冬天下雪的时候，各家各户为了行走方便，各自清扫自己庭院中或门前的积雪，该典故现在常用来指各自为政，只考虑自己的利益而不顾他人或集体利益的行为。汉语中的典故“半斤八两”源自中国习惯使用的“斤”这一计算单位，整个成语表示一半对一半下面再介绍一些源于民间习俗的汉语典故

下马威（severity shown by an official on assuming office-show off strength at first contact）泛指一开始就给以颜色，给对方一点厉害，或者向对方显示威力在封建社会的官场中，新官上任后的普遍做法是刚一上任就要严厉处罚一批属吏，以此显示自己的威风，从而收到敲山震虎之效。

米兰赠芍（present peony io the other for orchid given by him or her between a couple of lovers）喻指彼此表示相爱之情。芍是指芍药，是一种香草。古代男女青年你采兰花给我，我回赠芍药于你，以表示爱意。

三茶六礼（complete ritual in a decent wedding）喻指礼仪完备、明媒正娶其中，三茶指我国旧时娶妻多用茶作为聘礼的习俗，六礼指纳彩、问名、纳吉、纳征、请期、迎亲这六项娶亲礼仪。

民以食为天（hunger breeds discontentment—enjoying delicious food is of the prime importance）意思是以粮食为生存的根本这是由于长期的生产、生活使中国人深刻地意识到粮食对人类生存的重要性现代的餐饮业又赋予这一典故另一种新意，即享受美食乃人生首要乐事。

（4）古典文献

有一些汉语典故是从古典文献（包括史学、哲学、文学书籍与作品）中的经典名言名句里抽取、提炼、演化而来，是人们为了方便使用而概括出来的：例如，出自《三国演义》的“三顾茅庐”“过五关斩六将”等，出自《红楼梦》的“林黛玉”，出自《水浒传》的“梁山好汉”，出自《西游记》的“唐僧肉”，出自《吕氏春秋・明理》的“罄竹

难书”，出自杜甫诗句的“射人先射马，擒贼先擒王”下面再介绍一些源自古典文献的汉语典故。

兔死狗烹（kill the trusted aides once they have outlived their usefulness）比喻事情成功之后，把效力有功的人抛弃或杀掉，多指统治者在成功后杀掉功臣该典故出自《史记·越王勾践世家》：“范蠡遂去、自齐遗大夫种书曰：‘飞鸟尽，良弓藏；狡兔死，走狗烹’。越王为人长颈鸟喙，可与共患难，不可与共乐。子何不去?”

鞭长莫及（beyond the reach of one's power or authority）比喻力量还达不到。这一典故出自《左传·宣公十五年》：“古人有言曰：虽鞭之长不及马腹。”

名落孙山（fall behind Sun Shan—fail in an examination or a competition）用以婉言应考未中这一典故出自宋代范公偁《过庭录》：宋朝孙山考中了末一名，有人向他打听自己的儿子是否考中，孙山便回答道“解名尽处是孙山，贤郎更在孙山外”。

皮之不存、毛将焉附（with the skin gone，what ran the hair adhere to—thing cannot exist without its basis）喻指事物没有基础就不能存在。这一典故出自《左传·僖公十四年》：“皮之不存、毛将安傅?”

逃之夭夭（make one's get away）原本是形容桃树枝叶繁茂，由于“桃”与“逃”同音，后来人们用这一典故喻指逃跑、溜走，是一种诙谐的说法这一典故出自《诗经·周南·桃夭》：“桃之夭夭，灼灼其华。”

二、英汉典故文化互译

（一）直译加注法

对于一些英语典故，如果仅采用直译的方法很难使我国读者完全理解其中的寓意如果改为意译，又很难做到保持原有的形象和风格这时就可以采用直译加注法来对其进行翻译，这不仅可以保持其原有的形象和风格，还可让读者理解其潜在的意义。例如：

A good dog deserves a good bone.

好狗应得好骨头。(有功者受奖)

There is no rose without a thorn.

没有不带刺的玫瑰（世上没有十全的幸福；有乐必有苦。)

An old dog will learn no new tricks. /You cannot teach old dogs now tricks.

老狗学不出新把戏。(老顽固不能学新事物)

（二）直译联想法

在英汉两种语言中，有许多典故的含义或比喻意义基本相同，但表达方法存在很大的差异，这是由于以英语为母语的国家和中国的文化差异造成的。对于这种情况，就可以使用直译联想法进行处理。所谓直译联想法，是指直译原文而得出的译文容易使译文读者联想到自己所熟悉的典故。例如：

Bad workmen often blame their tools.

拙匠常怪工具差。(联想：不会撑船怪河弯)

It's a long lane that has no turning.

路必有弯；世上没有直路。(联想：事必有变；瓦片也有翻身日)

He who laughs at crooked men should walk very straight.

笑别人驼背的人得自己首先把身子挺直。(联想：己不正何以正人。)

(三) 意译改造法

英汉文化中有许多在形象和风格方面存在差别的典故，它们的意义大致相同，所以翻译时，只需略加改造即可达意，还可以避免改变原文典故的结构和习惯。例如：

One swallow does not make a summer.

这句英语谚语的直译：

只发现一只燕子不能说明夏天的来临。

汉语里没有与此完全等值的谚语，但是有与其相似的谚语，如“一花不是春”或“独木不成林”等。因此，可以采用意义加改造的办法将其译成“一燕不成夏”。

(西) 等值互借法

对于英汉文化中一些在意义、形象或风格上都比较相似或近似的典故，就可以采取等值互借法。例如，walls have ears 可以借助汉语谚语译成“隔墙有耳”，既忠实于原义、原有形象及风格，又符合汉语的谚语结构和习惯这样的例子还有很多，如下所述。

Great minds think alike.

英雄所见略同。

Like father, like son.

有其父必有其子

第五节　英汉称谓文化对比与翻译

一、英汉称谓文化对比

(一) 英汉亲属称谓文化对比

1. 称谓系统差异

从称谓系统的角度进行分析，我们可以发现，英语和汉语这两种语言在称谓系统表达方面也存在显著的差异。整体上，在英语的表达中，人们对亲属及亲戚的称谓都比较笼统，没有细分，而在汉语的表达中，人们对亲属的称谓就非常详细和明确。从类型的角度进行划分，英语中亲属的称谓属于类分式，而汉语中人们对亲属以及亲戚的称谓属于叙述式，这两种类型截然不同。

在英语的表达中，人们对亲属的称谓属于类分式系统，这种亲属系统的显著特点就是它是以家庭中人员的辈分为主要依据进行划分的，具体划分如下表所示。

根据辈分对家庭成员的分类

父母辈	兄弟姐妹辈	子女辈	祖父母辈	孙儿孙女辈
父亲、母亲及他们的兄弟姐妹和堂、表兄弟姐妹	自己及自己的亲、堂、表兄弟姐妹	自己的儿女及他们的堂、表兄弟姐妹	自己的祖父母及他们的兄弟姐妹和堂、表兄弟姐妹	自己的孙子、孙女及他们的堂、表兄弟姐妹

通过分析上表我们可以发现，在英语的称谓表达中，只有很小一部分亲属有具体的亲属称谓，如上表中的父亲、母亲、兄弟姐妹、儿子女儿、祖父祖母、孙子孙女等。在英语的表达中，其他亲属是没有具体的称谓的。例如，在英语中，父亲对应的英文单词就是“father”，而母亲对应的英文单词就是“mother”，然而当人们想要表达表兄、表弟、堂兄、堂弟等称谓时，只能一律使用“cousin”表示。此外，在英语中，同辈人之间的称谓通常也都使用同一个英语单词，如“uncle”在英语中可以指叔叔、伯伯、姑父、姨父以及舅父等称呼。由此可见，英语的称谓表达是不明确区分父系或者母系的。因而，在英语中，只有十三个明确的亲属称谓，其他的亲属称谓往往都可以指代很多人。

在汉语的表达中，亲属称谓属于叙述式，这样汉语中的每个亲属称谓都很具体，每个汉语称谓都会指代不同的人。汉语的这种特点和中国几千年的历史传承有很大的关系。因此，在汉语的表达中，亲属称谓区分得非常详细，也有一定的尊卑之分，而且母系和父系的亲属称谓也完全不同。

2. 长幼辈分差异

在英语的表达中，各个亲属之间的称谓都比较简单，只有很少一部分称谓是具体的，还有一些称谓会通过添加相应的前缀加以区分，如 grandmother 和 mother 等。当在英语的表达中表示曾祖父、曾祖母这个辈分时，人们通常都会在具体的亲属称谓前面添加前缀 grand-。总之，在英语中，称谓的长幼辈分等区分得不是很明确，有些模糊。

相对而言，在汉语的表达中，各个亲属称谓非常明确，不同的称谓指代的就是具体的某个人。目前，在中国的亲属称谓中，最核心的称谓共有二十三个，如母亲、父亲、丈夫、妻子、儿子、女儿、哥哥、弟弟、姐姐、妹妹、爷爷、奶奶等。此外，长辈和晚辈之间的称呼也不同，晚辈为了尊重长辈，一般不可以直接喊长辈的姓名。即使在同一辈人之间，亲属间的称谓也会体现一定的长幼之分，年龄小的要尊重年龄大的人。

3. 宗族观念差异

英汉称谓在一定程度上能够体现宗族观念的差异。在英语称谓中，宗族观念表现得并不是很明显；在汉语称谓中，宗族观念表现得比较明显。

西方人比较重视个性和自由，极力追求自我的个性，因此，他们的宗族观念会比较弱。这一点在英语亲属称谓中体现得尤其明显。英语中的 uncle，aunt，cousin 等称谓并没有把长幼顺序表现出来，之所以这样表述，是因为西方人并不会像中国人那样，把宗族的关系看得非常重要。

汉语中的宗族观念非常重，而且，宗族观念和姓氏的关系往往非常紧密。比方说，伯叔和姑母是父亲这一系的亲属，舅舅和姨母是母亲这一系的亲属，我们一般把伯叔的儿女称为“堂”，意思是和“我”同出一堂的姓氏，是同一个宗族的兄弟姐妹，把姑母、舅舅、姨母的儿女称为“表”，意思是和“我”的姓氏不一样，不是同一个宗族的人。

由此可以看出，汉语亲属称谓把彼此之间的关系表现得非常清楚，但是，英语中的很多亲属称谓不在乎这种关系的差别。

4. 血亲姻亲差异

英汉称谓反映出的血亲姻亲的关系程度也不一样。英语称谓并没有把血缘和婚姻亲属关系表现出来，父亲和母亲的兄弟都可以使用同一个单词表示，并没有什么明显的不同。

封建社会对汉语文化的影响非常深远，故而汉语称谓表现出非常明显的血亲姻亲关系。比方说，叔叔、哥哥、妹妹是血缘亲属的称谓，姑父、姐夫、弟媳是姻缘亲属称谓。

5. 尊称方式不同

西方人向来都喜欢自由、平等，故而，其家庭中的成员也都是平等的，彼此之间进行交流的方式也很轻松、自由。英语亲属称谓通常和姓氏连在一起，比方说，Uncle Jim（吉姆舅舅），比较随意，可以直呼名字。

和西方人完全不同的是，中国人一直以来都崇尚尊老爱幼的传统美德，在汉语称谓中，人们经常使用一些尊称来展现这一美德。比方说，中国人经常用尊称来称呼具有亲属关系的长辈，使用亲属称谓词来称呼没有亲属关系的长辈。

（二）英汉社交称谓文化对比

英汉社交称谓文化也存在很大的差别，主要可以从以下几个方面进行对比分析。

1. 英汉普通称谓差异

普通称谓就是一些不受年龄、职业等身份的限制，在进行社会交往时使用的次数非常多，但是数量并不是很多的称谓统称。

英语中经常见到的普通称谓主要有 Mr.，Mrs.，Miss，Ms.，Sir，Madam 和 Lady 等。

Mr. 可以和姓氏、姓名连起来使用。在没有职称或者并不知道其职称的人身上，我们可以使用“Mr.”，这个称谓的语气比较正式，展现出的人物之间的关系并不是很亲密。

Mrs. 用来称呼已经结婚的女人，一般和丈夫的姓氏连在一起使用。

Miss 用来称呼没有结婚的女人，一般和姓氏连在一起使用，语气比较正式，展现出来的社会关系也很普通。

Ms. 是一个用来表示对女性尊重的称呼，是由两个词 Mrs. 和 Miss 合成的。因为西方的女性并不喜欢把自己的婚姻状况表现出来，故而出现了 Ms. 这个词。假如我们对一个人的婚姻状况并不是很了解，那就可以使用 Ms. 这个词。

Sir（先生、阁下）和 Madam（夫人、女士、太太、小姐）是一组对应的敬称语，通常泛指男性、女性的社会人士，一般不与姓氏连用，且较为正式，展现出的人际关系不是很亲密。

Lady 也是一个对女性使用的称谓语，较为文雅，意为“贵妇”“淑女”。

汉语中常见的社交称谓有如下几种。

阿姨是对女性长辈的称谓。

在先生、太太、女士前面加上“姓氏”，是比较直接的称谓。

大爷、伯伯、大叔、大妈等是一种泛亲属称谓，是经亲属称谓语转换而来的。

2. 英汉头衔称谓差异

英汉语中都有将头衔作为职业、职务和职称称谓的现象。

英语中的头衔称谓适用范围有限，仅限于教授、医生、博士，以及皇室、政界、军事界的人，目的是表达对这些人的尊敬。这些称谓不仅可以单独使用，还可以与姓氏连在一起使用。例如 Doctor Davis。

与英语相比，汉语中的头衔称谓更加复杂。在汉语中，大部分职业、职务和职称等无论大小或显赫程度，都可作为称谓语单独使用，或与姓名一起使用，如省长、市长、赵主任、孙会计、周教授、护士、教练等。在汉语中，用头衔称谓来明确显示有或大或小头衔的人，是对对方的尊重，否则就有不敬之意。

3. 英汉拟亲属称谓差异

拟亲属称谓是亲属称谓语的变体，经亲属称谓语泛化而成。拟亲属称谓的目的是表达对对方的尊敬。在英语中很少采用拟亲属称谓，相反，拟亲属称谓方式在中国就很常见。

在汉语中，经常看到有人称呼与自己父母年龄相当或比自己父母年龄大的人为大爷、奶奶、大伯、大妈、大娘、伯母、叔叔、阿姨等。这些称谓通常会由一些核心词构成，如爷、奶、伯、妈、娘、母、叔、婶、姨等。其中，“爷”用于敬称祖父辈且年纪与祖父相当的男性，如大爷、李大爷、张爷爷。“奶奶”用于敬称祖母辈且年纪与祖母相当的已婚女性，如奶奶、老奶奶、刘奶奶。“伯”用于敬称父亲辈且年纪比父亲大的男性，如伯伯、王伯伯。“娘”用于敬称母亲辈且年纪与母亲相当的已婚女性，如大娘、赵大娘。“伯母”

用于敬称母亲辈且年纪与母亲相当的已婚女性。“叔”用于敬称父亲辈且年纪比父亲小的男性，如叔叔、李叔叔。“婶”用于敬称母亲辈且年纪比母亲小的已婚女性，如大婶（儿）。此外，对同辈人之间也有拟兄弟姐妹的称呼。例如，对非亲属关系的同辈成年男子可称“大哥”“老兄”“兄弟”“老弟”，对非亲属关系的同辈成年女子可称“大嫂”“大姐”“小妹”。

近年来，都市男女青年中还流行“哥儿们”“姐儿们”的称呼，语言活泼，显示出双方密切的关系。但在翻译这些称呼时要格外小心。例如，将“这是我姐儿们”翻译成“This is my sister”就很不妥，因为这样对方会误以为两人是亲姐妹关系。对此，正确的翻译方法应该是“This is my close friend”。

二、英汉称谓的互译

（一）亲属称谓文化翻译

1. 祖父母辈称谓翻译

在翻译祖父母辈称谓时，可以直接进行翻译。英汉语言中祖父母辈称谓如下表所示。

英汉语言中祖父母辈称谓对照表

<table>
<tr><th colspan="2">汉语称谓</th><th>英语称谓</th><th colspan="3">英语注释</th></tr>
<tr><td>父系</td><td>祖父（母）</td><td rowspan="2">grandfather
grandmother</td><td colspan="3">paternal
grandfather（mother）</td></tr>
<tr><td>母系</td><td>外祖父（母）</td><td colspan="3">maternal
grandfather（mother）</td></tr>
<tr><td rowspan="3">父系</td><td>伯祖父（母）</td><td rowspan="5">grand uncle
grand aunt</td><td rowspan="3">paternal
granduncle
（aunt）</td><td rowspan="2">grandfather's
brother</td><td>older brother</td></tr>
<tr><td>叔祖父（母）</td><td>younger brother</td></tr>
<tr><td>姑公（婆）</td><td colspan="2">grandfathers sister husband of grandfather's sister</td></tr>
<tr><td rowspan="2">母系</td><td>舅公（婆）</td><td rowspan="2">maternal
granduncle
（aunt）</td><td colspan="2">grandmother's brother wife of grandmother's brother</td></tr>
<tr><td>姨公（婆）</td><td colspan="2">grandmother's sister husband of grandfather's sister</td></tr>
</table>

2. 父母辈称谓翻译

对英汉语言中父母辈称谓可以直接进行翻译。

请看下面译例：

She knows his uncle through this experience.

她从这次经历中了解了他的叔叔。

3. 兄弟辈称谓翻译

请看下面译例：

His cousin is preparing for the TOEFL examination.

他的堂兄正在准备托福考试。

4. 子女辈称谓翻译

在翻译英汉语言中子女辈称谓时，可以采用直译法。

请看下面译例：

My nephew is a naughty boy.

我侄子是一个淘气的孩子。

5. 孙子孙女辈称谓翻译

英汉语言中的孙子孙女辈称谓也能采用直译的方法进行翻译。

（二）社交称谓文化翻译

1. 对等翻译

翻译英汉语言中社交称谓时最常用的方法就是对等翻译。例如：

1938 年初秋，一个薄雾弥漫的日子，我和黄阿姨以及她的丈夫来到了伦敦，是他们把我从老家南昌千里迢迢带到英国来的。

It was on a foggy day in the autumn of 1938, when I arrived in London with Aunt Huang and her husband who had brought me to England all the way from my hometown Nanchang.

2. 改写翻译

有时，英汉语言中的社交称谓可能是不对应的或不对等的，所以译者就要进行一定的改写，以便可以让更多的目的语读者理解和接受。例如：

刘东方的妹妹是汪处厚的拜门学生，也不时到师母家来谈谈。（钱钟书《围城》）

Liu Tung fang's sister, a former students of Wang Chuhou, also dropped in sometimes to see her, calling her "Teacher's wife."（珍妮·凯利、茅国权译）

原文中的“师母家”在英语中没有与之对应的词语，故最终将其译为 Teacher's wife，“母家”是指师母。这样，不仅清楚地传达了原文的含义，还贴切地体现出了师母与学生之间的关系。

第六章　跨文化视角下英汉生活文化对比与翻译

第一节　英汉饮食文化对比与翻译

影响世界各国饮食文化差异的因素有很多，包括地理因素、气候因素、人文因素、历史因素等，这些因素共同影响着一个地区的饮食文化。同时，人们的饮食文化也处于不断的发展变化之中，一些文化被保留，也有一些文化被改变。中西方的饮食文化差异较大，在英汉翻译中占有重要地位。下面主要通过饮食文化中的酒、茶、菜肴文化等展开对中西饮食文化差异的探讨，并据此分析相应的英汉翻译策略。

一、酒文化对比与翻译

酒可以称得上是世界性的饮品，在世界范围内都颇受欢迎。酒文化主要指人们围绕酒创造出来的、与酒有深入联系的物质产品与精神文化。根据现代人类文化学的研究，在人类文明悠久的发展历史中，酒文化留下了浓墨重彩的一笔，并且这笔色彩至今仍然鲜亮。

（一）酿酒原料对比

由于地理环境、水质条件、气候条件、土壤土质的不同，不同地区生产出来的农产品存在很大差异，其盛产的产品种类不同，这些农产品的品种、数量、质量都有所差异。中西方在自然条件方面具有很大的差异，由于酒的制作大多是就地取材，因此中西方的酿酒原料也大有不同。

西方文明的诞生地是希腊，邻近地中海，三面环海，冬季的气候比较温暖，降雨量较大，夏季气温较高，且降水少，较干燥，这里的土壤生产力并不高，不适合生产农作物，但是这种气候条件与土壤环境却非常适合种植葡萄。因为葡萄本身比较耐干旱，并且土壤的贫瘠可以促进葡萄向更深处扎根，从而生长得更好，结出更优质的果实。基于这种环境条件，西方人开始酿造葡萄酒，葡萄酒也逐渐成为西方酒文化的重要代表。西方酒品类中的葡萄酒、香槟、白兰地等都是用葡萄酿造而成的。

黄河是中华文明的孕育之地，黄河流域的气候比较温和，土壤生产力非常强，土质也很好，非常适合种植小麦、高粱等农作物，因此，该地区很早就成为世界农业中心之一。基于这种环境条件，中国人也是就地取材，用富余的粮食酿造美酒，并逐渐形成了中国独特的酒文化。中国的酿酒原料有小麦、高粱、稻谷等，这些原料酿造出来的有代表性的中国酒有白酒、黄酒等。

（二）饮酒文化对比

酒是一种饮料，是一种物质领域的文明，而饮酒就变成了一种精神领域的文明，饮酒文化是一个国家、一个地区的重要文化代表。如果说酿酒原料造成了中西方酒文化的不同，那么文化观念就是造成中西方饮酒文化不同的主要原因。

1. 中国饮酒文化

中国自古就被称为“礼仪之邦”，而这份礼仪在饮酒文化中也有所体现。中国饮酒文化中的礼仪主要体现在以下几个方面。

（1）中国的饮酒文化讲究酒德

孔子曾说：“唯酒无量，不及乱。”意思是说，人们的酒量各有不同，所以在饮酒时很难对饮酒的量进行硬性规定，判断酒德的标准就是在饮酒之后仍然能保持清醒的神志。

（2）中国的饮酒文化遵循长幼尊卑的秩序

中国饮酒文化十分注重饮酒的氛围与大家的情绪情感，倒酒时要“以满为敬”，就是要将酒杯倒满；喝酒时要“以干为敬”就是要把酒杯中的酒一饮而尽。同时，敬酒还要按照一定的顺序进行，主人要先发起敬酒，其他人才可以开始敬酒。第一个敬酒的对象应该是酒桌上最尊贵的客人。晚辈与下级要率先向长辈与上级敬酒，在杯子相碰时要保持杯口低于上级、长辈。敬酒时还要讲一些敬酒词，多为夸赞和祝福。主人为了调动酒桌上的氛围，还会发起一些酒桌游戏，比如划拳、行酒令等。

中国酒文化还与文学艺术息息相关。中国文学历史上的许多文学大师都喜爱酒文化，也常常写出与酒有关的诗作，屈原、阮籍、杜甫等都是爱酒之人。其中最具代表性的两位饮酒文人，就是李白与张旭。酒可以在一定程度上激发作者的创作灵感，开阔作者的思维，打开人的想象力，帮助文人达到最好的创作状态。正所谓“李白斗酒诗百篇”，就是最动人的饮酒创作佳话。这些文人在喜爱酒文化的同时，还创作了大量优秀的文学作品，为中华文化的艺术发展增添了一缕缕酒香。

说到中国酒文化，不得不提的就是酒令，这是中国酒文化独一无二的代表。自古以来，中国人就喜欢以酒代客、借酒交友。在遇到喜事或者节日时，人们会举办各种酒席宴请亲戚朋友，借此结交朋友，拉近彼此之间的距离，加深彼此的联系，增进感情。中国人喜欢热闹红火的聚会氛围，因此，发明了各种有趣的酒桌游戏，以此活跃气氛，增添聚会的乐趣，延长玩乐的时间，划拳、行酒令就是较具代表性的酒桌游戏。《红楼梦》中就有不少关于行酒令游戏的描写，充分展现了我国的饮酒文化。

中国酒文化中的酒令主要有以下几种。

①雅令

指比较文雅的酒令，通常雅令会囊括各种圣贤文书，也会包含诗词乐曲，甚至小说等。雅令的涵盖范围非常广泛，内容也颇为丰富，能够显示出行令人较高的文化品位与文化修养。

②筹令

筹是一种令签，用筹行酒令即筹令。通常街市上会售卖这种令签，上面写着一些诗词语句，也标有饮酒的条件，人们在饮酒时可以抽取这种令签，抽到什么样的就按照上面的要求去做。筹令既有文艺知识的内容，也有趣味十足的游戏，便利可行，能够极大地活跃酒桌的气氛，深受人们喜爱。

③划拳

也称为猜拳，与前两种酒令相比，划拳相对通俗，没有那么多文艺元素。划拳的玩法是：两个人面对面快速出手，猜测对方的手指数，如果喊出的数字与两人手指数相合则获胜，输的人饮酒。这种酒令游戏可以使聚会热闹非凡。

2. 西方饮酒文化

西方人在饮酒时，注重酒给身体感官带来的刺激与感受，他们喜欢用感官品酒，也会按照一定的顺序来饮酒，比如先品尝淡酒再品尝浓酒。在比较正式的宴会上，人们会按照开胃酒、主菜佐酒、甜点酒以及餐后酒的顺序来饮酒。

西方饮酒文化偏爱温和的饮酒气氛，因此很少进行酒桌游戏，人们喝酒时气氛往往比较安静平和。

西方人倒酒时不会倒得过满，三分之二即可。敬酒往往在主菜吃完、甜点未上之前进行。西方饮酒文化中，敬酒要把酒杯举起来，与眼睛一样高，同时眼神要注视敬酒的对象，通过这种方式表达对敬酒对象的尊重。被敬酒的人不必一饮而尽，敬酒的人也不会有劝酒的习惯。

除此之外，西方饮酒文化还非常重视饮酒的酒具。人们为了让酒的香气完全舒散开来，让酒的状态达到最好，常常使用一些醒酒工具，为了充分欣赏酒的美丽，还会用漂亮精致的高脚杯盛装美酒。

中西方的酒文化历史都非常悠久，西方酒文化自几千年之前就出现了，并且在历史长河中不断发展，使自身的魅力延续至今。

西方酒文化中，鸡尾酒是极具代表性的美酒之一。在世界范围内，鸡尾酒也受到了人们广泛的喜爱。有两种鸡尾酒来源的说法非常有趣，一种说法是，约公元13世纪，法国一对父女创造了此酒；另一种说法是，美国独立战争时期，一群军官行至一间酒馆，但酒馆的酒已经卖完了，老板娘只好当即做酒，把各种剩下的酒掺杂在了一起，用随手捡到的鸡尾毛搅拌了几下就完成了。没想到军官们饮完之后居然给出很高的评价，认为这酒十分美味，还将其命名为“鸡尾酒”，鸡尾酒就诞生了。当然，这种说法我们无从考证，但是其中描述的制酒方法与饮酒文化确实与西方饮酒文化相符合。

正如故事所说，鸡尾酒确实是由各种酒调制而成的，是一种混合酒，人们将两种或两种以上的酒相互掺杂，再加入果汁、香料或苦味剂等进行酿制，这样制作出来的鸡尾酒，观赏性极好，香气扑鼻，口味多变，可谓色香味俱全，能够带给饮酒人美好的体验。现如今，全世界的饮酒活动几乎都少不了鸡尾酒的身影，人们在聚会中尽情享受着鸡尾酒带来的美好感受，在酒意晕染下与人侃侃而谈，鸡尾酒文化也因此发展得更好。关于鸡尾酒的翻译有两种译法，一种是意译，即“混合酒”；另一种是直译，就叫“鸡尾酒”。对比这两种译法，意译能够体现该酒的制作工艺与主要特点，但是直译能够将其文化内涵表现得更加出彩，反而直译显得更加巧妙。

（三）酒名翻译

1. 中国酒名翻译

中国的酿酒技艺出现得相当早，且发展得较为成熟，中国人凭借高超娴熟的酿酒工艺，酿造出了许多闻名世界的美酒，比如茅台酒、西凤酒，这些中国酒屡次在国际展会上获奖，吸引了众多爱酒人的目光，深受大家的喜爱。

中国酒的特点是，酒的制作非常依赖当地的水质与物产。比如茅台酒就源于贵州一个交易食盐的小镇。据说，18世纪初，一个陕西的盐商来到了茅台镇，他是酒的忠实粉丝，他发现用当地的水源酿造出来的酒非常美味，于是就将茅台酒的产业发展起来。与茅台酒一样，中国酒的名称大多源于酒的产地。因此，在翻译酒名时，可以像翻译地名一样，采用音译的翻译策略。比如：

茅台酒（贵州）Maotai（wine）

西凤酒（陕西）Xifeng（wine）

汾酒（山西）Fenjiu（wine）

还有一些酒的名称源于酿酒原料，不过，由于这些酒名已经成为一个品牌，属于专名，所以在翻译时也要采用音译方法。比如：

五粮液（四川）Wuliangye（wine）

古井贡酒（安徽）Gujinggong（wine）

竹叶青酒（山西）Zhuyeqing（wine）

2. 外国酒名翻译

改革开放使大量的西方文化思潮涌入中国，其中也有酒文化，许多西方的酒进入中国的酒市场。这些“洋酒”种类繁多，名称优雅，受到了人们的喜爱。实际上，这些西方的酒之所以受到人们的喜爱，在中国市场实现畅销，很大程度上是因为它们拥有非常好听的译名。一个优秀的译名除了要鲜明、给他人留下印象以外，也要表达产品的功能。因此，好的译名能够促进外国商品的销量增长。法国香槟酒的翻译就完美地体现了该酒的甜香特性，深受女性群体的喜爱，销量一直可观。由此可见，一个优秀的酒的译名，必须体现一定的外国文化，同时也要符合中国酒文化的审美观。

实际上，翻译酒名的过程并不单纯是英汉语言转换的过程，而是一种中西酒文化相互碰撞交融的过程，在这个过程中，一些专名被创造出来，成为人们熟知的酒类。在英汉酒名翻译中，汉语常常使用一些比较“吉利”的语言词汇，如宝、康、万、百等，表示酒的品质极好；有时也会采用音译的方法进行翻译，比如 Vermouth，这是一种药酒，由葡萄酒、苦艾叶等混合制成，口味甜中带苦，并伴有植物药材的味道，如果意译的话可以译为“苦艾酒”，但是现在普遍使用的是它的音译名称，即“味美思”。显而易见，音译要远远比意译更受人喜爱。

（1）音译

音译的外国酒名有：

Whisky 威士忌

Martini 马丁尼

（2）意译

适合意译的外国酒名有：

Pink lady 粉红女郎

Crown royal 皇冠

从整体上来看，以酒为代表的外来商品，要想打入中国市场，受到中国人的喜爱，就必须重视其品名的翻译，充分表现产品的功用，保留自身的文化特色，同时也要满足中国人的审美需求与消费需求。这也是酒名翻译需要遵循的翻译原则。

二、茶文化对比与翻译

（一）中国茶文化及其翻译

茶是一种常绿灌木，属于山茶花科，茶的分布领域主要在中国的西南部以及印度北部。人们用水冲泡茶叶，制成一种独特的饮料，茶叶中含有的咖啡碱、茶碱等成分，可以刺激人的大脑和心脏，使人达到一种比较兴奋的状态，除此之外，茶还具有杀菌、利尿、加快新陈代谢的作用，对人体有较多的益处。

茶文化最早出现在我国。传说，炎帝神农氏最早发现了茶树，并且用茶叶解了自己的毒，于是将茶作为一种药材推广开来，古书有“神农尝百草，日遇七十二毒，得茶而解之”的记载。这是全世界至今发现的最早的关于茶叶利用的记载。如果按照这个时间进行推算，我国的茶历史已经有四千多年之久了。不过，茶的身份由药材转变为饮品是从西汉时期才开始的，三国至南北朝时期发展势头较盛，到了隋唐时期，饮茶已经成为国人的一种风俗习惯了。

中国是茶文化的孕育之地，公元5世纪起，中国的茶文化开始向世界走去。中文里的“茶”字也被译为各种语言版本，基本上都是依照广东话“cha”与福建话“te”音译而成的。

茶是中国人喜爱的传统饮品，发展到今天，饮茶已经不再是一种单纯的物质享受，而是一种精神文化。茶文化体现了中国人安静优雅的生活情趣，丰富了人们的精神世界，拓宽了感官的体验。中国茶文化的内涵无比丰富，具有独一无二的特质。

中国产出的茶品类众多，名茶荟萃，通常这些茶都以产地或功能为名。关于茶名的翻译主要有以下几种方法。

1. 音译

可音译的茶名有：

龙井茶 Longjing tea

蒙顶茶 Mengding tea

2. 意译

可意译的茶名有：

红茶 Black tea

绿茶 Green tea

3. 音译＋意译

茶类前加产地构成的茶名须采用音译＋意译的方法。

信阳毛尖（河南）Xinyang green tea

苏州花茶（江苏）Suzhou jasmine tea

（二）西方的茶文化

茶原产于中国，后经丝绸之路传入西方。英语中的茶叶是tea，这一发音源于中国香港。西方最早的一部茶学著作就是英国人托马斯·肯特（Thomas Kent）所著的《茶经》，这本书详细地介绍了西方关于茶的种植、采摘、制作以及泡茶工艺等，对于西方茶文化的发展来说有着极其重要的意义。

英国人对茶非常喜爱，饮茶甚至成为英国重大活动中的重要环节。可以说，饮茶已经成为一项重要的、必不可少的仪式，连皇室都十分重视。当然，对于英国的平民来说，饮茶也是一项非常舒适的休闲活动，英国茶文化还将饮茶分为早茶、午茶和晚茶，人们还为饮茶搭配了许多美味可口的茶点。由此可见，饮茶已经是英国人日常生活的一部分，就如同吃饭一样重要。

德国的茶文化中有一个较为独特的饮茶方式，即“冲茶”，这种饮茶方式是将漏斗放在茶壶上，然后再在漏斗上放置一个金属制的筛子，这个筛子要极其细密，接着把茶叶放在筛子中，用烧开的沸水持续冲洗茶叶，冲洗过茶叶之后的茶水顺着漏斗流进茶壶中。冲茶方式制作出的茶水颜色较淡，符合德国人的饮茶口味习惯。除此之外，德国人还喜欢制作“花茶”，即把各种花瓣、果干等混在一起，冲泡而成，不过“花茶”中实则没有一片茶叶。

法国的咖啡比较闻名，饮茶文化也是一种风尚。法国人对于东方的茶文化非常感兴趣，巴黎就有许多带有东方色彩的饮茶场馆，不少法国人都热衷于饮茶。

美国是著名的咖啡王国，但是仍然有约一半的人喜欢饮茶，茶叶在美国的销售量也非常可观。不过，有趣的是，美国人饮茶并不喜欢用热水冲泡，而是喜欢饮用凉茶，甚至加冰的茶，并且，他们的茶饮料大多是罐装的，其中还会添加糖、奶、咖啡等，很少即时冲泡茶饮。

根据上述西方各国的饮茶习惯可以发现，虽然这些西方国家从中国引进了茶文化，但是他们并没有完全沿袭中国的饮茶风俗与习惯，而是将中国的茶文化与自己民族的饮茶习惯相结合，这促使茶文化更加丰富多彩，更具世界性。

三、菜肴文化对比与翻译

（一）主要菜类对比

早期西方国家的生产业主要是打鱼、捕猎、养殖等，受到地理环境的影响，采集、种植等产业只能作为补充产业。所以，西方人的饮食对象主要是肉食。发展到工业时代，由于生产力的提高，食品的加工速度也更快了，于是西方国家的快餐食品迅速发展起来，并成为西方的代表性食物。整体来看，西方人受早期游牧、航海习惯的影响，食物种类相对较少，制作出来的工业食品也大多相似，制作步骤比较简单，制作时间较短，不过西方饮食文化比较注重营养的合理搭配。

中国自古以来就是当之无愧的农业大国，因此，中国人的饮食对象自然是农产品。中国的食品种类主要有以下几种：①主食类。中国的饮食文化受地域因素的影响极深，我国北方主要以面食作为主食，而南方则以米饭作为主食。除此之外，马铃薯、山药等淀粉含量较高的农作物也可以作为主食食用。②辅食类。中国人将各种蔬菜当作辅食。据统计，中国人食用的蔬菜种类多达六百多种，远远多于西方。③肉食类。在古代，中国人较少食用肉类，不过随着中国人物质生活水平的不提升，肉食类食品在餐桌上的占比越来越大。

（二）烹调方式对比

西方国家的食品种类较少，烹调方式也比较单一，主要有煎、炸、烤等。可以看出，这几种烹饪方式比较简单，没有特别高的技术含量，缺少一些烹饪文化的气息。不过西方人更注重用简单的烹饪方式搭配出有营养的饭菜，一些中小学大多配有专业的营养搭配师。

中国的饮食文化历史悠久、丰富多彩，菜品种类相当齐全，通常烹饪者的厨艺也非常高超。中国菜品的制作食材会根据冷热、生熟、产地进行划分，烹饪方法也极其多样，有炒、煎、炸、蒸、煮等。由于中国占地面积广阔，物资极其丰富，因此，中国人在制作美食时常常就地取材，并在地域基础上，发展出了八大菜系，即京菜、鲁菜、川菜、湘菜、粤菜、苏菜、徽菜、闽菜。中国菜肴文化完美地体现出了中国人的智慧与创造力。

（三）饮食观念对比

西方人的饮食观念受到基督教的影响，认为人应该始终保持理智，有所克制，克制自己的欲望，其中也包括食欲。因此，西方人将饮食看作一种汲取身体所需营养的途径，而不是一种满足欲望的享受。基于此，大多数西方人的饮食观念都趋于理性，只注重营养成分、营养搭配、营养均衡等。如果一些烹饪方式会使食物的营养成分流失，那他们就不会使用这种烹饪方式；如果食物的营养成分在不加工时最充足，那么他们宁愿食用不加工的食物。

在饮食观念上，中西方的差异非常大。中国人倾向于美性饮食观，人们不会过度关注食物中的营养成分，而是更加关注菜肴的色、香、味，甚至还会关注菜肴的观赏性与艺术性。中国人还将阴阳五行说融入食品的烹饪中，讲究让食材相互结合，让味道相互渗透，以此实现“五味调”与“百味香”的最高饮食境界。中国人尊崇“民以食为天，食以味为先”的饮食观念。不过，客观来讲，中国人只关注味道、不注重饮食营养的观念具有一定的不足。

（四）饮食方式对比

西方人的饮食实行分餐制，客人们通过分餐可以进行面对面的交流，所以西方人吃饭并不是主要为了果腹，还有增进友谊的目的。分餐制中有一种大家非常熟悉的形式，那就是自助餐，自助餐的本质就是人们可以通过自由地走动选择自己喜欢的食物，在走动中又能加强与别人的沟通与交流。我们继续探究可以发现，分餐制其实很好地展现了西方人性格特征中的独立性，同时这种行为也尊重了每个人的饮食习惯，毕竟个体在饮食上的差异性是非常明显的。总之，分餐制是西方文化的重要组成部分，它不仅能帮助人们进行情感的交流，而且还维护了个体的个性，为人们营造了一种宽松且自由的交流环境。

相对西方讲求独立的饮食方式，中国的饮食方式则倾向于“合餐”，就是大家一起围坐在餐桌前，共同享受美食。中国“合餐”的饮食方式体现了中国文化中的“大团圆”，中国人讲究圆圆满满，在吃饭过程中大家相互敬酒、劝菜，也是一种美好氛围的体现，是中国传统哲学和合观的展现。另外，这种合餐的方式也很好地展现了中国传统文化中的伦理观念，中国伦理中有着亲疏远近与长幼尊卑观，这些观念在吃饭时便有了体现，长辈先动筷，相熟、相亲的人会坐在一起，当然，从本质上看，这也蕴含着浓浓的等级观念。在中国的餐桌上，座位的安排、斟酒的顺序等都有着明确的规定，人与人之间的尊重得到了很好的再现。

中西方饮食在饮食工具上也存在明显的差异。中国人在很久以前就开始使用筷子，筷子一开始叫作箸，通常用竹子做成，筷子的设计也是非常有讲究的，取食的一端是细且圆的，而手握的那一端者是粗且方的，这充分体现了中国古代“天圆地方”的观念。中国的筷子功能性极强，且使用、携带都非常方便，因此也影响了亚洲许多国家，这些国家也纷纷使用筷子。西方人的饮食餐具比较繁杂，且有具体的分类，他们用盘子盛食物然后用刀叉取食，当喝汤时则会使用汤匙，就是在喝酒、喝水时他们都会有不同大小、高低不同的杯子，可见，西方人的饮食餐具种类繁多，饮食规则严谨。不过，需要指出的是，西方的刀叉要比中国的筷子晚很多，它们起源于欧洲，欧洲古代的游牧民族主要的食物便是肉，他们将肉弄熟之后，需要用刀切，所以，这种饮食习惯便影响了今天饮食工具的形成。

（五）英汉菜肴名称翻译

中国菜肴的名称极具中国特色，体现了中国语言文化的精髓，有些菜名通俗易懂，有些则显现出浓厚的文化底蕴。因此，有些菜肴的名称是很好翻译的，但是对于那些掺杂文化内涵的菜肴，需要根据具体情况进行具体翻译。

1. 直译

以写实方法来命名的菜肴直接体现了菜肴的主料、配料、调料以及制作方法等信息。

在翻译这类菜名时，可直接采取直译的方法。

（1）烹调法 + 主料名

例如：

脆皮锅酥肉 deep fried pork

清蒸鲈鱼脯 steamed perch-flank

（2）烹调法 + 主料名 + with + 配料

例如：

红烧鲤鱼头 stewed carp head with brown sauce

糖醋排骨 spareribs with sweet and sour sauce

（3）烹调法 + 主料名 + with + 配料名

例如：

咖喱牛肉 fried beef with curry

辣味烩虾 braised prawns with chili sauce

（4）烹调法 + 加工法 + 主料名 + with + 调料名

例如：

肉片烧豆腐 stewed sliced pork with beancurd

雪菜炒冬笋 fried cabbage with fresh bamboo shoots

（5）烹调法（加工法） + 主料名 + and + 调料名

例如：

凤肝虾仁 fired shelled shrimps and chicken liver

虾仁扒豆腐 stewed shelled shrimps and bean curd

2. 意译

有些菜肴为了迎合客人的心理，往往会取名比较吉利，菜名与菜的原材料、烹饪方式等都没有直接的关联，以至于客人很难从菜名上了解菜，所以当翻译这类菜肴时，一定不能只关注菜名本身，而是要采取意译的方法传达菜名的真正内涵。例如：

全家福 stewed assorted meats

龙凤会 stewed snake&chicken

3. 直译 + 意译

还有一些菜名将写实与写意结合起来了，这既能将与菜肴相关的原料、烹饪方式等展现出来，还能展现中国传统文化的精髓，具有一定的文化性与艺术性。当翻译这类菜名时，译者要使用直译与意译相结合的方法。例如：

木须肉 fried pork with scrambled eggs and fungus

三鲜汤 soup with fish，shrimp and pork balls

4. 直译＋解释

中国很多菜名出自一些历史故事典故，具有浓厚的历史韵味，同时也展现了古人的民俗情趣。为了将菜肴中传达的文化内涵准确地表达出来，译者在翻译这类词时应该以直译为主，然后再辅以适当解释。例如：

东坡肉 Dongpo braised pork

北京烤鸭 Beijing roast duck

第二节　英汉服饰文化对比与翻译

一、服饰文化对比

（一）服饰观念差异

服饰文化是物质文化的一部分，是物质文化传承的其中一条路径。在中国古代，女性服装独具特色，大多为一些平面裁剪的袍衣，这种衣服会将女性的体态与曲线有所遮掩，但是又会隐约有些显露，使女性的魅力得到很好的展现，因而能给人以丰富的联想。西方人善于研究人体，同时也非常推崇人体美，因此在服装造型设计上讲究设计感，造型往往非常立体，能将人体的基本形态很好地表现出来。从本质上看，中西方服饰文化之所以存在差异，主要是因为中西方观念的不同，且特定时代的服饰还能再现那一时代的审美与生活文化。

1. 修饰仪表与显露人体美

中国自古以来就是一个礼仪之邦，即使在服饰穿着上也始终蕴含着礼仪观念。比如，中国古代，不同的阶层所穿的衣服是不同的，皇帝有龙袍，官员有乌纱，而民众有布衣，这些服饰的差别也恰恰再现了中国古代的等级观念。可见，在古代，服饰具有划分等级的功能，这种功能虽然在现代已经消失，但是它对现代中国人的穿衣打扮也是有一定影响的，文化水平高的人往往追求服饰的大方得体，这其实也是中国古代服饰礼仪观念的现代延续。

而在西方文化中，服饰主要是用来再现人体美的。在西方人看来，人与服饰的关系中，人比较重要，服饰为人服务，它将人体的缺点掩饰起来，优点凸显出来，这与中国将服饰作为阶层外显的载体有显著的差别。西方服饰文化的形成与其历史、地理因素有莫大的关联性。我们都知道，西方文化的历史长期深受古希腊与古罗马艺术文化的影响，因而形成了西方服饰文化的审美，同时由于地中海沿岸的气候条件优越，所以服装一般都没有紧裹人体，人在穿着时会相对比较舒适。

2. 自我调节与自我表现

服饰不仅具有保暖功能，而且它还能展现人的内在品格。中国服饰文化所展现的寓意是极具中国文化特色的，一般来讲，淡雅的服饰往往是成熟与修养的表现，娇艳的服饰往往是轻浮的表现。当然，我们仅仅靠一个人的外表来判断人未免有一些偏颇，但是深受中国传统文化影响的大多数中国人仍然还是会认同这种观念。另外，中国人对待服饰的态度往往也能展现中国人的心理，中国人比较注重服饰的细节，在色彩搭配、材料选择等层面上都追求和谐。与性格特征一样，中国人的服饰搭配也往往比较含蓄，一些能暴露个性的服饰一般不在选择之列，这是因为国人都怕非议。不过，随着中国文化的日趋开放，新一代年轻人的穿衣观念有了很大的改变，展示个性开始为年轻人所推崇。

西方人在服饰穿着上比较注重展现个体特征，注重自我表现。在西方人看来，外露的服饰能够展现他们的个性，让他们感觉到自己在社会上的存在，同时还能感受到自身的社会价值。因此，纵观西方人的服饰穿着，我们其实可以发现，西方人是非常敢于标新立异的，不过，需要说明的是，这种过于张扬的文化观念需要有所控制，否则就有可能走向极端，一些为主流并不认可的所谓服饰创新就是走向极端的最好例子。

（二）中西方服饰材料差异

服饰不仅是一个民族的物质文化，而且通过其发展历史还能探究民族的精神风貌以及审美情趣等内容，可以说，服饰是一部行走的民族文化史。中西方服饰文化由于受民族风俗习惯以及地理等因素的影响，已经形成了属于自己的体系与风格，其中，中西方服饰材料的不同是差异的基本体现。

1. 中国的服饰材料

中国服饰材料的可选择性极强，这与中国人的农业高度发展有关。中国人早在五千多年前就开始养蚕、织丝，丝的大量生产以及在服饰上的应用，也使中国成为世界上著名的丝绸之国。中国的丝有了具体的分类，它还可以分为素、编、绫、纨、绮、锦、纱等，工艺的细分已经表明，中国古代就已经有了水平相当高的制丝工艺，同时这也体现了中国人超高的智慧。丝绸的质地非常柔软，可以用来做不同类型的衣服，既可以做披风、头巾，也可以做水袖等。另外，因为丝绸的轻薄、柔软，让它看起来又具有一定的美感，穿在人的身上有一种流动的效果。

2. 西方的服饰材料

在西方服饰的制作中，亚麻布是经常被使用的材料，西方人之所以广泛使用亚麻布，主要有以下几个方面的原因。

（1）西方国家的气候条件、地质等非常适合亚麻的生长。

（2）亚麻布的获取非常容易，从亚麻中提取的工艺简单，且亚麻布穿在身上既能体现美感，也非常耐用。

（3）西方国家推崇个人奋斗，只要努力就能有所收获，亚麻布很好地再现了这种实用主义、奋斗主义的价值观。

（三）中西方服饰款式差异

1. 中国的服饰款式

中国人的身材相对比较矮小，不像西方人那么高大。所以，为了尽可能地掩藏身体上的缺陷，中国人的服饰相对都比较注重线条的设计，往往会把线条比例拉长，从而给人造成比例上修长的错觉，展现这种修长比例错觉的手法主要有筒形的袍裙、过手的长袖等。另外，中国人脸部的线条比西方人要柔和得多，为了与这种脸部特征相一致，中国服饰的款式往往具有“平”“顺”的特点。

2. 西方的服饰款式

西方人的身材要比中国人高大许多，脸部线条也比较明显，因此，为了弱化这一特征，西方服饰往往会给人一种横向的感觉，会通过重叠花边、膨胀的袖形等手法实现，这些手法会给人一种线条四射的感觉。西方人性格热情奔放，重视自身价值的实现，特别喜欢张扬自己的个性，因此西方服饰的款式设计也变得很夸张。比如，牛仔裤上的破洞就很好地展现了西方人外放的性格，且牛仔裤也是一种男女老少皆宜的服饰，充分体现了西方国家“人人平等”的观念。

（四）中西方服饰颜色差异

1. 中国的服饰颜色

中国古代的服饰所使用的色彩、材料等都有明显的阶级特征，有些色彩只能供皇室使用，而有些材料只能权贵才用得起。另外，服饰是文化的一部分，每个时代的文化都不同，服饰又恰好能记录特定时代的文化特征，因此，它还具有一定的时代性。

（1）等级性

中国服饰的色彩深受中国古代阴阳五行学说的影响，阴阳五行学说规定了五种正色，分别为青、红、黑、白、黄，其他的颜色则为间色，并且详细地规定了正色是统治阶级的专属，而普通民众只能使用间色，如果民众使用了正色，就要面临杀身之祸。

(2) 时代性

在上古时代，人们推崇黑色，认为黑色是一切色彩的本源，是天的色彩，所以夏商周时期都重视黑色，且把黑色作为天子的冕服。之后，封建时代来临，随着人们对客观世界认知的加深，黑色崇拜逐渐淡化，开始转向崇拜大地，由于大地是黄色的，所以才出现了“黄为贵”的观念。

2. 西方的服饰颜色

颜色在很大程度上能体现出一个民族潜在的性格特征。在罗马时期，西方人比较推崇白色与紫色，在西方人看来，白色象征着纯洁，因此，新娘的婚纱就是白色的，紫色是财富与高贵身份的象征，身着紫色的群体往往是财富的聚集者。

到了文艺复兴时期，人们越来越喜欢奢华的服饰，同时开始追求明亮的色彩。而到了现代，人们更加注重自己的感受，服饰颜色的选择开始展现自己的个性。

(五) 中西方服饰图案差异

1. 中国的服饰图案

中国服饰无论材质如何，都喜欢在上面绣一些吉祥的图案，以表达自己对生活的美好祝愿。比如，服饰上的喜鹊登梅图案就是暗示好事要来到，表达了人们对美好生活的憧憬。

2. 西方的服饰图案

历史总是在不断发展，在历史发展过程中，文化体系也在不断更新，西方国家的服饰图案也在不断发生变化。在文艺复兴之前，西方人比较偏爱花草，以至于服饰上也都是花草图案；而到了文艺复兴时期，就只有花卉图案一枝独秀；到了近代，更加具有设计感、科技感的图案开始为人们所喜爱，因此，欧普图案与使用计算机设计的电子图案开始流行开来。

二、英汉服饰文化的翻译

(一) 直译

直译就是使译文在意义、结构两个方面都与原文保持一致。在进行服饰文化的翻译时，大多数情况下都可直接采取直译法。例如：

随即一个戴纱帽红袍金带的人揭帘子进来，把俺拍了一下，说道：“王公请起!”（吴敬梓《儒林外史》第二回）

Then a man in a gauze cap, red robe and golden belt came in, who shook me and said,

“Mr. Wang，please get up!”（杨宪益、戴乃迭译）

（二）意译

由于英汉语言结构方面的差异，有时很难保证意义与结构的同步统一，此时为保证意义的准确，可以舍弃一部分结构，而将原文的含义如实传达出来，即采取意译法。例如：

刘姥姥见平儿遍身绫罗，插金戴银，花容月貌，便当是凤姐儿了。（曹雪芹《红楼梦》第六回）

Pinger's silk dress，her gold and silver trinkets，and her face which was pretty as a flower made Granny liu mistake her for her mistress.（杨宪益、戴乃迭译）

（三）改译

当在翻译过程中无法找到对等的表达方式时，译者应采取改译法，即采取灵活多样的处理方式，既将原文意义有效传递出来，又使译文符合译入语读者的语言习惯。例如：

坐了一会儿，院中出来了个老者，蓝布小褂敞着怀，脸上很亮，一看便知道是乡下的财主。（老舍《骆驼祥子》）

Presently an old man came out of the yard. He was dressed in a blue cotton jacket open in front and his face shone. You could tell at a glance that he was a man of property.（施晓菁译）

（四）解释性翻译

一个民族的服饰特点渗透着一个民族深厚的文化底蕴。在翻译具有丰富文化内涵的服饰时，为帮助译入语读者进行有效的理解，可在译文中进行适当解释。例如：

那时天色已明，看那人时，三十多岁光景，身穿短袄，脚下八搭麻鞋，面上微有髭须。（吴敬梓《儒林外史》第三十九回）

It was light enough now for him to see this fellow：a man in his thirties with a stubbly growth on his chin，who was wearing a short jacket and hempen shoes.（杨宪益、戴乃迭译）

第三节　英汉居住文化对比与翻译

建筑包括两个部分，一个是建筑物，另一个则是构筑物。建筑内容与形式存在显著差异，这主要跟不同地区的气候、交通等因素有关，而且不同民族、时代的审美追求也不相同，再加上经济、民俗等的影响，就更使建筑呈现出不同的特征。

建筑是人类智慧的结晶，随着建筑样式的变化，人类文明也在不断演进发展中。在建筑的发展过程中，不同民族的文化对其进行积极渗透，这也让建筑在外表形式下具备了浓厚的文化内涵。可以说，不具备文化内涵的建筑是没有生命的。中西方文化存在差异，在不同文化背景下建造的建筑也表现出了差异，因此，在对与中西方居住文化差异有关的句子进行翻译时，译者要根据具体情况选择合适的翻译策略。

一、中国的居住文化

（一）中国建筑的主要特点

1. 多建筑组群，布局规整

中国建筑向来以建筑群的形式出现，这能将中国这个古老大国的大局观体现出来，布局规整、轴线突出，在给人以稳定和谐感受的同时，还较好地展现了中国人传统的伦理观念。在建筑安排设计上，中国建筑大都以轴线为分界线使建筑呈现出对称的规整性，首先就是要先确定轴线，然后让主要建筑沿轴线排开，让整个建筑群的主体建筑分布在轴线上，轴线两侧则根据建筑的次要程度依次排开建筑。对称的建筑展现了布局的合理性与均衡之美，这种四周次要建筑凸显主体建筑的建筑群形式充分展现了中国传统文化中的尊卑关系。还需要说明的是，由于组群的性质与规模存在差异，布局设计上的要求也会有所不同，比如，宫殿与寺庙就比较讲究布局规整、错落分明，这种建筑布局既反映了中国和谐稳定的审美理想，同时也展现了中国森严的等级秩序。

中国传统文化非常注重人与自然的关系，因此，在建筑布局上也往往强调人与自然的和谐共处，中国很多建筑群都是依山傍水、坐北朝南，有一定的地理、地势讲究。

2. 以木结构为主

中国古代建筑在世界建筑历史上都是不容忽视的存在，它是世界上唯一以木结构为主的建筑体系。中国古代由于受到建筑材料的限制，往往会根据地理条件建造建筑，建筑群与地理因素的有机结合让中国建筑群形成了错落有致、分外和谐的群体特征。

3. 宫殿和都城成就较高

中国古代皇权至上，中央集权程度较高，表现在建筑上，就是统治者居住的宫殿以及都城往往体现出较高的建筑水平。这同时也表明，政治伦理在中国建筑中发挥重要作用。

（二）中国民居的基本类型

1. 上栋下宇式

上栋下宇式的建筑往往做工精细，是中国封建等级秩序的产物，它的构造与中国宗法制的家庭结构相适应，是中国比较具有代表性的一种民居样式。虽然上栋下宇式的民居在中国普遍存在，但是由于地域环境不同，不同地区的民居样式又有所差异，北京的四合院为庭院住宅，而南方客家围楼则是环形住宅。

2. 洞穴居

洞穴居是人类在天然洞穴的基础上进行再加工所建造的居住环境，是人类历史上产生比较久的一种居住方式。随着人类文明的发展，人类学会了利用洞穴的天然优势造就自己的容身之所，中国黄土高原上的窑洞就是典型的洞穴居。

3. 帐篷式

帐篷式民族多为游牧民族使用。根据人们的使用需要，帐篷有很多的样式，有临时帐篷，也有长期性帐篷；有规则的帐篷，也有不规则帐篷；有羊毛帐篷，也有布匹帐篷。在中国很多地方还存在这种民居样式，主要集中在内蒙古、西北地区。

4. 干栏式建筑

干栏式的建筑有一个底架，这个底架一般是用木头或者是竹子做成的，并且底架与地面并不直接连接，这种建筑在我国云南、广西、贵州等地比较常见。由于这些地方天气比较潮湿闷热，所以底架与地面之间需要留出缝隙来进行通风、防潮。除此之外，干栏式的建筑一般是分为上下两层的，楼下一般用来放牲畜以及一些不常用的杂物，楼上则是人们居住的地方，这也是与当地的生产方式比较吻合的。

二、西方的居住文化

（一）西方建筑的主要特点

1. 意识形态色彩较浓厚

一般而言，西方建筑都有较强的意识形态色彩。在西方，很多建筑都具有随意性，相较而言，中国的建筑就显得比较正式。西方的建筑师有时也用建筑来表达自己对当前时代的一些看法，同时，建筑中也会体现出一些文化层面的焦虑。在西方，浪漫主义以及后现代主义对后世的影响非常深远，这种影响也可以体现在建筑中，因此我们也可以将建筑看作一种文化艺术。

2. 将建筑视为永久性的纪念物

从西方的文化观念出发，可以将建筑看作一种永久性的纪念物。所以，西方在塑造某一建筑物时往往将其看作一种永恒的、为世界服务的方式，所以他们会经年累月地进行创造，比如金字塔等都是典型的例子，许多建筑甚至需要好几百年的时间才能够完成。

3. 以石结构为主

总体而言，西方的建筑多数由石料构成，并且多数石制的建筑都是向上发展的，直入云霄。在建筑过程中，柱子非常关键，直入云霄的石制屋顶显得非常有气势。所以，在西方的建筑中，柱子显然是非常具有代表性的一种建筑因素。

对西方的建筑进行总结之后，可以将其分为不同的种类，比如罗马式、希腊式、哥特式等，分类一般根据屋顶的类型进行划分。总而言之，中国的建筑与西方的建筑是不同的，这是因为中西方的文化根基不同。后来，随着人类文化交往的日益频繁，中西建筑文化彼此也受到了一定的影响。

（二）西方民居的类型

通过分析西方的历史，我们发现西方有很多的民族，并且不同的民族都有自己不同的建筑风格。

1. 英国民居

在英国人看来，房屋是非常隐私的，通常将其看成是私人的领地，所以英国人一般会选择在一些比较清幽的地方建筑房屋，并且邻居之间也会以篱笆的方式分割空间，从而确定自己私人空间的范围。

20 世纪 60 年代，英国的人口很多，住房问题比较严峻，为了解决这一问题，当地的政府建造了很多高层的公寓，但是这种公寓的私密性比较差，所以很少有人问津。到了 20 世纪 70 年代，这些新建造的房屋虽然非常矮小，但是交通非常便利，所以当时一些具有经济能力的人往往会选择在郊区购买一所独立的小楼，从而在周末的时候尽情享受私人空间。

通过分析目前的情况可以看出，英国人比较喜欢那种独门独户的房子，也非常喜欢房子带阳台，房子的类型主要有以下三种。

（1）独立式的

这种房子有花园、车库和院子，能够独立居住，环境比较清幽；

（2）半独立的

就是两所房子并肩在一起，但是一所房子只住一家人，两所房子之间有围栏阻挡；

（3）排房式

两所房屋用一面共用的墙进行连接，中间没有夹道，也没有院落，价格上来说具有优势，但是私密性比较差。

2. 美国民居

具体来说，美国的民居主要有以下三种形式。

（1）别墅

别墅有三类，分别是公宅、合并公宅以及独立式住宅，一般而言都配有游泳场，从居住条件上来说比较好，但是价格也不菲。

（2）活动房

活动房的位置并不固定，可以跟随汽车自由活动，一般是用木板或者铁皮做成的，从外观上来说非常漂亮，设施也非常齐备。

（3）公寓

公寓内的设施都非常齐全，尽管有很多人都居住在同一个建筑里面，但是不同的房间之间都具有一定的独立性，公寓一般都在城市，价格上具有一定的优势，所以一般适合收入较低的人居住。

三、英汉居住文化的翻译

概括地说，在进行英汉居住文化翻译时，应该注意到建筑所用的材料，也应该意识到建筑结构以及建筑布局等方面的不同，从而选择合适的翻译策略。

（一）意译

中国建筑气韵生动，温柔敦厚，充分体现出温和、实用、平缓、轻捷的人本主义特征。有效运用意译法可以更好地向译入语读者展示中国文化的意境。例如：

她一下来，鸿渐先闻着刚才没闻到的香味，发现她不但换了衣服，并且脸上都加了修饰。苏小姐领他到六角小亭子里，两人靠栏杆坐了。（钱钟书《围城》）

When she came down, he caught a fresh whiff of a fragrance he had not smelled a moment ago and noted that she not only had changed her clothes but had also put on some make-up. She led him into a small hexagonal pavilion; they sat down against the railing.（珍妮·凯利、茅国权译）

（二）释义性翻译

通过中国民居可以感受到鲜活的生活气息。这些建筑不仅呈现出优美之感，还常常通过细小之处来表达生活情趣。因此，对一些具有特定含义的建筑名词进行解释就显得十分必要。例如：

请韦四太爷从厅后一个小巷内曲曲折折走进去，才到一个花园。那花园一进朝东的三间。左边一个楼便是殿元公的赐书楼。楼前一个大院落，一座牡丹台，一座芍药台，两树极大的桂花正开的好。后面又是三间敞榭，横头朝南三间书房后个大荷花池，池上搭了一条桥。过去又是三间密屋，乃杜少卿自己读书之处。（吴敬梓《儒林外史》第三十一回）

Presently he led. Mr. Wei by a passage from the back along a winding path to the garden. As you went in you saw three rooms with an eastern exposure a two-storeyed building on the left was the library built by the Number One Scholar, overlooking a large courtyard with one bed of moutan peonies and another of tree peonies. There were two huge cassia trees as well, in full bloom. On the other side were three summer houses with a three-roomed library behind them overlooking a great lotus pool, a bridge across this pool led you to three secluded chambers where Tu Shaowing used to retire to study. （杨宪益、戴乃迭译）

第四节　英汉婚礼文化对比与翻译

一、婚礼文化差异

（一）婚礼服饰对比

从总体上来说，中国的礼服以喜庆见长，西方则更加重视浪漫因素。单从中西方的婚礼服装中我们就能一窥东西方文化的差异所在。在我国，结婚时崇尚利用大红色，从而体现出人们对婚后红火生活的一种期待，“桃花好，朱颜巧，凤袍霞帔鸳鸯袄”，从诗句中我们可以看出新娘的礼服上往往都绘有精美的图案。

在中国的一些神话传说中，有很多是关于描写龙凤图案的，这些图案也经常用在传统婚服的设计上，一般而言，龙代表男性，凤则代表女性，都是富贵吉祥的象征。中国的服装不太喜欢体现张扬，也无心凸显人体的曲线，所以大部分的服饰都比较宽松。在婚礼当天，新娘会戴有遮住脸庞的面巾，新郎要用秤杆挑去，意味着“称心如意”。

在西方的传统婚服中，白色非常常见，除了白色的婚纱，还有一些白色的纱巾以及手捧花等，西方人认为白色纯洁又浪漫，多在一些喜庆的场合出现。到了 20 世纪初期，白色又有了一种新的定义，即忠贞与高雅，所以西方禁止一些再婚的女士穿白婚纱，从而更加凸显了白婚纱的地位。

除了一些新的东西，西方的婚礼还要求新娘准备一些旧的东西，比如新娘头上的白纱必须是母亲之前用过的，这与中国的婚礼习俗截然不同。新郎在婚礼仪式上应该穿西装，从而展示其笔挺的身形。

（二）中西方婚礼地点和婚宴对比

中国人非常喜欢热闹，所以婚礼一般都举行得比较隆重。西式婚礼讲究神圣、简单。

西方的婚礼大多会选择在教堂或其他较为安静的地方举行，在牧师的主持下，在亲朋好友的祝福下，进行发誓："To have and to hold from this day forward, for better, for worse, for richer, for poorer, in sickness and in health, to love and to cherish, till death do us part." 意为：从今往后，不论境遇好坏，家境贫富，生病与否，誓言相亲相爱，至死不分离。誓词后新娘新郎将两枚婚戒互为对方戴上。整场婚礼简单、安静且浪漫，少有中式婚礼的热闹。婚礼仪式过后，经常会举行招待酒会，采用自助餐形式，宾客可以根据自己的需要，吃多少取多少，不会造成浪费。食物的种类以新郎新娘的文化传统以及新娘家的喜好和经济状况来决定，因为在西方经常由新娘的家庭来支付婚宴费用。

二、婚姻文化翻译

（一）中国婚俗文化的英译

1. 直译

对于一些中国文化下结婚场合经常使用到的用具。经常采用直译法进行翻译。例如：

果盘 compote

披肩 shawl

首饰箱 jewel casket

鲜花 flower

花生 peanut

枣 chinese date

圈椅 round-backed armchair

针线盒 sewing basket

圆凳 round stool

婚俗文化中的一些表述有时也采用直译法进行翻译。例如：

抢婚，又称"抢亲""掠夺婚""抢劫婚"，起源于母系社会向父系社会转化阶段。

Marriage by caputure, also named grabbing a woman for marriage by force, derived with the translation times from matriarchal sociaty to patriarchal sociaty.

在对婚俗文化进行翻译时，要参阅较多的文献和资料，否则很难全面地理解和把握原文的真正含义。在参阅相关资料的基础上，得知，"抢婚"是原始社会的一种婚俗。具体指的是男子通过掠夺其他氏族部落妇女的方式来缔结婚姻，因而，"抢婚"又名"抢夺婚"。这一婚俗的由来，通常被认为是古老的"掠夺婚"（也有劫夺婚、抢劫婚这些说法）的遗存和变异。"掠夺婚"盛行于以男性为中心的游牧时代。在当时，由于女子已经是男子的所有物，因而成为部落与部落、民族与民族间发生斗争时掠夺的对象。基于这些分析可知，一些人类学家分析的比较普遍接受的原因就是，抢夺婚产生在对偶婚向个体婚演变的原始社会的末期。当时的对偶婚制还实行“夫从妇居”，男子“寄人篱下”的体制。当时很难树立性别权威，要想使传统的继承制度有所改变也极具难度。伴随着男子在社会生产中的地位变得越来越重要，他们强烈要求不再将自己“嫁出去”，而是要将女子“娶”回来。不过，由“妻”方居住改变为“夫”方居住并不容易，在此过程中还存在着尖锐的对立和激烈的斗争。“抢劫婚”就是借助暴力掠夺手段实现变革的婚姻。

因而，在对这一婚俗进行翻译时，应该明确该婚姻习俗在中国和英语历史中都存在过，利用文化相通性进行分析，采用直译法进行翻译，不仅准确地传达了原文的信息，而且还对“抢亲”“掠夺婚”“抢劫婚”等解释性文字进行了更深层次的阐述。

2. 意译法

有些汉民族结婚所使用的器具是中华民族文化中独有的器具，如果采用直译法很难将其阐释清楚，那么可采用意译法进行翻译。例如：

拜堂 bow to heaven and earth

财礼 wedding expense

花烛 wedding candlesticks

竹夫人 bamboo husband for dutch consolation

“竹夫人”的本意是夏季天热时可拥抱的清凉之物。根据传统婚俗的观点，竹夫人象征着男性，是用于传宗接代的神圣物品。“竹夫人”往往和弃妇的形象联系在一起。古时候，一个女子如果不能为丈夫传宗接代，无论她出嫁时多么风光，都要面临被抛弃、失宠等可能。因而只能守着她的嫁妆，与冰冷的竹夫人为伴。如果对其进行直译，将其译成 bamboo wife 或者 bamboo lady，很难被西方文化下的人们理解。运用意译将其译为 bamboo husband 则很好地阐释了竹夫人的象征意义。dutch consolation 有自我安慰的意思，这样的翻译能巧妙地将竹夫人同闺怨相联系，使其富有文化色彩。

3. 音译法

音译法主要适用于婚姻习俗中文化内涵独特的词汇或文本的翻译，采取音译法进行翻译能很好地展现这种独有文化的内涵和特点。例如：

冲喜 tsunghi

门包 menpao

聘礼 pinli

（二）西方婚俗文化的汉译

对于一些西方结婚场合所用到的用品、婚礼现场的活动以及人们在举行结婚纪念活动时所采用的婚礼命名，经常采用直译法进行翻译。例如：

wedding gown 新娘礼服

buggy 马车

wedding dress 婚纱、结婚礼服

bridegroom 新郎

bride 新娘

priest 牧师

honeymoon 蜜月

vows 婚誓

say one's vows 立下婚誓

union of wine cups 交杯酒

wedding march 婚礼进行曲

swear 宣誓

ivory wedding 象牙婚

第五节 英汉丧葬文化对比与翻译

一、丧葬文化分析

（一）丧葬氛围差异分析

在丧葬氛围方面，英汉两个民族之间差异较大，我国传统的葬礼有一个很突出的“闹”的特点，相较而言，西方的葬礼一般都比较肃静，下面将对其进行具体分析。

西方国家的丧礼一般都比较安静，在送葬的路上或者逝者下葬时，亲友们只能默默流泪，但是不能大声哭闹，西方人认为大声哭泣会打扰到逝者，从而使其不能安息。

我国的葬礼则比较“闹”，在逝者即将离开这个世界时，亲友们往往通过大哭的方式表达对逝者的留恋，同时也希望通过哭声能够将逝者的灵魂挽回，让其仍然留在人间。对于葬礼而言，出殡是一个高潮，在逝者离世之后的三到五天，亲友就要将逝者埋葬。在出殡的当天，逝者的亲属都要悲声痛哭，从而表达出对逝者的留恋与不舍之情。

（二）丧葬服饰差异分析

中西方在举办葬礼时对服装的要求也不同，我国比较重视服装的颜色，认为不同颜色的衣服有着不同的意义。

在西方，举行葬礼时人们一般都穿黑色的衣服，因为黑色显得比较庄重，西方人认为黑色代表的是恐怖与黑暗，并且黑色也往往与地狱联系在一起。在中国，传统葬礼上人们都是穿纯白色的衣服，白色代表西方，这与中国人逝去归西的理念也相符合。

但是，需要注意的是，随着改革开放政策的逐步推进，不同的文化都获得了传播的机会，这也使各个国家的人能够接触到其他国家的文化。中国的一些传统文化受到了西方的影响，比如很多在城市中举行的葬礼已经不再推崇披麻戴孝，而是在袖子上系上黑纱，以表达对逝者的思念，有时也会在黑纱上写一个白色的“孝”字，因为孝在我国是受到特别推崇的。

二、丧葬文化翻译

丧葬习俗是不同民族文化中饱含绚丽缤纷、多姿多彩的风土人情的风俗。基于上述的分析，不难看出，民族不同，其风俗也独具特点。可见，要想完成优秀的翻译并不容易。研究中西丧葬民俗的差异并以最佳的方式传译，利于不同民族文化下的人们进行更顺畅的跨文化交往。下面就在中西差异分析的基础上，探讨中西丧葬文化的翻译。

（一）丧葬文化用词的直译

中西文化中的一些丧葬习俗文化用词，通过直接翻译的方式就能使受众明白，因而可对其直接进行翻译。例如：

cloth 布

funeral 葬礼

Funerary object 随葬品

cremation 火葬

tree burial 树葬

cliff burial 崖葬

tower burial 塔葬

上述这些丧葬用具以及名称就采用了直译法进行翻译。再如，在汉语经典名著《红楼梦》中，也有一些有关丧葬文化的习俗，也可采用直译法进行翻译。

贾赦不在家，贾政为长，宝玉、贾环、贾兰是亲孙，年纪又小，都应守灵。（曹雪芹《红楼梦》）

In the absence of Jia She, Jia Zheng was the head of the house. Baoyu, Jia Huan and Jia Lan, as young descendants, had to keep watch by the coffin.（杨宪益、戴乃迭译）

本例中，“守灵”在不同文化下的文化内涵基本相同，都有“守护死者灵柩之意”，因而译者在翻译“守灵”时，采用直译技巧将其译为 keep watch by the coffin，很容易被目的语读者接受和理解。

（二）丧葬文化用词的意译

对于一些很难直接翻译的丧葬文化的相关内容，还可以采用意译的技巧进行翻译。例如：

寿衣 shroud（the dead cloth）

话说秦钟既死，宝玉痛哭不已，李贵等好容易劝解半日方住，归时犹是凄恻哀痛。贾母帮了几十两银子，外又另备奠仪，宝玉去吊纸。七日后，便送殡掩埋了，别无述记。（曹雪芹《红楼梦》）

Baoyu wept over Qin Zhong's death as if he would never stop; and it was some time before Li Gui and the rest could prevail on him to leave off. Even after his return he could not overcome his grief. The Lady Dowager gave the Qin family several dozen taels of silver in addition to funeral gifts; Baoyu went to offer his condolences and, seven days later, the funeral and burial took place. No need to record it in detail.（杨宪益、戴乃迭译）

翻译上述例句中的“凄恻哀痛”“奠仪”“吊纸”“送殡掩埋”时，译者并没有采用直译进行翻译，而是从符合英语表达习惯的角度出发，采用意译法进行翻译，分别将其译为 could not overcome his grief，funeral gifts，offer his condolences 和 the funeral and burial，这样的译文在传递信息时，容易让英语读者理解并接受，从而便于不同国家与民族间的交流与沟通。

Only alone death can let people comprehend the true meaning of life.

唯有死亡能让人了解生命的真谛。

A fair death honors the whole life.

死得其所，流芳百世。

这些对逝者哀悼的表述也采用了意译法进行翻译。由于这些悼词有时还可能用于挽联或者写在门面上表达对逝者的悼念，因而，语言表述上要高度浓缩，还要非常简洁、凝练。

（三）丧葬文化用词的意译加注译

在对丧葬文化进行翻译时，有些词尽管采用了意译技巧，但译文还是会给读者带来一定的理解困扰，此时就需要对译文做出进一步的解释，也就是用所谓的意译加注技巧进行翻译。例如：

刚走到二门上，见林之孝带了人抬进棺材来了，他只得也跟进去帮着盛殓，假意哭嚎

了几声。(曹雪芹《红楼梦》第一百一十一回)

She had just reached the inner gate when Lin Zhixiao led in men carrying the coffin, obliging her to return to help lay out the corpse and make a pretence of wailing. (杨宪益、戴乃迭译)

此外，对于一些陵墓文化，也可以结合具体情况进行灵活翻译。例如：

乾陵（唐高宗李治与武则天的合葬墓）Qian Mausoleum

中国古代葬墓 Ancient Chinese Tomb

封土 The mound

竖穴墓 vertical cave

陵园建筑 cemetery building

参考文献

[1] 杨莉. 跨文化交际翻译教程［M］. 北京：中国纺织出版社，2019.

[2] 黄净. 跨文化交际与翻译技能［M］. 天津：天津大学出版社，2019.

[3] 王端. 跨文化翻译的文化外交功能探索［M］. 北京：中国广播影视出版社，2019.

[4] 苏辛欣. 跨文化交际视域下的翻译教学［M］. 长春：吉林人民出版社，2019.

[5] 李攀攀. 跨文化交际与翻译理论研究［M］. 长春：吉林大学出版社，2019.

[6] 赵秀丽. 商务英语跨文化翻译技巧与实践研究［M］. 长春：吉林人民出版社，2019.

[7] 盛辉. 语言翻译与跨文化交际人才培养策略研究［M］. 长春：东北师范大学出版社，2019.

[8] 刘海燕. 商务英语跨文化翻译技巧与实践研究［M］. 长春：吉林出版集团有限责任公司，2019.

[9] 郭文琦. 基于跨文化交际视角下英语翻译技巧与方法研究［M］. 北京：北京工业大学出版社，2019.

[10] 朱红英，吴唯. 英汉社会话语中的概念隐喻及其跨文化翻译研究［M］. 杭州：浙江工商大学出版社，2019.

[11] 李婷. 跨文化交际研究与高校英语教学创新探索［M］. 北京：九州出版社，2019.

[12] 何冰，姜静静，王婧. 现代跨文化英语教学与课程设计研究［M］. 长春：吉林人民出版社，2019.

[13] 林琳. 跨文化教育视阈下的大学英语教学研究与实践［M］. 中国原子能出版社，2019.

[14] 王欣平. 英语跨文化交际教育与教学实践研究［M］. 长春：吉林人民出版社，2019.

[15] 闫娜. 跨文化理论阐释及其教学应用研究［M］. 长春：吉林大学出版社，2019.

[16] 翟宇，王霞. 当代商务英语的跨文化交际与应用综合研究［M］. 北京：北京工

业大学出版社，2019.
[17] 罗震山. 跨文化视域下的当代英语教学新探 [M]. 北京：中国书籍出版社，2019.
[18] 谭焕新. 跨文化交际与英汉翻译策略研究 [M]. 北京：中国商业出版社，2018.
[19] 胡蝶. 跨文化交际下的英汉翻译研究 [M]. 长春：东北师范大学出版社，2018.
[20] 李雯，吴丹，付瑶. 跨文化视阈中的英汉翻译研究 [M]. 长沙：湖南师范大学出版社，2018.
[21] 白晶，姜丽斐，付颖. 跨文化视野下中西经典文学翻译研究 [M]. 长春：吉林大学出版社，2018.
[22] 王静. 跨文化视角下的英语翻译理论与实践探究 [M]. 长春：吉林人民出版社，2018.
[23] 于瑶. 现代商务英语的跨文化交际与应用 [M]. 长春：吉林大学出版社，2018.
[24] 徐晓飞，房国铮. 翻译与文化 [M]. 上海：上海交通大学出版社，2018.
[25] 梁天柱，李海勇，鞠艳霞. 外语翻译与文化融合 [M]. 北京：九州出版社，2018.
[26] 刘著妍. 实用文体翻译 [M]. 天津：天津大学出版社，2018.
[27] 冯曼. 翻译伦理研究译者角色与翻译策略选择 [M]. 武汉：武汉大学出版社，2018.
[28] 陈平，林昊，周静海. 言外之意翻译的语境视角 [M]. 沈阳：东北大学出版社，2018.
[29] 俞钢，李照国. 都市文化与都市翻译的关系 [M]. 上海：上海生活·读书·新知三联书店，2018.
[30] 陈莉. 中西旅游文化与翻译研究 [M]. 北京：中国商务出版社，2018.
[31] 骆洪，徐志英. 外国语言文化与翻译研究 [M]. 昆明：云南大学出版社，2018.
[32] 陈静，高文梅，陈昕. 跨文化交际与翻译 [M]. 成都：电子科技大学出版社，2017.
[33] 马予华，陈梅影，林桂红. 英语翻译与文化交融 [M]. 长春：吉林人民出版社，2017.

前言

Preface

德国诗人歌德说过："读一本好书，就等于和一位高尚的人对话。"阅读中外文学名著，简直就是在和一位文学大师对话。他们创作的名著，纵贯古今，横跨中外，大浪淘沙，沙里淘金，成为全人类共同的宝贵财富。

名著是历史的"回音壁"，是自然的"旅行册"。它可以拉近古今的距离：我们阅读名著可以探访在时间长河中和我们擦肩而过的人，看看他们怎样面对生活。它可以缩短地域间的距离：我们阅读名著便可足不出户而卧游千山万水，体察各地的风土人情。

名著是全人类智慧的结晶，那里面充满了智者的箴言。谁读了《论语》《老子》，不觉得是大师们站在人类思想的巅峰上，为我们播撒智慧的种子？我们阅读他们的书，就是站在巨人的肩膀上俯瞰世界。

名著是人类感情的"储藏室"，是传承文明的"火炬手"。它展示着人类审视、确认、表现自身情感的过程，表现出一种摆脱生活的琐杂而趋向美与高尚的努力，其深厚的底蕴总是能够在我们的生活中唤起这种寓于诗意的情怀，因而具有永恒的魅力。

名著是真、善、美的化身，是人类生活中难得的一片净土。大师们在炼狱中心灵首先得到了净化，他们的作品无处不放射着高尚的光辉。在紧张而浮躁的社会中，我们的心灵有时会由于四处奔波而疲惫，由于过于好斗而阴暗，这时阅读名著绝对能使我们变得宁静而高尚，在阅读的过程中抚慰心灵的创痕，涤荡心灵的浮尘。

本套丛书有《红楼梦》《水浒传》等中国传统名著，还有《钢铁是怎样炼成的》《格林童话》等国外经典名著。可以带领学生领略中外人文差异，徜徉思想之海，探索文字奥秘。编者在编制本套丛书时，本着学生的认知层面和生活经验，对原著进行了全方位的解读。每一章节前加上了“精彩导读”，帮助他们获取本章的大致内容，增强总结能力；同时，在每一章的大量文段中选取了优美的词句，有精彩解读，帮助他们理解作者的情感变化、写作手法等，提升他们的写作技巧；在章节后有“精彩点拨”，总结中心思想，剖析艺术手法，加深他们的阅读印象；还有“阅读积累”，拓展他们的知识层面。

相信广大学子读完这套为他们精心打造的丛书后一定能开阔眼界，增加智慧，健全人格，铸就人生的新境界！

编　者

学问速递

作者素描

左丘明（约前502—前422年），华夏人，春秋末期史学家、学者与思想家，享年80岁。丘穆公吕印的后代。本名丘明，因其先祖曾任楚国的左史官，故在姓前添“左”字，故称左史官丘明先生，世称“左丘明”。左丘明曾任鲁国史官，与孔子同时代，而左年辈稍晚。左氏家族世为太史，左丘明又与孔子一起“如周，观书于周史”，故熟悉诸国史事，并深刻理解孔子思想。孔子编订六经，左丘明为解析六经之一《春秋》而著《左传》，亦著《国语》。《左传》《国语》两书记录了不少西周、春秋的重要史事，史料翔实，文笔生动，具有很高的史学价值。左丘明是中国传统史学的创始人，被史学界推为中国史学的开山鼻祖，被誉为“百家文字之宗，万世古文之祖”“文宗史圣”“经臣史祖”，孔子、司马迁均尊左丘明为“君子”。

内容精讲

《左传》是一部史书，取材于王室档案、鲁史策书、诸侯国史等。它记事起自鲁隐公元年（前722年），终于鲁悼公四年（前464年），以《春秋》为本，通过记述春秋时期的具体史实来说明《春秋》的纲目，是儒家重要经典之一。《左传》以近二十万言的规模，全面、系统地记载了春秋一代的大事，广泛涉及周王朝和晋、鲁、楚、郑、齐、卫、宋、吴、秦、越、陈等十多个诸侯国，并且屡见追记西周与商殷，甚至有夏以前时期的史实。《左传》主要记录了周王室的衰微，诸侯争霸的历史，包括诸侯国之间的聘问、会盟、征伐、婚丧、篡弑等，对各类礼仪规范、典章制度、社会风俗、民族关系、道德观念、天文地理、历法时令、古代文献、神话传说、歌谣言语等均有记述和评论，可以称得上是春秋时期的百科全书。《左传》为后世提供了春秋及其以前阶段大量的思想史、经济史、社会史以及其他学术史的重要资料。它是中国第一部叙事详细的编年体史书，同时也是一部杰出的历史散文巨著。

经典书评

《左传》既解经义，又叙史事，视野宏阔，思想深刻，因此《左传》一书堪称波澜壮阔的历史画卷，我们可以从中了解到春秋250多年历史的各个方面。《左传》研究涉及春秋历史的政治、历史事件、礼制、典章制度、军事、外交、文物、文化、语言、地理等领域，它是中国古代尤其是春秋时期的文化宝库，堪称春秋时期的百科全书。《左传》代表了先秦史学的最高成就，是研究先秦历史和春秋时期历史的重要文献，对后世的史学产生了很大影响，特别是对确立编年体史书的地位起了很大作用。而且，由于它具有强烈的儒家思想倾向，强调等级秩序与宗法伦理，重视长幼尊卑之别，同时也表现出“民本”思想，因此也是研究先秦儒家思想的重要历史资料。陈商说：“孔圣修经，褒贬善恶，类例分明，法家也；左丘明为鲁史，载述时政……以日系月……本非扶助圣言，缘饰经旨，盖太史氏之流也……夫子所以为经，当与《诗》《书》《周易》等列；丘明所以为史，当与司马迁、班固等列。”晋·范宁评“春秋三传”的特色说：“《左氏》艳而富，其失也巫（指多叙鬼神之事）。《穀梁》清而婉，其失也短。《公羊》辩而裁，其失也俗。”东汉《公羊》学者李育以为《左氏》“虽有文采而不得圣人深意攻之，以为前世陈元、范升之徒更相非折，而多引图谶，不据理体，于是作《难左氏义》四十一事”。

《太平御览》六百十引桓谭《新论》曰：“左氏经之与传，犹衣之表里，相待而成，有经而无传，使圣人闭门思之，十年不能之也。”

贺循：“左氏之传，史之极也。文采若云月，高深若山海。”

刘熙载：“左氏叙事，纷者整之，孤者辅之，板者活之，直者婉之，俗者雅之，枯者腴之，剪裁运化之方，斯为大备。”

刘知幾：“寻《左氏》载诸大夫辞令，行人应答，其文典而美，其语博而奥；述远古则委曲如存，征近代则循环可覆。必料其功用厚薄，指意深浅。谅非经营草创，出自一时；琢磨润色，独成一手。斯盖当时国史，已有成文，丘明但编而次之，配经称传而行也。”

刘知幾：“《左氏》之叙事也，述行师则簿领盈视，聒沸腾；论备火则区分在目，修饰峻整；言胜捷则收获都尽，记奔败则披靡横前，申盟誓则慷慨有余，称谲诈则欺诬可见，谈恩惠则煦如春日，纪严切则凛若秋霜，叙兴邦则滋味无量，陈亡国则凄凉可悯。或腴辞润简牍，或美句入咏歌。跌宕而不群，纵横而自得，若斯才者，殆将工侔造化，思涉鬼神，著述罕闻，古今卓绝。”

《左绣》：“《左氏》叙事、述言、论断，色色精绝，固不待言，乃其妙尤在无字句处。凡声情意态，缓者缓之，急者急之，喜怒曲直莫不逼肖，笔有化工。若只向字句临摹，便都不见得。”

梁启超：“《左传》文章优美，其记事文对于极复杂之事项——如五大战役等，纲领提挈得极严谨而分明，情节叙述得极委曲而简洁，可谓极技术之能事。其记言文渊懿美茂，而生气勃勃，后此亦殆未有其比。又其文虽时代甚古，然无佶屈聱牙之病，颇易诵习。故专以学文为目的，《左传》亦应在精读之列也。”

角色卡片

郑庄公

郑庄公（前757—前701年），姬姓，郑氏，名寤生，春秋时郑国第三位国君（前744—前701年在位），春秋初期政治家。郑伯克段于鄢、讨伐不庭、戒饬守臣，在执政期间，政治上，郑庄公攘外安内，使得郑国出现了比较稳定的局面；经济上，郑庄公重农兴商，积极发展商品经济，不断增强国家的经济实力；外交上，郑庄公借助外力清除了郑国前进道路上的障碍，最终使得郑国称“小霸”于诸侯。

齐桓公

齐桓公（？—前643年），姜姓，吕氏，名小白，春秋时齐国第十六位国君（前685—前643年在位），“春秋五霸”之首，姜太公吕尚的第十二代孙，齐僖公第三子，母为卫姬。早年在鲍叔牙保护下，逃到莒国避难。在齐襄公和公孙无知相继死去后，抢先回国，夺取君位。任内励精图治，任用管仲为相，推行改革，实行军政合一、兵民合一的制度，促使齐国逐渐强盛。打出“尊王攘夷”的旗号，九合诸侯，平定宋国内乱，北击山戎，南伐楚国，灭掉谭、遂、鄣等小国，成为第一个中原霸主，受到周天子赏赐。

楚庄王

楚庄王（？—前 591 年），又称荆庄王（出土战国楚简作“臧王”），芈姓，熊氏，名旅（一作“侣”“吕”），楚庄王元年（前 613 年）到楚庄王二十三年（前 591 年）在位，“春秋五霸”之一。庄王熊旅重用了伍举、苏从等忠直之臣，攻灭了前来进犯的庸国，使楚国的势力向西北扩展；任用孙叔敖为令尹，重视社会生产，发展经济，充实国力。削弱晋国，灭掉了萧国，又连续三年攻伐宋国，迫使宋国向楚求和。楚庄王饮马黄河，问鼎中原，实现了自己称霸的愿望。

秦穆公

秦穆公（？—前 621 年），嬴姓，赵氏，名任好，雍城（今陕西省宝鸡市凤翔县南郊）人，春秋时期政治家，秦国第九位国君（前 659—前 621 年在位），“春秋五霸”之一，秦德公少子。秦穆公元年（前 659 年），秦穆公正式继位，继位后任用百里奚、蹇叔为谋臣，励精图治，击败晋国，俘晋惠公，灭亡梁国、芮国、滑国等。秦穆公二十三年（前 637 年），秦穆公帮助晋怀公回国即位；秦穆公二十四年（前 636 年），秦穆公帮助晋文公回国即位，实现秦晋之好。秦穆公三十三年（前 627 年），秦穆公派兵攻打中原，经历“崤之战”和“彭衙之战”的惨败，东进之路行不通。秦穆公三十七年（前 623 年），秦穆公向西发展，任用由余为谋士，逐渐灭掉戎人国家，受到周天子赏赐金鼓；后继续攻打蜀国和关西（函谷关以西）的国家，开辟国土千里，被周襄王任命为“西方诸侯之伯”，称霸西戎，对秦国的发展和古代西部的民族融合都做出了一定的贡献。

晋文公

晋文公（前 697 或前 671—前 628 年），姬姓晋氏，名重耳，春秋时期晋国的第二十二任君主（前 636—前 628 年在位），晋献公之子，母为狐姬。晋文公文治武功卓著，是“上古五霸”之一，与齐桓公并称“齐桓晋文”。晋文公在位期间任用狐偃、先轸、赵衰、贾佗、魏犨等人实行通商宽农、明贤良、赏功劳等政策，作三军六卿，使晋国国力大增。对外联合秦国和齐国伐曹攻卫、救宋服郑，平定周室子带之乱，受到周天子赏赐。前 632 年，在城濮之战以少胜多，大败楚军，并召集齐、宋等国于践土会盟，成为“春秋五霸”中第二位霸主，开创了晋国长达百年的霸业。

目录

contents

悦享丛书 yue xiang cong shu

郑伯克段于鄢　隐公元年

精彩导读

文章以时间为序，记叙郑国王室内部势力之间的权力之争，既涉及政治、军事利益，也牵涉到母子情、手足情，读来扣人心弦。首先写庄公寤生，使姜氏受到惊吓，姜氏因而厌恶庄公，喜爱次子段。段在母亲的支持下，扩张势力，谋夺君王之位。庄公静观其变，外似宽厚实则胸怀杀机。矛盾冲突越来越明朗、尖锐，达到高潮：郑伯讨伐叔段，段逃奔到共，姜氏被放逐在城颍。吴荪右语："文章之祖。"

原文

初①，郑武公②娶于申③，曰武姜④，生庄公及共叔段⑤。庄公寤生⑥，惊姜氏，故名曰"寤生"，遂恶之⑦。爱共叔段，欲立之。亟请于武公⑧，公弗许⑨。

注释

①初：当初，当年，回想往事的一种通俗说法。②郑武公：名掘突，郑国第二代君主，郑桓公的儿子。③娶于申：从申国娶妻。申，古国名，春秋时国名（在今河南省南阳市北），姜姓。④曰武姜：叫武姜。武姜，郑武公之妻，"武"姓是她丈夫的谥号，"姜"是其本姓。⑤共（gōng）叔段：郑庄公的弟弟，名段。兄弟排行，年龄最小，尊称"叔段"。⑥寤（wù）生：指难产，胎儿先出脚后出头。寤，通"牾"，逆，倒着。⑦遂恶（wù）之：因此厌恶他。遂，连词，因而。恶，厌恶。⑧亟（qì）请于武公：屡次向武公请求。亟，屡次。于，介词，向。⑨公弗许：武公不答应她。弗，不。

译文

当年，郑武公从申国娶了一位很漂亮的妻子，名叫武姜，她生下了庄公和共叔段。武姜生庄公时难产，胎儿先出脚后出头，武姜受到惊吓，就给他取名"寤生"，并且很厌恶这个孩子。武姜很喜欢聪明伶俐的共叔段，凡事总偏爱他，想立他为太子。她多次向丈夫郑武公请求，都没有得到应允。

原文

及[①]庄公即位[②]，为之请制[③]。公曰："制，岩[④]邑[⑤]也，虢[⑥]叔死焉。佗邑[⑦]唯命[⑧]。"请京[⑨]，使居之，谓之京城大叔。

注释

①及：介词，到。②即位：庄公登上君位。③制：古地名，即虎牢［在今河南省荥（xíng）阳市西北］。④岩：岩，险要。⑤邑：人所聚居的城镇。⑥虢（guó）：古国名，周朝时期的诸侯国（在今陕西省宝鸡市一带）。后分为东虢、西虢。东虢为郑国所灭。该句即指东虢国的国君死在那里。⑦佗邑：别的地方。佗，同"他"，别的，另外的。⑧唯命：只听从您的命令。⑨京：古地名（在今河南省荥阳县东南）。

译文

到了庄公登上王位做了国君，母亲武姜请求为小儿子共叔段封“制”这个地方作为领地。庄公说：“制，地势险峻，非常重要，虢叔就是死在那里的。若是封给他别的地方，母亲的吩咐还是可以照办的。”武姜请求把京邑封给共叔段，并允许他住在那里。庄公答应了母亲的请求。从此，人们尊称共叔段为“京城太叔”。

原文

祭仲①曰：“都②，城过百雉③，国之害也④。先王⑤之制：大都，不过参国之一⑥；中，五之一⑦；小，九之一⑧。今京不度，非制也⑨，君将不堪。”公曰：“姜氏欲之，焉辟害⑩？”对曰：“姜氏何厌之有？不如早为之所⑪，无使滋蔓⑫！蔓，难图也。蔓草犹不可除，况君之宠弟乎？”公曰：“多行不义⑬，必自毙⑭，子姑待之。”

注释

①祭（zhài）仲：郑国大夫。祭为他的封地。②都：指城邑等级高于一般城市而又次于国都的城市。《左传·庄公二十八年》记载：“凡邑有宗庙先君之主曰都。”③雉（zhì）：古代城墙长一丈、宽一丈、高一丈为一堵，三堵为一雉，即长三丈。④国之害也：国家的祸害。⑤先王：前代君王。即周朝开国君主周文王、周武王。⑥大都，不过参（sān）国之一：大城市的城墙，不得超过国都城墙的三分之一。参，同“三”。⑦中，五之一：中等城市的城墙不超过国都城墙的五分之一。⑧小，九之一：小城市的城墙不超过国都城墙的九分之一。⑨非制也：不是先王定下的制度。⑩焉辟害：哪里能逃避祸害？辟，“避”的古字。⑪早为之所：重新给他安排个地方。⑫无使滋（zī）蔓（màn）：不要让她的欲望滋长蔓延。无，通“毋”（wú）。⑬多行不义：指做了很多不仁不义的事。⑭毙：本义倒下去、垮台。

译文

大夫祭仲对庄公说：“分封的都邑城墙不得超过三百丈长，否则就会给国家造成危害。先王制定的规制，大都城的城墙，不得超过国都的三分之一；中等的，不得超过国都的五分之一；小的，不得超过国都的九分之一。现在京地的城墙不合法度，不是祖制所允许的，我担心对国君不利。”庄公十分忧虑，说：“姜氏非要这么干，我怎样才能免除祸害呢？”祭仲坚定地回答：“姜氏的欲望怎么可能得到满足呢？应该早日处置，免得其贪欲蔓延滋长。一旦蔓延，就难以对付了。蔓延的野草是很难除掉的，何况是国君您母亲宠爱的弟弟呢？”庄公愤愤然，说：“多行不义之事，必定会自己垮台，你就等着瞧吧。”

原文

既而大叔命西鄙、北鄙贰于己①。公子吕②曰：“国不堪贰，君将若之何③？欲与大叔④，臣请事之⑤；若弗与，则请除之。无生民心⑥。”公曰：“无庸，将自及⑦。”大叔又收贰以为己邑⑧，至于廪延⑨。子封曰：“可矣，厚将得众⑩。”公曰：“不义不暱，厚将崩⑪。”

注释

①既而大（tài）叔命西鄙、北鄙（bǐ）贰于己：不久，共叔段下令把原属庄公的西部和北部的边境城邑都归属于自己。既而，不久。鄙，边邑也，从邑，边境上的城邑。贰，两属。②公子吕：郑国大夫。③若之何：拿它怎么办？之，指“大叔命西鄙、北鄙贰于己”这件事。④欲与大（tài）叔：想交出国家大权给共叔段。⑤臣请事之：我请求去侍奉他。事，侍奉。⑥生民心：使民生二心。⑦将自及：灾难将要降临到自己头上。及，本义追赶上。⑧收贰以为己邑：把分属两地的领邑收为自己所有。贰，指原来两属的西鄙、北鄙。⑨廪（lǐn）延：古地名（在今河南省延津县北）。⑩厚将得众：势力雄厚，会有更多的百姓来依附。众，指百姓。⑪不义不暱（nì），厚将崩：共叔段对君不忠不义，百姓对他不亲近，就会疏远他，他势力再强大，也必然会崩溃。暱，同“昵”，亲近。

译文

过了不久，公叔段命令本属于庄公的西部和北部的边邑背叛庄公，必须服从自己的命令。子封（公子吕）对庄公说：“国家不能有两个君主，不能让两面听命的情况发展下去，您打算怎么办？您要把君位让给太叔，下臣就去侍奉他；如果不给他君位，那就赶快把他除掉，不要让百姓失望，产生疑虑。”庄公说：“用不着除掉他，他会自取灭亡的。”公叔段继续加紧活动，又将原来两属的边邑改为自己管辖，然后又扩展到廪延等地方。子封又劝谏庄公，说：“抓紧动手吧，他不断扩张土地，势力一天强盛过一天，他会得到老百姓的拥护，再不动手就晚了。”庄公说：“他已经失去了道义，对君主不敬，对兄长不亲，虽然土地扩张了，但不能号召人，虽然势力强大了，但他照样会垮台的。”

原文

大叔完、聚①，缮甲、兵②，具卒、乘③，将袭郑，夫人将启之④。公闻其期⑤，曰：“可矣！”命子封帅⑥车⑦二百乘⑧以伐京。京叛大叔段，段入于鄢，公伐诸鄢⑨。五月辛丑⑩，大叔出奔⑪共⑫。

注释

①完、聚：意指团聚百姓，修筑城邑。完，修葺。聚，聚集。②缮甲、兵：修整作战用的甲衣和兵器。缮，修理。甲，铠甲。兵，兵器。③具卒、乘（shèng）：准备步兵和战车。具，准备。卒，步兵。乘，四匹马拉的战车。④夫人将启之：意思是武姜将打开城门，迎接共叔段，愿做内应。夫人，指武姜。启，开。⑤公闻其期：庄公知道了偷袭的日期。⑥帅：同“率”，率领。⑦车：战车。古代每辆战车配备甲士三人、步卒七十二人。⑧二百乘：二百辆战车。共甲士六百人、步卒一万四千四百人。⑨公伐诸鄢：庄公讨伐共叔段，攻打鄢邑。诸：“之于”的合音词。⑩辛丑：干支纪日。⑪奔：逃亡。⑫共：古国名，共国（在今河南省辉县市西北一带）。

译文

公叔段聚集大批百姓，修筑城邑，储备粮草，补充盔甲武器，操练兵马，已经做好袭击郑国都城的准备，武姜甘愿作为内应，已准备好打开城门。庄公早已知道了公叔段起兵的日期，也掌握了武姜的情况。他说：“是时候出击了。”庄公命令子封率领二百辆战车去讨伐京邑。京邑的老百姓都起来反对公叔段。公叔段赶紧逃往鄢地。庄公又赶到鄢地攻打他。五月辛丑日，公叔段亡命逃跑去了共国。

原文

书曰："郑伯克段于鄢[①]。"段不弟[②]，故不言弟；如二君，故曰"克"[③]；称郑伯[④]，讥失教也[⑤]：谓之郑志[⑥]。不言出奔，难之也[⑦]。

注释

①郑伯克段于鄢：意思是说共叔段不遵守做弟弟的本分。《春秋》记载道："郑伯克段于鄢。"②不弟：不守为弟之道。③如二君，故曰"克"：兄弟两个为了君位而自相残杀，因此用"克"字。克，即战胜。④称郑伯：庄公被人尊称"郑伯"。⑤讥失教也：实际上是讥讽庄公没有教育好弟弟。讥，讽刺。失教，庄公本有教育共叔段之责而未教。⑥谓之郑志：讨伐共叔段并将他赶跑，是出于郑庄公的本意。志，意愿。⑦不言出奔，难之也：不写共叔段出逃，是史官不敢实写，确有为难之处。

译文

《春秋》记载道："郑伯克段于鄢。"意思是说共叔段不遵守做弟弟的本分，人们说庄公不认他这个弟弟；兄弟两个为了君位而自相残杀，因此用"克"字；人们把庄公尊称"郑伯"，实际上是讥讽他没有教育好弟弟共叔段：讨伐共叔段并将他赶跑，只是出于郑庄公的本意。不写共叔段出逃，是史官不敢实写，有为难之处。

原文

遂寘[①]姜氏于城颍[②]，而誓之曰："不及黄泉[③]，无相见也。"既而悔之。颍考叔[④]为颍谷[⑤]封人[⑥]，闻之，有献于公。公赐之食。食舍肉。公问之。对曰："小人有母，皆尝小人之食矣，未尝君之羹[⑦]，请以遗之[⑧]。"公曰："尔有母遗，繄我独无[⑨]！"颍考叔曰："敢问何谓也[⑩]？"公语之故，且告之悔。对曰："君何患焉[⑪]？若阙地及泉，隧[⑫]而相见[⑬]，其谁曰不然[⑭]？"公从之。公入而赋："大隧之中，其乐也融融[⑮]！"姜出而赋："大隧之外，其乐也泄泄[⑯]！"遂为母子如初[⑰]。

注释

①寘（zhì）：“置”的通用字，放置，放逐。②城颍：古地名（在今河南省漯河市临颍县）。③黄泉：地下的泉水，喻墓穴，指死后。④颍考叔：郑国大夫。⑤颍谷：古地名（在今河南省登封市）。⑥封人：管理边界的地方长官。⑦羹（gēng）：有汁的肉。《诗经·尔雅·释器》：“肉谓之羹。”⑧遗（wèi）之：赠送给她。⑨繄（yī）我独无：我却单单没有啊！繄，句首语气助词。⑩敢问何谓也：冒昧地问问你说的是什么意思呢？ 敢，表敬副词，冒昧。⑪何患焉：您在这件事上忧虑什么呢？焉，语气词。⑫隧：隧道。这里用作动词，指挖隧道。⑬相见：指在那里见面。⑭其谁曰不然：那谁能说不是这样呢？其，语气助词。然，代词，指代庄公对姜氏发的誓言。⑮大隧之中，其乐也融融：走进隧道里，欢乐真无比。⑯大隧之外，其乐也泄（yì）泄：从隧道里走到外面，心情十分欢畅。⑰遂为母子如初：从此母亲和儿子和好如初。

译文

庄公把母亲武姜安置在偏远的颍城，对母亲发誓说：“今后不到黄泉，我永不见你！”过了一段时间，庄公十分想念母亲，他又后悔了。在颍谷管理边界的一个官吏名叫颍考叔，他听说庄公和武姜的事后，主动把贡品献给郑庄公。庄公赐给他饭食。颍考叔在吃饭的时候，特意把肉留下来。庄公感到很好奇，问他为什么这样。颍考叔现出敬重的表情，答道：“小人有个老娘，我吃的东西她都尝过，只是从未尝过君王赏赐的肉羹，请让我带回去送给她吃。”庄公叹口气，说：“你有个老娘可以孝敬，唉，唯独我没有啊！”颍考叔装作不解地问：“请问君王这是什么意思？”庄公把原因告诉了颍考叔，并且说自己很后悔。颍考叔看到时机成熟了，回答道：“君王您有什么可担心的呢？只要挖地挖出了泉水，再就此挖一条地道，在地道中相见，谁还会说您违背了誓言呢？”庄公听后露出了笑容，果然按照颍考叔说的去做了。庄公走进地道见到了母亲，赋诗道：“大隧之中相见啊，多么和乐相得啊！”武姜走出地道，赋诗道：“大隧之外相见啊，多么舒畅快乐啊！”从此，母子和好如初。

原文

君子[①]曰：“颍考叔，纯孝也，爱其母，施及庄公[②]。《诗》曰：‘孝子不匮[③]，永锡[④]尔类[⑤]。’其[⑥]是之[⑦]谓乎！”

注释

①君子：指道德高尚的人。②施（yì）及庄公：延及庄公。施，延及。③匮（kuì）：尽，竭尽。④锡：通“赐”，给予。⑤类：同类的人。⑥其：表推测语气。⑦之：结构助词，助词宾语前置。

译文

君子说：“颍考叔算得上真正的孝子，他很孝顺自己的母亲，还把这种孝心推广到郑庄公身上。《诗经·大雅·既醉》说：‘孝子不断地推行孝道，永远能感化你的同类。’大概只有颍考叔的孝顺才能担得起这种赞誉！”

精彩点拨

文章线索清晰，有明线、暗线，也有主线、次线。段的扩张势力是明线，郑庄公的欲擒故纵是暗线。明线被安排成次线，暗线却被写成主线，郑伯的所作所为成为直接叙述的对象。两条线索在文章开端分头发展，到“公伐诸鄢”，才交织在一起，并引出一条新的线索：郑伯与姜氏的母子关系，最后以母子和好如初为结局。脉络清晰，结构完整，作者的叙事能力是相当高超的。明·归有光《世宗实录》：“此左氏笔力之最高者。”

阅读积累

《郑伯克段于鄢》创作背景

春秋时期，周王室逐渐衰微，各诸侯国之间开始了互相兼并的战争，各国内部统治者之间争夺权势的斗争也加剧起来。为了争夺王位，骨肉至亲成为殊死仇敌。隐公元年（前772年），郑国国君之弟公叔段谋划夺取哥哥郑庄公的君位。庄公发现后，巧施心计，采取欲擒故纵的手段，诱使共叔段得寸进尺，愈加骄横，然后在鄢地打败了公叔段，使他“出奔”。南宋·吕祖谦：“导之以逆，而反诛逆；教之以叛，而反讨其叛！庄公之用心亦险矣！”

周郑交质　隐公三年

精彩导读

《周郑交质》是春秋时期史学家左丘明创作的一篇散文。这篇散文讲述了在西周灭亡后，诸侯迎立天子东迁，郑国在周平王东迁以后，积极服侍周王室，在东周初期和周天子建立了良好的君臣关系，但是由于后来周平王又宠信他人，周王室和郑国的关系开始恶化，以致后来发生了郑庄公与周平王交换人质的事情。这篇散文引经据典，辞采纵横而又风韵悠然。

原文

郑武公、庄公为平王卿士①。王贰于虢②，郑伯③怨王。王曰："无之。"故周、郑交质④。王子狐⑤为质于郑，郑公子忽⑥为质于周。王崩⑦，周人将畀虢公政。四月，郑祭足⑧帅师取温⑨之麦。秋，又取成周⑩之禾。周、郑交恶⑪。

注释

①卿士：周朝官名。②贰于虢（guó）：指平王想把政权一部分让虢执掌。贰，二心，怀有偏袒之心。虢，指西虢公，周王室卿士。③郑伯：诸侯国郑国的君主，这里是郑庄公。④交质：交换人质。⑤王子狐：姬狐，是周平王的次子、姬泄父的弟弟，史称"王子狐"，在长兄太子泄父死后，被立为太子。⑥公子忽：郑庄公太子，后即君位是为郑昭公。⑦王崩：周平王去世。崩，君主时代称帝王死。⑧祭（zhài）足：郑大夫祭仲。⑨温：古国名，周王畿内的小国（在今河南省温县）。⑩成周：古都名，周的东都（在今河南省洛阳市王城公园）。⑪周、郑交恶：周王室和郑国结下怨仇。

译文

郑武公、郑庄公是周平王的卿士。周平王授予虢公权利，郑庄公为此怨恨周平王。周平王说："捕风捉影的事。"因此为消除郑庄公疑虑，周王、郑国交换人质证明互信。周平王的儿子狐在郑国做人质，郑庄公的儿子忽在周王室做人质。周平王死后，周王室准备让虢公掌政。四月，郑国用武力强取了王室温地的麦子。秋季，郑国又取了成周的禾。以此抗议周王重用虢公。自此，周王室和郑国结下了怨仇。

原文

君子曰："信不由中①，质无益也。明恕②而行，要之以礼，虽无有质，谁能间③之？苟有明信④，涧、溪、沼、沚⑤之毛，蘋⑥、蘩、蕰藻⑦之菜，筐、筥⑧、锜、釜⑨之器，潢汙⑩、行潦⑪之水，可荐⑫于鬼神，可羞于王公，而况君子结二国之信，行之以礼，又焉用质？《风》有《采蘩》《采蘋》⑬，《雅》有《行苇》《泂酌》⑭，昭忠信也。"

注释

①中：指内心，同"衷"。②明恕：互相关心、体谅。③间：离间。④明信：互相了解，真诚相待。⑤沼：池塘。沚（zhǐ），水中小洲。⑥蘋（píng）：浮萍，生在水面，形似莼菜，可食。⑦蘩（fán）：白蒿。蕴藻：一种聚生的藻类。⑧筐、筥（jǔ）：竹制容器，方形为筐，圆形为莒。⑨锜（qí）、釜：均为烹饪器，有足为锜，无足为釜。⑩潢（huáng）汙：低洼处不流动的死水。积小水为潢，水不流为汙。⑪行（xíng）潦（lǎo）：行，为"洐"的假借字，指沟水。潦，为雨后道路暂积之水。二者皆为可流动的活水。⑫荐：享祭，祭祀。⑬《采蘩》《采蘋》：均为《诗经·国风·召南》中的篇名，本文则取二诗不嫌物薄之意。⑭《行苇》《泂（jiǒng）酌》：均为《诗经·大雅·民生之什》中的篇名。前者写周祖先宴享先人仁德，歌颂忠厚。后者写汲取行潦之水供宴享。

译文

君子说："信用不是发自内心，订立盟约、抵押物品都没有作用。只有开诚布公互相谅解，谨慎行事，用礼教约束行为，即使不抵押，谁能离间他们？如有真诚的信用，山涧溪流中的浮萍，蕨类水藻这样的菜，竹筐铁锅一类的器物，低洼处沟渠中的水，都可以供奉鬼神，献给王公，何况君子缔结两国的盟约，按礼去做，又哪里用得着人质啊？《国风》中有《采蘩》《采蘋》，《大雅》中有《行苇》《泂酌》这些诗，都是表明忠信、诚意的。"

精彩点拨

《左传》“用事实说话”，使我们看到了这一时代历史发展的总趋势和总动向。此文用较多的文字阐发诚信的重要性，但那只是作者的一种美好愿望而已，因为在历史进入“礼崩乐坏”的春秋时代以后，就很难看到各诸侯国“要之以礼”并“行之以礼”的事情了。《周郑交质》这篇文章反映了《左传》崇霸贬王思想。全文先讲事实，再进行评论，这是《左传》的典型写法。君子的议论以“礼信”为中心，引经据典，词理畅达，对后世史论有极大的影响。

阅读积累

《周郑交质》写作特色

文章先简要记述了事情的前因后果，一方面揭示了郑庄公两次入侵东周之地，强逼平王立质时咄咄逼人的姿态；另一方面则反映了东周王室已然衰微、任人欺凌、委曲求全的历史情况。由此得出结论：周天子与郑庄公想通过交换人质来缓解矛盾、取信对方的做法是不可靠，也是不可取的，因为周、郑之间并没有诚信之心，又不依“礼”行事，所以双方即使交换了人质，也不能够维持他们之间的关系。

文章最后，君子通过对此事的评论，指出相互之间的了解和信任要建立在彼此体谅、坦诚相待的基础之上，强调了恪守礼仪、忠于信义的重要性。

文章虽然不长，但叙事朴实，议论周严，有事实，有根据，有结论，语言中肯，说服力很强。文末“君子曰”一段评论，以信和礼为标准，一针见血地指出周郑交质之非。数层转折与整齐的排句，使作者的论断显示出不可逆转的气势。

石碏谏宠州吁　隐公三年

精彩导读

文章讲述了卫国大夫石碏针对当时卫庄公对公子州吁“有宠而好兵，公弗禁”之事进行了规劝进谏。其谏言有三层内容：其一，说明骄奢淫逸来源于娇纵溺爱；其二，说明受宠则骄横，就不会安于自己地位低下，进而产生怨恨；其三，从此以后，下欺上，疏间亲，祸事就注定要来了。这三层意思逻辑递进，环环相扣，在情在理，深入地分析了由“宠”致亡的必然性，被认为对子孙后代的教育很有意义。

原文

卫庄公①娶于齐②东宫③得臣④之妹，曰庄姜⑤，美而无子。卫⑥人所为赋《硕人》⑦也。又娶于陈⑧，曰厉妫⑨，生孝伯，蚤⑩死。其娣⑪戴妫生桓公⑫，庄姜以为己子。

注释

①卫庄公：卫武公之子，在位二十三年。②齐：古国名，姜姓（在今山东省淄博市临淄区）。③东宫：古代宫殿名，因方位而得名。东宫是太子居所，后常称太子为东宫。④得臣：齐庄公的太子，未等即位就命已归西。⑤庄姜：卫庄公的妻子，是齐庄公嫡女、齐僖公姊妹。庄是丈夫谥号，姜是娘家的姓。⑥卫：古国名，姬姓（在今河南省淇县一带）。⑦《硕人》：硕人，意为漂亮的女人。典出《诗经·卫风》中的一篇，是歌颂庄姜美丽的诗篇。⑧陈：古国名，妫姓（在今河南省东部及安徽省西部）。⑨厉妫（guī）：“厉”和下文“戴妫”的“戴”均为谥号，“妫”是娘家的姓。⑩蚤：通“早”。⑪娣：妹。古时诸侯娶妻，妹可随姊同嫁。⑫桓公：名完，卫庄公之子，在位十六年，后为州吁所杀。

译文

卫庄公娶了齐国太子得臣的妹妹，叫庄姜，庄姜貌若天仙、美丽动人，遗憾的是她没有儿子。卫国人特此作了名为《硕人》的诗赞扬庄姜的美貌。卫庄公又从陈国娶了一个漂亮的妻子，叫厉妫，不久厉妫生了儿子，取名孝伯，孝伯早死。跟厉妫陪嫁来的妹妹戴妫，又给卫庄公生了儿子，取名桓公，庄姜很喜爱桓公，把他视为己出，疼爱有加。

原文

公子州吁①，嬖人②之子也，有宠而好兵，公弗禁，庄姜恶之。石碏③谏曰："臣闻爱子，教之以义方④，弗纳于邪。骄、奢、淫、泆⑤，所自邪也。四者之来，宠禄过也。将立州吁，乃定之矣；若犹未也，阶之为祸⑥。夫宠而不骄，骄而能降，降而不憾，憾而能眕⑦者鲜⑧矣。且夫贱妨贵，少陵⑨长，远间亲，新间旧，小加大，淫破义，所谓六逆也。君义，臣行，父慈，子孝，兄爱，弟敬，所谓六顺也。去顺效逆，所以速祸⑩也。君人者将祸是务去⑪，而速之，无乃不可乎？"弗听。其子厚与州吁游，禁之，不可。桓公立，乃老。

注释

①公子州吁（xū）：卫庄公之子。②嬖（bì）人：出身低贱而受宠的人，这里指卫庄公的宠妾。③石碏（què）：卫国大夫。④义方：为人行事的规范。⑤泆（yì）：同"佚"，放荡恣肆。这里指逸乐。⑥阶之为祸：意思是以宠爱为阶梯作乱。阶，阶梯，这里用作动词，指一步步引向。⑦眕（zhěn）：自安自重，忍耐而不轻举妄动。⑧鲜（xiǎn）：少见。⑨陵：欺侮。⑩速祸：加快祸患的到来。⑪将祸是务去：一定要除去祸患。

译文

公子州吁，是卫庄公最喜爱的宠妾生的儿子，卫庄公视为其宝，十分宠爱，州吁又喜欢军事，庄公从不禁止，但庄姜很厌恶州吁。石碏好心规劝庄公说："一个人爱护自己的儿子，最好的方法是以正确的礼法来教导约束他，使他不走上邪路。如果骄傲、奢侈、淫荡、逸乐，就会走向邪路。这四种恶习的养成都是宠爱和赏赐太过的缘故。如果要立州吁做太子，就应该定下来；要是还没有，继续这样下去就会使他成为祸害。受宠爱而不骄傲，骄傲了而能受压制，受了压制而不怨恨，有怨恨而不为非作歹的人太少见了。再说卑贱的妨害高贵的，年少的欺负年长的，疏远的离间亲近的，新的挑拨旧的，地位低的压着地位高的，淫乱的破坏有礼义的，这是人们常说的六种逆理的事。君主行事公正适宜，臣子服从命令，父亲对儿子慈爱，儿子孝顺父亲，哥哥爱护弟弟，弟弟敬重哥哥，这是人们常说的六种顺礼的事。不做顺礼的事而去做逆理的事，就会加快祸害的到来。做君主的应当尽快除掉祸害，现在却加快了祸害的到来，恐怕这样不可以吧？”卫庄公不听劝说，置若罔闻。石碏的儿子石厚和州吁交往密切，石碏不允许儿子与州吁往来，石厚不听父亲劝告，再说州吁不允许石碏过问，时间长了，石碏就放弃了。桓公即位后，石碏遂告老隐退。

精彩点拨

劝主谏君，须在紧紧把握劝谏旨韵的前提下，动之以情，晓之以理。而理，则须说透，说到位。石碏的谏言入情入理，环环相扣，深入地分析了由“宠”导致灭亡的必然性。“骄、奢、淫、泆，所自邪也”，“四者之来，宠禄过也”，说明骄奢淫逸来源于娇纵溺爱。《石碏谏宠州吁》正具有这样的特点。可以肯定地说，“教之以义方，弗纳于邪”的爱子方法，历来被认为有借鉴意义和实践意义。

阅读积累

如何爱子

如何爱子，对一个国君来说，绝不单单是他个人的问题，这将关系到国家的安危、社会的治乱。正因为这样，所以石碏才进谏卫庄公，提出“爱子”应“教之以义方，弗纳于邪”的观点。接着，便有的放矢地指出“骄、奢、淫、泆”是使“爱子”走上邪路的来由；而这四种恶习的养成，都是为人君者过分溺爱所致。须知，州吁作为庶子而“好兵”，这往往是作乱的前兆。所以石碏一针见血却又语重心长地指出：“将立州吁，乃定之矣；若犹未也，阶之为祸。”之后，又连用四个顶针（也叫“顶真”或“联珠”）句，断定州吁绝不会心甘情愿地屈居人下。再接下来，又根据传统的伦理关系和社会规范，总括出“六逆”和“六顺”，提醒庄公：“去顺效逆”只能加速祸患的发生，作为人君必须防患未然，全力消除祸患的根由。这样，就把“教之以义方，弗纳于邪”这一爱子观的现实性、重要性和紧迫性进一步凸显出来。

郑庄公戒饬守臣　隐公十一年

精彩导读

对于郑庄公戒饬守臣的言辞，后人多认为是老奸巨猾，口蜜腹剑。如近人吴曾祺说：“庄非爱弟之人，其告许叔之言，虽非由衷，却自恻然动听，非奸雄不能为此语。”近人刘培极说：“灭人之国，反作胶漆之语，何等狡狯。”虽如此，应该看到，此篇告诫之词，谋虑深远，分析透辟，措辞委婉曲折，有抑扬起伏之妙，堪称一篇上乘的辞令作品，表现了郑庄公擅于言辞的才能。

原文

秋七月，公①会齐侯②、郑伯③伐许。庚辰④，傅⑤于许⑥。颍考叔取郑伯之旗蝥弧⑦以先登，子都⑧自下射之，颠。瑕叔盈⑨又以蝥弧登，周麾而呼曰：“君登矣！”郑师毕登。壬午⑩，遂入许。许庄公奔卫⑪。

注释

①公：鲁隐公。②齐侯：齐僖公。③郑伯：郑庄公。④庚辰：初一。⑤傅：同“附”，靠近。⑥许：古国名（在今河南省许昌市建安区）。⑦蝥（máo）弧：郑伯旗名。⑧子都：郑国大夫。子都与颍考叔有争车之怨，故射之以报怨。⑨瑕（xiá）叔盈：郑国大夫。⑩壬午：初三。⑪卫：古国名，周朝姬姓诸侯国，都城朝歌（今河南省鹤壁市）。

译文

鲁隐公十一年秋天，七月，鲁隐公会合齐侯、郑伯讨伐许国。七月初一，三国的军队包围了许国城池，遂开始攻城。颍考叔一马当先举着郑国的蝥弧旗登上了城墙，被子都（郑大夫，公孙阏）从下面射中，遂跌下城墙死了。瑕叔盈又举起蝥弧旗爬上城墙，挥舞旗帜并呼喊道：“我们国君登城啦！”郑国的军队奋勇登上城墙。初三，郑军攻入许国。许庄公仓皇逃命，逃到卫国去了。

原文

齐侯[①]以许让公[②]。公曰："君谓许不共[③]，故从君讨之。许既伏其罪矣，虽君有命，寡人弗敢与闻[④]。"乃与郑人[⑤]。

注释

①齐侯：指齐僖公。②公：指鲁隐公。③共：同"供"，供给，供奉。④与（yù）闻：参与听闻，意即过问此事。⑤郑人：指郑庄公。

译文

齐侯要把许国让给鲁隐公。鲁隐公说："您对我说，许国不交纳贡物，不履行职责，把诸侯的责任和义务抛诸脑后，因此我跟随您起兵讨伐它。现在许国受到惩罚了，已经服罪，虽然您有命令，但我也不敢参与这事。"于是齐侯把许国给了郑庄公。

原文

郑伯使许大夫百里奉许叔[①]以居许东偏[②]，曰："天祸许国，鬼神实不逞于许君，而假手于我寡人。寡人唯是一二父兄[③]不能共亿，其敢以许自为功乎？寡人有弟[④]，不能和协，而使糊其口于四方，其况能久有许乎？吾子[⑤]其奉许叔以抚柔此民[⑥]也，吾将使获[⑦]也佐吾子。若寡人得没于地[⑧]，天其以礼悔祸于许，无宁兹许公复奉其社稷？唯我郑国之有请谒[⑨]焉，如旧昏媾[⑩]，其能降以相从也。无滋他族实偪逼处此，以与我郑国争此土也。吾子孙其覆亡之不暇，而况能禋[⑪]祀许[⑫]乎？寡人之使吾子处此，不唯许国之为，亦聊以固吾圉[⑬]也。"

注释

①百里：许国大夫。许叔：许庄公之弟，名郑，谥桓公。②居许东偏：住在许国东部偏远的地方。居，住；许，许国。东，东部。偏，偏远。③父兄：父老兄弟。指同

姓臣子。④寡人有弟：指“郑伯克段于鄢”一事。⑤吾子：二人谈话时对对方的敬称。⑥抚柔此民：一定要安顿好这些老百姓。抚柔，安抚。此，这些。民，百姓。⑦获：指公孙获，郑国大夫。⑧得没于地：得以死后埋葬于地。⑨我郑国之有请谒：有省略，应为“唯我郑国之有请谒而是听”。请谒，请求。⑩昏媾（gòu）：婚姻，姻亲。⑪禋（yīn）：虔诚斋戒。⑫祀许：主持许国的祭祀天神礼。⑬圉（yǔ）：边境，边疆。

译文

郑庄公让许国大夫百里侍奉许庄公的弟弟许叔住在许国的东部边邑，对他说：“上天降祸给许国，是因为鬼神不满意许君的行为，所以借我的手来惩罚他。我虽有几个同姓臣子，但不和睦，更不能同心协力，怎么敢拿打败许国作为自己的功劳？我有个弟弟叫共叔段，也不能和睦相处，他到处流浪，奔走寄食，我又怎能长久占有许国呢？你侍奉许叔以安抚这里的百姓，我将派公孙获来帮助你。我能得到善终而长眠于地下，上天能够依礼撤回对许国的降祸，难道许公就不能再来掌管他的国家？只是我们郑国请求时，希望像老亲家一样，能屈尊降贵答应我们。千万不要助长他族，来和我郑国争夺这地方。万一到了那一步，我的子孙连挽救郑国自己的危亡都无暇照顾，又怎能去祭祀许国的山川呢？我让你住在这里，一是为许国着想，二是借以巩固我们郑国的边防啊。”

原文

乃使公孙获处许西偏①，曰：“凡而器用财贿②，无寘于许。我死，乃亟③去之。吾先君新邑④于此，王室而⑤既卑矣，周之子孙日失其序⑥。夫许，大岳⑦之胤⑧也，天而既厌周德矣，吾其能与许争乎？”

注释

①许西偏：住在许国西部偏远的地方。许，许国。西，西部。偏，偏远。②财贿：货财。金玉称货，布帛称贿。③亟：急，急切，赶紧。④新邑：古地名（在今河南省新郑市）。⑤而：代词，你，你的。⑥序：同“绪”，前人所承受的功业。⑦大岳：传说尧舜

时的四方部落首领。大，同“太”。⑧胤（yìn）：后代。太岳的后代。

译文

郑庄公又派公孙获驻守在许国西部边境，对他说：“你的器物钱财不管大小，都不要放在许国。只要我一咽气，你马上离开许国，越快越好！先君是新近在这里建成都邑的，眼看周王室的地位、权力逐日衰微，周的子孙也逐步失掉所继承的祖先功业。许国是太岳后代，上天开始厌弃周朝的气运了，我们是周的子孙，怎么能和许国相争呢？”

原文

君子①谓：“郑庄公于是乎有礼。礼，经国家，定社稷②，序民人③，利后嗣④者也。许，无刑⑤而伐⑥之，服而舍之，度德⑦而处之，量力而行⑧之，相时而动⑨，无累后人，可谓知礼矣。”

注释

①君子：指有高德的人。②社稷：土神和谷神的总称，是古人最重要的原始崇拜物。③序民人：使老百姓守秩序。④嗣：指后代子孙。⑤无刑：没有礼仪，无视国家法度。⑥伐：讨伐。⑦度德：度量自己的道德高低。这里指郑国根据自己的威望决策。⑧量力而行：依据自己力量的大小做事情，不能勉强而做。⑨相（xiàng）时而动：善于观察，把握有利时机快速采取行动。

译文

君子说：“郑庄公做这件事做得对，符合礼制。礼制，就是治理国家，稳定政权，使百姓守秩序，是有利于后世子孙的千秋伟业。许国不守法度遭到讨伐，愿意服罪，庄公就宽恕它，度量自己的德行，估量自己的实力去认真处理问题，看清形势，不连累后人，可以说是知礼了。”

精彩点拨

历史上历来对郑庄公的评价莫衷一是，不过后来的许多正人君子读到这一段历史，无不认为："郑庄公在这件事情上是有礼数的。而遵行礼制，不仅有利于治理国家，巩固社稷，更有利于子孙后代。许国不守法度就讨伐它，服罪之后就饶恕它，度量自己的德行去处理问题，根据自己的能力来为人处事，尽可能地不连累后人，可以说是知礼了。"

阅读积累

郑庄公

郑庄公是个成功的政治家，文治武功都很有一套，在纷争多变的诸侯争斗中，郑庄公通谋略，精权变，善外交，将郑国治理得显赫一时。郑庄公追求强势人生，因此他成了春秋霸主。强势人生的观念值得推崇。这篇古文记载的正是郑庄公攻克许都之后，对留守许地的臣子所做的两次训诫，这篇训诫在历史上非常有名。由这段诫饬之词实在是不难看出，郑庄公其人之精明能干，以及他为政的深谋远虑。

臧哀伯谏纳郜鼎 桓公二年

精彩导读

文化发展过程中会形成或厚或薄的积淀层，而积淀层会或深或浅地被打上时代烙印。因此，在阅读和欣赏此文的时候，也必须站在历史唯物主义的立场去审视，用辩证唯物主义的认识论去分析，去感悟，抛弃“封建性糟粕”，吸取“民主性精华”。可以肯定，“君人者，将昭德塞违，以临照百官”“国家之败，由官邪也。官之失德，宠赂章也”等理论，直到今天，还有很好的垂戒作用和警示作用。

原文

夏四月，取郜①大鼎②于宋③。戊申，纳于大庙④。非礼也。

臧哀伯谏曰：“君人者，将昭德塞违，以临照百官，犹惧或失之。故昭令德以示子孙。是以清庙茅屋，大路越席⑤，大羹⑥不致，粢食⑦不凿，昭其俭也。衮、冕、黻、珽⑧，带、裳、幅、舄⑨，衡、紞、纮、綖⑩，昭其度也。藻、率、鞞、鞛⑪，鞶、厉、游、缨⑫，昭其数⑬也。火、龙、黼、黻⑭，昭其文也。五色比象⑮，昭其物也。钖、鸾、和、铃⑯，昭其声也。三辰旂⑰旗，昭其明也。夫德，俭而有度，登降有数。文、物以纪之，声、明以发之，以临照百官，百官于是乎戒惧，而不敢易纪律。

注释

①郜（gào）：古国名（在今山东省成武县东南），姬姓，开国国君是周文王的一个庶子，春秋时为宋国所灭。②鼎：古代的一种烹饪器物，又因常常用作旌功记绩的礼器，所以又作为传国重器，其形制一般为三足两耳。③宋：古国名（在今河南省东部及山东、江苏和安徽三省之间），春秋时为十二诸侯国之一，开国国君为殷纣王的庶兄微子。④大（tài）庙：太庙，天子或诸侯国国君的祖庙。⑤大路：也作“大辂”，即大车，特指天子或诸侯国国君祭天时所乘的车子。越（huó）席：用蒲草编织的席子。越，通“括”，束，结。⑥大（tài）羹：太羹，也作“泰羹”，古代祭祀时所用的肉汁。⑦粢（zī）

食（sì）：用黍稷加工品制作的饼食，祭祀用作供品。粢，黍稷，泛指谷类粮食。⑧衮（gǔn）：古代帝王及公卿祭祀宗庙时所穿的礼服。冕（miǎn）：古代帝王、公卿、诸侯所戴的礼帽。黻（fú）：通“韨”，古代用做祭服的熟皮制蔽膝。珽（tǐng）：古代君臣在朝廷上相见时所持的玉质朝板，即玉笏（hù）。⑨裳（cháng）：古代男女穿的裙式下衣。幅（bī）：古代自足至膝斜缠在小腿部的帛条或布条，类似于今天的绑腿。舄（xì）：双底鞋，着地的一层为木底，这里泛指鞋子。⑩衡：把冠冕稳定在发髻上的横簪。纨（dǎn）：古代垂在帽子两旁用以悬挂塞耳用的瑱（tián）玉的带子。纮（hóng）：古代冠冕系在颌下的带子。古人戴冠冕时，先用簪子别在发髻上，再用纮挽住，系在簪子的两端。綖（yán）：古代覆在冠冕上的一种长方形饰物，以木板为干（gàn），外包黑色布帛。⑪藻：一种用来放玉的木垫，外包熟皮，并绘有水藻形图案。率：通“帅”，佩巾。鞞（bǐng）、鞛（běng）：佩刀刀鞘饰物，上饰为鞞，下饰为鞛。⑫鞶（pán）：绅带，又名“大带”，束衣用。厉：下垂的大带。游（liú）：同“旒”，古代旗帜上下垂的饰物。缨：套在马胸部的革带，即马鞅。⑬数：表示尊卑制度的礼数。⑭火、龙、黼（fǔ）、黻（fú）：都是古代礼服上所绣的花纹，如火形者为“火”，如龙形者为“龙”，黑白色相间如斧形者为“黼”，黑青色相间如“亚”形者为“黻”。⑮比象：指比照天地万物所画出的各种图像。⑯钖（yáng）、鸾、和、铃：都是系在车马和旗帜上的铃铛，系在马额头上的叫“钖”，系在马嚼子上的叫“鸾”，系在车前用作扶手的横木上的叫“和”，系在绘有龙形图案的旗帜上的叫“铃”。⑰旂（qí）：旗面绘有龙形图案，竿头系有小铃铛的旗子。

译文

夏四月，鲁桓公从宋国取得原属郜国的传国大鼎。戊申日，将鼎放进太庙。这是不符合礼仪的。

臧哀伯劝谏桓公说：“你是百姓的君主，应该发扬德行，阻塞违礼的行为，方便监察百官，即使这样做恐怕还有不足之处。因此应显扬各种美德以传示子孙。所以那清静肃穆的太庙用茅草做屋顶，祭祀天地的车子用草席做垫子，祭祀用的肉汁不用五味调和，黍稷、糕饼等祭品不用舂得太过精细，这些是为了显示节俭。祭祀的礼服、礼冠，蔽膝、大圭，腰带、裙子、绑腿、靴子、冠上的横簪、冠旁的填绳、系冠的带子、冠顶的盖板，这些是为了显示等级上的差别。玉垫、刀饰、革带、带穗、旌旗上的飘带、马颈上的革带，这些是为了显示礼数上的差别。礼服上火形、龙形、斧形、弓形等花纹，这些是为了显示纹彩上的差别。用五色绘出各种图像来装饰器物和服饰，这是为了显示器物物色的差别。马铃、大小车铃、旗铃，是为了显示声音节奏，旌旗上画的日、月、星辰，是为了显示光明。所谓德行，就是节俭而有法度，事物的增减都有一定的数量，并用纹彩和颜色加以标志，用声音和光亮加以表现，以此来监察百官，百官这才警戒畏惧，而不敢违反法度。

原文

今灭德立违，而置其赂器①于大庙，以明示百官。百官象②之，其又何诛③焉？国家之败，由官邪也。官之失德，宠赂章也。郜鼎④在庙，章⑤孰甚焉！武王克商，迁九鼎⑥于雒邑⑦，义士犹或非之，而况将昭违乱之赂器于大庙，其若之何？”

公不听。周内史⑧闻之，曰：“臧孙达⑨其有后⑩于鲁乎！君违不忘谏⑪之以德。”

注释

①赂器：凡指受贿得来的器物。②象：同“像”，法式，式样。这里是榜样的意思。③诛：谴责，杀（有罪之人）。这里代指惩罚。④郜鼎：受贿而得，称为赂器。⑤章：同“彰”，明显。⑥九鼎：相传为夏禹所铸，用以象征九州。夏、商、周三代都把它作为政权的象征，成为传国之宝。⑦雒（luò）邑：也作“洛邑”，东周都城所在，即王城（在今河南省洛阳市）。⑧内史：中央官制，西周时开始设置，又称作册内史、作命内史。掌策命诸侯及公卿大夫。西周的内史官制承袭夏朝与商朝。⑨臧孙达：尊称臧哀伯，姬姓，名达，谥哀，是臧僖伯之子，鲁孝公之孙。⑩有后：指臧孙达的子孙后代能长享禄位。⑪谏：劝谏，规劝（君主、尊长）。

译文

现在君王不仅把德行毁灭了，还把违礼乱纪的行为作为榜样，把别国贿赂的郜鼎等宝器安放在太庙里，以此明白昭示百官。百官都来效法，君王又用什么去惩罚他们呢？国家的衰败，就是官吏不走正道导致的。官吏丧失德行，败坏风纪，就是国君宠爱和贿赂风行的缘故。竟然把郜鼎放在鲁国的太庙，这就是公开展示贿赂并让百官效仿啊！武王打败殷商，将九鼎搬到王城，义士尚有批评他的，更何况将标志违礼作乱的贿赂之器放在太庙，又会是怎样的结果呢？”

桓公不听劝谏。周朝的内史听到这件事，说：“臧孙达的后代大概会在鲁国世代享受爵禄吧！国君毁灭德行，违背礼制，他还不忘用德行加以规劝。”

精彩点拨

臧哀伯这篇谏辞首先提出“君人者”“昭德塞违，以临照百官”；接着就从礼制大视角，连用七个排比句，即“昭其俭”“昭其度”“昭其数”“昭其文”“昭其物”“昭其声”“昭其明”来阐明君主如何体现和落实这一根本社会责任；然后，话锋一转，警醒鲁桓公必须清醒地认识“灭德立违”的错误举措的危害性。

谏辞中用赋的手法，铺叙大量具体事物，和当时的典章制度有密切关系。

阅读积累

礼

《郑庄公戒饬守臣》一文说：“礼，经国家，定社稷，序人民，利后嗣者也。”《春秋》的孔夫子说“不学礼，无以立”（《论语·季氏》）；君子“约之以礼”《论语·雍也》）；“道之以德，齐之以礼”（《论语·为政》）；“为国以礼”（《论语·先进》）；“克己复礼为仁”（《论语·颜渊》）；“非礼勿视，非礼勿听，非礼勿言，非礼勿动”（《论语·颜渊》）。

季梁论民为神主　桓公六年

精彩导读

春秋时期，大国役使、兼并小国。在小国讲究以小事大之道时，随国大夫季梁的“小之能敌大”理论值得注意。季梁认为在“小道大淫”的情况下，便发生“小之能敌大”的态势。他将道从天命之道转变为人道，即国君“忠于民而信于神”。季梁说：“天方授楚。”将武王时的楚国日渐强大视为天授之命。在他看来，天与神都为民所左右：“夫民，神之主也。”读之，令人耳目一新。

原文

楚武王侵随①，使薳章②求成③焉。军于瑕④以待之。随人使少师⑤董成。

斗伯比⑥言于楚子⑦曰：“吾不得志于汉东⑧也，我则使然。我张吾三军，而被吾甲兵，以武临之，彼则惧而协以谋我，故难间也。汉东之国，随为大，随张，必弃小国。小国离，楚之利也。少师侈⑨，请羸师⑩以张之⑪。”熊率且比⑫曰：“季梁在，何益？”斗伯比曰：“以为后图⑬，少师得其君。”王毁军⑭而纳少师。

注释

①随：古国名（今在湖北省随州市随县），姬姓，亡于战国时。②薳（wěi）章：楚大夫，封于薳，又名章。楚武王时，出使随、黄等国。③求成：求和。④瑕：随国地名。为楚随交通要地。⑤少师：古代官职名，春秋时楚国设置，为君主的辅弼之官。北周以后，历代多沿置，与少傅、少保合称“三孤”。⑥斗伯比：楚大夫，令尹子文之父。斗氏为芈姓，楚先王若敖之后。⑦楚子：楚武王。⑧汉东：汉阳，汉水，汉水以东多姬姓小国。⑨侈：骄傲。自高自大。⑩羸（léi）师：羸，衰弱；师，军队。故意让军队装作衰弱的样子，用以迷惑敌人。⑪张之：使羸师更加张扬自大。⑫熊率且比：人名，曾任楚国大夫。⑬后图：日后之谋。⑭毁军：故意把军阵搞乱。

译文

楚武王大肆入侵随国，他先派大夫薳章去谈判。楚军则驻扎在交通要地瑕地等待消息。随国接受谈判，派少师主持和谈。

斗伯比对楚武王说："我国处于汉水东难以达到目的，这是我们自己造成的。我们极力扩张军队，大肆整顿装备，用武力强迫他国，这些国家因害怕我们入侵，会团结起来对付我们，我们采用离间之计就难了。汉水东边的国家中，随国最大，我们要让随国自高自大起来，他必然抛弃小国。只要小国离心离德，就对我们楚国有利。少师这个人骄傲自大，请君王隐藏我军的精锐，让他看到我们疲弱的士卒毫无战斗力，来助长他的骄傲，消磨他的斗志。"熊率且比很疑惑，问："随有季梁在，我们这样做有什么好处？"斗伯比坚定地说："这是为以后打算，因为少师可以得到他们国君的信任。"楚武王采纳了斗伯比的计谋，故意把军容弄得疲弱不堪，来接待少师。

原文

少师归，请追楚师，随侯将许之。季梁①止之曰："天方授楚，楚之羸，其诱我也，君何急焉？臣闻小之能敌大也，小道大淫。所谓道，忠于民而信于神也。上思利民，忠也；祝史②正辞，信也。今民馁而君逞欲③，祝史矫举④以祭，臣不知其可也。"公曰："吾牲牷⑤肥腯⑥，粢⑦盛丰备，何则不信？"对曰："夫民，神之主也。是以圣王先成民而后致力于神。故奉牲以告曰'博硕肥腯'，谓民力之普存也，谓其畜之硕大蕃滋⑧也，谓其不疾瘯蠡⑨也，谓其备腯咸有也。奉盛以告曰'洁粢丰盛'，谓其三时不害⑩而民和年丰也。奉酒醴以告曰'嘉栗旨酒'，谓其上下皆有嘉德而无违心也。所谓馨香，无谗慝⑪也。故务其三时⑫，修其五教⑬，亲其九族⑭，以致其禋祀⑮。于是乎民和而神降之福，故动则有成。今民各有心，而鬼神乏主，君虽独丰，其何福之有？君姑修政而亲兄弟之国，庶免于难。"随侯惧而修政，楚不敢伐。

注释

①季梁：随国都（今湖北省随州市西北）人，生卒年不详，春秋初期随国大夫，政治家、军事家、思想家。②祝史：古官名。是祝官、史官的合称，主要管理祭祀祈祷。③逞欲：指尽力满足自己的政治图谋。逞，逞强。欲，纵欲，欲望。④矫举：诈称，说

谎，指虚假的言辞行动。⑤牲牷（quán）：古代祭祀用的毛色纯一的全牲，泛指祭品。⑥肥腯（tú）：指肥壮的牲畜。⑦粢（zī）：古代用于祭祀的谷物。⑧蕃滋：繁殖增益。⑨瘯蠡（cù luǒ）：六畜常患的一种皮肤病。⑩三时不害：春、夏、秋三季，农民种收管理，统治者一般不妨碍民众务农。⑪谗慝（tè）：指邪恶奸佞之人说坏话，陷害别人。⑫务其三时：春、夏、秋三季民众专心致力于从事农业活动。⑬五教：指父义、母慈、兄友、弟恭、子孝。⑭九族：从高祖、曾祖、祖父、父亲、本身，到子、孙、曾孙、玄孙共九代，称为九族。或说也包括异姓亲戚。⑮禋（yīn）祀：祭祀鬼神。

译文

少师看到楚军疲惫的样子内心高兴，回去即请求随侯追逐楚军，随侯答应了。但季梁立即劝阻说："上天正在帮助楚国，我们不能操之过急，楚国军队疲沓，是为引诱我们而做的样子，君王不可大意！下臣听说小国联合起来能够抵抗大国，是因小国有道，而大国君主贪图富贵，沉溺于私欲，侵吞他国。所谓道，就是忠于百姓而取信于神明。上边的人想到对百姓有利，这是忠；祝史真实不欺地祝祷，这是信。现在百姓正处于饥饿的境地而国君放纵享乐，祝史夸张功德标榜自己来祭祀，下臣不明白，这样做行得通吗？"随侯说："我诚心祭祀，用的牲口都是纯色，很肥大，黍稷也都丰盛完备，难道还不能取信于神明？"季梁回答说："百姓，是神明的主人。君王应该团结百姓，而后再致力于神明。所以在奉献牺牲的时候祷告说'牲口又大又肥'，这说明了百姓的财力普遍富足，牲畜膘肥体壮而繁殖生长，没有得病而瘦弱，又有各种优良品种。在奉献黍稷的时候祷告说'洁净的粮食盛得满满的'，这是说春、夏、秋三季没有天灾，庄稼丰收，百姓和睦。在奉献甜酒的时候祷告说'又好又清的美酒'，这是说上至君王下至百姓都有美德而不生坏心。所谓的祭品芳香，就是说人没有私心杂念。因为春、夏、秋三季民众专心致力于农业活动，修明五教，敦睦九族，用这些诚实的行为来致祭神明。百姓安居乐业，神灵自然降福，因此做任何事情都能成功。现在百姓各有想法，鬼神无依靠，君王一个人祭祀很丰厚，又能求得什么福气呢？君王姑且致力于修明政治，亲近兄弟国家，团结小国家，才能幸免于祸难。"随侯内心感到害怕，采纳季梁的主张，从而修明政治，把小国家团结起来。果然，楚国没来攻打。

精彩点拨

季梁要统治者“信于神”，认为神依民心而行，以人事来修正天命，使虚无神秘的天命归依于实有可见的人事。季梁着眼于民和，认为“民和而神降之福”，这是思想上的发展。这种发展是将决定天意的人事主体，由圣王转向民众。因为民是神之主，也就要求统治者、统治集团“忠于民”，探索如何“忠于民”。季梁指出忠于民要求“上思利民”，具体地说就是要“三时不害而民和年丰”，要“务其三时，修其五教，亲其九族”，以此作为统治者修政的主要内容。

阅读积累

中国民本思想第一人季梁

季梁是中国民本思想第一人，他的“民为神主”的思想，是季梁思想的精髓，透出民本思想的曙光。民本，即以民为邦之本，即把老百姓看作国家的基础。按照周人的传统，神是至高无上的，而王是秉承天命的天子，所以，在周人眼中的政治伦理是“神—君—民”。季梁则主张“民—神—君”，尽管他没有明确提及“民本”二字。季梁的政治主张，在当时“崇上天、信鬼神、君权高于一切”的社会背景下，无疑是一种超越历史的进步，为后来“民本”思想的诞生起到了先导作用。此后的明君贤臣，大致都能以“恤民”“宽民”“抚民”为要务。季梁作为一位杰出的政治家，辅助随君，励精图治，内修国政，外结睦邻，政绩显赫，影响深远。唐代大诗人李白称其为“神农之后，随之大贤”。

曹刿论战　庄公十年

精彩导读

文章讲述了曹刿对长勺之战的一番评论，并在战时活用“一鼓作气，再而衰，三而竭”的原理击退强大的齐军的史实。正确运用战略防御原则要“取信于民”，实行“敌疲我打”的正确方针，选择反攻和追击的有利时机，这样才能以小敌大，以弱胜强。成功的战例常常是文人们智慧的杰作。文人们精心导演了一出又一出的戏，然后让担当剧中角色的将士演出。

原文

十年①春，齐师②伐我③。公④将战，曹刿⑤请见。其乡人曰：“肉食者谋之，又何间焉。”刿曰：“肉食者鄙⑥，未能远谋。”乃入见。问何以战⑦。公曰：“衣食所安，弗敢专也⑧，必以分人⑨。”对曰：“小惠未遍，民弗从也。”公曰：“牺牲玉帛⑩，弗敢加⑪也，必以信。”对曰：“小信未孚⑫，神弗福也。”公曰：“小大之狱，虽不能察，必以情⑬。”对曰：“忠之属也⑭，可以一战⑮，战则请从⑯。”

注释

①十年：鲁庄公十年（前684年）。②齐师：齐国的军队。③我：代指鲁国。④公：诸侯的通称，这里指鲁庄公。⑤曹刿（guì）：又叫曹沫，生卒年不详，春秋时鲁国大夫（今山东省东平县人），著名的军事理论家。⑥鄙：鄙陋，目光短浅，没有远见。⑦何以战：就是“以何战”，凭借什么作战？以，用，凭，靠。⑧衣食所安，弗敢专也：衣食这类养生的东西，不敢独自享用。安，有“养”的意思。弗，不。专，独自专有，个人专有。⑨必以分人：一定把它分给别人。以，把。人，指鲁庄公身边的近臣或贵族。⑩牺牲玉帛（bó）：古代祭祀用的祭品。牺牲，祭祀用的猪、牛、羊等。玉，玉器。帛，丝织品。⑪加：增加，虚报夸大。⑫小信未孚（fú）：（这只是）小信用，未能让神灵信服。孚，使人信服。⑬必以情：指处理得合情合理。⑭忠之属也：这是尽了职分（的事情）。忠，尽力做好分内的事。属，种类。⑮可以一战：就是“可以之一战”，可以凭

借这个条件打一仗。可，可以。以，凭借。⑯战则请从：（如果）作战，请允许（我）跟从去。从，随行，跟从。

译文

鲁庄公十年春天，齐国军队攻打鲁国。鲁庄公准备迎战。这时曹刿请求拜见鲁庄公。曹刿的同乡好友对他说："当权者自会谋划这件事，你没有必要参与。"曹刿理直气壮地说："当权者目光短浅，不能深谋远虑。"说罢入朝去见鲁庄公。曹刿问鲁庄公凭借什么作战。鲁庄公说："衣食这一类养生的东西，我从来不敢独自专有，一定把它们分给身边的大臣。"曹刿说："这种小恩小惠不能遍及百姓，百姓不会顺从您的。"鲁庄公说："祭祀用的猪牛羊和玉器、丝织品等祭品，我从来不敢虚报夸大数目，一定对上天说实话。"曹刿说："仅靠这些小小信用，怎能取得神灵的信任，神灵是不会保佑您的。"鲁庄公说："大大小小的诉讼案件，我虽然不能一一明察，但一定会根据实情合理裁决。"曹刿回答说："这才尽了本职应尽的事，可以凭这个条件打仗，如果作战，请允许我跟随您一同去。"

原文

公与之乘①。战于长勺②。公将鼓③之。刿曰："未可。"齐人三鼓，刿曰："可矣。"齐师败绩④。公将驰之。刿曰："未可。"下视其辙⑤，登轼⑥而望之，曰："可矣。"遂⑦逐⑧齐师。

注释

①公与之乘：鲁庄公和曹刿共坐一辆战车。之，指曹刿。②长勺：古地名，在鲁国（今山东省济南市莱芜区东北）。③鼓：擂鼓进军。④败绩：军队溃败。⑤辙（zhé）：车轮碾出的痕迹。⑥轼：古代车厢前做扶手的横木。全车最高点。⑦遂：于是，就。⑧逐：追赶，这里指追击。

译文

到了开战的那一天，鲁庄公和曹刿都在一辆战车上。在鲁国北陲长勺和齐军作战。鲁庄公下令击鼓进军。曹刿赶紧制止，说："现在不行。"等到齐军三次击鼓后，曹刿说：“可以击鼓进军了。”齐军大败。鲁庄公看时机已到，便下令驾车马追逐齐军。曹刿说：“还不行。”说完曹刿下了战车察看齐军车轮碾出的痕迹，随后登上战车，扶着车前横木远望齐军的队形，大声说：“可以全力追击了。”于是鲁军奋力追击齐军。

原文

既克①，公问其故。对曰：“夫战，勇气也②，一鼓作气③，再而衰，三而竭。彼竭我盈④，故克之。夫大国难测⑤也，惧有伏⑥焉。吾视其辙乱，望其旗靡，故逐之。”

注释

①既克：已经战胜。既，已经。②夫战，勇气也：作战，是靠敢作敢为毫不畏惧的气概。③一鼓作气：第一次击鼓能振作士气。作，振作。④彼竭我盈：他们的勇气已尽，我们的勇气正盛。彼，代词，指齐军方面。盈，充沛，⑤难测：难以推测。测，推测，估计。⑥伏：埋伏。

译文

打了胜仗，鲁庄公很高兴，问曹刿取胜的原因。曹刿回答说：“作战，靠的是士气，第一次击鼓能够振奋士气，第二次击鼓士气开始低落，第三次击鼓士兵们的士气就耗尽了。齐国的士气已经消失了，士兵没有了斗志，而我军的士气正旺盛，所以才战胜了他们。像齐国这样的大国，他们的情况难以预料，我担心他们撤退会设下埋伏。后来我观察到他们的车轮的痕迹混乱了，望见他们的旗帜倒下了，说明他们很慌张，所以下令追击他们。”

精彩点拨

曹刿具有卓越的军事智谋和指挥才能，能在瞬息万变的战争中沉着、冷静、果断地号令军队，曹刿就是长勺胜战的权威和统帅。曹刿简短、果敢的言行，“请见”“问战”“请从”“未可”“可矣”，这些都刻画了一名出身下层的谋士深谋远虑、精明干练的光辉形象。作者巧妙地运用了比照、映衬的技法，以曹刿与“乡人”的对比突出曹刿抗敌御侮的责任感和护卫国家的政治热忱；从曹刿与鲁庄公的对比中，以庄公的驽钝、浮躁反衬曹刿的机敏、持重。

阅读积累

曹刿

曹刿，刿一作翙，即曹沫（有争议），春秋时鲁国人，周文王第六子曹叔振铎之后，著名的军事理论家。鲁庄公十年（前684年），齐攻鲁，曹刿求见，认为取信于民后可以作战。作战时他随庄公迎战齐军于长勺（今山东省莱芜市东北），待齐军三鼓气竭，再让鲁军一鼓作气；望其旗靡再逐之。庄公依计，遂获大胜。又传庄公十三年，齐桓公与鲁庄公在柯（今山东省东阿县）相会，曹刿持剑相从，胁迫桓公订立盟约，收回鲁之失地。

齐伐楚盟于召陵　僖公四年

精彩导读

齐桓公为了称霸天下，带领齐、鲁、宋等八国的军队去讨伐楚国，但楚国毫不示弱，齐国终未达到目的。最后齐、鲁等国不得不和楚国在神前立誓，订立和约。文中描写很传神：管仲是在无理中找借口；齐侯则是一副霸主神气；楚国使者的对答，随机应变，无懈可击，特别是屈完的话，不卑不亢，委婉中带着强硬。阅读此文像是在看一场高潮迭起、精彩纷呈的外交斗争话剧。

原文

四年春，齐侯以诸侯之师[①]侵蔡[②]。蔡溃，遂伐楚。

楚子[③]使与师言曰："君处北海，寡人处南海，唯是风马牛不相及也，不虞[④]君之涉[⑤]吾地也，何故？"管仲对曰："昔召康公[⑥]命我先君大公[⑦]曰：'五侯九伯[⑧]，女实征之[⑨]，以夹辅周室。'赐我先君履：东至于海[⑩]，西至于河[⑪]，南至于穆陵[⑫]，北至于无棣[⑬]。尔贡包茅不入，王祭不共，无以缩酒，寡人是征；昭王[⑭]南征而不复，寡人是问。"

对曰："贡之不入，寡君之罪也，敢不共给？昭王之不复，君其问诸水滨。"师进，次[⑮]于陉。

夏，楚子使屈完[⑯]如师，师退，次于召陵[⑰]。

齐侯陈诸侯之师，与屈完乘而观之。齐侯曰："岂不穀[⑱]是为？先君之好是继。与不穀同好，如何？"对曰："君惠徼福于敝邑[⑲]之社稷，辱收寡君，寡君之愿也。"齐侯曰："以此众战，谁能御之？以此攻城，何城不克？"对曰"："君若以德绥诸侯，谁敢不服？君若以力，楚国方城[⑳]以为城，汉水以为池[㉑]，虽众，无所用之！"

屈完及诸侯盟。

注释

①诸侯之师：指参与侵蔡的鲁、宋、陈、卫、郑、许、曹等诸侯国的军队。②侵

蔡：蔡国嫁了蔡姬，又亲楚，齐侵蔡是为伐楚做准备。侵，越境进犯，侵犯。蔡，诸侯国名，姬姓（在今河南省上蔡县、新蔡县一带）。③楚子：指楚成王。④不虞：不料，没有想到。⑤涉：蹚水而过，这里的意思是进入，委婉地指入侵。⑥召（shào）康公：召公奭（shì），周成王时的太保，“康”是谥号。⑦大公：太公，指姜尚，即姜子牙，他是齐国的开国君主。⑧五侯九伯：五侯，指公、侯、伯、子、男五等爵位。九伯，指九州之长。⑨女实征之：可以征伐他们。女，通“汝”。实，语气词。⑩海：指渤海和黄海。⑪河：黄河。⑫穆陵：古地名（在今湖北省麻城市西北一带）。⑬无棣：古地名（今山东省无棣县）。⑭昭王：周成王的孙子周昭王。⑮次：军队临时驻扎。⑯屈完：楚国大夫。⑰召（shào）陵：楚国地名（今河南省漯河市郾城区东）。⑱不穀（gǔ）：不善，诸侯自己的谦称。⑲敝邑：对自己国家的谦称。⑳方城：山名，今河南叶县南有方城山。㉑池：护城河。

译文

鲁僖公四年春天，齐桓公率领诸侯国军队攻打蔡国。蔡国溃败，齐桓公又去攻打楚国。

楚成王立即派使节与齐桓公谈判。楚使节到齐军帐中对齐桓公说：“您住在北方，我住在南方，风马牛不相及，即使牛马发情相逐也到不了双方的疆土，没想到您却入侵我们的国土，这是何缘故？”齐国丞相管仲回答说：“从前召康公命令我们先君太公说：‘五等诸侯和九州长官，你都有权征讨他们，从而共同辅佐周王室。’召康公还给了我们先君征讨的范围：东到海边，西到黄河，南到穆陵，北到无棣。你们进贡的包茅停止不交纳，供应周王室的祭祀供不上，没有东西能用来渗滤酒渣，我特来征收贡物；周昭王南巡没有返回，我特来查问这件事。”

楚国使臣回答说：“贡品没有交纳，是我们国君的过错，我们怎么敢不供给呢？周昭王南巡没有返回，还是请您到水边去问一问吧。”于是齐军继续前进，临时驻扎在陉地。

这年夏天，楚成王派使臣屈完到齐军中去和齐桓公交涉，齐军后撤，临时驻扎在召陵。

诸侯国的军队摆开阵势，声势浩大，旌旗林立，齐桓公与屈完同乘一辆战车观看军容。齐桓公说：“诸侯难道是为我而来吗？他们不过是为了继承我们先君的友好关系罢了。你们也同我们建立友好关系，怎么样？”屈完回答说：“承蒙您惠临敝国并为我们的国家求福，忍辱接纳我们国君，这正是我们国君的心愿。”齐桓公说：“我率领这些诸侯军队作战，谁能够抵挡他们？我让这些军队攻打城池，什么样的城攻不下？”屈完回答说：“如果您用仁德来安抚诸侯，哪个敢不顺服？如果您用武力的话，那么楚国就把方城山当作城墙，把汉水当作护城河，您的兵马虽然众多，恐怕也没有用处！”

最后，双方达成一致意见。屈完代表楚国与诸侯国订立了盟约。

精彩点拨

齐楚的外交斗争把“出场”人物放在双方的矛盾冲突中，通过个性化语言和“交锋”方式，把斗争一步步引向深入，直到订立盟约。我们看到各具情貌的历史人物：楚国的屈完有沉稳冷静、坚毅果敢、不为威武所屈的外交风范，有机智灵敏、随机应对的外交智慧；政治家管仲有熟悉历史、谙于事故、无理也能说出理来的外交才情；齐桓公有骄横霸道、软硬兼施却不失身份的霸主手腕。

阅读积累

楚国

楚国（？—前223年），又称荆、荆楚，是先秦时期位于长江流域的诸侯国，国君为芈姓（金文中为嬭姓）、熊氏（金文中为酓氏）。周成王时期（一说前1042—前1021年），成王封楚人首领熊绎为子爵，建立楚国。楚庄王时，任用虞邱子、孙叔敖等贤臣，问鼎中原，邲之战大败晋国而称霸，开创春秋时期楚国最鼎盛的时代。进入战国，楚悼王任用吴起变法，一时间兵强马壮，初露称雄之势。楚宣王、楚威王时期，疆土西起大巴山、巫山、武陵山，东至大海，南起南岭，北至今河南中部、安徽和江苏北部、陕西东南部、山东西南部，幅员广阔。楚国至此进入了最鼎盛时期。楚怀王时期攻越国，尽得越国故吴地，越国因此分崩离析。但因为怀王用人不当以及秦相张仪欺诈而国势渐衰。前223年，秦军攻破楚都寿春，楚国正式灭亡。

宫之奇谏假道　僖公五年

精彩导读

文章首先陈述了虞、虢之间的紧密关系，然后揭露晋侯残酷无情的本质，最后提醒虞国公国家存亡在于德行，而不在于神灵。文章批判了迷信宗族关系和神权至上的迂腐，反映了当时的民本思想。文章结构严谨，条理清晰，开头只用“晋侯复假道于虞以伐虢”一句点明事件的起因及背景，接着便通过人物对话来揭示主题。语言简洁有力，多用比喻句和反问句，如“辅车相依，唇亡齿寒”等。

原文

晋侯[①]复假道[②]于虞[③]以伐虢[④]。宫之奇谏曰：“虢，虞之表[⑤]也。虢亡，虞必从之。晋不可启[⑥]，寇[⑦]不可玩[⑧]，一之谓甚，其可再乎？谚所谓‘辅车相依，唇亡齿寒’者，其虞、虢之谓也。”

公曰：“晋，吾宗[⑨]也，岂害我哉？”

对曰：“大伯、虞仲[⑩]，大王之昭[⑪]也。大伯不从，是以不嗣[⑫]。虢仲、虢叔[⑬]，王季之穆也，为文王卿士[⑭]，勋在王室，藏于盟府。将虢是灭，何爱于虞？且虞能亲于桓、庄乎？其爱之也，桓、庄之族何罪[⑮]？而以为戮[⑯]，不唯逼乎？亲[⑰]以宠[⑱]逼，犹尚害之，况以国乎？”

公曰：“吾享祀丰洁，神必据我。”

对曰：“臣闻之，鬼神非人实亲，惟德是依。故《周书》曰：‘皇天无亲，惟德是辅。’又曰：‘黍稷非馨，明德惟馨。’又曰：‘民不易物，惟德繄物。’如是，则非德，民不和，神不享矣。神所冯[⑲]依，将在德矣。若晋取虞，而明德以荐馨香，神其吐之乎？”

弗听，许晋使。

宫之奇以其族行[⑳]，曰：“虞不腊[㉑]矣，在此行也，晋不更举矣。”

注释

①晋侯：晋献公。晋，古国名（在今山西省翼城县东）。②复假（jiǎ）道：又借路。僖公二年晋曾向虞借道伐虢，今又借道，故用“复”。③虞：古国名（在今山西省平陆县东北），姬姓。周文王封予古公亶父之子虞仲后代的侯国。④虢（guó）：古国名（今陕西省宝鸡市东），姬姓。周文王封其弟仲于此地，号西虢，后为秦所灭。⑤表：外表，这里指屏障、藩篱。⑥启：启发，这里指启发晋的贪心。⑦寇：凡兵作乱于内为乱，于外为寇。⑧玩：这里是轻视、玩忽的意思。⑨宗：同姓，同一宗族。晋、虞、虢都是姬姓的诸侯国，为同一祖先。⑩大（tài）伯、虞仲：周始祖太王（古公亶父）的长子和次子。⑪昭：古代宗庙制度，始祖的神位居中，其下则左昭、右穆。昭位之子在穆位，穆位之子在昭位。昭穆相承，所以又说昭生穆，穆生昭。大伯、虞仲、王季俱为大王之子，都是大王之昭。⑫大（tài）伯不从，是以不嗣：指不从父命。嗣，继承（王位）。大伯知道大王要传位给他的小弟弟王季，便和虞仲一起出走。宫之奇认为大伯没继承王位是不从父命的结果。⑬虢仲、虢叔：虢的开国祖，王季的次子和三子，文王的弟弟。王季于周为昭，昭生穆，故虢仲、虢叔为王季之穆。⑭卿士：执掌国政的大臣。⑮桓、庄之族何罪：指的是庄公二十五年晋献公尽诛同族群公子这件事。⑯以为戮：把他们当作杀戮的对象。⑰亲：指献公与桓庄之族的血统关系。⑱宠：在尊位，指桓、庄之族的高位。⑲冯：同“凭”。⑳以其族行：指率领全族离开虞。㉑腊：岁终祭祀。这里用作动词，指举行腊祭。

译文

晋献公又向虞国借路去攻打虢国。宫之奇极力劝阻对虞公说："虢国，是虞国的外围，就像屏障。虢国灭亡了，我们虞国也会跟着灭亡。晋献公的这种贪心不能让它开这个头，晋国侵略别人的军队不可轻视。第一次借路就已经过分了，怎么有第二次呢？俗话说'面颊和牙床骨互相依着，嘴唇没了，牙齿就会寒冷'，这就如同虞、虢两国互相依存的关系啊。"

虞公没有引起警惕，说："晋国与我国同族同宗，难道会加害我们吗？"

宫之奇回答说："太伯、虞仲是大王的长子和次子，因为太伯不听从父命，不让他继承王位。虢仲、虢叔都是王季的第二代，是文王执掌国政的大臣，在王室中劳苦功高，因功受封的典策还在主持盟会之官的手中。现在虢国将要被灭掉，对虞国还有什么舍不得的呢？再说晋献公亲近虞，又能比桓叔和庄伯之间的关系更亲密吗？桓、庄这两个家族有什么罪过？但晋献公却把他们赶尽杀绝，就是因为他认为近亲对自己有威胁，才这样残忍。近亲的势力一旦对自己构成威胁，还要不择手段加害于他们，更何况对一个国家呢？"

虞公说："我的祭品丰盛清洁，神必然保佑我。"

宫之奇回答说："我听说，鬼神不是随意亲近某些人的，而是依附那些有德行的人。所以《周书》里说：'上天对于人没有亲疏不同，只是有德的人上天才保佑他。'又说：'黍稷不算芳香，只有美德才芳香。'还说：'人们拿来祭祀的东西都是相同的，但是只有有德行的人的祭品才是真正的祭品。'如此看来，如果君王没有德行，百姓就不和，神灵也就不享用祭品了。神灵所凭依的，就是德行了。如果晋国消灭虞国，崇尚德行，将芳香的祭品奉献给神灵，神灵难道会吐出来吗？"

虞公不听从宫之奇的劝阻，意气用事答应了晋国使者借路的要求。

宫之奇感到大事不妙，便带着全族的人离开了虞国，并且痛心地说："虞国的灭亡等不到岁终祭祀的时候了，晋国只需这一次行动就不必再出兵了。"

原文

八月甲午①，晋侯围上阳②。问于卜偃曰："吾其济乎"？对曰："克之。"公曰："何时？"对曰："童谣云：'丙③之晨，龙尾伏辰④。均服振振，取虢之旂⑤。鹑之贲贲，天策焞焞，火中成军，虢公其奔。'其九月、十月之交乎。丙子⑥旦，日在尾，月在策，鹑火中，必是时也。"

冬十二月丙子朔⑦，晋灭虢，虢公丑⑧奔京师⑨。师还，馆⑩于虞，遂袭虞，灭之，执虞公及其大夫井伯，以媵⑪秦穆姬⑫。而修虞祀⑬，且归其职贡于王。故书曰："晋人执虞公。"罪虞，且言易也。

注释

①甲午：为干支之一。中国传统纪年干支历的干支纪年中一个循环的第三十一年称"甲午年"。②上阳：古地名，南虢之地（今河南省陕县南）。③丙：十二月初一正逢干支的丙子。④龙尾伏辰：天文术语。龙尾，即尾宿。尾宿是东方青龙七宿中的第六宿，所以叫作龙尾。伏，埋伏，即隐藏。辰，日月相会叫"辰"。伏辰，日月会于尾星，故尾星伏而不见。⑤旂（qí）：同"旗"。古代一种带铃铛的小旗。⑥丙子：为干支之一，顺序为第十三个。前位是乙亥，后位是丁丑。论阴阳五行，天干之丙属阳之火，地支之子属阳之水，是水克火相克。⑦朔：农历每月初一。⑧丑：虢公名。⑨京师：东周都城（今河南省洛阳市）。⑩馆：为宾客们设的住处。这里用作动词，驻扎的意思。⑪媵（yìng）：陪嫁的奴隶。⑫秦穆姬：晋献公女，指晋献公把女儿嫁给秦穆公，把井伯等人作为陪嫁。⑬虞祀：指晋代祭祀虞国境内的山川之神。

译文

八月甲午日，晋献公率领大军包围了虢国的上阳。晋献公问卜偃说："我能够成功吗？"卜偃回答说："能攻克。"晋献公问："什么时候攻克？"卜偃回答说："童谣唱道：'丙子日的清晨，龙尾星看不清。军服威武整齐，夺取虢国的旗号。鹑火星形如大鸟，天策星没有光耀，鹑火星下列成军阵，虢公将要逃奔。'时间应该在九月底十月初。丙子日的清晨，太阳在龙尾星之上，月亮在天策星之下，鹑火星在日月中间，就是这个时候。"

十二月初一那天，天气很冷，晋献公一举灭掉虢国，虢公丑侥幸逃到东周的都城。晋军回师途中安营驻扎在虞国，受到虞公的热情招待。晋献公看准时机突然发动进攻，灭掉了虞国，捉住了虞公和他的大夫井伯，把井伯作为秦穆姬的陪嫁随从。然而晋献公仍继续祭祀虞国的祖先，并且把虞国的贡物仍归于周天子。所以《春秋》中记载说："晋国人捉住了虞公。"这是将这件事归罪于虞公，并且说事情进行得很容易。

精彩点拨

读史使人明鉴，使人清醒。即使弱小而无法与强暴抗衡，弱小者之间彼此照应、鼓励、安慰、支持，也可以让人在风雨之中同舟共济，患难与共，正所谓“唇齿相依”“唇亡齿寒”。这些从惨痛的历史中总结出来的教训，可以说是千古不易的。就连平民都懂得，欺人太甚的事不可一而再，再而三地容忍，即使无法奋起抗争，最起码是可以想法避开的。虞国的教训也该吸取了。

阅读积累

宫之奇

宫之奇，春秋时虞国辛宫里（今山西省平陆县张店镇附近）人，春秋时著名的政治家，忠心耿耿辅佐虞君，并推荐百里奚参与朝政，对外采取了联虢拒晋的策略，使国家虽小而强盛。晋国早有吞并虞国之心，但因虞国和虢国是很好的盟国，所以始终未敢轻举妄动。对此，宫之奇看得很清楚，坚决主张虞虢联盟。宫之奇由于虞君忠谏不纳，遂携眷避居他地，临行时留下四句话：“璧马之贪，饮鸩自甘，开门揖盗，唇亡齿寒。”

秦晋韩之战　僖公十五年

精彩导读

春秋中期，秦国和晋国的交往十分频繁，两国之间有好几代都是姻亲关系，所以即使是到了现在也在用“秦晋之好”这个成语来祝贺新婚夫妻。然而亲家也经常是冤家，故此，秦、晋之间互相攻伐也是时有发生的事。晋惠公得到秦穆公的鼎力相助才有机会回国登上王位，然而登基后他立马就过河拆桥、背信弃义，还想利用秦国饥荒之际趁火打劫，于是韩之战爆发。

原文

晋侯①之入②也，秦穆姬属贾君焉，且曰：“尽纳群公子③。”晋侯烝于贾君，又不纳群公子，是以穆姬怨之。晋侯许赂中大夫④，既而皆背之。赂秦伯以河外⑤列城五，东尽虢⑥略，南及华山⑦，内及解梁城⑧，既而不与。晋饥，秦输之粟；秦饥，晋闭之籴。故秦伯伐晋。

注释

①晋侯：指晋惠公，名夷吾，晋献公之子。晋献公有子九人，因宠骊姬，杀太子申生，而立骊姬所生的儿子奚齐。于是群公子如重耳、夷吾等都出逃在外。后来奚齐及其异母弟卓子被大夫里克杀死，晋国无君。夷吾便厚赂秦穆公，由秦国送他回国即位，是为惠公。②入：指由秦入晋。③群公子：指因骊姬之乱逃亡在外的众公子。④中大夫：指晋国执政之臣如里克、丕郑。晋惠公先是许赂他们，即位以后又杀了他们，故下文言“皆背之”。⑤河外：指黄河以西、以南的大片土地。⑥虢：古国名（在今河南省陕州区东南）。⑦华山：山名（在今陕西省华阴市境内）。⑧解梁城：古地名（在今山西省永济市解城）。

译文

晋惠公回国继承君位的时候，秦穆公的夫人秦穆姬把太子申生的妃子贾君嘱托给晋惠公，要他好好照顾贾君，并且说："让所有公子都回国。"晋惠公回国继位后和贾君通奸，又不接纳众公子，秦穆姬听到此消息非常怨恨晋惠公。晋惠公继位时曾经答应给晋国执政的大臣馈赠财物，后来背弃诺言都把他们杀了。晋惠公当时离开秦国时曾答应划给秦伯黄河以外的五座城，东边直到虢国的边界，南边到华山，以及黄河以内的解梁城，回国以后又反悔了。晋国闹饥荒，秦国运送粟米帮助晋惠公；秦国闹饥荒，晋惠公不但不帮助还拒绝秦国买粮。因此秦伯被惹恼了，决定攻打晋国。

原文

卜徒父①筮之，吉："涉河，侯车败。"诘②之，对曰："乃大吉也。三败③，必获晋君。其卦遇《蛊》④，曰：'千乘三去⑤，三去之余，获其雄狐⑥。'夫狐《蛊》，必其君也。《蛊》之贞⑦，风也；其悔⑧，山也。岁云秋矣，我落其实而取其材，所以克⑨也。实落材亡，不败何待？"

注释

①卜徒父：春秋时秦国人，占卜官。②诘：盘问。③三败：打败敌人三次。④《蛊（gǔ）》：《周易》卦名。巽下艮上。巽为风，艮为山。风是秦的象征，山是晋的象征。⑤千乘（shèng）：本指一千辆兵车，引申为大国的代称，此处指秦国。去：同"驱"，犹言进军。⑥雄狐：暗喻晋惠公。⑦贞：内卦，代表己方。⑧悔：外卦，代表对方。⑨克：胜利。

译文

卜徒父用蓍草占卜，大吉，说："渡过黄河，晋侯的车子将会毁坏。"秦伯立即追问详情，卜徒父回答说："这是大吉大利的卦呀！三次打败他，必然俘获晋君。这一卦得到的《蛊》卦，爻辞说：'千乘大国三次进军，三次进军之后，捉住了那只雄狐。'《蛊》卦中的雄狐，一定是他们的国君。《蛊》的内卦是风；外卦是山。一年又到了秋天，代表我们的风，吹过代表他们的山，吹落他们的果实，又取得他们的木材，所以战胜了他们。他们果实落地，木材丧失，等待他们的不是只有失败吗？”

原文

三败及韩[1]，晋侯谓庆郑[2]曰：“寇深矣，若之何？”对曰：“君实深之，可若何！”公曰：“不孙[3]。”卜右[4]，庆郑吉，弗使。步扬[5]御戎，家仆徒[6]为右。乘小驷[7]，郑入[8]也。庆郑曰：“古者大事，必乘其产[9]，生其水土而知其人心，安其教训而服习其道。唯所纳之，无不如志。今乘异产，以从戎事，及惧而变，将与人易。乱气[10]狡愤[11]，阴血[12]周作，张脉偾兴[13]，外强中干，进退不可，周旋不能。君必悔之。”弗听。

注释

①及韩：指晋军退到韩原。韩，古地名（今山西省河津市、张家口市万泉区之间）。②庆郑：晋大夫。③孙：同“逊”，不逊，指出言不逊。④卜右：占卜时被安排在战车右侧陪乘的人。⑤步扬：晋国公族大夫。春秋时期，晋国公族大夫谷豹有三个儿子：称，芮，义。义的孙子叫扬，扬的封邑在步（在今山西省临汾市），故此被称为步扬，其后人遂改步为姓。⑥家仆徒：春秋时期晋国人，晋惠公时大夫。⑦小驷：马名，瘦弱矮小。⑧郑入：指上文之“小驷”是从郑国输入的。⑨其产：指本国出产的马。⑩乱气：指马受刺激，呼吸急促，失去节奏，四蹄乱蹬。⑪狡愤：狡戾而愤懑。⑫阴血：体内的血液。⑬偾（fèn）兴：指血脉绷紧凸起。

译文

晋国连吃三次败仗，退到韩原，晋侯对庆郑说：“敌人深入了，我们应该怎么抗敌？”庆郑回答说：“是国君让他们深入的，能怎么样？”晋侯气呼呼地说：“出言不逊。”庆郑是占卜车右卫士的最好人选，晋侯却不用他晋侯让步扬驾驭战车，家仆徒为车右卫士。晋侯用以驾车的小驷马，是从郑国输入的。庆郑说：“古代发生战争，都用国产的马驾车，因为马在自己的水土上知道主人的心意，任凭主人调教并熟悉这里的道路。不管怎样使用它，都得心应手。你用外国出产的马驾车打仗，它一害怕失去常态，行动与人的意图相反，呼吸紊乱，狡戾而愤懑，体内血液奔流，血管扩张凸起，外表强壮而内里虚弱，进退不得，不能与敌人周旋。国君用此马一定会后悔的。”晋侯不听庆郑的劝告。

原文

九月，晋侯逆秦师。使韩简[1]视师，复曰："师少于我，斗士[2]倍我。"公曰："何故？"对曰："出因其资[3]，入用其宠[4]，饥食其粟：三施而无报，是以来也。今又击之，我怠秦奋，倍犹未也[5]。"公曰："一夫不可狃，况国乎？"遂使请战，曰："寡人不佞，能合其众而不能离也，君[6]若不还，无所逃命。"秦伯使公孙枝[7]对曰："君之未入，寡人惧之；入而未定列[8]，犹吾忧也。苟列定矣，敢不承命！"韩简退曰："吾幸而得囚[9]。"

注释

①韩简：春秋时期晋国大夫。承袭父亲韩赇伯担任韩氏家族第三代族长，曾跟从晋惠公迎战秦军。②斗士：在战场上拼死的勇士。③出因其资：指晋惠公出亡秦国后，依赖秦国的资助生活。④入用其宠：指晋惠公回国即君位也靠秦国帮助。宠，厚爱。⑤倍犹未也：说秦国的斗士比晋国的斗士多一倍还不止。⑥君：指秦穆公。⑦公孙枝：春秋时期秦国大夫。⑧定列：定居于君位。⑨幸而得囚：当了俘虏、做了囚犯真是太幸运了。

译文

九月，晋侯迎战秦军。晋侯派遣韩简刺探秦军情况，韩简回来报告说："秦军军队比我们少，但斗士比我们多一倍。"晋侯不解，急问："什么原因？"韩简回答说："君王还记得出逃秦国时靠的是秦伯资助，回国即位还是靠秦伯的帮助，我国闹饥荒还是秦伯送来了粟米；三项恩施我们毫无报答，秦国闹饥荒我们不管不问，因此才招来攻伐。现在我们又迎击他们，我军将士士气懈怠，秦军将士士气奋发，秦国斗士比晋国多一倍还不止呢！"晋侯说："一个人还不能轻慢侮辱，何况一个国家呢？"于是派韩简向秦国挑战，说："寡人不才，能集合我的军队而不能让他们分散，秦军如果不退回去，我们将没有地方逃避进军的命令。"秦伯派遣公孙枝回答说："晋君还在我国时，寡人为他忧惧；他回国定居君位，还是我所帮助的。现在君位已定，岂敢不接受作战的命令！"韩简退下来说："我能被秦囚禁就是万幸了。"

原文

壬戌[1]，战于韩原。晋戎马还泞而止[2]。公号[3]庆郑，郑曰："愎谏[4]违卜，固败是求，又何逃焉？"遂去之。梁由靡御韩简，虢射为右，辂[5]秦伯，将止之，郑以救公误之，遂失秦伯。秦获晋侯以归。

晋大夫反首拔舍[6]从之，秦伯使辞焉，曰："二三子何其感[7]也！寡人之从晋君而西也[8]，亦晋之妖梦[9]是践，岂敢以至？"晋大夫三拜稽首，曰："君履后土而戴皇天，皇天后土[10]，实闻君之言。群臣敢在下风。"

注释

①壬戌：九月十四。②还（xuán）泞而止：言马陷于泥泞之中，盘旋而不得出。还，同"旋"。泞，泥泞。③号：呼救。④愎谏：刚愎自用不听谏言。此指其不从勿用小驷之谏。愎，顽固，乖戾。⑤辂（lù）：遇到。⑥拔舍：露宿于野，拔起住处的帐篷。⑦感：同"戚"，忧伤。⑧从晋君而西也：指秦军俘虏了晋惠公胜利而归。⑨晋之妖梦：指僖公十年，晋大夫狐突遇到太子申生的鬼魂，申生斥责惠公无道，必败于韩，晋人称此事为妖梦。⑩皇天后土：都是对地神、天神的尊称。

译文

九月十四，秦、晋两国在韩原交战。晋侯的小驷马陷入泥潭中而不得出。晋侯向庆郑呼救，庆郑冷笑一声，说："刚愎自用不听劝谏，违背占卜不用贤才，本来就是自求失败，又往哪里逃呢？"于是愤然离开了。梁由靡为韩简驾驭战车，虢射为车右卫士，迎见秦伯的战车，想俘虏秦伯。庆郑因为与晋侯搭话而耽误了，失掉了俘虏秦伯的机会。而秦军俘获了晋侯回国去了。

晋国大夫披头散发，拔起帐篷，跟随晋侯。秦伯派人劝他们回去，说："你们几位何必那样忧愁啊！寡人跟从晋君而向西去，只是实现晋国的妖梦罢了，岂敢做得太过分呢？"晋国大夫三拜叩头，说："君王脚踏后土而头顶皇天，皇天后土，都听见君王说的话了。我们几个小臣在下也都听清楚了。"

原文

穆姬闻晋侯将至，以太子罃[①]、弘与女简璧登台而履薪[②]焉。使以免服衰绖[③]逆，且告曰："上天降灾，使我两君匪以玉帛[④]相见，而以兴戎[⑤]。若晋君朝以入，则婢子[⑥]夕以死；夕以入，则朝以死。唯君裁[⑦]之！"乃舍诸灵台。

注释

①太子罃（yīng）：秦穆公之子，晋文公的外甥，即后来的秦康公。②履薪：踩在柴草之上，表示将自焚而死。③免（wèn）服衰绖（cuī dié）：丧礼去冠括发。衰：麻衣。绖：麻的腰带。都是丧服。穆姬以为惠公战败身虏，同于死亡，故穿丧服以迎之。④玉帛：古时候国与国之间作为礼物互赠的玉器和丝绸。⑤兴戎：引起争端，刀兵相见。⑥婢子：古代妇人自称的谦辞。⑦裁：决断。

译文

穆姬听说晋侯战败当了俘虏，很快将被押到秦国，就领着太子罃、儿子弘和女儿简璧登上高台而踩在柴草之上。因为穆姬以为惠公战败身虏，同于死亡，故派人免冠括发，穿着丧服去迎接晋侯，并且伤心地告诉秦伯说："上天降下灾祸，让我们秦、晋两君不是用玉帛相见，而是兴师动武。如果晋君早晨进入国都，我就晚上自焚；晚上进入国都，我就早晨自焚。请君裁定此事。"秦伯仁慈念旧，于是把晋侯关押在灵台。

原文

大夫请以入。公曰："获晋侯[①]，以厚归也。既而丧归[②]，焉用之？大夫其何有焉？且晋人慼忧以重我[③]，天地以要我。不图[④]晋忧[⑤]，重其怒[⑥]也；我食吾言[⑦]，背天地[⑧]也。重怒难任，背天不祥，必归晋君。"公子絷[⑨]曰："不如杀之，无聚慝[⑩]焉。"子桑曰："归之而质[⑪]其大子，必得大成。晋未可灭而杀其君，祇[⑫]以成恶。且史佚有言曰：'无始祸，无怙[⑬]乱，无重怒。'重怒难任，陵人[⑭]不祥。"乃许晋平。

注释

①获晋侯：捉住了晋文公。获，捉。晋侯，晋文公。②丧归：指上篇中穆姬要自杀，用"丧"迎接晋侯。③慼忧以重我：指晋大夫反首拔舍，以忧愁来感动我。④图：考

虑。⑤晋忧：晋国的忧愁、忧虑。⑥重其怒：加重他们的愤怒与仇恨。⑦食吾言：对自己说的话不算数，没有信用。⑧背天地：违背良心得罪天神、地神。⑨公子絷（zhí）：秦大夫，秦穆公之子。⑩聚慝（tè）：指晋惠公回国后仍将与秦为敌。慝：邪恶。⑪质：人质。这里作动词用，即扣押晋太子做人质。⑫祗（zhī）：适。成恶：造成相互之间的仇恨。⑬怙（hù）乱：恃人之乱以为己利。怙，依靠。⑭陵人：做陵，欺凌别人。同“凌”，欺凌。

译文

大夫请求秦伯把晋侯带进国都。秦伯说：“俘获晋侯，我们本是取得巨大胜利载誉而归的。如果看到穆姬发生丧事，又有什么用呢？大夫能得到什么呢？况且晋人伤心至极，希望我能够重视起来，他们指着天地同我相约。如果我不考虑晋人之忧，难免会增加他们的怨恨；我不履行自己的诺言，是违背天地。增加怨恨难于对付，违背天地不得吉祥，我必须放晋君回国。”公子絷说：“干脆杀死晋君，预防他集聚邪恶。”子桑说：“可以放晋君归国，但要扣押他的太子作为人质，这样会有好的结果。晋不灭亡，如果杀了晋君，两国间的仇恨会更大。而且史佚曾经说过：‘不要制造祸患，不要乘人之危，不要增加怨恨。’增加怨恨难于对付，欺凌别人不得吉祥。”子桑说得符合秦伯心意，于是秦伯允许晋国求和。

原文

晋侯使郤乞[①]告瑕吕饴甥[②]，且召之。子金教之言，曰：“朝国人而以君命赏。且告之曰：‘孤虽归，辱社稷矣！其卜[③]贰[④]圉[⑤]也。’众皆哭[⑥]。晋于是乎作爰田[⑦]。吕甥曰：“君亡之不恤[⑧]，而群臣是忧，惠之至也。将若君何？”众曰：“何为而可？”对曰：“征缮[⑨]以辅孺子。诸侯闻之，丧君有君，群臣辑睦[⑩]，甲兵益多，好我者劝，恶我者惧，庶有益乎！”众说。晋于是乎作州兵。

注释

①郤（xì）乞：晋大夫。②瑕吕饴甥：晋大夫，姓吕，又称吕甥。他食采邑于瑕、阴二地，故以瑕为氏，又称阴饴甥。③卜：卜筮。④贰：作副解，有辅助之意。⑤圉（yǔ）：指惠公的太子，即晋怀公。⑥众皆哭：大家听说用卜筮决定如何辅佐太子即位的事情，都哭了。⑦爰田：春秋时期的一种土地制度。⑧恤：救助。⑨征缮：征，征收赋

税。缮，修整军备。⑩辑睦：和睦团结。

译文

晋侯得知可以求和，即刻派遣郤乞告诉瑕吕饴甥，并很快召见了他。饴甥按照晋侯授意教郤乞如何代表晋侯对群臣讲话，说："朝见国人时先用国君的名义赏赐并安抚他们，对他们说：'孤虽然回来了，却给国家带来极大的耻辱！还是占卜一下辅助太子圉即位吧！'"群臣听后痛哭不已。晋从此开始改易田制征收赋税，用来赏赐群臣。吕饴甥说："国君出亡在外，我们不但不能救助，反而让他为我们担忧，这是多么大的恩惠啊。我们应该怎样对待国君呢？"大家说："怎样做才好呢？"吕饴甥回答说："征收赋税，扩大武装，修整武器装备，辅佐太子。诸侯听说我们失去国君，又有新的国君，群臣团结和睦，武器装备增多，拥护我们的会鼓励我们，厌恶我们的会害怕我们，这也许会有好处吧！"众人听了都很高兴。晋从此开始训练地方武装。

原文

初，晋献公筮嫁①伯姬②于秦，遇《归妹》之《睽》③。史苏④占之曰："不吉。其繇⑤曰：'士刲羊，亦无衁也。女承筐，亦无贶也⑥。'西邻责言，不可偿也。《归妹》之《睽》，犹无相也。《震》之《离》⑦，亦《离》之《震》。为雷为火，为嬴败姬。车说其輹，火焚其旗，不利行师，败于宗丘。'《归妹》《睽》孤⑧，寇张之弧⑨。'侄其从姑⑩，六年其逋⑪，逃归其国，而弃其家⑫，明年其死于高梁之虚⑬。"及惠公在秦，曰："先君⑭若从史苏之占，吾不及此夫。"韩简侍，曰："龟，象也；筮，数也。物生而后有象，象而后有滋，滋而后有数。先君之败德，及可数乎？史苏是占，勿从何益？《诗》⑮曰：'下民之孽，匪降自天，僔沓背憎，职竞由人⑯。'"

注释

①筮嫁：古代出嫁时先用蓍草进行占筮。②伯姬：秦穆夫人。③遇《归妹》之《睽（kuí）》：《归妹》和《睽》都是《周易》的卦名。此言所卜之卦，由《归妹》卦变成《睽》卦。卦名，兑下震上。之，变为。《睽（kuí）》，卦名，兑下离上。④史苏：晋献公之时的占卜官。⑤繇：同"爻"，这里指爻辞。⑥"士刲羊"四句：男人宰羊而无血，女人用筐承接而无所得，以喻对自己不利。刲（kuī），割，宰。衁（huāng），血。贶（kuàng），赠，赐。今本《周易》《归妹》卦所录的词句与此略有不同。⑦《震》之

《离》：《周易》卦名。下文“为雷为火”中，“震”代表雷，“离”代表火。⑧《归妹》《睽》孤：出嫁的少女与母家极端乖离。孤，有极端之意。⑨寇张其弧：敌寇拉开了他的大弓，弧：弓。⑩侄从其姑：晋太子圉入秦为质，秦穆公夫人伯姬是太子圉的姑姑。故言“侄从其姑”。⑪六年其逋：六年以后太子圉逃归晋国。逋，逃走。⑫逃归其国，而弃其家：太子圉在秦娶秦穆公女怀嬴，当其逃归晋国时，怀嬴留在秦国，故云“弃其家”。⑬明年其死于高梁之虚：指圉（晋怀公）在僖公二十四年被重耳杀于高梁之虚。⑭先君：指晋献公。⑮《诗》：指《诗经》。引诗见《诗经·小雅·十月之交》。⑯蘖：灾害，灾难。僔（zǔn）：相聚。沓（tà）：话多。职竞：主要的策动者。

译文

当初，晋献公把伯姬嫁给秦国时曾经卜筮，卜得由《归妹》一卦变成《睽》卦。晋献公之时的占卜官史苏占卜说：“不吉利。卦的爻辞说：‘男人宰羊而无血。女人用筐承接而无所得。’西邻秦国总是加以指责，我们无法报偿。少女出嫁时突然出现乖离之兆，这是对娘家没有帮助的征兆。《震》卦变成《离》卦，也就是《离》卦变成《震》卦。《震》为雷，《离》为火，嬴姓国打败了姬姓国。战车脱落伏兔，大火烧毁军旗，出兵不利，大败在宗邱。爻辞‘出嫁的少女与母家极端乖离，敌寇拉开了他的大弓’。侄子将跟从姑姑，六年以后，逃归本国，抛弃了他的家室，第二年将死在高梁之虚。”等晋惠公被俘虏到了秦国，说：“先君如果听从了史苏的占卜，也不会有这种结局！”韩简服侍在一旁，说：“龟甲，是形象；蓍草，是数字。事物产生以后才有形象，有形象以后才能滋生繁衍，滋生繁衍以后才有数字。先君做了那么多的败坏道德之事，真是罄竹难书。史苏的占卜，信了又会有什么好处？《诗经》说：‘百姓的灾难，不是上天降下的，当面说笑背后恨，都是小人把人害。’”

原文

十月，晋阴饴甥会秦伯，盟于王城[①]。秦伯曰：“晋国和[②]乎？”对曰：“不和。小人耻失其君而悼丧其亲[③]，不惮征缮以立圉也，曰：‘必报仇，宁事戎狄。’君子爱其君而知其罪，不惮征缮以待秦命[④]，曰：‘必报德，有死无二。’以此不和。”秦伯曰：“国谓君何？”对曰：“小人慼，谓之不免[⑤]；君子恕，以为必归。小人曰：‘我毒秦[⑥]，秦岂归君？’君子曰：‘我知罪矣，秦必归君。贰而执之[⑦]，服而舍之[⑧]，德莫厚焉，刑莫威焉！服者怀德，贰者畏刑。此一役也，秦可以霸。纳而不定，废而不立，以德为怨，秦不其然！’”秦伯曰：“是吾心也。”改馆晋侯[9]，馈七牢[10]焉。

注释

①王城：古城池（在今陕西省大荔县朝邑镇西南）。②和：指意见一致。③失其君：指惠公被俘。丧其亲：指将士战死。④秦命：秦国的命令。⑤不免：指秦君不肯赦免惠公。⑥毒秦：害苦了秦。⑦贰而执之：意思是心怀二心。晋侯对秦有二心，秦就把他捉住了。⑧服而舍之：晋侯既已认错服罪，秦就会把他放了。⑨改馆晋侯：改变对晋侯的待遇，让他住在宾馆里。⑩牢：一牛、一羊、一猪为一牢，七牢指牛、羊、猪各七头。

译文

十月，晋国的吕饴甥会见秦伯，选在王城订立盟约。秦伯问：“晋国的意见如何？”吕饴甥回答说：“意见不一致。一种意见认为国人都以失掉国君为耻而哀悼战死的亲属，不怕征收赋税修整武器装备以立圉为国君，说：‘宁可侍奉戎狄，也一定要报仇。’另一种意见认为君子热爱国君而知道他的罪过，不怕征收赋税修整武器装备以等待秦国的命令，说：‘一定报答恩德，有必死之志而无二心。’因此意见不一致。”秦伯又问：“国人对晋君有什么看法？”吕饴甥回答说：“小人感到忧愁，认为他不会被赦免；君子宽恕，认为他一定回来。小人说：‘我们危害秦国，秦国肯定不让国君回来。’君子说：‘我们已经认错服罪，秦国一定放他回来。因有二心被俘虏，又因认错服罪被释放，恩德宽厚，刑罚威严！服罪的怀念恩德，有二心的害怕刑罚。经过这次战役，秦可以称霸诸侯。秦既送晋侯回国却又使他不安于位，想废黜他不立他为国君，把恩德变为怨恨，秦不会这样吧？’”秦伯说：“这正是我的心意啊！”改变了对晋侯的态度并加以优待，让他住在宾馆里，馈赠牛、羊、猪各七头。

原文

蛾析[1]谓庆郑曰：“盍行乎[2]？”对曰：“陷君于败，败而不死，又使失刑，非人臣也。臣而不臣，行将焉入？”十一月，晋侯归。丁丑[3]，杀庆郑而后入。

是岁，晋又饥，秦伯又饩[4]之粟，曰：“吾怨其君，而矜其民。且吾闻唐叔[5]之封也，箕子[6]曰：‘其后必大。’晋其庸可冀[7]乎？姑树德焉，以待能者！”

于是秦始征晋河东[8]，置官司焉。

注释

①蛾析：晋大夫。②盍行乎：庆郑得罪晋侯，蛾析劝他逃走。③丁丑：十一月二十九。④饩（xì）：赠送食物。⑤唐叔：周武王之子，成王时始封于晋，为晋始祖。⑥箕子：殷纣王的叔父。殷亡后归周。⑦冀：希望得到，图谋。⑧晋河东：指上文所言解梁城等地。

译文

蛾析对庆郑说："为啥不赶快逃走呢？"庆郑回答说："不是我让国君陷于失败，是国君自己失败，又不以死殉国，我如果逃走，又让国君失去刑罚之威，这不是人臣应该做的。作为人臣而做了不合人臣之事，逃走又能去哪里呢？"十一月，晋侯回国。十一月二十九，晋侯把庆郑杀害了以后进入国都。

这一年，晋国又发生饥荒，秦伯又赠给晋国粟米，说："我虽然怨恨他们的国君，但我怜悯他们的百姓。我还听说唐叔受封于晋的时候，箕子说：'他的后代一定昌盛强大。'晋国还是大有希望的啊！对晋国还是多施恩德，以等待有能力的人才。"

于是秦国开始在晋国黄河以东地区征收赋税，设置官员管理。

精彩点拨

对于晋惠公来说，这是一场自取其辱的战役，以一败涂地被俘虏收场，并且还因此导致晋国丢失了黄河西岸的大片土地。秦国把版图向东扩张了几百里，最终却由于实力以及人情的缘故，把晋惠公放了回去。通过对文章的阅读可以得知，战前晋国君臣的矛盾分歧和战后的众志成城形成了鲜明强烈的对比，由此可以看出多难兴邦并不是一句空话。

阅读积累

秦晋之好

“秦晋之好”的原义是春秋时，秦、晋二国世代联姻；后遂以秦晋之好代指两姓联姻的关系；在句子中可充当宾语；含褒义；亦作“秦晋之匹”“秦晋之偶”“秦晋之盟”“秦欢晋爱”“秦晋之缘”。秦穆公胸怀宽广，目光长远，他在晋国动荡的时候帮助晋惠公继承君位，在晋国遭受饥荒的时候送去大量的粮食。晋惠公不守信用，一再食言，恩将仇报。秦穆公又帮助忠厚谦逊的公子重耳登上君位，并将自己最喜爱的女儿嫁给他，秦穆公宽广的胸怀成就了秦晋之好。秦晋联姻虽带有很强的政治色彩，但秦晋之好被传为千古美谈。这个故事告诉我们，人与人之间相处理应坚持和谐的原则。在现实中的人们，也要学会与人融洽相处，在感情和义气上讲究融和，以求大家和和气气，尤其是在一个群体当中，人们更要坚持集体主义，友好团结。

泓之战 僖公二十二年

精彩导读

前638年，宋、楚两国为争夺中原霸权，在泓水边发生战争。当时郑国亲近楚国，宋襄公为了削弱楚国，出兵攻打郑国。楚国出兵攻宋救郑，就爆发了这次战争。当时楚强宋弱，但战争开始时，形势对宋军有利，可宋襄公死抱所谓君子“不乘人之危”等迂腐的教条，拒绝接受子鱼的正确意见，以致贻误战机，惨遭失败。

原文

夏，宋公伐郑。子鱼曰：“所谓祸在此矣。”

楚人伐宋以救郑。宋公将战，大司马①固②谏曰：“天之弃商③久矣，君将兴之，弗④可赦⑤也已。”弗听。

冬十一月己巳朔，宋公及楚人战于泓。宋人既成列⑥，楚人未既济⑦。司马曰：“彼众我寡，及其未既济也请击之。”公曰：“不可。”既济而未成列，又以告。公曰：“未可。”既陈⑧而后击之，宋师败绩。公伤股，门官歼焉。

国人皆咎公。公曰：“君子不重伤，不禽二毛⑨。古之为军也，不以阻隘也。寡人虽亡国之余，不鼓不成列。”子鱼曰：“君未知战。勍敌之人，隘而不列，天赞我也。阻而鼓之，不亦可乎？犹有惧焉。且今之勍⑩者，皆吾敌也。虽及胡耇⑪，获则取之，何有于二毛？明耻教战，求杀敌也。伤未及死，如何勿重？若爱重伤，则如勿伤；爱其二毛，则如服焉。三军以利用也，金鼓以声气⑫也。利而用之，阻隘可也；声盛致志，鼓儳⑬可也。”

（僖公二十三年）夏五月，宋襄公卒，伤于泓故也。

注释

①大司马：官名。《周礼·夏官》有大司马，掌管军队。②固：人名，即公孙固，

是宋庄公的孙子，宋襄公的堂兄弟，宋国大司马。③商：商朝，为周所灭。宋国本是商人后裔。④弗：不。⑤赦：免除或减轻对罪犯的刑罚。⑥成列：排成行列，整齐划一。⑦未既济：还没有全部渡过泓水。⑧陈：同“阵”，军阵。⑨二毛：一般指头发花白的老人。⑩勍：（qíng），强。勍敌，强敌。⑪胡耇（gǒu）：老年人。⑫金鼓以声气：猛烈敲击金鼓给士兵打气。⑬儳（chán）：队形不整齐。

译文

夏天，宋襄公率兵攻打郑国。子鱼说：“我料定的祸患就在这里啊。”

楚国为救援友邦郑国派兵攻打宋国。宋襄公积极应战，大司马坚决劝阻道：“上天已把我们抛弃很久了，您想复兴它，违背天意，恐怕不可赦免啊！”宋襄公不理不睬，和楚军在泓水边进行战斗。

冬十一月初一，宋襄公领兵与楚军在泓水边作战。宋国的军队早已列好阵势，而楚国的军队还在渡泓水。司马子鱼劝谏宋襄公说：“楚军人多势强，我军人少，趁他们还没有全部渡过河准备不足，赶紧下令进攻。”宋襄公说：“不可以。”楚军渡过河正在排兵布阵，司马子鱼极力劝说宋襄公进攻。襄公说：“还是不可以。”等到楚人摆好阵势，宋襄公才下令进攻，结果宋军大败。宋襄公大腿受了伤，亲兵全部被杀死。

宋国人都非常气愤，怪罪宋襄公。宋襄公说：“有德之人总不忍心伤害受伤的敌人，不捉拿老年人。古人行军打仗，不凭险要地方求胜利。我虽是殷商亡国的后代，也不进攻还没摆好阵势的敌人。”子鱼说：“您还不懂什么是打仗，强大的敌人被逼在险要的地方来不及摆开阵势，这是上天在帮助我们。凭着险阻进攻敌人，怎么不可以呢？我还怕打不赢呢。再说这些强大的士兵，都是我们的敌人。即使是老年的，抓到了就是俘虏，还管他是不是头发花白的老人，我们训练士兵，先让他们明白国耻之心，然后教他们战术，就是为了杀死敌人。敌人受了伤，怎么就不可以再杀死他呢？如果爱惜伤员而不打击他，那一开始就应该伤害他；爱惜那些头发花白的老人，就不如向他们投降。军队打仗，就应抓住有利时机作战，鸣金、击鼓，是用来鼓舞士气的。敌人在险隘之处，正是可利用的时机；鼓声大作，激发士气，进攻未成列的敌人，完全是应该的。”

（僖公二十三年）夏五月，宋襄公死，是因为在泓之战中受了伤。

精彩点拨

泓水之战中，宋襄公奉行“蠢猪式的仁义”（毛泽东语），既不注重实力建设，又缺乏必要的指挥才能，最终覆军伤股，为天下笑。正如《淮南子》所说：“古之伐国，不杀黄口，不获二毛，于古为义，于今为笑，古之所以为荣者，今之所以为辱也。”泓水之战标志着自商、周以来以“成列而鼓”为主的“礼义之兵”退出历史舞台，新型的以“诡诈奇谋”为主导的作战方式的崛起。

阅读积累

《泓之战》的反思

襄公引残兵归来。宋之百姓，有从军战死者，父母妻子皆哭于朝外。近臣奏于襄公，襄公后悔无及，乃长叹数声，箭疮迸裂，倒于座下。群臣急救而起，叹曰：“吾早听子鱼之言，不致有今日之祸！”是夕遂卒。群臣奉太子王巨立，是为成公。

叹子鱼曰：“战国君臣相弑诛，廉而让位有谁知，襄公不纳当时谏，至死方知叹子鱼。”潜渊读史诗云：“连天泓水白茫茫，宋楚交兵两岸旁。旗影乱翻波似雪，戈锋遥映浪如霜。鱼龙涌跃山川竭，鸟雀争飞四野荒。可笑襄公非劲敌，宁将十万丧长江。”

住在黄州的苏东坡读《左传》评曰：“襄公欲霸诸侯，与楚人战于泓，不鼓不成列，不擒二毛，以此兵败身死，余尝笑之。夫襄公凌虐小国，至邾人用鄫于次睢之社，虽桀纣有不为矣。乃欲以不鼓不成列、不擒二毛为君子，又可笑之甚也。”

晋公子重耳之亡　僖公二十三、二十四年

精彩导读

《晋公子重耳之亡》这篇文章，记载了晋文公重耳从出奔、流亡到回国夺取政权的经历，通过对政治、军事、外交等活动的描述，运用正面、侧面、细节描写和对比等手法，比较完整地刻画了重耳的形象，让读者能了解重耳怎样由一个贪图享乐、养尊处优的贵公子成长为雄才大略的政治家，怎样由四处流亡到成为春秋时代显赫一时的一代霸主。

原文

晋公子重耳之及于难①也，晋人伐诸蒲城②。蒲城人欲战。重耳不可，曰："保君父之命而享其生禄③，于是乎得人。有人而校④，罪莫大焉。吾其奔也。"遂奔狄⑤。从者⑥狐偃⑦、赵衰⑧、颠颉⑨、魏武子⑩、司空⑪季子⑫。狄人伐廧咎如⑬，获其二女：叔隗⑭、季隗⑮，纳诸公子。公子取季隗，生伯鯈⑯、叔刘。以叔隗妻赵衰，生盾。将适齐，谓季隗曰："待我二十五年，不来而后嫁。"对曰："我二十五年矣，又如是而嫁，则就木焉。请待子。"处狄十二年而行。

注释

①及于难：指晋太子申生之难，《左传》记僖公四年十二月，晋献公听从骊姬的谗言，逼迫太子申生自缢而死，其余二子重耳、夷吾也同时逃走。②蒲城：古城池，当时重耳的据点（今山西省隰县）。当时公子重耳驻守蒲城，对晋献公形成威胁，因此献公决定对他出兵。③生禄：养生的禄邑，指古代贵族从封地中获取生活资料。④校：同"较"，较量，对抗。⑤狄：古代中国北方的部族，散处在北方诸侯国之间。⑥从者：随从人员。⑦狐偃（约前715—前629年）：姬姓，狐氏，字子犯，大戎（今山西省交城县）人。晋国大夫，重耳的舅父，狐突之子。⑧赵衰（cuī）：赵成子。嬴姓，赵氏，字子余，也作子馀，谥号"成季"。晋国大夫，战略家、政治家。⑨颠颉（xié）：春秋时期晋国大夫。⑩魏武子：名犨（chōu），又称魏武子。晋国魏地（今山西省运城市芮城

县）人，毕万之子。春秋时期晋国大夫，以勇力闻世。⑪司空：古代官名。少皞部落以鸣鸠氏为司空，《尚书·尧典》记舜在部落联盟议事会中设九官，其一为司空，由禹担任。西周时，司空位列三公，与六卿相当，与司马、司寇、司士、司徒并称五官，负责全国水利、营建。⑫季子：一名胥臣，又称司空季子。春秋时期晋国大夫，政治家、教育家。⑬廧咎（qiáng gāo）如：春秋时期赤狄部落名，狄族的别种，隗（wěi）姓（在今河南省安阳市西南）。⑭叔隗：赵衰的妻子，季隗的姐姐。⑮季隗：重耳的妻子，叔隗的妹妹。⑯儵（shū）：光彩鲜明的样子。

译文

晋国的公子重耳经过骊姬之乱正遭受危难，晋国派出军队到蒲城讨伐他。蒲城人为保护重耳准备抵抗。重耳不但不同意抵抗，还说："我依靠君父的天命享有养生的俸禄，得到所属百姓的拥护。有了百姓拥护就同君父较量起来，没有比这更大的罪过了。我还是逃走吧。"重耳一说要逃到狄国去，同他很要好的朋友狐偃、赵衰、颠颉、魏武子、司空季子就跟着重耳一块儿逃走了。不久，狄国人去攻打一个叫廧咎如的部落，打了胜仗，还俘获了廧咎如部落君长的两个女儿叔隗和季隗，狄国君长把两个美女送给了公子重耳。重耳娶了季隗，生下伯儵倴和叔刘。重耳把叔隗送给赵衰做妻子，生下赵盾。重耳很想到齐国去发展，对妻子季隗说："等我二十五年，我若不回来，你就改嫁吧。"季隗回答说："我已经二十五岁了，再过二十五年改嫁，就该进棺材了。还是让我等您吧。"重耳在狄国住了十二年才离开。

原文

过卫，卫文公①不礼焉。出于五鹿②，乞食于野人③，野人与之块。公子怒，欲鞭之。子犯曰："天赐④也。"稽首⑤，受而载之。

及齐，齐桓公妻之，有马二十乘⑥，公子安之。从者以为不可。将行，谋于桑下。蚕妾⑦在其上，以告姜氏⑧。姜氏杀之，而谓公子曰："子有四方之志，其闻之者吾杀之矣。"公子曰："无之。"姜曰："行也。怀与安，实败名。"公子不可。姜与子犯谋，醉而遣之。醒，以戈逐子犯。

及曹，曹共公闻其骈胁，欲观其裸⑨。浴，薄⑩而观之。僖负羁⑪之妻曰："吾观晋公子之从者，皆足以相国。若以相，夫子必反其国。反其国，必得志于诸侯⑫。得志于诸侯，而诛无礼，曹其首也。子盍蚤自贰焉。"乃馈盘飧，置璧焉。公子受飧⑬反璧。

注释

①卫文公（？—公元前635年）：姬姓卫氏，初名辟疆，后改名毁，卫宣公之孙，卫昭伯（昭伯顽）之子，春秋时期卫国第二十任国君。②五鹿：春秋时期卫地名（今河南省濮阳市东北莎鹿城）。③野人：代指种田人。含有贬义。④天赐：土块象征土地，是建立国家的预兆，所以称为天赐。⑤稽首：以头抵地，为时甚久，古代最敬之礼。⑥有马二十乘（shèng）：有马八十匹。古时四匹马拉一辆车叫一乘。⑦蚕妾：靠采桑叶养蚕为生的女奴隶。⑧姜氏：齐桓公嫁给重耳的齐女。⑨裸：裸体。指偷看重耳裸身的样子。⑩薄：同“迫”，迫近。此言在重耳浴身时，曹共公到他身边去看他的肋骨。这是非常无礼的行为。⑪僖负羁：春秋时期曹国大夫。⑫诸侯：是古代分封制中各方君主的统称。诸侯源自分封制的西周时期。周代分公、侯、伯、子、男五等，诸侯需服从王室的政令，向王室朝贡、述职、服役，出兵勤王等。⑬飧（sūn）：晚饭。

译文

重耳一行人经过卫国的时候，卫文公不重视他们，没有以礼相待。经过一个叫五鹿的地方，重耳一行人向乡下人要饭吃，乡下人给了他一块泥土。重耳发怒了，要鞭打乡下人。子犯赶忙说：“不要动怒，这是上天赐予我们的啊！”遂把土块接过来放在了车上。

到了齐国，齐桓公很重视重耳一行人，并将宗室女儿嫁给重耳，又赠马八十匹。重耳在齐国过着安逸的生活不想再走了。但跟随出逃的人都不满意重耳这样做，他们准备设法让重耳离开齐国，并在桑树下会商。他们没想到，养蚕的女奴正在桑树上偷听到了，便密报给姜氏。姜氏不但不怪罪重耳的人，反而把密报的女奴杀了，然后对公子重耳说：“我知道您是有远大志向的人，那个听到你们谈话的女奴被我杀了。”重耳装作不知，说：“根本没有这回事。”姜氏说：“您走吧！眷恋享受，安于现状，只能败坏功名。”公子不愿走。姜氏与子犯商量，把重耳灌醉，然后把他送走。重耳醒来之后，得知真相非常生气拿起戈来追赶子犯。

重耳一行到了曹国，曹共公听说重耳腋下肋骨连成一片，感到很好奇，便想趁重耳裸露身体的时候看个究竟。重耳洗澡的时候，曹共公果然迫近前去观看。曹大夫僖负羁的妻子很有远见，说：“我看晋公子的手下人，个个都是国家辅臣的人才。用他们做辅政大臣，公子必定会返回晋国即位。重耳也一定会在诸侯列国中得志。得志之后，肯定会惩罚对他无礼的国家，曹国必首当其冲。你还是早一点表示一下态度的好啊。”于是僖负羁按照妻子说的，把一块玉璧放置在食物中，赠给重耳一盘晚餐。重耳接受了他的晚餐后立即送还了玉璧。

原文

及宋，宋襄公赠之以马二十乘。

及郑，郑文公亦不礼焉。叔詹[①]谏曰："臣闻天之所启[②]，人弗及也。晋公子有三焉，天其或者将建诸，君其礼焉。男女同姓，其生不蕃[③]。晋公子，姬出[④]也，而至于今，一也。离外[⑤]之患，而天不靖晋国，殆[⑥]将启之，二也。有三士[⑦]足以上人[⑧]而从之，三也。晋、郑同侪，其过子弟，固将礼焉，况天之所启乎？"弗听。

注释

①叔詹（？—前630年）：姬姓，春秋时期郑国（在今河南省新郑市境内）的相。郑国贵族，郑国君主郑文公的弟弟。②天之所启：言重耳是上天所开导、所赞助的人。启，开，这里是扶助的意思。③"男女同姓"两句：意指中国古代有同姓不婚的说法，认为夫妻同姓，子孙不能繁盛。④姬出：姬姓女子生育的孩子，此指重耳是犬戎狐姬所生。姬，姓。出，生育。⑤离外：指遭受罹难逃亡国外。⑥殆：危险，陷入困境。⑦三士：据《国语》，三士指狐偃、赵衰和贾佗，都是有名的贤士，当时跟着重耳。⑧上人：原是对持戒严格并精于佛学的僧侣的尊称。此处借指超过常人的那些名人贤士。

译文

重耳一行到了宋国，宋襄公送给了重耳二十辆马车。

重耳一行到了郑国，郑文公不当回事，不依礼接待重耳。大夫叔詹给郑文公提建议，说："臣下听说上天所赞助的人，其他人是赶不上的。晋国公子有三件不同寻常的事，或许上天要立他为国君，您还是接见他并依礼款待。按说同姓的男女结婚，子孙后代不昌盛。晋公子重耳的父母都姓姬，他却一直活到今天，这是第一件不同寻常的事。他遭到流亡国外的灾难，晋国从未安定下来，是上天要为他开出一条路吧，这是第二件不同寻常的事。有三位才智过人的贤士跟随他，这是第三件不同寻常的事。晋国和郑国是同等的国家，晋国子弟路过郑国，本应该以礼相待，更何况晋公子是上天所赞助的人呢？"郑文公对叔詹的劝告充耳不闻。

原文

及楚，楚子[①]飨[②]之，曰："公子若反晋国，则何以报不穀[③]？"对曰："子、女、玉帛则君有之，羽、毛、齿、革则君地生焉。其波及晋国者，君之余也，其何以报君？”曰：“虽然，何以报我？”对曰：“若以君之灵[④]，得反晋国，晋、楚治兵[⑤]，遇于中原，其辟君三舍[⑥]。若不获命，其左执鞭、弭，右属櫜、鞬[⑦]，以与君周旋。”子玉请杀之。楚子曰：“晋公子广而俭，文而有礼。其从者肃而宽，忠而能力。晋侯[⑧]无亲，外内恶之。吾闻姬姓，唐叔[⑨]之后，其后衰者也，其将由晋公子[⑩]乎。天将兴之，谁能废之？违天必有大咎。”乃送诸秦。

秦伯纳女五人[⑪]，怀嬴[⑫]与焉。奉匜沃盥[⑬]，既而挥之。怒曰：“秦、晋匹也，何以卑我？”公子惧，降服而囚。

他日，公[⑭]享之。子犯曰：“吾不如衰之文也，请使衰从。”公子赋《河水》，公赋《六月》[⑮]。赵衰曰：“重耳拜赐[⑯]。”公子降，拜，稽首，公降一级而辞焉。衰曰：“君称所以佐天子者命重耳，重耳敢不拜。”

注释

①楚子：指春秋时期楚成王。因楚君刚被封时称为子爵，故称楚子。②飨：用酒食款待客人。③不穀：原是先秦诸侯之长的谦称，本为周天子所用，自周室衰落后，诸侯也时兴用此谦称。齐国齐桓公、楚国楚成王最喜爱用此称呼。④以君之灵：托君王的福。⑤治兵：双方出兵交战。⑥三舍：共九十里（一舍三十里）。指晋楚两国交战，晋军当撤退九十里。⑦櫜（gāo）、鞬（jiàn）：箭袋和弓套。⑧晋侯：指晋惠公。⑨唐叔：晋国始祖，周成王弟弟。⑩晋公子：指重耳。⑪纳女五人：娶了五个女人作为妃子。⑫怀嬴：秦穆公之女，原嫁给晋怀公，怀公逃归后，又嫁给晋文公重耳，后又称文嬴。⑬奉匜（yí）沃盥（guàn）：意思是指怀嬴捧着盛水器浇水给重耳洗手。⑭公：秦穆公。⑮《六月》：《诗经》篇名。篇首“六月栖栖，戎车既饬”。说六月中急急遑遑，兵车已经准备好了。⑯拜赐：拜谢秦穆公赐予的恩惠。

译文

重耳一行到了楚国，楚成王很重视并设宴款待重耳一行，并问道：“如果公子返回晋国，如何报答我呢？”重耳回答说：“美女、宝玉、丝绸您都有了，贵国的特产鸟羽、兽毛、象牙、皮革您用之不尽。那些流散到晋国的，都是您剩下的，我能拿什么来报答您呢？”楚成王说：“虽然这样，你总得报答我吧？”重耳回答说：“托成王您的福，我如果能返回晋国，假如晋国和楚国交战，双方军队在中原相遇，我命令晋军退避九十里。我若得不到您退兵的命令，就左手拿马鞭和弓梢，右边挂着箭袋和弓套奉陪您较量一番。”楚国大夫子玉预感不妙，立即请求楚成王杀掉公子重耳。楚成王没有采纳子玉的建议，说：“晋公子志向远大而生活俭朴，言辞文雅而合乎礼仪。他的随从态度恭敬而待人宽厚，忠诚而尽力。现在晋惠公目前没有亲近的人，国内外的人都憎恨他。我听说姓姬的一族中，唐叔的一支是衰落得最迟的，恐怕要靠晋公子来振兴吧？上天要让他兴盛，谁又能废除他呢？违背天意必定会遭大祸。”楚成王没有失言，遂派人把重耳一行人送去了秦国。

秦穆公是有远见之人，他把五个女子都送给重耳做姬妾，小女儿怀嬴也在其中。有一次，怀嬴捧着盛水的器具伺候重耳洗手，重耳洗完后也不言语挥手让怀嬴走开。怀嬴非常生气，质问重耳：“秦国和晋国是同等的，你为什么瞧不起我？”公子重耳害怕了，赶紧脱去衣服把自己关起来表示谢罪。

有一次，秦穆公设宴款待重耳。子犯说：“我不像赵衰那样长于文辞，请您让赵衰随行赴宴吧。”席间，公子重耳诵读《河水》这首诗，秦穆公诵读《六月》这首诗。赵衰说：“重耳，请拜谢恩赐！”公子重耳疾步走下台阶，跪拜，叩首，秦穆公也走下一个台阶行礼辞谢。赵衰说：“君王托付给你辅助天子的使命，重耳哪敢不拜？”

原文

二十四年春，王①正月，秦伯纳之②，不书，不告入也。

及河③，子犯以璧授公子，曰：“臣负羁绁④从君巡于天下，臣之罪甚多矣，臣犹知之，而况君乎？请由此亡。”公子曰：“所不与舅氏同心者，有如白水⑤。”投其璧于河。

济河，围令狐⑥，入桑泉⑦，取臼衰⑧。二月甲午，晋师军于庐柳⑨。秦伯使公子絷⑩如晋师。师退，军于郇。辛丑⑪，狐偃及秦、晋之大夫盟于郇。壬寅⑫，公子入于晋师。丙午⑬，入于曲沃。丁未⑭，朝于武宫。戊申⑮，使杀怀公于高梁⑯。不书，亦不告也。

注释

①王：指周天子。②秦伯纳之：秦穆公用武力保护重耳回到晋国。③河：此指黄河。④羁绁（xiè）：缰绳，泛指牵引牲畜或绑缚禽兽的绳索。⑤有如白水：指着黄河水发誓，表示永不变心。⑥令狐：春秋时期地名（故治在今山西省运城市临猗县南二十里铁匠营村）。⑦桑泉：古地名（在今山西省运城市临猗县东北）。⑧臼衰（jiù cuī）：又名臼城。春秋时期晋大夫臼季邑（故治今山西省运城市盐湖区解州镇）。⑨庐柳：春秋时期晋地（在今山西省运城市临猗县西北）。⑩公子絷：嬴姓赵氏，名絷，字子显，秦国公子。⑪辛丑：甲午后第七天。⑫壬寅：辛丑第二天。⑬丙午：壬寅后第四天。⑭丁未：

丙午第二天。⑮戊申：丁未第二天。⑯高梁：春秋时期晋邑（在今山西省临汾市东北）。

译文

鲁僖公二十四年，春天，周历正月，秦穆公派出亲信部队护送晋公子重耳回国，《春秋》没有记载这件事，因为晋国没有向鲁国报告重耳回国这件事。部队行进到黄河边上，子犯拿出一块宝玉献给公子重耳，并说："我牵马执缰服侍您走遍了天下各国，我知道得罪您的地方太多了，我自己都深知自己有罪，何况您呢？让我从此走开，到别国去吧。"公子重耳说："我要是不同舅舅一条心，就请黄河水做证。"说着把那块宝玉扔到了河里，表示请求河神做证。

在秦军的护送下重耳顺利渡过了黄河，进入晋国国境，秦军趁此围困令狐，接着又攻入桑泉，并拿下臼衰。同年二月初四，晋怀公的部队驻扎在庐柳。秦穆公派遣公子絷到晋国部队，劝说晋军退兵。晋军后退到郇城驻扎下来。十一日，狐偃同秦、晋两国的大夫在郇城签订盟约。十二日，重耳接管了晋国军队。十六日，重耳进入曲沃城。十七日，重耳到祖父武公的宗庙朝拜。十八日，重耳派人到高梁杀死了晋怀公。《春秋》没有记载这次事件，原来也是因为当时晋人没来鲁国报讯。

原文

吕、郤①畏逼②，将焚公宫而弑③晋侯④。寺人披请见⑤，公使⑥让⑦之，且辞焉，曰："蒲城⑧之役，君命一宿，女即至。其后余从狄君以田渭滨⑨，女为惠公来求杀余，命女三宿，女中宿至。虽有君命，何其速也。夫袪犹在。女其行乎。"对曰："臣谓君之入⑩也，其知之矣。若犹未也，又将及难。君命无二，古之制也。除君之恶，唯力是视。蒲人、狄人，余何有焉⑪？今君即位，其无蒲、狄乎？齐桓公置射钩而使管仲相⑫，君若易之，何辱命焉？行者甚众，岂唯刑臣？"公见之，以难告。三月，晋侯潜会秦伯于王城⑬。己丑晦，公宫火，瑕甥、郤芮不获公，乃如河上，秦伯诱而杀之。

晋侯逆夫人嬴氏以归。秦伯送卫于晋三千人，实纪纲之仆。

注释

①吕、郤：吕，即阴饴甥，他的采邑除阴外还有吕（在今山西省霍州市西）、瑕（在今山西省临猗县附近），故又称吕甥、瑕甥。郤，即郤芮。二人都是晋惠公、晋怀公的旧臣。②畏逼：害怕遭受迫害。③弑：古时子杀父、臣杀君为弑。④晋侯：指重耳，此

时已即君位，史称晋文公。⑤见：谒见。⑥使：派人来到某个地方。⑦让：斥责。⑧蒲城：古称“重泉”“南白水”，春秋时，晋献公（前676—前651年）向外扩张，占有陕西中部及东北部，蒲地即入晋版图。晋设北徵邑（在今山西省蒲城县西头乡）。⑨渭滨：渭水之滨。⑩入：回到国内。⑪余何有焉：和我有什么关系呢？⑫置射钩而使管仲相：鲁庄公九年，管仲奉公子纠与齐桓公战于乾时，管仲曾射中齐桓公革带上的钩，后来他投奔齐桓公，齐桓公能听鲍叔牙劝说，置射钩之仇而不问，任用其为相。⑬王城：古地名，秦地（在今陕西省大荔县东）。

译文

晋惠公的旧臣吕甥、郤芮怕遭受重耳的迫害，密谋焚烧公宫杀死晋文公。但这一消息被阉人披获悉，阉人披立即求见晋文公，晋文公不接见并使人斥责，斥道：“蒲城那次战役，献公命令你一宿，你立刻就到。后来我逃到狄国同狄国国君在渭水之滨打猎，你接受惠公命令来杀我，让你三天到，你第二天就到了。虽有君命，可来杀我你何必那么快呢。我还保存着袖管呢。你赶快走吧！”阉人披虽然受到冷落，但他回答说：“我以为你这次回来，尽知为君之道。如果你连这个道理都不懂，那么你将还得落难。执行君命不能有二心，这是古人制定的。除君之害，尽力而为。蒲人、狄人与我有什么关系呢？如今君虽然即位了，难道就没有像在狄、蒲那样的人来反对你吗？齐桓公放弃射钩之仇敢于任用管仲，你如果和齐桓公不一样，我又何必辱没你下命令呢？如果你不宽大为怀，惧罪出走的人一定很多，何止我一受刑之人呢？”晋文公改变主意接见了阉人披，阉人披把吕甥、郤芮焚宫的事密报晋文公。到了三月，晋文公暗中在王城会见了秦伯，密商大计。三月的最后一天，公宫果然着火了，瑕甥、郤芮没有抓住晋文公，于是就逃到黄河上，秦伯诱骗杀死了他们。

晋侯迎回嬴氏回国风风光光。秦穆公送给晋国三千卫士，全部都是具有整顿组织能力的得力干将。

原文

初，晋侯之竖①头须②，守藏者也。其出也，窃藏以逃，尽用以求纳之③。及入，求见。公辞焉以沐。谓仆人曰：“沐则心覆，心覆则图反，宜吾不得见也。居者为社稷之守，行者为羁绁之仆④，其亦可也，何必罪居者？国君而仇匹夫，惧者甚众矣。”仆人以告，公遽见之。

狄人⑤归季隗于晋，而请其二子⑥。文公妻赵衰⑦，生原同、屏括、楼婴。赵姬⑧请逆盾与其母⑨，子余辞。姬曰：“得宠而忘旧，何以使人？必逆之！”固请，许之。来，以盾为才，固请于公，以为嫡子，而使其三子下之⑩；以叔隗为内子⑪，而己下之。

注释

①竖：宫中小臣，即奴仆。②头须：人名。春秋时期晋文公的小臣，管理财物，没有跟随流亡。③以求纳之：请求接纳重耳回国。④羁绁之仆：专职牵马的仆人。⑤狄人：狄国人。⑥请其二子：官吏请示晋文公怎么安置季隗的两个儿子伯儵和叔刘。⑦文公妻赵衰：晋文公把一个女儿嫁给赵衰。即下文中的赵姬。⑧赵姬：重耳女儿。⑨请逆盾与其母：请求赵衰迎回赵盾和他的母亲叔隗。⑩使其三子下之：指赵姬使她的三个儿子居于赵盾之下。⑪内子：正妻称内子。

译文

当初，晋君有个名叫头须的小臣，专门监守府库。当年重耳逃亡时，头须偷走府库中的财物接纳重耳，重耳回国头须又接济他很多。等到重耳回国了，头须请求进见重耳。重耳不愿意见他，借口正在洗头。头须对重耳的仆人说：“洗头的时候心是向下倒过来的，心倒过来，考虑问题就颠倒了，该当我不能够进见他。在国内居留的人诚心为您看守国家，跟您逃亡的人替您奔走服役，这两种人都是一样的，为什么把留守的人看成是罪人呢？连做国君的都仇视普通人，以后害怕的人就多了。”仆人把话原原本本告诉重耳，重耳马上接见了头须。

狄国人将季隗送回晋国，请求留下伯儵、叔刘二人。晋文公把女儿嫁给赵衰，生了原同、屏括、楼婴。赵姬请求接回赵盾和他的母亲叔隗，赵衰辞谢不同意。赵姬说：“得到了宠爱而忘记了旧人，还如何使唤别人？一定要接他们回来。”坚决向赵衰请求，赵衰同意了。于是把叔隗和赵盾接回来。赵姬认为赵盾才华横溢是干才，坚决向晋文公请求，把赵盾立为嫡子，而亲生的三个儿子却居于赵盾之下；还把叔隗立为正妻，自己居于叔隗之下。

原文

晋侯赏从亡者①，介之推②不言禄③，禄亦弗及。推曰：“献公之子九人，唯君在矣。惠、怀无亲，外内弃之。天未绝晋，必将有主。主晋祀者，非君而谁？天实置之，而二三子④以为己力，不亦诬⑤乎？窃人之财，犹谓之盗，况贪天之功以为己力乎？下义其罪，上赏其奸，上下相蒙，难与处矣！”其母曰：“盍亦求之？以死，谁怼[6]？”对曰：“尤而效之[7]，罪又甚焉。且出怨言，不食其食[8]。”其母曰：“亦使知之，若何？”对曰：“言，身之文也[9]。身将隐，焉用文之？是求显也。”其母曰：“能如是乎？与女偕隐。”遂隐而死。晋侯求之，不获，以绵上[10]为之田，曰：“以志吾过，且旌善人[11]。”

注释

①从亡者：跟随逃亡的人。②介之推：春秋时期晋国大臣，曾跟随晋文公流亡。③不言禄：立了大功不张扬、不索取俸禄。④二三子：指那些跟随逃亡的人。⑤诬：欺骗。⑥以死，谁怼（duì）：因不求封赏而死，怎能抱怨呢？怼，怨恨。⑦尤而效之：犯了过错理应受谴责，可为什么又去仿效他们。尤，过，意谓“谴责”。⑧不食其食：不能再吃他(指晋文公)的俸禄了。⑨言，身之文也：语言，就像是身体华丽的文饰。⑩绵上：古地名（在今山西省介休市东南四十里介山之下和灵石县接界处）。⑪善人：行善积德的人。

译文

晋文公论功行赏奖励跟随他逃亡的臣子，介之推并未提出赏赐的要求，晋文公也没给介之推赏赐。介之推说：“献公有儿子九个，现今只有国君在了。惠公、怀公没亲近之人，国内外的人都抛弃他们。上天不愿灭绝晋国，必定会有新君。主持晋国宗庙祭祀的人，不是重耳还有谁呢？上天一定要立重耳为君，而他们几位随从逃亡的人却贪天之功以为己力，这不是欺蒙上天吗？偷人家的财物，尚且叫他盗贼，何况贪天之功以为自己的力量呢？在下的人把罪恶当作正义的行为，在上的又对他们所做的坏事加以赞赏，上下互相欺诈蒙骗，这就难以和他们相处啊！”介之推的母亲说：“你为什么不去求得封赏？如果这样死去，能怨谁呢？”介之推回答说：“母亲有所不知，明知他们是错的，怎能去效仿，那样罪过就更大了。而且说了埋怨的话，不能接受他的俸禄。”他的母亲说：“还是让他知道，怎么样？”介之推回答说：“说辞不过是身体上的装饰而已。身体将要隐藏起来，还要装饰干什么？那样就是去求得显达了。”他母亲说：“你能做到吗？我和你一起隐居。”于是母子俩一起隐居到死。后来，重耳也派人到处寻找他们，但没找到，就把绵上作为介之推的祭田，说：“就用这块祭田来记载我的过错，并表彰好人吧！”

精彩点拨

重耳是晋国诸公子中的佼佼者，有远见卓识。跟随他出亡的从者数量众多且才力超群。据本篇介绍，跟随重耳出亡的有狐偃、赵衰、颠颉、魏武子、司空季子。同样，这也说明这些追随者有见识，有胆略。他们预见到晋国日后的形势必将朝着有利于重耳的方向发展；暂时的坎坷和磨难，必将换来日后的胜利和乐观的前景。他们给重耳出谋划策，帮助重耳克服贵公子的陋习，激励重耳树立远大的志向，向霸主的目标奋进。

阅读积累

退避三舍

“退避三舍”的故事发生在重耳流亡生涯结束的前夕。当楚成王一再问重耳“何以报我”时，重耳的回答是“若以君之灵，得反晋国，晋、楚治兵，遇于中原，其辟君三舍”。现其情况大致有二：一是另一方实力较强，暂时避其锋芒；二是麻痹另一方，使其放松警惕，起到骄敌的作用。随后，出其不意，攻其不备，一举战胜之。成语中晋文公的退避三舍，便属于后者。此外，晋文公此举还有回报当年楚王收留之恩的意思。

晋楚城濮之战　僖公二十七年、二十八年

精彩导读

晋、楚争霸中原。在齐桓之霸以后，楚国强大起来，成为中原霸主，黄河流域的鲁、宋、郑、陈、蔡、许、曹、卫等国都先后与楚结盟，受其控制。晋文公经过长期流亡，回国掌权后，励精图治，加强军力，遂由弱转强。晋文公要建立霸业，势必与楚交锋。其直接原因是宋叛楚即晋，楚合郑、蔡、陈、许四国之师攻宋，宋求救于晋，就爆发了晋楚之间的城濮之战。晋以弱胜强，一战而霸。

原文

（僖公二十七年）冬，楚子及诸侯①围宋。宋公孙固如晋告急。先轸②曰："报施、救患③，取威、定霸，于是乎在矣。"狐偃曰："楚始得曹，而新昏于卫，若伐曹、卫，楚必救之，则齐、宋免矣。"于是乎蒐④于被庐⑤，作三军⑥，谋元帅。赵衰曰："郤縠⑦可。臣亟闻其言矣，说礼、乐而敦《诗》《书》。《诗》《书》，义之府也；礼、乐，德之则也；德、义，利之本也。《夏书》曰：'赋纳以言，明试以功，车服以庸。'君其试之。"及使郤縠将中军，郤溱佐之；使狐偃将上军，让于狐毛，而佐之；命赵衰为卿⑧，让于栾枝⑨、先轸；使栾枝将下军，先轸佐之。荀林父御戎⑩，魏犨为右。

注释

①及诸侯：包括陈、蔡、郑、许等诸侯国跟随楚成王一起攻打宋国。②先轸（？—前627年）：春秋时期晋国名将、军事家，因采邑在原邑，故又称原轸。晋国原邑（今河南省济源市）人。③救患：救解祸患。指解救宋国被诸侯围攻之患。④蒐（sōu）：原是田猎的意思。春秋时期，诸侯国用田猎活动来组织军队、任命将帅、训练士卒，如此重要的军事活动则称为大蒐礼。此指军事演习。⑤被庐：亦称庳庐，两周时期晋国的邑地名称（在今山西省忻州市宁武县芦芽山前一带）。⑥作三军：春秋时晋国建立的军制。晋文公即位后欲图霸业，整武扩军，以强实力。在晋献公作二军的基础上，新建立中、上、下三

军。⑦郤縠（hú）：姬姓郤氏，晋国郤邑（今山西省晋城市沁水县）人，春秋时期晋国公族，晋国第一任中军将。⑧为卿：为下军将。⑨栾枝：姬姓，栾氏，名枝，谥贞，又被称为栾贞子，是栾共叔之子，春秋时期晋国下军将，后为上军将。⑩御戎：为晋文公驾车。御，驾车。戎，兵车。

译文

冬季，以楚成王为首的诸侯军队包围了宋国。宋国的公孙固急忙赶到晋国告急。晋大夫先轸说："报答施予，拯救患难，取得威名，确立霸业，取决于这次行动。"狐偃说："现在曹国已经开始拥护楚国，卫国又与楚国联姻，我们攻打曹国、卫国，楚国必定相救，那样齐国和宋国就避免了楚国的攻打。"于是，晋国建立了三支军队，在被庐进行演习训练，计划确定领军元帅。赵衰说："我推荐郤縠担任元帅。我多次听到他的言论，他喜欢礼、乐，崇尚《诗经》《尚书》。《诗经》《尚书》是道义的府库，礼、乐是道德的准则；而道德、道义，是成功和利益的根本所在。《夏书》说：'广泛地听取接纳人们的言论，明确地以事功来考验，用车马、衣服酬报他的功劳。'你可照这样试试他。"于是，就让郤縠统率中军，郤溱为副统帅；让狐偃统率上军，而狐偃却让给狐毛，自己愿意为副；任命赵衰为上卿，赵衰却让给栾枝和先轸；让栾枝统率下军，先轸辅佐他。荀林父为晋文公驾驭战车，魏犨担任车右。

原文

晋侯始入①而教②其民，二年，欲用之。子犯曰："民未知义，未安其居③。"于是乎出定襄王④，入务利民，民怀生矣。将用之。子犯曰："民未知信，未宣其用。"于是乎伐原以示之信。民易资⑤者，不求丰⑥焉，明征其辞⑦。公曰："可矣乎？"子犯曰："民未知礼，未生其共。"于是乎大蒐以示之礼，作⑧执秩⑨以正其官。民听不惑，而后用之。出穀戍⑩，释宋围，一战而霸，文之教也。

注释

①始入：指僖公二十四年重耳从秦国返回晋国。②教：教化，训练。③民未知义，未安其居：老百姓不懂得什么道义，苦于没有安全的住所。④出定襄王：当时周王朝发生王子带之乱，晋文公平定其乱。事见《僖公二十五年传》。⑤易资：做集市交易，公平买卖。⑥不求丰：不求发大财。⑦明征其辞：明码标价，说话算话。⑧作：设置。⑨执秩：

主管禄位爵位的官。⑩出穀戍：出动军队赶走楚国在穀地防守的驻军。事见《僖公二十五年传》。

译文

晋文公刚返回晋国就教导百姓并开始训练，过两年就想使用他们。子犯说："百姓还不懂得道义，不能各安其位。"于是晋文公采取措施对外安定了周襄王的君位，对内致力于便利百姓，使百姓各安于生活。晋文公又计划使用他们。子犯说："百姓还不懂得信用，还没有被使用的意愿。"于是晋文公率兵攻打原国以取得百姓信任，百姓做生意不求暴利，明码实价，各无贪心。晋文公问："可以使用百姓了吗？"子犯说："百姓还不懂得礼仪，还没有恭敬之心。"于是晋文公举行盛大演习让百姓明白什么是礼仪，并设立执秩的官职来规定主管官员的职责。等到百姓能够听从命令而不疑惑时，才可使用他们。他们把住在穀地的楚军赶走，解救了宋国，一战即可称霸诸侯，皆归于文公的教化和功劳啊。

原文

（僖公二十八年）晋侯围曹①，门焉②，多死。曹人尸诸城上③，晋侯患之。听舆人之谋曰："称④舍于墓⑤。"师迁焉。曹人凶惧，为其所得者，棺而出之。因其凶也而攻之。三月丙午，入曹。数⑥之以其不用僖负羁，而乘轩者三百人也。且曰："献状⑦。"令无入僖负羁之宫而免其族⑧，报施也。魏犨、颠颉怒曰："劳之不图，报于何有！"爇⑨僖负羁氏。魏犨伤于胸。公欲杀之，而爱其材。使问，且视之。病，将杀之。魏犨束胸见使者，曰："以君之灵，不有宁也。"距跃三百，曲踊三百。乃舍之。杀颠颉以徇于师，立舟之侨⑩以为戎右⑪。

注释

①晋侯围曹：晋文公率兵包围曹国。②门：攻打城门。③尸诸城上：这里把尸体用作动词，曹军把晋军的尸体当物品陈列在城墙上。④称：声言。⑤舍于墓：晋军声言要挖掘曹国的坟墓。⑥数：数说，列举其罪状而责问。⑦献状：当年曹共公曾趁晋文公洗澡时偷看文公骈胁，现责令曹共公献述其罪状。详见《僖公二十三年传》。⑧免其族：指赦免僖负羁同族的人。因当年僖负羁偷偷招待过晋文公，故被赦免。⑨爇（ruò）：点燃，焚烧。⑩舟之侨：春秋时期的晋国大夫。在战场上因擅离职守被杀。⑪戎右：周代陪乘之

官。出军或田猎时，坐君主之右，执武器，担任保卫工作。

译文

晋文公发大兵包围了曹国，在攻打城门时，战死了很多人。曹军特意把晋军的尸体陈列在城墙上，这使晋文公非常担心。晋文公听到了士兵们的主意，说：“我们就在曹国人的墓地宿营。”晋国军队转移到了曹国人的墓地。这使曹国人害怕起来，曹国就把晋军的尸体都装进棺材运出来。晋军趁着曹军恐惧慌乱突然发动攻城。三月初八，晋军攻入曹国。晋文公责备曹国君不任用僖负羁，做官坐车的反倒有三百人，说当年偷看自己洗澡，罪有应得。晋文公下令保护僖负羁以及他的家人，并赦免他的族人，这是报答当年的恩惠。魏犨、颠颉发怒说：“不替有功劳或者苦劳的人着想，却只想着报答僖负羁。”于是他们放火烧了僖负羁的家。魏犨胸部受伤。晋文公本想杀死他，但又爱惜他的才能，派人去慰问，若观察病情发现伤势很重，就杀死他。魏犨捆扎好胸膛出见使者，说：“托国君的福，我很好。”说着跳跃多次并屈身向上跳跃。去慰问的人回报晋文公，晋文公饶恕了魏犨。随后杀死颠颉并通报全军，立舟之侨作为车右。

原文

宋人使门尹般①如晋师告急。公曰：“宋人告急，舍②之则绝③，告楚不许。我欲战矣，齐、秦未可，若之何？”先轸曰：“使宋舍我而赂齐、秦，藉④之告楚。我执曹君，而分曹、卫之田以赐宋人。楚爱曹、卫，必不许也。喜赂、怒顽⑤，能无战乎？”公说，执⑥曹伯，分曹、卫之田以畀⑦宋人。

注释

①门尹般：人名，春秋时期宋国大夫。门尹，古代官名，司门的官吏。②舍：丢弃不管。③绝：断绝，绝交。指晋、宋两国绝交。④藉：凭借，依靠。⑤顽：顽固。指楚国不肯解围。⑥执：拘捕，抓住。⑦畀（bì）：给予。

译文

宋国派大夫门尹般到晋军中报告危急情况。晋文公说：“宋国派大夫来报告说明情况紧急，若不去救宋就等于断绝来往；若请楚国解除对宋国的包围，楚君肯定不答应。如果我们参战，齐国和秦国也不会同意，情况紧急该怎么办呢？”先轸献计说：“就让宋国越过我国直接去给齐国、秦国赠送厚礼，让他们出面请求楚国撤兵。我们可把曹国国君抓起来，迫使他把曹国、卫国的田地分给宋国。楚国和曹国、卫国交好，肯定不会答应齐国和秦国的请求。齐国和秦国又喜欢宋国的财礼，而对楚国的顽固态度异常恼怒，这样的话他们还能不打仗吗？”晋文公听后喜笑颜开，立即拘捕了曹共公，把曹国和卫国的田地分给了宋国人。

原文

楚子入①居于申②，使申叔去穀③，使子玉去宋，曰：“无从④晋师。晋侯在外十九年矣，而果得晋国。险阻艰难，备尝之矣；民之情伪⑤，尽知之矣。天假之年⑥，而除其害⑦。天之所置，其可废乎？《军志》⑧曰：‘允当则归。’又曰：‘知难而退。’又曰：‘有德不可敌。’此三志⑨者，晋之谓矣。”子玉使伯棼⑩请战，曰：“非敢必有功也，愿以间执谗慝之口。”王怒，少与之师，唯西广⑪、东宫⑫与若敖之六卒⑬实从之。

注释

①入：退回。②申：古国名（在今河南省南阳市），本姜姓小国，后为楚所吞并。③去穀：两年前，楚国讨伐齐国，并占领齐国穀地，命申叔在穀地驻防。现命其撤兵，以消除齐国的怨恨。④从：追随。这里是周旋、交战的意思。⑤情伪：真假。情，实。⑥天假之年：意指上天赐予很高的年寿，指能享其天年。此指晋文公回国时六十二岁。⑦除其害：除掉了晋文公的政敌惠公、怀公、吕甥、郤芮等。⑧《军志》：古代兵书。⑨三志：三条记载。⑩伯棼：指斗越椒，芈姓，斗（鬭）氏，名椒，字子越，一字伯棼。春秋时期楚国令尹。⑪西广：右军，春秋时期楚国的兵车建制。⑫东宫：楚军队名称，太子属下的部队。⑬若敖之六卒：楚军队名称，若敖氏有亲兵卫队六百人。若敖：子玉的祖父。

译文

楚成王退兵后进入申城并住了下来，立即下令让申叔离开穀地，让子玉离开宋国，并说：“千万不要进逼晋国军队。晋文公虽在外十九年，最终还是得到了晋国。他什么险阻艰难都尝过了；民情民意是真是假他都了如指掌。上天赐他高寿，除去了他的政敌。这是上天的安排，难道可以废除吗？《军志》说：‘适可而止。’又说：‘知难而退。’还说：‘有德的人不能抵挡。’这三条记载，最适用于晋国。”子玉派遣伯棼向楚成王请战，说：“我不提有什么功劳，但愿以此堵住那些奸邪小人的嘴。”楚成王很生气，给了他很少的军队，只有西广、东宫和若敖的一百八十辆战车跟去。

原 文

子玉使宛春①告于晋师曰：“请复卫侯②而封曹，臣亦释宋之围。”子犯曰：“子玉无礼哉！君取一③，臣取二④，不可失⑤矣。”先轸曰：“子与⑥之！定人之谓礼，楚一言而定三国，我一言而亡之。我则无礼，何以战乎？不许楚言，是弃宋也。救而弃之，谓诸侯何？楚有三施⑦，我有三怨⑧，怨仇已⑨多，将何以战？不如私许复曹、卫以携之⑩，执宛春以怒楚，既战而后图之⑪。”公说，乃拘宛春于卫，且私许复曹、卫⑫。曹、卫告绝⑬于楚。

注 释

①宛春：春秋时期楚国人。楚成王时大夫。②复卫侯：恢复卫侯君位。③君取一：指晋文公只得到给宋国解围这一项好处。④臣取二：指子玉得到了复卫、封曹这两项好处。⑤不可失：不可失去战斗的时机。⑥与：答应。⑦三施：特别对宋、曹、卫三国施以很多恩惠。⑧三怨：没有答应子玉的要求，三个国家都对晋国产生了怨恨。⑨已：太。⑩携之：离间之计。⑪既战而后图之：先打仗要紧，至于其他的以后再做打算。⑫私许复曹、卫：晋国采纳先轸的离间之计，彻底瓦解了楚、曹、卫三国联盟。⑬告绝：宣布绝交。

译文

子玉派宛春去晋国军中报告说："请快恢复卫侯的君位吧，把土地退还给曹国，我也撤去包围宋国的部队。"子犯说："子玉真是太无礼了！君王得到的只是撤去包围宋国的部队一项好处，而他得到的却是复卫、封曹两项好处，这次打仗的机会不要失掉。"先轸说："他的请求君王可答应。安定别人叫作礼，楚国人说一句话就能安定三国，我们说一句话就把它们灭亡。我们无礼，又拿什么来作战呢？不答应楚国，这是抛弃宋国。救援了又抛弃它，对诸侯说什么？楚国有三项恩惠，我们有三项怨仇，怨仇太多了，我们拿什么作战？我们私下里答应恢复曹国和卫国来离间他们，逮了宛春来激怒楚国，至于恢复曹、卫两国的问题等打仗结束再说不迟。"晋文公很高兴，采纳了先轸的建议，把宛春囚禁在卫国，又私下里答应恢复曹、卫。曹国、卫国果然与楚国断绝关系。

原文

子玉怒，从晋师①。晋师退②。军吏曰："以君辟臣，辱也。且楚师老③矣，何故退？"子犯曰："师直为壮，曲为老，岂在久乎？微楚之惠不及此④，退三舍⑤辟之，所以报也。背惠食言⑥，以亢其仇，我曲楚直。其众素饱，不可谓老。我退而楚还，我将何求⑦？若其不还，君退臣犯，曲在彼矣。"退三舍。楚众欲止，子玉不可。

注释

①从晋师：撤离宋国来追逐晋军。②晋师退：晋国军队撤离。③楚师老：代指楚国军队老兵多，行军疲乏，士气衰落。老，老人，年龄大。④微楚之惠不及此：没有楚国的恩惠我们不会来到这里。⑤三舍：九十里。晋文公在楚国避难时，曾许诺若两国交战时晋国军队退让三舍。⑥背惠食言：忘记恩惠，不讲承诺。⑦我退而楚还，我将何求：如果我们退兵，楚国也撤走军队，这正是我求之不得的事情。

译文

子玉怒气冲天，下令军队追逐晋军。晋军赶紧撤退。军吏说："我们以国君身份而躲避臣下，这是被楚军羞辱。现楚军疲劳，士气低落，我们为什么要怕他们而退走呢？"子犯说："出兵作战，有理气壮，无理气衰，与在外边的时间长短有什么关系？若没有楚国的恩惠，我们根本不会在这里，退九十里躲避他们，就是报答了他们。背弃恩惠而言不由衷，还庇护他们的敌人，我们无理而楚国理壮。再说他们的士气一向饱满，并不是衰疲。我们主动退却而楚军也回撤，这正是我们想要的结果，我们还求什么？如果他们不回去，国君退走，而臣下进犯，他们就理屈了。”晋军后退九十里驻扎下来。楚国将士正要停下来，子玉坚决不答应。

原文

夏四月戊辰①，晋侯、宋公②、齐国归父③、崔夭④、秦小子慭⑤次于城濮。楚师背酅而舍⑥，晋侯患之，听舆人之诵，曰：“原田每每，舍其旧而新是谋。”公疑焉。子犯曰：“战也。战而捷，必得诸侯。若其不捷，表里山河，必无害也。”公曰：“若楚惠何？”栾贞子曰：“汉阳诸姬⑦，楚实尽之⑧，思小惠⑨而忘大耻⑩，不如战也。”晋侯梦与楚子搏，楚子伏己而盬⑪其脑，是以惧。子犯曰：“吉。我得天，楚伏其罪，吾且柔之⑫矣。”

注释

①戊辰：初一。②宋公：宋成公，子姓，宋氏，名王臣，春秋时期宋国商丘人，宋襄公之子，宋国第二十一任国君。③齐国归父：齐国第二代国子，姜姓，国氏，名归父，谥“庄”，故史称国庄子。齐桓公时代重臣国懿仲之子。④崔夭：姜姓，崔氏，齐丁公的儿子季子的后裔，春秋时期齐国大夫。⑤小子慭（yìn）：嬴姓，名慭，秦穆公的小儿子。春秋时期秦国大夫，外交活动家。⑥楚师背酅（xī）而舍：楚国军队背靠山岭险阻之地宿营。⑦汉阳诸姬：汉阳之北的地方有许多姬姓小国。⑧楚实尽之：楚国军队都把姬姓小国灭尽了。⑨思小惠：把楚王厚待重耳时的恩惠看作小惠。⑩忘大耻：把忘记姬姓诸国被楚国灭亡看作奇耻大辱。⑪盬（gǔ）：咬，吮吸。⑫柔之：将他驯服。

译文

夏季四月初一，晋文公、宋成公、齐国大夫归父、崔夭、秦国公子小子慭驻在城濮。楚军背靠山岭最险阻的地方驻扎军营，晋文公预感不好而惴惴不安。他听到士兵们念诵歌词：“休耕田里的草茂盛地生长起来，应该去掉旧根考虑播新种了。”晋文公心中疑虑。子犯说："抓紧出战吧！此战而得胜，一定会得到诸侯的拥护。若战而不胜，我国外有大河、内有高山做屏障，也不会有什么害处。"晋文公说："对楚国的恩惠怎么办呢？"栾枝说："汉水以北的姬姓诸国，全被楚国吞并了，不要总想着小恩小惠，而忘记这个奇耻大辱，干脆同楚国打一仗吧。"晋文公夜里做梦和楚王殊死搏斗，楚王伏在晋文公身上吸脑浆，晋文公醒来惊出一身冷汗。子犯说："梦是反的，这是吉利的征兆。我们会得到天助，让楚国低头认罪，我们一定能制服他们。"

原文

子玉使斗勃[①]请战，曰："请与君之士戏[②]，君冯轼[③]而观之，得臣与寓目焉。"晋侯使栾枝对曰："寡君闻命矣。楚君之惠，未之敢忘，是以在此。为大夫退[④]，其敢当君乎[⑤]？既不获命[⑥]矣，敢烦大夫，谓二三子[⑦]：'戒[⑧]尔车乘，敬[⑨]尔君事[⑩]，诘朝[⑪]将见。'"

注释

①斗勃：芈姓，斗氏，名勃。若敖氏之后裔。是楚成王时的令尹。②戏：角力较量。这里是打仗的一种委婉的说法。③君冯轼：晋侯紧靠着车前的横木。冯，同"凭"。④为大夫退：我们为子玉的楚军而撤退。⑤其敢当君乎：有谁敢挡住楚君的道路。⑥获命：获停战之命。⑦二三子：指楚国诸将士。⑧戒：备。⑨敬：严肃、谨慎。⑩君事：犹言国事。⑪诘朝（jié zhāo）：明天早晨。

译文

子玉派遣斗勃去向晋军请战，他对晋文公说："我军想要和您的士兵做一次游戏，请您靠在车横板上观看，我子玉也借您的光看一看。"晋文公派遣栾枝回答说："我们国君明白您的意思。楚君给我们的恩惠我们都记在心里，退到这里是为了报答恩惠。面对大夫子玉我们都要退让，怎么敢抵挡楚君呢？既然子玉大夫不退兵，就请大夫对贵部将士们说：'准备好你们的战车，为国君的大事一定要好好干，明天早晨战场上见。'"

原文

晋车七百乘[①]，韅、靷、鞅、靽[②]。晋侯登有莘之虚[③]以观师，曰："少长有礼，其可用也。"遂伐其木，以益[④]其兵[⑤]。己巳[⑥]，晋师陈于莘北[⑦]，胥臣以下军之佐当陈、蔡。子玉以若敖六卒将中军，曰："今日必无晋[⑧]矣。"子西将左[⑨]，子上将右[⑩]。胥臣蒙马以虎皮，先犯陈、蔡。陈、蔡奔，楚右师溃。狐毛设二旆[⑪]而退之。栾枝使舆曳柴而伪遁[⑫]，楚师驰[⑬]之。原轸、郤溱以中军公族横击之。狐毛、狐偃以上军夹攻子西，楚左师溃。楚师败绩。子玉收其卒而止，故不败[⑭]。

晋师三日馆、谷，及癸酉而还。甲午，至于衡雍[⑮]，作王宫于践土。

注释

①晋军七百乘：晋军战车七百乘，共有军士五万二千五百人。②韅（xiǎn）、靷（yǐn）、鞅（yāng）、靽（bān）：战马的皮甲之类。背上的甲名韅，胸前的名靷，马颈之革叫鞅，絷马足之绳叫靽。③有莘之虚：有莘，古国名（在今河南省开封市祥符区陈留镇东北）。虚，同"墟"，古莘国废墟。④益：增加。⑤兵：兵器。⑥己巳：初二。⑦莘北：城濮。⑧无晋：指消灭晋军。⑨子西将左：楚司马斗宜申率领的部队为左军。⑩子上将右：楚将子上（斗勃）率领的部队为右军。⑪旆（pèi）：军中大旗。⑫伪遁：战车拖着树枝乱跑，故意扬起灰尘，制造逃跑的假象，迷惑敌人。⑬驰：急追。⑭不败：没有崩溃。⑮衡雍：古地名（在今河南原阳县西北），属郑国。

译文

晋国出动七百辆战车，车马装备齐全。晋文公特意站在有莘的废城上检阅军队，大声说："我看到军位高低排列有序，符合礼，你们可以作战了。"于是，晋文公命令砍伐山上的树木，用来增加武器。四月初二，晋军在莘北摆开要决一死战的阵势，由下军副将胥臣率兵抵挡陈国和蔡国联军。楚国子玉用若敖的一百八十乘率领中军，大声说："我们今天一定要灭掉晋国。"子西率领楚国左军，子上率领右军。晋国胥臣给马蒙上老虎皮，用来吓唬敌军，先对陈、蔡两军发起攻击。陈、蔡联军看到老虎害怕，吓得四处奔逃，楚军的右翼部队溃散。晋国上军主将狐毛立即派出前军两队包围了楚军的溃兵，很快将其消灭。晋军栾枝让车子拖着树枝假装逃走，大造声势，引诱楚军追击，楚军进入包围圈，晋军原轸、郤溱率领中军的公族部队拦腰袭击。晋军狐毛、狐偃率领上军夹攻子西，楚国的左翼部队很快溃散了。楚军惨败。子玉早已看出楚军必败的端倪而及早收兵不动，所以只剩下他的直属部队没有溃败。

晋军在楚军营地住了三天，吃缴获的军粮，到癸酉日才班师回国。甲午日，晋军到达衡雍，在践土为周襄王造了一座行宫。

原文

乡役[①]之三月，郑伯如楚致其师[②]。为楚师既败而惧，使子人九[③]行成于晋。晋栾枝入盟郑伯。五月丙午，晋侯及郑伯盟于衡雍。丁未，献楚俘于王，驷介[④]百乘，徒兵千。郑伯傅王[⑤]，用平礼[⑥]也。己酉，王享醴[⑦]，命晋侯宥[⑧]。王命尹氏及王子虎、内史叔兴父策命晋侯为侯伯[⑨]，赐之大辂之服，戎辂之服[⑩]，彤弓一，彤矢百，玈弓矢[⑪]千，秬鬯一卣[⑫]，虎贲[⑬]三百人，曰："王谓叔父：'敬服王命，以绥四国。纠逖[⑭]王慝[⑮]。'"晋侯三辞，从命，曰："重耳敢再拜稽首，奉扬天子之丕显休命。"受策以出。出入三觐[⑯]。

注释

①乡役：指这次战役。②致其师：把军队交给楚国指挥，一起对晋国作战。③子人九：郑国大夫。④驷介：四匹披甲的马驾的战车。⑤傅王：给周王担任赞礼的职务。⑥用平礼：按周平王接待晋文侯的礼仪来接待晋文公。⑦醴：甜酒。⑧宥（yòu）：劝人进餐。⑨侯伯：诸侯的领袖，即霸主。⑩戎辂之服：戎辂，兵车，配以韦弁（熟皮所制的冠）。⑪玈（lú）弓矢：黑色的弓箭。⑫秬鬯（chàng）一卣（yǒu）：秬，黑黍；鬯，香酒；卣，酒器。⑬虎贲：勇士，指天子的侍卫。⑭纠逖（tì）：纠察惩治。纠，劾责。逖，剔除。⑮慝（tè）：恶。⑯出入三觐：一共朝见了三次。觐，进见。

译文

在城濮大战的前三个月，郑文公派出军队帮助楚国打仗。因现在楚军打了败仗郑文公感到害怕，便派遣子人九去向晋国求和。晋国借此机会派遣栾枝进入郑国和郑文公密谈订立盟约。五月初九，晋文公和郑文公在衡雍结盟。初十，晋文公把从楚国俘获的献给周襄王：驷马披甲的战车一百辆，步兵一千人。郑文公代周襄王主持接收楚俘典礼仪式，用的是周平王时的礼仪。十二日，周襄王为表示谢意用甜酒招待晋文公，并劝晋文公喝酒。周襄王命令尹氏和王子虎、内史叔兴父宣读策书任命晋文公为诸侯的领袖，并赐给晋文公一辆大辂车、一辆戎辂车和很多服装仪仗，还有红色的弓一把、红色的箭一百枝，黑色的弓十把和箭一千枝，黑黍加香草酿造的酒一卣，勇士三百人，并说："周王对叔父说：'恭敬地服从周王的命令，安抚四方诸侯，检举惩治坏人。'"晋文公辞谢行礼三次，才接受命令，说：“重耳谨再拜叩头，接受您的重大赏赐并发扬周天子的命令。”晋文公接受策书离开了成周。前后三次朝见周王。

原文

卫侯闻楚师败，惧[①]，出奔楚[②]，遂适陈，使元咺[③]奉叔武[④]以受盟。癸亥[⑤]，王子虎盟诸侯于王庭，要言曰：“皆奖王室，无相害也。有渝此盟，明神殛[⑥]之，俾队[⑦]其师，无克祚国，及而玄孙，无有老幼。”君子谓是盟也信[⑧]，谓晋于是役也，能以德攻[⑨]。

注释

①惧：惧怕，恐惧。②出奔楚：从襄牛（又名襄陵，春秋宋邑，在今河南省睢县）逃往楚国。③元咺（xuān）：春秋时期卫国著名大夫。④叔武：卫成公的兄弟。⑤癸亥：五月二十六。⑥殛（jí）：诛，惩罚。⑦队：同“坠”，陨。⑧信：讲信义。⑨以德攻：用德义教化的力量战胜敌国。

译文

卫成公知道楚军打了败仗，担惊受害，便逃到了楚国，后来又到了陈国，并派遣元咺以拥戴叔武的名分去参加盟约大会。五月二十六，王子虎在天子的庭院里与到会的诸侯盟誓，并立下誓言说：“各位诸侯都要全力辅助王室，不得互相伤害。谁要违背盟约，将会受到神的诛杀，使他的军队灭亡，不能享有国家，他的子孙后代不论长幼，都逃不脱惩罚。”君子认为这是诸侯一次诚信结盟大会，特别是晋国在这次战役中学会用道德来进攻。

原文

初，楚子玉自为琼弁[①]、玉缨[②]，未之服也。先战，梦河神谓己曰：“畀余，余赐女孟诸之麋。”弗致也。大心与子西使荣黄[③]谏，弗听。荣季曰：“死而利国，犹或为之，况琼玉乎？是粪土也，而可以济师[④]，将何爱焉？”弗听。出，告二子曰：“非神败令尹，令尹其不勤民[⑤]，实自败也。”既败，王使谓之曰：“大夫[⑥]若入，其若申、息之老何？”子西、孙伯曰：“得臣将死，二臣止之曰：‘君其将以为戮。”及连谷[⑦]而死。晋侯闻之而后喜可知[⑧]也，曰：“莫余毒[⑨]也已！蒍吕臣[⑩]实为令尹，奉己[⑪]而已，不在民[⑫]矣。”

注释

①琼弁：马冠，戴在马鬃毛前，饰以琼玉。②玉缨：玉饰的马鞅。③大心与子西使荣黄：大心，子玉的儿子，即下文的孙伯。子西，子玉的族人。荣黄，楚臣，即下文的荣季。④济师：帮助军队打胜仗。⑤不勤民：不以民事为重。⑥大夫：指子玉。⑦连榖：楚地名。⑧知：同“见”，指晋文公的喜悦之情，见于颜色。⑨毒：害，指再也没有危害我的人。⑩蒍吕臣：芈姓，蒍氏，名吕臣，蒍贾之父，孙叔敖之祖。春秋时期楚国令尹。⑪奉己：言其自守，无大志。⑫不在民：不为人民考虑。

译文

当初，楚国的子玉制作了一套马冠、马鞅既豪华又美观，都是用美玉装饰的，还没有使用过。子玉在作战之前做了个梦，梦见黄河河神对他说：“把马冠、马鞅送给我，我把孟诸的水边草地赐给你。”子玉不愿意送给河神，并把梦说给别人听。他儿子大心和楚国大夫子西听说后立即派荣黄去劝谏，子玉不听。荣黄劝说：“有利于国家的话，哪怕死都敢去做，何况是美玉呢？和国家比起来这不过是粪土罢了，若是可以帮助军队获胜，有什么值得吝惜的呢？”子玉仍然不肯。荣黄压住火气出来，告诉两个人说：“不是河神让令尹打败仗，而是令尹不以国家和百姓的事情为重，是自取失败啊。”楚军战败之后，楚成王派使臣对子玉说：“申、息的子弟大多伤亡了，大夫如果回来，怎么向申、息两地的父老交代呢？”子西、大心对使臣说：“子玉本来要自杀，我们阻拦他说：‘不要自杀，国君还打算杀你呢。’”子玉已经没有退路，到了连榖就自杀了。晋文公听说子玉自杀非常高兴，说：“谁也不敢来加害于我了！楚国的蒍吕臣做令尹，只知道奉养自己，他不会为百姓着想。”

精彩点拨

城濮之战，是中国古代军事史上以弱胜强的战例。晋军取得胜利的原因：一是君臣协力，上下同心。虽在一些具体问题上有不同意见，但大家的目标是共同的，故能经过讨论取得一致。二是晋国善于利用外交手段瓦解敌军的联盟，使楚国陷于孤立；同时采取克制态度，“退避三舍”，后发制人，使自己处于理直的地位。三是晋国在交战时讲究战术，采用了避强击弱、佯败诱敌的巧妙战术。四是晋国君臣良好的个人素养也起到了作用。

阅读积累

《晋楚城濮之战》写作特色

第一，本篇描写战争，不是孤立地描写战斗过程，而是把战争与双方的政治、外交活动结合起来写，还借人物之口表达了一些发人深省的军事思想，如“有德不可敌”“师直则壮，曲为老”“少长有礼，其可用也”等，给后人留下了深刻的教益。在具体描写战斗过程时，则能以简练的笔墨，逼真地传达出战场上的气氛，清楚地交代交战的过程。第二，文中一些人物形象的描写也很有特色。子玉意气用事，刚愎自用，态度傲慢，狂妄轻放；先轸理智冷静，克尽其职，富有见识，善于谋略，作战英勇；晋文公谨慎稳重，谋虑周全，善于听取部下意见，知人善任。

烛之武退秦师　僖公三十年

精彩导读

鲁僖公三十年，晋楚大战于城濮，结果楚国大败，晋国的霸业完成。晋国于两年后联合秦国讨伐郑国。郑伯闻讯后，派烛之武面见秦穆公，劝他退兵。烛之武巧妙地利用秦、晋两国的矛盾，表现出处处为秦国利益着想的样子，分析当时的形势，抓住利害关系，说明保存郑国对秦国有利、灭掉郑国对秦国不利的道理，终于说动秦国退兵。晋军失去盟军支持后，也被迫撤离了郑国。

原文

九月甲午①，晋侯、秦伯②围郑，以其无礼于晋③，且贰于楚④也。晋军函陵⑤，秦军氾⑥南。

佚之狐⑦言于郑伯⑧曰："国危矣，若使烛之武⑨见秦君，师必退。"公从之。辞曰："臣之壮也，犹不如人，今老矣，无能为也已。"公曰："吾不能早用子，今急而求子，是寡人之过也。然郑亡，子亦有不利焉。"许之，夜缒⑩而出。见秦伯，曰："秦、晋围郑，郑既知亡矣。若亡郑而有益于君⑪，敢以烦执事。越国以鄙远，君知其难也，焉用亡郑以陪邻？邻之厚，君之薄也。若舍郑以为东道主，行李之往来，共其乏困，君亦无所害。且君尝为晋君⑫赐矣，许君焦⑬、瑕⑭，朝济而夕设版焉，君之所知也。夫晋，何厌之有？既东封郑，又欲肆其西封，若不阙秦，将焉取之？阙秦以利晋，唯君图之。"秦伯说，与郑人盟，使杞子、逢孙、扬孙⑮戍之，乃还。

子犯请击之，公曰："不可。微夫人之力不及此。因人之力而敝之，不仁；失其所与，不知；以乱易整，不武⑯。吾其还也。"亦去之。

注释

①甲午：初十。②晋侯：指晋文公。秦伯：指秦穆公。③无礼于晋：指晋文公重耳为公子时流亡到了郑国，郑文公未以礼相待，反冷落了重耳。④贰于楚：对晋国怀有

二心，而亲附于楚国。⑤函陵：古郑地名（在今河南省新郑市）。⑥氾（fàn）：水名（在今河南省中牟县南）。⑦佚（yì）之狐：春秋时期郑国大夫。⑧郑伯：指郑文公。⑨烛之武：春秋战国时期郑国人，军队中的一个圉正（养马官）。⑩缒（zhuì）：用绳子绑住身子，从城墙上把人缒到地上。⑪君：指秦穆公。⑫晋君：指晋惠公。⑬焦：古地名（在今河南省三门峡市西）。⑭瑕：古地名（在今山西省芮城县南）。⑮杞子、逢孙、扬孙：三人都是秦国大夫。⑯武：威武。

译文

鲁僖公三十年九月初十，晋文公和秦穆公联合起来率领军队把郑国包围了，因为当年郑国对晋文公无礼，且亲附楚国。晋文公的军队驻扎在函陵，秦穆公的军队驻扎在氾南。

郑国大夫佚之狐对郑文公说："国家处于非常危险的境地，赶快派烛之武去会见秦穆公吧，我想秦、晋两国一定会退兵。"郑文公马上派人叫来烛之武商议。烛之武再三推辞说："我正当盛年时尚且不如别人；现在老了，什么也做不成了。"郑文公却说："我没有早重用您，但现在国家非常危急才来求您，是我的过错。如果郑国灭亡了，您也没有好处啊！"烛之武迫于无奈还是答应了。深夜里，郑人用绳子绑住烛之武把他从城上吊下城外。烛之武很快见到秦穆公，说："秦军、晋军包围郑国，郑国料定要亡国了。如果灭亡了郑国对秦国有利，我不会因为这件事情来打扰您。秦国要越过邻国到郑国来占领土地，使郑国变成秦国的边境，您明知这是很难办到的，又何必灭亡了郑国去增加您的邻国——晋国的土地呢？晋国的实力雄厚了，等于你们秦国削弱了！倘若不灭亡郑国，让郑国做东方大路上的主人，当贵国的使节经过郑国时，郑国可给他们提供物资，这样对您也没有害处。再说，君王曾给晋惠公很多恩惠，他答应把焦和瑕送给您作为报答。可他早晨刚渡过黄河回国，晚上就设版筑城防备秦国，这您是知道的。晋国何时能满足呢？如果灭了郑国，晋国把郑国作为东边的疆界，定要向西扩张疆界。扩张西边的疆界，不侵占秦国的领土，又到哪里去占有土地？削弱秦国而使晋国得到好处，君王您愿意吗？请您好好考虑吧。"秦穆公听烛之武说完，感觉很有道理，就和郑国人订立了盟约，留下杞子、逢孙、扬孙三位将领帮助郑国防守，自己撤兵回去了。

晋国子犯请求晋文公攻击秦军，晋文公说："不能攻击秦军。没有那个人的帮助，我们哪来的今天。依靠别人的力量，反过来伤害他，我们不能做这种不仁义的事情；失掉同盟国，是不明智的；用秦、晋内部的冲突动乱来代替原来的和睦一致，这样不威武，不是大丈夫行为。我们还是回去吧。"晋文公撤兵离郑国而去。

精彩点拨

该文处处注意伏笔与照应。秦、晋围郑的主要原因是晋国为了征服异己，再加上晋文公与郑文公有个人恩怨。文章开头两句话“以其无礼于晋，且贰于楚也”，暗示了这一事件的背景，为全文作了铺垫。秦、晋虽然联合，二者并不是无隙可乘。烛之武能够说服秦君并不是偶然的。全文按照开头的预示而展开的。烛之武说退了秦师，孤立了晋国，晋师不得不撤退，正是这一暗示的结果。

阅读积累

《烛之武退秦师》行文波澜起伏

本文行文波澜起伏，生动活泼。当郑国处于危急之际，佚之狐推荐烛之武去说服秦君，烛之武的一番牢骚，使事情发生波折。郑文公的引咎自责，也增添了情节的戏剧性。烛之武在说秦君的时候，一开头就指出亡郑于秦无益。但接着又退一步说：“若舍郑以为东道主，行李之往来，共其乏困，君亦无所害。”以此作为缓冲。紧接下去就进一步说明亡郑对秦不仅无益，而且有害。当秦国单独退兵之后，子犯发怒要攻打秦军，秦、晋关系一下子转而紧张起来。最后晋文公讲了一番道理，晋军偃旗息鼓，一场风波，终于平息。这样一张一弛，曲折有致，增加了文章的艺术感染力。全部说辞只有短短的一百多字，却说了五层意思，委婉曲折，面面俱到，步步深入，层层逼紧，句句动人，具有很强的说服力。

秦晋崤之战　僖公三十二、三十三年

精彩导读

《秦晋崤殽之战》里一场战争牵扯了几个国家、多个人物，记述起来头绪众多，事件繁杂，但作者写来并不慌乱。文章从头至尾，只有一个中心，就是殽之战；只有一条纵线，就是时间。具体的时间有三次：僖公三十二年冬，晋文公死，战争开始；三十三年春，秦师东征路过洛邑北门；夏四月，战败。事件是侧向的，无论怎样枝蔓，叶落归根，最终还是回到了殽之战这个中心点上，结构严谨，线索分明。

原文

（僖公三十二年）冬①，晋文公②卒。庚辰③，将殡④于曲沃⑤，出绛⑥，柩有声如牛⑦。卜偃使大夫拜⑧，曰："君命大事⑨：将有西师过轶我，击之，必大捷焉。"

杞子自郑使告于秦曰："郑人使我掌其北门之管，若潜师以来，国可得也。"穆公访诸蹇叔，蹇叔曰："劳师以袭远，非所闻也。师劳力竭，远主备之，无乃不可乎！师之所为，郑必知之。勤而无所，必有悖心。且行千里，其谁不知？"公辞焉。召孟明、西乞、白乙，使出师于东门之外。蹇叔哭之，曰："孟子，吾见师之出而不见其入也。"公使谓之曰："尔何知！中寿，尔墓之木拱矣。"蹇叔之子与师，哭而送之，曰："晋人御师必于殽⑩。殽有二陵⑪焉。其南陵，夏后皋⑫之墓也；其北陵，文王之所辟风雨也⑬。必死是间，余收尔骨焉。"秦师遂东。

注释

①冬：指鲁僖公（又称釐公）三十二年（前628）冬天。②晋文公：名重耳，"春秋五霸"之一，曾与秦穆公缔结秦晋之盟。③庚辰：晋文公死后的第二天，即十二月初十。④殡：把灵柩送到埋葬的墓地。⑤曲沃：古地名，始于西周初期。据《读修曲沃县志》，因古曲沃城为名，古曲沃得名于境有沃水并萦回盘旋，是为曲沃命名之由。古曲沃在今山西省曲沃县，还有一说在今山西省闻喜县东北。⑥绛：晋国都（在今山西省翼城县东

南）。⑦柩有声如牛：灵柩里突然传出的声音像牛叫。⑧卜偃使大夫拜：晋国卜筮官郭偃领着众官员向灵柩行礼。⑨君命大事：指晋文公发布军事命令。⑩殽：同“崤”，山名（在河南省洛宁县西北），西接今河南省三门峡市陕州区界，东接渑池县界。⑪陵：二山，指东崤山与西崤山。⑫夏后皋：夏代的天子皋，夏桀的祖父。⑬文王：周文王。辟：同“避”。

译文

鲁僖公三十二年冬天，晋文公死了。十二月初十，晋国卜筮官郭偃说必须把晋文公的灵柩送往曲沃的晋君祖坟宗庙里停放。灵柩在离开绛城的时候，棺材里突然发出像牛叫的声音。郭偃赶紧让晋大夫们跪地而拜，说：“这是文公在发布军事命令：从西边来的军队要经过我国境内，趁此机会我们攻击他们，必定大获全胜。”

秦将杞子派郑国奸细向秦穆公报告说：“郑国人让我掌管都城北门的钥匙，您派秦军秘密前往攻打，一定可以攻下郑国。”秦穆公为慎重起见特访问老臣蹇叔，蹇叔说：“不辞劳苦地调动军队去攻打远方的国家，真是前所未闻。长途跋涉，军队疲劳，战力衰竭，若远方的国家有了防备，恐怕行不通吧！军队行动是大股部队，肯定会惊动郑国。辛苦而无所得，将士将产生懊丧怨恨的心情。再者军队远行千里，又有谁会不知道呢？”秦穆公认为蹇叔胆小怕事，所以没有听他的劝告，立即召见孟明、西乞、白乙三位将领，派他们率军从东门外出兵。蹇叔看大势已去，哭着送他们说：“孟明啊，我只看到军队出国而去，却看不到他们回来啊！”秦穆公认为蹇叔会动摇军心，遂派人去对蹇叔说：“你什么也不懂！如果你活到六七十岁就死去的话，现在你墓上的树长到一抱粗了。”蹇叔的儿子也参加这次出征，蹇叔哭着送他，说：“晋国人会在崤山伏击你们。崤山有两座山。南山是夏后皋的坟墓；北山是周文王躲避风雨的地方。这两座山之间就是你们的死地，等我到那里去收你们的尸骨吧！”秦国军队毫不犹豫向东进发。

原文

三十三年春，秦师过周北门[①]，左右[②]免胄而下。超乘者三百乘。王孙满[③]尚幼，观之，言于王曰：“秦师轻而无礼，必败。轻则寡谋，无礼则脱。入险而脱，又不能谋，能无败乎？”

及滑[④]，郑商人弦高将市于周[⑤]，遇之，以乘韦先，牛十二犒师，曰：“寡君闻吾子[⑥]将步师出于敝邑[⑦]，敢犒从者[⑧]，不腆敝邑，为从者之淹，居则具一日之积，行则备一夕之卫[⑨]。”且使遽告于郑。郑穆公使视客馆，则束载、厉兵、秣马矣。使皇武子辞焉，曰："吾子淹久于敝邑，唯是脯资、饩牵竭矣。为吾子之将行也，郑之有原圃⑩，犹秦之有具囿⑪也。吾子取其麋鹿，以闲敝邑，若何？"杞子奔齐，逢孙、扬孙⑫奔宋。孟明曰："郑有备矣，不可冀⑬也。攻之不克，围之不继⑭，吾其还也。"灭滑而还⑮。

注释

①周北门：周朝都城洛邑的北门（在今河南省洛阳市）。②左右：指站在战车上护卫的左右卫士。③王孙满：周襄王之孙，周恭王十四世孙。春秋时期周国大夫。④滑：古国名，原为姬姓小国（在今河南省滑县）。⑤市于周：到周王京城去做生意。⑥吾子：对秦国统帅的尊称。⑦敝邑：对自己国家（郑国）的谦称。⑧从者：跟随在身边的部下。⑨卫：安全保卫工作。⑩原圃：郑国的猎场（在今河南省中牟县西北）。⑪具囿：秦国的猎场（在今陕西省宝鸡市凤翔区）。⑫逢孙、扬孙：人名，皆是跟随杞子驻在郑国的秦军将领。⑬冀：希望获得胜利。⑭不继：后续没有援军。⑮灭滑而还：秦军不敢攻击郑国，顺道把姬姓滑国灭掉后班师回国。

译文

鲁僖公三十三年春天，秦国军队在经过周朝都城洛邑北门的时候，在战车上守护的左右护卫都把头盔脱下，下车步行。同时，三百辆战车上的将士故意从战车上跳下来，脚一着地又轻率地一跃登车而去。一个叫王孙满的孩子，观看秦国军队的这些表现后，对爷爷周襄王说："秦军轻狂放肆没有礼仪，注定要打败仗。轻狂放肆就会骄傲自满、缺少谋略，没有礼仪就会粗疏大意、失去帮助，到了战场上，粗疏而无谋略，能不打败仗吗？"

秦国军队到达小国家滑国，正巧被要去周王京城做生意的郑国商人弦高遇上。弦高机智灵活，先拿出四张熟牛皮，又牵出十二头牛犒劳秦军，并讨好秦军说："我们国君听说贵军行军将经过敝国，特派我来慰劳你们。敝国虽不富裕，但为了贵军的居留，我们已做好准备。你们驻扎一天，我们就准备一天的给养；如果仅住一夜，我们就准备一晚的守卫。"弦高稳住秦军，暗中派驿车紧急向郑国报告。郑穆公派人去探视秦将杞子等人驻扎的馆舍，发现他们捆束好行装，磨好了兵器，喂饱了马匹。郑穆公特意派皇武子去辞谢他们，说："诸位在敝国耽搁得太久了，敝国的干肉、粮食、蔬菜、牲口都被你们吃得没有了。敝国的猎场原圃与贵国的猎场具圃都是一样的；现在你们要离开敝国，请诸位自己猎取些麋鹿，好供路上食用，以此让敝国得到休息，诸位认为怎样？"秦军将领担心郑国动手，于是杞子赶紧逃奔到齐国，逢孙、扬孙逃奔到宋国。孟明说："郑国早有防备，攻打郑国已无指望，既不能取胜，又没有后援，我们还是回去吧！"秦军不敢攻击郑国，顺道把姬姓滑国灭掉后班师回国了。

原文

晋原轸曰："秦违[①]蹇叔，而以贪勤民[②]，天奉我也。奉不可失，敌不可纵。纵敌患生[③]，违天不祥。必伐秦师。"栾枝曰："未报秦施[④]而伐其师，其为死君乎[⑤]？"先轸曰："秦不哀吾丧而伐吾同姓[⑥]，秦则无礼，何施之为？吾闻之，一日纵敌，数世之患也。谋[⑦]及子孙，可谓死君乎？"遂发命，遽兴姜戎[⑧]。子墨衰绖[⑨]，梁弘[⑩]御戎[⑪]，莱驹[⑫]为右[⑬]。

夏四月辛巳[⑭]，败秦师于殽，获百里孟明视、西乞术、白乙丙以归，遂墨以葬文公[⑮]。晋于是始墨[⑯]。

注释

①违：违反。②以贪勤民：因贪得无厌而使勤劳的百姓遭受劳苦。③患生：使生者忧患。④施：施报、恩惠。⑤其为死君乎：眼里还有死去的国君吗？这整句是说，不但没有报答秦国对我们的帮助，反而攻伐秦军，真是目无先君啊。其，同"岂"。为，犹有。⑥同姓：指郑国和滑国，晋、郑、滑皆姬姓。⑦谋：虑、考虑。⑧遽兴姜戎：遽，马上。兴，发兵。姜戎，居于秦、晋两国间的戎人部族，与晋国友好。⑨子墨衰绖（cuī dié）：子，指晋文公子晋襄公，文公未葬，所以称子。墨：作动词，染成黑色。衰：以粗麻布制成的丧服。绖：佩戴在头部或腰部的丧服。⑩梁弘：春秋时晋国人，晋襄公时大夫。⑪御戎：驾驶战车。⑫莱驹：春秋时晋国人，晋襄公时大夫。⑬为右：在战车上做右护卫。⑭辛巳：十三日。⑮遂墨以葬文公：于是穿上黑色孝服为晋文公送葬。⑯始墨：从此，穿黑色丧服出殡成为习俗。

译文

晋国名将、军事家原轸说："秦穆公违背了蹇叔的忠告，因他贪得无厌的私欲而使勤劳的百姓遭受劳苦。这是上天在帮助我啊。上天助我，机不可失，敌人被捉住不要随便放走他们。放走敌人，必生祸患；违背天意，是不吉利的。因此，一定要进攻秦国军队。"栾枝说："还没报答秦国的恩惠反而去攻打它的军队，心中还有死去的国君吗？不报答秦国对我们的帮助，真是目无先君啊。"先轸说："秦国不为我们文公的丧事哀伤，反而攻打我们的同姓之国郑国和滑国，秦国太霸道，实属无礼，我们还讲什么恩惠？我听说：‘一朝放走了敌人，会成为几代人的祸患！’我们要为子孙后代打算，这才是不忘先君的遗命呢。”先轸果断下达了出击秦军的命令，并紧急发动友邦戎人部族的军队参战。文公儿子晋襄公为鼓舞士气，穿着染成黑色的丧服出征，大夫梁弘为他驾驭战车，大夫莱驹作为车右。

初夏四月十三，晋军在崤山打败了秦军，抓获了秦穆公的主要将领百里孟明视、西乞术、白乙丙三人。晋军获得胜利，于是士兵穿上黑色孝服为晋文公举行葬礼。从此，穿黑色丧服出殡成为晋国的习俗。

原文

文嬴①请②三帅，曰：“彼实构③吾二君，寡君④若得而食之，不厌，君何辱讨⑤焉！使归就戮于秦⑥，以逞寡君之志，若何？”公许之⑦。先轸朝⑧，问秦囚。公曰：“夫人请之，吾舍⑨之矣。”先轸怒曰：“武夫力而拘诸原⑩，妇人暂而免⑪诸国。堕军实而长⑫寇仇，亡无日矣。”不顾而唾⑬。公使阳处父⑭追之，及诸河，则在舟中矣。释左骖⑮，以公命⑯赠孟明。孟明稽首曰：“君之惠，不以累臣衅鼓⑰，使归就戮于秦，寡君之以为戮，死且不朽。若从君惠⑱而免之，三年将拜君赐⑲。”

秦伯素服⑳郊次，乡师而哭，曰：“孤违蹇叔，以辱二三子，孤之罪也。”不替孟明，曰：“孤之过也，大夫何罪？且吾不以一眚㉑掩大德㉒。”

注释

①文嬴：怀嬴，晋文公夫人。当年为秦穆公所许配，是晋襄公嫡母。②请：请求释放。③构：进谗言，挑拨离间。④寡君：指秦穆公。⑤辱讨：屈尊，惩罚。⑥就戮于秦：回到秦国受刑罚。⑦公许之：晋襄公同意了。⑧朝：朝见。⑨舍：释放。⑩原：原野，指战场。⑪免：赦免。⑫长：助长，指助长敌人的气焰。⑬不顾而唾：不回头就吐唾沫。这是极怒而失礼的举动。按礼法，在尊长面前不敢涕唾，此处形容先轸气愤到了极点。⑭阳处父：晋大夫。⑮左骖：驾车时最左边的那匹马。⑯以公命：以晋襄公的名义诱骗秦将上岸。⑰累臣衅鼓：俘虏之臣以血涂鼓后被处死。⑱从君惠：托晋君之福。⑲拜君赐：拜领晋君的礼物。意为三年后再来报仇。⑳素服：丧服。㉑眚（shěng）：眼病，引申为过失。㉒大德：大功劳。

译文

文嬴请求释放百里孟明视、西乞术、白乙丙三个将领，她对晋襄公说："这三人居心叵测，真是太坏了，竟然挑拨离间秦、晋两国国君的关系，秦君抓到他们，恨不得生吃他们的肉、剥他们的皮？何必劳驾您去惩罚他们呢？让他们回到秦国受到最严厉的刑罚，以满足秦君的意愿，怎么样？"晋襄公没有多想就同意了。先轸上朝见晋襄公时，问起秦国的三个俘虏。晋襄公说："夫人代他们求情，我已经把他们放走了。"先轸听闻大怒，说："在战场上，勇士们花了大力气，死了很多人才抓获他们，凭一个女人几句话就把他们放了，这是毁弃自己勇士们的战果而长敌人的志气，这样发展下去离亡国的日子不远了。"先轸说完话气得不回头，面对着襄公就吐唾沫。晋襄公已知大错，立即派了大夫阳处父去追赶孟明视三人，赶到黄河边上，孟明视等人已登上船离岸了。阳处父解下左边的骖马，以晋襄公的名义赠送给孟明视。孟明视在船上叩头拜谢说："承蒙君王的恩惠，不杀我们这些被囚之臣去祭鼓，而让我们回秦国去受刑，秦君如果杀了我们，我们死了也是不朽的。托晋襄公的大福，如果秦君不杀我们，等到三年后我们再来拜谢晋襄公的恩赐。"

秦穆公穿着白色丧服在郊外等待孟明视他们，哭着对回来的将士说："我违背了蹇叔的忠告，使你们都蒙受了耻辱，这是我的罪过啊！"秦穆公没有撤换孟明视等人的职务，说："这都是我的罪过，大臣们有什么罪？不能因我的过错而掩盖你们的大功劳啊！"

精彩点拨

文章作者对秦、晋、郑三国持怎样的态度呢？一在秦偷袭郑这件事上，作者抑秦扬郑。秦潜师袭郑不义；郑国内部团结一致，并果断地采取措施，使秦的野心未能得逞。二在秦晋崤之战中，作者抑秦扬晋。秦"劳师以袭远"，给晋以可乘之机。晋不失时机地歼灭秦军。三在秦晋崤之战后，作者抑晋扬秦。晋轻失战果，招致后患；秦能吸取教训，鼓舞士气，重整军威。从以上分析可见，作者对为争霸而战的秦、晋两方均各有褒贬，唯对郑国始终赞扬。郑与秦、晋比较，属弱国，处于防卫地位，因而作者同情郑国，反对秦国恃强凌弱。

阅读积累

《崤之战》的人物形象

在叙述战争的过程中，几个人物形象也先后立起来了，尽管所用的笔墨不多，色彩却很鲜明。秦穆公的贪心、固执是很可恨的，但战后他勇于自责，素服郊次，又是很感人的（当然，这里面隐藏着更大的野心）。原轸在大夫栾枝的反对声中，坚持原则，决不让步，同时又深谋远虑，稳操胜券；战争一开始，晋的成竹在胸，与原轸的自信和谋略不无关系。在某些方面，晋原轸和秦蹇叔倒是共通的，尽管他们各事其主。蹇叔、原轸分别是秦、晋成就霸业的中坚力量。蹇叔哭师，出于对秦的忠诚；原轸伐秦师，出于对晋国的热爱。这两个人物都处于事件的中心，随着战争的发展，形象也渐见丰满，最终栩栩如生地立在读者眼前。还有一个给人鲜明印象的就是郑人弦高。他是一个商人，本可以无忧无虑地做他的买卖，但他拿出自己的货物，充当使者，不动声色地犒劳秦军，争取时间报信。他见义忘利的爱国行为是十分感人的。“弦高犒师”的故事一直为人们所传诵。

楚太子商臣享江芈　文公元年

精彩导读

古来无情最是帝王家，兄弟阋墙，同室操戈，上演了多少宫廷喋血的惨剧。而楚太子商臣杀父自立，也不过是诸多惨剧中中的一幕。当初楚成王就是靠杀死兄长夺得王位的，结果最后却被自己的儿子杀死，未善始，也未善终，也算是冥冥之中的因果报应吧。成王立储反复，子上料事如神，商臣蜂目而豺声，潘崇设套，江芈中计。欲知详情，请读《楚太子商臣享江芈》。

原文

初，楚子[①]将以商臣[②]为大子，访诸令尹子上。子上曰："君之齿未也，而又多爱[③]，黜乃乱[④]也。楚国之举[⑤]，恒在少者。且是人也，蜂目而豺声，忍人[⑥]也，不可立也。"弗听。既[⑦]，又欲立王子职[⑧]而黜大子商臣。商臣闻之而未察[⑨]，告其师潘崇曰："若之何而察之？"潘崇曰："享江芈[⑩]而勿敬也。"从之。江芈怒曰："呼，役夫[⑪]！宜君王之欲杀女而立职也。"告潘崇曰："信矣。"潘崇曰："能事诸乎？"曰："不能。""能行乎？"曰："不能。""能行大事[⑫]乎？"曰："能。"

冬十月，以宫甲[⑬]围成王。王请食熊蹯[⑭]而死。弗听。丁未[⑮]，王缢。谥之曰"灵"，不瞑；曰"成"，乃瞑。

穆王立，以其为大子之室与潘崇，使为大师，且掌环列之尹[⑯]。

注释

①楚子：楚成王。②商臣：后来的楚穆王。③爱：内宠。④黜乃乱：如要立商臣，后再废黜他，就怕引起祸乱。⑤举：指立太子。⑥忍人：手段残忍的人。⑦既：立商臣为太子之后。⑧王子职：楚成王的庶子（姬妾所生之子），商君的异母弟。⑨察：证实。⑩江芈（mǐ）：楚成王之妹。芈为姓，因其嫁与江国（今河南省驻马店市正阳县东南）

国君，故称“江芈”。⑪役夫：骂人的话，意思是奴才。⑫行大事：指举行政变，杀死成王。⑬宫甲：太子宫中的武士。⑭熊蹯（fán）：熊掌。熊掌难熟，成王想借此拖延时间，等待外援。⑮丁未：十八日。⑯环列之尹：指围绕王宫站岗的警卫。尹，掌管王宫警卫部队的官。

译文

当初，楚成王准备立大儿子商臣为太子，为慎重起见，楚成王主动征求令尹子上的意见。子上说：“君王的年纪还不算大，而且内宠又多，如要立商臣，后再废黜他，就怕引起祸乱。楚国立太子，按照惯例常常选择年轻人。请君王恕我直言，商臣的眼睛像胡蜂，声音像豺狼，他是一个阴险狡诈而又残忍的人，立他为太子于国于民不利。”楚成王听后没有任何表示，他没有采纳子上的意见。楚成王果然立大儿子商臣为太子，后又想立庶子职为太子从而废掉商臣。商臣听到传闻大吃一惊，赶紧去找他的老师潘崇问：“怎样才能证实此事？”商臣问：“怎么样才能确定消息的真假呢？”潘崇看着商臣严肃地说：“你找借口设宴招待江芈而故意表示对他不尊敬。”商臣依计行事。果然江芈大发雷霆，说：“你请我吃饭呢还是要害我呢？你这个贱东西！怪不得君王要杀掉你而立职做太子。”商臣立即告诉老师潘崇说：“事情已经证实了。”潘崇问：“你能侍奉公子职吗？”商臣说：“不能。”潘崇又问：“能逃亡出国吗？”商臣说：“不能。”潘崇紧逼一句大声问：“能够做大事吗？”商臣坚定地说：“能。”

商臣决定先下手为强，文公元年冬季十月，商臣率领宫中的护卫军包围了楚成王的寝宫，逼楚成王自杀。楚成王想拖延时间等待救援，便提出吃了熊掌以后去死的请求。商臣坚决不答应。十八日，楚成王被逼无奈上吊自杀。商臣给其父楚成王上谥号为“灵”，尸体不闭眼睛；上谥号为“成”后，尸体才慢慢地闭上眼睛。

商臣即位，是为楚穆王，他将做太子时的宫室、财物、奴仆赠予老师潘崇，任命潘崇为太师，并担任王宫警卫部队的长官。

精彩点拨

子上说："您作为君王的年龄还轻，后宫又有很多宠爱的妻妾，以后还有的是机会生下新的子嗣。如果将来你发现更合适的太子人选了，那您多半会想着改立太子。改立太子是个风险很大的事情，将来必定要出乱子的！"子上又从另一个角度说："楚国立太子经常是立年龄小的，商臣肯定不合适。况且商臣的眼睛如胡蜂一样，而他的声音又像豺狼一样，以后肯定是个残忍的人，所以坚决不能立他为太子啊！"楚成王未采纳如此合情合理的建议，预料成真，终成遗憾。

阅读积累

以《楚太子商臣享江芈》为鉴

《楚太子商臣享江芈》告诉我们：现实中如果某人平时对你很是客气，你在没有得罪对方的情况下，发现某天对方对你很不礼貌，这就要小心了，有可能是套路。其目的是通过无礼以激怒你，让你情绪化，你情绪化后就会表达出心中的不满，就会说很多平时不敢说的话，这时就会被套路了。

为何要通过套路套取信息？因为如果直接问别人就会显得很唐突，别人就会有所提防而不会说真心话，就算别人跟你说真心话你也不会信，你心想为何他这么爽快就告诉我？会不会是套路呢？所以说，通过测试是比较可靠的。

郑败宋师获华元　宣公二年

精彩导读

华元是宋国的右师（相当于宰相一职）。在两国（郑、宋）交战前，因为犒劳士兵的羊肉没能分均匀，致使没有吃到羊肉的车御在战场上不听从华元的调遣，以致华元被俘，宋军战败。之后华元逃回宋国，主持加固城墙，在工地上又被民工嘲笑。然而《左传》与其说在挖苦华元，不如说在批判御手的狭隘、表彰华元的宽容——这从他逃回宋国替御手开脱罪责的对话中可见一斑。

原文

二年春，郑公子归生①命于楚，伐宋。宋华元②、乐吕③御之。二月壬子，战于大棘④，宋师败绩。囚华元，获乐吕，及甲车四百六十乘，俘二百五十人，馘百⑤。

狂狡⑥辂⑦郑人，郑人入于井。倒戟而出之，获狂狡。君子曰："失礼违命，宜其为禽也。戎，昭果毅以听之之谓礼。杀敌为果，致果为毅⑧。易之，戮也。"

将战，华元杀羊食士⑨，其御羊斟不与⑩。及战，曰："畴昔之羊，子为政⑪；今日之事，我为政⑫。"与入郑师⑬，故败。君子谓："羊斟非人也，以其私憾，败国殄⑭民，于是刑孰大焉？《诗》所谓'人之无良⑮'者，其羊斟之谓乎，残民以逞⑯。"

注释

①归生：春秋时期郑国执政大臣，郑文公之子。②华元：时为右师（相当于宰相），前后执政四十余年。③乐吕：宋大夫，时为司寇。④大棘：古地名，在陈留襄邑县南。又称棘壁（在今河南省柘城县西北）。⑤馘（guó）：把俘虏的左耳朵割下来献功。馘百：割了一百个人的耳朵。⑥狂狡：宋大夫。⑦辂（yà）：迎战。⑧致果为毅：达到果敢刚强、毅力坚定的精神境界。⑨杀羊食（sì）士：宰羊割肉当食物犒劳士兵。⑩其御羊斟不与（yù）：给华元驾驭车马的护卫没有分到羊肉。⑪畴昔之羊，子为政：日前宰羊，由你说了算。⑫今日之事，我为政：今天驾车打仗的事情，由我做主。⑬与入郑师：驾

驭战车闯入郑军中横冲直撞。⑭殄（tiǎn）：残害。⑮人之无良：人已丧失了良心。语出《诗经·鄘风·鹑之奔奔》。《小雅·角弓》作“民之无良”。⑯残民以逞：残害百姓以满足自己的私利和欲望。

译文

鲁宣公二年春，郑国执政大臣归生接受楚国君王命令，率领大军攻伐宋国。宋国派出右师华元、司寇乐吕率大军抵抗。二月壬子日，双方在陈留襄邑县南的大棘展开厮杀，结果宋军惨败。郑国军队擒获了华元并将其囚禁，杀死乐吕，缴获战车四百六十辆，俘虏宋军二百五十人，割下宋军一百具尸体的左耳以献功。

战斗中，宋国大夫狂狡迎战郑军时，看到郑军一士兵掉入井中。狂狡跳出战阵跑到井边，倒拿着戟将这个士兵救出，但这个被救士兵趁着狂狡放松警惕之时把狂狡俘虏了。君子说：“战场上怜悯是士兵大忌，不遵从战争的规则，违背军令，就是狂狡这样的下场。凡用兵之道，应该达到果敢刚强、毅力坚定的精神境界。发扬这种果毅精神，使之牢记于心，这叫‘礼’。敢于杀敌叫‘果’；养成这种果敢精神叫‘毅’。若违背这些‘礼’，就要自取灭亡。”

战斗即将开始前，华元宰羊割肉当食物犒劳士兵。给华元驾驭车马的护卫羊斟却没有分到羊肉。到开战时，羊斟说：“日前的宰羊，由你说了算；但今天打仗驾车的事情，必须由我做主。”说完他驾驭战车闯入郑军中横冲直撞。因而宋军大败，乐吕被杀，华元被俘。君子说：“羊斟真不是人，因个人怨恨而使国家失败、人民遭殃。还有什么罪过比这更大呢？《诗经》上所说的‘心地不良的人’，也许指的就是羊斟这种人吧，他不惜残害百姓以满足自己的私利和欲望。”

原文

宋人以兵车百乘、文马百驷①以赎华元于郑。半入②，华元逃归，立于门外，告而入③。见叔牂④，曰：“子之马然也⑤？”对曰：“非马也，其人也。”既合⑥而来奔。

宋城，华元为植⑦，巡功⑧。城者⑨讴曰：“睅其目⑩，皤其腹⑪，弃甲而复。于思于思，弃甲复来。”使其骖乘⑫谓之曰：“牛则有皮，犀兕⑬尚多，弃甲则那？”役人曰：“从其有皮，丹漆若何？”华元曰：“去之！夫其口众我寡。”

注释

①文马百驷：文马指毛色有文采的马。古代一车由四匹马拉称“驷”，百驷即四百匹马。②半入：宋国送入郑国的车马只有一半。③告而入：先打报告说明身份再进入。④叔牂（zāng）：即羊斟。⑤子之马然也：我之所以被俘，是因为你的马不听从我的指挥吧？⑥合：答话。羊斟逃往鲁国，是怕华元治他的罪。⑦华元为植：华元作为主帅亲自监工督查。⑧巡功：巡视检查。⑨城者：指筑城的老百姓。⑩睅（hàn）其目：瞪着大眼睛。⑪皤（pó）其腹：腆着大肚子。⑫骖（cān）乘：在战车上担任车右的护卫人员。⑬兕（sì）：类似犀牛的野牛，兕皮可制甲。

译文

宋国战败后不惜一切代价，动用一百辆兵车、四百匹毛色有文采的马，送往郑国要赎回右师华元。宋国送入郑国的车马刚有一半，华元就逃回来了。华元站在城门外先打报告说明了身份，守城的士兵才放他进城。他见到羊斟说：“上次我之所以被俘，是因为你的马不听从我的指挥吧？”羊斟回答说：“不是因为马，而是因为人。”羊斟说完借口溜了出去，然后逃到了鲁国。

宋国百姓正在筑城，华元作为主帅当总监工，巡视筑城的工程。筑城的人唱道：“鼓着大眼珠，挺着大肚皮，丢盔弃甲忙逃离。络腮胡子一大把，弃甲丢盔逃回家。”华元听后微微一笑，交代战车上的护卫人员唱歌回答：“有牛就有皮，犀牛和兕还很多，弃甲丢盔怕什么？”筑城的人又唱道：“纵然皮革多又多，丹漆难得可奈何？”华元叹口气，说：“我们回去吧，他们人多嘴多，我们人少嘴少。”

精彩点拨

作者对这次战争的记述，采取了边叙述边议论的形式，虚实相间，力求从消极的事件中为人们提供积极的、有益的启示。战争是无情的，生与死、胜与败随时处在急剧的转换之中。本文的第二自然段叙述了宋人狂狡倒戟救出落井的郑人，自己反而做了郑人的俘虏。对这一事实，作者以“君子曰”的形式表述了评论意见。“失礼违命，宜其为禽也”，这实则是阐明战争中消灭敌人、保存自己的基本原则。为了深刻说明这一道理，作者又引了“成训”：“戎，昭果毅以听之之谓礼。杀敌为果，致果为毅。易之，戮也。”

阅读积累

华元

华元作为宋军的右师，在六卿中职位最高。虽然在宋、郑两军的大棘之战中溃败，但在当时战火纷争的年代，他还是有功绩可表的。一是华元曾经孤身潜入楚令尹子反的营帐，登上他的卧榻，挟持他讲和退兵，让宋国免去了战乱。二是华元促使晋、楚两个“超级大国”缔结和约，给动荡的中原点亮了短暂而又温暖的和平之光。由此可见，华元还是一名有勇有谋的将才。另外，华元还堪称一位有着博大胸怀的仁者。宋、郑两军交战中，作为车御的羊斟因为战前没有得到羊肉吃，对华元怀恨在心，到了战场上不听华元调遣，一意孤行，导致华元被俘，宋军大败。作为统帅三军的将军，战败已是奇耻大辱，更何况又被俘。但是华元在逃回宋国后，首先想到的不是如何对付羊斟来挽回自己的脸面，而是替羊斟开脱罪责，认为他这样做是因为马不听指挥。羊斟对此感觉无地自容，逃亡到鲁国。可见，忍辱负重、胸怀宽广从来都是成就大事业者的必备素质。

晋灵公不君　宣公二年

精彩导读

春秋时的晋国有一个大臣叫赵盾，他明明没有参与谋杀国王晋灵公的叛逆行动，满朝文武都可以证明他的清白，但是晋国的史官董狐在朝堂之上，在文武朝臣面前，竟理直气壮地告诉大家：“作为史官，我已经写下‘晋赵盾弑其君’。”此言一出，赵盾有冤难言，文武百官也爱莫能助，这是怎么回事呢？今天我们就要看看这千古奇冤到底是怎么一回事。

原文

晋灵公不君①：厚敛②以彫墙③；从台上弹人，而观其辟丸也；宰夫胹熊蹯不熟④，杀之，置诸畚⑤，使妇人载⑥以过朝。赵盾、士季⑦见其手，问其故，而患之。将谏，士季曰：“谏而不入⑧，则莫之继也。会请先，不入则子继之。”三进，及溜⑨，而后视之⑩，曰：“吾知所过矣，将改之⑪。”稽首而对曰：“人谁无过？过而能改，善莫大焉。《诗》曰：‘靡不有初，鲜克有终⑫。’夫如是，则能补过者鲜矣。君能有终，则社稷之固也，岂唯群臣赖之。又曰：‘衮职有阙，惟仲山甫补之⑬。’能补过也。君能补过，衮不废矣。”

犹不改。宣子骤谏，公患之，使钼麑⑭贼之。晨往，寝门辟矣，盛服⑮将朝。尚早，坐而假寐⑯。麑退，叹而言曰：“不忘恭敬，民之主也。贼民之主，不忠；弃君之命，不信。有一于此，不如死也。”触槐而死。

注释

①晋灵公：晋国国君，名夷皋，晋文公之孙，晋襄公之子。不君：无道，有失为君之道。②厚敛：厚赋，加重征收赋税，大肆搜刮百姓。③彫墙：这里指修筑豪华宫室，过着奢侈的生活。彫，同“雕”，指装饰墙壁。④宰夫：诸侯国君的厨工。胹（ér）：炖，煮。熊蹯（fán）：熊掌，味美难熟。⑤畚（běn）：用植物枝条编成的筐子一类的

器具。⑥载：同“戴”，用头顶着。⑦赵盾：赵衰之子，晋国正卿。士季：士为之孙，晋国大夫，名会。⑧不入：不采纳，不接受。⑨三进，及溜：进，往前走。溜，房顶瓦垄滴水处，此指屋檐下。⑩而后视之：古代大臣上朝，在升堂觐见国君前，每走一小段路必须行礼一次，每行一次礼，坐在大堂上的国君都看得很清楚。⑪“吾知”二句：晋灵公抢先开口，以免士会进谏。⑫“靡不有初”二句：语出《诗经·大雅·荡》。靡，无。鲜（xiǎn），少。克，能够。终，好结果。⑬“衮职有阙”二句：语出《诗经·大雅·烝民》。衮（gǔn），天子之服，此指周宣王。职，职责。仲山甫，周宣王时的卿士，辅佐宣王中兴。士季引用这两句诗，意在劝勉灵公，改过迁善。⑭钼麑（chú ní）：晋国大力士。⑮盛服：穿戴好上朝的礼服。⑯假寐：打盹，不解衣冠而睡，此指闭目养神。

译文

晋灵公有失为君之道：以加重征收赋税、大肆搜刮百姓的办法来修筑豪华宫室，过着奢侈的生活；他从台上用弹弓射人，观看群臣躲避弹丸的窘态而取乐；厨师炖熊掌还没等到炖熟，就下令把厨师杀掉，将尸体放在畚箕中，让宫女背着走过朝廷。正卿赵盾、大夫士季见到畚箕中露出了手，感到好奇，当问明缘由后，内心非常生气，为此事担忧不已。当他们准备进谏时，大夫士季说：“我们不能同时进谏，万一不被采纳，就没人敢继续再谏了。请让我士季先行入谏，不成功你再继续进谏。”士季向前走了三次，行了三次礼，到了殿堂的屋檐下，坐在大堂上的晋灵公看得很清楚。晋灵公知道士季要来进谏，本不想搭理士季，但大臣们都看着，若不见他也说不过去，便抢先说：“我知道自己的过错，我准备改掉它。”士季叩头回答说：“谁能没有过错？知错能改，再好不过。《诗经》上说：‘事情无不有好的开头，但很少有好的结果。’正因如此，世间能补过的人就显得很少。君王能有好的结果，国家就有了保障，群臣就有了依赖。《诗经》里又说：‘周宣王有了过错，仲山甫都能及时弥补。’这说的是能补过的事。君王能补过迁善，就不会荒废国君的职事。”

晋灵公屡教不改。赵盾数次进谏，晋灵公对他恨之入骨，就秘派钼麑去刺杀赵盾。钼麑凌晨潜入赵家，见赵盾寝室的门大开着，偷眼一看，赵盾身穿朝服整齐威严，上朝时间尚早，端庄地坐在那里闭目养神。钼麑退到一旁，暗自叹道：“不忘对国君的恭敬，不忘对国家的忠诚，这是百姓的伟大领袖。暗杀百姓的领袖，是不忠不义；放弃国君的命令，是不信不诚。不忠不义与不信不诚，我必然会占有一样，死不足惜。”钼麑看到赵盾庭院中的一棵大槐树，心一横猛撞向大槐树，头破血流而死。

原文

秋九月，晋侯饮[①]赵盾酒，伏甲[②]，将攻之。其右[③]提弥明[④]知之，趋登，曰："臣侍君宴，过三爵[⑤]，非礼也。"遂扶以下，公嗾[⑥]夫獒焉，明搏而杀之。盾曰："弃人用犬，虽猛何为！"斗且出，提弥明死之。

初，宣子田于首山[⑦]，舍于翳桑[⑧]，见灵辄[⑨]饿，问其病。曰："不食三日矣。"食之，舍其半。问之，曰："宦三年矣，未知母之存否，今近焉，请以遗[⑩]之。"使尽之，而为之箪[⑪]食与肉，置诸橐[⑫]以与之。既而与为公介[⑬]，倒戟以御公徒，而免之。问何故。对曰："翳桑之饿人也。"问其名居，不告而退，遂自亡[⑭]也。

乙丑，赵穿[⑮]攻灵公于桃园[⑯]。宣子未出山而复[⑰]。大史[⑱]书曰："赵盾弑其君。"以示于朝。宣子曰："不然。"对曰："子为正卿，亡不越竟，反不讨贼[⑲]，非子而谁？"宣子曰："呜呼！《诗》曰：'我之怀矣，自诒伊戚。'其我之谓矣！"孔子曰："董狐，古之良史[⑳]也，书法[㉑]不隐[㉒]。赵宣子，古之良大夫也，为法受恶[㉓]。惜也，越竟乃免[㉔]。"

宣子使赵穿逆公子黑臀[㉕]于周而立之。壬申[㉖]，朝于武宫[㉗]。

注释

①饮：给人喝。②伏甲：埋伏了披甲的士兵。③右：车右，又称骖乘，与君王获大夫等同乘一车的右护卫，一般由武功高强者担任。④提弥明：晋国勇士，赵盾的车右。⑤爵：古时的酒器。⑥嗾（sǒu）：唤狗的声音。⑦首山：又名首阳山（在今山西省运城市永济市南）。⑧翳（yì）桑：古地名，在首阳山间。⑨灵辄：春秋时期晋国侠士，因报答晋国正卿赵盾的救命之恩而闻名。⑩遗（wèi）：送给。⑪箪（dān）：盛饭菜用的圆形小竹筐。⑫橐（tuó）：两头有口的布袋，用时以绳扎紧。⑬公介：晋灵公的甲士。⑭自亡：自己逃亡了。⑮赵穿：晋国大夫，赵盾的堂兄弟。⑯桃园：晋灵公的园圃名。⑰未出山而复：还没有走出晋国国境，听说晋灵公已被人杀死，就折返而回。⑱大史：掌记国家大事的史官。这里指晋国史官董狐。董狐认为晋君被杀，赵盾负有主要责任，故作如下记载。⑲贼：弑君的人，指赵穿。⑳良史：好史官。㉑书法：记史的原则。㉒隐：隐讳，不直写。㉓恶：指弑君的恶名。㉔越竟乃免：孔子认为，赵盾如果出境，则君臣之义绝，可以不负弑君的责任，返回后，也不必讨伐逆贼，故云"越境乃免"。㉕公子黑臀（tún）：晋文公少子，久居于周，即晋成公，在位七年。㉖壬申：十月初三。㉗武宫：晋武公的神庙，在曲沃。晋国新君即位前，必先朝祭于武宫。

译文

秋天九月，晋灵公约请赵盾喝酒，事先预谋埋伏下披甲的武士，要杀掉赵盾。赵盾的车右护卫提弥明警惕性很高，感觉苗头不对，快步走上殿堂，对赵盾说："臣下陪君王宴饮，酒过三巡还不告退，就不合礼仪了。"于是他扶起赵盾走下殿堂。晋灵公眼看仇人离去心有不甘，赶紧唤出猛犬来咬赵盾。提弥明疾步上前徒手与恶犬搏斗，几个回合打死了猛犬。赵盾说："不用人而用狗，虽然凶猛，又有什么用！"这时埋伏的武士一拥而出把两人围了起来，一番激烈搏斗，提弥明为保护赵盾战死了。

当初，赵盾在首阳山里打猎时住在翳桑。有一天，他看到有个人饿倒在了路上，便赶快过去问这个人的病情，得知这个人叫灵辄。灵辄有气无力地说："我已经三天没吃东西了。"赵盾给灵辄东西吃，灵辄只吃一半，留下一半。赵盾感到奇怪，问为什么，灵辄说："我给别人当奴仆三年了，不知道家中老母是否还活着。现在离家近了，请让我把留下的食物送给她。"赵盾知道这是个孝子，让灵辄把食物吃完，另外准备了一篮饭和肉送给他。灵辄记住了赵盾的恩德，决心日后报答。后来灵辄做了晋灵公的武士。这回，晋灵公的武士包围了赵盾，在搏杀中有个武士突然把武器倒过来抵挡住晋灵公手下的人，使赵盾得以脱险。赵盾问他为什么这样做，他回答说："我就是在翳桑的饿汉。"赵盾再问他的姓名和住处，他没有回答就退走了。赵盾自己也逃亡了。

九月二十六日，赵穿在桃园杀掉了晋灵公。赵盾还没有走出晋国国境，听说晋灵公已被人杀死，就折返而回。晋国太史董狐记载道："赵盾杀了他的国君。"他把这个说法拿到朝廷上公布。赵盾说："不是这样的。"董狐说："您身为正卿，逃亡而不出国境，回来后又不讨伐叛贼，不是您杀了国君又是谁呢？"赵盾说："啊！《诗经》中说：'我心里怀念祖国，反而给自己留下忧伤。'这话大概说的是我吧。"孔子说："董狐是古代的好史官，记史的原则是直书而不隐讳。赵盾是古代的好大夫，因为史官的记史原则而蒙受了弑君的恶名。可惜啊，如果他出了国境，就会避免弑君之名了。"

赵盾派赵穿到成周去迎接晋国公子黑臀，把他立为国君。十月初三，公子黑臀去朝拜了武公庙。

精彩点拨

紧张动人的情节赋予本文以强烈的故事性和戏剧性。其中士季与赵盾商议进谏所预示的危险，鉏麑行刺一段对鉏麑心理矛盾的刻画，提弥明搏獒场面之惊险，赵盾身背弑君之名的无力辩解，等等，这些情节的叙述和描写，有悬念，有虚实，有动感；或令人惊悚，动人心魄；或诱人体味，发人深省。环环相接，此起彼伏，耐人寻味，确有变幻莫测、情趣横生之妙。细读本文，虽不能一一对号，但也能窥其一斑，领略其叙述的笔走龙蛇、变化万千之一了。

阅读积累

春秋笔法

春秋笔法：成语释义指寓褒贬于曲折的文笔之中，不直接表明自己的态度。《史记·孔子世家》："孔子在位听讼，文辞有可与人共者，弗独有也。至于为《春秋》，笔则笔，削则削，子夏之徒不能赞一词。"据说孔子编写《春秋》，在语言平面上"不露山水"；但在表达平面上，自能见其"微言大义"；在记述历史时，暗含褒贬。《春秋》行文中虽然不直接阐述对人物和事件的看法，但是通过词汇的选取、细节描写、修辞手法和材料的筛选，委婉而微妙地表达作者的主观看法。这种写法被称为微言大义，或者春秋笔法，被中国古代的传统所褒扬。

王孙满对楚子　宣公三年

精彩导读

《王孙满对楚子》讲的是：宣公三年（前606年），楚庄王吞并了一些小国，确立了霸权之后，陈兵周朝边境，问九鼎的轻重，伺机觊觎周朝王权。周大夫王孙满针对楚庄王的问话，说明了九鼎的来历，并指出统治天下“在德不在鼎”，“周德虽衰，天命未改”，挫败了他狂妄的野心。王孙满引古证今，思想深刻，对答新巧，以理服人。

原文

楚子①伐陆浑之戎②，遂至于雒③，观兵于周疆。定王④使王孙满⑤劳楚子。楚子问鼎⑥之大小、轻重焉。对曰：“在德不在鼎。昔夏之方有德也，远方图物⑦，贡金九牧⑧，铸鼎象物⑨，百物而为之备，使民知神、奸。故民入川泽、山林，不逢不若⑩。螭魅罔两⑪，莫能逢之。用能协于上下，以承天休。桀⑫有昏德⑬，鼎迁于商，载祀⑭六百⑮。商纣暴虐，鼎迁于周。德之休明⑯，虽小，重也。其奸回昏乱，虽大，轻也。天祚明德⑰，有所底⑱止。成王⑲定鼎⑳于郏鄏㉑，卜世㉒三十，卜年㉓七百，天所命也。周德虽衰，天命未改。鼎之轻重，未可问也。”

注释

①楚子：楚庄王（前613—前591年在位），名旅。②陆浑之戎：古戎人的一支。也叫允姓之戎。原在秦晋的西北，春秋时，被秦晋诱迫，迁到伊川（今河南省伊河流域），周景王二十年（前525年）为晋所并。③雒（luò）：指雒水，今作洛水。发源于陕西，经河南流入黄河。④定王：周定王（前606—前586年在位），名瑜。周襄王的孙子，周朝第二十一位王。⑤王孙满：周共王儿子圉的曾孙，时为周大夫。⑥鼎：指九鼎，相传为夏禹时所铸。夏、商、周三代以九鼎作为王权的象征，楚庄王问九鼎之大小轻重，有取代周王朝之意。⑦图物：描绘各地奇异的事物。⑧贡金九牧：传说古代把天下分为九州，州的长官叫牧。九牧，即九州。贡金九牧，是“九牧贡金”的倒装，犹言天下贡金。⑨铸鼎象物：用九州的贡金铸成鼎，把画下来的各种东西的图像铸在鼎上。⑩不若：不顺，

指不顺利的事，不顺眼的怪物。⑪螭魅（chī mèi）：又作“魑魅”，山之鬼怪。罔两：又作“蝄蜽”、“魍魉”，木石之怪。⑫桀：夏桀。⑬昏德：昏乱的行为。⑭载祀：皆纪年之称。《尔雅·释天》谓：“夏曰岁，商曰祀，周曰年，唐、虞曰载”，此泛称。⑮六百：商享国约六百四十年，此举整数。⑯德之休明：犹言德若休明。休明，美善光明。⑰明德：美德。这里指明德的人。⑱底（dǐ）：止，终止，指最终的年限。⑲成王：周成王。⑳定鼎：定都。九鼎为古代传国的重器，王都所在，即鼎之所在。㉑郏（jiá）鄏（rǔ）：古地名（在今河南省洛阳市境内）。周成王在郏鄏营建东都洛阳，名王城，并迁九鼎于此。㉒卜世：谓预卜周朝能传至几代。㉓卜年：谓所得之年。

译文

楚庄王率领大兵征伐陆浑之戎，来到洛水边，在闵都城郊外操练布阵陈兵炫耀。周定王派大夫王孙满慰劳楚庄王。楚庄王不问别的，只问鼎的大小与轻重。王孙满回答说：“鼎的大小、轻重，不在鼎本身，关键在于持鼎者的德行大小。譬如以前的夏朝，它有大德之时，将远方的山川物产，都画成图，又用九州长官进贡的铜铸成大鼎，并把图画也铸在鼎上，天下百物在鼎上均已具备，这样百姓就知道什么是神、什么是奸。百姓入山林、涉川泽时，就不会遇到不顺心的事。就连魑魅魍魉等鬼怪，人们也不会碰上。因而能上下协调，以接受上天的福佑。到了夏桀一辈道德昏昧，九鼎被迁到商朝，商朝享国六百年。商纣王暴虐，九鼎又被搬迁到周朝。只要道德美善光明，鼎虽小，也是重的。如果奸邪、昏乱，鼎再大，也是轻的。上天赐福给有光明品德的人，也是时间的最终年限。周成王把九鼎安定在郏鄏，占卜问得传世三十，又占卜问得传年七百，这都是上天的旨意。周王朝的德行虽已衰弱，但上天的旨意未变，所以鼎的轻重是不能问的。”

精彩点拨

春秋时代，周室衰微，诸侯争霸。被中原诸侯视为蛮夷之君的楚庄王，凭借强大的武力吞并了周围的一些小国，自以为羽翼已丰，耀武扬威地陈兵于周天子的境内，询问九鼎大小轻重，试图取而代之。周大夫王孙满由楚庄王问鼎敏感地意识到他吞并天下的野心，就以享有天下“在德不在鼎”的妙论，打击了楚庄王的嚣张气焰。夏、商、周三代以九鼎为王权的象征。后世以“问鼎”比喻篡逆野心。

阅读积累

《王孙满对楚子》赏析

楚庄王问鼎，王孙满回答从容不迫而隐含凌厉。全篇故事便在“霸”与“德”的矛盾中展开。王孙满从“德”“天”二字入手，先从“德”字出发，以“德”抗“霸”，一语击破楚庄王的问鼎野心：“在德不在鼎。”说明有德的君主才配有九鼎，才会拥有天下。“周德虽衰，天命未改”，周王朝的命数是天定的，天命难违，任何人都无法改变。王孙满的答话直指楚庄王，含蓄有力。

晋楚邲之战　宣公十二年

精彩导读

公元前597年，楚庄王亲率楚军再次围攻郑国，晋国派荀林父率三军再次救郑，双方在邲地（今河南郑州北）展开争夺。在作战中，晋军内部分歧不断，将帅不和，缺乏统一指挥而各自为战，又顾忌秦军从背后偷袭。楚军利用晋军的弱点，适时出击，战胜对手，从而一洗城濮之战中失败的耻辱，在中原争霸斗争中暂时占了上风。楚庄王也由于此役的胜利而一举奠定了“春秋五霸”的地位。

原文

十二年春①，楚子②围郑，旬有七日。郑人卜行成③，不吉；卜临于大宫④，且巷出车，吉。国人大临，守陴者⑤皆哭。楚子退师。郑人修城。进复围之，三月，克之。入自皇门，至于逵路。郑伯⑥肉袒⑦牵羊以逆，曰：“孤不天⑧，不能事君，使君怀怒以及敝邑，孤之罪也，敢不唯命是听？其俘诸江南⑨，以实海滨，亦唯命；其翦以赐诸侯，使臣妾之，亦唯命。若惠顾前好，徼福于厉、宣、桓、武⑩，不泯其社稷⑪，使改事君，夷于九县⑫，君之惠也，孤之愿也，非所敢望也。敢布腹心⑬，君实图之。”左右曰：“不可许也，得国无赦。”王曰：“其君能下人⑭，必能信用其民矣，庸可几乎？”退三十里而许之平。潘尪⑮入盟，子良⑯出质。

注释

①十二年春：前597年春。②楚子：楚庄王。③行成：谈判求和。④大宫：太宫，诸侯国太祖之庙，此指郑国的祖庙。守陴者：守城者。⑤陴（pí），城上的女墙。⑥郑伯：郑襄公。⑦肉袒：脱去上衣，裸露肢体，表示愿意服罪受刑。⑧不天：得不到上天的保佑。⑨俘诸江南：指被放逐于江南。⑩厉、宣、桓、武：周厉王、周宣王、郑桓公、郑武公。郑桓公是周厉王的少子、宣王是庶弟，宣王时始封于郑。郑武公是郑桓公之子。桓公、武公皆郑开国贤君。⑪社稷：土、谷之神。古代君王立国必须先立社稷祭坛，后遂用

“社稷”代指国家。⑫夷于九县：等同于诸县。意即郑国愿做楚的一个县邑。楚国吞并小国后常用县作为治名。九，泛指多数。⑬布腹心：说出心里的话。⑭能下人：能屈居于他人之下的人。⑮潘尫（wāng）：楚大夫，一称师叔。⑯子良：公子去疾，郑襄公之弟，以仁让忠良闻名于当时。

译文

十二年春天，楚庄王率领大军包围了郑国都城。十七天后，郑国国君和大臣求占卜问与楚国谈判求和之事，卦象不吉利；又求占卜问哭于郑祖庙，然后陈车布兵于大街小巷，准备抗战之事，卦象结果大吉。郑国都城里的人闻讯激动得在祖庙里号啕大哭，连守城的士兵也都大哭了起来。楚国军队不知郑国人为何大哭，恐有疑兵，楚庄王命令退兵，郑人趁机修复了城墙。不久楚军又包围了郑都，三个月后将其攻克。楚国军队从皇门攻入，一直打到通衢大道。郑襄公去衣露体，牵着羊以迎接楚庄王进城，说：“孤得不到天的佑助，没能侍候好君王，使君王生气，来到敝城，这是孤的罪过，我岂敢不唯命是从？要是把我俘虏到江南，充实楚国海滨无人之地，我也将唯命是从；如果分割亡郑，将其赐给诸侯国，让郑国人做他们的臣妾，我也依然唯命是从。如果君王施予恩惠，顾念过去两国的友好，向周厉王、宣王、郑桓公、武公求福，不灭掉他的国家，让它改而侍奉君王，等同于楚国的诸县，那可真是君王的恩德、我的愿望，但这并非我所敢于希望的。我大胆地向君王说出我的心里话，唯请君王考虑。”楚庄王左右的人都说：“不能答应郑君的要求，既已得人之国，就不宜再赦免它。”楚庄王说：“郑国之君是屈居于他人之下的人，这样的人一定能凭诚信使用他的人民，这样的国家，我们岂可希望得到？”命令全军后退三十里，并答应郑国的求和。楚国派大夫潘尫入城与郑国结盟，郑襄公只得派出亲弟弟子良到楚国做人质。

原文

夏六月，晋师救郑。荀林父①将中军，先縠②佐之；士会③将上军，郤克④佐之；赵朔⑤将下军，栾书⑥佐之。赵括⑦、赵婴齐⑧为中军大夫，巩朔⑨、韩穿⑩为上军大夫，荀首⑪、赵同⑫为下军大夫。韩厥⑬为司马。

及河，闻郑既及楚平，桓子⑭欲还，曰：“无及于郑⑮而剿⑯民，焉用之？楚归而动，不后⑰。”随武子⑱曰：“善。会闻用师，观衅而动。德、刑、政、事、典、礼不易，不可敌也，不为是征⑲。楚军讨郑，怒其贰而哀其卑⑳。叛而伐之，服而舍之，德、刑成矣。伐叛，刑也；柔服[21]，德也。二者立矣。昔岁入陈[22]，今兹入郑，民不罢劳，君无怨讟[23]，政有经矣。荆尸[24]而举，商、农、工、贾不败其业，而卒乘辑睦，事不奸[25]矣。蒍敖为宰[26]，择楚国之令典，军行，右辕[27]，左追蓐[28]，前茅[29]虑无[30]，中权，后劲。百官象物而动[31]，军政不戒而备，能用典矣。其君之举也，内姓选于亲[32]，外姓选于旧[33]；举不失德[34]，赏不失劳[35]；老有加惠[36]，旅[37]有施舍。君子小人，物有服章[38]。贵有常尊，贱有等威[39]，礼不逆矣。德立、刑行，政成、事时[40]、典从[41]、礼顺，若之何敌之？见可而进，知难而退，军之善政也。兼弱攻昧[42]，武之善经[43]也。子姑整军而经武乎！犹有弱而昧者，何必楚？仲虺[44]有言曰：'取乱侮亡。'兼弱也。《汋》曰：'於铄王师，遵养时晦。'耆[45]昧也。《武》曰：'无竞惟烈[46]。'抚弱耆昧，以务烈所[47]，可也。"彘子[48]曰："不可。晋所以霸，师武、臣力也。今失诸侯，不可谓力；有敌而不从，不可谓武。由我失霸，不如死[49]。且成师以出，闻敌强而退，非夫也。命为军师，而卒以非夫，唯群子[50]能，我弗为也。"以中军佐济[51]。

注释

①荀林父：晋大夫，又称桓子、中行伯。②先縠（hú）：先轸的后裔，原名原縠，又称彘子。③士会：士季，见《晋灵公不君》注。④郤（xì）克：晋大夫，亦称郤献子、郤伯。⑤赵朔：为赵盾之子，晋成公的女婿，亦称赵庄子。⑥栾书：晋名将，亦称栾武子、栾伯。⑦赵括：赵盾的异母弟，亦称屏括、屏季。⑧赵婴齐：赵括的同母弟，亦称赵婴、楼婴。⑨巩朔：晋大夫，亦称巩伯、士庄伯。⑩韩穿：晋大夫韩简的同族。⑪荀首：荀林父之弟，亦称知（zhì）庄子、知氏。⑫赵同：赵括的同母兄，亦称原同、原叔。⑬韩厥：韩简之孙，晋之名臣，亦称韩献子。⑭桓子：荀林父的谥号。⑮无及于郑：郑已降楚，救郑已来不及。⑯剿：劳忧。⑰不后：不算，不及时。⑱随武子：士会。⑲不为是征：不征伐这样不可敌的国家。不贸然进攻。⑳卑：指郑襄公卑辞以求服楚。㉑柔服：用怀柔之道对待服罪的国家。㉒昔岁入陈：指宣公十一年楚庄王伐陈杀夏徵舒，立成公事。㉓讟（dú）：怨言，怨谤。㉔荆尸：是楚武王创造的一种作战阵法。㉕奸：犯，干扰，抵触。㉖蒍敖：宣公十一年传的蒍艾猎，孙叔敖。宰：楚之令尹。㉗右辕：右军夹辕（夹车），保护兵车前进。㉘左追蓐：左军搜寻粮食刍薪。蓐，草，用以喂军马及人睡卧时铺地。㉙茅：通"旄"，指"旄旌"，即饰以旄牛尾巴的旌旗。古代军制，前军探道时，以旌为标志告诉后军。㉚虑无：侦察有无敌人的踪迹。㉛象物而动：依旗号的指挥而行动。物，指绘有各种鸟兽图案的旗帜。㉜内姓：同姓。亲：王室支系中亲近的人。㉝外姓：异姓。旧：指贵族世家。㉞失德：遗漏有德之人才。㉟失劳：遗漏

有功劳的人。㊱加惠：增加恩惠，优待。㊲旅：指国外来的人。㊳物有服章：衣饰、器物各有标志和文采。章，花纹标志。㊴等威：指威仪等级差别。㊵事时：办事合于时宜。㊶典从：法典人人服从。㊷攻昧：攻取政治上昏昧的国家。㊸善经：指治军的好方法、好原则。㊹仲虺：汤大臣。㊺耆（qí）：此指攻伐，攻昧。㊻无竞惟烈：语出《诗经·周颂·武》。无竞，无止境。烈，功业。㊼务：致力于，寻求。烈所：功业之所在。㊽彘子：先縠。㊾不如死：晋国从文公以来，称霸已久，先縠认为不与楚会战将丢掉霸主地位。㊿群子：你们这些人。(51)济：渡河。

译文

夏六月，晋国出兵解救郑国。晋大夫荀林父率中军，先縠辅助他；士会率上军，晋大夫郤克辅助他；赵朔率下军，栾书辅助他。赵括、赵婴齐为中军大夫，巩朔、韩穿为上军大夫，荀首、赵同为下军大夫。韩厥为司马。

晋军快速行军来到黄河边，当听到郑国已经跟楚国讲和的消息时，三军统帅荀林父想撤军回去，便对诸将领说："解救郑国既然来不及，士卒又疲劳困顿，再进军又有何用？不如等楚军撤走后再兴师伐郑也不晚。"士会说："我赞成。士会听说凡用兵贵在有机可乘，然后才可发动进攻。凡德行、刑罚、政令、事务、典则、礼仪不违背常道的国家，都是不可抵挡的，这样的国家是不能征讨的。楚军讨伐郑国，恼怒它的三心二意，哀怜它的卑谦。郑国反叛，就讨伐它，服罪就赦免它，楚国的德行、刑罚都已具备。讨伐反叛者，这是用刑罚；怀柔服罪者，这是施德行。这二者楚国都已具备。去年伐陈国，今年又征讨郑国，军队不觉得疲劳，国君也不被人怨恨诽谤，这说明楚国之政令合乎常道。楚举兵出征，摆开阵势，国内的商贩、农夫、工匠、店主并没废弃他们的本职，步卒、甲士和睦相处，这说明楚国的事务是互不抵触的。蒍敖为楚之宰相，能斟酌选择适于楚国的好法典，行军打仗时，右军随将军战车之所向而进退，左军负责寻找草蓐，前军以旄旌为标志，探察有无敌人的踪迹，中军负责权衡一切，后军以劲旅殿后。军中百官根据不同的旗帜，采取不同的行动，军中政令，不待主帅下令警戒，士卒就已有所防备，这说明楚国善于运用典则。楚君录用人才，同姓的从亲族中选拔，异姓的从旧臣中选拔，选拔而不遗漏有德者，赏赐而不遗漏有功者；老者受优待，旅客得馈赠。君子、小人，其衣饰、器物都各有标志和章纹，以别尊卑。高贵者有不变的尊位，卑贱者有威仪之等差，这说明楚之礼仪不悖有序。德行树立，刑罚施行，政令完备，事务适时，典则人人服从，礼仪和谐顺畅，我们怎能与之为敌？见到有利就前进，知道艰难就撤退，这是治军的良好准则。兼并弱小之国，攻讨昏昧之国，这是用兵的良好韬略。你姑且先整顿军队，经营武备吧！诸侯中尚有弱小或昏昧的国家，何必非伐楚不可？仲虺说过：'攻取内乱之国，凌辱衰亡之国。'

说的就是兼并弱者。《汋》说：‘伟大而强盛的王师，它顺从民意，攻取昏昧之王。’说的就是攻取昏昧者。《武》说：‘武王功业强盛无比。’说明安抚弱者、攻取昏昧，以求功业之所在，是可以的。”先縠说：“我不同意。这样不行。我们晋国之所以称霸诸侯，是因为军队勇武，群臣尽力，现在解救郑国我们晚了一步，不能说尽了力。遇到敌人不敢与之周旋，不能说勇武。我们因此而失去霸主地位，生不如死。况且我们组成三军而出征，未与敌交战而只听说敌人强大就撤退，不是大丈夫。受君命为军中主帅，而不能像个大丈夫，诸位能做到，但我坚决不做这样的人。”先縠说完，带领自己中军副帅的部属，渡过了黄河。

原文

知庄子①曰：“此师殆②哉！《周易》有之，在《师》之《临》③，曰：‘师出以律④，否臧⑤，凶。’执事顺成为臧，逆为否。众散为弱⑥，川壅为泽⑦，有律以如己⑧也，故曰律⑨。否臧，且律竭⑩也。盈而以竭，夭且不整，所以凶也。不行⑪谓之《临》，有帅而不从，临孰甚焉⑫！此之谓矣。果遇，必败，彘子尸之，虽免而归，必有大咎。”韩献子⑬谓桓子曰：“彘子以偏师⑭陷，子罪大矣。子为元师，师不用命，谁之罪也？失属⑮亡师，为罪已重，不如进也。事之不捷，恶有所分。与其专罪⑯，六人同之，不犹愈乎？”师遂济。

楚子北师⑰次⑱于郔⑲。沈尹⑳将中军，子重㉑将左，子反㉒将右。将饮马于河而归。闻晋师既济，王欲还，嬖㉓人伍参㉔欲战。令尹孙叔敖弗欲，曰：“昔岁入陈，今兹入郑，不无事㉕矣。战而不捷，参之肉其足食乎㉖？”参曰：“若事之捷，孙叔㉗为无谋矣。不捷，参之肉将在晋军，可得食乎？”令尹南辕、反旆，伍参言于王曰：“晋之从政者新㉘，未能行令。其佐先縠刚愎不仁，未肯用命。其三帅㉙者，专行不获㉚，听而无上，众谁适从？此行也，晋师必败。且君而逃臣，若社稷何？”王病之㉛，告令尹改乘辕㉜而北之，次于管㉝以待之。

注释

①知庄子：荀首。②殆：危险。③《师》之《临》：是指由《师》卦变为《临》卦。《师》：《易经》中的一卦，上坤下坎。《临》：《易经》中的一卦，上坤下兑。④师出以律：出师必须以法制号令指挥军队。⑤否（pǐ）臧：不善，优劣。下文的“否臧”指将佐不服从主帅，军纪实施不顺利。以上二句是《师》卦初六的爻辞。⑥众散为弱：以下二句解释卦象：《师》变为《临》，是由于《坎》变为《兑》。“坎”象征众，“兑”象

征柔弱，因此“坎”变为“兑”是众变为弱之象。⑦川壅为泽：“坎”代表大川，“兑”代表泽；“坎”变为“兑”又象征流动的川水因壅塞而变成沼泽。⑧如己：军队有纪律就像自己指挥自己一样。己，指主帅。⑨律：指有纪律，即听从法制号令。⑩竭：尽。以上暗指先縠不服从主帅指挥，自己先渡河。⑪不行：指河川堵塞不通畅而积聚成沼泽。⑫临孰甚焉：临阵军中号令遇阻行不通，这是最严重的问题。⑬韩献子：韩厥。⑭偏师：此指先縠所率领的中军佐的军队。⑮属：属国，此指郑国。⑯专罪：指中军元帅一人承担罪责。⑰北师：率师北上。⑱次：驻扎。⑲郔（yán）：郑国地名（在今河南省郑州市北），靠近黄河。⑳沈尹：楚大夫。㉑子重：公子婴齐，楚庄王之弟。㉒子反：公子侧的字，原为宋国公子，后为大司马。㉓嬖（bì）：亲幸小臣。㉔伍参：伍子胥的曾祖父。㉕不无事：非无战事。㉖参之肉其足食乎：言外之意，若战而不胜，杀伍参，食其肉。㉗孙叔：孙叔敖。㉘从政者新：指荀林父，荀林父于郔之战前数月才任中军之将，故云。㉙三帅：指上、中、下三军的主帅。㉚专行不获：在主帅的统率下，不能专行己意。㉛病之：对伍参君逃臣的话感到不舒服。㉜改乘辕：改变车辕的方向。㉝管：郑国地名（在今河南省郑州市北二里）。

译文

知庄子（荀首）说：“先縠率领的这支队伍太危险了！《周易》有这样的话，从《师》卦变成《临》卦，爻辞说：‘行军出征，先制定法度纪律，若纪律涣散，主凶。’办事服从主帅命令、完成任务，这是善的行为，反之为否。众心不齐，力量就会削弱，江河堵塞，就会变成沼泽。行军纪律严明，进退一如己意，这叫律。军纪实施不力，说明军队已败坏穷竭。水由充盈而枯竭，堵塞而不通畅，这是凶险之兆。水流不通畅为《临》，临阵军中主帅号令遇阻行不通，这是最严重的问题，还有什么比《临》更严重的？这里讲的就是先縠。他带兵与敌人相遇，必败无疑，他这彘子定遭此祸，即使他能幸免于死而回来，也一定遭遇大难。”韩献子（韩厥）对中军统帅荀林父说：“先縠带领部分军队陷于敌阵，您的罪过可大了。您身为元帅，而军队却不服从您的命令，这是谁的罪过？失去属国，丧失军队，罪过是很重的。我看还是进军更好，如果战事不胜，罪过可由大家共同分担。与其由你一人独担罪责，还不如我们六人共同承担，这不是更好吗？”于是荀林父命令全军快速渡过黄河。

楚王率军北上，驻扎于郔地。沈尹率中军，子重率左军，子反率右军。他们在黄河边饮马后，整顿军队准备回师，这时传来晋军已经渡过黄河的消息，正中楚王心意，他便打算撤军，楚王宠幸小臣伍参提出交战的想法。令尹孙叔敖不想打，他说：“我们去年伐陈，今年征郑，不是没有战争可打，而是战之不胜，这次再打败了，伍参的肉够不够全国人吃的？”伍参说：“如果作战胜利了，孙叔敖就是无谋之人了。如果战败，伍参的肉将在晋军之中，多少人能吃得到？”令尹孙叔敖把车辕转而向南，把军旗也掉转方向。伍参对楚王说：“晋国的执政者新任不久，无法推行军令。副将先縠倔强固执，缺乏仁心，不肯听令，三军之帅想自主行事也无法办到，士卒即使想听令也不知谁是主帅，不知该听谁的。此一仗，晋军必败。况且国君逃避臣子，这对国家的社稷之神如何交代？”楚庄王对“君避臣”很是忌讳，传令令尹，让他将战车再转而北上，驻扎在管地等待晋军。

原文

晋师在敖、鄗①之间。郑皇戌②使如晋师，曰：“郑之从楚，社稷之故也，未有贰心。楚师骤胜而骄，其师老矣，而不设备，子击之，郑师为承，楚师必败。”彘子曰：“败楚服郑，于此在矣，必许之。”栾武子③曰：“楚自克庸④以来，其君⑤无日不讨⑥国人而训之于民生之不易、祸至之无日、戒惧之不可以怠。在军，无日不讨军实⑦而申儆⑧：之于胜之不可保，纣之百克而卒无后，训之以若敖、蚡冒⑨筚路⑩蓝缕⑪以启山林⑫。箴之曰：‘民生在勤，勤则不匮。’不可谓骄。先大夫子犯有言曰：‘师直为壮，曲为老。’我则不德⑬，而徼怨于楚。我曲楚直，不可谓老。其君之戎，分为二广⑭，广有一卒⑮，卒偏⑯之两⑰。右广初驾，数及日中；左则受之，以至于昏。内官⑱序当其夜，以待不虞，不可谓无备。子良，郑之良也。师叔⑲，楚之崇也。师叔入盟，子良在楚，楚、郑亲矣。来劝我战，我克则来⑳，不克遂往，以我卜也㉑！郑不可从。”赵括、赵同曰：“率师以来，唯敌是求。克敌、得属㉒，又何俟？必从彘子。”知季㉓曰：“原㉔、屏㉕，咎之徒也。”赵庄子㉖曰：“栾伯㉗善哉！实其言，必长晋国㉘。”

注释

①敖、鄗（qiāo）：二山名（在今河南省荥泽县境附近）。②皇戌：春秋时郑国人。③栾武子：栾书。春秋时期大臣，晋景公、晋厉公时期执政大臣、统帅。④庸：古国名（在今陕西省汉中市境内），鲁文公十六年为楚庄王所灭。⑤其君：指楚庄王。⑥讨：聚而治理，指检阅。⑦讨军实：检阅军备。⑧申儆（jǐng）：再三告诫。⑨若敖、蚡冒：楚武王以前的国君。⑩筚路：用竹木编成的车。⑪蓝缕：同“褴褛”，破旧的衣服。⑫启山林：指开辟山林，垦拓荒野。⑬不德：做事不合道德。⑭广：军队名称，十五乘为一广，楚国军队有左、右广。⑮卒：军队的编制名称，百人为一卒。⑯偏：五十人为偏，两偏为一卒。⑰两：二十五人为两，一偏分为二两。⑱内官：王左右亲近之臣。⑲师叔：

潘尪（wāng）。⑳我克则来：晋国胜利则郑国会来服晋国。㉑以我卜也：根据我方胜负来决定亲附晋或楚。㉒得属：得到从属国郑国，指郑国从属晋国，当时郑国为楚之盟国。㉓知季：知庄子荀首。㉔原：赵同。㉕屏：赵括。㉖赵庄子：赵朔。㉗栾伯：栾书。㉘长晋国：执晋国之政，即为晋国的执政者。

译文

晋国军队驻扎在敖、鄗两山之间的交通要地。郑国派卿大夫皇戌担任大使到晋国军队谈判，皇戌说："郑国跟随楚国，是为了国家社稷，对晋国没有二心。楚军因屡胜而骄傲，士卒疲劳，又不设防，你们攻击他，郑军给予后援，楚军必败无疑。"先縠（彘子）说："打败楚国，降服郑国，就在这一战，一定要答应郑国要求。"栾书说："楚国自攻克庸国以来，楚君天天都在治理楚民，并教导他们注意：世道艰难人生不易，灾祸随时都会到来，警戒、畏惧之心不可懈怠。在军中，楚国天天都在治理将士，并告诫他们注意：打仗没有长胜的，殷纣王虽百战百胜，但最终亡国绝后。楚君极力推崇若敖、蚡冒乘着简朴柴车，穿着破旧衣服去开辟山林的事迹，以此来教育楚人。楚君还用良言规劝军民：'人之生计在于勤，勤则不匮乏。'像这些做法不能说楚军骄傲。先大夫子犯曾经说过：'军队理直则士气盛壮，理曲则士气衰老。'这次是我们做事太过分，不符合道德，跟楚国结下怨恨。我们理屈，楚国占理，不能说楚军士气衰老。楚君的军队阵势强大，亲兵的战车分为左右二广，每广又令配有步兵一'卒'，每又有一'偏'与一'两'为其后备。右广在鸡初鸣时即驾车巡视，时至中午而止；然后由左广接替，直到黄昏。近臣依次值夜班，以防不测，这样的军事部署不能说楚军无备。子良是郑国的贤良。师叔是楚国人所崇敬的大夫。师叔入郑结盟，子良在楚为质，楚、郑关系非常亲密。此时郑国来劝我们与楚交战，其用心险恶，我们胜了，他们就来归附，不胜就倒向楚国，这是以战之胜负做占卜来决定是否归服我，说明郑国不是真心帮助我们。所以郑国的要求不符合道理，我们不能答应。"赵括、赵同说："我们率军而来，目的就是与敌交战，战胜敌人，得到属国，还等什么？一定得听先縠的话。"荀首说："若是听从赵同、赵括的命令，那是走向取祸之道，将自取灭亡。"赵朔说："还是栾书说得好，太对了，按栾书说的去做，必能使晋国长治久安。"

原文

楚少宰如晋师，曰："寡君少遭闵①凶，不能文②。闻二先君③之出入此行也，将郑是训定，岂敢求罪于晋？二三子④无淹久！"随季⑤对曰："昔平王命我先君文侯⑥曰：'与郑夹辅[7]周室，毋废王命。’今郑不率[8]，寡君使群臣问诸郑，岂敢辱候人[9]？敢拜君命之辱。”彘子以为谄，使赵括从而更之，曰：“行人失辞。寡君使群臣迁[10]大国之迹于郑，曰：‘无辟敌！’群臣无所逃命[11]。”

楚子又使求成于晋，晋人许之，盟有日矣。楚许伯御乐伯，摄叔[12]为右，以致晋师[13]。许伯曰：“吾闻致师者，御靡旌摩垒而还。”乐伯曰：“吾闻致师者，左射以菆[14]，代御执辔，御下，两马、掉鞅[15]而还。”摄叔曰：“吾闻致师者，右入垒，折馘[16]、执俘[17]而还。”皆行其所闻[18]而复。晋人逐之，左右角之[19]。乐伯左射马而右射人，角不能进。矢一[20]而已。麋兴于前，射麋丽龟[21]。晋鲍癸当其后，使摄叔奉麋献焉，曰：“以岁之非时，献禽之未至，敢膳诸从者。”鲍癸止之[22]，曰：“其左善射，其右有辞，君子也。”既免。

注释

①闵：忧。楚庄王父亲早死，故言“少遭闵凶”。②不能文：不善于辞令。③二先君：指楚成王、楚穆王，二君都曾征讨过郑国。④二三子：指晋国诸将。⑤随季：随武子士会。⑥文侯：晋文侯，名仇，周平王时曾与郑武公共定周室。⑦夹辅：共同辅佐。⑧率：遵从王命。⑨候人：侦察敌情的哨兵。此指晋国不该与楚国作战。⑩迁：迁移。⑪逃命：逃避命令。⑫许伯、乐伯、摄叔：三人都是楚国大臣。⑬致晋师：向晋军挑战。⑭菆（zōu）：一种质地坚硬的箭。⑮掉鞅：将马的肚带整理好。⑯折馘（guó）：割取敌人左耳用来记功。此指杀死敌人。⑰执俘：生擒敌人。⑱行其所闻：三人所说，是御者、车左、车右在挑战时各自的动作。⑲角之：张开左右翼从旁夹攻。⑳矢一：只剩一支箭。㉑丽龟：射中龟的背脊中央耸起的部分。丽，射中。㉒止之：阻止部下，不再追赶。

译文

楚国派出少宰来到晋国军中游说，少宰说：“我寡君少年时父亲早亡，遭受了很多忧患困苦，很不善于辞令。听说我们楚成王、楚穆王二先君也曾来往于这条路上，是为教导、平定郑国的，岂敢对晋国无礼？所以你们诸位没有必要留在这里。”晋国随武子士会回答说：“从前周平王命令我先君文侯说：‘与郑国一同辅佐周王室，不得废弃我周王的命令。’现在郑国不遵从，我寡君派群臣向郑国问罪，怎敢麻烦你们侦察的士兵？我谨拜谢贵国君王的命令。”先縠认为士会在讨好楚王，立即叫赵括去更正，说：“刚才外交官讲了错话，寡君派群臣把大国的足迹挪移出郑国，说：‘不要躲避敌人。’下臣们无法逃避命令。”

楚王又派使者与晋国谈判求和，晋国答应了结盟之事。楚国的许伯为乐伯驾战车，摄叔为车右，向晋军挑战。许伯说：“我听说挑战时，御者须快速驾车，使车上旌旗倾斜，擦过敌方营垒，然后回还。”乐伯说：“我听说挑战时，车左射以蒰矢，代御者执缰绳，让御者下车，将驾车的马两两排列整齐，调整马肚子上的皮带，然后回还。”摄叔说：“我听说挑战时，车右冲入敌垒，杀敌割下左耳，抓获敌人，然后回来。”三人全都按他们所听说的去做，然后回来。晋国人追击他们，张开左右翼开始夹击。乐伯弯弓向左射马向右射人，阻挡夹击者使他们不能前进，只剩下一支箭了。突然一只麋鹿出现在面前，他一箭射中麋鹿脊背的正中央。晋国大将鲍葵在后面追赶，乐伯叫摄叔将麋鹿献给他，说：“现在还不是献禽兽的季节，奉禽兽的人还没到，我冒昧地将它作为食物进献给你们的随从。”鲍葵停止追击，放过了三人，说：“楚军的车左善射，车右很有口才，他们都是君子啊。”因此乐伯等三人没有被俘而幸免于难。

原文

晋魏锜①求公族未得，而怒，欲败晋师。请致师，弗许。请使，许之。遂往，请战而还。楚潘党②逐之，及荧泽③，见六麋，射一麋以顾献④，曰：“子有军事，兽人⑤无乃不给于鲜？敢献于从者。”叔党命去之。赵旃⑥求卿未得，且怒于失楚之致师者，请挑战，弗许。请召盟⑦，许之。与魏锜皆命而往。郤献子⑧曰：“二憾⑨往矣，弗备，必败。”彘子曰：“郑人劝战，弗敢从也。楚人求成，弗能好也。师无成命，多备何为？”士季曰：“备之善。若二子怒楚，楚人乘我⑩，丧师无日矣。不如备之。楚之无恶，除备而盟，何损于好？若以恶来，有备，不败。且虽诸侯相见，军卫不彻，警也。”彘子不可。士季使巩朔、韩穿帅七覆⑪于敖⑫前，故上军不败。赵婴齐使其徒先具舟于河⑬，故败而先济。

注释

①魏锜（qí）：亦称厨武子、吕锜。春秋中期晋国大夫，在晋楚鄢陵之战中，荧一箭射瞎楚共王的左眼。②潘党：潘尪之子，亦称叔党。春秋时期楚国将军，善射。③荧泽：大泽名，东汉时堙塞为平地。今已不存，故地在今河南省荥阳市东。④顾献：回过头来献给追赶的潘党。⑤兽人：主管田猎的官。⑥赵旃（zhān）：赵穿之子。春秋中期晋国卿大夫。⑦召盟：召楚人来结盟。⑧郤献子：郤克。春秋中期晋国正卿，身残志坚的元帅，郤芮嫡孙，郤缺嫡子。⑨二憾：两个挟有私怨的人，魏锜、赵旃。⑩乘我：乘机袭击我方。

⑪七覆：伏兵七处。⑫敖：敖山。⑬先具舟于河：事先在黄河边准备了很多船只。

译文

晋国的魏锜一心想做公族大夫，心愿得不到满足，心情烦躁而非常恼怒，他产生了让晋军失败的念头。为达到目的，他请求去挑战，没有得到批准。他又心生一计，请求出使楚军，结果被批准了。他前往楚军，鼓动楚军与晋国交战，说了一些叛卖晋国的话后才回来。楚军潘党去追赶他，追到荧泽，见到六只麋鹿，魏锜射中一只，回过头献给潘党说："你有军务在身，负责猎取禽兽的人恐怕来不及供应时鲜吧，我冒昧地将这献给你的随从人员。"潘党下令撤回，不再追击。晋国的赵旃想做卿而没成功，而且对放走楚军的挑战者感到愤怒。他请求挑战，未得到批准。赵旃请求去楚军营中与楚人结盟，得到了批准。赵旃与魏锜一同受命前往楚军。郤克说："两人有私怨且私心太重，他们两人去了，我们要加以防备，不然会失败。"先縠说："郑国人劝我们作战，我们不敢听从。楚国人要讲和，我们又不能表示友好。打仗却没有始终如一的策略，多做防备又有何用？"士季说："还是防备的好。如果那两个人激怒了楚人，楚人乘机袭击我方，我军很快就会败亡。不如加以防备。楚人要是没有恶意，我们有所戒备而结盟，对于和好又有何损害？要是怀着恶意来，只要有准备，就不会失败。再说就是两国诸侯相见，军中的卫士也并不撤去，这也是有所警戒呀。"先縠不同意设防。士季跟巩朔、韩穿率兵埋伏于敖山前的七个地方，因准备充分，所以上军未被打败。赵婴齐派他的部属预先在黄河边准备很多舟船备用，所以战败后能及时撤退先渡过黄河。

原文

潘党既逐魏锜，赵旃夜至于楚军，席于军门之外，使其徒入之。楚子为乘广三十乘，分为左右。右广鸡鸣而驾，日中而说①；左则受之，日入而说。许偃②御右广，养由基③为右；彭名④御左广，屈荡⑤为右。乙卯⑥，王乘左广以逐赵旃。赵旃弃车而走林，屈荡搏之，得其甲裳。晋人惧二子之怒楚师也，使軘车⑦逆之。潘党望其尘，使骋而告曰："晋师至矣。"楚人亦惧王之入晋军也，遂出陈。孙叔曰："进之。宁我薄人，无人薄我。《诗》云：'元戎⑧十乘，以先启行⑨。'先人也⑩。《军志》曰：'先人有夺人之心。'薄之也。"遂疾进师，车驰卒奔，乘晋军。桓子不知所为，鼓于军中曰："先济者有赏。"中军、下军争舟，舟中之指可掬⑪也。

注释

①说（shuì）：停车休息。②许偃：楚国大臣。③养由基：春秋时著名的神箭手，亦称养叔。④彭名：楚国大夫。⑤屈荡：春秋时楚国人。楚庄王时大夫。⑥乙卯：六月十四。⑦軘（tún）车：防守用的兵车。⑧元戎：大兵车。⑨行（háng）：道路。⑩先人也：抢在敌人之先，取得主动。⑪舟中之指可掬：晋之中军、下军为了争船，竞相用手攀附船舷，船上的人恐人多船沉，便用刀乱砍争船者的手。掬，双手合捧。

译文

潘党把魏锜赶走之后，赵旃带着部分士兵趁着夜色来到楚军阵前，赵旃在军门外席地而坐，派他的士兵冲进楚军。楚王有广车三十乘，分为左、右两部。右广鸡鸣时驾车，中午时卸车。左广接替右广，到太阳下山后卸车。许偃为右广主车的御者，养由基为车右；彭名为左广主车的御者，屈荡为车右。六月十四，楚王乘坐左广战车追击赵旃。赵旃弃车逃入林中，屈荡追上赵旃与其搏斗，并缴获了赵旃的铠甲和下衣。晋国人怕魏锜、赵旃二人激怒楚军，就派防卫用的战车去迎接他们。潘党远远望见飞扬的尘土，立即派人驰车报告楚军说："晋国的军队来了。"楚国人也怕楚王深入晋国军队，于是就出兵列阵。孙叔敖大声说："继续前进，宁可我们逼近敌人，也不能让敌人逼近我们。《诗经》中说：'大兵车十辆，在前面开路。'意思是说必须抢在敌人之先。《军志》说：'先发制人，就能灭敌人的士气。'意思是说必须主动逼近敌人。"于是命令急速进军，战车飞驰，士卒奔跑，掩杀晋军。桓子不知所措，在军中击鼓喊道："先渡过黄河的有赏。"晋中军、下军为了争着上船，竞相用手攀附船舷，船上的人恐人多船沉，便用刀乱砍争船者的手。船中被砍下的手指多到都可以用双手捧了。

原文

晋师右移①，上军未动。工尹齐②将右拒卒以逐下军。楚子使唐狡③与蔡鸠居④告唐惠侯⑤曰："不穀⑥不德而贪，以遇大敌，不穀之罪也。然楚不克，君之羞也。敢藉⑦君灵，以济楚师。"使潘党率游阙⑧四十乘，从唐侯以为左拒，以从上军。驹伯⑨曰："待⑩诸乎？"随季曰："楚师方壮，若萃⑪于我，吾师必尽，不如收而去之。分谤生民⑫，不亦可乎？"殿其卒而退，不败。

王见右广，将从之乘。屈荡户之曰："君以此始，亦必以终⑬。"自是楚之乘广先左⑭。

注释

①右移：右军败走。②工尹齐：人名，楚国大夫。工尹为春秋楚国官名，掌百工之官，以官名为姓。③唐狡：春秋时期楚国将领。④蔡鸠居：楚国大夫。⑤唐惠侯：唐国国君。惠侯是谥号。唐，小国名，春秋时为楚国之属国（在今湖北省随州市随县附近）。⑥不穀：不善，诸侯的谦称。⑦藉：借助。⑧游阙：流动补缺之车。⑨驹伯：名锜，春秋中期晋国卿大夫。时与其父郤克同在军中。⑩待：御，抵御。⑪萃：兵力集中。⑫分谤生民：分担战败的罪名，保全我民的生命。⑬“君以”二句：此言楚庄王开始时乘左广出战，就必须一直乘左广，中间不得换乘，恐怕军中疑惑。⑭先左：原先楚之广车，由右广鸡鸣时先驾，日中后由左广接替；自此役后，改由左广先驾，右广日中接替，故云“先左”。

译文

晋国军队向右转移，上军原地不动。楚国大夫工尹齐率领右方阵士卒追击晋国下军。楚王派将领唐狡和大夫蔡鸠居出使唐国告诉唐惠侯说：“不穀无德而贪功，遇到了强敌，这是不穀的罪过。如果楚军不能打胜仗，唐国也跟着蒙受耻辱，我冒昧地想借助你的威灵，以帮助楚军。”唐惠侯决定出兵助楚。楚王派潘党率流动补阙战车四十乘，跟从唐侯作为左方阵，以追击晋之上军。驹伯说：“我们还抵御楚军吗？”随季说：“楚军有着旺盛而高昂的士气，他们集中优势兵力攻打我上军，我们面临全军覆没的危险，还是赶快收兵撤离吧。我们可以共同背负失败的责任，只要士卒得以生还，这不正是我们所需要的吗？”随季亲自为其士卒殿后以撤退，才使得上军得以保全。

楚王见到右广的战车，准备改乘右广。屈荡阻止说：“君王从乘左广开始出战，也应当乘左广结束。”从此楚国的广车改为左广先驾。

原文

晋人或以广队[1]不能进，楚人惎之脱扃[2]。少进，马还[3]，又惎之拔旆投衡[4]，乃出。顾曰：“吾不如大国之数奔也。”

赵旃以其良马二济其兄与叔父，以他马反。遇敌不能去，弃车而走林。逢大夫与其二子乘，谓其二子无顾[5]。顾曰：“赵傁[6]在后。”怒之，使下，指木曰：“尸女于是。”授赵旃绥[7]，以免。明日以表尸之，皆重获[8]在木下。

楚熊负羁[9]囚知罃[10]。知庄子以其族反之，厨武子[11]御，下军之士多从之。每射，抽矢，菆，纳诸厨子之房[12]。厨子怒曰：“非子之求，而蒲[13]之爱，董泽[14]之蒲，可胜既乎？”知季曰：“不以人子，吾子其可得乎？吾不可以苟射[15]故也。”射连尹襄老[16]，获之，遂载其尸。射公子穀臣[17]，囚之。以二者还。

及昏，楚师军于邲[18]。晋之余师不能军[19]，宵济，亦终夜有声[20]。

注释

①广：兵车。队：通“坠”，指陷入。②惎（jì）：教。扃（jiǒng）：兵车前面的横木。③还（xuán）：盘旋不进。④衡：车辕前端的横木。⑤无顾：不要回头看后面。⑥赵傻（sǒu）：此指赵旃。傻，同“叟”，老人。⑦绥：用手挽以登车的绳索。⑧重获：重叠的两具死尸。⑨熊负羁：春秋时期楚国大夫。⑩知罃（yīng）：荀首的儿子，字子羽。春秋时期晋国悼公时中军统帅。⑪厨武子：魏锜。春秋中期晋国大夫。⑫房：箭袋。⑬蒲：蒲柳，坚直，可以制箭。⑭董泽：古地名（今山西省闻喜县东北之董氏陂），盛产蒲柳。⑮苟射：随便射。⑯连尹襄老：楚国王室疏族，连尹是楚国官名，封邑在连地。襄老是其名。⑰公子穀臣：楚庄王之子。⑱邲（bì）：古地名（在今河南省郑州市东）。⑲不能军：不能成军。⑳终夜有声：整夜有晋军渡河的声音。

译文

晋国军队的兵车有的陷入泥坑不能行动，楚国人指点着兵车教导晋兵可把车前的栏板卸掉。兵车果然拖出了泥坑稍微向前走了一段，突然马停住盘旋不走，楚国人又指点晋兵拔掉军旗，放在车辕端的横木上，战马拉着兵车快速行进，晋军最终得以逃脱。晋军不但没有感激楚军，反而回过头讥讽楚人说：“我们可不像你们这样的大国经常败逃啊。”

赵旃把他的两匹好马给了其兄与叔父，帮助他们成功逃脱，当自己用其他的马驾车返回时遇到敌人，眼看驾车无法逃脱，果断弃车跑入密林中。晋国逢大夫和他的两个儿子乘着战车往前赶，逢大夫反复交代两个儿子不要回头看。儿子感到好奇：为什么不能回头呢？心里想着忍不住回头一看，随口说道：“赵老头在后面。”逢大夫听儿子一说愤怒至极，把儿子赶下车，指着一棵树说：“我会在这里收你们的尸体。”然后将登车用的绳子交给赵旃，让他上车，使赵旃得以免去大难。第二天，逢大夫按标记去找尸体，儿子全被杀，尸体重叠在树下。

楚国大夫熊负羁把晋国荀首的儿子知罃囚禁了起来。荀首带着他的部属回来，魏锜为他驾车，下军的很多士卒都跟他回来。荀首每次射箭当抽到坚硬的鼓矢时，就把坚硬的鼓矢放进魏锜的箭袋里。魏锜为此愤怒地说：“你不心疼儿子，却心疼蒲柳之矢，董泽的蒲柳，可以用得完吗？”荀首说：“不用他人之子交换，我的儿子难道可以得到吗？这是我不随便射箭的缘故啊。”射中连尹襄老，将他俘获，结果他死了，用车载回他的尸体。射中公子穀臣，将他囚禁起来。带着这两个人回去。

到了黄昏，楚国军队在邲地驻扎下来。晋国残余军队溃不成军，连夜渡河，通宵都是渡河的吼叫声。

原文

丙辰①，楚重至于邲，遂次于衡雍②。潘党曰：“君盍筑武军，而收晋尸以为京观③？臣闻克敌必示子孙，以无忘武功。”楚子曰：“非尔所知也。夫文，止戈为武④。武王克商，作《颂》曰：‘载戢干戈，载櫜⑤弓矢。我求懿德⑥，肆于时夏，允王保之。’又作《武》，其卒章⑦曰：‘耆⑧定尔功。’其三曰：‘铺⑨时绎⑩思，我徂维求定。’其六曰：‘绥万邦，屡丰年。’夫武，禁暴、戢兵、保大⑪、定功、安民、和众、丰财者也，故使子孙无忘其章。今我使二国暴骨⑫，暴矣；观兵以威诸侯，兵不戢矣；暴而不戢，安能保大？犹有晋在，焉得定功？所违民欲⑬犹多，民何安焉？无德而强争诸侯，何以和众？利人之几，而安人之乱，以为己荣，何以丰财？武有七德，我无一焉，何以示子孙？其为先君宫⑭，告成事而已。武非吾功也。古者明王伐不敬，取其鲸鲵⑮而封之，以为大戮，于是乎有京观，以惩淫慝⑯。今罪无所⑰，而民皆尽忠以死君命，又何以为京观乎？”祀于河，作先君宫，告成事而还。

注释

①丙辰：七月十四。②衡雍：郑国地名（在今河南省原阳县西北）。③京观（guàn）：积尸封土其上叫“京观”。京，高丘。观，古建筑名，形似城阙，取其可观示四方。④止戈为武：“武”字由“止”“戈”二字组成，故“武”的字义是止息干戈。⑤櫜（gāo）：放弓箭的囊鞘，弓袋。⑥懿德：美德。⑦卒章：最后的一章。今本《诗经·武》仅一章，下言“其三”“其六”云云，当是另外之诗篇。⑧耆（qí）：致，使之得到。⑨铺：今本《诗经》作“敷”，颁布。⑩绎：发扬光大的意思。⑪保大：保有天下。⑫暴骨：暴露尸骨。⑬违民欲：违背百姓的意愿。⑭为先君宫：给楚国的先王修建神庙。⑮鲸鲵：大鱼名，比喻吞食弱小的不义之人。⑯淫慝：指不敬之国。⑰罪无所：无处归罪，指晋国、楚国双方都不承担战争罪责。

译文

七月十四，楚国先把军队的辎重运抵邲地，随后军队便驻扎在衡雍。潘党说："君王为什么不修筑一座显耀武功的军垒，把收聚来的晋人尸体放进城阙似的坟丘里？下臣听说战胜敌人后，一定要把战功昭告后代子孙，以此教导他们不忘武功。"楚王说："你还有不知道的。从文字的结构看'武'字，是由'止'和'戈'组合而成的。周武王灭掉商朝，作《颂》诗云：'收藏起干戈，将弓矢放进囊鞘，我求的是美德，并将此心公布于华夏，这样才能成就王业，保有天下。'又作《武》篇，最后一章云：'获得并巩固你的功业。'第三章云：'铺陈先王的功德，并加以发扬光大，我出师征讨，求的是天下安定。'第六章云：'安定万邦，屡获丰年。'所谓武，并非发动战争，而是要禁止暴力、消弭战争、保有强大、巩固功业、安定百姓、使百姓和谐、财物丰厚，目的是使后代子孙牢记先祖的显赫功德，这才是武的至高境界。现在我把两国将士的尸骨暴露于荒郊，这是强暴；诗示武力，以威势压服诸侯，使战争无法消弭。强暴而不消弭战争，怎么能保住强大呢？晋国还在，怎能说功业已经巩固？违背百姓的愿望，百姓怎能安定？没有道德又与诸侯强争，怎能使百姓和谐？以他人之危来利己，以他人之乱来安己，以战胜晋国来作为自己的荣誉，这怎能使自己的财货丰厚呢？武有七种品德，我一种也没有，拿什么来昭示子孙？给先王建造神庙，不过是将成功之事告诉先王罢了。用武不是我的选择。古代明主讨伐有罪之国，杀其首恶，埋其尸骸，以土封之，把这看作大杀戮，于是才建造宫阙似的坟丘，都是为惩处邪恶。现在无法确定晋国人犯有什么罪，而晋国人都尽忠于国君，愿为国君的命令而死，所以我们不能建造宫阙似的坟丘。"楚国军队先祭祀黄河，后建造起先王的神庙，隆重向先王报告了胜利的战果，随后大军回国。

原文

是役也，郑石制①实入楚师，将以分郑，而立公子鱼臣②。辛未③，郑杀仆叔及子服。君子曰："史佚所谓'毋怙④乱'者，谓是类也。《诗》曰：'乱离瘼矣，爰其适归⑤？'归⑥于怙乱者也夫。"

郑伯、许男⑦如楚。

注释

①石制：郑国大夫，字子服。②公子鱼臣：指下文的仆叔，郑国同姓公族。③辛未：七月二十九。④怙：恃。⑤"乱离"二句：语出《诗经·小雅·四月》。⑥归：指祸

患归于谁。⑦许男：许昭公，即姜锡我，春秋诸侯国许国君主之一。

译文

这次战役结束了，实际上是郑国的大夫石制把楚国军队引入了都城，因为石制意图分裂郑国，想立公子鱼臣为国君。七月二十九，郑国君王下令杀了公子鱼臣和大夫石制。君子说："史佚中所说的不要倚仗动乱引狼入室，就是指这种人。《诗经》里说：'人们陷于乱离的痛苦之中，究竟要归罪于谁呢？'应归罪于那些倚仗乱离而贪赃枉法、谋取私利的恶人吧！"

郑襄公、许昭公到楚国。

原文

秋，晋师归，桓子请死，晋侯欲许之。士贞子[①]谏曰："不可。城濮之役，晋师三日谷，文公犹有忧色。左右曰：'有喜而忧，如有忧而喜乎？'公曰：'得臣[②]犹在，忧未歇也。困兽犹斗，况国相[③]乎！'及楚杀子玉，公喜而后可知也，曰：'莫余毒也已。'是晋再克[④]而楚再败[⑤]也。楚是以再世不竞。今天或者大警晋[⑥]也，而又杀林父[⑦]以重楚胜[⑧]，其无乃久不竞乎？林父之事君也，进思尽忠，退思补过，社稷之卫也，若之何杀之？夫其败也，如日月之食[⑨]焉，何损于明？"晋侯使复其位。

注释

①士贞子：士会的庶子，名渥浊，亦称士贞伯、士伯。②得臣：字子玉，楚令尹，城濮之战中楚军主帅。③国相：指楚令尹子玉。④再克：指城濮之战，晋国打败楚国获得第二次胜利。⑤再败：城濮之战，楚国败于晋国，楚军主帅子玉被杀，楚第二次战败。⑥大警晋：大的警告给晋国。⑦又杀林父：再杀荀林父。⑧重楚胜：等于楚国获得两次胜利。⑨日月之食：很短暂的现象。

译文

秋天，晋国军队回到国内，荀林父向晋君请求处死自己，晋景公想答应荀林父的请求。士贞子赶紧劝谏说："荀林父的请求不能答应。城濮大战中我晋军连着三天吃缴获来的楚军的粮食，国君文公仍顾虑重重面带忧色。左右护卫说：'我们胜利了是大喜事，您却还忧虑，若有忧虑难道高兴吗？’文公说：‘得臣还在，忧虑都无法消除。困兽犹斗，何况一国宰相呢！’到楚王杀了得臣时，文公才高兴起来，面带笑容说：‘没有谁能害我了。’这是晋国两次大胜利而楚国遭受两次大失败，因此楚国一蹶不振，两代都无法振兴。荀林父这次失败，大概上天要把大的警告给晋国，杀掉荀林父灭我们自己的威风反去增加楚国的胜利，这样做晋国恐怕也会陷入无法振兴的境地。荀林父一心侍奉国君，进，想着如何竭尽全力；退，想着如何弥补过失。他是国家的忠诚卫士，怎能杀掉他？这次战败，如同日蚀月蚀，只是一种短暂的现象，有何损于日月的光明？”晋景公采纳了士贞子的劝谏，恢复了荀林父原职。

精彩点拨

楚庄王即位后，在令尹孙叔敖辅佐下，发展生产，整顿政治，集中权力，改革军事，实力日益增强。楚庄王雄心勃勃，问鼎中原，与晋展开争夺中间地带的斗争，尤以地处中原要冲的郑国为争夺的焦点，由此孕育了晋、楚之间一场新的大战。邲之战是在不利于晋的形势下，晋军主帅虽知“不可以战”，却无力驾驭跋扈之将，迟疑寡断，和战不决，临战不备，受制于人，以致失败。楚军主帅虽知“可以战”而慎战，既战则力争主动，因情施计以诱敌，先发制人以决胜。经此一战，晋国丧失长达数十年的霸主地位，楚庄王一战而霸，楚国夺得中原霸权。

阅读积累

楚庄王

楚穆王十二年（前613年），穆王去世，庄王熊旅即位，庄王即位时年龄尚不足20岁，国内矛盾重重，爆发了公子燮与公子仪的叛乱。在复杂的形势下，他采取了以静观动、以感辨奸的对策，表现出沉湎于声色犬马、不问政事的假象。三年后，他对楚国的政局和各类人物有了一个基本的了解。他重用了伍举、苏从等忠直之臣，攻灭了前来进犯的庸国，使楚国的势力向西北扩展。他说过：三年不飞，一飞冲天；三年不鸣，一鸣惊人。他的文治武功，成就了楚国的强盛和霸业。晋楚邲之战后，楚国崛起，成为春秋战国近五百年的强国之一。楚庄王也成了春秋时期的又一个霸主。

宋及楚人平　宣公十四、十五年

精彩导读

晋楚邲之战，是因为楚不满郑亲附晋而引起的，结果晋大败，楚庄王成就霸业。第二年（宣公十三年，前596年），好战的楚庄王又不满宋也亲附晋国，又想发动对宋的战争。想打别人总得找个理由吧？于是楚庄王故意派因为孟诸狩猎一事与宋有过节的申舟出使齐国，并命令不得“假道于宋”，公然表示对宋国的蔑视，这是视他国为本国边境的挑衅行为。细读方知详情。

原文

（宣公十四年）楚子①使申舟②聘③于齐，曰：“无假道于宋。”亦使公子冯④聘于晋，不假道于郑。申舟以孟诸⑤之役恶宋，曰：“郑昭宋聋，晋使不害，我则必死。”王曰：“杀女，我伐之⑥。”见犀⑦而行。及宋，宋人止之⑧，华元⑨曰：“过我⑩而不假道，鄙我也。鄙我，亡也⑪。杀其使者必伐我，伐我亦亡也。亡一也。”乃杀之。楚子闻之，投袂⑫而起，屦⑬及于窒皇⑭，剑及于寝门之外，车及于蒲胥⑮之市。秋九月，楚子围宋。

注释

①楚子：楚庄王。②申舟：楚国大夫，名无畏，字子舟，申是他的食邑。③聘：派使节访问。④公子冯（píng）：楚国公子。⑤孟诸：宋国沼泽名（在今河南省商丘市东北）。⑥“杀女”二句：楚庄王知宋必杀申舟，为了攻宋服宋，正要以此为借口。⑦见犀：引见并托付于申犀。犀，申舟的儿子。⑧止之：扣留申舟。⑨华元：宋国执政大臣。⑩我：把我们的国土当边邑。⑪亡也：不向我借道，是将宋国当作楚边境，等于亡国。⑫投袂（mèi）：用力一甩袖子。袂：袖子。⑬屦（jù）：古时候用麻、葛等制成的一种鞋。⑭窒皇：从皇宫大堂到宫门的甬道。⑮蒲胥：楚国都城郢的街市名。

译文

楚庄王派大夫申舟去齐国聘问，说："贵国不要答应宋国提出借道的请求。"楚庄王派公子冯去晋国聘问，也不向郑国借道。申舟知道当初因为孟诸的事情得罪了宋国，对楚庄王说："郑国事理明晰，宋国昏聩无道，聘晋的公子冯不会被害，我路过宋国必死无疑。"楚庄王抚慰申舟，说："宋国要是敢杀了你，我就踏平它。"申舟让楚庄王接见了自己的儿子申犀，然后才出发。申舟路过宋国，宋人把他拦住。宋国执政大臣华元说："经我国而不借道，是把我国当作你们的边邑。把我国当边邑，就是想亡我国。杀其使者，楚必伐我，伐我也是亡国。反正都是亡国。"于是杀了申舟。当楚庄王听到申舟被害的消息，奋力拂袖而起，赤脚就跑，左右护卫追到寝宫门外才给他穿上鞋子，追到殿门外才给他送上佩剑，车驾追到郢的蒲胥街市才赶上他。

秋九月，楚庄王率领大军围攻宋国。

原文

（宣公十五年）宋人使乐婴齐①告急于晋，晋侯②欲救之。伯宗③曰："不可。古人有言曰：'虽鞭之长，不及马腹。'天方授楚④，未可与争。虽晋之强，能违天乎？谚曰：'高下在心⑤。'川泽纳污，山薮⑥藏疾⑦，瑾瑜匿瑕，国君含垢⑧，天之道也，君其待之。"乃止。

使解扬⑨如宋，使无降楚，曰："晋师悉起⑩，将至矣。"郑人囚而献诸楚。楚子厚赂之，使反其言⑪。不许。三而许之。登诸楼车，使呼宋人而告之。遂致其君命。楚子将杀之，使与之言曰："尔既许不穀，而反之，何故？非我无信，女则弃之⑫。速即尔刑。"对曰："臣闻之，君能制命为义，臣能承命为信，信载义而行之为利。谋不失利，以卫社稷，民之主也。义无二信⑬，信无二命⑭。君之赂臣，不知命也。受命以出，有死无賈⑮，又可赂乎？臣之许君，以成命也⑯。死而成命，臣之禄⑰也。寡君有信臣，下臣获考死⑱，又何求？"楚子舍之以归。

注释

①乐婴齐：春秋时期宋国人，乐父衎的后裔。②晋侯：晋景公。③伯宗：晋国大夫。④天方授楚：天命暗中相助楚而使其强大。⑤高下在心：遇到事情能上能下，能屈能伸，心中有数。⑥薮（sǒu）：草木丛生的湖沼地带。⑦疾：害人的东西，指毒蛇猛兽。⑧含垢：含耻忍辱。⑨解扬：晋国大夫。武艺高强，能言善辩。⑩悉起：全部出发。⑪反其

言：让解扬告诉宋国人晋国不肯出兵相救。⑫女则弃之：指楚王自己先丢弃了信用。⑬义无二信：下臣既接受晋君的命令，就不接受楚君的命令。⑭信无二命：讲信用就不能接受两种命令。⑮霣（yǔn）：通“陨”，此指废弃。⑯“臣之”二句：解释之所以答应庄王，是为了完成晋君的使命。⑰禄：福，福分。⑱考死：死得其所。考，高寿，此指善终。

译文

宋国人派乐婴齐到晋国向晋景公告急求援，晋景公想出兵救助宋国。大夫伯宗立即劝谏，说：“不能救。古人说得好：‘马鞭虽长，也打不到马腹。’天命暗中相助楚国而使其强大，我们不可与强盛的楚国争锋。我晋国虽然强大，但能违背天命的旨意吗？俗话说：‘遇到事情能上能下，能屈能伸，心中有数，一切全由我心来裁决。’江河湖泽能容纳污泥浊水，山林草莽能藏毒害之物，美玉也能隐藏瑕疵，国君能够含耻忍辱，这也是天命的旨意。请君王再等等吧。”晋景公于是打消了出兵的念头。

晋国派大夫解扬到宋国去，叫宋人抵抗楚国，等待救援，不要投降，说：“晋军已经全部出发了，就要到达了。”解扬路过郑国时，被郑军抓获，把他献给了楚军。楚王决定使用反间之计，给了解扬大量财物，要他对宋国人说相反的话。解扬不答应。楚王威逼再三，解扬才答应。解扬登上楼车，楚军催促他呼叫宋人。解扬不顾生死将计就计传达了晋君的命令。楚王非常气愤要杀掉解扬，派人对他说：“你既答应我君却又翻悔，何故？不是我们不讲信义，是你违背诺言，快去接受死刑吧。”解扬说：“下臣听说，国君能制定正确的命令叫义，臣子能承担命令叫信，以臣子的信去贯彻君王的义并加以推广叫利。谋划而不失去利，并以此来捍卫社稷，这是百姓的领袖。贯彻义不能有两种相互矛盾的信，守信的臣子也不能同时接受两种相互矛盾的命令。君王赠给臣下许多财物，说明君王曲解了命令的含义。臣下接受寡君的命令出使于外，宁死也不废弃寡君的命令，又怎会因财物而改变呢？臣下之所以答应君王，就是为了将计就计完成寡君的命令。我虽死在君王手下，但能完成我国君的命令，这是做臣下的福气。我寡君有许多守信的臣子，下臣得以善终，我还有什么可求得呢？”楚庄王听到汇报后不忍心杀害这样的忠臣，便赦免了解扬，放他回去了。

原文

夏五月，楚师将去①宋，申犀②稽首于王之马前，曰：“毋畏③知死而不敢废王命，王弃言④焉。”王不能答。申叔时⑤仆，曰：“筑室反耕者⑥，宋必听命。”从之。宋人惧，使华元夜入楚师，登子反[7]之床，起之，曰："寡君使元以病[8]告，曰：'敝邑易[9]子而食，析骸以爨[10]。虽然，城下之盟[11]，有以国毙[12]，不能从也。去我三十里，唯命是听。'"子反惧，与之盟，而告王。退三十里。宋及楚平[13]，华元为质。盟曰："我无[14]尔诈，尔无我虞[15]。"

注释

①去：离开。②申犀：申舟的儿子。③毋畏：申舟。④弃言：背弃诺言。⑤申叔时：楚国大夫。⑥反耕者：楚军所到之处，农民多逃亡，现在让农民回来种田。这是楚军的策略，造成不想撤离的假象，以逼使宋国屈服。⑦子反：公子侧，时为楚军主帅。⑧病：困乏，困难。⑨易：交换。⑩析骸以爨（cuàn）：拆了尸骨当柴烧。爨，烧火煮饭。⑪城下之盟：敌人兵临城下而被迫签订盟约。⑫以国毙：指全国军民都战死。⑬宋及楚平：宋国主动与楚国讲和。⑭无：不。⑮虞：欺骗。

译文

夏五月，楚军已经做好撤离宋国的准备。正要开拔时申犀拦在楚王的马车前，叩头说："毋畏明知要死也不敢废弃君王的命令，可君王却背弃了自己的诺言。"楚王无言以对。楚国大夫申叔时正好为楚王驾车，他搭话说："建好房子，让耕田的人回来，宋国就会听命于楚国。"楚庄王采纳了他的计策。宋国人害怕了，派华元深夜潜入楚军军营，登上楚军主帅子反的床，把子反拉起来，说："寡君让华元将严重的困难都告诉你们，说：'敝国城内已经到了交换儿子杀了吃、劈碎骸骨当柴烧的严重地步，你们兵临城下逼迫我们结盟，我们宁可让国家灭亡，也不从命。你们离我城池三十里，我们就唯命是听。'"楚军主帅子反害怕了，与华元私下订立盟约，然后向楚王报告。楚庄王命令大军后退三十里。宋国主动与楚国讲和，华元作为人质被押入楚国。盟誓说："我没有欺你，你也不骗我。"

精彩点拨

楚庄王不得“假道于宋”是用申舟的生命来谋取攻宋民心。楚庄王甩袖而起，鞋子都没穿就冲出了寝宫，随从追到寝宫外才给他穿上鞋，又追到宫殿大门才送上佩剑，车驾追到蒲胥街才追上他。这一连串的描写表现了庄王盛怒之下的冲动，似乎马上要杀了凶手为申舟报仇。他表演精彩，如愿以偿地借机发动了对宋的讨伐。

阅读积累

《左传》里的信义、忠诚、善良、仁爱

都说“春秋无义战”，但是我们依然能够看见人性的光辉，看到信义、忠诚、善良、仁爱。申舟明知不假道，必死无疑，仍然义无反顾地执行楚王的命令，是为忠。解扬对楚王虚与委蛇仍要完成晋王的任务，是为无二信于晋。楚庄王赦免解扬的欺君之罪，是惜才大度，是为仁。后来战事胶着，双方大将相约停战，订下“我无尔诈，尔无我虞”的盟约。双方守信，造福百姓，亦是大爱无疆啊！

齐晋鞌之战　成公二年

精彩导读

齐、晋鞌之战发生于公元前589年。晋、鲁、卫、曹四国，发兵攻齐。以晋国胜利而告终，但大大消耗了交战双方的实力。在战斗中，晋国之所以能胜利，除了《左传》中表现的君臣同仇敌忾以外，还与晋国的农耕经济较为发达有关。另外，晋处于齐国以西，地势相对较高，在军事作战上具有“俯冲”优势。这两个原因，又是《左传》的作者所考虑不到的。

原文

二年春，齐侯①伐我②北鄙③，围龙④。顷公之嬖人⑤卢蒲就魁⑥门焉⑦，龙人囚之。齐侯曰：“勿杀！吾与而盟，无入而封⑧。”弗听，杀而膊⑨诸城上。齐侯亲鼓，士陵城。三日，取龙，遂南侵，及巢丘⑩。

注释

①齐侯：齐顷公，名无野，鲁宣公十一年（前598）即位，在位十七年。②我：指鲁国。③北鄙：北部边境。④龙：鲁邑名（在今山东省泰安市境内）。⑤嬖人：指皇帝或国王所偏爱的人。⑥卢蒲就魁：春秋时期齐国大臣。⑦门焉：攻打城门。⑧无入而封：不准进入你们的国境。⑨膊（bó）：暴露，陈尸于城上。⑩巢丘：鲁邑名（在今山东省泰安市境内）。

译文

二年春，齐顷公发动大军进攻鲁国北部边境，包围了龙地。齐顷公偏爱的臣子卢蒲就魁带兵攻打城门，结果龙地人把他擒获了。齐顷公说：“不要杀他，我和你们盟誓，不进入你们的国境。”龙地人不听齐顷公的劝阻，杀了卢蒲就魁并暴尸城上。齐顷公对龙地人恨之入骨，亲自击鼓发动攻城，齐兵奋勇爬上城墙。用了三天时间，齐军占领了龙地，于是继续向南侵袭，直达巢丘。

原文

卫侯使孙良夫[①]、石稷[②]、宁相[③]、向禽[④]将侵齐，与齐师遇。石子欲还，孙子曰："不可。以师伐人，遇其师而还，将谓君何？若知不能[⑤]，则如[⑥]无出。今既遇矣，不如战也。"

注释

①孙良夫：卫国大夫，即孙桓子。②石稷：石成子，石碏四世孙。卫国大夫。③宁相：宁俞子。春秋时期卫国大夫，卫康叔姬封后代。④向禽：名禽。卫国大臣。⑤不能：指不能战。⑥如：应当。

译文

卫穆公派遣大夫孙良夫、石稷、宁相、向禽率大军侵袭齐国，途中和齐军相遇。石稷打算撤兵回国，大夫孙良夫说："不可以。我们带领军队攻打人家，遇上敌人还没交战就想往回撤，我们回去怎么向国君交代呢？如果明知打不过人家，就不该出兵。今天既然和敌军相遇，无论胜败都必须一战。"

原文

石成子曰："师败矣。子不少须[①]，众惧尽。子丧师徒，何以复命？"皆不对。又曰："子，国卿也。陨[②]子，辱矣。子以众退，我此乃止[③]。"且[④]告车来甚众。齐师乃止，次于鞫居[⑤]。新筑[⑥]人仲叔于奚[⑦]救孙桓子，桓子是以免。

注释

①少须：少待。②陨：损失。③我此乃止：我乃止于此。④且：同时。⑤鞫（jú）居：古地名（在今河南省新乡市封丘县东）。⑥新筑：古邑名（在今河北省邯郸市魏县南）。⑦仲叔于奚：春秋时期卫国人。

译文

大夫石稷说："我们军队战败了，您再不下令拼死顶住，没多久恐怕会全军覆灭。您把军队丧失殆尽，如何回报君命？"大夫孙良夫默默无言。石稷又说："您，是卿国家之栋梁。损失了您，就是我们国家的一种耻辱。您带着众人马上撤退，我留下来抵挡。"石稷同时向全军通告大批援军的战车已来到。齐军闻听敌人援兵到来，便停止前进，在鞫居之地驻扎下来。新筑人仲叔于奚带兵救援孙良夫，孙良夫因此得救而幸免于难。

原文

既[①]，卫人赏之以邑，辞。请曲县[②]、繁缨[③]以朝[④]，许之。仲尼[⑤]闻之曰："惜也，不如多与之邑。唯器与名[⑥]，不可以假人，君之所司也。名以出信，信以守器，器以藏礼，礼以行义，义以生利，利以平民，政之大节也。若以假人，与人政也。政亡，则国家从之，弗可止也已。"

注释

①既：事过之后。②曲县：诸侯所用乐器，也叫轩县。县，同"悬"，指悬挂着的钟、磬等乐器。③繁（pán）缨：马鬃毛前的装饰，是诸侯所用的马饰。④朝：朝见。⑤仲尼：孔子，字仲尼。⑥唯器与名：唯有器物与名号。器，指车马服饰乐器等物件。名，爵位名号。器、名皆是国君用以明等级、指挥、统治臣民的工具。

译文

不久，卫国人把城邑赏给仲叔于奚以谢搭救之恩。仲叔于奚辞谢了城邑，而请求得到诸侯用的曲县、繁缨饰马朝见，卫穆公许以接见。仲尼听说这件事后，发出感慨，评论道："可惜啊，还不如多给仲叔于奚几个城邑。唯有器物和名号不能假借给别人，这是国君所掌管的，是国家的重要形象。名号用来赋予威信，威信用来保持器物，器物用来体现礼制，礼制用来推行道义，道义用来产生利益，利益用来治理百姓，这是政事大纲，是国家的意志。如果把名位、礼器假借给别人，就等于授政权予人。政权一旦丢失，国家也会跟着灭亡，这是没有办法阻止的。"

原文

孙桓子还于新筑，不入，遂如晋乞师[①]。臧宣叔亦如晋乞师。皆主[②]郤献子[③]。晋侯许之七百乘。郤子曰："此城濮之赋[④]也。有先君[⑤]之明与先大夫[⑥]之肃，故捷。克于先大夫，无能为役，请八百乘。"许之。郤克将中军，士燮[⑦]佐上军，栾书将下军，韩厥为司马，以救鲁、卫。臧宣叔逆晋师，且道之。季文子[⑧]帅师会之。及卫地，韩献子将斩人，郤献子驰，将救之，至则既斩之矣。郤子使速以徇[⑨]，告其仆曰："吾以分谤[⑩]也。"

注释

①乞师：祈求救兵。②主：主帅，中军主帅。③郤献子：郤克，执政大臣。④赋：兵额。⑤先君：指晋文公。⑥先大夫：指先轸、狐偃等先辈大夫。⑦士燮：范文子，晋卿。⑧季文子：鲁国公族，名行父。⑨徇：陈尸示众。⑩分谤：分担谤言。

译文

孙桓子回到新筑后，并没有进国都，而是直接到晋国请求出兵。臧宣叔也赶到晋国请求出兵。两人都通过中军主帅郤克向晋景公请求。晋景公答应派兵车七百辆。郤克说："七百辆兵车是城濮之战我军的兵车数。因为有先君的明察和先大夫们的敏捷与才智，我们才得胜。我郤克不敢和先大夫们相提并论，连做他们仆役的资格都不够，请求君王派八百乘兵车吧。"晋景公同意了郤克的请求。晋景公并任命郤克统帅中军，士燮辅佐上军，栾书统帅下军，韩厥担任司马，出兵救援鲁国和卫国。臧宣叔引导晋军，快速赶路。季文子率领军队与他们会合。联军进入卫国境内，韩厥见人要杀，郤克飞车赶去，要救那个人。等赶到时，那人已被杀了。郤克让人赶快把死者尸体在军中示众，告诉自己的御者说："只能用这种办法来分担士兵们对韩厥的非议。"

原文

师从齐师于莘[①]。六月壬申[②]，师至于靡笄[③]之下。齐侯使请战，曰："子以君师，辱于敝邑，不腆敝赋[④]，诘朝[⑤]请见。"对曰："晋与鲁、卫，兄弟也。来告曰：'大国[⑥]朝夕释憾于敝邑之地。'寡君不忍，使群臣请于大国，无令舆师[⑦]淹于君地。能进不能退，君无所辱命[⑧]。"齐侯曰："大夫之许，寡人之愿也；若其不许，亦将见也。"齐高固[⑨]

入晋师，桀[10]石以投人，禽[11]之而乘其车，系桑本[12]焉，以徇齐垒，曰："欲勇者贾[13]余余勇也。"

注释

①莘：卫地名（在今山东省聊城市莘县境内）。②壬申：十六日。③靡笄：古山名（即今山东省济南市南郊的千佛山）。④赋：兵士。⑤诘朝：次日早晨。⑥大国：指齐国。⑦舆师：众多的军队。⑧无所辱命：不劳君命。⑨高固：春秋时期齐国大夫，又称高宣子。多次出使鲁、晋等国。⑩桀：举起。⑪禽：同"擒"。⑫桑本：连根的桑树。本，根。⑬贾：买。

译文

晋国、鲁国、卫国联军在卫国境内的莘地追上了齐国的军队。六月十六，军队到达齐国境内的靡笄山下。齐顷公派使者下战书，使者对晋国主帅郤克说："您带领贵国国君的军队和联军光临敝邑，敝国将派出不强大的军队，和你们在明天早晨决战。"郤克回答说："我们晋国和鲁、卫是兄弟国家，鲁、卫使者前来告诉我们说：'大国不分日夜到敝邑土地上发泄气愤。'寡君于心不忍，不能坐视不管，特派我们这些下臣来向大国请求，不要阻拦我们的军队过久地停留。所以我们在贵国只能勇往直前不能后退半步，就不用再劳您的命令。"齐顷公说："大夫接受决战，正是齐国的愿望；你如不许，也要刀兵相见的。"齐国大夫高固力大如牛，他冲入晋军中，举起石头投掷晋军，抓获晋兵抢坐上战车，把连根的桑树系在车上，遍行齐军中，大声说："需要勇气的人可以来买我多余的勇气！"以此大大鼓舞了齐军士气。

原文

癸酉[1]，师陈于鞌[2]。邴夏[3]御齐侯，逢丑父[4]为右。晋解张[5]御郤克，郑丘缓[6]为右。齐侯曰："余姑翦灭此而朝食[7]。"不介马[8]而驰之。郤克伤于矢，流血及屦，未绝鼓音，曰："余病[9]矣！"张侯[10]曰："自始合，而矢贯余手及肘，余折以御，左轮朱殷，岂敢言病？吾子忍之！"缓曰："自始合，苟有险，余必下推车，子岂识之[11]？然子病矣！"张侯曰："师之耳目，在吾旗鼓，进退从之。此车一人殿之，可以集事，若之何其以病败君之大事也？擐[12]甲执兵，固即[13]死也。病未及死，吾子勉之！"左并辔，右援枹[14]而鼓，马逸[15]不能止，师从之。齐师败绩。逐之，三周华不注[16]。

注释

①癸酉：六月十七。②鞌：齐地名（在今山东省济南市西南）。③邴夏：齐国大夫。④逢丑父：齐国大夫。⑤解张：晋国大夫，又称张侯。⑥郑丘缓：晋国大夫。⑦翦灭：消灭。朝食：早饭。⑧不介马：没有给马披上甲。⑨病：身负重伤，已经无法坚持。⑩张侯：指解张。⑪子岂识之：你哪里知道呢？⑫擐（huàn）：穿。⑬即：就，走向。⑭枹（fú）：鼓槌。⑮马逸：马狂奔。⑯华（huà）不注：山名，又名华山，金舆山。位于黄河以南，小清河以北（在今山东省济南市东北）。

译文

癸酉（六月十七）日，齐国、晋国及联军在齐国境内鞌地摆开阵势对峙起来。大夫邴夏为齐顷公驾车，大夫逢丑父为车右护卫。晋国的大夫解张为郤克驾车，大夫郑丘缓为车右护卫。齐顷公说：“待我暂且消灭了这些人后再吃早饭。”说完还没有给马披上甲，就如一道电光飞驰而出。晋国主帅郤克受了箭伤，血流到鞋子上，但战鼓声没有停歇，他说：“我受伤了！”晋国大夫解张说：“从交战开始，箭就射穿了我的手和肘，我折断箭杆继续驾车，左车轮都被染红了，我敢说受伤吗？怕影响士气，您还是忍着点吧！”晋国大夫郑丘缓说：“从交战开始，只要遇到险阻，我必定下车推车，您难道不知道吗？不过您真是受伤了！”解张说：“军队的耳目就是号令，关键在于我们的旌旗和鼓声，进与退都要听从旗鼓的号令。这辆战车只要有一人镇守，就能完成战斗任务，怎能因受伤而坏了国君的大事呢？身披盔甲，拿起武器，就要抱定必死的决心，现在仅仅是受伤，还没到死的程度，你还是尽力坚持吧！”解张说完，左手总揽马缰，右手拿起鼓槌奋力击鼓，战马失去控制向前狂奔，军队跟着猛力冲上去势不可当。齐国军队大败而逃，晋国部队及联军追赶齐军，绕华不注山跑了三圈。

原文

韩厥梦子舆[①]谓己曰：“且辟[②]左右。”故中御[③]而从[④]齐侯。邴夏曰：“射其御者，君子也。”公曰：“谓之君子而射之，非礼也。”射其左，越于车下。射其右，毙于车中。綦毋张[⑤]丧车，从韩厥，曰：“请寓乘。”从左右，皆肘之，使立于后。韩厥俛[⑥]定其右[⑦]。逢丑父与公易位。将及华泉，骖絓[⑧]于木而止。丑父寝于轏[⑨]中，蛇出于其下，以肱[10]击之，伤而匿[11]之，故不能推车而及[12]。韩厥执絷[13]马前，再拜稽首，奉觞加璧[14]以进，曰：“寡君使群臣为鲁、卫请，曰：‘无令舆师陷入君地。’下臣不幸，属当戎[15]行[16]，无所逃隐。且惧奔辟，而忝[17]两君[18]，臣辱戎士，敢告不敏，摄官[19]承[20]乏。”丑父使公下，如华泉取饮。郑周父[21]御佐车，宛茷[22]为右，载齐侯以免。韩厥献丑父，郤献子将戮之。呼曰：“自今无有代其君任患[23]者，有一于此，将为戮乎！”郤子曰：“人不难以死免其君。我戮之不祥，赦之以劝事君者。”乃免之。

注释

①子舆：韩厥父亲。②辟：同“避”。③中御：指韩厥代替御者，站在战车的中间驾车。韩厥不是主将，应在左位，因梦而移右位，成为右护卫。④从：追赶。⑤綦毋（qí wù）张：晋国大夫，綦毋为复姓，张为名。⑥俛（fǔ）：同“俯”，低下身子。⑦定其右：放稳当在右边被射到的人。⑧骖絓（cān guà）：左右两旁的马被绊住了。⑨轏（zhàn）：有棚的卧车。⑩肱（gōng）：大臂。⑪匿：隐瞒。⑫及：被赶上。⑬絷（zhí）：绊马索。⑭奉觞加璧：敬酒献玉。⑮戎：兵车。⑯行：道路。⑰忝（tiǎn）：羞辱。⑱两君：指齐国、晋国的国君。⑲摄官：居官，任职。⑳承：承担。㉑郑周父：齐国大夫。㉒宛茷：齐国大夫。㉓任患：担当祸患。

译文

韩厥梦中见到父亲子舆对他说：“明天两军交战你不要站在战车左右。”因此韩厥按梦中父亲所说在战车中间驾车穷追猛赶齐顷公。齐国大夫邴夏说：“射死那个驾车的人，看他是个君子。”齐顷公说：“认为他是君子而射他，这不合于礼。”射车左，车左死在车下。射车右，车右死在车里。晋国大夫綦毋张丢了战车，跟上韩厥说：“请让我搭乘您的战车吧。”綦毋张上车后想站在车左或车右，韩厥用肘推他，示意让他站在自己身后。韩厥弯下身子，放稳当在右边被射到的人的尸体。齐国大夫逢丑父和齐顷公趁此机会互换了位置。战车快到华泉时，骖马被绊马索绊住了，车停了不能前进。就在前几天，逢丑父在轏车里睡觉时，被爬到他身边的一条蛇惊醒了，他慌忙用手臂打蛇，却被蛇咬伤了，他没有声张，因而现在不能用手臂推车了，这时韩厥追赶上来。韩厥握着马缰走到马前，跪下叩头，捧着酒杯敬酒献玉，说：“寡君派遣臣下们为鲁、卫两国请命，说：‘不要让军队久留齐国的土地。’下臣不幸，在军中服役，不能逃避责任。下臣更怕奔走逃避会成为两国国君的耻辱。下臣勉强充当一名士兵，谨向君王禀告我的无能，但由于人手缺乏，不得不承当这个职位。”齐国大夫逢丑父让齐顷公下车，去华泉取水。齐国大夫郑周父驾御副车，大夫苑茷为车右，载上齐顷公使之免于被俘。韩厥献上逢丑父，郤克要杀死他。逢丑父大声说："到目前为止还没有能代替国君受难的人，唯有我自己在这里，还要被杀死吗？"郤克说："你一个人不怕牺牲自己而保护自己的国君免于祸患。杀这样的人是不吉利的，赦免他去勉励那些侍奉国君的人吧。"郤克赦免了逢丑父。

原文

齐侯免，求丑父，三入三出①。每出，齐②师以帅退③。入于狄卒④，狄卒皆抽戈楯⑤冒⑥之。以入于卫师，卫师免之。遂自徐关⑦入。齐侯见保者⑧，曰："勉之！齐师败矣。"辟⑨女子，女子曰："君免乎？"曰："免矣。"曰："锐司徒⑩免乎？"曰："免矣。"曰："苟君与吾父免矣，可若何⑪？"乃奔。齐侯以为有礼，既而问之，辟司徒⑫之妻也。予之石窌⑬。晋师从齐师，入自丘舆⑭，击马陉⑮。

注释

①三入三出：指齐顷公三次出入晋军，企图救出逢丑父。②齐：整顿。③帅退：督促，给散乱欲退的士兵以鼓舞，使其重新振作起来。④狄卒：指参加晋军的狄人步卒。⑤楯：同"盾"，大盾牌。⑥冒：遮蔽。狄人惧齐，对齐顷公不但不敢加害，反而要保护他。⑦徐关：古地名，春秋齐地（在今山东省淄博市境内）。⑧保者：守卫城邑的人。⑨辟：通"避"。这里指凡是女子路过要避开齐顷公所行的道路。⑩锐司徒：官名，主管军械的官。⑪可若何：还要怎样。意谓不必再担心了。⑫辟司徒：官名，主管军中营垒的官。⑬石窌（liù）：古地名，春秋齐地（在今山东省济南市长清区东南）。⑭丘舆：古地名，春秋齐地（在今山东省青州市西南）。⑮马陉：古地名，春秋齐地，在丘舆之北。

译文

齐顷公被赦免以后，为寻找逢丑父，三出三入晋军中。每次从晋军中出来的时候，齐军将帅鼓舞散乱欲退的士兵重新振作起来，都簇拥着护卫齐顷公后退。当冲入狄人的军队中，狄人士兵对齐顷公不但不敢加害反而都拿起戈和盾护卫他。当冲入卫军中，卫军也不让他受伤害。于是，齐顷公就从徐关进入齐都。齐顷公见到守城军队，说："你们努力吧！齐军战败了！"齐顷公的前护卫让一女子避开齐顷公所行的道路。这个女子问："国君免于祸难了吗？"护卫说："免了。"女子又问："锐司徒免于祸难了吗？"护卫说："免了。"女子说："如果国君和我父亲都免于祸难了，还要怎么样？"女子说完话便跑开了。齐顷公认为这个女子知书达理，后经查问，得知她是辟司徒的妻子，便赐给她一处名为石窌的地方作为封邑。到了冬天，晋军追赶齐军，从丘舆追到马陉，遂攻打马陉。

原文

齐侯使宾媚人①赂以纪甗②、玉磬③与地。不可，则听客④之所为。宾媚人致赂，晋人不可，曰："必以萧同叔子⑤为质，而使齐之封内尽东其亩⑥。"对曰："萧同叔子非他，寡君之母也。若以匹敌，则亦晋君之母也。吾子布大命于诸侯，而曰：'必质其母以为信。'其若王命何？且是以不孝令也。《诗》曰：'孝子不匮，永锡尔类。'若以不孝令于诸侯，其无乃非德类⑦也乎？先王疆理天下，物土之宜，而布其利。故《诗》曰：'我疆我理，南东其亩⑧。'今吾子疆理诸侯，而曰'尽东其亩'而已，唯吾子戎车是利，无顾土宜，其无乃非先王之命也乎？反先王则不义，何以为盟主？其晋实有阙。四王之王⑨也，树德而济同欲焉。五伯⑩之霸也，勤而抚之，以役⑪王命。今吾子求合诸侯，以逞无疆之欲。《诗》曰：'布政优优，百禄是遒⑫。'子实不优，而弃百禄，诸侯何害焉！不然，寡君之命使臣则有辞矣，曰：'子以君师辱于敝邑，不腆敝赋，以犒⑬从者。畏君之震，师徒桡败⑭，吾子惠徼齐国之福，不泯其社稷，使继旧好，唯是先君之敝器、土地不敢爱。子又不许，请收合馀烬⑮，背城借一。敝邑之幸⑯，亦云从也。况其不幸，敢不唯命是听。'"

禽郑⑰自师逆公⑱。

注释

①宾媚人：齐国大夫，又称国佐。②纪甗（yǎn）：纪国的古器。纪，古国名，为齐所灭。甗，古器名。齐国灭纪后得此宝物。③玉磬（qìng）：纪国的古乐器。齐灭纪国时获得的珍宝。④客：指晋国。⑤萧同叔子：齐顷公的母亲。萧，国名。同叔，萧国国君的字。⑥尽东其亩：田地垄埂皆是东西走向，便于日后晋国军队进攻齐国。⑦非德类：不符合道德法则。⑧我疆我理，南东其亩：诗见《诗经·小雅·信南山》。意指我划定疆界，分别地理，南向、东向开辟田亩。⑨四王之王（wàng）：指舜、禹、汤、武统一天下。四王，指舜、禹、汤、武。⑩五伯：指夏代的昆吾，商代的大彭、豕伟，东周的齐桓公、晋文公。伯，同"霸"。⑪役：从事，服役。⑫布政优优，百禄是遒：诗见《诗经·商颂·长发》。意谓推行宽仁之政，百种的幸福都将聚集在他身上。布，施行。优优，和缓宽大的样子。遒，聚集。⑬犒：犒劳，此是外交辞令，指为与晋人作战。⑭桡（náo）

败：挫败。⑮馀烬：烧残的灰，指残余部队。⑯幸：幸而战胜。⑰禽郑：鲁国大夫。⑱公：指鲁成公。

译文

齐顷公派遣大夫宾媚人带着宝器纪甗、玉磬和土地分给战胜诸国并与他们谈判求和，指示宾媚人若对方不同意讲和，就听凭他们处置。宾媚人虽献上珍宝，但晋国人不同意讲和，说："必须让齐君的母亲萧同叔子作为人质，还要把齐国境内的田垄全都改成东西走向。"宾媚人回答说："萧同叔子是我寡君的母亲。仅从对等地位来说，也就是晋国国君的母亲。您在诸侯中发布重大命令，反说：'一定要把他的母亲作为人质才能取信。'这将怎样对待周天子的命令呢？您这是用不孝不敬来号令诸侯啊。正如《诗经》所说：'孝子的孝心是没有穷尽的，他永远把自己的孝思爱心分给同类的人。'若以不孝不敬号令诸侯，不符合道德准则！先王之所以把天下的土地划分疆界、区分条理，因地制宜，就是让人各自获取应得的利益。所以《诗经》说：'我划定疆界、分别地理，南向、东向开辟田亩。'现在您让诸侯定疆界、分地理，说'把田地垄埂全部改成东西走向'，便于日后晋国军队进攻齐国，您只考虑方便自己兵车通行，却不顾土地是否适宜百姓耕作，这符合先王的政令吗？违反先王的遗命就是不合道义，您怎能坐稳诸侯盟主之位呢？晋国这样做会造成大的过失。四王之所以能统一天下，是因为他们树立德行，满足诸侯的共同愿望。五伯之所以成就霸业，是因为他们勤劳而安抚诸侯，共同为天子效命。现今您会合诸侯，只为满足无止境的欲望。《诗经》说：'政事的推行宽大和缓，各种福禄都将积聚到你身上。'您若宽和施政，丢弃一切福禄，对诸侯没有害处啊！若您不答应讲和，我听从寡君命令，还要告诉您："请您带领贵国的军队光临敝邑，敝邑仅能做到以自己微薄的力量来犒劳您的随从。畏惧贵国国君的威严，我们战败了，承蒙您惠临为我齐国求福，只要不灭亡我们的国家，让齐、晋两国继续友好下去，我们先君留下的破旧器物和土地，我们是不敢爱惜的。您若不允许，我们将集聚残兵败将，背靠自己的城墙决一死战。如果敝邑侥幸取胜，我们仍然会依从贵国的。如果战败，岂敢不唯命是从？"

鲁国大夫禽郑从军中去迎接鲁成公。

原文

秋七月，晋师及齐国佐盟于爰娄①，使齐人归我汶阳之田②。公会晋师于上鄍③，赐三帅④先路⑤三命之服⑥，司马⑦、司空⑧、舆帅⑨、候正⑩、亚旅⑪，皆受一命之服⑫。

注释

①爰娄：古地名，春秋时齐邑（在今山东省淄博市临淄区境内）。②汶阳之田：指齐国侵夺去的鲁国大片土地。汶阳，鲁国地名（在今山东省宁阳县北）。③上鄍（míng）：古地名，指齐、卫两国交界之地（在今山东省阳谷县境）。④三帅：指郤克、士燮与栾书。⑤先路：天子、诸侯乘车叫路，卿大夫接受天子、诸侯所赐之车也叫路。路，同“辂”。⑥三命之服：卿大夫所受的最高等级的礼服。三命，卿的品级。⑦司马：掌管甲兵的官员。这里指韩厥。⑧司空：主管军事工程的官员。⑨舆帅：主管兵车的官员。⑩候正：主管巡哨侦察的官员。⑪亚旅：下大夫，比卿地位低。⑫一命之服：大夫的礼服。

译文

秋天七月，晋国军队和齐国国佐在爰娄结盟，让齐国归还了侵夺去的鲁国的大片土地汶阳。成公在上鄍会见晋军，赐给晋军三位主将郤克、士燮与栾书以先路和三命的车服，就连司马、司空、舆帅、候正、亚旅都被赐予夫人的礼服。

原文

晋师归，范文子①后入。武子②曰：“无为吾望③尔也乎？”对曰：“师有功，国人喜以逆之，先入，必属耳目④焉，是代帅受名也，故不敢。”武子曰：“吾知免⑤矣。”

注释

①范文子：指士燮。②武子：士会，士燮父亲。③望：盼望。④属耳目：众人耳目，惹人注意。属，同“瞩”，专注。⑤免：免其祸殃。

译文

晋国军队回到国内，范文子最后进城。他的父亲范武子说：“你可知道我是多么盼望你？”范文子回答说：“军队打了胜仗，国人高兴地迎接他们，先进城的军队会受到国人格外的注意，这是代替统帅接受荣誉，所以我不敢走在前面。”武子说：“你这样谦让，我就可以免于祸殃了。”

原文

郤伯[1]见，公曰："子之力也夫！"对曰："君之训也，二三子之力也，臣何力之有焉！"范叔[2]见，劳之如郤伯。对曰："庚[3]所命也，克之制[4]也，燮何力之有焉！"栾伯[5]见，公亦如之，对曰："燮之诏也，士用命也，书何力之有焉！"

注释

①郤伯：指郤克。②范叔：范文子。③庚：荀庚。荀庚本是晋军上军统帅。此次战役他没有参加，统帅之职由士燮代理。④克之制：郤克为中军帅，节制上军。⑤栾伯：指栾书。

译文

郤克觐见，晋景公高兴地说："这都是您的功劳啊！"郤克回答说："这得益于君王的教导，是将帅们的功劳，下臣哪有什么功劳啊！"范文子觐见，晋景公像对郤伯一样慰劳他。范文子回答说："这得益于荀庚的命令，依靠郤克的节制，我士燮哪有什么功劳啊！"栾书觐见，晋景公也这样慰劳他。栾书回答说："这得益于士燮的指示，将士们誓死效命，我栾书哪有什么功劳啊！"

精彩点拨

鞌之战是晋景公争霸事业的一部分。经过鞌之战，晋国成功地打破了齐、楚联盟，而把齐拉到了自己一边。鞌之战次年，齐顷公亲自朝晋，建立晋、齐联盟。晋为加强这一联盟，不得不牺牲鲁国利益，在周简王三年，又命鲁国将汶阳之田划归齐国。晋、齐联盟的建立，是晋景公继消灭赤狄、联络吴国之后的又一项重要成果。晋景公所创建的霸业，经过厉公、悼公的努力，一直持续到顷公、定公时代。而鞌之战在晋景公的争霸事业中占据重要地位。

阅读积累

君子之间的战争

通过鞌之战，还是可以见到不少礼仪的影子在其中。在整个战役的过程中，双方似乎都是君子，在彬彬有礼地交谈着一件关乎礼乐的事情，而非你死我活的战场。晋国的援军抵达鞌，齐顷公派人请战，而非趁其立足未稳而发动突袭。对方的外交辞令似乎也和君子无异，说我们只是来调停的，并不是来打仗的。战场上还保护了齐顷公和晋国的韩厥。

楚归知罃于晋　成公三年

精彩导读

《楚归知罃于晋》记载的是楚晋两国互相交换俘虏的事情。前597年，晋、楚邲之战，晋国荀首射杀楚国连尹襄老、俘公子谷臣，其子荀罃（也作智罃、知罃）则被楚国俘虏。前588年，晋国请求用公子谷臣与连尹襄老的尸首交换荀罃，当时荀首已任晋国中军佐（晋国三把手，地位仅在国君、中军将之下）。楚共王为结交荀首，所以答应释放荀罃。

原文

晋人归公子榖臣①与连尹②襄老③之尸于楚，以求④知罃。于是⑤荀首佐中军⑥矣，故楚人许之。王送知罃，曰："子其怨我乎？"对曰："二国治戎，臣不才，不胜其任，以为俘馘⑦。执事不以衅鼓⑧，使归即戮，君之惠也。臣实不才，又谁敢怨？"王曰："然则德我乎？"对曰："二国图其社稷，而求纾⑨其民，各惩其忿，以相宥⑩也，两释累囚以成其好。二国有好，臣不与及，其谁敢德？"王曰："子归，何以报我？"对曰："臣不任⑪受怨，君亦不任受德，无怨无德，不知所报⑫。"王曰："虽然，必告不穀⑬。"对曰："以君之灵，累臣⑭得归骨⑮于晋，寡君之以为戮，死且不朽。若从君之惠而免之，以赐君之外臣⑯首⑰；首其请于寡君，而以戮于宗⑱，亦死且不朽。若不获命⑲，而使嗣⑳宗职，次及于事㉑，而帅偏师㉒，以修封疆㉓。虽遇执事㉔，其弗敢违。其竭力致死㉕，无有二心，以尽臣礼㉖，所以报也。"王曰："晋未可与争。"重为之礼而归之。

注释

①公子榖臣：楚庄王的儿子。②连尹：官名，楚国主射之官。③襄老：人名，楚国大臣。④以求：用来索取。⑤于是：在这个时候。⑥佐中军：担任中军副帅。⑦俘馘（guó）：杀敌后把尸体的左耳割下来献功。此指俘虏。⑧衅鼓：用血涂鼓，意思是处死。⑨纾（shū）：缓解，指得到平安。⑩宥（yòu）：宽恕，原谅。⑪任：担当。⑫不知所报：不知道应报道什么。⑬不穀：楚共王自称。⑭累臣：累囚之臣，知罃自称。⑮归

骨：指放他回去。⑯外臣：臣子对别国君主称呼本国的臣。⑰首：荀首，知罃的父亲。⑱宗：宗庙，古代家族权力很大，可以依据家法杀人。⑲不获命：没有获得国君允许杀戮的命令。即晋君不准我父亲这样做。⑳嗣：继承。㉑事：指军事。㉒偏师：副帅、副将所属的军队，此是客气话。㉓以修封疆：参与边境的战事。㉔执事：指楚王。㉕致死：献出生命。㉖臣礼：作为人臣应尽的义务。

译文

晋国人决定把楚国的公子谷臣和连尹襄老的尸体归还楚国，用来换回知罃。当时知罃的父亲荀首已经任中军佐，所以楚国人答应了晋国人的要求。楚共王为知罃送别，说："你怨恨我吗？"知罃回答说："两国交战，下臣无能，难以胜任职务，故此做了俘虏。君王的左右没有用我的血来祭鼓，而让我回国接受杀戮，这是君王对我的恩惠。下臣实在无能，怎会怨恨谁呢？"楚共王说："你感激我吗？"知罃回答说："两国各自为国家利益打算，都希望百姓得到安宁，各自抑止自己的愤怒，求得互相原谅，两边都释放俘虏，建立友好关系。两国友好，下臣不曾与谋，又敢感激谁呢？"楚共王说："你回去后怎么报答我？"知罃回答说："下臣既无可怨恨的，君王也不值得感恩，既无怨恨又无恩德，不知该报答什么。"楚共王说："既然如此，你一定要把你的真实想法告诉我。"知罃说："承蒙君王的福佑，我这被囚下臣能带着这身骨头回到晋国实属万幸，寡君若加以诛戮，死且不朽。如果由于君王的恩惠而受到赦免，把下臣赐给君王的外臣即我的父亲荀首；荀首向我君请求而杀下臣在宗庙中，我也死得其所。如无我君诛戮的命令，而让下臣继承宗子的职位，承担晋国的政事，率领军队保卫边疆。倘若碰到君王的左右，我不会违背礼义回避，而是竭尽全力拼死到底，毫无二心，尽到为臣的职责，以此报答君王。"楚共王说："晋国是不能够与它相争的呀！"于是楚共王盛情招待知罃并给予厚礼，放他回晋国了。

精彩点拨

本文记载了楚共王在送知罃回国前的几段对话，楚共王问他"是否有怨、是否感德、何以为报"，句句紧逼，层层推进。知罃处处宕开，语带机锋，断然回答"无怨、无德、不知所报"，并且还表示出将为国效死的心志。本文表现了知罃忠君爱国的思想以及对楚不卑不亢的精神。结果，这种态度和气质反而博得了楚共王的敬重，为知罃举行隆重的礼仪后，将他送归晋国。

阅读积累

知䓨

知䓨，字子羽，亦称荀䓨，是晋大夫荀息的后裔，晋悼公时中军帅。今山西省翼城县唐兴镇营里村人。晋楚邲之战中，知䓨被楚军俘虏，十年后楚放回知䓨。知䓨回国后便袭父（荀首）爵为卿。晋、楚鄢陵大战中以下军佐留守绛都。厉公八年（前573）奉栾书之命使周，迎公子孙周返晋，成为晋悼公的辅立者，接着接替韩厥为中军帅，助悼公制定了废楚伐郑政策，终使晋国复霸诸侯。卒谥“武”。

晋归锺仪　成公九年

精彩导读

鲁成公七年，楚国令尹子重率军讨伐郑国，军队驻扎在氾地。中原各国听说楚国来犯，遂组织军队前往增援。郑国见有帮手，胆子顿时肥了不少。郑国大夫共仲、侯羽率军包围了楚军。一场战斗下来，郑国军队俘获了楚大夫郧公锺仪，事后把他作为战利品献给了前来增援的晋国部队。晋国人将锺仪带回国后，囚禁起来。锺仪一关就是两年，命运如何，请仔细阅读本文精彩内容。

原文

晋侯观于军府，见锺仪①。问之曰："南冠②而絷者，谁也？"有司对曰："郑人所献楚囚也。"使税③之。召而吊④之。再拜稽首。问其族⑤，对曰："泠人⑥也。"公曰："能乐乎？"对曰："先父之职官也，敢有二事？"使与之琴，操南音⑦。公曰："君王何如？"对曰："非小人之所得知也。"固问之，对曰："其为大子也，师、保奉之，以朝于婴齐⑧而夕于侧⑨也。不知其他。"公语范文子，文子曰："楚囚，君子也。言称先职，不背本也。乐操土风⑩，不忘旧也。称大子，抑无私也。名其二卿⑪，尊君也。不背本，仁也；不忘旧，信也；无私，忠也；尊君，敏⑫也。仁以接事，信以守之，忠以成之，敏以行之。事虽大，必济。君盍归之，使合晋、楚之成？"公从之，重为之礼，使归求成。

注释

①锺仪：芈姓，锺氏，名仪，春秋时期楚国人，楚国公族，在楚国被封为郧公，是有史书记载的最早的古琴演奏家。②南冠：楚国样式的帽子。③税：同"脱"，解开刑具。④吊：表示慰问。⑤族：此指世官。⑥泠人：亦作"伶人"，古代乐人。⑦南音：也称"弦管""泉州南音"，福建省闽南地区的传统音乐，泛指南方各地乐调，这里指楚乐。⑧婴齐：令尹子重。⑨侧：司马子反。⑩土风：本乡本土的乐调，此指南音。⑪名其二卿：当时时尚，下对上才称名。锺仪在晋景公前直呼子重、子反之名，是尊敬景公的表

现。⑫敏：通达事理。

译文

晋景公到军用仓库里视察时，见到了锺仪。景公问管理仓库的主管官吏，道："戴着楚国样式的帽子而被囚禁的人是谁？"主管官吏回答说："是郑国人献来的楚国的俘虏。"晋景公命令主管官吏把锺仪释放出来，召见并表示慰问。锺仪拜谢叩头。晋景公问他家族情况和职业，锺仪回答："是乐官。"晋景公问："你会奏乐吗？"锺仪说："奏乐是我先人掌管的职务，我怎能从事其他工作呢？"晋景公命人拿琴来给锺仪，锺仪弹奏了一段南方的乐调。晋景公问："你们的君王怎么样？"锺仪回答说："这非小人所知。"晋景公再三追问，锺仪只得回答，说："他做太子时，师、保侍奉他，每天早晨向婴齐请教，晚上向侧请教。我不知道别的事。"晋景公把这件事告诉了范文子，范文子说："这个楚囚，是个正人君子。言辞中举出先人的职官，说明他不忘根本。奏乐奏家乡的乐调，说明他不忘故旧。列举楚君做太子时之事，说明他没有私心。对二卿直呼其名，这是尊崇国君的表现。不忘根本，是仁；不忘故旧，是守信；没有私心，是忠诚；尊崇国君，是敏达。用仁来处理事情，用信来坚持，用忠来完成，用敏来执行。这样的人遇到再大的事情也能成功。请君王放他回去吧，或许可让他结成晋、楚两国间的友好？"晋景公采纳了范文子的建议，对锺仪厚礼相加，希望他回国替晋国求和。

精彩点拨

晋景公等人认为锺仪守信、敏达、爱国，是个了不起的正人君子，于是对锺仪礼遇有加，随后放他归国以促成两国和平。锺仪返回楚国，主动提出两国修好，缔结和约，成就晋、楚和平。锺仪的事迹说明，一个能力强、素质高的人在任何境遇下，只要表现得当，命运总会垂青于他。

阅读积累

锺仪爱国故事的影响

锺仪沦为战俘，成了"楚囚"。他不忘家乡，爱国之情溢于言表。锺仪回国后，让晋国与楚国罢战休兵，重归于好。王粲在《登楼赋》中对锺仪大加赞赏。初唐四杰之一的杨炯还把"锺仪琴"与汉代著名的爱国者苏武的"苏武节"相提并论："锺仪琴未奏，苏武节犹新。"字里行间流露出对锺仪那种大义凛然、不顾个人安危、深切怀念故国的爱国情操的深情赞颂。

晋侯梦大厉　成公十年

精彩导读

左丘明总是让事物的前因后果变得可以预料，很多事情的发生仿佛充满天意。这或许是中国史家的一种手法。《晋侯梦大厉》告诉我们要做好事，要有好的心态，要对天地大自然有敬畏之情，要遵守社会良俗秩序，要心地善良，要居安思危，总之每个历史阶段发生的种种事件常常有草蛇灰线，有“因果报应”。《晋侯梦大厉》为后来志怪小说丰富的想象做了范例。

原文

晋侯①梦大厉②，被③发及地，搏膺而踊④，曰：“杀余孙⑤，不义。余得请于帝矣⑥！”坏大门及寝门而入。公惧，入于室。又坏户。公觉，召桑田巫。巫言如梦。公曰：“何如？”曰：“不食新⑦矣。”公疾病，求医于秦。秦伯使医缓⑧为之。未至，公梦疾为二竖子⑨，曰：“彼，良医也。惧伤我，焉逃之？”其一曰：“居肓⑩之上，膏⑪之下，若我何？”医至，曰：“疾不可为也。在肓之上，膏之下，攻之不可，达之不及，药不至焉，不可为也。”公曰：“良医也。”厚为之礼而归之。六月丙午，晋侯欲麦，使甸人⑫献麦，馈人⑬为之。召桑田巫，示而杀之。将食，张⑭，如厕，陷而卒。小臣有晨梦负公以登天，及日中，负晋侯出诸厕，遂以为殉。

注释

①晋侯：指晋景公，姬姓，名獳。②厉：恶鬼，也叫厉鬼。③被（pī）：通“披”。④搏膺而踊：拍打着胸脯跳跃。⑤杀余孙：指鲁成公八年（前583年）晋杀其大夫赵同、赵括事件。⑥余得请于帝矣：指鬼已诉于上帝，上帝允许他为子孙报仇。⑦不食新：意谓景公吃不到今年的新粮食了，将死在新麦收获之前。⑧缓：秦国名医。⑨疾为二竖子：疾病变为两个小孩。竖子，小孩。⑩肓（huāng）：胸腹之间的横膈膜。⑪膏：心脏下方有脂肪处。⑫甸人：古代给诸侯管理土地的人。⑬馈人：古代为诸侯主持饮食的人。⑭张：通“胀”，肚子发胀。

译文

晋景公梦到一个很大的厉鬼，长发拖到地上，拍打着胸脯跳跃，恶狠狠地说：“你杀了我的子孙，不仁不义。我已经控诉到天帝那了，天帝允许我为子孙报仇！”厉鬼施法毁坏了宫门和寝门后走了进来。晋景公非常害怕，慌忙躲进内室。厉鬼又毁掉了内室的门。晋景公惊醒了，召见桑田地方有名的巫人问吉凶。巫人叙述的情况与晋景公的梦境一样。晋景公问：“怎么样？”巫人说：“君王吃不到今年的新粮食了。”晋景公疾病缠身，向秦国请求良医。秦桓公特派有名的医生缓去晋国为晋景公诊治。缓还未到达，晋景公又做恶梦，看到疾病变成两个小孩，一个小孩说：“来人是个良医。恐怕他会伤害我们，往哪儿逃好呢？”另一个小孩说：“我们可藏在肓之上、膏之下，他有什么办法伤害我们呢？”医缓来到面前，说：“病不能治了。它藏在肓之上、膏之下，艾灸不管用，针刺够不着，药力根本达不到，不能治了。”晋景公说：“果然是名医啊。”于是赠送给缓很多珍贵的礼物让他回秦国去了。六月丙午日，晋景公突然想吃麦饭，让甸人献上新麦，馈人烹煮。做好后召见桑田巫人来，巫人曾说“君王吃不到今年的新粮食了”，晋景公让巫人看了煮好的新麦饭，就把他杀了。晋景公看着新麦饭眼馋，刚要进食，突然肚子猛然发胀，急着上厕所，不料跌进厕坑里死了。有个宦官做梦梦见早晨背着晋景公登天了，到了中午，他被派去把晋景公从厕坑里背出来，于是他就成了殉葬品。

精彩点拨

小说反映了当时的认识水平——相信梦境，相信巫人，认为病入膏肓，不可救治。作品情节比较曲折，结构独特，以梦境贯穿全文。特别是描写晋景公梦中看到自己的病变成两小儿而对话，构想新颖奇特，不仅有力地渲染了秦国医生的高超医术，也生动形象、引人入胜地写出了“病入膏肓”的情景。“病入膏肓”的成语就是从这个故事中产生出来的。本文具有浓重的寓言色彩。

阅读积累

晋景公

晋景公于公元前 599 年继父位，在位十九年。晋景公时期，晋军在柳棼之战和颍北之战先后击败楚庄王率领的楚军，但在前 597 年的邲之战被楚国打败，使楚庄王成为霸主；前 583 年晋景公派兵在晋伐蔡攻楚破沈之战中攻入楚国本土，使楚国霸业结束。晋景公迁都并改称新绛，消除专政的赵氏家族，取得了公室对卿族的第一次胜利。

吕相绝秦　成公十三年

精彩导读

文章从秦晋相好说起，历数秦穆公、康公、桓公时代，两国由交好到引发争端的种种情况，表明晋国在“崤之战”“令狐之役”“河曲之战”“辅氏之聚”等双方争端中每次都是因秦怎么样，我不得已而为之的。最后切入正题，说明这次“令狐会盟”，秦的失约和不是，但狄、楚都已通报，晋国早有准备，是战是和由秦君定夺。真理在晋国，责任全在秦国。欲知详情，请仔细阅读。

原文

夏四月戊午，晋侯①使吕相②绝秦，曰：“昔逮我献公，及穆公相好，勠力同心，申之以盟誓，重③之以昏姻④。天祸⑤晋国，文公如齐，惠公如秦。无禄⑥，献公即世，穆公不忘旧德⑦，俾我惠公，用能奉祀⑧于晋。又不能成大勋，而为韩之师⑨。亦悔于厥⑩心，用集我文公，是穆之成也。文公躬⑪擐⑫甲胄，跋履山川，逾越险阻，征东之诸侯，虞、夏、商、周之胤⑬，而朝诸秦，则亦既报旧德矣。郑人怒⑭君之疆埸⑮，我文公帅诸侯及秦围郑。秦大夫不询于我寡君，擅及郑盟⑯。诸侯疾之，将致命于秦⑰。文公恐惧，绥静⑱诸侯，秦师克还无害，则是我有大造于西也。无禄，文公即世。穆为不吊⑲，蔑死我君⑳，寡我襄公，迭我殽地，奸绝㉑我好，伐我保城，殄灭㉒我费滑㉓，散离我兄弟，挠乱㉔我同盟㉕，倾覆我国家。我襄公未忘君之旧勋，而惧社稷之陨，是以有殽之师。犹愿赦罪于穆公，穆公弗听，而即楚㉖谋我㉗。天诱其衷，成王陨命，穆公是以不克逞志于我。穆、襄即世，康、灵即位。康公，我之自出㉘，又欲阙翦㉙我公室，倾覆我社稷，帅我蝥贼㉚，以来荡摇我边疆。我是以有令狐之役。康犹不悛，入我河曲㉛，伐我涑川㉜，俘㉝我王官㉞，翦我羁马㉟，我是以有河曲之战。东道㊱之不通㊲，则是康公绝我好也。

注释

①晋侯：晋厉公，名州蒲。②吕相：晋国大夫，魏锜之子，亦称魏相，因食邑为

吕，故又称吕相。③重：加重，加深。④昏姻：婚姻，指晋献公将女儿嫁给秦穆公。⑤天祸：指晋骊姬之乱。⑥无禄：没有福禄。这里指不幸。⑦旧德：过去的恩惠。⑧奉祀：主持祭祀。这里指立为国君。⑨韩之师：韩地的战争，此指秦晋韩原之战。⑩厥：其，此指秦穆公。⑪躬：亲身。⑫擐：穿上。⑬胤（yìn）：后代。东方诸侯国的国君大多是虞、夏、商、周的后代。⑭怒：指侵犯。⑮疆埸（yì）：边界，边疆。⑯擅及郑盟：擅自与郑人订立盟约。⑰致命于秦：与秦国拼命。⑱绥静：安定，安抚。⑲不吊：不祥，不善。⑳蔑死我君：一本作“蔑我死君”，文义较通顺。㉑奸绝：断绝，拒绝。奸，通“扦”，排斥。㉒殄灭：灭绝。㉓费（bì）滑：滑国。费，滑国都城（在今河南省洛阳市偃师区附近）。秦袭郑不成，回师时遂把滑国灭掉。㉔挠乱：扰乱：㉕同盟：同盟国家，这里指郑国和滑国。㉖即楚：亲近楚国。㉗谋我：谋算我晋国。㉘我之自出：秦康公是穆姬所生，是晋文公的外甥，所以说“自出”。㉙阙翦：损害，削弱。㉚蝥（máo）贼：本指吃庄稼的害虫，此指晋国公子雍。㉛河曲：晋国地名（在今山西省永济市东南）。㉜涑（sù）川：河名，流经山西西南部，注入黄河。㉝俘：劫掠。㉞王官：晋国地名（在今山西省闻喜县西）。㉟羁马：晋国地名（在今山西省永济市南）。㊱东道：晋国在秦国东边，所以称“东道”。㊲不通：指两国断绝关系。

译文

夏季四月戊午日，晋厉公派大夫吕相与秦断绝交往，说：“自从我国献公与秦穆公相互友好以来，两国齐心协力，订立盟约加以明确关系，用婚姻纽带加深巩固。后来是上天不公给晋国降下大灾祸，文公逃亡齐国，惠公投奔秦国。很不幸，不久献公去世，但秦穆公仍不忘旧日恩德，帮助我国惠公回到晋国主持祭祀。可惜的是没能完成这个大功业，而导致了韩原之战。秦穆公对俘获惠公一事很后悔，便又极力促成我国文公回国即位，可以说这些都是秦穆公的大功劳。我国文公亲自披甲戴胄，跋山涉水，穿越险阻，征伐东方的诸侯，让虞、夏、商、周的后代，都到秦国朝见，这样我们也算报答了秦国的大恩德了。郑国侵犯君王的边境，我国文公率领诸侯与秦国一起包围郑国。最可恨的是秦国大夫不征询我国寡君的意见，擅自与郑国订立了同盟。诸侯对此非常痛恨，准备与秦国拼死一战。文公担心生出祸端，赶紧说服诸侯，使秦军安全回国，我晋国是有功于秦国的。不久，文公不幸去世。秦穆公不来吊唁，还蔑视我已故的国君，欺负襄公，突袭我国崤地，断绝与我国交好的关系，攻打我国边境城堡，灭掉我国的盟友滑国，离间我们兄弟之邦，扰乱我们同盟之国，妄图颠覆我国家。我襄公牢记秦君旧日的恩德，但又惧怕国家遭到灭亡，因而才有崤之战。我国国君希望向穆公解释我们的罪过，穆公不但不答应，还和楚国一起算计我国。幸亏老天开眼，楚成王丧命，他们对我晋国的算计没能得逞。穆公、襄公去世，康公、灵公即位。秦康公是我晋国的外甥，但仍想削弱我晋国公室，颠覆我国家，为此率领对抗我晋国的那些败类，骚扰我国边疆。为保卫晋国，我国发动了令狐之役。秦康公仍不思悔改，又侵入我河曲，攻打我涑川，掳掠我王室，损害我羁马。为此我晋国又发动了河曲之战。秦国往东的道路之所以不通畅，就是因为秦康公与我们断绝友好关系。”

原文

“及君①之嗣也，我君景公引②领西望曰：‘庶抚③我乎！’君亦不惠称盟④，利吾有狄难⑤，入我河县⑥，焚我箕⑦、郜⑧，芟⑨夷⑩我农功⑪，虔刘⑫我边垂。我是以有辅氏之聚⑬。君亦悔祸之延，而欲徼福于先君献、穆，使伯车⑭来，命我景公曰：‘吾与女同好弃恶，复修旧德，以追念前勋。’言誓未就，景公即世，我寡君⑮是以有令狐之会。君又不祥，背弃盟誓。白狄⑯及君同州⑰，君之仇雠，而我之昏姻⑱也。君来赐命曰：‘吾与女伐狄。’寡君不敢顾昏姻，畏君之威，而受命于吏。君有二心于狄，曰：‘晋将伐女。’狄应且憎，是用告我。楚人恶君之二三其德⑲也，亦来告我曰：‘秦背令狐之盟，而来求盟于我，昭告昊⑳天上帝、秦三公㉑、楚三王㉒曰：余虽与晋出入，余唯利是视㉓。不穀恶其无成德，是用宣之，以惩不壹㉔。’诸侯备闻此言，斯是用痛心疾首，昵就寡人。寡人帅以听命㉕，唯好是求。君若惠顾诸侯，矜哀寡人，而赐之盟，则寡人之愿也。其承宁诸侯以退，岂敢徼乱。君若不施大惠，寡人不佞㉖，其不能以诸侯退矣。敢尽布之执事，俾执事实图利之！”

注释

①君：此指秦桓公。②引：伸长脖子。③庶抚：大概抚恤。④称盟：举行盟会。⑤有狄难：指鲁宣公十五年（前594年），晋灭赤狄潞氏（潞氏是国名）事，把“灭狄”说成“有难”，这也是吕相故意歪曲事实。⑥河县：晋国临河的县邑。⑦箕：晋国地名（在今山西省蒲县东北）。⑧郜（gào）：晋国地名（在今山西省祁县西）。⑨芟

（shān）：本义是“除草”，这里作割除、抢割解。⑩夷：伤害。⑪农功：庄稼。⑫虔刘：杀害，屠杀。⑬辅氏之聚：鲁宣公十五年，秦桓公伐晋，晋败秦军于辅氏。辅氏，晋地名（在今陕西省大荔县东）。⑭伯车：秦桓公之子。⑮我寡君：此指晋厉公。⑯白狄：狄族的一支，居住地在今陕西省北部一带。⑰州：此指雍州，古九州之一（包括今陕西省、甘肃省，以及青海省的一部分）。⑱昏姻：指晋文公在狄娶季隗。⑲二三其德：三心二意，反复无常。⑳昊：广大。㉑秦三公：指秦穆公、康公、共公。㉒楚三王：指楚成王、穆王、庄王。㉓唯利是视：一心图利，唯利是图。㉔不壹：不专一。㉕帅以听命：率诸侯来听候君王的命令。㉖不佞：不敏，不才。

译文

“到秦桓公君王继位后，我国君晋景公伸长脖子遥望着西边说：‘秦国大概会给我们抚恤吧！’但秦桓公不肯加恩结盟，而利用我国有赤狄作乱的机会，侵入我黄河沿岸的县邑，秦兵打砸抢掠焚烧我箕、郜两城，抢割我国的庄稼，毁坏田垄，杀戮我边疆的百姓。为此我国集中兵力聚于辅氏，以抵御秦军。秦桓公对两国灾祸的快速扩展感到后悔不迭，求福于先君献公、穆公，派他的儿子伯车来我国下达命令，对我景公说：‘秦晋两国共同修好，抛弃怨恨，恢复以往的恩德，共同追念前人的功业。’盟约还没有达成，晋景公溘然长逝，所以寡君争取达成盟约，才又有了与贵国君令狐的盟会。可是秦桓公又萌生坏心，背弃盟誓。白狄与君王同住在雍州之内，白狄是秦桓公的仇敌，但是我晋国的联姻亲属之国。秦桓公派使臣来下达命令，说：‘秦国与晋国共同讨伐白狄。’寡君不敢顾念与白狄的联姻关系，畏惧秦君的威灵，接受了使臣下达的命令。但秦桓公耍诡计分心倾向白狄，派使者对白狄人说：‘晋国要征讨你们。’狄人表面上答应但心中却十分痛恨，便将这番话告诉我们。楚国人对秦桓公的三心二意也是恨之入骨，也派使者来给我们送信说：‘秦国人违背誓言破坏了令狐的盟会，却来要求和我们结盟，我们对着皇天上帝、秦三公、楚三王明白宣誓道：他虽然晋国往来，却只看他自己的利益。秦国无专一道德，因而将他的话揭露出来，以惩治他的言行不一。’诸侯听到这些话，对秦国感到非常失望、痛心疾首，诸侯都来亲近我寡君。为避免造成混战局面，寡君率领诸侯听从秦桓公的命令，只要求能把友好关系坚持下去。秦桓公如果友好仁慈地顾念诸侯，哀怜我寡君，与我们订立盟约，那是我寡君和诸侯的愿望。我们将接受君王的命令，诸侯都退走，我们不敢谋求战乱。秦桓公不施舍恩惠，寡人无才能，也就无法叫诸侯退兵了。恕我斗胆把我们的意见陈述给君王的使者，便于使者予以认真考虑。”

精彩点拨

吕相这篇《绝秦书》，历数秦穆、康、桓三王和晋献、惠、文、襄、景五君之事，上溯源流，下及当世，行文纵横捭阖，笔力阳刚雄健，结构严整，句法变化错综，行文步步紧逼，不容辩驳，虽然言语中真假掺杂甚至强词夺理，但深意曲笔，文字铮铮，开战国纵横家游说之词和后世论辩书信的先河。这篇外交辞令，给后世很大影响，其后秦作《讥楚文》，即仿效此书。《吕相绝秦》可谓后世“檄文之祖”。

阅读积累

名家点评《吕相绝秦》

明朝孙月峰《左传杜林合注》评：“通篇俱是造作出，语言最为工炼，叙事婉曲有条理，其字法细，其句法古，其章法整，其篇法密。诵之数十过不厌，在辞令中又别是一种格调。”清朝余诚《古文释义》评：“行文之妙，一波未平一波随起，前后相生，机神鼓荡。有顿挫处，有跌宕处，有关锁处，有收束处，有重复处，有变换处，长短错综，纵横排界，无美不备，应是左氏得意之作。”清朝冯李骅《左绣》评：“绝秦自作一首妙文读。绝秦以末段为主，但单责秦桓，殊苦寥落，远远从穆康说来，便有波澜，若只说他不是亦难醒豁，看着将自己好处相形，便有衬托。通篇段落顿挫，格调低回，只是工于抑扬，遂尔文情绝世。”又评：“前后大旨，只是称己之是而饰其过，责人之非而没其善。称己则用重笔，而文过则用轻笔；没善则用轻笔，而责过则用重笔。”

晋楚鄢陵之战　成公十六年

精彩导读

公元前575年春，楚国割汝阴之地（今河南省郏县、叶县一带）给郑国，诱使郑国背叛晋国与楚国结盟；唆使郑国进攻晋国的盟友宋国。五月，晋厉公与齐鲁卫等国相约伐郑，楚共王领兵救郑，两军相遇于鄢陵（今河南省鄢陵县西北）。楚军采用以往的策略，在黎明时突然逼近晋军营垒。晋军营前有大片泥沼。晋军填井平灶，疏散行道，列队应战。欲知详情如何，请细读之。

原文

十六年春，楚子自武城①使公子成②以汝阴③之田求成于郑。郑叛晋，子驷④从楚子盟于武城。郑子罕伐宋，宋将钼、乐惧⑤败诸汋陂⑥。退，舍于夫渠⑦，不儆，郑人覆之，败诸汋陵⑧，获将鉏、乐惧。宋恃胜也。

卫侯伐郑，至于鸣雁⑨，为晋故也。

注释

①武城：见《僖公六年传》注。②公子成：春秋时期楚国大夫。③汝阴：汝水之南（在今河南省郏县与叶县一带）。④子驷：春秋时期郑国大夫。⑤将钼、乐惧：皆宋国大夫。⑥汋（shúo）陂（pí）：宋国地名（在今河南省商丘市宁陵县东南）。⑦夫渠：离汋陂不远。⑧汋陵：古地名（在今河南省商丘市宁陵县东南）。⑨鸣雁：古地名（在今河南省开封市杞县）。

译文

十六年春，楚共王任命管理武城的大夫公子成为使者，以割让汝水以南田地为条件向郑国求和。郑国背叛晋国，郑国大夫子驷前往武城与楚共王订立盟约。郑国的子罕率领大军攻打宋国，宋国大夫将鉏、乐惧在汋陂一举打败子罕。宋军退兵后驻扎在夫渠，刚打了胜仗不加警备放松了警惕，被郑国大夫子驷设伏兵袭击，宋军在汋陵大败，大夫将鉏、乐惧成了俘虏。宋国反胜为败，就是败在仗恃打了胜仗而不加戒备。

卫献公攻打郑国，到达一个叫鸣雁的地方，全是为晋国而出兵。

原文

晋侯将伐郑，范文子曰①："若逞吾愿②，诸侯皆叛，晋可以逞。若唯郑叛，晋国之忧，可立俟③也。"栾武子曰④："不可以当吾世而失诸侯，必伐郑。"乃兴师。栾书将中军，士燮佐之。郤锜⑤将上军，荀偃佐之⑥。韩厥⑦将下军，郤至佐新军，荀罃⑧居守⑨。郤犨如卫，遂如齐，皆乞师焉。栾黡⑩来乞师⑪，孟献子⑫曰："有胜⑬矣。"戊寅⑭，晋师起。

注释

①范文子：士燮，亦称范叔，死谥文子。②若逞吾愿：如果为了逞一时的快意来满足我们的欲望。逞，意为满足。③立俟：站着就能等得到、看得见。④栾武子：栾书，死谥武子。⑤锜：郤至、郤犨（chōu）、郤克的同族。⑥荀偃：字伯游，即中行献子，一称中行偃，荀林父之孙，荀庚之子。⑦韩厥：晋国大夫。⑧荀罃：知罃，一称知武子，知庄子（荀首）的儿子。⑨居守：留守国内。⑩栾黡（yǎn）：栾书的儿子，一称栾桓子。⑪乞师：请求援兵。⑫孟献子：鲁之公族，名蔑。⑬有胜：意思是说有战胜的希望。⑭戊寅：此指四月十二。

译文

晋厉公已做好征讨郑国的准备，范文子劝谏："如果为了逞一时的快意来满足我们的欲望，那么当所有诸侯都背叛我们时，我们方可出兵征讨。如果只是郑国背叛我们，而我们也同样出兵，那么晋国的忧患，马上就会到来。"而栾书却说："不能从我们这代人失去诸侯对我们的拥护，必须征讨郑国。"晋厉公采纳了栾书的建议，决定出兵伐郑。栾书率中军，士燮辅佐他。郤锜率上军，荀偃辅佐他。韩厥率下军，郤至辅佐新军，荀罃留守晋都。郤犨为使者先去卫国，随后去齐国，目的都是请求出兵援助。栾书的儿子栾黡也来请求出兵，孟献子高兴地说："晋国胜券在握了。"四月十二，晋军出兵。

原文

郑人闻有晋师，使告于楚，姚句耳[1]与往。楚子[2]救郑，司马[3]将中军，令尹[4]将左，右尹[5]子辛[6]将右。过申[7]，子反入见申叔时，曰：“师其何如？”对曰：“德、刑、详、义、礼、信，战之器也。德以施惠，刑以正邪，详以事神，义以建利[8]，礼以顺时[9]，信以守物[10]。民生厚而德正，用利而事节[11]，时顺而物成。上下和睦，周旋不逆，求无不具，各知其极[12]。故《诗》曰：‘立我烝民，莫匪尔极[13]。’是以神降之福，时无灾害，民生敦厖[14]，和同以听，莫不尽力以从上命，致死以补其阙[15]。此战之所由克也。今楚内弃其民，而外绝其好，渎齐盟[16]，而食话言，奸时以动[17]，而疲民以逞。民不知信，进退罪也[18]。人恤所厎[19]，其谁致死？子其勉之！吾不复见子矣。”姚句耳先归，子驷[20]问焉，对曰：“其行速，过险而不整。速则失志[21]，不整丧列[22]。志失列丧，将何以战？楚惧不可用也。”

注释

①姚句（gōu）耳：郑国大夫。②楚子：楚共王，名审。③司马：楚官名。此司马为公子侧，字子反。④令尹：楚官名。即公子婴齐，字子重。⑤右尹：楚官名。⑥子辛：郑国公族公子壬夫，字子辛。⑦申：古国名（在今河南省南阳市北）。⑧义以建利：有了标准才能建立起对国家有利的措施。义，指是非标准。⑨顺时：合于时宜。⑩守物：对各种事物专其职守。⑪节：合乎情理的规定和安排。⑫极：此指标准和原则。⑬立我烝民，莫匪尔极：语出《诗经·周颂·思文》，意谓周祖先后稷安置众民，无不合乎准则。烝，众。⑭厖（máng）：大，引申为富有，富足。⑮补其阙：补救国家的损失。⑯齐（zhāi）盟：指古代祭祀时斋肃明誓之事。齐，通“斋”。⑰奸时以动：奸，犯；奸时，即违时。鄢陵之战在周历四月（夏历二月），正是春耕季节，故云“奸时以动”。⑱进退罪也：意思是前进或后退，都有犯罪的可能。⑲厎（zhǐ）：往，指军队开赴前线。⑳子驷：郑国公族公子騑。公子騑字子驷。㉑失志：此指思虑得不够周密。㉒不整丧列：指军容不整齐，队伍纪律涣散。

译文

郑国人得知晋军出兵前来进犯，速派使者向楚国报告，郑国大夫姚句耳也一同前往。楚共王立即做出救郑的决定并亲率大军出征，由司马子反率中军，令尹子重率左军，右尹子辛率右军。大军在经过申国时，司马子反拜见申叔时，问：“这次交战，您看会是怎样的结局呢？”申叔时回答说：“道德、刑罚、赤诚、义理、礼法、信用，都是战争取胜的必备条件。用道德施予恩惠，用刑罚纠正邪恶，用赤诚侍奉神灵，用义理获取利益，用礼法理顺时尚，用信用保有万物。只有使百姓生活富裕，道德才会自然纯正；使用百姓对国家有利，办事就会有节制；时尚合情合理，做事就会成功。上下和睦，行为处事就没有阻拦，凡有所求都无不具备，百姓都懂得行事的准则。所以《诗经》上说：‘先王治理我民众，让他们无不懂得行为的准则。’因而神灵降下幸福，一年四季都没灾害，百姓生活富足，同心协力，听从指挥，服从命令，甘愿牺牲自己来弥补国家的损失。这就是战争夺取胜利的根本保证。现在楚国的状况，对内不顾及他的百姓，对外断绝与友好国家往来，亵渎斋戒盟誓之事，说话不讲信用，违背农时而兴师动武，以百姓的疲劳来满足自己的欲望。百姓不懂得什么是信义，进退都有犯罪的可能。士卒对上战场心存忧患，谁肯卖命送死呢？你努力自勉好自为之吧，我不会再见到您了。”郑国大夫姚句耳先回到郑国，子驷问他，他回答说：“楚国军队行军速度快，军容不整齐，队伍纪律涣散，经过险要的地方也不防备、不整顿。行军过速，思虑得不够周密。不加防备整顿，就会失去应有的队形队列。考虑不周，队列丧失，还有什么作战的资格？我担心楚军靠不住。”

原文

五月，晋师济河。闻楚师将至，范文子欲反①，曰：“我伪逃楚，可以纾忧②。夫合诸侯③，非吾所能也，以遗能者。我若群臣辑睦④以事君，多矣⑤。”武子曰：“不可。”

注释

①反：同“返”。②纾（shū）忧：解除忧患。③合诸侯：指把诸侯聚合起来听命于晋。④辑睦：和睦。⑤多：足够。

译文

五月，晋国军队渡过黄河。得知楚军即将到达的消息，士燮突然产生撤军的想法，说：“我们撤军假装逃避楚军，可以解除国内忧患。把诸侯聚合起来听命于晋，我们是办不到的，还是把这留给那些有能力的人吧。我们群臣能和和睦睦侍奉国君，就足够了。”栾书说：“不可。”

原文

六月，晋、楚遇于鄢陵①。范文子不欲战，郤至曰："韩之战②，惠公不振旅③；箕之役④，先轸不反命⑤；邲之师⑥，荀伯不复从⑦。皆晋之耻也。子亦见先君之事矣。今我辟楚，又益耻也。"文子曰："吾先君之亟战也，有故。秦、狄、齐、楚皆强，不尽办，子孙将弱。今三强服矣，敌楚而已。唯圣人能外内无患，自非圣人，外宁必有内忧。盍释楚以为外惧乎⑧？"

注释

①鄢陵：郑邑名（即今河南省鄢陵县）。②韩之战：指鲁僖公十五年（前645年）的秦晋韩之战，晋国战败，晋惠公被秦国俘虏。韩，晋地名（在今陕西省韩城市南）。③振旅：整军而归。④箕之役：指鲁僖公三十三年（前627年）的晋、狄箕之战，晋军主帅先轸战死。箕，地名（在今山西省太谷县东）。⑤不反命：没有活着回来。⑥邲之师：指宣公十二年（前597年）的晋楚邲之战，晋国战败。邲，郑地名（在今河南省郑州市境）。⑦不复从：也指失败。从，周旋的意思。⑧盍释楚以为外惧乎：意思是为什么不放过楚国，使晋君对外有所戒惧呢？

译文

六月，晋国军队和楚国军队在鄢陵相遇。士燮不愿交战，郤至劝说："韩之战，惠公没有凯旋；箕之战，先轸没有复命；邲之战，荀伯战败，再也不能与楚军周旋。这些战例都是我们晋国的耻辱。以上先君的事情您也见过吧。现在还要躲避楚军这岂不是又给晋国增添耻辱吗？"士燮说："先君虽屡次征战，皆事出有因。秦、狄、齐、楚，都是强国，我们如果不尽力征战，子孙将被削弱。现在秦、狄、齐三个强国都已归顺，敌手只有一个楚国。唯有圣人才能做到国内外均无忧患，我们不是圣人，国外安宁必然出现国内的忧患。何不放过楚国，把它当作引起戒惧的外部国家呢？"

原文

甲午晦①，楚晨压②晋军而陈③。军吏患之。范匄④趋进，曰："塞井夷灶，陈于军中，而疏行首⑤。晋、楚唯天所授，何患焉？"文子执戈逐之，曰："国之存亡，天也。

童子何知焉？”栾书曰：“楚师轻窕[6]，固垒而待之，三日必退。退而击之，必获胜焉。”郤至曰：“楚有六间[7]，不可失也：其二卿[8]相恶；王卒以旧[9]；郑陈而不整；蛮军[10]而不陈；陈不违晦[11]；在陈而嚣[12]，合而加嚣，各顾其后，莫有斗心。旧不必良，以犯天忌，我必克之。”

注释

①晦：夏历每月的最后一天。②压：逼近。③陈：同“阵”。④范匄（gài）：士燮之子，一称范宣子。时年尚幼，故其父称之为“童子”。⑤行首：队伍的前列。⑥轻窕：意思是军心浮躁。⑦六间：指有六个缺陷。⑧二卿：指子反和子重。二人不和，故战败后子重逼子反自杀。⑨王卒以旧：楚王的亲兵都是老部下，年纪大了。⑩蛮军：指楚王带来的楚国南方的蛮族军队。⑪陈不违晦：古代遇晦日不宜布阵作战，但楚军不回避，故郤至说这也是楚军的一间。⑫嚣：喧哗。

译文

甲午晦日是夏历六月的最后一天，楚国军队大早晨就逼近晋军并摆开攻击的阵势。晋国军吏感到害怕而为此担心。士燮的儿子范匄慌忙跑进营帐，说：“把井填平、灶铲净，我们在军中摆开阵势，把队伍的前列疏散开。晋国和楚国都是上天所授予的国家，有什么可怕的？”士燮拿起戈要赶走儿子，说：“国家存亡怎么是由天决定的，小孩懂得什么？”栾书说：“楚国军队人心浮躁、纪律涣散，我们固守营垒等待时机，三天后楚军必退，等其退时我们全力出击，必然获胜。”郤至说：“楚军有六个缺陷，抓住这次机会不可丢失。两位卿相不和睦，互相仇视；楚王的亲兵都是老部下，年纪大了；郑国军队虽摆开阵势但军容不整；虽有楚国南方的蛮族军队，但未摆开阵势；布阵而不避开晦日；士卒在军阵中喧哗，两军相遇后喧哗更是毫无节制，人人都想着逃跑的后路，没有斗志。旧部下并不都是精兵良将，晦日布阵已经犯了天忌，我军攻打楚军必胜无疑。”

原文

楚子登巢车[1]以望晋军，子重使大宰[2]伯州犁[3]侍于王后。王曰：“骋而左右[4]，何也？”曰：“召军吏也。”“皆聚于军中矣！”曰：“合谋也。”“张幕矣。”曰：“虔卜于先君也。”“彻幕矣！”曰：“将发命也。”“甚嚣，且尘上矣！”曰：“将塞井夷灶而为行[5]也。”“皆乘矣，左右执兵而下矣！”曰：“听誓[6]也。”“战乎？”曰：

“未可知也。”“乘而左右皆下矣！”曰：“战祷[7]也。”伯州犁以公卒告王。苗贲皇[8]在晋侯之侧，亦以王卒告。皆曰：“国士[9]在，且厚，不可当也。”苗贲皇言于晋侯曰：“楚之良，在其中军王族[10]而已。请分良以击其左右，而三军萃[11]于王卒，必大败之。”公筮之，史曰：“吉。其卦遇《复》[12]，曰：‘南国蹙[13]，射其元王[14]中阙目。国蹙、王伤，不败何待？”公从之。

注释

①巢车：一种兵车，高大如树上的鸟巢，可以登之而瞭望敌人。②大宰：官名，掌王族事务。大，通“太”。③伯州犁：晋大夫伯宗之子，因其父被杀而奔楚。④骋而左右：有人骑马左右奔跑。⑤为行：列阵。⑥听誓：士兵听从主帅发布誓师的命令。⑦战祷：战前祝福祷告鬼神。⑧苗贲皇：原为楚国大臣，楚斗椒的儿子，鲁宣公四年奔晋。⑨国士：指楚王的亲兵。⑩王族：与下文的“王卒”，均指楚王的亲兵。⑪萃：聚集。⑫《复》：复卦，《震》卦在下，《坤》卦在上。⑬蹙（cù）：同“蹙”，窘迫。⑭元王：最高之王，也指最高领袖。

译文

楚王登上高高的巢车瞭望晋军，子重叫掌管王族事务的太宰伯州犁侍立在楚王后面。楚王问：“有人驾驶战车忽左忽右地奔跑，这是为什么？”伯州犁回答：“是在召集军吏。”问：“都聚集于军帐之中！”答：“是在一同谋划军务。”问：“帐幕拉开又撤去了。”答：“是在虔诚地向先君问卜。”问：“帐幕又撤去了！”答：“要发布命令。”问：“喧哗得连尘土都飞扬起来了！”答：“此是填井平灶布列行阵。”问：“全都登上战车，但将领和车右又都拿着兵器下来了！”答：“这是去听取主帅的誓师号令。”问：“是要出战吗？”答：“还不知道。”问：“他们全都上了战车，但将领和车右都下车了！”答：“要开始作战前的祈祷。”伯州犁将晋侯的情况禀报给楚王。苗贲皇站在晋侯旁边，也将楚王亲兵的情况禀报给晋侯。晋侯左右的人都说：“楚国的杰出人才全在军中，人多势众，这是不可抵挡的。”苗贲皇对晋侯进言：“楚国的精兵，不过是中军的亲兵而已，可把我们的精兵分为两支队伍，分别攻击他们的左、右军，再聚集三军攻其亲兵，必能大败楚军。”晋侯算了一卦，史官说：“吉利。得到《复》卦，卦意说：‘南国艰难窘迫，射他的元首，中其一目。’国君窘迫，国王受伤，楚国此时不败还要拖到何时？”晋侯就按这个卦去布置了。

原文

有淖[①]于前，乃皆左右相违[②]于淖。步毅[③]御晋厉公，栾针[④]为右。彭名御楚共王，潘党为右。石首御郑成公，唐苟为右。栾、范以其族夹公行。陷于淖，栾书将载晋侯，针曰："书退，国有大任，焉得专[⑤]之。且侵官[⑥]，冒也；失官[⑦]，慢也；离局[⑧]，奸也。有三罪焉，不可犯也。"乃掀公以出于淖。

注释

①淖（nào）：泥坑。②左右相违：避开，从左右两侧绕开走。③步毅：郤毅，郤克的同族。④栾针：栾书的儿子，栾黡之弟。⑤专：一手包办。⑥侵官：侵夺他人的职责。⑦失官：擅离职守。⑧离局：指远离部下。

译文

晋国军队的前面出现了一个大泥坑，官兵全都从左右两侧绕开走以避开大坑。步毅为晋侯驾车，栾针为车右。彭名为楚王驾车，潘党为车右。石首为郑成公驾车，唐苟为车右。栾氏、范氏带领着他们的家族在士兵左右夹护下保卫着晋侯前进。晋侯的战车陷入泥坑中，栾书恭请晋侯乘坐自己的战车，栾针大声说："栾书你走开，国家有许多重大任务，你一人不能独占功劳。你的行为属于侵夺他人职责，这是冒犯；丢弃本人职守，是怠慢；离开自己的部属，是错误。这三条罪过，都不能触犯。"栾针说完托起晋侯坐的车用力推出泥坑。

原文

癸巳[①]，潘尪之党[②]与养由基[③]蹲甲[④]而射之，彻七札[⑤]焉。以示王，曰："君有二臣如此，何忧于战？"王怒曰："大辱国[⑥]。诘朝[⑦]尔射，死艺[⑧]。"吕锜[⑨]梦射月，中之，退入于泥。占之，曰："姬姓，日也。异姓，月也，必楚王也[⑩]。射而中之，退入于泥，示必死矣。"及战，射共王，中目。王召养由基，与之两矢，使射吕锜，中项[⑪]，伏弢[⑫]。以一矢复命。

注释

①癸巳：甲午的前一天，这里是倒叙战前的事情。②潘尪之党：即潘尪的儿子潘党。③养由基：楚国名将，善射。④蹲甲：把铠甲积叠起来。⑤七札：七层铠甲。⑥大辱国：意思是指凭借高强的武艺而不懂得谋略，是国家的耻辱。⑦诘朝：第二天早晨。⑧死艺：意思是指死于炫耀武艺。⑨吕锜：晋国的魏锜。⑩姬姓，日也。异姓，月也，必楚王也：古代以日比天子，以月比臣、诸侯，周天子与晋侯均姬姓，故云“日也”；楚王芈姓，为异姓诸侯，故云“月也”。⑪项：颈项。⑫弢（tāo）：弓衣，弓套。

译文

癸巳日，楚国大夫潘尪的儿子潘党与楚国大夫养由基把铠甲积叠起来，比赛射箭，二人旗鼓相当，都把七层皮甲射穿了。二人拿着射穿的皮甲给楚王看，非常自信地说：“君王有我们两位箭术高强的臣子，何须担忧与晋国交战？”楚王听后勃然大怒，说道：“你们这是在羞辱国家。明天早上，你们要是射箭，必定会死在这射技上面。”就在这天晚上，晋国大将吕锜梦见向着月亮射箭，竟然射中了月亮，就在后退时掉进泥坑里。吕锜找占梦的人占卜，占梦人说：“姬姓，是太阳。异姓，是月亮，月亮必定是楚王。你虽然射中楚王，但在后退时又掉进泥坑里，预示你必死无疑。”第二天甲午日交战时，吕锜果然射中了楚王的眼睛。楚王立即招来养由基，交给他两支箭，要他去射吕锜，养由基一箭射中吕锜的脖子，吕锜伏在弓套上死去。养由基拿着剩下的一支箭去复命。

原文

郤至三遇楚子之卒，见楚子必下，免胄而趋风①。楚子使工尹②襄③问之以弓④，曰：“方事之殷也，有韎⑤韦⑥之跗注⑦，君子也。识见不穀⑧而趋。无乃伤乎？”郤至见客，免胄承命，曰：“君⑨之外臣⑩至，从寡君之戎事，以君之灵，间⑪蒙⑫甲胄，不敢拜命。敢告不宁⑬，君命之辱，为事之故，敢肃⑭使者。”三肃使者而退。

注释

①免胄而趋风：意思是臣见君时的恭敬表现。②工尹：官名。③襄：人名。④问之以弓：春秋时期，当向某人问候时，一般都要呈送礼物表达情意。⑤韎（mèi）：赤黄色。⑥韦：熟牛皮。⑦跗（fū）注：春秋时期的军服皆衣裤相连，裤脚系在踝跗之上。⑧不

毂：不善。春秋时期诸侯君的谦称。⑨君：这里指楚王。⑩外臣：古代臣子在他国国君之前自称“外臣”。文中工尹襄代表楚王，故郤至亦自称“外臣”。⑪间：近来。⑫蒙：披着，穿着。⑬宁：通“慭”，受伤。⑭肃：古代的一种行礼方式，与今之作揖相似。

译文

郤至有三回遇到楚王的士卒，每一回见到楚王时都快速下车，把头盔脱掉，如风般走去。楚王派工尹襄送给他一张弓，说：“正当战事激烈之时，有个身穿赤黄色皮军装的人，他真是个君子。见到不穀就快步走，他莫非受伤了？”郤至接见楚军来访的客人，脱掉头盔并接受楚王的问候，说：“本人是君王的外臣郤至，跟随寡君前来作战，托楚君的威灵，近来依然披戴铠甲和头盔，所以无法拜受君王慰劳的旨意。我冒昧地告诉您，我并没受伤，对于君王的问候，我感到惭愧，因为战事，所以我冒昧地向您作揖行礼。”郤至说完郑重地向使者作了三次揖，方才踽踽而退。

原文

晋韩厥[①]从郑伯，其御杜溷罗[②]曰：“速从之！其御屡顾，不在马，可及也。”韩厥曰：“不可以再辱国君[③]。”乃止。郤至从郑伯，其右茀翰胡曰：“谍[④]辂[⑤]之，余从之乘而俘以下。”郤至曰：“伤国君有刑。”亦止。石首曰：“卫懿公[⑥]唯不去其旗，是以败于荧[⑦]。”乃内旌于弢中。唐苟谓石首曰：“子在君侧，败者壹[⑧]大[⑨]。我不如子，子以君免，我请止。”乃死。

注释

①韩厥：别名韩献子，春秋时期晋国的卿大夫，是一位出色的政治家、骁勇善战的武将。②杜溷（hùn）罗：曾为晋国卿大夫韩厥的御戎。③不可以再辱国君：吕锜已羞辱过楚王（射其一目），故韩厥说：“不可以再辱国君。”④谍：一般指侦察兵，这里指轻骑兵。⑤辂：迎战，这里指拦截、攻击。⑥卫懿公：春秋初年卫国国君，名赤。鲁闵公二年（前660年），卫国与狄国在荧泽大战，狄人战胜卫军，卫懿公因不去其旗，结果被狄人认出遭到杀害。⑦荧：荧泽，地名（在今河北境内的黄河以北），具体方位无从考证。⑧壹：一心一意。⑨大：这里指国君。

译文

晋国卿大夫韩厥追赶郑成公，韩厥的御者杜溷罗说："赶快追赶！郑成公的御者总是回头看我们是否赶上，说明他的心不在战马上，我们可以赶上。"韩厥说："不能再羞辱国君了。"因此杜溷罗停止了追击。郤至追赶郑成公，他的车右茀翰胡说："我们可派遣轻骑兵绕道拦截、攻击，我从后面登上他的车将他俘获。"郤至说："伤害国君是要受处罚的。"于是，茀翰胡也停止了追击。郑成公的御者石首说："当年卫懿公就是因为不拿掉车上的旗帜，所以才在荧泽打了败仗。"石首说完话，便将旗帜放进弓套里。郑成公的车右唐苟对石首说："有您在国君的旁边，战败者应一心全力保护国君。这方面您比我优秀，您带着国君赶快逃走吧，我留下来对付追兵。"唐苟因奋勇拼杀而战死。

原文

楚师薄于险①，叔山冉②谓养由基曰："虽君有命③，为国故，子必射！"乃射。再发，尽殪。叔山冉搏人以投④，中车折轼⑤。晋师乃止。囚楚公子茷。

注释

①薄于险：意思是被逼到危险的地方。薄，同"迫"。险，险要、危险。②叔山冉：楚国勇士，复姓叔山，名冉。③君有命：楚共王曾责怪潘党、养由基二人"尔射，死艺"，意思是禁止其射箭。④博人以投：抓住晋人，又将此人向晋军投过去。⑤轼（shì）：古代马车上前方的横木。

译文

楚国军队被晋国军队逼迫到一险要地段，楚国勇士叔山冉对养由基说："虽然有国君的禁令，但为了国家，你一定要射箭！"养由基便箭射晋军。他连发两箭，所射尽死。叔山冉捉住晋国军人，又将其投向晋国军队中，投中战车，并将车前横木折断。晋国军队看此状况而停止追击。但晋军俘获、囚禁了楚国的公子茷。

原文

栾针①见子重②之旌，请曰："楚人谓：'夫旌，子重之麾也。'彼其子重也。日③臣之使于楚也，子重问晋国之勇。臣对曰：'好以众整。'曰：'又如何？'臣对曰：'好以暇。’今两国治戎，行人不使，不可谓整；临事而食言，不可谓暇。请摄[4]饮焉。”公许之。使行人执榼[5]承[6]饮，造于子重，曰：“寡君乏使，使针御持矛[7]。是以不得犒从者，使某摄饮。”子重曰：“夫子尝与吾言于楚，必是故也，不亦识[8]乎？”受而饮之。免使者而复鼓。

注释

①栾针：姬姓，栾氏，名针，春秋时期晋国车右。②子重：芈姓，熊氏，名婴齐，字子重，春秋时期楚国令尹。③日：日前，从前。④摄：代。栾针为晋侯车右，不能离开，故请求派人代为献酒。⑤榼（kē）：同“盒”，古代盛酒或装食物的器具。⑥承：奉。⑦御持矛：指为晋侯的车右。御，侍。⑧识（zhì）：记。

译文

晋国车右栾针看见楚国令尹子重的旗帜，遂向晋侯请求道：“楚人说：‘那面旗帜是子重的旗帜。’看来那个人就是子重了。从前下臣出使楚国时，子重曾问我有关晋人勇武的表现。下臣回答说：‘喜欢部队整饬周密。’又问：‘还有什么？’下臣回答说：‘喜欢从容不迫。’现在两国正在交战中，没有及时派出使者，不能说是整饬周密；遇到战事就自食其言，不能说是从容不迫。请派人代下臣向子重进酒。”晋侯答应了。遂派使者拿着食盒和美酒，到子重那里，说：“我们寡君缺乏人才，让栾针持矛侍立于寡君之侧。所以他无法来犒劳你的随从人员，派我来代为进酒。”子重说：“那位先生曾跟我在楚国交谈过，必定是为了那次交谈的缘故，我不是也记起来了吗？”说完，子重收下酒并当着晋国使者的面喝下。子重送走使者后又重新擂起战鼓。

原文

旦[1]而战，见星未已。子反命军吏察夷伤[2]，补卒乘，缮甲兵，展车马[3]，鸡鸣而食，唯命是听。晋人患之。苗贲皇徇[4]曰：“蒐乘补卒，秣马利兵，修陈固列，蓐食[5]申[6]祷，明日复战。”乃逸楚囚[7]。王闻之，召子反谋。榖阳竖献饮于子反，子反醉而不能见。王曰：“天败楚也夫！余不可以待。”乃宵遁。晋入楚军，三日榖。范文子立于戎马[8]之前，曰：“君幼，诸臣不佞[9]，何以及此？君其戒之！《周书》曰：‘唯命不于常[10]。’有德之谓[11]。”

注释

①旦：天刚亮的时候。指早晨。②夷伤：夷，通“痍”，创伤。③展：排列。④徇：宣令。⑤蓐食：黎明清晨，尚未起床，就在寝席被褥上吃早饭。⑥申：再次。⑦逸楚囚：故意放松警惕，让楚军俘虏逃走。按，晋军“逸楚囚”的目的，是想借楚囚的口告诉楚王，晋军亦早有准备。⑧戎马：指晋厉公的车马。⑨不佞：没有才能。⑩唯命不于常：语出《尚书·周书·康诰》。意谓天命之所在并非一成不变的。常，不变的规律。⑪有德之谓：意思是说上天只保佑那些有德行的人。

译文

天刚亮的时候双方就开始交战，战到晚上星星都布满了天空还没结束。楚国司马子反命令军吏去查点伤员并进行救助，补足士卒和战车，修理甲胄和兵器，排列好兵车战马，天亮鸡鸣时就进食，要绝对服从命令。晋国军人很担心。晋国谋士苗贲皇向军中传令说：“全体军士检阅战车，补充士卒，喂饱战马，磨快兵器，整顿军阵，巩固行列，早早地进食，再三地祈祷，明日再战。”为此苗贲皇派人故意放走楚军俘虏。楚王听了这些俘虏的报告后，紧急召见子反商量。子反的小臣穀阳竖献酒给子反，子反喝醉了，不能去见楚王。楚王说：“天败楚国啊！我不能坐以待毙。”因而连夜逃走。晋国军队一举攻克楚国军队营垒，一连三天，吃缴获来的楚军粮食。士燮站在晋侯兵车的马前，说：“国君年幼，诸臣无才，凭什么取得这种战果？君王要警惕啊！《周书》说：‘天命之所在并非一成不变的。’说的是有德者才能享有天命。”

原文

楚师还及瑕[①]。王使谓子反曰：“先大夫之覆师徒者[②]，君不在[③]。子无以为过，不穀之罪也。”子反再拜稽首曰：“君赐臣死，死且不朽。臣之卒实奔，臣之罪也。”子重使谓子反曰：“初陨师徒者[④]，而亦闻之矣[⑤]！盍图之？”对曰：“虽微先大夫有之，大夫命侧[⑥]，侧敢不义？侧亡君师，敢忘其死？”王使止之，弗及而卒。

注释

①瑕：随国地名（在今安徽省蒙城县北），后随成为楚国之附庸国，因此楚军得以在瑕地歇息。②先大夫：指子玉，子反的父亲。③君不在：国君不在军中。这里指子玉在

城濮之战中指挥作战而败于晋军，时楚成王不在军中，故把失败的责任扣在子玉头上，因子玉时为令尹、中军之帅，而这次楚王在军中，故下文共王说“不穀之罪也”。④初陨师徒者：此指子玉。按，子重要子反考虑一下子玉的下场，其用意是逼其自杀。陨：损失。⑤而：同“尔”。⑥侧：子反名侧。

译文

楚国军队撤回到瑕地休整。楚成王派人对子反说：“先大夫使楚军覆败，当时我国君不在军中。您可不要认为自己这次有过错，这不过是不穀的罪过而已。”子反对来人行大礼，拜了又拜，并叩头说：“国君赐臣以死，臣虽死而不朽。下臣的士卒确实有溃败逃奔的，这是下臣的罪过。”子重又派人来对子反说：“当初那位使楚军受挫的人，你大概也听说过了吧！你何不考虑考虑？”子反回答说：“即使没有先大夫那件事，可是有大夫命令侧考虑，侧岂敢不义而偷生？侧损失了君王的军队，岂敢忘记先大夫的自杀？”楚成王听说子反的回答后，深感惊愕，立即派人去制止，但为时已晚，派去的人还没赶到，子反就自杀了。

原文

战之日，齐国佐、高无咎至于师①。卫侯出于卫，公出于坏隤②。宣伯③通于穆姜④，欲去季⑤、孟⑥，而取其室。将行，穆姜送公，而使逐二子。公以晋难告⑦，曰：“请反而听命。”姜怒，公子偃、公子鉏趋过⑧，指之曰：“女不可，是皆君也。”公待于坏隤，申宫儆备，设守而后行，是以后。使孟献子守于公宫。

注释

①高无咎：高固之子。春秋时期齐国大夫。②坏隤：地名，春秋鲁国邑名（在今山东省曲阜市境）。③宣伯：指叔孙宣伯，又称叔孙侨如，鲁成公时为卿。④穆姜：鲁成公之母。⑤季：指季文子。⑥孟：指孟献子。⑦晋难：指晋国让鲁国出兵联合讨伐郑国。⑧公子偃、公子鉏：二人皆为成公庶弟。

译文

作战的这一天，齐国国佐、高无咎到达军中。卫献公从卫国而来，鲁成公从坏隤而来。叔孙宣伯和穆姜私通，并借此机会想要除掉季文子、孟献子，从而占取他们的家财。鲁成公将要出行，母亲穆姜相送，让他赶走季文子和孟献子。鲁成公便以晋国要求鲁国出兵的事敷衍穆姜，说：“请等我回来后再听从您的命令。”穆姜非常生气，正巧公子偃、公子鉏快步走过，穆姜指着他们对鲁成公说：“如果你不同意，这两个人都可以是国君。”鲁成公便在坏隤等待，防护宫室，加强戒备，设置守卫后方才出行，所以迟到了。鲁成公特意安排孟献子在公宫留守。

精彩点拨

由楚逃晋的苗贲皇献计晋厉公。他认为楚中军兵力强大，左、右军分别为郑军和蛮兵，队列不整；应首先改变晋军中、下军严整的军容，诱使楚左、右军进攻中军，这时，晋中军先分兵进击楚左、右军，当其陷入包围时，再由上、下军配合中军聚而歼之，然后集中上、中、下军与新军共击楚精锐的中军王卒。晋厉公听从了苗贲皇的计谋。苗贲皇创造的攻弱避坚的战术，成为著名的范例。

阅读积累

鄢陵之战

公元前575年春，楚共王见晋军兵力薄弱，遂率中军进攻，遭到抗击。共王伤目，中军后退，晋军乘势猛攻楚左、右军。追击中晋下军的将军韩厥几乎数次生擒楚王。激战自晨至暮，俘获了楚王儿子公子茷，楚军伤亡惨重，只得暂时收兵，在夜间补充士兵，准备鸡鸣再战。后因主帅子反醉酒，不能商议军机，楚军被迫夜遁。鄢陵之战使晋国巩固了霸业，使楚国削弱了霸权。

魏绛戮扬干　襄公三年

精彩导读

晋悼公的弟弟扬干，是个目无法纪、任性妄为的人，他仰仗哥哥对自己的疼爱，完全不把军纪国法放在眼里。诸侯会盟的时候，扬干扰乱晋军的行列，这件事被担任中军司马的魏绛发现了。他按照军中的规矩，处死了为扬干驾车的人，表示对于扬干的惩戒。正因为魏绛是个坚持原则、执法不二的人，所以他获得了晋悼公的信任，赢得了进一步发挥自己才干的机会。

原文

晋侯之弟扬干①乱行②于曲梁③，魏绛戮其仆④。晋侯怒，谓羊舌赤⑤曰："合诸侯，以为荣也。扬干为戮，何辱如之？必杀魏绛⑥，无失也！"对曰："绛无贰志，事君不辟难，有罪不逃刑，其将来辞⑦，何辱命焉？"言终，魏绛至，授仆人⑧书，将伏剑。士鲂⑨、张老⑩止之。公读其书，曰："日⑪君乏使⑫，使臣斯⑬司马。臣闻师众以顺⑭为武，军事有死无犯⑮为敬。君合诸侯，臣敢不敬？君师不武，执事不敬⑯，罪莫大焉。臣惧其死，以及扬干，无所逃罪。不能致训⑰，至于用钺⑱。臣之罪重，敢有不从⑲以怒君心？请归死于司寇⑳。"公跣㉑而出，曰："寡人之言，亲爱也。吾子之讨，军礼也。寡人有弟，弗能教训，使干大命，寡人之过也。子无重寡人之过，敢以为请。"

晋侯以魏绛为能以刑佐民矣，反役㉒，与之礼食㉓，使佐新军㉔。张老为中军司马㉕，士富㉖为候奄。

注释

①扬干：春秋时期晋国的公子。是惠伯谈的儿子，晋悼公的弟弟。②乱行：扰乱军队行列。③曲梁：古地名。曲梁在鸡泽附近（鸡泽在今河北省邯郸市东）。④仆：车夫。⑤羊舌赤：羊舌职之子，字伯华。羊舌职，叔向之父。⑥魏绛：又称绛，魏庄子，魏犨之

子，时为晋国中军司马，主管军法。⑦来辞：自己前来供状解释。⑧仆人：这里指接受并管理紧急奏事的官员。⑨士鲂：晋士会之子，晋国大夫。食邑于彘，又称彘季。⑩张老：晋臣，名老，字孟。晋国大夫。⑪日：昔日，指悼公新即位时。⑫乏使：乏，指缺少；使，指下人。意思是没有可使唤的人。⑬斯：同“司”，主持，担任的意思。⑭顺：遵守纪律，服从命令。⑮有死无犯：宁愿死去也不可触犯军纪、军令。⑯执事不敬：主管军吏而不敢依法治理不武者。⑰致训：事前不能教导众人。⑱钺（yuè）：大斧。这里指用大斧执行死刑。⑲不从：不受刑戮。⑳司寇：当时最高司法长官。㉑跣（xiǎn）：赤足。古人入室脱履，出室要穿上。悼公恐魏绛自杀，来不及穿履，故赤脚而出。㉒反役：从鸡泽之役归来。㉓礼食：国君在太庙宴请臣子称“礼食”。㉔佐新军：司马位为大夫，佐新军则位列于卿。㉕张老为中军司马：张老本是候奄，此是提升。㉖士富：士会的别族。

译文

晋悼公弟弟扬干在曲梁扰乱军队的行列，军法官魏绛杀了扬干的车夫以示惩戒。为此，晋悼公怒发冲冠，对羊舌赤说：“会合诸侯本来是引以为荣的事情，在众多诸侯面前扬干受到魏绛的羞辱，还有什么比这更大的侮辱？一定要杀掉魏绛，不要耽误时间！”羊舌赤回答：“魏绛并没有二心异志，侍奉君主不避危难，有了罪不逃避惩罚，他会来供状解释的，何必劳驾您下命令呢？”话刚落地，魏绛就来了，把一封信交给传事官后，就要拔剑自杀。士鲂、张老劝阻了他。晋悼公读信，信上说：“以前君主缺少使唤的人，派我担任司马。我听说军旅以服从命令为武，军中之事以宁死不犯军纪为敬。您会合诸侯，下臣岂敢不敬？君主的军队有不服从军令的，办事的人有不严肃执行军法的，罪过没有比这更大的了。我害怕自己因不严肃执行军法而犯死罪，所以处理了扬干，这罪过无可逃避。我没能事先进行教导，以至于要动用大刑。我的罪很重，哪里敢不服从刑罚而使君主发怒？请求让我回去死在司寇那里。”晋悼公光着脚慌忙跑出来，说道：“我的话，是出于对兄弟的亲爱。你杀死扬干的车夫，是执行军法。我有弟弟，却没有教育好，使他犯了军令，这是我的过错。请别让我错上加错，拜托你了！”

晋悼公由此认为魏绛能够用刑罚来治理人民，从盟会回国，就在太庙设宴款待他，并提拔他为新军副帅。张老任中军司马，士富当候奄。

精彩点拨

羊舌赤对晋悼公说："魏绛是个忠君没有异志的人，他侍奉君主从来不畏惧困难艰辛，有了罪责也不会逃避惩罚。依我看，他马上就会主动来向您说明他这么做的原因，何必劳烦您下命令呢？我们还是先听听他的解释吧！"羊舌赤的话刚说完，魏绛就来了，交上写好的书信，拔出宝剑准备自杀。晋悼公拦住了要自杀的魏绛，后来设宴款待，提拔重用。

阅读积累

晋悼公知错能改

知错能改，善莫大焉。晋悼公开始很愤怒，后来很冷静，知道自己的冲动出于私情，而魏绛的做法出于公心，自己不能因私废公，连鞋都没穿，就跑了出来，拉着魏绛的手对他说："我说的话，是出于哥哥对弟弟的疼爱。你杀死他的车夫，是出于维护军法。作为哥哥，没有把自己的弟弟教育好，这是我做哥哥的罪过，请你不要让我错上加错，拜托你了！"

魏绛论和戎 襄公四年

精彩导读

魏绛认为晋国和戎有五个好处：一、戎族总是逐水草茂盛的地方居住，轻视土地，我们可以收买其土地，扩大农耕生产，增强国力；二、边境安定了，农民获得好收成；三、戎族来议和，不战而屈人之兵，诸侯都将慑服于我们的威严；四、用议和的办法来安抚戎族，将士们不用拼命，军事力量用在大国的争霸事业上；五、用道德法度令远方的国家来朝见，让邻国安定，这是后羿失国给我们的历史教训。

原文

无终[①]子嘉父[②]使孟乐[③]如晋，因魏庄子[④]纳虎豹之皮，以请和诸戎。晋侯曰："戎狄无亲而贪，不如伐之。"魏绛曰："诸侯新服，陈新来和，将观于我。我德，则睦；否，则携贰。劳师于戎，而楚伐陈，必弗能救，是弃陈也。诸华[⑤]必叛。戎，禽兽也。获戎失华，无乃不可乎！《夏训》有之曰[⑥]：'有穷后羿……'[⑦]"公曰："后羿何如？"对曰："昔有夏之方衰也，后羿自鉏迁于穷石[⑧]，因夏民以代夏政。恃其射也，不修民事，而淫于原兽。弃武罗、伯困、熊髡、龙圉[⑨]，而用寒浞[⑩]。寒浞，伯明[⑪]氏之谗子弟也。伯明后寒弃之，夷羿收之，信而使之，以为己相。浞行媚于内[⑫]，而施赂于外，愚弄其民，而虞羿于田。树之诈慝[⑬]，以取其国家，外内咸服。羿犹不悛[⑭]，将归自田，家众杀而亨之，以食其子。其子不忍食诸，死于穷门。靡[⑮]奔有鬲氏[⑯]。浞因羿室，生浇及豷[⑰]，恃其谗慝诈伪，而不德于民。使浇用师，灭斟灌[⑱]及斟寻[⑲]氏。处浇于过[⑳]，处豷于戈[㉑]。靡自有鬲氏，收二国之烬[㉒]，以灭浞而立少康[㉓]。少康灭浇于过，后杼[㉔]灭豷于戈，有穷由是遂亡，失人故也。昔周辛甲[㉕]之为大史也，命百官，官箴王阙。于《虞人之箴》[㉖]曰：'芒芒[㉗]禹迹[㉘]，画为九州，经启九道。民有寝庙，兽有茂草，各有攸处，德用不扰。在帝夷羿，冒于原兽，忘其国恤[㉙]，而思其麀牡[㉚]。武不可重，用不恢于夏家。兽臣[㉛]司原，敢告仆夫。'《虞箴》如是，可不惩乎？"于是晋侯好田，故魏绛及之。

注释

①无终：古国名（在今山西省太原一带）。②嘉父：人名，无终国君名。③孟乐：无终国使臣。④魏庄子：魏绛。⑤诸华：指中原诸国。⑥《夏训》：夏书。⑦有穷后羿：有穷：夏代国名。后：君主。羿（yì）：国君名。此指魏绛的话还未说完，晋悼公突然插问。⑧鉏（jū）：古地名（在今河南省滑县）。穷石：穷谷（在今河南省洛阳市）。⑨武罗、伯困、熊髡（kūn）、龙圉（máng yǔ）：四人都是后羿的贤臣。⑩寒浞（zhuó）：后羿相。寒，本为部落名，在今山东省潍坊市。寒浞以部落名为氏。⑪伯明：寒国国君。⑫行媚于内：指浞与后羿妻妾通奸。⑬慝（tè）：邪恶。⑭悛（quān）：悔改。⑮靡：夏朝人，曾侍奉羿。⑯有鬲（gé）氏：部落名，地在今山东省德州市。⑰浇（ào）及豷（yì）：浞和后羿妻妾通奸所生的两个儿子。⑱斟灌：部落名，在今山东省范县。⑲斟寻：部落名。在今河南省洛阳市偃师区。⑳过：部落名，在今山东省掖县，近海。㉑戈：部落名，在宋国、郑国之间。㉒烬：遗民。㉓少康：夏后相之子，相传他在有鬲氏的帮助下，攻杀寒浞，恢复了夏朝统治。㉔后杼：少康子。㉕辛甲：本为殷商大臣，后为周太史。㉖虞人：掌管田猎之官。㉗芒芒：邈远的样子。㉘禹迹：大禹治水的痕迹，指中原国土。㉙国恤：国家的忧患。㉚麀（yōu）：雌鹿。牡：雄兽。㉛兽臣：虞人自称。

译文

无终国国君嘉父派孟乐出使晋国，孟乐打通关系通过魏绛献上珍贵的虎豹皮，向晋国提出请求，请求晋国和各部落戎人媾和。晋悼公对魏绛说："戎狄人不讲亲情、贪婪成性，我们不如借此机会攻打他们。"魏绛谏言道："诸侯归顺我们不久，陈国刚刚讲和，他们都在观察我们的行动。如果我们有德，他们就会亲近我们；否则，他们就会背叛我们。如果发动军队去打戎人，一旦楚国借此机会进攻陈国，我们肯定无法救援，这就会白白地丢弃陈国。出现这种局面，中原诸侯国一定会背叛我们。戎人犹如禽兽，得到戎而失去中原，恐怕不合适吧！《夏训》有这样的话：'有穷后羿……'"晋悼公略有沉思，问魏绛："后羿怎么样呢？"魏绛因势利导，回答说："从前正当有夏国衰落的时候，后羿从鉏地迁徙到穷石，他发动并借用夏朝民众的力量夺取了夏朝政权。后羿虽然取得了政权，但他不致力于治理百姓，而是倚仗自己精于射箭，只顾沉湎于打猎。后羿废弃武罗、伯困、熊髡、龙圉等忠臣良将，而任用奸佞小人寒浞。寒浞本是伯明氏的奸诈子弟。寒君伯明抛弃了寒浞，却被后羿接纳，信任并重用他，作为自己的辅相。寒浞大权在握，实施迷惑后羿的诡计，他在内宫对女人献媚，在外广布恩惠以收买人心，愚弄民众，还采取各种手段引诱后羿沉迷于田猎。寒浞扶植奸诈邪恶者，由此夺取了后羿的家和国，朝廷内外都顺从归附。至此后羿还不知悔改，当他准备从狩猎处回家时，手下人把他杀死并煮了他，强迫他的儿子吃。后羿的儿子不忍心吃，又被杀死在有穷国的城门。在这种局面下，曾侍奉羿的靡逃亡到了有鬲氏部落。寒浞扫除了障碍，霸占了后羿的妻妾，与她们生了浇和豷，仗着他的奸邪诈伪而不对百姓施德。派浇出兵，消灭了斟灌氏、斟寻氏。把浇安置在过地，让豷住在戈地。逃亡的靡是胸怀大志之人，他从有鬲氏那里收容两国逃难的遗民，把他们组织起来训练他们，用他们消灭了寒浞而拥立少康。少康在过灭掉了浇，后杼在戈灭掉了豷。有穷氏因此灭亡，这都是失去贤人的缘故啊。当初辛甲任周太史时，命令百官都来劝诫天子的过失。《虞人之箴》中就说：'大禹走过的邈远辽阔的大地，划分为九州，开辟了众多的道路。民众有住处、有宗庙，野兽有丰盛茂密的青草，人兽各有所处，互不干扰。后羿身居帝位，却一心贪恋打猎，忘记国家的忧患，想的只是飞禽走兽。田猎之事不能太频繁，那样做不利于扩大夏朝国力，其后果是导致国家的灭亡。我主管的是田猎之事，谨以此规劝君主的左右。'《虞箴》都这样说，能不引以为戒吗？"这时的晋悼公爱好打猎，所以魏绛委婉地说了这件事，提醒晋悼公。

原文

公曰："然则莫如和戎乎？"对曰："和戎有五利焉：戎狄荐居[①]，贵货易土[②]，土可贾焉，一也。边鄙不耸[③]，民狎其野，穑人成功[④]，二也。戎狄事晋，四邻振动，诸侯威怀，三也。以德绥戎，师徒不勤[⑤]甲兵不顿[⑥]，四也。鉴于后羿，而用德度，远至迩安，五也。君其图之！"

公说[⑦]，使魏绛盟诸戎，修民事，田以时。

注释

①荐居：逐水草而居。荐，草。②易土：轻视土地。③耸：恐惧（指受到侵犯）。④穑（sè）人：管理田地的官吏。⑤勤：劳。⑥顿：同"钝"。⑦说：同"悦"。

译文

晋悼公问："难道就没有比跟戎人修好更好的对策吗？"魏绛说："我们与戎人讲和会得到五大好处：戎狄逐水草而居，重财宝而轻土地，我们可以向他们收买土地，这是其一。从此边境不再恐惧，民众可安心于耕作，农夫管理农事可获得好收成，这是其二。戎狄侍奉晋国，周围邻国都会受到震动，诸侯慑服于我们的威严并诚心臣服，这是其三。我们用德行安抚戎人，将士免去辛劳，武器不被损坏，这是其四。有鉴于后羿失国的教训，而使用道德法度，远方国家来朝，近邻国家安定，这是其五。请主公您好好考虑考虑吧！”

晋悼公很满意魏绛这一番话，立即派魏绛出使各部戎狄与狄人媾和，又致力于治理民事，打猎合乎时令。

精彩点拨

悼公用魏绛和戎谋，以货易土，即以财货交换戎狄土地，使晋国疆域拓展到霍山以北的今山西中北部，使这里逐步由游牧型经济向农耕型经济过渡。“魏绛和戎”的成功，促成了“悼公复霸”的伟业，晋国由此得以摆脱内外交困局面，重振霸业。故悼公后来无比感慨地赞叹：“夫和戎狄，国之福也！”又说：“自吾用魏绛，九合诸侯，合戎、狄，魏子之力也。”

阅读积累

魏绛和戎的历史意义

“和戎”在中国民族文化史上具有开创性意义，是中国古代民族融合的历史创举。此前，中原国家与戎狄民族的交往多为彼此征讨的战争形势，“魏绛和戎”实际上开创了华夏与戎狄间和睦友好交往、互通互利的新形式。魏绛在民族融合过程中做出了杰出贡献，因此唐代大诗人杜甫赞日：“廉颇仍走敌，魏绛已和戎。”唐代另一位诗人吴融亦赞曰：“百年徒有伊川叹，五利宁列魏绛功。”

驹支不屈于晋　襄公十四年

精彩导读

文章记录戎子驹支以事实说话，逐层辩驳，驳倒范宣子气势汹汹责难的事：首先说晋国所赏赐的土地是荒芜不毛之地，不足以称大恩大德；其次说羌戎帮助晋国在肴地全歼秦军，已经报恩了，之后更是鞍前马后，毫无二心；最后暗示晋国众叛亲离是其自己一手造成的，与羌戎无关。全部辩词语气委婉而正气凛然，使范宣子不得不服。

原文

十四年春，吴告败于晋①。会于向②，为吴谋楚故也③。范宣子④数吴之不德也⑤，以退吴人。

执莒公子务娄，以其通楚使也⑥。

注释

①吴告败于晋：上一年，吴、楚发生战争。楚国在子庚、养由基的指挥下打败吴军。晋、吴同盟，因此吴国向晋国报告被楚国打败的事。②向：古吴地（在今安徽省怀远县）。③谋楚故：打算伐楚为吴国报仇。④范宣子：士匄（gài），此时为晋国执政大臣。⑤数（shǔ）吴之不德也：责备吴国趁楚国丧而伐楚是不道德的。数，责备。⑥执莒公子务娄，以其通楚使也：晋以通楚之罪扣留莒公子务娄。

译文

十四年春，吴国派使者向晋国通报去年被楚国战败之事。在向地相会，是为了替吴国策划攻打楚国。范宣子斥责吴国人不讲道德，并拒绝了吴国人的请求。

逮捕莒国公子务娄，这是因为他派使者和楚国私通。

原文

将执戎子驹支[①]。范宣子亲数诸朝[②]，曰："来！姜戎氏[③]！昔秦人迫逐乃祖吾离[④]于瓜州[⑤]，乃祖吾离被苫盖、蒙荆棘[⑥]以来归我先君。我先君惠公有不腆之田，与女剖分而食之。今诸侯之事我寡君不如昔者，盖言语漏泄，则职女之由。诘朝[⑦]之事，尔无与焉[⑧]！与，将执女！"对曰："昔秦人负恃其众，贪于土地，逐我诸戎[⑨]。惠公蠲[⑩]其大德，谓我诸戎是四岳[⑪]之裔胄[⑫]也，毋是翦弃[⑬]。赐我南鄙之田，狐狸所居，豺狼所嗥。我诸戎除翦其荆棘，驱其狐狸豺狼，以为先君不侵不叛之臣，至于今不贰。昔文公与秦伐郑，秦人窃与郑盟而舍戍焉[⑭]，于是乎有殽之师[⑮]。晋御其上，戎亢其下[⑯]，秦师不复，我诸戎实然[⑰]。譬如捕鹿，晋人角之，诸戎掎之[⑱]，与晋踣之[⑲]，戎何以不免？自是以来，晋之百役，与我诸戎相继于时[⑳]，以从执政，犹殽志也[㉑]。岂敢离逷[㉒]？今官之师旅[㉓]无乃实有所阙[㉔]，以携诸侯[㉕]，而罪我诸戎！我诸戎饮食衣服不与华同，贽币不通[㉖]，言语不达，何恶之能为[㉗]？不与于会，亦无瞢焉！"赋《青蝇》[㉘]而退。宣子辞焉，使即事于会，成恺悌[㉙]也。

于是子叔齐子[㉚]为季武子介以会，自是晋人轻鲁币而益敬其使[㉛]。

注释

①驹支：名称，戎部落头目之名。②朝：盟会的地方也设朝位。③姜戎氏：瓜州之戎有姜姓、允姓二支，这里是指姜姓。④吾离：人名，姜戎祖父名。⑤瓜州：古地名（在今甘肃省敦煌市）。⑥被苫（zhān）盖，蒙荆棘：这里是形容家境贫困。被，同“披”。苫盖，编茅草为衣。蒙荆棘，头戴用荆棘所编的冠。⑦诘朝：明天早上。⑧尔无与焉：你不要参加明天的会盟。⑨昔秦人负恃其众，贪于土地，逐我诸戎：指秦穆公称霸西戎。⑩蠲（juān）：昭明，显示。⑪四岳：尧时诸侯之长，姜姓。⑫裔胄：后代。⑬毋是翦弃：不要灭亡他们。翦弃，灭亡。⑭昔文公与秦伐郑，秦人窃与郑盟而舍戍焉：指僖公三十年烛之武退秦师，秦国与郑国结盟，并派杞子等三人戍郑。舍，安置。⑮殽之师：崤之战在僖公三十三年。⑯戎亢其下：戎人配合晋军抗秦。亢，同“抗”，抵抗。⑰诸戎实然：所以如此，是诸戎之功。⑱掎（jǐ）之：从后面拖其足。⑲踣（bó）之：向前扑倒。⑳晋之百役，与我诸戎相继于时：晋国有战事，诸都共同从事，从未间断。㉑以从执政，犹殽志也：从，追随。犹殽志，还同崤之战时候一样无二心。㉒逷（tí）：同“逖”，疏远。㉓官之师旅：指晋国群臣大夫。㉔有所阙：有过失。㉕以携诸侯：使诸侯离心。携，叛离。㉖贽币不通：财礼不相往来。㉗言语不达，何恶之能为：这是驳范宣子责备戎人得诸侯离晋、言语漏泄。㉘《青蝇》：《诗经·小雅》中的一篇。这里是取其“恺悌君子，无信谗言”的意思。㉙成恺悌：不信谗言。㉚子叔齐子：叔老，子叔婴齐之子。㉛轻鲁币：减少鲁国的财礼。币，指财礼。

译文

晋国已准备好要抓捕戎部落首领驹支。范宣子怒容满面，亲自在朝堂上责备驹支，说道：“过来，姜戎氏！当初秦国人在瓜州追赶你的祖父吾离，你祖父吾离身穿蓑衣、头戴草帽来归附我国先君。我们先君惠公只有不多的田地，还和你们共同平分而食用。如今诸侯侍奉我国主君不如以前，这都是由于话语泄露了机密，显然是你们传出去的。明天早晨的事，你们就不要参与了！如果参与，就要把你们逮起来！”驹支沉着冷静，回答说：“从前秦国人倚仗人多，贪图土地，驱赶我们各部戎人。惠公显示了他的大德，认为我们戎人各部都是四岳的后裔，不应把我们丢弃不管。于是赐给我们南部边境的田地。那都是狐狸出没、豺狼乱嗥的荒野之地。我们戎人砍掉这里的荆棘，赶走狐狸、豺狼，成为贵国先君不侵犯、不背叛的臣下，至今没有二心。当初晋文公与秦国讨伐郑国，秦国人暗地里和郑国结盟而安排了戍守的兵力，于是发生了殽之战。晋国在上面抵御，戎人在下面对抗，秦国军队师出无名毫无办法而撤回，正是我们戎人各部做到的。譬如捕鹿，晋人抓住了它的角，戎人拖住了它的腿，我们与晋国一起把它放倒。试问，戎人为何不能免于罪责呢？从那时起，晋国的各个战役，我各部戎人一个接一个地随时参与，以追随执事，如同崤之战一样。岂敢逃避远离？现在群臣官员恐怕有所失误，使得诸侯离心，反而怪罪我各部戎人！我们各部戎人饮食衣服与中原不同，财礼不相往来，言语不通，还能做什么坏事呢？不参加会见，我们也没什么好惭愧的。”驹支说完，赋了《青蝇》这首诗然后退下。范宣子听完之后认为驹支说得有理有据，当即表示了歉意，同意让他参加会见，成就了不信谗言的大度和雅量。

当时，子叔齐子作为季武子的副手介参加了会见，从此晋国减轻鲁国的财礼而更敬重其使者。

精彩点拨

文章开头范宣子一上来就是：“来，姜戎氏！”像怒气冲冲的主人呼唤惹了祸的奴隶，凶神恶煞，怒目而视，语气咄咄逼人，态度粗鲁生硬。接着居高临下，夸示晋先君对诸戎的大德大恩，而后毫无根据地把“今诸侯之事我寡君不如昔者”的罪责一股脑儿地推给驹支。“盖言语漏泄”，分明是推测、怀疑；“职女之由”，则是武断定罪；“与，将执女！”恐吓之声，令人不寒而栗！范宣子颐指气使、不可一世的神态纤毫毕现。

阅读积累

《驹支不屈于晋》语言特点

首先是把握分寸，恰到好处。他对范宣子的无端指责，既针锋相对又没有过激言辞，既不掩惠公之德，也不蒙不白之冤。其次是逻辑严密，形象生动。先感惠公之德，再表戎对晋之功，证明自己对晋忠心“不贰”。最后以诸戎“饮食衣服不与华同，贽币不通，言语不达，何恶之能为”的事实驳斥范宣子强加的罪名，环环相扣，天衣无缝。尤其是关于“捕鹿”的比喻，极为确切生动，且符合人物的身份。最后是赋诗言志，颇具策略。《青蝇》所赋：“恺悌君子，无信谗言。”驹支将范宣子恶意相加的罪名解释为“听信谗言”，给了范宣子一个台阶，把范宣子说成“恺悌君子”，也让这位盛气凌人的大人物感觉舒服。

崔杼弑齐庄公　襄公二十五年

精彩导读

本篇勾画了一个荒淫无耻、暴虐成性的君主的丑恶形象。他多次到崔杼家，与其妻私通，还荒唐到把崔杼的帽子赐给别人。对于下属的劝告，他不仅不听从，反而无耻狡辩，完全失去君主应有的品德和风范。不仅如此，他还鞭打侍从贾举，这最终造成他的被杀。作者用这些材料告诉人们，像齐庄公这样的君主被杀是不值得同情的，从而为推出晏子带有民主性的进步思想做好了铺垫。

原文

齐棠公①之妻，东郭偃②之姊也。东郭偃臣崔武子③。棠公死，偃御武子以吊焉。见棠姜而美之，使偃取之④。偃曰："男女辨姓⑤，今君出自丁，臣出自桓⑥，不可。"武子筮之，遇《困》之《大过》。史皆曰"吉"⑦。示陈文子⑧，文子曰："夫从风，风陨妻，不可娶也。且其《繇》曰：'困于石，据于蒺藜，入于其宫，不见其妻，凶。'困于石，往不济也⑨。据于蒺藜，所恃伤也⑩。入于其宫，不见其妻，凶，无所归也⑪。"崔子曰："嫠⑫也，何害？先夫当之矣⑬。"遂取之。

注释

①棠公：齐国棠邑大夫。②东郭偃：崔杼家臣。③崔武子：崔杼，齐国执政大臣。④取之：为崔杼娶棠姜为妻。⑤男女辨姓：辨姓，分别姓氏，指同姓不通婚。⑥今君出自丁，臣出自桓：丁，指齐丁公。桓，指齐桓公，同为姜姓。同为姜姓，故不能通婚。⑦史皆曰"吉"：太史为了逢迎崔杼，所以说"吉"。⑧陈文子：齐国大夫，又称陈须无。⑨困于石，往不济也：人走路竟被石头绊倒，前进也没有用。⑩据于蒺藜，所恃伤也：绊倒而两手抓在蒺藜上，意思是受到所依靠者的伤害。⑪入于其宫，不见其妻，凶，无所归也：回到家中，将看不到妻子，家破人亡，无可归宿。⑫嫠（lí）：寡妇。⑬先夫当之矣：意思是棠公已受棠姜之凶而死。先夫，指棠公。

译文

齐国棠公的妻子，是东郭偃的姐姐。东郭偃是崔杼的家臣。棠公死后，东郭偃驾车送崔杼前往吊唁。崔杼见到棠姜觉得她非常漂亮，并为之心动，便和东郭偃说爱上了棠姜，要娶她为妻。东郭偃说："男女结婚前要辨明姓氏，您是丁公的后代，下臣出自桓公，同姓不能结婚。"崔杼让人卜筮，得到《困》卦变成《大过》卦。史官都说："吉利。"崔杼把卦象拿给齐国大夫陈文子看，陈文子说："丈夫变为风，风把妻子吹落，不能娶她。而且这卦的《繇》词说：'为石头所困，以蒺藜为依靠，回到家里，不见他的妻子，凶。'为石头所困，意味着做了不会成功。以蒺藜为依靠，意味着所依靠的对象会使人受伤。回到家中，不见他的妻子，凶，意味着无家可归。"崔杼不悦，说："她是个寡妇，有什么妨碍的？就是有，他的前夫不是已经承担了这些凶险吗！"崔杼终于娶了棠姜。

原文

庄公①通焉②，骤③如崔氏④。以崔子之冠赐人，侍者曰："不可。"公曰："不为崔子，其无冠乎⑤？"崔子因是⑥，又以其间伐晋也⑦，曰："晋必将报。"欲弑公以说于晋，而不获间⑧。公鞭侍人贾举，而又近之⑨，乃为崔子间公⑩。

注释

①庄公：齐庄公。②通焉：私通棠姜。③骤：屡次。④崔氏：崔杼家。⑤不为崔子，其无冠乎：意思是不用崔杼之冠，岂无他冠可用。这是齐庄公不把崔杼放在眼里，有意侮辱他。不为，不是。其，同"岂"。⑥崔子因是：崔杼因此怨恨齐庄公。⑦间伐晋：趁晋国有难而攻打他。⑧不获间：没有找到机会。间，机会。⑨公鞭侍人贾举，而又近之：齐庄公鞭打贾举，过后又亲宠他。⑩间公：寻找机会杀齐庄公。

译文

齐庄公与棠姜私通，多次到崔杼的家里。然后齐庄公把崔杼的帽子赐给别人，侍者好意劝说："不能这样。"齐庄公说："不用崔杼的帽子，难道就没有别人的帽子可用了吗？"崔杼气愤难平，心中怨恨齐庄公，又因为齐庄公曾趁晋国的内乱而进攻晋国，说："晋国必然要报复。"崔杼想要杀死齐庄公以取悦晋国，可惜总是找不到机会。齐庄公鞭打侍人贾举，而后又亲宠他，贾举心中气愤，便为崔杼窥察机会。

原文

夏五月，莒为且于之役故①，莒子朝于齐。甲戌，飨诸北郭，崔子称疾，不视事②。乙亥，公问崔子，遂从姜氏。姜入于室，与崔子自侧户出③。公拊楹而歌④。侍人贾举止众从者而入，闭门。甲兴⑤，公登台而请，弗许；请盟，弗许；请自刃于庙，弗许。皆曰："君之臣杼疾病，不能听命⑥。近于公宫⑦，陪臣干掫⑧有淫者，不知二命⑨。"公逾墙，又射之，中股，反队⑩，遂弑之。贾举、州绰、邴师、公孙敖、封具、铎父、襄伊、偻堙皆死⑪。祝佗父祭于高唐⑫，至，复命，不说弁而死于崔氏⑬。申蒯，侍渔者，退，谓其宰曰："尔以帑免⑭，我将死。"其宰曰："免，是反子之义也⑮。"与之皆死。崔氏杀鬷蔑于平阴⑯。

注释

①且于之役故：去年，齐国攻打晋国后，在回国途中借机袭击莒国，攻城时齐庄公受伤。②崔子称疾，不视事：崔杼称有重病不能上朝，借此引诱齐庄公来崔家。③姜入于室，与崔子自侧户出：意思是将庄公引入彀中。④公拊楹而歌：齐庄公以此暗示棠姜。拊，拍打。楹，柱子。⑤甲兴：崔杼早就埋伏好的甲士一拥而上。⑥君之臣杼疾病，不能听命：称崔杼病重而不能听取庄公的命令。⑦近于公宫：指崔杼家宅靠近国君宫室。⑧干掫（zhōu）：指夜间巡逻搜捕追击不法的人。⑨不知二命：只知奉崔杼之命捕杀偷盗者，不管其他的。⑩中股，反队：齐庄公中箭，跌到墙里。⑪贾举、州绰、邴师、公孙敖、封具、铎父、襄伊、偻堙皆死：以上八人都是齐庄公的宠臣，此贾举与齐庄公侍人贾举同名。⑫高唐：古地名（在今山东省高唐县），这里有齐国的别庙。⑬不说弁：祭服还没脱。说，同"脱"。弁，祭服。死于崔氏：死在崔杼家里。⑭尔以帑免：托他保护自己的家室。帑，指申蒯的妻子。⑮免，是反子之义也：我如果逃走，是违背了死君之义。⑯崔氏杀鬷（zōng）蔑于平阴：以上包括鬷蔑这些被杀者都是庄公的宠臣。鬷蔑，平阴大夫。齐庄公之母叫鬷声蔑，鬷蔑为其母党。

译文

夏五月，莒国由于去年进攻且于的缘故，莒犁比公去齐国朝见齐庄公。十六日，齐庄公在北城设享礼招待莒犁比公，崔杼推说有重病不能上朝理政，借此引诱齐庄公来崔家。十七日，齐庄公以探望崔杼为借口来到崔家，趁机和姜氏见面。姜氏刚一照面接着进入内室，便和崔杼一起从侧门躲避出去。齐庄公不知是计，拍着柱子唱歌。崔杼的侍人贾举拦住齐庄公的随从不让进，自己进去后又把门关上。这时，埋伏的甲士一拥而出，齐庄公登上高台请求免死，不被允许；请求结盟，也不答应；请求在太庙自杀，还是不同意。甲士们说："国君的下臣崔杼病得很厉害，不能来听取命令。这里离公宫很近，我们只知道巡逻捕杀偷盗、淫乱者，不管其他的，不听从其他的命令。"齐庄公感到不妙，遂爬墙逃跑，被射了一箭，射中大腿，坠落在墙里，被杀身亡。贾举、州绰、邴师、公孙敖、封具、铎父、襄伊、偻堙都是齐庄公的宠臣，也都被杀死。祝佗父在高唐祭祀，回到都城，复命，还没脱掉祭服便被杀。申蒯是丰管渔业之官，退出来，对自己的家宰说："你带着我的妻儿逃命去，我准备一死。"家宰说："如果我逃命，就是违背了您所持的道义之义了。"便和申蒯一起自杀。崔杼又在平阴杀了齐庄公的宠臣鬷蔑。

原文

晏子①立于崔氏之门外，其人②曰："死乎③？"曰："独吾君也乎哉，吾死也④？"曰："行乎？"曰："吾罪也乎哉，吾亡也⑤？"曰："归乎？"曰："君死，安归？君民者，岂以陵民？社稷是主。臣君者，岂为其口实，社稷是养⑥。故君为社稷死，则死之；为社稷亡，则亡之。若为己死，而为己亡，非其私昵⑦，谁敢任之⑧？且人有君⑨而弑之，吾焉得死之？而焉得亡之？将庸何归⑩？"门启而入，枕尸股而哭⑪。兴⑫，三踊而出⑬。人谓崔子："必杀之！"崔子曰："民之望也⑭！舍之，得民。"

卢蒲癸⑮奔晋，王何⑯奔莒。

注释

①晏子：晏婴。②其人：指晏婴的随从。③死乎：意思指愿不愿意为国君而死。④"独吾君"二句：这不是我一个人的国君，为什么要为他去死。⑤"吾罪也"二句：我没有什么罪，为何要逃亡。⑥"君臣者"三句：为臣者应热爱国家，臣君者，为臣的。口实，俸禄。⑦私昵：指私下里亲昵宠爱的人。⑧谁敢任之：谁能承担此祸。⑨人有君：人指崔杼，君指齐庄公。⑩"吾焉得死之"三句：崔杼弑君不对，但也不必为国君而死，应该分辨公义和私情。焉得，怎么能。庸，何。⑪枕尸股而哭：头枕在尸体的大腿上号哭。⑫兴：哭毕，伏地而起。⑬三踊而出：三次跳跃，表示哀痛。当时哭君之礼。⑭民之望也：晏婴是民心所仰望的人。望：敬仰。⑮卢蒲癸：齐庄公党羽。⑯王何：齐庄公党羽。

译文

齐国上大夫晏婴站在崔杼府邸的大门外，晏婴的随从问："您准备为他去死吗？"晏婴说："这不是我一个人的国君，为什么要为他去死？"随从又问："要准备逃亡吗？"晏婴回答："我没有什么罪，为何要逃亡？"随从问："还回去吗？"晏婴说："国君死了，我们能回到哪里去呢？作为百姓的君主，难道可以凌驾在民众之上吗？是让他来主持国政的。作为臣子的，并不是只为俸禄，而是应保养国家。如果国君是为了国家而死，那么臣子就要为他而死；国君是为了国家而逃亡，那么臣子就要随他逃亡。但是国君是因为自己个人而死，为自己而逃亡，不是他所亲昵宠爱的人，谁敢承担这些祸事？况且别人得到国君信任而把他杀死，我怎么能为他而死呢？又怎么能为他而逃亡呢？可是我又能回到哪里去呢？"等崔杼家的仆人把门打开，晏婴匆忙进入，头枕在齐庄公尸体的大腿上号啕大哭。哭毕，然后站起来，跳跃三次后走出了崔家。有人给崔杼提建议，说："一定要杀了他！"崔杼却说："晏婴是民心所仰望的人。放过他，可以得民心。"

齐庄公党羽卢蒲癸逃往晋国，王何逃往莒国。

原文

叔孙宣伯之在齐也①，叔孙还②纳其女③于灵公④，嬖，生景公⑤。丁丑，崔杼立而相之，庆封为左相，盟国人于大宫⑥，曰："所不与崔、庆者……⑦"晏子仰天叹曰："婴所不唯忠于君、利社稷者是与，有如上帝⑧。"乃歃⑨。辛巳⑩，公与大夫及莒子盟⑪。

注释

①叔孙宣伯：叔孙侨如，鲁国大夫。鲁成公十六年、齐灵公七年（前575年），奔齐。后又自齐奔卫。②叔孙还：齐国公子。③其女：宣伯之女，后称穆孟姬，为景公母。④灵公：齐灵公。叔孙还将叔孙侨如女儿送给齐灵公。⑤"嬖"二句：受宠而生。齐景公，景公名杵臼，齐庄公同父异母弟。⑥大宫：齐太公庙。⑦所不与崔、庆者：此盟誓之文，发誓至此，为晏婴之话所打断。⑧"婴所不唯忠于君"三句：言外之意指崔、庆二人不忠于君，不利于社稷，不可与盟。⑨乃歃（shà）：晏婴先歃血定盟。歃，歃血，饮牲血含于口中，或涂于唇，以表诚意。⑩辛巳：二十三日。⑪公与大夫及莒子盟：莒犂比公朝齐，因崔氏之乱而未能结盟，现在和齐景公结盟。

译文

鲁国大夫叔孙侨如在齐国的时候，齐国公子叔孙还说媒把他的女儿嫁给齐灵公，其女受到宠爱，生下齐景公。十九日，崔杼立齐景公为国君，自己为相辅佐他，庆封任左相，与国人在太公庙中结盟，崔杼说："有不亲附崔氏、庆氏的……"此盟誓之文，发誓至此，为晏婴之话所打断。晏婴仰天叹息道："我如果不亲附忠君利国的人，有上帝做证。"于是率先歃血定盟。二十三日，齐景公与大夫和莒犂比公结盟。

原文

大史书曰："崔杼弑其君。"崔子杀之。其弟嗣书，而死者二人①。其弟又书，乃舍之②。南史氏③闻大史尽死，执简以往④。闻既书⑤矣，乃还。

注释

①死者二人：太史弟弟仍然秉笔直书，接连二人被杀。②乃舍之：崔杼不敢再杀。③南史氏：史官。④执简以往：带着竹简准备前往。简，竹简。⑤既书：已经记载了。

译文

太史如实记载说："崔杼杀了他的国君。"结果太史被崔杼杀了。太史的弟弟非常气愤接着写，因而崔杼又杀了他。太史的另一个弟弟又接着如实记载，崔杼不敢再杀了，只得放过他。南史氏听说太史都被杀死了，带着同样写好的竹简前去。当听到已经如实记载了，他这才放心而归。

原文

闾丘婴①以帷缚其妻而载之②，与申鲜虞③乘而出。鲜虞推而下之④，曰："君昏不能匡，危不能救，死不能死，而知匿⑤其昵⑥，其谁纳之？"行及弇中⑦，将舍⑧。婴曰："崔、庆其追我！"鲜虞曰："一与一，谁能惧我⑨？"遂舍，枕辔而寝⑩，食马而食⑪，驾而行。出弇中，谓婴曰："速驱之⑫！崔、庆之众，不可当也。"遂来奔⑬。

注释

①闾丘婴：与申鲜虞皆为齐庄公近臣。②以帷缚其妻而载之：用车帷包捆其妻，放在车上逃跑。③申鲜虞：齐庄公近臣。④推而下之：推闾丘婴妻子于车下。⑤匿：藏。⑥昵：亲爱，指闾丘婴妻。⑦弇（yǎn）中：峪名，狭道。指临淄西南至莱芜的一条大峪，长三百里。⑧舍：住宿过夜。⑨一与一，谁能惧我：道狭窄，车不能并行，一对一，不足为惧。与，敌。⑩枕辔：头枕马缰。枕辔而寝，是怕失去马匹。⑪食马而食：先饲马，而后己食，马不饥则行快。⑫速驱之！崔、庆之众，不可当也：出弇中，路变宽阔，人多有用武之地便抵挡不住。⑬遂来奔：二人出奔鲁国。

译文

齐庄公的近臣闾丘婴用车上的帷布将妻子捆住放到车上逃跑。申鲜虞也乘坐闾丘婴这辆车出逃。途中申鲜虞将闾丘婴妻子推到车下，说道：“国君昏聩而不能匡正，危难不能解救，死了不能殉死，只知道藏匿自己亲昵的人，会有谁接纳我们？”走到临淄西南至莱芜的一条大峪狭道中，准备住宿。闾丘婴说：“崔、庆他们恐怕要追上我们！”申鲜虞说：“一对一，谁能让我们害怕？”就停下住宿，枕着马缰而睡。醒来后，先喂好马，才吃早饭，然后驾车上路。当走出狭道后，申鲜虞对闾丘婴说：“赶紧走！崔、庆的人多，无法抵挡他们。”于是二人投奔我鲁国而来。

原文

崔氏侧庄公于北郭①。丁亥②，葬诸士孙之里③。四翣④，不跸⑤，下车七乘⑥，不以兵甲⑦。

注释

①侧庄公于北郭：不殡于祖庙。侧：以烧土所成之砖围于棺外。郭，外城。②丁亥：二十九日。应停尸五月，此仅一月，表示贬损。③葬诸士孙之里：按礼诸侯应五月而葬，现在只有十三天便把齐庄公葬了。士孙是人名，用来作里名。④四翣（shà）：按礼，诸侯应该六翣，大夫四翣，葬齐庄公也只用大夫的标准，是有意贬低他。翣，古代出殡时的棺饰，长柄扇形物。⑤不跸（bì）：不以国君之丧相待。跸，清除道路，禁止通

行，警戒以备意外事故。⑥下车七乘：粗劣之车七辆。诸侯用车七乘，齐国国君可用九乘。此有所贬损，但仍为国君之丧待遇。⑦不以兵甲：诸侯之丧，要以甲兵陪葬，崔杼不以甲兵，又不待之以君。

译文

崔杼在城北用砖把齐庄公的棺材草草围砌住。二十九日，埋葬在士孙里。只用四把长柄羽扇，既不戒严，也不清除道路，更不禁止通行，送葬只用粗劣之车七辆，而没用甲士列出军阵。

精彩点拨

晏子听闻庄公被杀之后，带人来到崔杼家门前，他既不想为君而死，也不打算逃跑，他在对手下人讲了自己的想法以后入内伏在庄公腿上哭了几声，然后起身跳了几下，就出去了，他以这种方式对君主尽了最后、最起码的礼，表达了他对齐国如此黑暗的政治的悲哀和无奈。他不离开齐国是出于对国家和人民的责任感，他是在等待机会，以便能够发挥自己的作用，改变齐国的政治状况。

阅读积累

晏子的以民为本

晏子认为君主应当对国家负责，不应当拥有绝对专制的权力。君主如果违背国家的利益，就不应当忠于他、服从他、追随他。晏子认为国家才是至高无上的，国家高于君主。晏子还把国家归结为人民，国家最根本的是民众。君主的责任是造福百姓，保护人民。用他的话说就是："君为社稷死，则死之；为社稷亡，则亡之。若为己死，而为己亡，非其私昵，谁敢任之？"这是以民为国之本、以爱民为理政之本理念的早期表述。

弭兵之会　襄公二十七年

精彩导读

宋国大夫向戌约晋、楚等国在宋国都城商丘（今河南省商丘市）开会，调停战争，以前的会盟都由国君亲自参与，这次弭兵会盟由各国有势力的大夫参加。晋、楚、宋、鲁、卫、陈、郑、曹、许、蔡等十四国有势力的大夫参加了会议。会议约定各国间停止战争，奉晋、楚两国为共同霸主，平分霸权，除齐、秦外，各国须向晋、楚同样纳贡，谁破坏协议，各国共讨之。这次大会史称“弭兵会盟”。

原文

宋向戌①善于赵文子②，又善于令尹子木③，欲弭诸侯之兵以为名④。如晋，告赵孟。赵孟谋于诸大夫，韩宣子曰⑤：“兵，民之残也，财用之蠹⑥，小国之大灾也。将或弭之，虽曰不可⑦，必将许之。弗许，楚将许之，以召诸侯，则我失为盟主矣⑧。”晋人许之。如楚⑨，楚亦许之。如齐，齐人难之。陈文子曰：“晋、楚许之，我焉得已？且人曰‘弭兵’，而我弗许，则固携吾民矣，将焉用之？”齐人许之。告于秦，秦亦许之。皆告于小国，为会于宋⑩。

注释

①宋向戌：宋国大夫。②赵文子：赵武，又称赵孟。③令尹子木：楚国令尹屈建，字子木。④欲弭诸侯之兵以为名：宋国向戌和赵文子、子木相友善，并想为自己取得名誉，因此力促弭兵大会的召开。弭兵，停止战争。以为名，取得名声。⑤韩宣子：又称韩起，晋国韩厥之子。⑥蠹（dù）：蛀虫。⑦虽曰不可：虽然知道不能成功。⑧以召诸侯，则我失为盟主矣：楚国以弭兵团结诸侯，晋国将失去盟主地位。⑨如楚：向戌到楚国。⑩为会于宋：准备在宋国召开弭兵大会。

译文

宋国大夫向戌与晋国赵文子友好往来，又和楚国令尹子木交情深厚，向戌很想消除诸侯之间的争战而博得好名声。向戌来到晋国，把这个想法告诉了赵文子。赵文子立即和各位大夫商议，韩起首先发言："战争是对民众的残害，又是消耗国家财力的蛀虫，是小国的大灾难。有人力图制止战争，这是大好事，即便办不成，也要答应他。如果我们不答应，楚国将会答应他，借此号召诸侯，我们将会失去盟主的地位。"晋国答应了向戌。向戌又到了楚国，如韩起所料，楚国也答应了。向戎又到了齐国，齐国感到很为难。齐国大夫陈文子说："晋、楚都答应了，我们怎么好阻止这事？而且人家说'停止战争'，我们不同意，那就会使我国民众生出二心，今后怎么使用他们？"齐国也答应了。向戌又告知秦国，秦国也赞成。向戌于是遍告各小国，在宋国举行盟会。

原文

五月甲辰，晋赵武至于宋。丙午，郑良霄至。六月丁未朔①，宋人享赵文子，叔向为介②。司马置折俎③，礼也。仲尼使举是礼也，以为多文辞④。戊申，叔孙豹、齐庆封、陈须无、卫石恶至。甲寅，晋荀盈从赵武至⑤。丙辰，邾悼公至。壬戌，楚公子黑肱先至，成言⑥于晋。丁卯，宋向戌如陈，从子木成言于楚⑦。戊辰，滕成公至。子木谓向戌："请晋、楚之从交相见也⑧。"庚午，向戌复于赵孟。赵孟曰："晋、楚、齐、秦，匹也⑨，晋之不能于齐，犹楚之不能于秦也⑩。楚君若能使秦君辱于敝邑，寡君敢不固请于齐⑪？"壬申，左师⑫复言于子木，子木使驲谒诸王⑬。王曰："释齐、秦，他国请相见也⑭。"秋七月戊寅，左师至⑮。是夜也，赵孟及子皙盟，以齐言⑯。庚辰，子木至自陈。陈孔奂、蔡公孙归生至⑰。曹、许之大夫皆至。以藩为军⑱。

注释

①丁未朔：初一。②为介：做副手，陪客。③司马置折俎（zǔ）：把熟的牲肉切成小块盛于俎上。④仲尼使举是礼也，以为多文辞：向戌对自己提出的弭兵之举感到很满意，宴享赵武时用了很多华美的辞藻，后来孔子见到这次礼仪的记载，认为辞藻修饰得过多。举，记录。⑤晋荀盈从赵武至：晋国以赵武为主，荀偃十天后到。⑥成言：征询和约条件。⑦宋向戌如陈，从子木成言于楚：当时楚国令尹屈建在陈国。⑧请晋、楚之从交相见也：请晋、楚二国的附属国属晋的朝楚，属楚的朝晋。⑨匹：地位对等。⑩晋之不能

于齐，犹楚之不能于秦也：晋不能指挥齐，楚也不能指挥秦。⑪“楚君”二句：楚能让秦朝于晋，则晋必能让齐朝于楚。赵武有意以此为难楚国。⑫左师：指向戌。⑬子木使驲（rì）谒诸王：子木派人坐专车报告楚康王。驲，专车。谒诸王，报告楚王。⑭释齐、秦，他国请相见也：楚国提出“晋、楚之从交相见也”的要求，即要原先分别从属于晋、楚的中小国家现在同时负担向晋、楚二国朝贡的义务。原来从属晋的侯国占多数，这样对晋不利。由于晋国的反对，楚国同意免去齐、秦，其他各国仍“交相见”。⑮左师至：向戌从陈国回来。⑯“赵孟”二句：子皙即楚国公子黑肱。以齐言，商定同意盟辞，到时不能再反悔争讼。⑰陈孔奂、蔡公孙归生至：陈、蔡二国大夫和屈建一起到达宋国。⑱以藩为军：虽是盟会，诸侯仍各带有军队，只是不互相表示敌意。藩，藩篱，不筑营垒，仅以篱笆为营墙。

译文

五月二十七，晋国赵文子到达宋国。二十九日，郑国良霄到。六月初一，宋国设享礼招待赵文子，叔向做副手陪客。司马把熟的牲肉切成小块盛于俎上，这是合于礼的。向戌对自己提出的弭兵之举感到很满意，宴享赵武时用了很多华美的辞藻，后来孔子见到这次礼仪的记载，认为宾主间文辞修饰过多。初二，叔孙豹、齐国庆封、陈国须无、卫国石恶也到了。初八，晋国荀盈随赵文子之后到达。初十，邾悼公到。十六日，楚国公子黑肱先来，与晋国商议和约条款。二十一日，宋国向戌到陈国，与子木商谈有关楚国的条件。二十二日，滕成公到。子木对向戌说：“请晋、楚二国的服从国互相交换朝见。”二十四日，向戌把子木的意见回复给赵文子。赵文子说：“晋、楚、齐、秦四国地位对等，晋国不能指挥齐国，就如楚国不能指使秦国一样。楚国国君要能让秦国国君屈尊到敝国，我们国君岂敢不坚持向齐国提出这种请求？”二十六日，向戌又向子木转告此话，子木派人坐专车请示楚康王。康王说：“除去齐、秦二国，其他国家要互相朝见。”秋七月初二，向戌到达。当晚，赵文子和公子黑肱谈妥盟书的条款，统一了口径。初四，子木从陈国到达。陈国孔奂、蔡国公孙归生也来到。曹、许二国的大夫都来了。虽是盟会，诸侯仍各带有军队，只是不互相表示敌意。各国军队以藩篱为分界。

原文

晋、楚各处其偏[①]。伯夙[②]谓赵孟曰：“楚氛甚恶，惧难[③]。”赵孟曰：“吾左还，入于宋，若我何[④]？”辛巳，将盟于宋西门之外，楚人[⑤]衷甲[⑥]。伯州犁曰：“合诸侯之师，以为不信，无乃不可乎？夫诸侯望信于楚，是以来服。若不信，是弃其所以服诸侯也。”

固请释甲[⑦]。子木曰："晋、楚无信久矣[⑧]，事利而已。苟得志焉，焉用有信？"大宰退[⑨]，告人曰："令尹将死矣，不及三年。求逞志而弃信，志将逞乎[⑩]？志以发言[⑪]，言以出信[⑫]，信以立志[⑬]，参以定之[⑭]。信亡[⑮]，何以及三[⑯]？"赵孟患楚衷甲，以告叔向。叔向曰："何害也？匹夫一为不信，犹不可，单毙其死[⑰]。若合诸侯之卿，以为不信，必不捷矣。食言者不病，非子之患也[⑱]。夫以信召人，而以僭济之[⑲]，必莫之与也[⑳]，安能害我？且吾因宋以守病[㉑]，则夫能致死[㉒]。与宋致死[㉓]，虽倍楚可也[㉔]。子何惧焉？又不及是[㉕]。曰弭兵以召诸侯，而称兵以害我，吾庸多矣，非所患也。"

注释

①晋、楚各处其偏：晋国在北方，楚国在南方，各在两头。②伯夙：荀盈。③"楚氛"二句：氛甚恶，气氛不对。惧难（nàn），担心楚国攻击晋国。难，祸难。④入于宋，若我何：赵孟认为，如情况有变可跑进宋国都城躲避，不必担心楚人发难。⑤楚人：该句是说楚国人不怀好意，暗中做好战斗准备。⑥衷甲：在外衣里穿上铠甲。⑦固请释甲：伯州犁力主讲信用而使诸侯臣服。释甲，即把铠甲脱掉。⑧无信久矣，事利而已：只要事情对我有利，没有必要讲信义。⑨大宰：伯州犁。⑩求逞志而弃信，志将逞乎：意思是背信弃义者不能得志。⑪志以发言：有心志于是发之于语言。志，指心志、思想。⑫言以出信：言必信、行必果，说到就要做到，才能产生信用。⑬信以立志：只有言行统一，才能得以树立大志。⑭参以定之：志、言、信三者俱备才能安定。参，同"三"。⑮信亡：诚信已经消亡。楚国与向戌本来早有约定，现在要动武，失去诚信。⑯何以及三：不必等到三年。⑰单毙其死：无信的人必定没有善终。⑱非子之患也：指楚国人失去诚信，并不可怕。⑲僭济之：被奸诈的人利用。僭，诈伪。济，利用。⑳必莫之与也：以信召人，而以诈伪手段达到目的，必定得不到支持。㉑且吾因宋以守病：我们为楚国所产生病痛与困顿，只得进入宋国都城。㉒则夫能致死：这样晋国军人就能拼死到底。㉓与宋致死：宋军也能拼命。㉔虽倍楚可也：楚军再增一倍也不怕。㉕又不及是：此句是叔向估计楚国不敢贸然进攻。

译文

晋、楚两国人马各自驻扎在北、南两头。伯夙对赵文子说："看来楚军的气氛很糟糕，恐怕就要发动袭击了。"赵文子说："我们从左边远远地绕过去，进入宋都，他们能把我们怎么样？"初五，将在宋国西门外会盟，楚国人不怀好意，暗中做好战斗准备，贴身穿着铠甲。大宰伯州犁力主讲信用而使诸侯臣服，说："会合诸侯的军队，却对他们不讲信用，恐怕不合适吧？诸侯希望得到楚国的信任，所以前来表示顺服。如果不守信，就是丢弃让诸侯顺服的东西了。”说完坚持脱去铠甲。子木说：“晋、楚之间相互无信用已经很久了，只要事情对我们有利，没有必要讲信义。如果获得成功，又要什么信用？”伯州犁退了出来，告诉别人说：“子木快死了，用不了三年。为了满足自己的意愿而背信弃义，目的就能实现吗？有意愿便发而为言语，说出话就形成信用，有了信用便可以实现意愿，这三者是互相关联着的。没了信用，又怎么能活过三年呢？”赵文子对楚国人身穿甲衣感到不放心，把担心的事情告诉叔向。叔向听了赵文子的话，满怀信心地说道：“这有什么可担心的？普通人一旦做出不守信用的事，尚且不行，一概不得好死。如会合诸侯的卿做出不守信的事情，必定不会成功的。没有诚信的人不可能对人产生危害，这不会成为你的祸患。借信用召集他人，却用虚伪待人，必然没人听他的，怎么能危害我们？而且我们依凭宋国来防御他们制造的威胁，那么人人都会拼命。我们和宋国联合起来，与楚国拼死抗争，即使楚军增加一倍也抵挡得了。你又担心什么呢？何况事情未必就会到这个地步。说是要消除战争而把诸侯召来，却发动战事来危害我们，我们将得到的好处可就多了，你不要担心。”

原文

季武子使谓叔孙以公命，曰：“视邾、滕①。”既而齐人请邾，宋人请滕②，皆不与盟③。叔孙曰：“邾、滕，人之私也；我，列国也，何故视之？宋、卫，吾匹也。”乃盟④。故不书其族，言违命也⑤。

晋、楚争先⑥。晋人曰：“晋固为诸侯盟主，未有先晋者也。”楚人曰：“子言晋、楚匹也，若晋常先，是楚弱也。且晋、楚狎主诸侯之盟⑦也久矣，岂专在晋？”叔向谓赵孟曰：“诸侯归晋之德只，非归其尸盟⑧也。子务德，无争先。且诸侯盟，小国固必有尸盟者⑨，楚为晋细，不亦可乎⑩？”乃先楚人。书先晋⑪，晋有信也。

注释

①视邾（zhū）、滕：由于“交相见”，中小国家承担的贡赋很重，有的甚至缴纳双重贡赋，因此季武子奉鲁襄公之命告诉叔孙豹，要求将鲁国等同于邾、滕小国，以求减轻贡赋。②既而齐人请邾，宋人请滕：齐国、宋国请求以邾、滕作为自己的属国，不再向晋、楚朝贡。③皆不与盟：齐国、宋国达到目的，邾、滕两国因此丧失了独立国地位，不再参与盟会。④乃盟：鲁国与宋国、卫国处于相等的位置，开始参加盟会。⑤故不书其族，言违命也：这是解释经文，指叔孙豹违背命令，因此经文不记叔孙豹，只写“豹及诸

侯之大夫”。⑥争先：争先恐后歃血为盟，实则争当盟主。⑦狎主诸侯之盟：更替、轮流主持诸侯会盟。狎，更替。⑧尸盟：主盟。⑨小国固必有尸盟者：小国负责主盟的琐细具体事务。固必，当然。⑩楚为晋细，不亦可乎：细，指歃血为盟琐细的具体事务。叔向用这话宽慰赵孟，实际上准备做出让步。⑪书先晋：经文将晋国放在前面。

译文

季武子以鲁襄公的名义派出使者告诉叔孙豹，说：“请把我们鲁国的地位提升到与邾、滕二国相同的位置。”不久齐国也提出把邾国作为其属国的要求，宋国同样提出把滕国作为属国的要求，但都不参加结盟。叔孙豹说：“邾、滕是人家的私属；我们是诸侯国，为什么要和他们等同起来？宋、卫二国才是和我们对等的。”于是参加结盟。经文因此不记载其族名，是说叔孙豹违背命令，因此经文不记叔孙豹，只写“豹及诸侯之大夫”。

晋、楚二国争先恐后歃血为盟，实则争当盟主。晋国人说：“晋国本来就是诸侯盟主，从来没有先于晋国歃血的国家。”楚国人说：“你说过晋、楚是对等的国家，如果总是晋国在先，这意味着楚国弱于晋国。再说晋、楚轮流主持诸侯盟会已经很久了，怎么能总由晋国当盟主？”叔向对赵文子说：“诸侯归服的是晋国的德行，不是归服其是否主持盟会。您致力于修明德行，不要去争歃血的先后。而且诸侯结盟，小国本来就要有主盟的具体事务，让楚国为晋国做具体琐细的事务，不就行了吗？”于是让楚国先歃血。经文记载把晋国放在前面，这是由于晋国有信用。

原文

壬午，宋公兼享晋、楚之大夫，赵孟为客，子木与之言，弗能对。使叔向侍言焉[①]，子木亦不能对也[②]。

乙酉，宋公及诸侯之大夫盟于蒙门[③]之外。子木问于赵孟曰：“范武子之德何如[④]？”对曰：“夫子之家事治，言于晋国无隐情。其祝史陈信于鬼神无愧辞[⑤]。”子木归，以语王[⑥]。王曰：“尚矣哉！能歆神、人[⑦]，宜其光辅五君[⑧]以为盟主也。”子木又语王曰：“宜晋之伯也[⑨]，有叔向以佐其卿，楚无以当之[⑩]，不可与争。”

晋荀盈遂如楚莅盟[⑪]。

注释

①使叔向侍言焉：叔向侍立旁边帮着巧妙答对。②子木亦不能对：晋、楚两国的使者激烈交锋，互不相让。③蒙门：指宋国都城的东北门。④范武子之德何如：士会以贤德

闻名诸侯，所以屈建问赵孟士会贤德怎么样。范武子，士会。⑤其祝史陈信于鬼神无愧辞：士会以贤德取信于国人，以诚实侍奉鬼神。无愧辞，没有言不由衷的话。⑥王：指楚康王。⑦能歆神、人：使神享其祭，人怀其德。歆，享。⑧五君：指晋文公、襄公、灵公、成公和景公五位国君。⑨宜晋之伯也：晋国当得起盟主。⑩楚无以当之：晋国多贤臣良将，楚国也有自知之明而自愧不如。⑪如楚莅盟：晋、楚重归于好。弭兵之盟，前后花费两个月，在晋、楚等国中达成协议。

译文

初六，宋平公设享礼招待晋、楚二国来使，晋国大夫赵文子为主宾，楚国大夫子木作为副主宾。赵文子和子木交谈，赵文子无法应对。赵文子请侍立旁边的叔向帮着答对，结果子木也不能应对。

初九，宋平公和诸侯国大夫们在宋国都城的东北门（蒙门）外结盟。子木问赵文子："范武子的德行怎么样？"赵文子回答："此人治理家事井井有条，对晋国来说没有需要隐瞒的事情。他的祝史祭祀时以贤德取信于国人，以诚实侍奉鬼神，从不讲废话。"子木回国后，把这话告诉了楚康王。康王说："范武子真是个高尚的人！能够让神、人都高兴，难怪他能辅佐五世国君成为盟主。"子木对康王说："晋国的确够格当诸侯的领袖，有叔向辅佐正卿，楚国没人能和他匹敌，不能和他们相争。"晋国荀盈便到楚国参加结盟。

精彩点拨

楚国代表坚决请求先歃血盟誓。叔向对晋国的赵文子说："霸主的威势，关键在于德行，如果你能用忠信来辅佐国君，补救诸侯的缺失，即使歃血在后，各国的诸侯也都会拥戴你，何必一定要争先呢？楚国之所以轮流着主持诸侯的盟会，是因为楚国积德。"于是就让楚国先歃血。

阅读积累

弭兵会盟的意义

弭兵会盟对春秋时期产生了巨大的影响，推动了春秋历史进程，是春秋时代由前期转入后期的一年。弭兵会盟后，晋、楚两大国四十年内没有发生直接军事冲突，有一个暂时和平的环境。各国在政治、经济上都采取了一些适应历史潮流的新措施，为发展新型的封建经济提供了一个良好的外部环境。

吴公子季札观乐　襄公二十九年

精彩导读

文章讲述了吴公子季札出使鲁国，鲁国人为他表演周王室的乐舞。在演奏的过程中，季札点评其中乐曲，描述了观赏者的经验和感受，在鲁国人面前显示了他对礼乐的精到理解，进一步表明了吴国也是周礼之后，从而达到其来聘的政治目的。全篇行文逐层摹写，节奏鲜明，以“请观于周乐”起，以“观止矣”作结，首尾紧密照应。

原文

吴公子札来聘[①]，见叔孙穆子，说之。谓穆子曰：“子其不得死乎！好善而不能择人[②]。吾闻君子务在择人。吾子为鲁宗卿，而任其大政，不慎举，何以堪之？祸必及子[③]！”

请观于周乐[④]。使工为之歌《周南》《召南》[⑤]，曰：“美哉！始基之矣，犹未也，然勤而不怨矣[⑥]。”为之歌《邶》《鄘》《卫》[⑦]，曰：“美哉，渊乎！忧而不困者也。[⑧]吾闻卫康叔、武公之德如是，是其《卫风》乎[⑨]！”为之歌《王》[⑩]，曰：“美哉！思而不惧，其周之东乎[⑪]？”为之歌《郑》[⑫]，曰：“美哉！其细已甚，民弗堪也[⑬]。是其先亡乎[⑭]！”为之歌《齐》[⑮]，曰：“美哉，泱泱乎！大风也哉[⑯]！表东海者，其大公乎[⑰]！国未可量也。”为之歌《豳》[⑱]，曰：“美哉，荡乎！乐而不淫，其周公之东乎[⑲]！”为之歌《秦》[⑳]，曰：“此之谓夏声[㉑]。夫能夏则大[㉒]，大之至也，其周之旧乎[㉓]！”为之歌《魏》[㉔]，曰：“美哉，沨沨乎！大而婉，险而易行，以德辅此，则明主也[㉕]。”为之歌《唐》[㉖]，曰：“思深哉！其有陶唐氏之遗民乎[㉗]！不然，何其忧之远也？非令德之后，谁能若是？”为之歌《陈》[㉘]，曰：“国无主，其能久乎[㉙]！”自《郐》以下无讥焉[㉚]。为之歌《小雅》[㉛]，曰：“美哉！思而不贰[㉜]，怨而不言[㉝]，其周德之衰乎？犹有先王之遗民焉。”为之歌《大雅》[㉞]，曰：“广哉，熙熙乎！曲而有直体[㉟]，其文王之德乎！”为之歌《颂》[㊱]，曰：“至矣哉！直而不倨，曲而不屈[㊲]，迩而不逼[㊳]，远而不携[㊴]，迁而不淫[㊵]，复而不厌[㊶]，哀而不愁，乐而不荒[㊷]，用而不匮[㊸]，广而不宣[㊹]，施而不费[㊺]，取而不贪[㊻]，处而不底[㊼]，行而不流[㊽]。五声和[㊾]，八风平。节有度[㊿]，守有序[51]，盛德之所同也[52]。”

注释

①吴公子札：季札，吴王寿梦第四子，春秋时期的政治家、外交家、文艺评论家。聘：访问。②而不能择人：如不了解人的善恶就不能择而用之。③祸必及子：指昭公四年，叔孙穆子（叔孙豹）被其儿子竖牛所害。④请观于周乐：鲁为周公之后，所以有天子之乐，季札请求聆听、观看周朝的音乐和舞蹈。⑤《周南》《召南》：《诗经·国风》的前两篇。周、召是周公、召公的封地，在今长江、汉水一带。⑥“始基之”三句：开始为周王奠定教化的基础。“二南”产生的时代较早，季札认为从“二南”中可以听出周的教化已经奠定了很深的基础。勤而不怨：指国民虽勤劳而没有怨言。⑦《邶》（bèi）、《鄘》（yōng）、《卫》：分别指《诗经·国风》中的《邶风》《鄘风》《卫风》。邶，周代诸侯国名（在今河南省淇县东北到河北省南部一带）。鄘，周代诸侯国名（今河南省新乡市的鄘城即古鄘国）。卫，周代诸侯国名（在今河南省淇县）。按，邶、鄘、卫这三处地方本是三个小国，武王灭纣后，分其地为三监，三监叛周，周平王平定后并入卫国。所以季札在后面的评论中单指卫国。⑧“美哉”二句：指在这个时候大加赞叹其声音的悠扬深远。忧而不困者也：指国民虽有忧虑沉思，还不至于到了困穷的地步。⑨吾闻卫康叔、武公之德如是，是其《卫风》乎：意思是说季札由音乐的悠扬深远联想到康叔、武公二君的德才贤能。康叔，周公弟弟。武公，康叔九世孙。二人都是卫国著名的贤君。⑩《王》：指《诗经》中的《王风》。《王》是东周洛邑王城的乐曲。⑪思而不惧，其周之东乎：《王风》是忧伤宗周陨灭的诗歌。季札认为《王风》虽有忧伤，但没有恐惧之意，可能是周室东迁以后的诗。⑫《郑》：指《诗经·郑风》。⑬其细已甚，民弗堪也：季札认为通过《诗经·郑风》可以看出郑国风化日衰，政情可见，因此百姓不能忍受。细，指民歌反映了过于琐碎的男女恋情。已，太。弗堪，受不了。⑭是其先亡乎：由此得出郑国将先灭亡的结论。⑮《齐》：指《诗经·齐风》。⑯泱（yāng）泱乎！大风也哉：齐是大国，季札评论齐国的音乐颇具大国之风。泱泱，宏大的声音。大风，绰绰宏大的大国之风。⑰表东海者，其大公乎：齐为姜姓国，姜太公是其远祖。季札认为这种宏大的声音具有象征意义，象征着齐国可以做东海一带诸侯的表率。⑱《豳》（bīn）：指《诗经·豳风》。豳，周的旧国（在今陕西省彬州市、旬邑县一带）。今本《诗经》中《豳风》是十五国风中最后一国。⑲乐而不淫，其周公之东乎：周公遭管、蔡之变，东征三年，为成王陈述后稷、先公不敢荒淫，以成王业。季札认为，此音乐欢乐而有节制，不是荒淫无度之音，或许为周公东征后的诗。淫，过度，没有节制。⑳《秦》：指《诗经·秦风》。㉑夏声：西方之声，也就是指西周王畿（国都附近）的声调。按，古代指西方为夏，秦地在今陕、甘一带，本是西周旧都。㉒夫能夏则大：这里指《秦风》既为

京声，自然声音宏大。夏，即大。㉓其周之旧乎：秦国处在西周旧地域。㉔《魏》：指《诗经·魏风》。魏，指古魏国，在今山西省芮城县，闵公元年为晋献公所灭。㉕以德辅此，则明主也：季札观乐时，魏国早已为晋国所灭，所以此乐乃是晋乐的风格。此句仍然以音乐为政治教化的象征，指音乐如此，正如政治方面德教不足；如果有人用德教来辅助，一定是一位贤君。㉖《唐》：指《诗经·唐风》。唐为唐叔虞始封之地，在今山西省太原市。㉗其有陶唐氏之遗民乎：尧本封陶，后迁徙于唐，古唐为尧旧都。季札认为，其乐反映了唐尧时代的旧风俗。㉘《陈》：指《诗经·陈风》。陈国之地在今河南省开封市以东、安徽省亳州市以北。㉙国无主，其能久乎：陈国音乐多淫靡放荡，说明国无贤君，国运将不能长久。哀公十七年，楚国消灭了陈国，距此只有六十五年。㉚自《郐》（kuài）以下无讥焉：因为郐是个微小的国家，季札认为不值得加以分析评论。《郐》，指《诗经·郐风》，下面还有《曹风》。郐，古国，在今河南省新密市。讥，评论。㉛《小雅》：指《诗经·小雅》。雅，王畿（国都附近）的音乐。《小雅》多是周室衰微到平王东迁后的作品。㉜思而不贰：思文、武之德，没有背叛之心。㉝怨而不言：虽有怨恨而不敢尽情倾吐。㉞《大雅》：指《诗经·大雅》，大部分是周初的作品。㉟曲而有直体：乐曲音节表面上听起来曲折柔缓，实际上内容刚劲有力。㊱《颂》：指《诗经》中的《周颂》《鲁颂》《商颂》三部分，是祭祀的乐歌。㊲曲而不屈：婉顺而不屈挠。㊳迩而不逼：亲近而不逼促。㊴远而不携：疏远又不离异。㊵迁而不淫：虽有变异而不淫乱。㊶复而不厌：多反复重叠而不使人厌倦。㊷哀而不愁，乐而不荒：哀伤而不忧愁，欢乐而不过分。荒，过度。㊸用而不匮：乐调表现出道德宏大，可用之无穷。匮，穷困。㊹广而不宣：宽广而又不夸张炫耀。㊺施而不费：如施惠于人而不损耗。㊻取而不贪：如有征收而不贪婪。㊼处而不底：声音听着好像静止了，实际上并没有停滞。处，不动。底，停滞。㊽行而不流：意思正与上句相对。流，放荡。按，从“直而不倨”以下都是形容《颂》的乐调之美。㊾五声：指宫、商、角、徵（zhǐ）、羽。和：和谐。㊿节有度：八音和谐。八音指金、石、丝、竹、匏、土、革、木八类乐器。(51)守有序：乐器交相鸣奏，有一定次序，不互相干扰。(52)盛德之所同也：这里仍以音乐作为政治的象征，意思是文、武、周公同有如此的盛德。

译文

吴国公子季札来鲁国访问，会见叔孙穆子，很喜欢他。季札对叔孙穆子说：“恐怕您不能善终吧！喜欢行善积德却不会选择善人。我听说君子应当致力于选择善人。您在鲁国宗卿的位置上，掌管着国家大政，荐举选拔人不慎重考虑，怎么能够使国家维持下去呢？祸患必然要降到您的身上！”

公子季札请求聆听观看周朝的乐舞。周国于是让乐工为他演唱《周南》《召南》，公子季札说："周乐真是太美妙了！周朝开始为周王奠定教化的基础了。不过还没做到尽善尽美，但民众已经勤劳而不埋怨了。"乐工为他演唱《邶风》《鄘风》《卫风》，公子季札说："真是太美妙了，这样地悠扬深远！虽有忧愁但不至于困穷。我听说卫康叔、武公的德行就是这样，它应该是《卫风》吧！"为他演唱《王风》，公子季札说："真是太美妙了！虽有忧愁但不至于恐惧，它该是周室东迁以后的诗吧？"为他演唱《郑风》，公子季札说："真是太美妙了！但民歌反映了过于琐碎的男女恋情，人民受不了啦。它恐怕要先灭亡吧！"为他演唱《齐风》，公子季札说："真是太美妙了，音乐如此深广宏大！这是具有大国之风的音乐吧！可以做东海诸侯的表率了，理该是太公的国家吧！国家的前程不可限量啊！"为他演唱《豳风》，公子季札说："真是太美妙了，如此坦荡博大！欢乐而有节制，它是周公东征的歌吧！"为他演唱《秦风》，公子季札说："这就叫作西方的夏声。能发出夏声，自然声音洪亮，而且洪亮到极点了，它应是周朝的旧乐吧！"为他演唱《魏风》，公子季札说："真是太美妙了，多么婉转悠扬！声音虽大而委婉曲折，节拍局促却容易歌唱，如果再用道德加以辅佐，就是贤明的君主了。"为他演唱《唐风》，公子季札说："思虑很深啊！也许是陶唐氏的遗民吧！不然怎么会忧思这么深远呢？不是美德者的后代，谁能做到呢？"为他演唱《陈风》，公子季札说："国家没有主人，怎么能长久呢？"因郐是个小国家，所以从《郐风》以下公子季札不再加以评论了。为他演唱《小雅》，公子季札说："真是太美妙了！虽有忧思却无背叛之心，虽有怨恨而不形于言语，莫不是周德衰落时的音乐吧？还有先王的遗民在啊。"为他演唱《大雅》，公子季札说："真是宽广雄厚啊，多么和美啊！柔婉曲折而本体则刚劲有力，那该是表现文王的美德吧！"为他演唱《颂》，公子季札说："真是美极了！正直而不倨傲，柔婉曲折而不卑下靡弱，亲近而不冒犯，疏远而不离心，变化多端而不淫乱，反复重叠而不使人厌倦，哀伤而不忧愁，欢乐而不放浪过度，使用而不会匮乏，宽广而不夸张炫耀，施予而不耗损，收取而不贪婪，静止而不停滞，流动而不放荡。五声和谐，八风协调。节拍有一定的尺度，乐器鸣奏有一定的顺序，这都是盛德之人所共同具有的。"

原文

见舞《象箾》①、《南籥》②者，曰："美哉！犹有憾。"见舞《大武》者③，曰："美哉！周之盛也，其若此乎④！"见舞《韶濩》⑤者，曰："圣人之弘⑥也，而犹有惭德⑦，圣人之难也。"见舞《大夏》⑧者，曰："美哉！勤而不德，非禹，其谁能修之？"见舞《韶箾》⑨者，曰："德至矣哉，大矣！如天之无不帱也⑩，如地之无不载也。虽甚盛德，其蔑以加于此矣。观止矣！若有他乐，吾不敢请已。"

注释

①《象箾（xiāo）》：舞蹈名。象，武舞。箾，舞蹈者手拿的竿子。“象箾”是执竿而舞，是一种歌颂文王的乐舞。②《南籥（yuè）》：舞蹈名。南，文舞。籥，类似笛子的乐器。“南籥”是持籥而舞，也是一种歌颂文王的乐舞。③《大武》：专为歌颂武王的乐舞。④周之盛也，其若此乎：文王未致太平，所以季札见《象箾》《南籥》而说“犹有憾”。周王室自武王开始兴盛，因此见《大武》而称颂“周之盛”。⑤《韶濩（hù）》：是商汤的一种乐舞。⑥弘：伟大。⑦惭德：缺点。⑧《大夏》：是歌颂夏禹的一种乐舞。⑨《韶箾》：是歌颂虞舜的一种乐舞。⑩帱（dào）：覆盖之意。

译文

公子季札见到跳《象箾》《南籥》舞蹈，高兴地说：“真是太美妙了！但是仍然留有遗憾。”见到跳《大武》舞蹈，公子季札高兴地说：“真是太美妙了！周朝兴盛时大概就是这样！”见到跳《韶濩》舞蹈，公子季札高兴地说：“圣人都很伟大，尚且有缺点，当圣人也是挺难的。”见到跳《大夏》舞蹈，公子季札高兴地说：“真是太美妙了！勤劳于民事而不自以为功，除了大禹，谁能做得到？”见到跳《韶箾》舞蹈，公子季札高兴地说：“德性已经达到顶点，真是太伟大了！这就像天无所不覆盖，地无所不承载。即使有再高的德性，也无法在此之上增加什么了。观看乐舞到此，就已达到顶点了！如果还有其他乐舞，我也不会再有兴趣欣赏了。”

原文

其出聘也，通嗣君也[1]。故遂聘于齐，说晏平仲，谓之曰：“子速纳邑与政[2]。无邑无政，乃免于难。齐国之政将有所归，未获所归，难未歇也。”故晏子因陈桓子以纳政与邑，是以免于栾、高之难[3]。

聘于郑，见子产，如旧相识。与之缟带[4]，子产献纻衣[5]焉。谓子产曰：“郑之执政侈，难将至矣[6]。政必及子。子为政，慎之以礼。不然，郑国将败。”

适卫，说蘧瑗、史狗、史鳅，公子荆、公叔发、公子朝[7]，曰：“卫多君子，未有患也。”

自卫如晋，将宿于戚。闻钟声焉，曰：“异哉！吾闻之也，辩而不德，必加于戮[8]。夫子获罪于君以在此[9]，惧犹不足，而又何乐？夫子之在此也，犹燕之巢于幕上[10]。君又在殡[11]，而可以乐乎？”遂去之。文子闻之，终身不听琴瑟[12]。

适晋，说赵文子、韩宣子、魏献子，曰：“晋国其萃[13]于三族乎[14]！”说叔向。将行，谓叔向曰：“吾子勉之！君侈而多良，大夫皆富，政将在家[15]。吾子好直，必思自免于难[16]。”

注释

①嗣君：指吴国新君馀祭。②纳邑与政：将封邑和政权归还给国君。③栾、高之难：鲁昭公八年，齐国栾氏、高氏争权，栾氏攻打高氏。④缟（gǎo）带：用白色生绢织得一种大带。⑤纻（zhù）衣：用苎麻织的一种衣服。⑥郑之执政侈，难将至矣：执政，这里指伯有。伯有生活奢侈，刚愎自用，断言其将有难。明年伯有果然为驷氏所杀。⑦蘧瑗（yuàn）：蘧伯玉。史狗：史朝儿子文子。史䲡（qiū）：史鱼。公叔发：公叔文子。公子朝：疑为“公孙朝”之误。⑧辩而不德，必加于戮：孙林父驱逐卫献公，现在又奏钟作乐，所以说发动变乱而没有德行，必然遭到诛戮。辩，同“变”。⑨夫子获罪于君以在此：指孙林父据戚而叛。⑩幕：帐幕。⑪君又在殡：这时卫献公死而未葬，所以说在殡。⑫文子闻之，终身不听琴瑟：孙文子知过能改，不再作乐。⑬萃（cuì）：聚集。⑭三族乎：此句是预言晋国政权将集于韩、赵、魏三家。⑮大夫皆富，政将在家：大夫富，必然厚施于民，指政权将由公室落入大夫手中。⑯吾子好直，必思自免于难：叔向耿直，恐不免于难，季札劝他戒备。

译文

公子札出国聘问，是因为吴国新君馀祭与各国通好。于是先到大国齐国聘问，与晏婴谈得很投机，就对晏婴说：“您赶快把封邑与政权交还给国君吧。您没有了封邑和政权，才能免于灾祸。齐国的政权将会有所归属，如果得不到归属，祸难就不会停止。”晏婴采纳了公子札的建议，通过陈桓子交出了政权与封邑，不久，果然在栾、高发起的动乱中幸免于难。

公子札到郑国聘问，见到子产，两人一见如故。公子札送给子产白绢大带，子产回送他苎麻织的衣服。公子札对子产说：“郑国的执政者生活奢侈，刚愎自用，祸难将要降临了。国政很快就会落到您的手中。您执政后，一定要用礼仪谨慎从事。否则，郑国将衰败。”

公子札又到卫国聘问，很喜欢与蘧瑗、史狗、史䲡、公子荆、公叔发、公子朝等大臣交谈，公子札很高兴地说：“卫国的君子很多，不会有祸患。”

公子札从卫国前往晋国聘问，在一个叫戚邑的地方住宿。突然听到敲钟声，他说：“很奇怪啊！我听说，发动变乱而没有德行，必定会受到诛戮。这个人竟敢在这里得罪国君，害怕还来不及，又有什么可高兴的呢？他住在这里，好像燕子在帐幕上筑巢。国君还没有安葬，怎么可以作乐呢？”公子札匆匆离开了戚邑。孙林父听说这些话后，终身不再作乐。

公子札到了晋国，很喜欢赵文子、韩宣子、魏献子，说：“晋国的国政将会集中在三族了！”特别关注叔向。公子札将离开晋国时，对叔向说：“您好好努力吧！国君奢侈而良臣很多，大夫都很富有，国政将由公室落入大夫手中。您性格豪爽，讲话直言不讳，一定记住要设法让自己免于祸难。”

精彩点拨

季札对《颂》下这样的评语：“直而不倨，曲而不屈，迩而不逼，远而不携，迁而不淫，复而不厌，哀而不愁，乐而不荒，用而不匮，广而不宣，施而不费，取而不贪，处而不底，行而不流。”这一段话也像一首乐曲一样，节奏鲜明，流畅悦耳，表达一种笼统的、比喻式的感受，偏重于内心感受，而不是具体的、可以捉摸的理论分析。这一特色，对后世影响甚大，而且不限于音乐，还直接影响到文学批评。

阅读积累

后人评点《吴公子季札观乐》

唐·孔颖达：“乐人采其诗词以为乐章，述其诗之本音，以为乐之定声。其声既定，其法可传，虽多历年世而其音不改。今此为季札歌者各依其本国歌所常用声曲也。由其各有声曲，故季札听而识之……季札所云‘美哉’者，皆美其声也。”（《春秋左传正义》卷三十九）南宋·叶适：“季子之观乐，以音声论义理。”（《习学记言序目》卷十一）明·魏禧：“季札所至，则必知国之治乱，必交其国之君子，与人言，必中其得失而慎其利害，岂徒以知乐为贤哉！此千古游客之师，汉郭有道其流亚欤！”（《左传经世钞》卷十五）清·金圣叹：“每一歌，公子皆出神细听，故能深知其为何国何风。今读者于公子每一评论，亦当逐段逐字，出神细想，便亦能粗粗想见其为是国是风也。不然，杂杂读之，乃复何益？”（《天下才子必读书》卷二）

郑子产相国　襄公三十、三十一年

精彩导读

子产是春秋时期郑国的政治家。《郑子产相国》反映出子产在内政、外交方面的政治智慧，特别是作为一个政治家所具有的开明风度，表现出一个称职的执政者的知人善任，集思广益，以及如何“爱人”方面的明智和贤达。他对是非、正误、利害、得失的认识深刻而明晰。子产的言辞，论点鲜明，论析透辟，含义深远，论例具体，始终闪耀着思想的光辉。

原文

（襄公三十年）郑子皮①授子产②政。辞曰：“国小而偪，族大宠多③，不可为也。”子皮曰：“虎帅以听，谁敢犯子？子善相之。国无小，小能事大，国乃宽④。”

子产为政，有事伯石⑤，赂与之邑⑥。子大叔⑦曰：“国皆其国也⑧，奚独赂焉？”子产曰：“无欲实难。皆得其欲，以从其事，而要其成⑨。非我有成，其在人乎⑩？何爱于邑，邑将焉往⑪？”子大叔曰：“若四国何⑫？”子产曰：“非相违也⑬，而相从也，四国何尤焉？《郑书》⑭有之曰：‘安定国家，必大焉先。’姑先安大，以待其所归⑮。”既，伯石惧而归邑，卒与之⑯。伯有既死⑰，使大史命伯石为卿，辞。大史退，则请命焉。复命之，又辞。如是三，乃受策入拜⑱。子产是以恶其为人也，使次己位⑲。

注释

①子皮：郑大夫，名罕虎。②子产：名公孙侨，一字子美，郑大夫公孙发之子。郑国伯有死后，子皮执政，因子产贤能，让与子产。③族大宠多：郑国公族盛大，而恃宠专横的人甚多。④国无小，小能事大，国乃宽：国没有小的，只要善治，可以宽舒缓和。⑤伯石：公孙段，字子石。⑥赂与之邑：给伯石田邑作为报赏。⑦子大叔：名游吉，郑国贤大夫。⑧国皆其国：郑国是大家的郑国。⑨以从其事，而要（yāo）其成：只要事情成功，可以满足其私欲。要，求。⑩“非我有成“二句：只要事情成功，就达到目的，赏邑

只是一种手段。其，同“岂”。⑪邑将焉往：这句是说虽赏之田邑，田邑却不会跑掉，仍在郑国。⑫四国：四方邻国。⑬非相违也：赏之田邑，并不违反伯石的利益。⑭《郑书》：指郑国的史籍。⑮姑先安大，以待其所归：先安定大族，再观其后果。⑯卒与之：伯石虽归还田邑，最终还是给了他。⑰伯有既死：伯有刚愎酗酒，为大夫公孙黑所杀。⑱如是三，乃受策入拜：可见伯石虚伪矫情。⑲使次己位：位次仅次于自己。子产恶其虚伪，又怕他作乱，因此加以笼络。

译文

郑国大夫子皮把国政交给子产。子产推辞说：“国家小而逼近大国，公族盛大，而恃宠专横的人太多，没法治理。”子皮诚恳地说：“我带头听你的安排，看看谁敢冒犯你？你好好地辅佐国政吧。国家没有小的，小国能侍奉大国，国家就能宽舒缓和。”

子产执政后，有国事交给伯石去办，就送给他城邑。郑国贤大夫子大叔说：“国家是大家的国家，为什么要独送他城邑呢？”子产说：“人做到没有欲望是很难的。我使他们的欲望得到最大满足，目的是让他们为国家办事，并以此要求他们把事办好。这不是我的功劳，难道还是他人的功劳？为何舍不得城邑呢，城邑还能跑到哪里去？”子大叔曰：“要是周边邻国议论怎么办？”子产说：“我这样做不是分裂国家，而是使大家和睦，各国有什么可非议的呢？《郑书》有这样的话：‘安定国家，一定要优先考虑大族。’先安定大族，以观察其结果。”不久，伯石听到议论因害怕而交出了城邑，但子产力排众议，最终还是给了他。伯有死后，子产让太史命令伯石为卿，伯石坚决推辞。太史走后，伯石却又请求重新发布任命。子产再次下命令，伯石却又推辞。如此往返了三次，伯石才欣然接受任命入朝拜谢。子产由此看透并厌恶伯石的为人，但还是安排他居于仅次于自己的职位。

原文

子产使都鄙有章[①]，上下有服[②]，田有封洫[③]，庐井有伍[④]。大人之忠俭者，从而与之；泰侈者因而毙之[⑤]。

丰卷[⑥]将祭，请田焉。弗许，曰：“唯君用鲜，众给而已[⑦]。”子张怒，退而征役[⑧]。子产奔晋，子皮止之，而逐丰卷。丰卷奔晋。子产请其田、里[⑨]，三年而复之[⑩]，反其田、里及其入焉[⑪]。

从政一年，舆人诵之，曰：“取我衣冠而褚之[⑫]，取我田畴而伍之[⑬]。孰杀子产，吾其与之！”及三年，又诵之，曰：“我有子弟，子产诲之；我有田畴，子产殖之。子产而死，谁其嗣之⑭？”

注释

①使都鄙有章：国都与乡间一切事情都有一定的规章。都，国都。鄙，乡野。②上下有服：各有职责。服，职责。③田有封洫（xù）：子产作封洫，是清理田亩、划定田界、将侵占他人的土地归还原主的一项经济政策。封，田界。洫，灌田水沟。④庐井有伍：将居民按照户口有一定的安排，使房舍和耕地互相适应。庐，房舍。⑤泰侈者因而毙之：骄傲奢侈者依法惩办，赏罚分明。泰侈，汰侈。⑥丰卷：郑穆公后裔，字子张。⑦唯君用鲜，众给而已：国君祭祀时才用“鲜”，群臣只要一般祭品齐备就可以了。鲜，指新杀的动物。给，指一般的供应。⑧子张怒，退而征役：子张招聚兵众，准备攻打子产。⑨子产请其田、里：子产请求国君不没收丰卷的田、里。里，住宅。⑩三年而复之：三年后让丰卷回国。⑪反其田、里及其入焉：将田、里和其收入都还给丰卷。入，指三年的收入。⑫取我衣冠而褚之：指骄奢逾制的衣冠不敢用。褚，即“贮”，储藏。⑬取我田畴而伍之：指把田亩进行重新划分、安排。畴，耕地。⑭子产而死，谁其嗣之：而，如果。嗣，继承。子产的政治措施取得成就，受到众人歌颂。

译文

子产使国都与乡间的一切事务都有章法，上下各司其职，尽职尽责，田地都标出疆界和沟渠，耕地房舍合理配套。大夫中那些忠诚俭朴的，就听从他、亲近他；对那些骄横奢侈的就给予惩罚。

丰卷准备祭祀，请求去打猎获得祭品。但子产没有批准，并陈述理由，说：“只有国君祭祀才可用新杀的动物，其他人只能用普通的祭品。”丰卷听后非常恼怒，退出后就召集兵卒。子产看到形势严峻，要逃往晋国，却被子皮拦住了，说要驱逐丰卷。丰卷得讯出逃晋国。子产请求子皮不要没收丰卷的田产、房舍，子皮答允。三年后子产便把丰卷召回，并把田地、房舍和三年来的收入都归还给他。

子产从政一年，人们评议他，说：“将我的衣冠藏起来，把我的田地重安排。谁要杀子产，我一定跟从他！”三年后，又有评议，说：“我有子弟，子产教导他；我有田地，子产使它增产。子产如果死了，谁能继承他？”

原文

（襄公三十一年）公薨之月，子产相郑伯以如晋，晋侯以我丧故，未之见也。子产使尽坏其馆之垣而纳车马焉[①]。士文伯[②]让之，曰："敝邑以政刑之不修，寇盗充斥，无若诸侯之属辱在寡君者何[③]？是以令吏人完客所馆[④]，高其闬闳[⑤]，厚其墙垣，以无忧客使[⑥]。今吾子坏之，虽从者能戒，其若异客何[⑦]？以敝邑之为盟主，缮完葺[⑧]墙，以待宾客，若皆毁之，其何以共命？寡君使匄请命[⑨]。"

对曰："以敝邑褊小，介于大国，诛求无时[⑩]，是以不敢宁居，悉索敝赋，以来会时事[⑪]。逢执事之不间，而未得见，又不获闻命，未知见时[⑫]。不敢输币[⑬]，亦不敢暴露。其输之，则君之府实也，非荐陈之，不敢输也[⑭]。其暴露之，则恐燥湿之不时而朽蠹，以重敝邑之罪[⑮]。侨[⑯]闻文公[⑰]之为盟主也，宫室卑庳，无观台榭[⑱]，以崇大诸侯之馆，馆如公寝[⑲]；库厩缮修，司空以时平易道路，圬人以时塓馆宫室[⑳]；诸侯宾至，甸[㉑]设庭燎[㉒]，仆人巡宫，车马有所[㉓]，宾从有代[㉔]，巾车[㉕]脂辖[㉖]，隶人、牧、圉，各瞻其事[㉗]；百官之属，各展其物[㉘]；公不留宾[㉙]，而亦无废事[㉚]；忧乐同之，事则巡之[㉛]；教其不知，而恤其不足[㉜]。宾至如归，无宁灾患[㉝]；不畏寇盗，而亦不患燥湿。今铜鞮之宫[㉞]数里，而诸侯舍于隶人[㉟]，门不容车，而不可逾越[㊱]；盗贼公行，而夭厉[㊲]不戒[㊳]。宾见无时，命不可知。若又勿坏[㊴]，是无所藏币以重罪也。敢请执事：将何以命之[㊵]？虽君之有鲁丧，亦敝邑之忧也[㊶]。若获荐币，修垣而行，君之惠也，敢惮勤劳[㊷]！"文伯复命。赵文子曰："信。我实不德，而以隶人之垣以赢诸侯，是吾罪也。"使士文伯谢不敏焉[㊸]。

晋侯见郑伯，有加礼[㊹]，厚其宴好而归之[㊺]。乃筑诸侯之馆。叔向曰："辞之不可以已也如是夫[㊻]！子产有辞，诸侯赖之[㊼]，若之何其释辞也？《诗》曰：'辞之辑矣，民之协矣；辞之绎矣，民之莫矣[㊽]。'其知之矣。"

注释

①尽坏其馆之垣而纳车马焉：拆毁客馆的围墙，将车马赶进去。②士文伯：士匄。③无若诸侯之属辱在寡君者何：因盗贼多，客馆破旧，难保诸侯宾客的安全。④完客所馆：特意修好宾馆。⑤闬（hàn）闳（hóng）：都指门。⑥以无忧客使：让外宾可不用担心寇盗为患。⑦"虽从者"二句：从者，指郑国的随从。戒，戒备，防备寇盗。异客，他国宾客。⑧葺（qì）：修补。⑨寡君使丐请命：请问毁垣的理由。⑩诛求无时：责求，无定时。指晋国随时命令小国贡纳物品。⑪悉索敝赋，以来会时事：搜尽国内财富以作

朝聘之礼。会，朝会。⑫又不获闻命，未知见时：晋国又不通知何时接见。⑬不敢输币：不能献纳贡品。⑭“则君”三句：不经一定的仪式，又不敢进献。府实，府库中的物品。荐陈，将贡品陈列于庭，此时要举行一定的仪式。⑮其暴露之，则恐燥湿之不时而朽蠹，以重敝邑之罪：贡品日晒雨淋，虫咬朽坏，将加重郑国之罪。朽，腐烂。蠹，虫咬坏。⑯侨：子产名。⑰文公：晋文公。⑱无观台榭：没有供游观的台榭。⑲以崇大诸侯之馆，馆如公寝：文公自己宫室简朴，而客馆却修得非常漂亮。⑳库厩缮修，司空以时平易道路，圬（wū）人以时塓（mì）馆宫室：客馆的库房、马厩修好，道路按时修整，房间按时涂饰。圬人，泥工。塓，涂墙。㉑甸：甸人，管理柴薪者。㉒庭燎：大烛。㉓车马有所：马厩已修好，车马有地方安置。㉔宾从有代：外宾的仆从有人代为服役。㉕巾车：官职名，管理车辆的官。㉖脂辖：用油脂涂车轴。㉗隶人、牧、圉，各瞻其事：各负其责，各人做好各自的差事。隶人，洒扫房舍、清除厕所的人。牧，看守牛羊的人。圉，看马的人。瞻，照管。㉘各展其物：陈列各种物品招待外宾。㉙公不留宾：文公及时接见，不耽搁外宾时间。㉚无废事：虽接见迅速，外交仪式仍然齐备，并不废除。㉛事则巡之：有意外情况，格外注意警卫巡行。事，指意外事件。㉜教其不知，而恤其不足：指对外宾热心指教，物资不足，尽量照顾。㉝无宁灾患：无灾患。宁，语助词。㉞铜鞮（dī）之宫：晋国君离宫，故址在今山西省沁县南。㉟而诸侯舍于隶人：诸侯外宾住在隶人之舍。隶人，下人。㊱门不容车，而不可逾越：门小，车又不能越墙而入。㊲天厉：瘟疫。㊳不戒：不能预防。㊴若又勿坏：不坏馆垣。㊵将何以命之：这是反诘，问士匄有何指教。㊶虽君之有鲁丧，亦敝邑之忧也：鲁国有丧，郑国同哀。意思是晋国不应该以鲁丧为借口不接见。㊷“若获荐币”四句：如果晋国君马上接见，我们愿意修好墙垣再回国。按，子产这番话是批评晋国内政不修，以致“盗则公行”；对小国掠夺和压榨，又骄横奢侈，对诸侯无礼。荐币，献上贡品。㊸谢不敏焉：晋国表示歉意。㊹有加礼：礼节特别隆重。㊺厚其宴好而归之：宴会更加隆重，回赠更加丰厚。宴，宴礼。好，好货。㊻辞之不可以已也如是夫：外交辞令不可忽视。辞，辞令。㊼子产有辞，诸侯赖之：子产善辞令，诸侯得其利。㊽“辞之辑矣”四句：出自《诗经·大雅·板》，意思是辞令和谐，人民团结；辞令愉快，人民安定。叔向引这段诗句称赞子产善辞令，而且知道辞令的重要。辑，和谐。协，今作“洽”，融洽。绎，喜悦。莫，安定。

译文

就在鲁襄公去世那个月里，子产辅佐郑简公去晋国访问，晋平公因为友好邦国——鲁国有丧事，没有会见郑简公。为此，子产派随从人员把招待外宾的宾馆围墙全部拆毁，把车马都赶进馆舍。晋国大夫士文伯责备子产，说："我国由于政事刑罚没搞好，以致寇盗很多，这对于屈尊来访问的诸侯臣属没有安全感，所以我们采用派官吏人把宾馆修缮好的办法，把大门造得高高的，把墙垣筑得厚厚的，确保各国来宾无忧。现在您把围墙全部拆毁了，虽然您的随从武艺高强，能做好警戒，但使其他国的宾客怎么住呢？由于敝国忝为盟主，所以修缮馆舍，筑好围墙，以接待宾客，你把它们都毁掉，又如何满足宾客的需要呢？我们国君派我来向你请教。"

子产听后，平心静气地回答说："由于我郑国地小，夹在大国之间，大国随时命令我国进贡财物，我们不敢安居，搜尽全国的财物，前来朝见。恰逢你们事务多，抽不出时间接见我们，故而又没有得到明示，不知什么时候能得到接见。既不敢献纳财物，又不敢把它们放在露天。如果献纳，这些财物是国君府库里的物品，不经过一定的仪式，我们不敢献纳。如果放在露天，又怕时而干燥、时而潮湿使东西朽坏，从而加重我国的罪责。我听说晋文公当盟主的时候，寓室低小，没有可供观览的台榭，却把接待诸侯的宾馆建得高大宽敞，宾馆就如同国君的寝宫；修缮馆舍的仓库、马厩，司空按时平整道路，泥水匠按时粉刷馆舍宫室墙壁；诸侯的宾客来了，甸人在庭院中点起火把，仆人巡视客馆，车马有安置的场所，宾客的仆从有专人替代，管车官员给车轴上好油，管洒扫的隶人和养牛羊、看马的，各司其职；百官各人陈列其礼品；晋文公不让宾客耽搁，也没有失礼的事情；与宾客忧乐与共，有意外情况就加以安抚；对宾客热情教导，所缺乏的给予周济照顾。宾至如归，不但没有灾患，不怕盗贼，也不怕干湿。如今贵国的铜鞮宫绵延数里，而把诸侯安顿在像给下人住的地方，大门进不去车，又无法越墙进入，盗贼公然横行，而天灾又无法防止。宾客进见的时间没有定数，君王的命令也不知道什么时候发出。如果不拆毁围墙，就没有地方藏贡品而加重罪责。谨此请问：对我们有什么指教？虽然贵国国君是遇到鲁国丧事，可这同样也是敝国感到忧戚的事。如果能让我们献纳财礼，我们愿把围墙修好再离开，这就是君王的恩惠了，岂敢害怕辛劳？"士文伯听后道别子产，回去复命。赵文子说："他说的是实情。是我们德行有亏，用下人住的房屋接待诸侯，这是我们的过错。"于是赵文子派士文伯去赔礼道歉。

晋平公接见郑简公，礼仪有加，厚加款待，赠送了丰厚的礼物，然后让他们回去了。于是新建了接待诸侯的宾馆。叔向说："辞令不能废弃就如这个例子！子产善于辞令，诸侯因此获益，为何要放弃辞令呢？《诗经》说：'辞令和谐，民众团结；辞令动听，百姓安定。'子产懂得这道理。"

原文

十二月，北宫文子[①]相卫襄公[②]以如楚，宋之盟故也[③]。过郑，印段[④]迋[⑤]劳于棐林[⑥]，如聘礼而以劳辞[⑦]。文子入聘。子羽[⑧]为行人，冯简子[⑨]与子大叔[⑩]逆客[⑪]。事毕而出，言于卫侯曰[⑫]："郑有礼，其数世之福也，其无大国之讨乎[⑬]！《诗》曰：'谁能执热，逝不以濯[⑭]。'礼之于政，如热之有濯也。濯以救热，何患之有[⑮]？"

子产之从政也，择能而使之：冯简子能断大事，子大叔美秀而文[⑯]，公孙挥能知四国之为[⑰]，而辨于其大夫之族姓、班位、贵贱、能否，而又善为辞令。裨谌能谋，谋于野则获，谋于邑则否[⑱]。郑国将有诸侯之事，子产乃问四国之为于子羽，且使多为辞令[⑲]；与裨谌乘以适野，使谋可否；而告冯简子使断之[⑳]。事成，乃授子大叔使行之，以应对宾客，是以鲜有败事[㉑]。北宫文子所谓有礼也。

注释

①北宫文子：卫国大夫北宫佗。②卫襄公：名恶，卫献公儿子。③宋之盟故也：指弭兵大会规定的"交相见"。④印段：郑国大夫，字子石。⑤廷（wàng）：同"往"，前往慰劳。⑥棐林：北林，古地名，在今河南省新郑市。⑦如聘礼而以劳辞：按正规的外交聘问之礼接待卫君，并向卫君致慰劳之词。⑧子羽：郑国大夫公孙挥。⑨冯简子：郑国大夫。⑩子大叔：姬姓，名游吉。春秋时郑国正卿，被世人尊称子大叔。⑪客：指北宫文子。⑫言于卫侯曰：文子出来对卫襄公说。⑬其无大国之讨乎：讨，讨伐。郑国此时正值子产执政，实是称赞子产贤能，必将安定郑国。其，恐怕。⑭"谁能执热"二句：出自《诗经·大雅·桑柔》，本意为天气闷热，谁能不去洗澡。这里比喻礼对于政的重要。⑮"礼之于政"四句：礼仪对于政事，如天热必须洗澡。以礼治国，国可长久。⑯美秀而文：貌美才高，谈吐又有文采。⑰公孙挥能知四国之为：为，指政令。子羽是个出色的外交官。⑱裨谌（chén）能谋，谋于野则获，谋于邑则否：裨谌，郑大夫。裨谌喜静不喜闹，考虑问题要到野外去，才能有收获。野，郊外。邑，城里。⑲多为辞令：多拟几份外交辞令稿。⑳而告冯简子使断之：谋划之后，让冯简子判断。㉑鲜有败事：从没听说办过坏事情。以上综述子产执政有方，量才使用，择能而使，以证实北宫文子的话。

译文

十二月，卫国大夫北宫佗（北宫文子）辅佐卫襄公前往楚国，目的是履行在宋国订立的盟约。当他们路过郑国时，郑国大夫印段在棐林犒劳他们，行聘问之礼，致慰劳的辞令。北宫文子进入郑国国都聘问。郑国大夫公孙挥（子羽）为行人，大夫冯简子与正卿子太叔出来迎宾。聘礼结束后，北宫文子出来，对卫襄公说："郑国有礼仪，他们几代都将有福，大概不会被大国讨伐了！《诗经》说：‘谁能忍受炎热，谁能不去洗澡。’礼对于政事，就如天热要洗澡一样。通过洗澡以消除苦热，还会有什么祸患？”

子产在执政期间，进行了自上而下的改革。他既维护公室的利益，又限制贵族的特权。他选择贤能者倍加重用：冯简子能决断大事；子太叔美秀而有文采；子羽能了解知四方诸侯的政令，明辨各国大夫的家族姓氏、爵禄职位、身份贵贱、能干与否，又善于辞令。裨谌能够出谋划策，他在野外思考便能有正确的判断，在城里就不行。郑国一旦有和诸侯交往的事情，子产就向子羽询问四方诸侯的情况，并让他多准备几份外交辞令；和裨谌乘车到野外，让他思考良策；然后告诉冯简子让他做出决断。计划完成，就交给子太叔去办理，与来宾交往应对，从没有办过错事。这就是北宫文子所说的有礼。

原文

郑人游于乡校①，以论执政。然明②谓子产曰：“毁乡校何如③？”子产曰：“何为？夫人朝夕退而游焉④，以议执政之善否。其所善者，吾则行之；其所恶者，吾则改之，是吾师也。若之何毁之？我闻忠善以损怨，不闻作威以防怨⑤。岂不遽⑥止？然犹防川⑦。大决⑧所犯，伤人必多，吾不克救也。不如小决使道⑨，不如吾闻而药之也⑩。”然明曰：“蔑⑪也今而后知吾子之信可事也⑫。小人实不才，若果行此，其郑国实赖之，岂唯二三臣⑬？”

仲尼闻是语也，曰：“以是观之，人谓子产不仁，吾不信也⑭。”

注释

①乡校：乡间的学校。属于公共场所，是乡人聚会议事的场所。②然明：郑大夫鬷（zōng）蔑，字然明。③毁乡校何如：众人在乡校议论国政利弊，然明提出建议，把乡校毁掉。④朝夕退而游焉：早早晚晚，利用工作之余到乡校走走。⑤我闻忠善以损怨，不闻作威以防怨：只有多行忠善才可以减少怨恨，不可用威势来防止怨恨。⑥遽：马上，立刻。⑦然犹防川：好像防止河水决口。⑧大决：河水大决口。以防水打比方。⑨不如小决使道：开小口使水流通。道，同“导”。比喻发扬舆论，让意见随时说出来。⑩不如吾闻而药之也：舆论既出，取之以作药。⑪蔑：鬷蔑，即然明。⑫知吾子之信可事也：然明称赞子产。这里是他自指。信可事，实在可以成事。⑬“小人实不才”四句：只要按照子产的主张行事，郑国就大有希望。⑭以是观之，人谓子产不仁，吾不信也：孔子生于襄公二十二年，这时才十一岁，这话应是后来称赞子产时才说的。

译文

郑国人爱好利用闲暇到乡校相聚，在那里议论国政利弊。然明提建议，对子产说：“把乡校关闭了如何？”子产问然明：“为什么呢？”接着，子产又说：“人们早晚休息时到那里走走，散散心，说说话，甚至评议国政利弊。他们认为好的，我就照办；他们不赞成的，我就改正，这实际上是在帮助我，他们是我的老师。为什么要把乡校关闭掉呢？我听说只有多行忠善才可以减少怨恨，没听说用威势可以防止怨恨。用强硬的办法难道能立刻把人们的口堵住？但就如预防河水决口一样。如果是大决口，伤害的人必定很多，我没办法解救。不如让开小口加以引导，不如让我听到后作为药石来改正。”然明说：“我从今以后知道您的确能成大事。我实在没能力，如果真按您的想法去做，郑国就有了可靠的保障，郑国大有希望，岂止我们几个大臣得到好处？”

孔子后来听说了子产那番话，说道：“由此看来，人们说子产不仁，我才不相信呢。”

原文

子皮欲使尹何[①]为邑[②]。子产曰：“少[③]，未知可否。”子皮曰：“愿[④]，吾爱之，不吾叛也。使夫往而学焉，夫亦愈知治矣[⑤]。”子产曰：“不可。人之爱人，求利之也[⑥]。今吾子爱人则以政，犹未能操刀而使割也，其伤实多[⑦]。子之爱人，伤之而已，其谁敢求爱于子[⑧]？子于郑国，栋也，栋折榱崩[⑨]，侨将厌焉[⑩]，敢不尽言？子有美锦，不使人学制焉[⑪]。大官、大邑，身之所庇也，而使学者制焉[⑫]，其为美锦不亦多乎[⑬]？侨闻学而后入政，未闻以政学者也[⑭]。若果行此，必有所害。譬如田猎，射御贯[⑮]，则能获禽；若未尝登车射御，则败绩厌覆是惧[⑯]，何暇思获[⑰]？”子皮曰：“善哉！虎不敏。吾闻君子务知大者、远者，小人务知小者、近者。我，小人也。衣服附在吾身，我知而慎之；大官、大邑所以庇身也，我远而慢之[⑱]。微子之言[⑲]，吾不知也。他日我曰：子为郑国，我为吾家，以庇焉，其可也[⑳]。今而后知不足。自今请，虽吾家，听子而行[㉑]。”子产曰：“人心之不同如其面焉，吾岂敢谓子面如吾面乎[㉒]？抑心所谓危，亦以告也[㉓]。”子皮以为忠，故委政焉[㉔]，子产是以能为郑国。

注释

①尹何：子皮家臣。②为邑：治理私邑。③少：指尹何年龄小。④愿：为人老实。⑤“使夫往而学焉”二句：子皮认为，若派尹何学为邑宰，会更增进他行政的能力。⑥“人之爱人”二句：意为爱其人，总要做对他有利的事情。⑦“今吾子爱人则以政”三句：意为年龄小而被授予政事，就像让不会拿刀的人割东西，必将自伤。⑧“子之爱人”三句：爱人反而伤人，人必疏远你。⑨栋折榱（cuī）崩：栋梁折断，屋椽也会崩塌。榱，屋椽。⑩侨将厌焉：子产由子皮举荐为政，子皮犹如国家栋梁，栋梁折断，自己也将被压在下面。厌，同“压”。⑪“子有美锦”二句：既是美锦，是不会让人用它练习做衣服的。锦，有彩色花纹的绸缎。学制，此指学裁缝等事。⑫大官、大邑，身之所庇也，而使学者制焉：大官和封邑是自身的庇护，更不能让人当作衣裳来练习治理。庇，庇护，依赖。⑬其为美锦不亦多乎：提拔那些毫无经验的人学做大官，就好比让不会裁缝的人去剪裁美锦，这是最糟糕的事情。⑭“侨闻学而后入政”二句：先经学习再为政，而不是借做官的机会来学习为政。⑮御贯：驾车技术娴熟。御，指驾车。贯，同“惯”。⑯败绩厌覆是惧：惧败绩厌覆，意思是担心是否翻车被轧。⑰何暇思获：无暇顾及猎获了。⑱远而慢之：疏忽而轻视它了。⑲微子之言：如果没有你这样的话。⑳“子为郑国”四句：原来认为你治理国事，我治理家事，有所托庇就可以了。为，治理。㉑“虽吾家”二句：今后连家事都听你的。㉒“人心之不同”二句：意思是人心各有打算，我不能干预你的家事。㉓“抑心所谓危”二句：意思是只是心里认为不妥，因此以实相告。抑，表转折，不过。㉔“子皮以为忠”二句：子皮认为子产忠诚，所以把国事委托给他。

译文

子皮有意让尹何管理封邑。子产说：“尹何年龄还小，不知道行不行。”子皮说：“尹何这个人忠厚老实，很讨人喜欢，他不会背叛我的。让他去学习管理封邑，他以后就更知道怎么治理了。”子产说：“这样可不行。喜欢一个人，是希望对他有利。现在您爱一个人，他年龄还小而被授予政事，就像让不会拿刀的人割东西，其必将自伤。您这样爱人，只会伤害他，那么谁还敢求得您的喜爱呢？您对于郑国，是栋梁，如果栋梁折断，椽子也就崩塌，我将被压在下面，怎敢不把话全部说出来呢？您有漂亮的缎锦，是不会让人用它来学裁剪的。大官、大邑，是您身家性命的庇护，你提拔那些毫无经验的人学做大官，就好比让不会裁缝的人去剪裁美锦，这是最糟糕的事情。我听说要学习以后再做官，没听说过把做官作为学习手段的。如果这样去做，一定有所伤害。譬如打猎，熟悉了射箭、驾车，就能获得猎物；如果不曾驾车、射箭，那他一心害怕车翻被轧，哪有时间顾及猎获呢？”子皮说：“说得太好了！我实在考虑不周。我听说君子致力于重大、长远的事务，小人只知道小的、眼前的。我是一个目光短浅的人。衣服穿在我身上，我知道爱惜它；大官、大邑恰恰是用以护身的，我却疏远轻视它。没有你这番话，我还不明白。以前我说过，你治理郑国，我管理我的家，让我有所依托庇护，这就可以了。现在看来还不行。请从现在起，即便是我的家事，也听你的。”子产说：“人心各有打算，我不能干预你的家事。就像人的面目各不相同一样，我哪敢说您的面目就跟我的一样呢？不过，我只是心里认为不妥，觉得这有危险，所以就实言相告。”子皮认为子产忠诚，所以把国事委托给他。子产因此能够致力于郑国的管理。

精彩点拨

子产从正反两个方面阐明乡校的活动对于促使执政者从善治国起着重要的作用。“何为”一句反问，首先表明了他反对毁掉乡校的态度，继而指出“夫人朝夕退而游焉，以议执政之善否”“是吾师也”。他认为郑人对执政的议论有赞许，有怨怒，那么“其所善者，吾则行之；其所恶者，吾则改之”，乡校就成为对执政者进行监督的最好的群众组织，执政者以此照鉴自己的是非，从中受到启示和教育。

阅读积累

子产论尹何为邑

子产认为“人之爱人，求利之也”，子皮的做法却有悖常理，让一个没有从政经验的人去担任重要的官职，这不是爱。子产进而反驳子皮“往而学”“愈知治”的臆想。他以尚未学会制衣的人、便交与他美锦裁制的比喻，说明子皮将邑宰的权柄交给尹何是不慎之举。这又好像田猎，不具备射御技能的人，又怎么有收获？子产反复设喻、一再陈说一个认识：“侨闻学而后入政，未闻以政学者也。”

郑徐吾犯之妹美　昭公元年

精彩导读

本文记叙了同族兄弟子南、子晳为争夺美女而引起的一场矛盾冲突。文章开篇提及子南已经与徐无犯之妹订婚之事，但子晳仗着自己权势大，强行要与徐女订婚，子产不敢贸然得罪子晳，于是提议让徐女自己选择夫婿。接着子晳便以文质彬彬的姿态出现，穿着非常华美，送上礼品，陈于堂上随即退出，他虽然内心占有欲很强，但表面装出一副恭谨之态，只为博取徐氏的芳心。

原文

郑徐吾犯①之妹美，公孙楚②聘之矣③，公孙黑④又使强委禽焉⑤。犯惧，告子产。子产曰："是国无政，非子之患也。唯所欲与⑥。"犯请于二子，请使女择焉。皆许之⑦。子晳盛饰⑧入，布币⑨而出。子南戎服入，左右射，超乘而出⑩。女自房观之，曰："子晳信美矣，抑子南，夫也。夫夫妇妇⑪，所谓顺⑫也。"适子南氏。子晳怒，既而橐甲⑬以见子南，欲杀之而取其妻。子南知之，执戈逐之。及冲，击之以戈。子晳伤而归，告大夫曰："我好见之，不知其有异志⑭也，故伤。"

注释

①徐吾犯：郑国大夫，复姓徐吾。②公孙楚：子南，郑穆公孙。③聘之矣：已下了订婚礼。④公孙黑：子晳。⑤强委禽焉：强行送聘礼。按，上古聘礼用雁。⑥唯所欲与：由着女子自己的喜欢而选择丈夫。⑦皆许之：二人同意由女的选择。⑧盛饰：装扮华丽。⑨布币：陈设彩礼。币，即贽币，初见时礼品，男用玉帛或禽鸟，陈于堂上。按，是以此取悦于女。⑩左右射，超乘而出：左右开弓射箭，然后迅速一跃上车而去。⑪夫夫妇妇：丈夫要有个丈夫的样子，妻子要有个妻子的样子。⑫顺：符合事理。⑬橐（gāo）甲：把皮甲穿在外衣里面，即衷甲。⑭异志：另外的想法，存心不良。按，子晳橐甲见子南，本蓄意动武，不得逞而受伤，反而说子南有异志，乃自我掩饰。

译文

郑国大夫徐吾犯的妹妹长得很漂亮，美艳绝伦，郑穆公的孙子公孙楚已经聘她为妻，但公孙黑不顾堂弟公孙楚聘妻的事实，又派人强行送去聘礼。徐吾犯害怕了，两人他都得罪不起，便慌忙告诉子产。子产说：“这是国家政事混乱，不是你的忧患。你妹妹愿意嫁谁就嫁谁。”由此，徐吾犯按照子产的说法，向公孙楚、公孙黑二人提出，让妹妹自己来择婿。二人都答应了。公孙黑打扮得漂漂亮亮到徐家，在堂上放好礼物就退出。公孙楚穿着戎服到来，左右开弓射了箭，然后迅速一跃上车而去。徐吾犯妹妹在屋里暗中观察，说：“公孙黑确实很漂亮，一表人才，而公孙楚才是真正的大丈夫。丈夫要有丈夫的样子，妻子要有妻子的样子，这才是顺，才符合事理。”于是她决定嫁给公孙楚。公孙黑听此消息勃然大怒，不久在衣服里边穿着皮甲去见公孙楚，想要杀死公孙楚而娶其妻。公孙楚知道后，持戈追赶公孙黑。在一交叉路口，公孙楚赶上用戈击打公孙黑。公孙黑受伤拼命逃回，在大夫们面前自我掩饰，说：“我好心好意去见子南，没想到他怀有异志，起了不良的念头，并打伤了我。”

精彩点拨

子南身披戎装，不按照礼节从容登车，一跃而上。致使徐女最终还是选择了子南，她对子皙的评价只是“信美”，但更倾心的是子南的男子汉气概。她的选择也从一个方面反映出当时的审美取向，即崇拜男子的阳刚之气。同时，文中已经透露，女子已和子南订婚，子皙这次献礼，明摆着是违礼逼婚，但他依然在展示自己的彬彬有礼，这就难免让人觉得有些荒诞了。

阅读积累

公孙氏来历

据《路史》记载，神农氏同母弟勗，嗣少典国君，世为诸侯，后以公孙为姓。另，公孙氏还有三个来源。一是轩辕帝最初姓公孙，后改姓姬，他的后世子孙中有的依然以公孙为姓，称公孙氏。二是周制规定，国君一般由嫡长子继位，即位前称太子，其他的儿子便称公子，公子的儿子则称公孙。他们的后代中有不少人便以公孙为姓。三是据《通志·氏族略》记载，春秋时诸侯之孙，也以公孙为姓，称公孙氏。所以，公孙氏的来源较多，并非一族一姓的后人。

楚灵王乾谿之难　昭公十二、十三年

精彩导读

楚灵王率军驻扎在离徐国不远的乾谿，以狩猎为名，炫耀武力。看看他穿着的服装：皮毛做的帽子（皮冠），秦国赠送的羽衣（秦复陶），翠鸟羽毛做成的披风（翠被），豹皮做的鞋子（豹舄），手中还拿着鞭子。以上服饰极尽奢华，有楚国本土的特产，还有别的诸侯进献的宝物，充分显示了楚灵王作为霸主的威严。楚灵王一直以好大喜功著名，怎么会在乾谿受辱呢？请仔细阅读本篇。

原文

（昭公十二年）楚子[①]狩[②]于州来[③]，次于颍尾[④]，使荡侯、潘子、司马督、嚣尹午、陵尹喜[⑤]帅师围徐以惧吴[⑥]。楚子次于乾谿[⑦]，以为之援。雨雪，王皮冠，秦复陶[⑧]，翠被[⑨]，豹舄[⑩]，执鞭以出，仆[⑪]析父[⑫]从。右尹子革[⑬]夕，王见之，去冠、被，舍鞭[⑭]，与之语曰：“昔我先王熊绎[⑮]与吕伋[⑯]、王孙牟[⑰]、燮父[⑱]、禽父[⑲]并事康王[⑳]，四国皆有分[㉑]，我独无有。今吾使人于周，求鼎以为分，王其与我乎[㉒]？”对曰：“与君王哉！昔我先王熊绎，辟在荆山[㉓]，筚路[㉔]蓝缕[㉕]，以处草莽。跋涉山林，以事天子，唯是桃弧[㉖]、棘矢[㉗]以共御王事[㉘]。齐，王舅也[㉙]；晋及鲁、卫，王母弟也[㉚]。楚是以无分，而彼皆有。今周与四国服事君王，将唯命是从，岂其爱鼎[㉛]？”王曰：“昔我皇祖伯父昆吾，旧许是宅[㉜]。今郑人贪赖其田[㉝]，而不我与。我若求之，其与我乎？”对曰：“与君王哉！周不爱鼎，郑敢爱田？”王曰：“昔诸侯远我而畏晋[㉞]，今我大城陈、蔡、不羹，赋皆千乘[㉟]，子与有劳焉。诸侯其畏我乎？”对曰：“畏君王哉！是四国者，专足畏也。又加之以楚，敢不畏君王哉！”

工尹路请曰：“君王命剥圭以为鏚柲，敢请命[㊱]。”王入视之。析父谓子革：“吾子，楚国之望也。今与王言如响，国其若之何[㊲]？”子革曰：“摩厉以须[㊳]，王出，吾刃将斩矣[㊴]。”

王出，复语。左史[㊵]倚相趋过[㊶]。王曰：“是良史也，子善视之。是能读《三坟》

《五典》《八索》《九丘》[42]。”对曰：“臣尝问焉。昔穆王[43]欲肆其心[44]，周行天下，将皆必有车辙马迹焉[45]。祭公谋父[46]作《祈招》之诗以止王心，王是以获没于祗宫[47]。臣问其诗而不知也。若问远焉，其焉能知之[48]？”王曰：“子能乎？”对曰：“能。其诗曰：‘祈招之愔愔，式昭德音[49]。思我王度，式如玉，式如金[50]。形民之力，而无醉饱之心[51]。’”王揖而入，馈不食，寝不寐[52]，数日，不能自克，以及于难[53]。

仲尼曰：“古也有志：‘克己复礼[54]，仁也。’信善哉！楚灵王若能如是，岂其辱于乾谿？”

注释

①楚子：楚灵王，名围，楚共王庶出之子，鲁昭公元年杀楚王麇（jūn）自立。前540—前529年在位。②狩：冬猎。③州来：古地名，在今安徽省凤台县。④颍尾：古地名。颍水下游入淮河处，即今安徽省颍上县的西正阳镇。⑤荡侯、潘子、司马督、嚣尹午、陵尹喜：五人都是楚国大夫。⑥帅师围徐以惧吴：徐国为吴的盟国，所以围徐以威胁吴国。⑦乾谿：古地名，在今安徽省亳州市。⑧秦复陶：秦国所送羽衣。⑨翠被：翠羽披肩。⑩豹舄（xì）：豹皮鞋子。⑪仆：官名，太仆。⑫析父：人名。楚灵王侍从。⑬右尹子革：子革，即郑丹，又称然丹，郑国大夫子然儿子，鲁襄公十九年逃往楚国。⑭去冠、被，舍鞭：表示对子革的尊重。⑮熊绎：楚国始封君。⑯吕伋（jí）：齐太公姜尚儿子。⑰王孙牟：卫国始封君康叔儿子，又称康伯。⑱燮父：晋国唐叔儿子。⑲禽父：伯禽，周公旦儿子，鲁国始封君。⑳康王：周康王。㉑四国皆有分（fèn）：五国同事康王，四国都得到周王的宝器。四国，指齐国、晋国、鲁国、卫国。分，珍宝之器。㉒求鼎以为分，王其与我乎：九鼎为王权的象征，鲁宣公三年，楚庄王曾问周鼎，显示出他的野心。㉓辟在荆山：楚国熊绎都于丹阳，即今湖北省秭归县，荆山在其北。荆山，楚国的发祥地，在今湖北省南漳县，熊绎分封在这里。㉔筚路：用竹木编成的车。㉕蓝缕：同“褴褛”，破旧的衣服。㉖桃弧：桃木做的弓。㉗棘矢：棘木（酸枣木）做的箭。㉘以共御王事：楚地贫瘠，只能进贡桃弧、棘矢给周王，以祛除不祥。共，同“供”。供御，贡献。㉙王舅也：周成王母亲为姜太公女儿，所以齐国国君是周王舅舅。㉚王母弟也：周公旦、卫康叔为周武王母弟，晋唐叔为成王母弟。㉛“今周与四国”三句：意思是楚国已经强大，周与四周诸侯都来侍奉楚王，为什么舍不得九鼎？按，子革的话实际含有讽喻。㉜“昔我皇祖”二句：我的皇祖伯父原来居住在旧许。昆吾是楚国远祖的哥哥，所以称皇祖伯父。旧许，在今河南省许昌市，后因迁于叶、夷，原国土为

郑所得，所以称旧许。旧许是宅，即“宅旧许”，旧许是从前昆吾所居之地。㉝今郑人贪赖其田：郑国仍占着旧许。㉞远我而畏晋：疏远楚国惧怕晋国。㉟“今我大城”二句：陈、蔡、不羹：陈、蔡两国，皆为楚所灭。不羹，地名，在河南省舞阳县襄城县一带。赋：指军备。㊱君王命剥圭（guī）以为鏚（qī）柲（bì），敢请命：要剖开圭玉来装饰斧柄，工尹路请楚灵王指示样式。剥圭，剖开玉。鏚，斧。柲，柄。㊲“今与王言如响”二句：析父认为，子革回答楚灵王之问一味随声附和，顺王之心，是纵容他的野心。响，回声。㊳摩厉以须：子革将自己的话比作刀刃，意思是刀已磨利，只等机会。摩，同“磨”。厉，同“砺”。须，等待。㊴王出，吾刃将斩矣：待楚王出来，我的刀刃将要对准要害砍去。言外之意是要劝阻楚灵王不要好大喜功，害民生事。㊵左史：楚国官名，名倚相。㊶趋过：小跑经过王前，表示恭敬。㊷《三坟》《五典》《八索》《九丘》：四部书都是古书，已失传，内容不详。㊸穆王：周穆王。㊹肆其心：放纵其野心。㊺将皆必有车辙马迹焉：想使自己的车辙马迹无处不有。㊻祭（zhài）公谋父：周公孙子，武公儿子，名谋父，周王卿士。㊼获没于祗宫：谋父作诗以谏穆王，打消了穆王的意图，穆王筑祗宫，并善终于祗宫。祗宫，穆王的别宫，在今陕西省渭南市华州区。㊽“若问远焉”二句：问倚相，他连《祈招》的诗都不知道，更不必说久远之事了。㊾“祈招之愔愔（yīn）”二句：祈招性情平和，不滥用武力，因此显示了周天子的好名声。愔愔，安和的样子。㊿“思我王度”三句：周王的举止，如金似玉般坚重而完美。度，仪度，举止。(51)“形民之力”二句：使用民力财力，适度而已，不可放纵无度。按，子革用此诗劝灵王应量力而行，适可而止，如放纵其野心，后果将不堪设想。形，同“型”，衡量。醉饱之心，比喻放纵过度。(52)“馈不食”二句：楚灵王已经领悟了子革讽谏的意思，因此吃不下，睡不着。(53)“不能自克”二句：思量好几天，灵王仍不能克制自己的野心，终于有第二年的乾谿之难。克，克制。(54)克己复礼：克制自己，使自己遵循先王的礼法。

译文

楚灵王在州来打猎，大队人马驻扎在颍尾，派荡侯、潘子、司马督、嚣尹午、陵尹喜这五位楚国大夫率领军队包围了徐国并以此威胁吴国。灵王率主力驻扎在乾谿，作为后援。天下着大雪，灵王戴着皮帽子，穿上秦国进贡的复陶羽衣，披着翠羽披风，脚着豹皮靴，手持鞭子出去，仆官侍从析父跟着他。右尹子革晚上朝见灵王，灵王看见他赶快去掉帽子、披风，放下鞭子，以表示对子革的尊重。灵王对子革说：“往昔我们先王熊绎和吕伋、王孙牟、燮父、禽父一起侍奉康王，四国都得到了宝器，唯独我国没有。现在我要是派人出使到周朝，请求赐给鼎作为宝器，周王会给我吗？”子革回答说：“会给君王的！当年我们先王熊绎居住在偏僻的荆山，筚路蓝缕以开辟荒野，跋涉山林以侍奉天子，只能把桃弧、棘矢作为给天子的贡品。齐国国君是周王的舅舅，晋和鲁、卫是周王的同母弟弟。楚国因此无宝器，而他们则都有。现在周朝和四国都服侍君王，将会唯命是从，怎么会舍不得鼎呢？”灵王说：“往昔我皇祖伯父昆吾居住在旧许地。现在郑国贪图那里的田地，不肯还给我们。我如果要求他们归还，会给我吗？”子革回答说：“会给君王的！周王不吝惜鼎，郑国敢舍不得田地？”灵王说：“当年诸侯疏远我国而畏惧晋国，现在我们在陈、蔡、不羹这些大城，兵车都有千辆，你是有功劳的。诸侯会畏惧我吗？”子革回答说：“会畏惧君王的！单是这四座城，就足够他们害怕的了。再加上楚国全国的力量，怎敢不畏惧君王呢！”

工尹路请示说：“君王命令剖玉来装饰斧柄，谨请下令怎么做。”灵王进去察看。析父对子革说：“您是楚国有名望的人，如今和君王说话却随声附和，国家将会怎么样？”子革说：“我已磨好刀等着，君王出来，我的刀就要砍下去了。”

灵王出来，又和子革说话。左史倚相快步经过。灵王说：“这是个好史官，你要好好看待他。他能读《三坟》《五典》《八索》《九丘》。”子革回答说：“下臣曾经问过他事情。当初周穆王想要放纵自己的欲望，周游天下，打算到处留下自己的车辙和马迹。祭公谋父作《祈招》诗来劝阻穆王，穆王因此得以善终于祗宫。下臣问他这首诗他却不知道。如果问起更久远的事，他哪里能知道？”灵王说：“你能知道吗？”子革回答说：“能。那诗说：‘祈招和悦安闲，德音宏大深远。想起我们君王的风度，如玉如金般温润坚强。他谋求保存人民的力量，而没有醉饱之心。’”灵王向子革作个揖就进去了，饿了吃不下，躺下睡不着，过了好几天，还是不能自我克制，所以遭到祸难。

孔子说：“古时候有句话：‘克制自己回到礼，就是仁。’这话说得真好啊！楚灵王如果能做到这一点，哪里会在乾谿受辱？”

原文

（昭公十三年）楚子之为令尹也，杀大司马薳掩①，而取其室。及即位，夺薳居②田；迁许而质许围③。蔡洧有宠于王，王之灭蔡也，其父死焉④，王使与于守而行⑤。申之会，越大夫戮焉⑥。王夺斗韦龟⑦中犨⑧，又夺成然⑨邑，而使为郊尹⑩。蔓成然故事蔡公⑪，故薳氏之族及薳居、许围、蔡洧、蔓成然，皆王所不礼也⑫。因群丧职之族⑬，启越大夫常寿过作乱，围固城、克息舟⑭，城而居之⑮。

注释

①“楚子”二句：鲁襄公二十九年，楚灵王（当时称公子围）继屈建为令尹。鲁襄公三十年，楚灵王杀大司马薳掩。②薳（wěi）居：薳掩族人。③迁许而质许围：扣留许围为人质。迁许事在鲁昭公九年。许围，许大夫。④“蔡洧有宠于王”三句：蔡洧（wěi），蔡国人，楚灭蔡后，洧在楚国为官。楚灭蔡时，蔡洧父亲为楚王所杀。⑤王使与于守而行：让蔡洧留守国内，楚灵王自己前往乾谿。⑥越大夫戮焉：鲁昭公四年楚灵王会合诸侯于申，越国大夫常寿过被楚灵王侮辱。戮，同“辱”。⑦斗韦龟：令尹子文玄孙。⑧中犨（chōu）：邑名。⑨成然：斗韦龟儿子，食邑于蔓，又称蔓成然。⑩郊尹：治理郊境的官。⑪蔡公：指公子弃疾，楚灵王在昭公十一年灭蔡后封他为蔡公。⑫皆王所不礼也：意指楚灵王多行不义，树敌颇多。⑬群丧职之族：许多丧失职位的亲族。⑭固城、息舟：楚国二邑。⑮城而居之：作乱者筑息舟之城而据守。

译文

楚灵王当令尹的时候，于鲁襄公三十年，杀大司马薳掩，并夺取他的妻室、家产。楚灵王即位以后，又夺取薳掩族人薳居的田地；把许国迁走而以许围为人质。蔡洧得到楚灵王的宠爱，楚灵王灭蔡国时，蔡洧的父亲在这次战争中丢掉了性命，楚灵王派蔡洧留守都城，自己率领大军离城出征。鲁昭公四年楚灵王会合诸侯于申，越国大夫常寿过被楚灵王侮辱。灵王夺走斗韦龟的中犨邑，又夺去成然封邑，而让常寿过担任郊尹。蔓成然原来侍奉蔡公弃疾，所以薳氏家族及薳居、许围、蔡洧、蔓成然，都是灵王不加礼遇的人。他们借助那些丧失职位的家族，诱使越国大夫常寿过作乱，包围固城，攻克息舟，并在这里修筑城墙据守。

原文

观起[1]之死也，其子从[2]在蔡，事朝吴[3]，曰：“今不封蔡，蔡不封矣[4]。我请试之[5]。”以蔡公之命召子干[6]、子皙[7]，及郊，而告之情[8]，强与之盟，入袭蔡。蔡公将食，见之而逃[9]。观从使子干食[10]，坎，用牲，加书而速行[11]。己徇于蔡，曰：“蔡公召二子，将纳之，与之盟而遣之矣，将师而从之[12]。”蔡人聚，将执之[13]。辞曰：“失贼成军，而杀余，何益[14]？”乃释之。朝吴曰：“二三子若能死亡，则如违之，以待所济[15]。若求安定，则如与之，以济所欲[16]。且违上，何适而可？”众曰：“与之。”乃奉蔡公，召二子而盟于邓[17]，依陈、蔡人以国[18]。楚公子比、公子黑肱、公子弃疾、蔓成然、蔡朝吴帅陈、蔡、不羹、许、叶之师，因四族[19]之徒，以入楚。

及郊，陈、蔡欲为名，故请为武军[20]。蔡公知之，曰：“欲速。且役病矣，请藩而已。”乃藩为军。蔡公使须务牟[21]与史猈[22]先入，因正仆人杀大子禄[23]及公子罢敌[24]。公子比为王，公子黑肱为令尹，次于鱼陂[25]。公子弃疾为司马，先除王宫[26]。使观从从师于乾溪，而遂告之[27]，且曰：“先归复所[28]，后者劓[29]。”师及訾梁[30]而溃[31]。

注释

①观起：观起是楚国令尹子南所宠信的人，鲁襄公二十二年，子南为楚康王所杀，观起被车裂。②从：观从，观起的儿子。③朝吴：蔡国大夫归生之子，楚灭蔡后，依附楚国公子弃疾。④“今不封蔡”二句：现在如果不恢复蔡国，蔡国就没希望了。⑤我请试之：观从准备响应作乱以图恢复蔡国。⑥子干：公子比。楚灵王弟弟，昭公元年，子干奔晋。⑦子皙：公子黑肱。楚灵王弟弟，昭公元年，子皙奔郑。⑧告之情：观从告诉他们真情。⑨见之而逃：弃疾起先不知何故，所以吓跑了。⑩观从使子干食：让子干吃弃疾没吃的食物。⑪坎，用牲，加书而速行：挖坑杀牲并置盟书于牲之上，伪造公子弃疾和子干结盟的迹象，并迅速公布于众。⑫将师而从之：假说弃疾将率军援助二人入楚。⑬将执之：蔡人不信观从的话，准备逮捕他。⑭“失贼成军”三句：贼人已走，蔡公军队已组成，杀我无益。贼，指子干、子皙。⑮“二三子”三句：二三子，指蔡人。能死亡，效忠楚灵王而死。则如，就不如。违之，违背蔡公。以待所济，以观事情的成败。⑯“若求安定”三句：求安定就帮助蔡公，以求复国。与之，助蔡公。所欲，恢复祖国。⑰邓：古地名，在蔡旧都上蔡，即今河南省漯河市。⑱依陈、蔡人以国：陈、蔡人都有复国的愿望，所以用复国的许诺来发动陈、蔡人。依，依赖。⑲四族：薳氏、许围、蔡洧、蔓成然。⑳“及郊”三句：欲为名，陈、蔡为了播扬诛除无道和复国的名声。为武军，筑壁垒，大筑营垒。㉑须务牟：楚国大夫，蔡公同党。㉒史猈（pí）：楚国大夫，蔡公同党。㉓大子禄：楚灵王儿子。㉔公子罢（bà）敌：楚灵王儿子。㉕鱼陂（pí）：古地名，在今湖北省天门市。㉖先除王宫：除王宫，清理王宫，驱除灵王亲信。除，清理。弃疾一入国都，先清理王宫，可见其野心。㉗“使观从”二句：楚灵王在乾谿，为伐徐之师做后援。观从赴乾谿，告知子干等起兵叛王。㉘复所：恢复其禄位、居室和田产。观从号召众人背叛灵王。

㉙劓（yì）：割鼻的刑罚。㉚訾（zī）梁：訾水上的桥梁，在今河南省信阳市。㉛溃：溃散。这句是说灵王回师，到訾梁全军溃散。

译文

鲁襄公二十二年，楚国令尹子南为楚康王所杀，观起因是子南所宠信的人而受株连，被车裂。观起的儿子观从在蔡地侍奉朝吴，说："现在不重建蔡国，蔡国就没有机会复国了。让我来试试看吧。"观从假传蔡公弃疾的命令，召回楚灵王的两个弟弟子干、子皙，二人到达城郊，观从才告知真情，强行和他们结盟，进兵攻蔡邑。蔡公正准备吃饭，见到他们进来便逃走了。观从让子干、子皙吃了那些食物，挖了坑，杀了牺牲，把盟书放在上面，而后要他们快走。然后，观从则在蔡地宣布，说："蔡公召回子干、子皙二人，要送他们回楚国，已经和他们结盟并送他们走了，即将率军队跟随出发。"蔡地人聚集而来，要抓观从。观从辩解说："已经放走了贼人，组成了军队，把我杀了又有什么用？"蔡地人便放了他。朝吴说："各位如果能为楚王而死，那就违背蔡公，以等待最后的结果。如果希望得到安定，那就应该支持蔡公，以实现共同的愿望。况且违抗在上者，那么又何所适从呢？"大家都说："支持蔡公。"便侍奉蔡公，召见子干、子皙二人在邓地盟誓，用复国的许诺利用陈、蔡两地人的力量。楚国公子比、公子黑肱、公子弃疾、蔓成然、蔡国朝吴带领陈、蔡、不羹、许、叶五地的军队，依靠薳氏等四族的族人，进入楚国。

到达国都郊外，陈、蔡二地的人向蔡公请求修筑城堡，借以宣扬自己的名声。蔡公说："这次行动务必要快。现在役夫已经很疲惫了，不宜大兴土木，简单用篱笆隔离就行了。"于是下令编篱笆来做军营。蔡公派须务牟和史猈先进入都城，通过正仆人杀死楚灵王的两个儿子太子禄、公子罢敌。公子比立为楚王，公子黑肱为令尹，驻扎在鱼陂。公子弃疾任司马，先去清除王宫。派观从前往乾谿军中，把情况告诉他们，并且说："先回去的保留所有待遇，后回去的将受割鼻之刑。"楚军到达訾梁便溃散了。

原文

王闻群公子之死也，自投于车下[①]，曰："人之爱其子也，亦如余乎？"侍者曰："甚焉。小人老而无子，知挤于沟壑矣[②]。"王曰："余杀人子多矣，能无及此乎[③]？"右尹子革曰："请待于郊[④]，以听国人。"王曰："众怒不可犯也。"曰："若入于大都，而乞师于诸侯。"王曰："皆叛矣。"曰："若亡于诸侯，以听大国之图君也[⑤]。"

王曰："大福不再，祗取辱焉[6]。"然丹乃归于楚[7]。王沿夏，将欲入鄢[8]。芋尹无宇[9]之子申亥曰："吾父再奸王命[10]，王弗诛，惠孰大焉？君不可忍[11]，惠不可弃，吾其从王。"乃求王，遇诸棘闱以归[12]。夏五月癸亥，王缢于芋尹申亥氏[13]。申亥以其二女殉而葬之[14]。

观从谓子干曰："不杀弃疾，虽得国，犹受祸也[15]。"子干曰："余不忍也。"子玉曰："人将忍子，吾不忍俟也[16]。"乃行。国每夜骇曰："王入矣[17]！"乙卯夜，弃疾使周走[18]而呼曰："王至矣！"国人大惊。使蔓成然走告子干、子皙曰："王至矣，国人杀君司马[19]，将来矣！君若早自图也，可以无辱。众怒如水火焉[20]，不可为谋。"又有呼而走至者，曰："众至矣！"二子皆自杀。丙辰，弃疾即位，名曰熊居[21]。葬子干于訾，实訾敖[22]。杀囚，衣之王服，而流诸汉，乃取而葬之，以靖国人[23]。使子旗[24]为令尹。

楚师还自徐[25]，吴人败诸豫章[26]，获其五帅[27]。

注释

①自投于车下：摔到车下。②知挤于沟壑矣：必然将被抛弃于沟壑之中。这是讽刺楚灵王自己也必然死于非命，又何必顾念儿子被杀呢。③能无及此乎：杀别人之子太多，才有今日的报应。此，即指"挤于沟壑"。④请待于郊：劝灵王在近郊停下来。⑤以听大国之图君也：由大国出面为楚灵王进行干预。⑥大福不再，祗（zhī）取辱焉：大福，指当国君的好运。祗，恰巧。楚灵王知道大国不肯支持。⑦然丹乃归于楚：子革也离开灵王归楚。然丹，子革。⑧鄢：古地名。楚国别都，在今河北省宜城市。⑨芋尹无宇：申无宇。⑩吾父再奸王命：鲁昭公七年，申无宇折断王旌及入章华宫追捕逃犯二事。奸，触犯。⑪君不可忍：楚灵王有难，我不可狠心不救。忍，狠心。⑫遇诸棘闱以归：申亥遇楚灵王，和他一起回来。棘闱，楚国棘邑之门。⑬王缢于芋尹申亥氏：楚灵王在申亥家上吊死。⑭以其二女殉而葬之：申亥葬楚灵王，并将两个女儿殉葬。⑮犹受祸也：还将受到祸害。⑯人将忍子，吾不忍俟也：别人将忍心对待你，我不忍心看到这些。俟，等待。⑰王入矣：因不知道楚灵王生死，国都里的人常常夜里以为楚灵王回国而相互惊扰。⑱使周走：让人走遍各处。⑲杀君司马：杀司马弃疾。⑳众怒如水火焉：意为众怒如大水一样爆发，如大火一样熊燃。㉑"弃疾即位"二句：弃疾为国君，即楚平王。按，楚国国君之名多用"熊"字，弃疾即位后也更名熊居。㉒葬子干于訾，实訾（zī）敖：楚国君死后无谥号，多以葬地冠"敖"字，如前面的郏敖和这里的訾敖。实，就是。㉓"杀囚"五句：楚平王杀一囚犯，着意打扮为灵王之尸，大张旗鼓进行安葬，借以安定人心。㉔子旗：蔓

成然。㉕还自徐：去年围徐的部队返回。㉖豫章：古地名，在今江西南昌。㉗五帅：指领兵伐徐的荡侯等五人。

译文

楚灵王得知儿子们的死讯，十分悲痛，不知不觉自己竟然摔到了车下，他痛心地说：“别人疼爱儿子，是不是也像我这样呢？”侍者说：“还有超过君王的。如小人我年老而没有儿子，自己知道将来会落得掉进沟壑而死的下场。”楚灵王说：“是不是因我杀死别人的儿子太多了，因此才落到这一地步呢？”右尹子革说：“请您等在郊外，由国人来处置。”楚灵王说：“众怒不可犯啊。”子革说：“或者进入大都城，再向诸侯求救兵。”楚灵王说：“诸侯都背叛了。”子革说：“要不逃亡到诸侯国去，恳请大国为君王做主。”楚灵王说：“从此，大的福分不会再有了，只有自取羞辱。”子革自己回楚国了。楚灵王沿汉水而下，计划进入鄢都。芋尹无宇的儿子申亥说：“我父亲两次触犯王命，楚灵王没杀他，还有比这更大的恩惠吗？对国君不能忍心不救，恩惠不能背弃，我要跟从灵王。”便去寻求灵王，在棘门相遇，便一起回来了。夏五月二十五，楚灵王在芋尹申亥家上吊自杀。申亥用他两个女儿殉死安葬了灵王。

观从提建议对子干说：“杀掉弃疾吧，如不杀掉他，就算我们得到国家，还是要受到祸害。”子干说：“我真不忍心。”观从劝道：“你不忍心，可人家将会狠心地对待您，我不忍心看到这样的结果。”观从果断出走了。国内民众经常在夜里大呼：“灵王进城了！”因不知道楚灵王生死，国都里的人常常夜里以为楚灵王回国而相互惊扰。十七日夜，弃疾派人四处奔走大喊说：“灵王来了！”国人十分惊恐。又派蔓成然跑去告诉子干、子皙说：“灵王回来了，国人杀司马弃疾，马上就要过来了！君王如果及早拿定主意，可以免于受辱。众人的怒火如大水一样暴发，如大火一样熊燃。已无计可施了。”又有人高叫着跑来，说：“大伙儿来了！”子干、子皙都自杀了。十八日，弃疾即位为楚王，改名为熊居。安葬子干在訾地，就是訾敖。楚平王杀一囚犯，给其穿上灵王的服装，着意打扮为灵王之尸，让尸体在汉水漂流，然后捞上来，大张旗鼓进行安葬，借以安定人心。楚平王任命蔓成然为令尹。

楚国军队从徐国回来，吴国在豫章击败楚军，俘获了楚军荡侯等五名将领。

原文

平王封陈、蔡[①]，复迁邑[②]，致群赂[③]，施舍、宽民，宥罪、举职[④]。召观从，王曰："唯尔所欲[⑤]。"对曰："臣之先佐开卜[⑥]。"乃使为卜尹[⑦]。使枝如子躬[⑧]聘于郑，且致犨、栎之田[⑨]。事毕弗致[⑩]。郑人请曰："闻诸道路，将命寡君以犨、栎，敢请命[⑪]。"对曰："臣未闻命[⑫]。"既复，王问犨、栎，降服而对，曰："臣过失命，未之致也。"王执其手，曰："子毋勤[⑬]。姑归，不穀有事，其告子也[⑭]。"

他年，芋尹申亥以王柩告，乃改葬之[⑮]。

初，灵王卜曰："余尚得天下！"不吉。投龟，诟[⑯]天而呼曰："是区区者而不余畀[⑰]，余必自取之[⑱]。"民患王之无厌也[⑲]，故从乱如归[⑳]。

注释

①封陈、蔡：复陈、蔡二国，立陈惠公（吴）于陈，立蔡平公（庐）于蔡（今河南省新蔡县）。②复迁邑：楚灵王时被迁徙的人都返回原来的居处。③致群赂：承诺初起事时答应的赏赐，现在都兑现了。④宥罪、举职：赦免罪臣，举拔贤才。⑤唯尔所欲：虽然观从曾劝子干杀楚平王，但楚平王不计前嫌，答应观从所有的要求。⑥佐开卜：担任卜人的助手。⑦卜尹：卜师。⑧枝如子躬：楚国大夫，枝如为复姓。⑨且致犨、栎之田：犨、栎本是郑国之邑，被楚国夺去。楚平王即位，准备将它们归还郑国，以敦睦邦交。⑩弗致：子躬并没有把二邑归还郑国。⑪敢请命：郑国得知楚平王的意思，要向子躬讨还二邑。⑫臣未闻命：诡称没得到楚平王的君令。⑬子毋勤：楚平王用好话劝慰子躬，不要这样自苦。勤，劳苦。⑭姑归，不穀有事，其告子也：楚王让他先回去，以后有事，仍要用他。⑮乃改葬之：改葬楚灵王。⑯诟：责骂。⑰畀（bì）：给予。不余畀，即不畀余。⑱自取之：后来灵王果然弑君自立。⑲民患王之无厌也：灵王野心很大，永无满足的时候。⑳从乱如归：楚灵王贪得无厌，丧尽民心，百姓参加动乱好像回家一样踊跃。

译文

楚平王重新恢复陈国、蔡国，立陈惠公（吴）于陈，立蔡平公（庐）于蔡。楚灵王时被迁徙的人都返回原来的居处。楚平王初起事时答应的赏赐，现在都兑现了。布施恩惠、宽政待民，赦免罪人、举荐贤才。楚平王召回观从，虽然观从曾劝子干杀自己，但平王不计前嫌，平王说：“你要求什么都可以满足。”观从回答说：“下臣先人是卜尹的助手。”平王便让他担任卜尹。派枝如子躬到郑国聘问，并且归还犨、栎的田地，以敦睦邦交。但聘问完毕，枝如子躬并没把田地交还郑国。郑国已得知楚平王的意思，向子躬讨还二邑。郑国人请示说：“道路传言说将命我们国君治理犨、栎二地，谨此请命。”枝如子躬回答说：“我没得到楚平王的君令。”回到楚国后，平王问起犨、栎二地的事，枝如子躬脱去上衣回复说：“下臣有罪，没有遵命归还二地给郑国。”平王拉着他的手，说：“你不要这样自苦。先回去吧，以后寡人有事还会告诉你。”

过了几年，芋尹申亥把楚灵王的灵柩所在报告给了楚平王，楚平王决定改葬楚灵王。

起初，灵王占卜说：“我也许得到天下！”结果并不吉利。他把龟扔到地下，责骂上天并呼喊道：“不过区区小国都不给我，我一定要自己夺取。”楚国民众对灵王贪得无厌很不满意，所以百姓参加动乱好像回家一样踊跃，如同百川归海。

原文

初，共王无冢適①，有宠子②五人③，无適立焉④。乃大有事⑤于群望⑥，而祈曰：“请神择于五人者，使主社稷。”乃遍以璧见于群望，曰：“当璧⑦而拜者⑧，神所立也，谁敢违之？”既，乃与巴姬⑨密埋璧于大室⑩之庭，使五人齐，而长入拜⑪。康王跨之⑫，灵王肘加焉⑬，子干、子晳皆远之。平王弱，抱而入，再拜，皆厌纽⑭。斗韦龟属成然焉⑮，且曰：“弃礼违命，楚其危哉⑯！”

注释

①冢適：嫡长子。適，同“嫡”。②宠子：宠妾所生的孩子。③五人：指康王、灵王、子干、子晳和平王。④无適立焉：不知立哪个儿子为太子合适。⑤大有事：遍祭山川。⑥群望：名山大川之神。⑦当璧：面对玉璧。⑧而拜者：下拜的人。整句是说，共王以玉璧展示众神，说，正对着璧下拜的当立。⑨巴姬：共王宠妾。⑩大室：祖庙。⑪长入拜：按长幼次序而入拜神。⑫康王跨之：两脚各跨璧的一边，不是“当璧”。⑬灵王肘加焉：肘放于璧上，也不是“当璧”。⑭平王弱，抱而入，再拜，皆厌纽：平王位置正好当璧，两次下拜，手正压在璧纽上。弱，幼小。厌，同“压”。纽，璧上穿绳子的鼻子。⑮斗韦龟属成然焉：斗韦龟知道平王必将为楚国国君，所以将成然托付给平王。⑯弃礼违

命，楚其危哉：康王、灵王都曾为王，共王违背立长之礼，又违背“当璧”之命，是弃礼违命，所以楚国必定险。

译文

当初，楚共王没有嫡子，但有宠妾所生的儿子五个——康王、灵王、子干、子皙和平王。楚共王拿不定主意，不知立哪个儿子为太子合适。为此，楚共王遍祭山川，祝祷说：“请神明在这五人中选择，让他主持国政。”就将玉璧向所有的山川神灵展示，说：“正对玉璧下拜的，就是神所立的人，谁敢违背？”事后和巴姬秘密地将玉璧埋在祖庙的庭院里，让五个人斋戒，然后按长幼次序入拜。康王两脚跨在玉璧上，灵王的胳膊压在玉璧上，子干、子皙都离玉璧很远。平王年幼，被人抱进来，两次下拜，都压在玉璧的璧纽上。斗韦龟知道平王必将为楚国国君，所以将成然托付给平王，并说：“抛弃礼仪违背神灵的命令，楚国恐怕危险了！”

原文

子干归[①]，韩宣子问于叔向曰：“子干其济乎！”对曰：“难。”宣子曰：“同恶相求，如市贾焉[②]，何难？”对曰：“无与同好[③]，谁与同恶？取国有五难：有宠而无人[④]，一也；有人而无主[⑤]，二也；有主而无谋，三也；有谋而无民，四也；有民而无德，五也。子干在晋，十三年矣[⑥]。晋、楚之从，不闻达者，可谓无人。族尽亲叛[⑦]，可谓无主。无衅而动[⑧]，可谓无谋。为羁终世，可谓无民[⑨]。亡无爱征[⑩]，可谓无德。王虐而不忌[⑪]，楚君子干，涉五难以弑旧君，谁能济之[⑫]？有楚国者，其弃疾乎！君陈、蔡，城外属焉[⑬]。苛慝[⑭]不作，盗贼伏隐[⑮]，私欲不违[⑯]，民无怨心[⑰]。先神命之，国民信之。芈姓有乱，必季实立，楚之常也[⑱]。获神，一也；有民，二也；令德，三也；宠贵，四也；居常[⑲]，五也。有五利以去五难，谁能害之[⑳]？子干之官，则右尹也[㉑]。数其贵宠，则庶子也[㉒]。以神所命，则又远之。其贵亡矣，其宠弃矣，民无怀焉，国无与焉[㉓]，将何以立？”宣子曰：“齐桓、晋文，不亦是乎[㉔]？”对曰：“齐桓，卫姬之子也，有宠于僖[㉕]。有鲍叔牙、宾须无、隰朋以为辅佐[㉖]，有莒、卫以为外主[㉗]，有国、高以为内主[㉘]。从善如流，下善[㉙]齐肃[㉚]，不藏贿，不从欲，施舍不倦，求善不厌[㉛]。是以有国，不亦宜乎？我先君文公，狐季姬之子也，有宠于献[㉜]；好学而不贰，生十七年，有士五人[㉝]。有先大夫子馀、子犯[㉞]以为腹心，有魏犨、贾佗以为股肱，有齐、宋、秦、楚以为外主[㉟]，有栾、郤、狐、先以为内主[36]。亡十九年，守志弥笃。惠、怀弃民，民从而与之[37]。献无异亲[38]，民无异望[39]，天方相晋，将何以代文[40]？此二君者，异于子干。共有宠子[41]，国有奥主[42]。无施于民，无援于外；去晋而不送[43]，归楚而不逆[44]，何以冀国[45]？"

注释

①子干归：子干从晋国归来，回到楚国。②同恶相求，如市贾焉：都憎恶楚灵王，是同恶相求。起事当如商贾那样各求所欲，容易成功。③无与同好：没有和子干一条心的人。④有宠而无人：地位虽然显贵，但没有贤人辅佐。⑤有人而无主：虽有了贤人辅佐，但缺乏有实力的人为他撑腰做主，做他的支援或内应。主，指有势力的人。⑥"子干在晋"二句：昭公元年（十三年前）子干逃亡晋国。⑦族尽亲叛：楚国已经没有子干的亲族。⑧无衅而动：无可乘之机，即仓促起事。⑨为羁终世，可谓无民：子干流亡晋国已经很长时间了，缺乏国内百姓的支持。⑩亡无爱征：子干长年逃亡在外，国内却没有人怀念他。⑪王虐而不忌：楚灵王虽然暴虐，但不忌刻，时有宽容。⑫"楚君子干"三句：子干夺位，存在上述五难，没人能使他成功。君子干，以子干为国君。⑬城外属焉：弃疾占据陈、蔡，就连方城以外的地方也归属他。城，指方城。⑭慝（tè）：隐藏，把心隐藏起来，指邪恶的行为。⑮盗贼伏隐：盗贼在弃疾统治的区域里只得隐藏，不敢活动。⑯私欲不违：弃疾不因私欲而违背礼法。⑰民无怨心：弃疾政治清明，廉洁奉公，得到百姓拥护与爱戴。⑱"芈（mǐ）姓有乱"三句：楚国有乱，常立小儿子为国君，这是叔向认为弃疾将被立为王时所做的分析。芈，楚王族之姓。季，少子。常，常例。⑲居常：弃疾最幼小，立少合于常例。⑳有五利以去五难，谁能害之：弃疾具备五利的条件与优势，立为国君是必然之事。㉑子干之官，则右尹也：子干的官职比不过右尹，地位比不上弃疾。㉒数其贵宠，则庶子也：子干贵宠不如弃疾。庶子，庶出的儿子。㉓"民无怀焉"二句：没有百姓怀念子干，国内更没有同情他的人。㉔不亦是乎：不也是如此吗？这里指齐桓公、晋文公二人也是庶出，也逃亡在外。㉕有宠于僖：齐桓公得到齐僖公的宠爱。僖，齐僖公。卫姬：齐僖公妾。㉖有鲍叔牙、宾须无、隰朋以为辅佐：齐桓公善用贤人，有贤人辅佐。㉗有莒、卫以为外主：齐桓公流亡到莒国，卫国是他的舅家，有两国为外援。㉘有国、高以为内主：国氏、高氏可以为内应。㉙下善：见人有善，就以身下之。㉚齐肃：有斋戒之事，律己甚严。齐，同"斋"。㉛施舍不倦，求善不厌：这就是有德、有民。㉜献：指晋献公。㉝有士五人：指狐偃、赵衰、颠颉、魏武子、司空季子，他们都是贤人。㉞子馀：赵衰。

子犯：狐偃。㉟有齐、宋、秦、楚以为外主：四国支持文公。㊱有栾、郤、狐、先以为内主：栾枝、郤縠、狐突、先轸都支持文公返国。㊲民从而与之：百姓愿意归附文公。㊳献无异亲：指晋献公有九个儿子，只存文公。㊴民无异望：百姓再没有可寄托希望的人。㊵“天方相晋”二句：文公获神、有民、令德、宠贵诸利皆备，所以能立为国君。㊶共有宠子：楚共王有宠子弃疾，子干无宠。共，即楚共王。㊷国有奥主：子干回国时灵王尚在王位。奥主，指国君。㊸去晋而不送：子干离开晋国无人送行。㊹归楚而不逆：回到楚国无人迎接。㊺何以冀国：子干宠贵、令德、有主、有民无一具备，所以没希望享有楚国。

译文

子干从晋国归来，回到楚国，韩起征询叔向意见，问：“你看子干能成功吗？”叔向回答说：“很难。”韩起说：“他们有共同的憎恨者而互相需要，犹如市场上的商贾，有什么难的？”叔向回答说：“没人和子干有相同的喜好，谁又和他有共同的憎恶？夺取国家有五难：得到宠爱而无贤人相助，这是第一；有贤人而缺乏有力者的支持，这是第二；有人做主而缺少谋略，这是第三；有谋略而没有人民的支持，这是第四；有人民拥护而自己没有德行，这是第五。子干在晋国已经十三年了。晋、楚两国中追随他的人，没听说有贤达者，可说是没有贤人。族人被灭净尽，亲戚也都背叛了他，可说是缺乏有力者的支持。楚国内部没有空子可钻却轻举妄动，可说是缺少谋略。终生在外流亡，可说没有人民的拥护。逃亡在外而没人怀念，可称得上没有德行。楚灵王暴虐但不忌刻，楚国要拥立子干为国君，有这五难，而且要杀死旧国君，谁能办得到？能得到楚国的，恐怕是弃疾吧！他统治着陈、蔡二地，方城外也属他管辖。没有烦苛的政令和邪恶的事情，盗贼潜伏不敢胡来，有私欲但不违背礼法，人民没有怨恨情绪。原先已得到神灵的命令，国民信任他，而且芈姓有乱，总是立小的为国君，这是楚国的常规。他得到神灵保佑，这是第一；有人民的拥护，这是第二；有好的德行，这是第三；受到爱宠、地位尊贵，这是第四；合乎立为国君的常规，这是第五。他有五利而远离五难，谁又能够危害他？子干的官职，不过是右尹。论起他的尊贵与受宠程度，则只是庶子。说到神灵的敕命，他可是远离玉璧。他的显贵已经丧失，爱宠已经没有，人民并不怀念，国内没有亲附他的，凭什么可以立为国君？”韩起说：“齐桓公、晋文公不也是庶子吗？”叔向回答说：“齐桓公是卫姬儿子，得到僖公的宠爱。有鲍叔牙、宾须无、隰朋作为辅佐，有莒国、卫国作为外援，有国氏、高氏作为内应。他从善如流，日常行为严肃庄重，不贪财，不纵欲，施舍财物不知疲倦，追求善行从不满足。所以他享有国家，不也是很自然的吗？我国先君文公，是狐季姬儿子，得到献公的宠爱；好学而专心一致，才十七岁，就有贤士五人辅佐他。有先大夫子馀、子犯作为心腹，有魏犨、贾佗作为左膀右臂，有齐国、宋国、秦国、楚国作为外援，有栾枝、郤縠、狐突、先轸作为内应。流亡十九年，回国志向愈加坚定。惠公、怀公抛弃人民，人民因而追随文公并支持他。献公没有其他的亲人，人民没有别的希望，上天正保佑晋国，又将有谁能代替文公？这两位国君，和子干不相同。楚共王有宠爱的儿子，国内还有国君在。子干又没有施惠给人民，而且外部没有援助；他离开晋国时没人送行，回到楚国也没人迎接，他凭什么希望享有楚国？”

精彩点拨

自从楚共王以来，楚国霸业日益衰落，晋国占据优势，吴国也强大起来。楚灵王即位后，与吴国多次交战，先后灭了陈、蔡两个华夏诸侯国，又修筑了东、西不羹两座大城以威慑中原，终于在会盟中压倒晋国，重新成为霸主。从这个角度看，灵王可谓中兴之主。但是他的霸业完全依靠武力和威压，而不像齐桓公、晋文公、楚庄王当年那样威德并用，中原诸侯大多心中不服，楚国国内也有大量不稳定因素。楚灵王不思采用怀柔手段稳固政权基础，反而再次出兵与吴国争夺徐国（今徐州一带）。第二年，楚国内部就爆发了政变，穷兵黩武的楚灵王被废黜，其弟登基为王，众叛亲离的灵王最后在荒野自杀，这就是一代霸主的下场。

阅读积累

克己复礼

孔子曰：“一日克己复礼，天下归仁。”克己，就是要克制自己的欲望；复礼，就是要符合周礼的规定。一旦能够做到克己复礼，则天下纷纷扰扰都归于自己的仁心，不会再有欲壑难填的苦恼，也不会再有自取灭亡的冲动。可惜后世的理学家把“克己复礼”四个字理解成了“存天理，遏人欲”，最终变成了片面空谈性理，消灭人的正常欲望，与孔子和先秦其他哲人的本意相去甚远。

伍员奔吴　昭公十九、二十年

精彩导读

小人的心思很难用正常人的思维去揣度，他会打碎一件价值连城的瓷器，仅仅为了掉入里边的一枚硬币。所谓“成事不足，败事有余”，说的就是这种人。而且一个国家的兴旺盛衰，也往往会被一些谄佞小人搅得天翻地覆。这个故事中的费无极，因为疑心重重，一来怕被算计，二来又不断地去算计别人。几句谗言就把太子建逼到了宋国，把伍奢一家弄得家破人亡，使得国家和百姓不得安宁。

原文

（昭公十九年）楚子①之在蔡也②，郹阳③封人④之女奔之⑤，生大子建。及即位，使伍奢⑥为之师，费无极为少师⑦，无宠焉⑧，欲谮诸王⑨，曰：“建可室⑩矣。”王为之聘于秦，无极与逆⑪，劝王取之⑫。正月，楚夫人嬴氏至自秦⑬。

注释

①楚子：楚平王弃疾，即位前为蔡公。②在蔡也：楚平王任大夫时曾往蔡聘问。③郹（jú）阳：蔡国邑名，在今河南省新蔡县。④封人：管理土地边界之官。⑤奔之：与之姘居。⑥伍奢：郯之战中嬖人伍参的孙子，伍举的儿子，伍员的父亲。⑦少师：太子的师傅，位次在太师之下。⑧无宠焉：太子建不喜欢费无极。⑨欲谮诸王：费无极将陷害太子建。⑩可室：可娶妻。⑪与逆：同往迎亲。⑫劝王取之：本为太子建娶妻，费无极却劝平王自己娶此女。按，这是费无极陷害太子建所设的圈套之一。⑬楚夫人嬴氏至自秦：本为太子建所娶的秦女，却成了楚平王的夫人。

译文

楚平王在蔡国时，郹阳有一个管理土地边界的官人，他的女儿私奔到楚平王那里，与之姘居，后生下太子建。楚平王即位后，派伍奢担任太子建的师父，派费无极任少师，协助伍奢。费无极得不到太子建的宠信，非常气恼，便想在平王面前陷害太子建。他对平王说："太子建应该娶妻了。"平王为他聘秦国女，派费无极同往迎亲，费无极却极力劝说平王娶秦女。正月，楚平王夫人嬴氏从秦国来到楚国。

原文

楚子为舟师[1]以伐濮[2]。费无极言于楚子曰："晋之伯[3]也，迩于诸夏[4]，而楚辟陋，故弗能与争。若大城城父[5]，而置大子焉，以通北方，王收南方，是得天下也[6]。"王说，从之。故大子建居于城父[7]。

令尹子瑕聘于秦，拜夫人也[8]。

注释

①舟师：水师。②濮：南夷，南方民族，又称百濮，聚居在今湖南北部、湖北南部。③伯：同"霸"。④诸夏：指中原地区。⑤城父：指楚国城邑，在今河南省宝丰县。⑥"而置大子焉"四句：其大意是将太子建调离楚都。⑦故大子建居于城父：此之后第二年，费无极诬告太子建将据城父叛乱。⑧令尹子瑕聘于秦，拜夫人也：拜谢嬴氏嫁与楚平王为夫人。

译文

楚平王调动水军攻打百濮。少师费无极向楚平王进言，说："晋国为什么能称霸诸侯，原因是与中原诸国接近，而我们楚国处在偏僻之地，所以不能和它相争。如在我国北方能够大规模修筑城父城墙，将太子派驻那里，用来和北方通好，君王收服南方，就可以获得天下。"楚平王认为他说得对，没有多想，就听从了。很快，楚平王就把太子建派驻到城父。

令尹子瑕到秦国聘问，是为了拜谢秦夫人嫁到楚国。

原文

（昭公二十年）费无极言于楚子曰："建与伍奢将以方城之外叛[1]，自以为犹宋、郑也[2]，齐、晋又交[3]辅之，将以害楚，其事集[4]矣。"王信之，问伍奢。伍奢对曰："君一过[5]多[6]矣，何信于谗？”王执伍奢。使城父司马奋扬[7]杀大子。未至，而使遣之[8]。三月，大子建奔宋。王召奋扬，奋扬使城父人[9]执已以至[10]。王曰：“言出于余口，入于尔耳，谁告建也？”对曰：“臣告之。君王命臣曰：‘事建如事余。’臣不佞[11]，不能苟贰[12]。奉初以还，不忍后命[13]，故遣之。既而悔之，亦无及已。”王曰：“而敢来，何也？”对曰：“使而失命[14]，召而不来，是再奸[15]也。逃无所入。”王曰：“归，从政如他日[16]。”

注释

①将以方城之外叛：去年太子建被楚平王派驻城父，现在费无极捏造事实诬蔑太子建将据守以叛。②犹宋、郑也：将割据自成一国，像宋、郑那样。③交：俱，一同。④集：成功。⑤一过：指楚平王夺太子建之妻。⑥多：严重。⑦奋扬：奋是氏，扬是名。春秋末期楚国人，任楚城父邑（在今河南省宝丰县东）的司马。⑧未至，而使遣之：奋扬得知太子建被陷害，还在去往城父的路上，他立即派人通知太子建逃走。⑨城父人：城父大夫。⑩执已以至：把自己逮回郢都，以示服罪。⑪不佞：不才。⑫苟贰：苟且而怀二心。⑬奉初以还，不忍后命：既奉王之初命必须好生侍奉太子，就不忍再执行后来杀太子的命令。⑭失命：没完成使命。⑮再奸：二次违犯命令。⑯归，从政如他日：没有惩治奋扬，反而让他回到城父，仍担任城父司马。

译文

费无极对楚平王说：“太子建将和伍奢领着方城以外地区的人叛乱，自认为如同宋国、郑国一样，齐国、晋国又一起辅助他们，将会危害楚国，这事要成功了。”楚平王相信了，便招来伍奢质询。伍奢回答说：“君王有了夺太子建之妻的过错已经很严重了，为何要听信谗言？”楚平王听后大怒，下令逮捕了伍奢之后平王又派城父司马奋扬去杀太子建。奋扬知道太子建是被人陷害的，还没到达，先派人通知太子逃走。三月，太子建逃往宋国。楚平王召回奋扬，奋扬让城父大夫把自己押到郢都。楚平王说：“话出自我的口，进入你的耳，是谁告给太子建的？”奋扬回答说：“是下臣告诉的。君王命令下臣说：‘侍奉太子建要如同侍奉我一样。’下臣不才，不能苟且违背。奉了起初的命令，就不忍心执行后来的命令，所以让他逃走了。事后又感到后悔，但也来不及了。”楚平王说：“你敢回来，究竟因为什么？”奋扬回答说：“接受使命而没有完成，召我再不回来，是再次违背命令，而且我也无处可逃。”楚平王说：“你回去吧，不必多想，还跟以往那样执行政务就行了。”

原文

无极曰：“奢之子材，若在吴，必忧楚国①，盍以免其父召之。彼仁，必来。不然，将为患。”王使召之，曰：“来，吾免而父。”棠君②尚谓其弟员③曰：“尔适吴，我将归死。吾知不逮④，我能死，尔能报⑤。闻免父之命，不可以莫之奔也⑥；亲戚为戮，不可以莫之报也。奔死免父，孝也；度功而行，仁也⑦；择任而往，知也⑧；知死不辟，勇也。父不可弃，名不可废⑨，尔其勉之！相从为愈⑩。”伍尚归。奢闻员不来，曰：“楚君、大夫其旰食乎⑪！”楚人皆杀之⑫。

注释

①必忧楚国：如果为吴国所用，必成楚国之忧。②棠君：伍员之兄伍尚，伍尚时为棠邑大夫，所以称为棠君。③员（yún）：伍员，字子胥，二人都是伍奢儿子。④吾知不逮：我的才智不及你。⑤尔能报：意为一人归郢都，与父同死；一人逃吴，报仇雪恨。报，报仇。⑥不可以莫之奔也：楚王既以免父死之命来召，不可无人前往。⑦度功而行，仁也：估计能成功而去做，是仁。⑧择任而往，知也：知道伍员才干比自己强，让他逃吴，是明智之举。知，同“智”。⑨父不可弃，名不可废：兄弟都出逃是弃父，兄弟都死，无人报仇，是废名。这里认为不可以这样。⑩相从为愈：希望伍员听自己的话。⑪其旰食乎：连吃饭都不得安稳了。其，恐怕。旰食，晚食。⑫楚人皆杀之：杀伍奢、伍尚父子。

译文

费无极向楚平王建议，说：“伍奢的儿子都有着非凡的才能，如果他们到了吴国，那将是楚国最大的忧患，我们可以用赦免其父的名义把他们召回国。他们最讲仁爱，一定会来的。不然的话，将成为祸患。”楚平王立即派人召他们，说：“你们快回来吧，楚王将赦免你们的父亲。”棠邑大夫伍尚对弟弟伍员说：“你赶快去吴国吧，我打算回去受死。我的才智不如你，我能受死，你能报仇。听到赦免父亲的命令，不能没人回去；亲人被杀戮，不能没人报仇。奔向死亡而使父亲免死，是孝；估计功效而后行动，是仁；选择合适的任务而前往，是明智；明知死而不逃避，是勇敢。父亲不可丢弃，名誉不可废弃，你好好努力吧！希望你听从我的话。”伍尚回去了。伍奢听说伍员不回来，说：“楚国的国君、大夫将要吃不好饭了！”楚平王下令把伍奢父子都杀了。

原文

员如吴，言伐楚之利于州于[①]。公子光曰："是宗为戮，而欲反其仇，不可从也[②]。"员曰："彼[③]将有他志[④]。余姑为之求士，而鄙以待之[⑤]。"乃见[⑥]鱄设诸[⑦]焉，而耕于鄙[⑧]。

注释

①州于：吴王僚。②"是宗为戮"三句：这里大家认为伍员只为报私仇而利用吴国，表示坚决不可依从。反其仇，报仇。③彼：指吴公子光。④他志：别有用心，指夺位之心。⑤"余姑为之"二句：伍员知道公子光不用自己，于是准备为之物色勇士以助成其事，自己退居郊外等待时机。鄙，郊外，乡野。⑥见：引见。⑦鱄（zhuān）设诸：鱄诸。⑧耕于鄙：伍员自己耕于边鄙之处。按，鲁昭公二十七年，公子光杀吴王僚。

译文

伍员逃到吴国，向州于陈说攻打楚国的好处。公子光说："这个人的家族被杀戮，他是想报仇，不能听从他。"伍员说："公子光将有异志。我姑且替他寻求勇士，住在郊外等待机会。"于是向他推荐了鱄设诸，自己则在郊外耕地，等待时机。

精彩点拨

伍奢被拘禁，伍尚、伍员面临归与逃、生与死、留名与建功的抉择。在这生死攸关的时刻，作为兄长的伍尚果断地做出决定，兄弟二人分工：自己尽孝赴死，伍员则逃亡建功，为父报仇。作为子女，必须尽孝，这是最起码的道德准则，伍尚所做的决定，把兄弟二人都置于尽孝的行列。自己归死尽孝，伍员则是复仇尽孝。伍尚所持的基本理念是"父不可弃，名不可废"。他根据自己与伍员的条件，明确分工，使两个方面都得以实现。

阅读积累

伍子胥

伍子胥(前559—公元前484年),名员[一作芸,又有地方称作员(yún)],字子胥,楚国人,春秋末期吴国大夫、军事家。因封于申,也称申胥。

伍子胥之父伍奢为楚平王太子建太傅,因受费无极谗害,和其长子伍尚一同被楚平王杀害。伍子胥从楚国逃到吴国,成为吴王阖闾重臣,是姑苏城(今苏州)的营造者,至今苏州有胥门。前506年,伍子胥协同孙武带兵攻入楚都,伍子胥掘楚平王墓,鞭尸三百,以报父兄之仇。吴国倚重伍子胥等人之谋,西破强楚,北败徐、鲁、齐,成为诸侯一霸。

伍子胥曾多次劝谏吴王夫差杀勾践,夫差不听。夫差急于进图中原,率大军攻齐,伍子胥再度劝谏夫差暂不攻齐而先灭越,遭拒。夫差听信太宰伯嚭谗言,称伍子胥倚托齐国阴谋反吴,派人送一把宝剑给伍子胥,令其自杀。伍子胥自杀前对门客说:"请将我的眼睛挖出置于东门之上,我要看着吴国灭亡。"伍子胥死后九年,吴国为越国所灭。

王子朝告诸侯书　昭公二十六年

精彩导读

王子朝作为周景王的长子，又得景王宠爱，在王后和太子都去世的情况下，绝对是王室最合法的继承人。可因为王室内部争政，景王去世后，王子猛（周悼王）和匄（周敬王）相继即位。不过王子朝获得了大多数国人的支持，把周敬王打得四处鼠窜。然而晋国却在郑、宋等国均不看好周敬王的时候，强行扶周敬王击败本已经取得优势的王子朝，迫使其带着王室典籍宝货南逃楚国，并发布《告诸侯书》，追溯先王之典，痛斥这种违背伦理纲常的篡位恶行。

原文

王子朝使告于诸侯曰："昔武王克殷，成王靖四方①，康王息民，并建母弟，以蕃屏周②，亦曰：'吾无专享文、武之功，且为后人之迷败倾覆而溺入于难，则振救之③。'至于夷王④，王愆于厥身⑤，诸侯莫不并走其望，以祈王身⑥。至于厉王，王心戾虐，万民弗忍，居王于彘⑦。诸侯释位⑧，以间⑨王政。宣王有志，而后效官⑩。至于幽王，天不吊周，王昏不若，用愆厥位⑪。携王⑫奸命，诸侯替之，而建王嗣⑬，用迁郏鄏⑭。则是兄弟⑮之能用力于王室也。至于惠王，天不靖周⑯，生颓⑰祸心⑱，施⑲于叔带⑳，惠、襄辟难，越去王都㉑。则有晋、郑咸黜不端㉒，以绥定王家。则是兄弟之能率先王之命也。在定王六年㉓，秦人降妖㉔，曰：'周其有頿王㉕，亦克能修其职，诸侯服享㉖，二世共职。王室其有间王位㉗，诸侯不图，而受其乱灾㉘。'至于灵王㉙，生而有頿。王甚神圣，无恶于诸侯。灵王、景王克终其世㉚。"

注释

①"昔武王"二句：指成王在位时平定武庚、管叔、蔡叔的叛乱。②"康王息民"三句：成王、康王分封同母兄弟，以保卫周室。蕃屏，保卫。③"且为后人"二句：且后代一旦荒淫败坏，陷于危难，则可拯救。按，成王、康王之际，天下安宁，号称"成康之治"。④夷王：周厉王父亲。⑤王愆于厥身：身染恶疾。愆，恶疾。⑥

并走其望，以祈王身：诸侯纷纷祭祀名山大川，为夷王祈福。⑦居王于彘（zhì）：将厉王流放于彘。彘，古地名，在今山西省霍州市。⑧释位：离开国内的职位。⑨间：参与。指周厉王被逐之后，共伯和受诸侯拥戴，代行王政。周厉王死后，始归政于周宣王。⑩效官：归政于周宣王。⑪用愆厥位：因此失去王位。用，因此。愆，失去。⑫携王：王子馀臣。⑬诸侯替之，而建王嗣：幽王死后，虢公翰拥立王子馀臣为王，至周平王二十一年被晋文公杀死。王嗣，指周平王，本为太子，幽王死后，为鲁、郑等国拥立，东迁洛阳。⑭郏鄏：古地名，在今河南洛阳。⑮兄弟：指分封的诸侯。⑯天不靖周：老天不让周朝安定。⑰颓：王子颓，周惠王叔叔。⑱祸心：指王子颓之乱，在鲁庄公十九年传。⑲施（yì）：延及。⑳带：王子带，周襄王弟。王子带作乱，在鲁僖公二十四年。㉑越去王都：出奔王城。二王子作乱时，惠王、襄王出奔。㉒则有晋、郑咸黜不端：指郑国支持惠王回国，攻灭王子颓；晋国支持襄王回国，攻灭王子带。咸，都。㉓定王六年：鲁宣公八年。㉔秦人降妖：秦国出现妖言。㉕周其有頿（cī）王：意思是周朝会出现一长胡子的天子。頿，同“髭（cī）”，嘴上的胡须。㉖诸侯服享：诸侯能顺从服从。㉗间王位：乘隙干求王位，指王子猛与敬王。㉘诸侯不图，而受其乱灾：这是王子朝借妖言为自己造舆论，说有人觊觎王位，诸侯却不起来铲除。㉙灵王：周定王孙子。㉚灵王、景王克终其世：二王能善始善终。景王，灵王儿子。

译文

王子朝派遣使者向诸侯报告，使者说：“昔日武王战胜殷商，成王安定四方，康王与民休养生息，一起分封同母兄弟，以作为周朝的屏障，还说：‘我不能单独安享文王、武王的功业，同时还为了后代一旦荒淫败乱，陷入危难时，可以得到救援。’到了夷王，他恶疾缠身，诸侯无不奔走遍祭境内名山大川，为他的健康祈祷。到厉王时，他乖张暴虐，百姓无法忍受，就让他住到彘地。诸侯都离开其君位，来参与王朝的政事。宣王富有智慧，诸侯就把王位奉还给他。到了幽王，上天不保佑周朝，天子昏聩不贤，因此失去王位。携王违背天命，诸侯废黜了他，另立王位继承人，并由此迁都郏鄏。这就是兄弟们能为王室效力的缘故啊。到了惠王，上天不让周朝安定，使颓生出祸心，延及于叔带，惠王、襄王出逃避难，离开了国都。这时候便有晋国、郑国都来消灭那作乱者，以平定王室。这是因为兄弟们能奉行先王的命令。定王六年时，秦国流传妖言，说：‘周朝会有个长胡子的天子，也还能够修明自己的职责，诸侯顺服而享有国家，两代都恭敬地谨守本职。王室中有人觊觎王位，诸侯不为王室出谋、出力，结果蒙受动乱和灾祸。’到了灵王，他生下来就有胡子。灵王十分神敏圣明，对诸侯没有做什么错事。灵王、景王都能善终。”

原文

今王室乱，单旗[1]、刘狄[2]剥[3]乱天下。壹行不若[4]，谓‘先王何常之有？唯余心所命，其谁敢讨之[5]？’帅群不吊[6]之人，以行乱于王室。侵欲无厌，规求无度[7]，贯渎鬼神，慢弃刑法，倍奸齐盟，傲很威仪[8]，矫诬[9]先王[10]。晋为不道，是摄是赞，思肆其罔极[11]。兹不穀震荡播越，窜在荆蛮，未有攸厎[12]。若我一二兄弟甥舅奖顺天法，无助狡猾[13]，以从先王之命，毋速天罚，赦图不穀[14]，则所愿也。敢尽布其腹心及先王之经，而诸侯实深图之。

昔先王之命曰："王后无適[15]，则择立长。年钧以德，德钧以卜[16]。"王不立爱，公卿无私，古之制也。穆后及大子寿早夭即世[17]，单、刘赞私立少[18]，以间先王，亦唯伯仲叔季图之[19]！"

闵马父闻子朝之辞，曰："文辞以行礼也。子朝干景之命[20]，远晋之大[21]，以专其志[22]，无礼甚矣，文辞何为？"

注释

①单旗：单穆公，周朝臣子。②刘狄：刘文公，刘蚠，周朝臣子。③剥：乱。④壹行不若：专门倒行逆施。壹，专。⑤唯余心所命，其谁敢讨之：究竟立谁为王呢，本来就没有规定，只要我所立的，谁敢干涉？这是王子朝转述单、刘的意思。⑥不吊：不善。⑦侵欲无厌，规求无度：侵吞无厌，贪求无度。⑧傲很威仪：蔑视威仪。⑨矫诬：诈伪不实之词。⑩先王：指景王。⑪思肆其罔极：指晋国支持、放纵单、刘的无道无厌。肆，放肆。罔极，无限度。⑫"兹不穀"三句：是说自己动荡流离，逃窜在外，无所归宿。不穀，王子朝自称。未有攸厎，未有所止。⑬狡猾：指单旗、刘狄及敬王等人。⑭赦图不穀：赦，为自己除去忧愁。图，为自己解难。王子朝希望诸侯弃敬王而拥戴自己。⑮无嫡：无嫡长子。適，同"嫡"。⑯年钧以德，德钧以卜：年龄相同则立有德者，德相当则由占卜而定。⑰穆后及大子寿早夭即世：此事在鲁昭公十五年。⑱赞私立少：自己有意偏私而立敬王。⑲亦唯伯仲叔季图之：王子朝以天子自居，指责敬王篡位，希望诸侯拥立自己。伯仲叔季，泛指诸侯。⑳干景之命：指违反景王遗命，立王猛为太子。㉑远晋之大：疏远晋国这样的大国。㉒专其志：一心想做天子。

译文

现在王室动荡不安，单旗、刘狄结党营私，搅乱天下，专门倒行逆施，认为“究竟立谁为王呢？先王即位本来就没有规定，只要我所立的，谁敢干涉？”两人带领一群不轨之徒，在王室中制造混乱。他们贪心不足，贪求无度，一贯亵渎鬼神，轻慢蔑弃刑法，违背侵犯盟约，蔑视礼仪，诬蔑先王。晋国无道，对他们支持赞助，想要放纵其永不满足的欲望。现在不穀动荡流离，逃窜在荆蛮，没有归宿。如果我的一二兄弟、甥舅能顺从上天的法度，不帮助不轨之徒，而听从先王的命令，不招致上天的惩罚，除去不穀的忧患，那正是不穀所希望的。谨此尽情披露内心所想和先王的命令，希望诸侯深思熟虑。

往昔先王的命令说：“王后没有嫡子，就选择立长子。年纪相当就根据其德行，德行相当就由占卜确定。”天子不立偏爱的人，公卿没有私心，这是古代的制度。穆后和太子寿早年去世，单、刘二人偏私立了年幼者，违反了先王的命令，也请诸侯好好思虑一番！”

闵马父听到王子朝这番说辞，说道：“文辞是用来实行礼的。王子朝违背景王的命令，疏远晋国这个大国，一心想做天子，真是无礼到了极点，文辞又有什么用？”

精彩点拨

2500多年后的今天，当我们仔细回味这场旷日持久、跌宕起伏的皇权争夺战时，忍不住为发生在周景王身上的造化弄人而惋惜，为历史发展进程的因果相应、环环相扣而感慨。历史就是由诸多超越人力的偶然性和一连串前后相因的必然性构成的。虽然我们可以怪罪周景王处事不够果断，可以嘲笑王子朝和周敬王的斗争精神不够彻底，但我们的任何批判都是基于我们现在的道德标准、社会背景和认识水平，我们没有权利苛求古人，所谓“从历史中汲取经验教训”也只不过是“仁者见仁，智者见智”的特定选择。

阅读积累

王子朝奔楚

王子朝奔楚集团应是五个宗族。《周礼·大司徒》及郑玄注上有“五族为党”“党五百家”的说法，所以《左传》上有“子朝党”的说法是合乎事实的。奔楚的“子朝党”中有三个是畿内封国，尹、召、毛，特别尹、召二族是大族又举族迁移，所以王子朝奔楚，集团总的人口规模有几千人是完全有可能的。这几千人的集团，在政治、军事、文化、经济等方面都具备相当的实力，所以王子朝一进入楚地就发布告知天下诸侯书，力争尽快反攻周敬王。然而此时楚国内忧外患：楚王室内乱不止；欲灭楚的吴军大举进军，郢都不保。所以楚国不可能允许王子朝集团进入楚国的腹地。王子朝集团只能在楚国的北部边界宛县暂时落脚，“窜在荆蛮，未有攸厎”。楚国宛县北部（今鸭河工业区周边）就像突降一颗巨型的未爆炸弹，形势十分危险，稍有不慎就会引起战争和动乱。所幸楚国宛县对王子朝集团采取了“仰武兴文”的策略，限制其军事武力发展，鼓励对典籍的保护研究。王子朝奔楚，典籍入宛，得到妥善处置，转危为机，化危为安。

鱄设诸刺吴王僚　昭公二十七年

精彩导读

这是一个惊心动魄的故事。由产生弑君念头到刺杀成功，一切都发展得那么快，出人意料，干净利落，如同关大王独赴单刀会。在那个时代，弑君是目无王法的弥天大罪，后果自不必说。敢于产生这样的念头，可以说是胆大包天。不过，这在宫廷之中是家常便饭，政变随时都可能发生，什么王法不王法，规矩，礼仪，等等，全是针对外人和百姓的，宫廷内部的皇亲国戚，全不把它们放在眼里，为了争权夺利，什么都可以做出来。

原文

吴子欲因楚丧①而伐之，使公子掩馀②、公子烛庸③帅师围潜④。使延州来季子⑤聘于上国⑥，遂聘于晋，以观诸侯⑦。楚莠尹⑧然、王尹⑨麇帅师救潜，左司马沈尹戌帅都君子⑩与王马之属⑪以济师⑫，与吴师遇于穷⑬。令尹子常以舟师及沙汭⑭而还。左尹郤宛、工尹寿帅师至于潜，吴师不能退⑮。

吴公子光曰："此时⑯也，弗可失也。"告鱄设诸曰："上国有言曰：'不索，何获⑰？'我，王嗣也，吾欲求之⑱。事若克，季子虽至，不吾废也⑲。"鱄设诸曰："王可弑也。母老、子弱，是无若我何⑳？"光曰："我，尔身也㉑。"

注释

①楚丧：楚国国丧。指去年楚平王死。②掩馀：吴王僚同母弟弟。③烛庸：吴王僚同母弟弟。④潜：古地名。在今安徽省霍山县。⑤季子：季札，本封延陵，后又封州来，故称延州来。⑥上国：指中原各国。是吴国对中原各国的尊称。⑦以观诸侯：与晋国结好，以为援助，并观察诸侯的强弱与态度。⑧莠尹：楚国官名。⑨王尹：楚国官名。⑩都君子：居于下边都邑的贵族子弟。⑪王马之属：楚王养马官属。二者本不服兵役，因事急而征发他们。⑫济师：增援。⑬穷：古地名。在今安徽省霍丘县。⑭沙汭：沙水入淮口，在今安徽省怀远县。⑮左尹郤宛、工尹寿帅师至于潜，吴师不能退：楚国军队在穷

地遇到吴师在前阻挡，而到达潜地的楚国军队切断了吴军的后路，前后夹攻，楚军转为强盛，吴军进退维谷。⑯时：夺取王位的时机。此时吴国大军在外，国内空虚。⑰不索，何获：现在不求取，更待何时？⑱我，王嗣也，吾欲求之：吴王寿梦生四个儿子：诸樊、馀祭、夷昧、季札。兄弟达成共识，约定兄终弟继的规则，轮到季札继位时，季札不肯接受，夷昧儿子僚继父而立。公子光为诸樊儿子，认为季札不受，当由自己嗣立。⑲季子虽至，不吾废也：即便季札聘晋归来，也无妨害。⑳若我何：奈何，怎么安排。即欲把母、子托付给公子光。㉑我，尔身也：我身即你身——公子光接受托付。

译文

吴王想借楚国为楚平王举行国丧的机会讨伐楚国，便委派公子掩馀、公子烛庸领兵包围潜邑。同时委派延州来季子到中原各国聘问，首先到大国晋国聘问，借此观察诸侯的情况。楚国莠尹然、王尹麇率兵救援潜邑，左司马沈尹戌带领都邑的贵族子弟组成的亲兵和王马的部属去增援，与吴军在穷地相遇。楚国军队遭到吴国军队阻挡。令尹子常带着水军到沙、汭后就回师。左尹郤宛、工尹寿带领到达潜地的楚国军队切断了吴军的后路，前后夹攻，楚军力量转为强盛，吴军进退维谷。

吴国公子光说："现在正是大好机会，我们不能失去。"告诉鱄设诸说："中原国家有句话说，'不去寻求，怎能得到？'我是王位的继承者，我想得到它。事情要是成功，季札即便回来，也不可能废掉我。"鱄设诸说："吴王可以杀掉。但我母亲年老、儿子幼小，要是我死了他们怎么办？"公子光说："我就是你。"

原文

夏四月，光伏甲①于堀室②而享王。王使甲坐于道及其门③。门、阶、户、席，皆王亲也④，夹之以铍⑤。羞者⑥献体⑦改服于门外。执羞者⑧坐行⑨而入，执铍者夹承之，及体，以相授也⑩。光伪足疾⑪，入于堀室。鱄设诸置剑于鱼中⑫以进，抽剑刺王，铍交于胸⑬，遂弑王。阖庐⑭以其子⑮为卿。

季子至，曰："苟先君无废祀⑯，民人无废主⑰，社稷有奉，国家无倾，乃吾君也，吾谁敢怨⑱？哀死⑲事生⑳，以待天命。非我生乱，立者从之㉑，先人之道也。"复命哭墓㉒，复位而待㉓。吴公子掩馀奔徐，公子烛庸奔钟吾㉔。楚师闻吴乱而还㉕。

注释

①甲：武士。②堀室：地下室。③王使甲坐于道及其门：吴王僚也布置甲士以备非常之变。坐，待。④皆王亲也：都是吴王僚的亲兵。⑤夹之以铍（pī）：以剑夹着。吴王僚防备森严。铍，剑。⑥羞者：进食的人。⑦献体：露体更衣。送食物者在门外解衣检查，更换衣服，才能入内。⑧执羞者：进食者。⑨坐行：膝行。⑩"执铍者"三句：吴王僚亲兵用剑夹着进食者，剑刃几乎碰到进食者的身体，然后才将菜递给吴王僚身旁侍者，由侍者献上。⑪伪足疾：假装脚有病。⑫置剑于鱼中：藏剑于做菜的鱼肚子中。⑬铍交于胸：剑刺中了鱄设诸的胸。⑭阖庐：公子光即位，是为吴王阖庐。⑮其子：指鱄设诸儿子。⑯苟先君无废祀：不废弃先君的祭祀。⑰民人无废主：百姓不废弃国君。⑱"社稷有奉"四句：阖庐杀君自立，既成事实，季札只有承认。⑲死：指王僚。⑳生：指阖庐。㉑立者从之：谁立为君，就服从谁。㉒复命哭墓：聘晋为吴王僚所遣，所以到吴王僚墓前报告使命。㉓复位而待：回到原来的位子，等待阖庐之命。㉔吴公子掩馀奔徐，公子烛庸奔钟吾：徐、钟吾都是小国。钟吾，古地名，在今江苏省宿迁市。㉕楚师闻吴乱而还：因吴国发生内乱，楚国径自撤兵。

译文

夏四月，公子光在地下室埋伏神功甲士而用设宴礼请吴王的机会刺杀吴王。吴王非常警惕，特派甲士遍布道路两边直到公子光家门口。就连大门口、台阶上、内室门、酒席边，都是吴王的亲兵，都持剑而立。上菜的人要在门外脱光衣服改换另外的衣服，端菜的人膝行而入，吴王僚亲兵用剑夹着进食者，剑刃几乎碰到进食者的身体，然后才将菜递给吴王僚身旁的侍者，由侍者献上。公子光假装脚疾，躲进地下室。鱄设诸巧妙地把剑藏在鱼腹中端进去，刚到吴王身边，便从鱼腹中猛地抽出宝剑，快如闪电般刺向吴王，吴王连中数剑，但鱄设诸也被两旁甲士的剑交叉刺入胸部，然而最终吴王还是被杀死了。后公子光（阖庐）继位，任命鱄设诸的儿子为卿。

季札回到国内，面对阖庐杀君自立的既成事实，只有承认。他对公子光说："如果先君的祭祀不被废除，民众不废弃君主，社稷之神有人供奉，国家不会倾覆，那么他就是我的国君，我又敢怨恨谁呢？我将哀悼死者而侍奉生者，以待天命。不是我发起动乱，谁做国君我就服从谁，这是祖先的常规。"季札于是到吴王僚墓前复命哭泣，回到自己的职位等待命令。吴国公子掩馀逃往徐国，公子烛庸出逃钟吾国。当楚军得知吴国已经大乱便撤军而去。

精彩点拨

专诸（鱄设诸）凭借其勇猛刺杀了吴王僚，虽然他也成了刀下鬼，但到底还是让计谋成功了。之后坐上了王位的人，也会像前任一样，做出对祖先、神明恭敬的样子，照样对百姓征收赋税、派遣劳役。权力的更迭，多数时候对平民百姓没有什么意义，百姓的生存状况多半不会有多大改善，仅仅是官廷内部一些人因此发达了，一些人因此遭殃了。历史中充满了各种偶然因素，很多偶然因素都可能改变历史进程，甚至产生深远影响。

阅读积累

专诸刺王僚

专诸是中国古代“四大刺客”之一。春秋末期吴国的公子光（后来的吴王阖闾）欲杀吴王僚而自立，伍子胥把专诸推荐给公子光。前515年，公子光乘吴内部空虚，与专诸密谋，以宴请吴王僚为名，藏匕首于鱼腹之中进献（此即中国历史上著名“鱼肠剑”的来历），专诸当场刺杀了吴王僚，但也被其侍卫所杀，史称“刺王僚”“专诸刺王僚”，后来成为中国京剧传统剧目。此后公子光自立为王，是为吴王阖闾，乃以专诸之子为卿。后人以“专诸巷”来纪念。

费无极谮杀郤宛 昭公二十七年

精彩导读

费无极对楚国地位最高的令尹囊瓦说，郤宛想邀请囊瓦去家里做客。费无极又对郤宛说囊瓦要去他家做客。郤宛很高兴，就问费无极怎么准备。费无极说囊瓦最喜欢训练有素的军人，你在家里多准备军人和武器给他看就好了。等到囊瓦去郤宛家做客的时候，费无极告诉囊瓦：郤宛埋伏了军队在家里要杀死他。囊瓦听了，派军队进攻郤宛的家。郤宛知道被费无极陷害，在家里自杀而死。

原文

郤宛[①]直而和[②]，国人说[③]之。鄢将师为右领[④]，与费无极比[⑤]而恶之。令尹子常[⑥]贿[⑦]而信谗，无极谮[⑧]郤宛焉，谓子常曰：“子恶欲饮子酒[⑨]。”又谓子恶：“令尹欲饮酒于子氏。”子恶曰：“我，贱人也，不足以辱令尹。令尹将必来辱[⑩]，为惠已甚[⑪]。吾无以酬[⑫]之，若何？”无极曰：“令尹好甲兵，子出之，吾择焉[⑬]。”取五甲五兵[⑭]，曰：“置诸门，令尹至，必观之，而从以酬之[⑮]。”及飨日，帷诸门左[⑯]。无极谓令尹曰：“吾几祸子。子恶将为子不利，甲在门矣，子必无往[⑰]！且此役也[⑱]，吴可以得志[⑲]，子恶取赂焉而还，又误群帅，使退其师，曰：‘乘乱不祥。’[⑳]吴乘我丧，我乘其乱，不亦可乎？”令尹使视郤氏，则有甲焉[㉑]。不往，召鄢将师而告之[㉒]。将师退，遂令攻郤氏，且爇[㉓]之。子恶闻之，遂自杀也。国人弗爇[㉔]，令曰：“不爇郤氏，与之同罪。”或取一编菅[㉕]焉，或取一秉秆焉[㉖]，国人投之[㉗]，遂弗爇也[㉘]。令尹炮之[㉙]，尽灭郤氏之族党，杀阳令终与其弟完及佗，与晋陈及其子弟[㉚]。晋陈之族呼于国曰：“鄢氏、费氏自以为王[㉛]，专祸楚国，弱寡王室，蒙[㉜]王与令尹以自利也。令尹尽信之矣，国将如何？”令尹病之[㉝]。

注释

①郤宛：又称子恶。②直而和：正直而温和。③说：同“悦”。④右领：楚国官名。⑤比（bì）：勾结。⑥子常：囊瓦。⑦赂：贪求贿赂。⑧谮：诬陷。⑨子恶欲饮子酒：说郤宛打算请子常喝酒。子恶，即郤宛，也即子氏。⑩辱：让令尹屈尊前来。⑪为惠

已甚：指令尹如果光临，恩惠极大。⑫酬：奉献礼物以为报答。⑬子出之，吾择焉：意为让郤宛摆出好的皮甲武器，为他挑选，以备献给子常。⑭五兵：五种兵器。⑮“置诸门”四句：看似费无极给郤宛出主意，实际上是设下的圈套。⑯帷诸门左：郤宛果然听从费无极的主意，将五甲兵放在门边帷帐里。⑰子必无往：偷偷通知子常不要前往。暗示郤宛将谋杀子常。⑱且此役也：此役指前文楚国救潜地前后夹攻吴国军队之战役。⑲吴可以得志：楚国本来能够战胜吴国。⑳“子恶取赂焉而还”四句：诬陷郤宛退兵，是受了吴人的贿赂，而假意却说当时吴有内乱，不要乘人之危。㉑令尹使视郤氏，则有甲焉：令尹子常听信谗言，派人去郤宛家暗查果然发现了兵器，相信了费无极的谎言。㉒告之：告诉鄢将师郤宛要害自己。㉓爇（ruò）：焚烧。㉔国人弗爇：郤宛得到国人的拥护，不愿意烧。㉕菅（jiān）：茅草。编菅，盖屋的茅草。㉖一秉秆焉：一秉，一把。秆，禾茎。编菅和秆都是用来烧郤宛的。㉗投之：国人夺走编菅和秆遂。㉘弗爇也：不让烧郤宛家。㉙炮之：焚烧郤宛家。㉚杀阳令终与其弟完及佗，与晋陈及其子弟：以上诸人都是郤宛的同党。阳令终，阳匄（即令尹子瑕）的儿子。晋陈，楚国大夫。㉛鄢氏、费氏自以为王：当时楚昭王年幼，二人横行无忌，以君王自居。㉜蒙：欺骗，蒙蔽。㉝令尹病之：费无极的倒行逆施，已引起众怒，令尹子常感到担心。

译文

郤宛为人正直而温和，深受国人拥护和爱戴。鄢将师任右领，他与费无极朋比为奸而憎恨郤宛。令尹子常贪财而接受费无极贿赂，听信费无极捏造诬陷郤宛的谗言。费无极对令尹子常说：“郤宛想要请您喝酒。”费无极转而又对郤宛说：“令尹想到你家喝酒。”郤宛不知费无极怀有恶意，很诚恳地说：“我是地位低贱的人，不配令尹屈尊前来。令尹一定要屈尊光临，对我的恩惠实在太大，我没什么可以回报，怎么办？”费无极说：“令尹喜好皮甲、兵器，你拿出来，我帮你挑选。”郤宛取出五副皮甲、五件兵器，费无极暗喜，假惺惺地说：“你把它们放在门口，令尹来了，一定会观看，就可趁机送给他。”到了请客那天，郤宛果真把甲兵放在门左边的帷幕里。费无极看到郤宛钻进了圈套，回头对令尹说：“我差一点儿害了您。郤宛准备对您下毒手，皮甲都安放在门边了，您千万不要去！况且这次潜地的战役，我国本来可以得胜，但因郤宛接受了贿赂而撤军，又误导各位将领，让他们退兵，说：‘趁别人有动乱而进击是不吉祥的。’其实吴国趁我们有丧事，我们趁其动乱，不也是可行的吗？”令尹派人去郤宛家暗中察看，果然有皮甲在。令尹相信了费无极，就不去赴宴，立即召来郤宛的另一个死对头——鄢将师告知情况。鄢将师退出后，立即下令进攻郤宛，并且放火烧房。郤宛得知消息，含恨自杀了。民众不肯放火烧房，鄢将师下令说："不烧郤宛家的，和郤宛一同治罪。"有的人拿来一秉盖屋的茅草，有的人拿来一把稻草，民众都把它扔掉了，因此没有烧起来。令尹派人烧了郤宛家，把郤氏族人全都杀掉，还杀了阳令终与他的弟弟完、佗，以及晋陈和他的子弟。晋陈的族人在国都大喊："鄢氏、费氏以君王自居，专权而祸乱楚国，削弱孤立王室，蒙骗楚王和令尹来为自己谋利。令尹已完全相信他们了，国家将要怎么办？"令尹子常听了很担心。

原文

楚郤宛之难，国言未已①，进胙者②莫不谤令尹。沈尹戌言于子常曰："夫左尹③与中厩尹④，莫知其罪，而子杀之⑤，以兴谤讟⑥，至于今不已。戌也惑之：仁者杀人以掩谤⑦，犹弗为也。今吾子杀人以兴谤而弗图⑧，不亦异乎？夫无极，楚之谗人也，民莫不知。去朝吴⑨，出蔡侯朱⑩，丧大子建，杀连尹奢⑪，屏王之耳目，使不聪明。不然，平王之温惠共俭，有过成、庄，无不及焉⑫。所以不获诸侯，迩无极也⑬。今又杀三不辜⑭，以兴大谤，几及子矣。子而不图，将焉用之⑮？夫鄢将师矫子之命，以灭三族。三族，国之良也，而不愆位⑯。吴新有君⑰，疆场日骇⑱，楚国若有大事，子其危哉！知者除谗以自安⑲也，今子爱谗以自危也，甚矣，其惑也！"子常曰："是瓦⑳之罪，敢不良图㉑！"九月己未，子常杀费无极与鄢将师，尽灭其族，以说于国。谤言乃止。

注释

①国言未已：国内怨言不息。②进胙（zuò）者：有资格分得胙肉的人。胙，祭肉。诸侯祭祀，祭后必分祭肉给卿大夫。③左尹：郤宛。④中厩尹：阳令终。⑤莫知其罪，而子杀之：指二人无辜被杀。莫，无人。⑥谤讟（dú）：怨言。⑦掩谤：掩盖谤怨。⑧杀人以兴谤而弗图：杀人兴谤，却不考虑补救办法，实在奇怪。⑨去朝吴：鲁昭公十五年，费无极挑拨朝吴与蔡人的关系，遂使蔡人逐朝吴。⑩出蔡侯朱：鲁昭公二十一年，费无极取货于蔡平侯之弟，欲害蔡太子朱，造谣于蔡。⑪杀连尹奢：指杀伍奢。事见昭公二十年"伍员奔吴"。⑫平王之温惠共俭，有过成、庄，无不及焉：平王受费无极蒙蔽，否则，其温和仁慈超过成王、庄王。⑬迩无极也：迩，接近。接近费无极。⑭三不辜：指郤氏、阳氏、晋陈氏。⑮焉用之：何必用令尹。⑯不愆（qiān）位：在位没过错。⑰吴新有君：指吴王阖庐刚立为君。⑱疆埸日骇：楚、吴二国边境日益紧张。骇，惊惧。⑲知者除谗以自安：聪明人是排除谗言以安定自己。下句"今子爱谗以自危也"，则刚好相反。

⑳瓦：囊瓦，字子常。㉑良图：好好考虑。

译文

楚国郤宛的祸难，国内怨言不断，凡有资格分胙肉的人没有不指责令尹的。沈尹戌对令尹子常说：“左尹和中厩尹无人知晓其罪，而你却杀了他们，招致怨言，直到现在还没止息。我感到很困惑：仁爱者用杀人来掩盖指责，尚且不可这样做。现在您杀了人而招致指责，却不考虑补救，这不奇怪吗？况且费无极是楚国的谗佞小人，民众无人不知。他除掉朝吴，赶走蔡侯朱，丧失太子建，杀了连尹奢，蒙蔽君王的耳目，让他耳不聪、眼不明。不然的话，平王的温和恭俭，超过了成王、庄王，而没有不及之处。他之所以得不到诸侯的拥护，就是因为亲近费无极。现在又杀了三个无辜者，引起极大不满，几乎要拖累您了。您如果不考虑解决，还用您这位令尹干吗？鄢将师假传您的命令，灭了三族。这三族是国家的良材，在位并没有过错。吴国刚刚立了新君，边境日益紧张，楚国如果发生战事，您可就危险了！聪明人去除谗佞者以使自己安全，现在您却喜爱进谗者而使自己危险，您也太过昏聩糊涂了！”子常说：“的确是我的罪过，怎敢不好好考虑！”九月十四日，子常杀了费无极和鄢将师，灭绝其宗族，以取悦国人，指责的言论才平息下来。

精彩点拨

楚国的大臣和百姓都同情郤宛家的遭遇，都诅咒令尹囊瓦，甚至连周天子派来送祭肉的人也都指责他。囊瓦慢慢也知道受了欺骗，有人建议他杀掉费无极，才能重新得到百姓的支持。于是囊瓦下决心要除掉费无极，以此取悦国人。楚国的百姓听说要杀费无极，都带着武器跑在军队的前面，冲向费无极的家去杀他。费无极一辈子害人，做事只考虑利益而不考虑道义，只知道陷害别人却不知道这样最后会危害自己，到了最后终于一点办法也没有，落了个身死族灭的下场。

阅读积累

讽刺费无极

楚平王为了联秦制晋，促成太子熊建与秦国公主孟嬴联姻，派费无极前往秦国迎亲。费无极面对孟嬴的绝世美貌，便劝好色的楚平王迎娶孟嬴，不断离间楚平王和太子建的关系。费无极嫉贤妒能，迫害太子师傅伍奢和左尹郤宛，导致伍子胥和伯嚭逃亡吴国，给楚国大乱埋下伏笔。吴楚争霸失利，国人怨恨费无极，支持令尹囊瓦（子常）将费无极诛杀，灭其族。后人有诗写给这种小人，劝其不要再做恶事：顺风放火去烧人，忽地风回烧自身。毒计奸谋浑似此，恶人几个不遭迍。

吴楚柏举之战　定公四年、五年

精彩导读

柏举之战是公元前506年（周敬王十四年），由吴王阖闾率领的三万吴国军队深入楚国，在柏举（今湖北省麻城市境内，一说湖北省汉川市北）击败楚军二十万主力、继而占领楚都的远程进攻战。在战争中，吴军灵活机动，因敌用兵，以迂回奔袭、后退疲敌、寻机决战、深远追击的战法而取胜。此战是中国古代军事史上以少胜多、快速取胜的成功战例之一。

原文

（定公四年）沈①人不会于召陵，晋人使蔡伐之。夏，蔡灭沈。

秋，楚为沈故，围蔡②。伍员③为吴行人④以谋楚。

楚之杀郤宛⑤也，伯氏之族出⑥。伯州犁之孙嚭为吴大宰以谋楚⑦。楚自昭王即位，无岁不有吴师⑧。蔡侯⑨因之⑩，以其子乾与其大夫之子为质于吴⑪。

注释

①沈：国名，楚国盟国，在今安徽省阜阳市。②围蔡：楚国为沈国而报复，围攻蔡国。③伍员（yún）：字子胥，父伍奢，兄伍尚，皆楚平王臣子。平王听信小人费无极之谗言，杀奢与尚，伍员奔吴。④行人：外交官。⑤郤宛：字子恶，楚国贤臣。鲁昭公二十七年，由于费无极的陷害，郤宛被杀。⑥伯氏之族出：伯氏为郤宛同党，因此逃离楚国。⑦伯州犁之孙嚭（pǐ）为吴大宰以谋楚：伍员、伯嚭都为吴国策划对付楚国。伯州嚭事吴为太宰。⑧无岁不有吴师：年年有吴军骚扰。⑨蔡侯：蔡昭侯，名申。⑩因之：依附吴国。⑪以其子乾与其大夫之子为质于吴：晋国虽然合诸侯于召陵，却不讨伐楚国，蔡国于是求助于吴国。

译文

因为沈国不愿意参加召陵盟会，晋国为此派蔡国讨伐沈国。夏，蔡国灭亡沈国。

秋，楚国因为蔡国灭亡沈国的缘故，派大军包围蔡国。伍员任吴国行人谋划进攻楚国。

楚国杀死郤宛时，伯氏的族人出逃国外。伯州犁的孙子伯嚭任吴国太宰，谋划攻打楚国。楚国自从昭王即位以来，年年遭受吴军袭击。蔡昭侯也依附吴国，把儿子乾和大夫的儿子送到吴国当人质。

原文

冬，蔡侯、吴子①、唐侯②伐楚。舍舟于淮汭③，自豫章与楚夹汉④。左司马戌⑤谓子常⑥曰："子沿汉而与之上下⑦，我悉方城外以毁其舟，还塞⑧大隧、直辕、冥厄⑨。子济汉而伐之⑩，我自后击之，必大败之。"既谋而行。武城黑⑪谓子常曰："吴用木也，我用革也，不可久也⑫，不如速战。"史皇⑬谓子常："楚人恶子而好司马⑭。若司马毁吴舟于淮，塞城口⑮而入，是独克吴也。子必速战！不然，不免⑯。"乃济汉而陈，自小别⑰至于大别⑱。三战，子常知不可，欲奔⑲。史皇曰："安求其事⑳，难而逃之，将何所入㉑？子必死之，初罪必尽说㉒。"

注释

①吴子：吴王阖庐，名光，鲁昭公二十八年杀吴王僚自立。②唐侯：唐成公。蔡国、唐国的君王经常受到楚国凌辱，所以联合吴国攻楚。③舍舟于淮汭：吴军到达淮汭，弃船登陆攻击楚国。淮，淮水。汭，河岸凹曲处。④自豫章与楚夹汉：吴军从豫章进发，与楚军夹汉水对峙。⑤左司马戌：沈尹戌。⑥子常：平王时令尹，名瓦，又称囊瓦。⑦沿汉而与之上下：紧守汉水沿岸，上下堵截，不让吴军渡水。⑧还塞：沈尹戌集合方城外所有楚军抄袭吴军背后，毁坏吴军船只并断其退路。⑨大隧、直辕、冥厄：古地名，在今河南、湖北交界的三个关隘。⑩子济汉而伐之：意指等沈尹戌截住吴军归路后，子常再渡过汉水来攻打吴军。⑪武城黑：楚国武城大夫，名黑。⑫"吴用木也"三句：革车是用胶把皮革粘饰在车表面，虽然美观，但不耐雨淋，不可久战。木是栈车。用木、用革，都指兵车所有的材料。⑬史皇：楚国大夫。⑭司马：指沈尹戌。⑮城口：指上述大隧等三关。

⑯不然，不免：史皇怕沈尹戌独占其功，唆使子常不用沈尹戌的战略。不免，不免于罪。⑰小别：小别山，在今湖北省汉川市，汉水以北。⑱大别：大别山，在今湖北省武汉市汉阳区东北。⑲欲奔：知道不能战胜吴军，准备撤军逃走。⑳安求其事：国安之时就想过问政事。㉑“难而逃之”二句：有危难时就想逃跑，又能逃到哪里去？㉒“子必死之”二句：只有拼死一战，才可解脱前罪。说，同“脱”。

译文

冬，蔡国蔡昭侯、吴国吴王阖庐、唐国唐成公三方联合进攻楚国。军队在淮河边弃舟登岸，从豫章进发，与楚军隔汉水对峙。楚国左司马沈尹戌对令尹子常说：“您带领水军沿着汉水与他们上下周旋，紧守汉水沿岸，上下堵截，不让吴军渡水。我带领方城外所有楚军抄袭吴军背后，毁坏吴军船只并断其退路。再回头堵塞大隧、直辕、冥厄。您渡过汉水进击他们，我从后面进攻，必然把他们打得大败。”他们商量好就出发了。武城黑对令尹子常说：“吴国战车用的是木头，我们用的是皮革蒙车，遇雨不能持久，不如速战。”史皇对子常说：“楚国人讨厌您而喜欢司马。要是司马在淮水毁掉吴国战船，堵塞城口而回兵，那可就是他单独战胜吴国了。您一定要速战！不然，将不免于祸难。”子常便渡过汉水摆开阵势，从小别山直到大别山。打了三战，子常知道不能战胜吴军，准备撤军逃走。史皇说：“平安无事时您争要权力，有急难就逃走，您想逃到哪里去？您一定要拼死作战，以前的罪责才能全部免除。”

原文

十一月庚午，二师[①]陈于柏举[②]。阖庐之弟夫檗王[③]晨请于阖庐曰：“楚瓦不仁，其臣莫有死志[④]，先伐之，其卒必奔；而后大师继之，必克。”弗许[⑤]。夫檗王曰：“所谓‘臣义而行[⑥]，不待命’者，其此之谓也。今日我死，楚可入也[⑦]。”以其属五千先击子常之卒。子常之卒奔[⑧]，楚师乱，吴师大败之。子常奔郑[⑨]。史皇以其[⑩]乘广[⑪]死。

吴从楚师，及清发[⑫]，将击之。夫檗王曰：“困兽犹斗，况人乎？若知不免而致死，必败我[⑬]。若使先济者知免，后者慕之，蔑有斗心矣。半济而后可击也[⑭]。”从之，又败之。楚人为食[⑮]，吴人及之，奔。食而从之，败诸雍澨[⑯]。五战，及郢。

注释

①二师：指吴、楚两国的军队。②柏举：地名，在今湖北省麻城市附近。③夫槩王：“夫槩”是名，因其在鲁定公五年曾自立为王，故称“夫槩王”。槩，同“概”。④死志：死战到底的决心。⑤弗许：阖庐不同意夫槩王的请求。⑥臣义而行：为人臣之道，合于道义就做。⑦楚可入也：可以进入楚国，准备拼死攻入郢都。⑧子常之卒奔：子常军队毫无斗志，军纪涣散，一战即溃。⑨子常奔郑：吓得不敢回到郢都。⑩其：指子常。⑪乘广：楚王或楚国主帅所乘坐的兵车。⑫清发：水名，在今湖北安陆。⑬“若知不免”二句：如果发现有免不了一死而拼死战斗的一线生机，就有反败为胜的可能。⑭半济而后可击也：楚军有一半已渡河，再进行追击。⑮为食：做饭吃。⑯雍澨（zhì）：水名，今湖北京山有三澨水，此为其中之一。

译文

十一月十八，吴、楚两军在柏举摆开阵势。阖庐弟弟夫槩王早晨向阖庐请示说：“楚国囊瓦是个不仁不义之辈，他的手下没有拼死的决心，他的军队毫无斗志，军纪涣散，我们抢先进攻，他们的士兵必定奔逃；然后大部队跟进，可一鼓作气战胜楚军。”吴王不同意。夫槩王又说：“所谓‘臣下看到合道义的就去做，不必等待命令’，说的就是这情形。今天我拼死一战，就能攻入楚国。”便带着下属五千人率先攻击子常的人马。子常的士兵溃逃，楚军大乱，吴军大败楚军。子常逃往郑国。史皇在子常车上战死。

吴军追赶楚军直到清发，准备发起进攻。夫槩王说：“困兽犹斗，何况人呢？如果楚军发现有免不了一死而拼死战斗的一线生机，就有反败为胜的可能，这样就会打败我们。要是让先渡过河的楚军以为能逃脱，后面的人就会羡慕他们，这样就没有斗志了。等他们渡到一半以后就可以攻击了。”吴王同意了夫槩王的计划，吴军果然打败楚军。楚国人正做饭，吴军赶到，楚军跑了。吴军吃了这些饭食又去追赶，在雍澨又打败楚军。连打五仗，抵达郢都。

原文

己卯①，楚子取其妹季②芈畀我③以出，涉睢④。鍼尹固⑤与王同舟，王使执燧象以奔吴师[⑥]。

庚辰[⑦]，吴入郢，以班处宫[⑧]。子山[⑨]处令尹之宫，夫槩王欲攻之，惧而去之[⑩]，夫槩王入之。

注释

①己卯：十一月二十七。②季：为排行。③芈畀（mǐ bì）我：楚昭王妹妹。芈，姓。畀我，名。④睢：水名，一名沮河，自今湖北江陵入长江。⑤鍼尹固：楚国大夫。⑥执燧象以奔吴师：燧，火炬。把火炬拴在象尾上点燃，让象群冲入敌阵，以抵御吴军。⑦庚辰：二十八日。⑧以班处宫：按爵位等级占有楚人宫室。⑨子山：阖庐儿子。⑩夫槩王欲攻之，惧而去之：夫槩王与子山争令尹之宫，子山害怕，撤出该宫。

译文

十一月二十七，楚昭王带着妹妹芈畀我逃出郢都，徒步渡过睢水。楚国大夫鍼尹固与楚昭王同船，楚昭王命鍼尹固把火炬拴在象尾上点燃，让象群冲入敌阵，以抵御吴军。

二十八日，吴军侵占郢都，按照爵位等级占有楚人宫室。子山住在令尹的宫里，夫槩王也要住令尹的宫殿，他下令攻击子山，子山害怕便赶快搬走了，夫槩王就住了进去。

原文

左司马戌及息[①]而还[②]，败吴师于雍澨，伤。初，司马臣阖庐，故耻为禽焉[③]。谓其臣曰："谁能免吾首[④]？"吴句卑[⑤]曰："臣贱，可乎？"司马曰："我实失子[⑥]，可哉！"三战皆伤，曰："吾不可用[⑦]也已。"

句卑布裳，刭而裹之，藏其身，而以其首免[⑧]。

注释

①息：古地名。在今河南息县。②还：这里是说沈尹戌得知楚军已败，中途折回来。③"司马臣阖庐"二句：沈尹戌曾在吴国为阖庐之臣，所以耻为吴国擒获。④免吾首：不要让吴军得到我的尸首。⑤吴句卑：沈尹戌部下小臣。⑥实失子：以前不知道你贤

能，疏忽了你，没有重用你。⑦不可用：已无用处，将死。⑧“句卑布裳”四句：吴句卑把沈尹戌尸身藏好，带上他的头逃走。布，铺开。

译文

左司马沈尹戌到达息地，得知楚军已败，中途折回来，在雍澨打败吴军，自己也负了伤。起初，沈尹戌曾在吴国为阖庐之臣，所以耻于被吴军擒获。沈尹戌对他部下说：“谁能做到不让吴军得到我的尸首？”吴句卑说：“下臣地位低贱，能做到，不知可以吗？”司马戌说：“以前不知道你贤能，疏忽了你，没有重用你，你是可以的！”然后又与吴军激战三次，三次都身负重伤，沈尹戌说：“我已经不行了。”

吴句卑铺开衣服，割下沈尹戌的头包裹好，把沈尹戌尸身藏好，带上他的头逃走了。

原文

楚子涉睢，济江，入于云中[①]。王寝，盗攻之，以戈击王。王孙由于[②]以背受之[③]，中肩。王奔郧[④]。钟建[⑤]负季芈以从。由于徐苏[⑥]而从[⑦]。郧公辛[⑧]之弟怀将弑王，曰：“平王杀吾父，我杀其子，不亦可乎？”辛曰：“君讨臣，谁敢仇之[⑨]？君命，天也。若死天命，将谁仇？《诗》曰：‘柔亦不茹，刚亦不吐。不侮矜寡，不畏强御[⑩]。’唯仁者能之。违强陵弱[⑪]，非勇也；乘人之约[⑫]，非仁也；灭宗废祀[⑬]，非孝也；动[⑭]无令名[⑮]，非知也。必犯是，余将杀女。”斗辛与其弟巢以王奔随[⑯]。吴人从之，谓随人曰：“周之子孙在汉川者，楚实尽之[⑰]。天诱其衷，致罚于楚[⑱]，而君又窜之，周室何罪[⑲]？君若顾报周室，施及寡人，以奖[⑳]天衷[㉑]，君之惠也。汉阳之田，君实有之[㉒]。”楚子在公宫[㉓]之北，吴人在其南。子期似王，逃王，而已为王[㉔]，曰：“以我与之，王必免。”随人卜与之，不吉，乃辞吴曰：“以随之辟小而密迩于楚[㉕]，楚实存之。世有盟誓，至于今未改。若难而弃之，何以事君[㉖]？执事之患不唯一人，若鸠楚竟，敢不听命[㉗]？”吴人乃退。𨱍金[㉘]初宦于子期氏，实与随人要言[㉙]。王使见[㉚]，辞曰：“不敢以约为利[㉛]。”王割子期之心以与随人盟[㉜]。

注释

①云中：云梦泽，在今湖北省安陆市。②王孙由于：又称吴由于，楚国公族。③以

背受之：王孙由于以背代昭王受戈击。④郧（yún）：本小国名，为楚所灭。⑤钟建：人名，楚国大夫。⑥徐苏：缓缓苏醒。⑦从：跟随楚王。⑧郧公辛：斗辛，蔓成然儿子。鲁昭公十四年楚平王杀蔓成然。⑨君讨臣，谁敢仇之：国君诛讨其臣，谁敢记仇怀恨？⑩“柔亦不茹”四句：出自《诗经·大雅·烝民》，意思是遇到软的不吞下去，遇到硬的不吐出来。不侮辱鳏寡的人，也不畏惧强暴的人。“柔亦不茹，刚亦不吐”二句是比喻。茹，食，吞，与吐对文。矜寡，鳏寡。⑪违强陵弱：楚平王杀其父时，王是强者，所以其父不违君命而受之。如今楚昭王逃亡在外，是弱者。⑫约：穷，指楚昭王正处于困境。⑬灭宗废祀：弑君之罪，将遭灭族之祸而使宗祀废绝。⑭动：行动。⑮无令名：弑君的行动没有好名声。⑯斗辛与其弟巢以王奔随：斗辛不仅阻止其弟杀昭王，还保护昭王逃往随国。⑰“周之子孙”二句：《僖公二十八年传》说：“汉阳诸姬，楚实尽之。”吴、随等都是姬姓，所以吴国以此诱使随人反楚。⑱致罚于楚：天意要降罚于楚国。⑲而君又窜之，周室何罪：吴国责备随国不应藏匿共同的仇人。窜，藏匿。⑳奖：助成。㉑天衷：天的意旨。㉒汉阳之田，君实有之：利用奉赠汉阳之土田再次诱骗随国。㉓公宫：随君之宫。㉔“子期似王”三句：公子结长像似昭王，愿意假扮昭王应付吴国，让昭王逃走。子期，楚昭王兄公子结。㉕密迩于楚：指距楚极近。㉖“若难”二句：楚国有难时则背弃盟约，如此不守信义，又以何事吴国？君，指吴王。㉗“执事之患”三句：执事，指吴王。一人，指楚昭王。鸠，安定。竟，同“境”。此意为吴国之患，并不在昭王一人未擒，安定楚国民心更重要。㉘鑢（lǜ）金：人名，曾是子期家臣。㉙要：约。要言：口头约定，指商定藏匿昭王以及子期代王之事。㉚王使见：想召见鑢金并封为王臣。㉛不敢以约为利：不敢趁昭王困窘时为自己谋利。㉜王割子期之心以与随人盟：割破子期胸部皮肤，取血与随人结盟，非剖腹取心。子期要代王赴难，所以取他的血，表示接受其忠诚。

译文

楚昭王为逃命徒步渡过睢水，又渡过长江，历经磨难进入云梦泽。楚昭王休息时，突现盗贼，盗贼群起攻击，用戈击打昭王。楚国公族王孙由于为保护昭王，急用背挡住戈，被击中肩膀。昭王趁机逃到郧地，楚国大夫钟建背着季芈跟从。王孙由于缓缓苏醒后也跟了上来。郧公斗辛的弟弟斗怀要趁机杀死昭王，说：“当年平王杀了我们的父亲，我要杀死他的儿子，为父亲报仇，这是可以的吧？”斗辛劝斗怀，说：“君王诛讨臣子，谁敢仇恨他？君王的命令，是上天的意志。如果死于天命，你要仇恨谁呢？《诗经》说：‘不吞吃柔软的，不吐出坚硬的。不欺侮鳏寡的，不畏惧强暴的。’这一切只有仁爱者才能做得到。往往躲避强者而欺凌弱者，这不是勇；往往乘人之危，这不是仁；往往灭亡宗族而废弃祭祀，这不是孝；往往行动得不到好名声，这不是智。如你一意孤行要这样做，我将杀了你。”斗辛和弟弟巢陪着楚昭王逃到随国。随后，吴国追军也追到随国，追军首领对随国人说：“周王的子孙在汉川的，都被楚国消灭净尽。上天垂示意愿，降罚于楚国，君王却藏匿楚王，请问周室有什么罪？君王要是能顾念并报答周室，恩惠延及寡人，以完成上天的心愿，这是君王的恩惠。汉水北边的田地，都归君王所有。”楚昭王躲藏在随国公宫的北面，吴国追兵在公宫南面。楚昭王兄公子期长相似昭王，愿意假扮昭王应付吴国，让昭王逃走。子期装扮成昭王，说：“把我交给吴人，君王一定可免于难。”随国人为交出子期而占卜，不吉利，就拒绝吴国说：“随国偏僻弱小，又紧邻楚国，是楚国保存了我们。两国世代有盟誓，直到现在也没改变。如果楚国有危难而抛弃它，又凭什么侍奉君王？你们的问题不只是昭王一人，要是能安定楚国，我国岂敢不听从命令？”吴军首领听后率领追兵退走。鑢金起初在子期氏那里当家臣，曾与随国人约定不交出楚昭王。昭王让他进见，他推辞说：“不敢因为君王处在困境而谋取私利。”昭王割破子期的胸口取血与随国人结盟。子期要代王赴难，所以取他的血，昭王表示接受其忠诚。

原文

初，伍员与申包胥①友。其亡也，谓申包胥曰：“我必复②楚国。”申包胥曰：“勉之！子能复之，我必能兴之。”及昭王在随，申包胥如秦乞师，曰：“吴为封③豕④、长蛇，以荐食上国，虐始于楚⑤。寡君失守社稷，越⑥在草莽⑦，使下臣告急，曰：‘夷德无厌，若邻于君，疆埸之患也⑧。逮⑨吴之未定，君其取分⑩焉。若楚之遂亡，君之土也。若以君灵抚之，世以事君⑪。’”秦伯⑫使辞焉，曰：“寡人闻命矣。子姑就馆，将图而告⑬。”对曰：“寡君越在草莽，未获所伏⑭，下臣何敢即安？”立，依于庭墙而哭，日夜不绝声，勺饮不入口七日。秦哀公为之赋《无衣》⑮。九顿首⑯而坐⑰。秦师乃出。

注释

①申包胥：楚之同姓，食采邑于申，因以为姓。②复：同“覆”，颠覆。③封：意为大。④豕：猪。此指大野猪。⑤“以荐食上国”二句：吴国屡次侵害中原诸侯，首先侵害到楚国。荐，屡次。上国，指中原地区的诸侯国。⑥越：流亡。⑦草莽：草野之间。⑧“夷德无厌”三句：楚国西界与秦国相接，现在吴国既占有楚国，则成为秦的邻国，这

样一来秦国的边境也将不免于祸患。夷，指吴国。⑨逮：及，乘。⑩取分：取得一份地盘。指与吴国共分楚国。⑪"若以君"二句：如不亡，楚国将世世代代侍奉秦国。以君之灵，即"托福"之意。灵，威灵。抚，存恤。⑫秦伯：秦哀公。⑬将图而告：待考虑好后再作答复。⑭未获所伏：未得安宁居处。⑮《无衣》：出自《诗经·秦风》，其中有"王于兴师，修我戈矛，与子同仇"及"修我甲兵，与子偕行"的诗句。秦哀公赋此诗，是表示将出兵救楚国。⑯九顿首：九叩头。顿首，叩头。⑰而坐：指申包胥拜谢行九叩大礼。坐，跪坐。

译文

当初，伍员与申包胥是最要好的朋友。伍员逃亡的时候，对申包胥发誓，说："我一定要灭亡楚国。"申包胥神情凝重，对伍员说："希望你努力吧！如果你能灭亡楚国，我一定能复兴楚国。"到了楚昭王逃到随国，申包胥到秦国请求秦哀公出兵，申包胥说："吴国如同一头大野猪、一条大长蛇，渐渐吞食上国，危害从楚国开始。我们失守国家，国君流亡荒野，派下臣速来告急，说：'夷人的本性就是贪得无厌，如果成为君王的邻国，就会成为秦国边境的祸患。现在吴国还没平定楚国，趁着这个机会君王可以前来分割。如果这次楚国就此灭亡，这里的土地就归属君王了。如果以君王的威灵镇抚楚国，当世世代代侍奉君王。'"秦哀公出于礼仪，派人致谢，说："寡人听到命令了。您姑且在馆舍安顿下来，我们商量后尽快告知。"申包胥赶紧回答说："我们国君远避荒野，还没得到安身之处，下臣怎敢到安逸的地方休息？"说完站在那儿，靠着庭院的墙放声痛哭，日夜哭声不断，七天没喝过一勺水。秦哀公被申包胥的所作所为打动，特为他赋《无衣》。申包胥为拜谢秦哀公而行九叩大礼，然后才坐下。秦军于是出动。

原文

（定公五年）申包胥以秦师至，秦子蒲、子虎帅车五百乘以救楚。子蒲曰："吾未知吴道①。"使楚人先与吴人战，而自稷②会之③，大败夫槩王于沂④。吴人获薳射⑤于柏举，其子帅奔徒⑥以从子西⑦，败吴师于军祥⑧。

秋七月，子期、子蒲灭唐⑨。

注释

①吴道：吴国的战术。②稷：古地名，在今河南省桐柏县。③会之：秦军在稷地和吴军相遇。④沂：楚国地名，在今河南省正阳县。⑤薳（wěi）射：楚国大夫。⑥奔徒：奔跑的散兵。⑦子西：公子申，楚平王的长庶子。⑧军祥：古地名，在今湖北省随县。⑨子期、子蒲灭唐：唐国跟随吴国伐楚，因此被灭。唐，国名，在今湖北省枣阳市。

译文

申包胥带领秦军来到楚地，秦国子蒲、子虎率领战车五百辆来救援楚国。子蒲说："我不了解吴国的战术。"子蒲让楚军先和吴军交战，观察吴军战术，当秦军在稷地和吴军相遇时，秦军快速发动攻击。然后在沂地大败夫槩王。吴国在柏举俘获楚国大夫薳射，薳射儿子收拾败兵跟随子西，在军祥打败吴军。

秋七月，子期、子蒲灭亡唐国。

原文

九月，夫槩王归，自立也①。以与王战而败，奔楚②，为棠溪氏③。吴师败楚师于雍澨，秦师又败吴师。吴师居麇④，子期将焚之，子西曰："父兄亲暴骨焉⑤，不能收，又焚之，不可。"子期曰："国亡矣！死者若有知也，可以歆⑥旧祀⑦，岂惮焚⑧之？"焚之，而又战，吴师败，又战于公婿之溪⑨。吴师大败，吴子乃归。囚闉舆罢⑩，闉舆罢请先，遂逃归⑪。叶公诸梁⑫之弟后臧，从其母于吴⑬，不待而归⑭。叶公终不正视⑮。

注释

①自立也：指夫槩王想自立为吴王。②"以与王战"二句：夫槩王与阖庐大战，被打败后逃奔楚国。③棠溪氏：夫槩王逃奔楚国后被封为棠溪氏。棠溪，或作"堂溪"，在今河南遂平县。④麇（jūn）：楚国地名，在雍澨附近。⑤父兄亲暴骨焉：前年楚国与吴国作战，多死于麇中，尸骨未收，暴露于荒郊野外。⑥歆：享。⑦旧祀：往日的祭祀。⑧焚：焚邑是为了消灭敌人，使楚国不亡，那时可按旧规矩来祭祖。父兄死而有知，一定不会反对焚邑。⑨公婿之溪：楚国地名。⑩闉舆罢：楚国大夫。⑪闉舆罢请先，遂逃归：

阍舆罢被囚，他哄骗吴人，请求先走，趁机逃回楚国。⑫叶公诸梁：叶公子高，沈尹戌之子因封于叶，故称叶公。⑬从其母于吴：吴军侵入楚国后，后臧母亲被俘虏后抓入吴国，后臧跟随入吴。⑭不待而归：战后后臧丢弃母亲只身逃回楚国。⑮终不正视：叶公嫌后臧弃母是不仁不义之举，终生不正眼看他。

译文

九月，夫槩王回国，自立为吴王。夫槩王领兵与吴王阖庐大战，被打败后逃奔楚国，后来封为棠溪氏。吴军在楚国雍澨一战中打败楚军，后秦军又打败吴军。吴军驻扎在麇地，子期打算放火烧麇地，子西说：“前年楚国与吴国作战，多死于麇中，父兄亲人的骸骨未收，暴露于荒郊野外。不能收敛，又要焚烧掉，这不行。”子期说：“国家要灭亡了！死者如果有灵，以后还可以按旧规矩享受祭祀，哪里会怕焚烧？”最终放火焚烧。又交战，吴军被打败，又在公婿之溪交战。吴军大败，吴王便撤兵回国。吴王俘虏了阍舆罢，阍舆罢被囚，他哄骗吴人，请求先走，趁机逃回楚国。吴军侵入楚国时，叶公诸梁的母亲被俘虏后抓入吴国，叶公诸梁的弟弟后臧跟随母亲到吴国，后来后臧丢弃母亲自己逃回楚国。叶公嫌后臧弃母是不仁不义之举，始终不拿正眼看他。

原文

楚子入于郢①。初，斗辛闻吴人之争宫②也，曰：“吾闻之：‘不让，则不和；不和，不可以远征。’吴争于楚，必有乱；有乱，则必归，焉能定楚③？”

注释

①楚子入于郢：吴军撤走，楚昭王回到郢都。②争宫：指夫槩王与子山争令尹之宫事。③焉能定楚：这是借用斗辛的预言，说吴国的失败势在必然。

译文

吴国从楚国撤军后，楚昭王进入郢都。起初，斗辛听到吴国人争宫之事，说：“我听说：‘不谦让，就不和睦；不和睦，就不能远征。’吴国人为无关国家之事在楚国相争，乃是必定发生动乱之前兆；有动乱，就必然要撤回安内，哪里能平定楚国？”

原文

王之奔随也，将涉于成臼[①]。蓝尹亹[②]涉其帑[③]，不与王舟。及宁，王欲杀之[④]。子西曰："子常唯思旧怨以败[⑤]，君何效焉？"王曰："善。使复其所，吾以志前恶[⑥]。"王赏斗辛、王孙由于、王孙圉、钟建、斗巢、申包胥、王孙贾、宋木、斗怀[⑦]。子西曰："请舍怀也[⑧]。"王曰："大德灭小怨[⑨]，道也。"申包胥曰："吾为君也，非为身也。君既定矣，又何求？且吾尤[⑩]子旗[⑪]，其又为诸[⑫]？"遂逃赏。王将嫁季芈，季芈辞曰："所以为女子，远丈夫也。钟建负我矣[⑬]。"以妻钟建，以为乐尹[⑭]。

注释

①成臼：古水名，大约在今湖北天门。②蓝尹亹（wěi）：楚国大夫。③帑：同"孥"，妻子。④王欲杀之：蓝尹亹当初不肯让船，楚昭王怀恨在心，准备杀蓝尹亹。⑤子常唯思旧怨以败：当初令尹子常遭到失败就是不弃旧怨所致。⑥使复其所，吾以志前恶：不杀蓝尹亹，并且官复原职，以此记住先前的教训。⑦"王赏斗辛"九句：斗辛等九人都随从楚昭王逃难，都立下赫赫功劳，因此受赏。⑧请舍怀也：斗怀曾要杀楚昭王，子西请求免赏斗怀。⑨大德灭小怨：斗怀最终听从其兄劝告，使楚昭王免于难，显其大德。⑩尤：怨恨。⑪子旗：蔓成然。鲁昭公十四年，子旗因拥立楚平王，自以为立下大功，因此骄横跋扈，贪得无厌，终为楚平王所杀。⑫其又为诸：诸，犹"之乎"。此句意为，难道我又要做子旗吗？⑬钟建负我矣：钟建曾背过我。所以非他不嫁。⑭乐尹：官职名，掌管音乐的大夫。

译文

楚昭王在逃往随国的途中，遇成臼河拦阻准备渡河。楚国大夫蓝尹亹让妻子和儿女渡河，而不肯让船给楚昭王。楚昭王为此怀恨在心，等到战事平定以后，准备杀蓝尹亹。子西劝说："当初令尹子常遭到失败就是不弃旧怨所致。君王干吗要学他呢？"楚昭王说："你说得对。让蓝尹亹官复原职吧，我用这个来记住以往的过错，吸取教训。"昭王赏赐当初随从自己逃难时立下赫赫功劳的斗辛、王孙由于、王孙圉、钟建、斗巢、申包胥、王孙贾、宋木和斗怀。子西说："斗怀曾要杀楚昭王，请不要赏斗怀。"昭王说："大德可以盖过小怨，这是合于道义的。"申包胥说："我是为了国君，不是为了自身。

现在国君已经安定了，我又有什么追求呢？况且我怨恨子旗，难道又要学他吗？”便躲开不接受赏赐。昭王打算嫁季芈，季芈推辞说：“作为女人，就是要远离男子。钟建曾背过我。所以非他不嫁。”昭王便把季芈嫁给钟建，并让钟建做了掌管音乐的大夫。

原文

王[①]之在随也，子西为王舆服[②]以保路[③]，国于脾泄[④]。闻王所在，而后从王。王使由于城麇[⑤]。复命。子西问高厚焉[⑥]，弗知。子西曰：“不能[⑦]，如辞[⑧]。城不知高厚，小大何知？”对曰：“固辞不能，子使余[⑨]也。人各有能有不能。王遇盗于云中，余受其戈，其所[⑩]犹在。”袒而示之背，曰：“此余所能也。脾泄之事，余亦弗能也[⑪]。”

注释

①王：楚昭王。②舆服：楚王的车马、衣饰。③以保路：子西造成楚王没有逃走的假象，以安定、保护各路军民。④脾泄：楚国地名，在郢都附近。楚王在脾泄建立了国都。⑤城麇：修筑麇城。⑥子西问高厚焉：子西问王孙由于城墙的高度和厚度。⑦不能：不能胜任。⑧如辞：不如辞掉这差事。⑨子使余：是你一定要我去的。⑩所：处所，这里指伤痕。⑪脾泄之事，余亦弗能也：王孙由于对子西反唇相讥：以背受戈，使王脱险，是我所能；而在脾泄建立国都之事，则非我所能了。言外之意是表白自己忠心不贰。

译文

楚昭王逃难到随国时，子西制作了楚王的车子、服饰，造成楚王没有逃走的假象，以安定、保护各路军民，定国都于脾泄。后来楚民得知昭王所在，就去随从昭王。昭王让王孙由于修筑麇城，然后回来复命。子西问城墙的高度和厚度，王孙由于竟然不知道。子西说：“你不能胜任，就应该辞掉。你负责筑城却不知道它的高度、厚度，又怎能知道工程的范围大小？”王孙由于答复说：“我坚决推辞干不了，是您要我去的。本来每人各有干得了、干不了的事。昭王在云梦泽遇到盗贼时，是我用身子挡住了戈，伤疤现在还在。”便脱下衣服露出背让子西看，说：“以背受戈，使王脱险，是我所能；而在脾泄建立国都之事，我却不能做到。”

精彩点拨

本篇分前后两大部分。前半部分写覆楚，后半部分写兴楚。前半部分重点写吴入楚的经过。楚之所以败，就在于楚军内部不和，统帅之间钩心斗角，以致给吴留下了可乘之机，使吴一路势如破竹，直入郢都，楚王亡命草莽。后半部分重点写申包胥赴秦乞师。申包胥哭诉于秦庭，七日勺饮不进，感动了秦王，秦王出兵败吴兴楚。本篇叙事简明，详略得当，有条不紊。人物描写也颇成功。如史皇的搬弄是非。司马戌的善谋知耻。子期的忠心、申包胥的爱国精神等，都写得非常生动。

阅读积累

申包胥

申包胥（生卒年不详），申氏，姓不详，名包胥，因封于申邑，故称申包胥，春秋时期楚国大夫。公元前506年，昔日好友伍子胥以吴国军力攻打楚国，攻入楚都郢，楚昭王出逃到随。伍子胥掘楚平王墓鞭尸。申包胥逃到山里，派人责备伍子胥。为复国，申包胥来到秦国请求帮助，一开始不被答应，申包胥便在秦城墙外哭了七天七夜，滴水不进，终于感动了秦国君臣，史称“哭秦庭”。秦哀公亲赋《无衣》，发战车五百乘，遣大夫子满、子虎救楚。吴国因受秦楚夹击，加之国内内乱而退兵。楚昭王复国后要封赏申包胥，他坚持不受，带一家老小退入山中隐居。从此申包胥被列为中国的忠贤典范。

齐鲁清之战　哀公十一年

精彩导读

在这场齐鲁战争中，鲁军最终战胜了齐国，居功至伟的是冉求，他当时是执政季孙家的“大管家”。在战乱之前，他先是用激将法，迫使另外两个大家族孟孙氏和叔孙氏同意一起出兵；然后观察对手齐军的特点，把长矛作为主战武器，率领左军长驱直入敌阵攻击了齐军。

原文

十一年春，齐为鄎故①，国书②、高无丕③帅师伐我，及清④。季孙⑤谓其宰冉求⑥曰：“齐师在清，必鲁故也⑦。若之何？”求曰：“一子守，二子从公御诸竟⑧。”季孙曰：“不能⑨。”求曰：“居封疆⑩之间。”季孙告二子，二子不可⑪。求曰：“若不可，则君无出⑫。一子帅师，背城而战，不属者⑬，非鲁人也⑭。鲁之群室⑮，众于齐之兵车。一室敌车⑯，优矣。子何患焉？二子之不欲战也宜，政在季氏⑰。当子之身，齐人伐鲁而不能战，子之耻也，大不列于诸侯矣⑱。”季孙使从于朝，俟于党氏之沟⑲。武叔⑳呼而问战焉。对曰：“君子㉑有远虑，小人㉒何知？”懿子㉓强问之，对曰：“小人虑材而言㉔，量力而共㉕者也。”武叔曰：“是谓我不成丈夫也㉖。”退而蒐乘㉗。孟孺子㉘泄帅右师，颜羽㉙御，邴泄㉚为右。冉求帅左师，管周父御，樊迟㉛为右。季孙曰：“须也弱㉜。”有子㉝曰：“就用命焉㉞。”季氏之甲七千，冉有以武城人三百为己徒卒。老幼守宫，次于雩门㉟之外。五日，右师从之㊱。公叔务人㊲见保者㊳而泣，曰：“事充政重㊴，上不能谋，士不能死，何以治民？吾既言之矣，敢不勉乎㊵！”

注释

①齐为鄎故：鄎，齐邑名。上一年，鲁国曾与吴国军队联合伐齐，驻军于鄎。②国书：齐国大夫。③高无丕：齐国大夫。④清：齐国地名，在今山东省济南市长清区。⑤季孙：鲁季康子，鲁哀公时执国政。⑥冉求：孔子弟子，又称冉有。⑦必

鲁故也：必为攻打鲁国。⑧一子守，二子从公御诸竟：季孙留守国内，孟孙、叔孙随哀公到边境抵御齐军。一子，指季孙。二子，指孟孙、叔孙。⑨不能：季孙自料无法调动孟孙、叔孙二人。⑩封疆：境内近郊之地。⑪二子不可：孟孙、叔孙不肯听命。⑫若不可，则君无出：二人不干，那么哀公也不必出战。⑬不属者：不参战的人。⑭非鲁人也：不参战的人，简直就不是鲁国人。⑮群室：住在都邑中的卿大夫之家。⑯一室敌车：以一家抵御齐国兵车。⑰政在季氏：孟孙、叔孙恨季孙专政，所以不肯尽力打仗。⑱“当子之身”四句：冉求主张与齐国开战，用激将法刺激季孙。大不列于诸侯矣，意为鲁国没有资格被列在诸侯中。⑲“季孙使从于朝”二句：季孙入朝，叫冉求跟随前去。冉求在党氏之沟等待季孙。党氏之沟，鲁国宫中地名。⑳武叔：叔孙武叔，名州仇。㉑君子：指武叔。㉒小人：冉求自称。㉓懿子：孟懿子，即孟孙何忌。㉔虑材而言：意思是自知才力不足，不配发言，考虑了自己的才干才发言。㉕量力而共：估量了力量才出力。共，同“供”。㉖是谓我不成丈夫也：武叔醒悟冉求是责其不参战，讥讽他不是个大丈夫，故意不答以激二人。㉗蒐乘：阅兵。㉘孟孺子：孟武伯，名彘，字泄，孟懿子儿子。㉙颜羽：孟孙家臣，字子羽。㉚邴泄：也是孟孙家臣。㉛樊迟：孔子弟子樊须。㉜弱：年少。㉝有子：冉求。㉞就用命焉：樊须虽然年少，但能遵守命令。㉟雩门：鲁都南城西门。㊱五日，右师从之：孟孙不愿战，五天之后右军才前来。㊲公叔务人：名公为，鲁昭公儿子。㊳保者：守城人。㊴事充政重：徭役繁多，赋税苛重。㊵吾既言之矣，敢不勉乎：既批评了别人，自己就应尽力为国，虽死无怨。

译文

十一年春天，齐国因为鄎地战役，派齐国大夫国书、高无丕领兵进攻我国，到达边境清地。鲁执国政季孙对家宰冉求说：“齐军驻扎清地，必定是为鲁国而来。怎么办？”冉求说：“一家防守国都，二家跟从国君到边境抵御。”季孙说：“恐怕办不到。”冉求说：“那就在境内近郊抵抗。”季孙把准备抵抗齐军的事情告诉叔孙、孟孙二人，他们不同意。冉求说：“要是不行，那么君王不要出去。您一人率领军队，背城而战，不肯服从命令的，就不能算是鲁国人。鲁国卿大夫各家的总数，比齐国的战车要多。就是您一家的战车，也多过齐军。您担心什么呢？他们两家不想出战是正常的，因为大政握在您季氏手中。您在世的时候，齐国进攻鲁国而不能出战，这将是您的耻辱，将再也不能自立于诸侯矣之间了。”季孙让冉求跟他一起上朝，在党氏之沟等候。叔孙喊过冉求问他对出战的看法，冉求回答说：“君子有深远的考虑，小人能知道什么？”孟孙一再问他，冉求回答说：“我自知才能不足，不配发言，考虑了自己的才干才发言，衡量了力量才出力的。”武叔醒悟，冉求是责其不参战，讥讽他不是个大丈夫，故意不答以激二人。叔孙说：“这是说我成不了大丈夫啊。”回去就检阅军队。孟孺子泄率领右军，颜羽驾车，邴泄为车右。冉求率领左军，管周父驾车，樊迟为车右。季孙说：“樊迟太年轻。”冉求说：“樊须虽然年少，但能遵守命令。”季氏的甲士七千人，冉求带领三百名武城人为自己的亲兵，派年老、年幼的守卫宫室，驻扎在雩门外。五天后，右军才前来会合。公叔务人见到守城人就流下了眼泪，说：“徭役繁重赋税又多，在上的人不能谋划，士卒不能忘死，用什么来治理民众？我已经这么说了，怎敢不努力呢！自己就应尽力为国，虽死无怨。”

原文

师①及齐师战于郊。齐师自稷曲②，师不逾沟③。樊迟曰：“非不能也，不信子也。请三刻而逾之④。”如之，众从之⑤。师入齐军。

右师奔，齐人从之⑥。陈瓘⑦、陈庄⑧涉泗⑨。孟之侧⑩后入⑪以为殿，抽矢策其马，曰：“马不进也⑫。”林不狃⑬之伍⑭曰：“走⑮乎？”不狃曰：“谁不如⑯？”曰：“然则止⑰乎？”不狃曰：“恶贤⑱？”徐步而死⑲。

注释

①师：指冉求所率左师。②稷曲：稷曲，稷门外的地方。稷门为曲阜城南的正门。③师不逾沟：齐军攻左师，左师不肯越过城沟迎战。④请三刻而逾之：刻，戒约。此指请季氏与军士订立三条戒约，必能过沟。⑤如之，众从之：依照樊迟的话，众人都越沟而战。⑥右师奔，齐人从之：孟氏所率右师本无意作战，全军败逃，齐军紧追不舍。⑦陈瓘：齐国大夫。⑧陈庄：齐国大夫。⑨泗：泗水，流经山东曲阜城北、城西。⑩孟之侧：孟氏族人。⑪后入：最后入城。⑫马不进也：这是不矜夸自己勇敢而殿后，谦称是由于马走不快。⑬林不狃：右师里的军士。⑭伍：五人为伍。指林不狃的部下兵卒。⑮走：逃跑。⑯谁不如：即“我不如谁”。按，林不狃不愿意逃跑。⑰止：指留下抗敌。⑱恶贤：即使留下也没有益处。恶，何。贤，益处。⑲徐步而死：右师虽有孟之侧、林不狃等勇猛之士，但孟氏不战，终于失败。徐步，慢慢撤退。

译文

鲁国军队和齐国军队在郊外开战。齐军从稷曲发起猛烈进攻，齐军攻鲁左师，左师却不肯越过城沟迎战。樊迟说：“这并非做不到，而是不信任您啊。请三次申明号令然后冲过沟去。”冉求按他的话做了，大家都跟着过沟。军队攻入齐军。鲁右军奔逃，齐军拼命追赶。齐国大夫陈瓘、陈庄渡过泗水。孟之侧在全军最后殿后，抽箭鞭打他的马，说：“是马跑不快啊。”林不狃的伙伴问：“逃走吗？”林不狃说：“我们不如谁了？”兵士又说：“那么停下来抵御吗？”林不狃说：“我们留下有什么作用？”慢步而走，结果被杀死。右师虽有孟之侧、林不狃等勇猛之士，但孟氏不战，终于失败。

原文

师获甲首八十①，齐人不能师②。宵③，谍④曰：“齐人遁。”冉有请从之三，季孙弗许。

孟孺子语人曰：“我不如颜羽⑤，而贤于邴泄⑥。子羽锐敏，我不欲战而能默⑦。泄曰：‘驱之⑧。’”公为与其嬖僮⑨汪锜⑩乘，皆死，皆殡⑪。孔子曰：“能执干戈以卫社稷，可无殇⑫也。”冉有用矛于齐师⑬故能入其军。孔子曰：“义也。”

注释

①师获甲首八十：冉求左师获胜。②不能师：溃不成军。③宵：夜间。④谍：间谍。指侦察敌情的特工。⑤我不如颜羽：我比不上颜羽，他是御手。⑥而贤于邴泄：强过邴泄，他是车右。⑦“子羽锐敏”二句：子羽（颜羽）勇敢、敏锐、善战，邴泄胆小，只喊着“逃吧”。孟孺子不想作战，但没喊逃走，所以说自己不如颜羽，而贤于邴泄。⑧驱之：驱马欲逃。⑨嬖僮：所宠爱的童子。⑩汪锜：嬖僮之名。⑪皆殡：公为与汪锜一起战死，都加以殡敛。⑫殇：葬童子的仪式。孔子认为汪锜虽年少，但能拿起武器保卫国家，勇气无异于成年人，不可用殇礼葬之。⑬冉有用矛于齐师：用矛刺杀齐军，为鲁军冲入齐军打头阵。

译文

鲁军冉求左师获胜，砍得齐军甲士的脑袋八十颗，齐军大败，溃不成军。夜里，鲁国侦察敌情的特工报告说：“齐军逃跑了。”冉求三次请求追击齐军，季孙都没允许。

孟孺子对人说："我不如颜羽，却比邴泄贤明。颜羽敏锐善战，邴泄胆小，我不想作战但能保持沉默。邴泄曾说：'赶马逃跑吧。'"公为和他的爱童汪锜同坐一辆车，都战死，一起加以殡殓。孔子说："汪锜虽年少，但能拿起武器保卫国家，勇气无异于成年人，可以不用未成年人礼来安葬他。"冉有用矛对付齐军，为鲁军冲入齐军打头阵，所以鲁军能够冲入齐军。孔子说："这是合于道义的。"

精彩点拨

此时鲁国的军队早已被季孙、孟孙、叔孙这"三桓"瓜分，鲁君已经完全被架空，所以参战士兵都是权臣们的私人武装。"三桓"战前不愿出兵，战时又想临阵脱逃，他们只顾家族利益，而把国家利益抛于脑后。这样的胜利只是增加了他们专政的筹码，对于振兴国家没有什么益处。作者注重叙写战争中的人物表现和细节。篇中的孟之侧、林不狃、孟孺子等人物都塑造得生动可爱。

阅读积累

冉求

冉求（前 522 年—？），字子有，通称"冉有"，尊称"冉子"，鲁国人。周文王第十子冉季载的嫡裔。春秋末年著名学者、孔子门徒。孔门七十二贤之一，受儒教祭祀。以政事见称。多才多艺，尤擅长理财，曾担任季氏宰臣。公元前 484 年率左师抵抗入侵齐军，并身先士卒，以步兵执长矛的突击战术取得胜利，又趁机说服季康子迎回了在外流亡十四年的孔子。帮助季氏进行田赋改革，聚敛财富，受到孔子的严厉批评。冉求是孔子的最得意的门生之一，在孔子的教导下逐渐向仁德靠拢，其性情也因此逐渐完善。

楚白公之难　哀公十六年

精彩导读

楚白公胜之乱是特指发生在公元前479年（楚惠王十年）楚惠王在位期间，由王室内部成员熊胜（史称白公）发动的一场政治动乱，白公一度称王，但在叶公（子高）的努力下，很快平息了这场动乱，白公胜自杀身亡。由于叶公及时救驾、消灭叛乱立下了大功，楚惠王就令叶公兼任令尹（宰相）和司马两个重要职务，掌握全国文武大权，成了一人之下万人之上的楚国二号人物。

原文

楚大子建之遇谗也，自城父①奔宋。又辟华氏之乱于郑②。郑人甚善之③。又适晋，与晋人谋袭郑，乃求复焉④。郑人复之如初⑤。晋人使谍⑥于子木⑦，请行而期焉⑧。子木暴虐于其私邑⑨，邑人诉之，郑人省之⑩，得晋谍焉⑪，遂杀子木⑫。

其子曰胜，在吴，子西欲召之⑬。叶公⑭曰："吾闻胜也诈而乱⑮，无乃害⑯乎？"子西曰："吾闻胜也信而勇，不为不利。舍诸边竟，使卫藩焉⑰。"叶公曰："周仁之谓信⑱，率义之谓勇⑲。吾闻胜也好复言⑳，而求死士，殆有私乎㉑！复言，非信也；期死㉒，非勇也㉓。子必悔之㉔。"弗从。召之，使处吴竟㉕，为白公㉖。

请伐郑㉗，子西曰："楚未节㉘也。不然，吾不忘也㉙。"他日，又请，许之。未起师，晋人伐郑㉚，楚救之，与之盟㉛。胜怒，曰："郑人在此，仇不远矣㉜。"

注释

①城父：楚邑名。②又辟华氏之乱于郑：恰逢宋国华氏之乱，又逃亡郑国。宋华氏之乱在鲁昭公二十年。③郑人甚善之：善待太子建。④乃求复焉：太子建请求回郑国做内应。⑤郑人复之如初：郑国人不知内情，被蒙在鼓里，仍待太子建如初。⑥使谍：派间谍。⑦子木：太子建。派间谍与子木联系。⑧请行而期焉：辞行时与子木约定袭击郑国的日期。⑨暴虐于其私邑：在郑国自己的私邑中胡作非为。⑩省之：考察、调查子木。⑪得

晋谋焉：袭击郑国的事情败露。⑫遂杀子木：以上追述前事。⑬子西欲召之：召胜回楚国。⑭叶公：子高，又叫沈诸梁。⑮诈而乱：狡诈且好作乱。⑯害：成为祸害。⑰“舍诸边竟”二句：安置在边境，让胜保卫边境。⑱周仁之谓信：亲近仁才叫信用。周，亲。⑲率义之谓勇：遵循道义才叫勇。率，遵循。⑳复言：一言既出，必实行之，不管是否合理。㉑殆有私乎：怕有私心。㉒期死：不管义与不义，必拼一死。㉓非勇也：意为虽存必死之心，若一意孤行，也不能算是勇。这是驳子西所谓胜“信而勇”。㉔子必悔之：极言胜不可用。㉕吴竟：楚国邻近吴国的边境，不在吴国境内，即指白地，在今河南省息县。㉖白公：称胜为白公。㉗请伐郑：胜请伐郑。㉘未节：还没走上轨道，还没强盛起来。㉙吾不忘也：时刻不忘讨伐郑国。㉚未起师，晋人伐郑：还未等楚国发兵，晋国已开始攻打郑国。㉛楚救之，与之盟：为与晋国抗衡，楚国反而救郑国并与之结盟。㉜郑人在此，仇不远矣：胜与郑国有杀父之仇，子西却救郑国并与之盟，所以胜指其为敌人。仇，指郑国，也指子西。

译文

楚国太子建遭到诬陷的时候，从楚邑城父出逃宋国。又为避宋国华氏之乱而逃往郑国。郑国人很友好地对待他。后太子建又到晋国，并与晋国人商量攻打郑国，为此要求再回到郑国去做内应。郑国人不知内情，被蒙在鼓里，仍像当初一样对待他。晋国人派间谍和太子建联系，临回晋国时商定袭击郑国的日期。太子建在郑国自己的私邑中胡作非为，表现暴虐。封邑里的人告发他私通晋国，郑国人来查问，抓获晋国间谍，证据确凿，于是杀了太子建。

太子建儿子名胜，在吴国，子西想召他回国。叶公劝说：“我听说胜狡诈而且好作乱，把他召来恐怕会成为祸害的吧？”子西说：“我听说胜讲求信用而且勇敢，不做不利的事情。把他放在边境，让他保卫国境。”叶公说：“亲近仁叫作信，遵循义叫作勇。我听说胜讲求实践诺言，而寻求不怕死的勇士，恐怕存有私心吧！只是实践诺言，不算信；不怕死，不是勇。您一定会后悔的。”子西不听叶公劝说，召胜回国，让他驻扎在与吴国交界的地方，号为白公。

胜请求攻打郑国为其父报仇，子西说：“楚国还没顺合法度。如若不然，我是不会忘记的。”过些日子，胜又提出攻打郑国的请求，子西同意了。还未等楚国发兵，晋国已开始攻打郑国。楚国子西却救援郑国并与郑国结盟。胜发怒，说：“郑国人就在这里，仇敌离我不远了。”

原文

胜自厉[1]剑，子期之子平见之，曰："王孙[2]何自厉也？"曰："胜以直闻[3]，不告女，庸为直乎？将以杀[4]尔父[5]。"平以告子西。子西曰："胜如卵，余翼而长之[6]。楚国，第我死[7]，令尹、司马，非胜而谁[8]？"胜闻之，曰："令尹[9]之狂也！得死，乃非我[10]。"子西不悛[11]。胜谓石乞[12]曰："王[13]与二卿士[14]，皆五百人当之[15]，则可矣。"乞曰："不可得也[16]。"曰："市南有熊宜僚[17]者，若得之，可以当五百人矣[18]。"乃从白公而见之。与之言，说。告之故[19]，辞[20]。承之以剑[21]，不动。胜曰："不为利谄，不为威惕，不泄人言以求媚[22]者，去之[23]。"

注释

①厉：磨。②王孙：指胜。胜本是楚平王孙子。③以直闻：以心直口快著称。④将以杀：胜恨楚国的执政者子西、子期，因此这样说。⑤尔父：指子期。⑥余翼而长之：像鸟用翅膀把卵孵养大一样养育胜。⑦第我死：按次序，我死后。第，按次序。⑧令尹、司马，非胜而谁：子西不知道胜的本意在为父报仇，误以为他是要杀人夺权，所以说我死后胜即将执政，何必作乱。⑨令尹：子西。⑩得死，乃非我：意为他要有善终，我就不是我。是立誓必杀子西。得死，得善终。乃非我，我乃非人。⑪不悛：没及时发觉。⑫石乞：胜的同党。⑬王：指楚惠王。⑭二卿士：指子西、子期。⑮皆五百人当之：指如有五百人，则连楚王、子西、子期都可对付。⑯不可得也：凑不够五百人。⑰熊宜僚：勇士。⑱可以当五百人矣：一个人可抵得上五百人。⑲告之故：告诉他杀二卿之事。⑳辞：告辞，辞别。这里指熊宜僚拒绝。㉑承之以剑：以剑逼熊宜僚。㉒求媚：讨好他人。㉓去之：这是称赞熊宜僚，知道他虽然拒绝，但一定不会泄密，作罢而归。

译文

胜亲自磨剑，子期儿子平见到了，好奇地问："王孙为何亲自磨剑呢？"胜说："我以心直口快著称，不告诉你，就算不得心直口快。我想用这剑来杀你的父亲。"平立即把这话告诉了子西。子西说："胜就像蛋，我像鸟用翅膀把卵孵养大一样养育胜。在楚国，只要我死了，令尹、司马不是胜还会是谁呢？"胜听到了，说："令尹太狂妄了！他要能善终，我就不是我。"子西依然没有觉察。胜对同党石乞说："君王和两位卿士共用五百人来对付，就行了。”石乞说：“没法找到这五百人。”胜说：“市南有个人叫熊宜僚，要是得到他，一个人可抵得上五百人。”石乞于是跟从白公去见熊宜僚。和他交谈，很投机。石乞把杀二卿之事告诉了熊宜僚，熊宜僚当即拒绝了。石乞用剑直指熊宜僚的咽喉，熊宜僚泰然处之，不为所动。胜称赞熊宜僚说：“知道他虽然拒绝，不为利所诱，不威胁所屈服，但一定不会泄密去讨好别的人，让他走吧。”

原文

吴人伐慎①，白公败之。请以战备②献③，许之。遂作乱。秋七月，杀子西、子期于朝，而劫惠王。子西以袂掩面而死④。子期曰：“昔者吾以力事君，不可以弗终⑤。”抉⑥豫章⑦以杀人而后死。石乞曰：“焚库、弑王。不然，不济⑧。”白公曰：“不可。弑王，不祥；焚库，无聚⑨，将何以守矣？”乞曰：“有楚国而治其民，以敬事神，可以得祥；且有聚矣⑩，何患？”弗从。叶公在蔡⑪，方城之外皆曰：“可以入矣⑫。”子高曰：“吾闻之，以险侥幸者，其求无餍⑬，偏重必离⑭。”闻其杀齐⑮管修⑯也，而后入。

注释

①慎：古地名，在今安徽省颍上县。②战备：战时的装备。此指白公胜要趁机作乱。③献：献出，进献。指白公胜请求进献战利品。④子西以袂（mèi）掩面而死：袂，衣袖。意即悔不听叶公之劝。⑤以力事君，不可以弗终：意为以勇力事君，也应以勇力而死。⑥抉：拔取。⑦豫章：樟木。⑧不济：不会成功。⑨无聚：无储备。⑩“有楚国而治其民”四句：意为夺得君位，治理好国家，侍奉神灵，祥与聚就都有了。⑪叶公在蔡：蔡国已迁州来，旧址被楚国占有。⑫可以入矣：可以入郢都平乱。此句是方城之外的人劝叶公的话。⑬以险侥幸者，其求无餍：冒险以求侥幸成功者，贪得无厌。⑭偏重必离：求取无厌则办事不公，不公则众叛亲离，所以待有机可乘时再进入郢都。偏重，不公平。⑮闻其杀齐：知道白公杀齐贤臣，起兵讨伐。⑯管修：齐国管仲之后，后来成为楚国贤臣。

译文

吴国攻打慎地，白公胜打败了他们。白公胜要趁机作乱，借此机会请求进献战利品，获得楚惠王的许可。秋七月，白公胜在朝廷上杀死子西、子期，并劫持了楚惠王。子西用衣袖遮住脸死去，后悔当初不听叶公之劝。子期说：“当初我凭勇力侍奉君王，也应以勇力而死，不可以有始无终。”说完，拔起一棵樟木杀死人后自己也死了。石乞说：“烧掉库房、杀死楚王。如果不这样做的话，我们就不会成功。”白公胜说：“不行。杀死楚王不吉利；焚烧库房，就没了积蓄，凭什么来守国？”石乞说：“有了楚国而治理人民，恭敬地侍奉神明，就可以得到吉利；并且也会有财物，还担心什么？”白公胜不采纳。叶公在蔡地，方城以外的人都劝叶公说：“可以进国都平乱了。”子高说：“我听说，通过冒险侥幸成功的人，他的贪欲没有满足的时候，办事不公，民众必定会叛离他。”听说白公杀了齐管修，叶公于是进兵都城。

原文

白公欲以子闾①为王，子闾不可，遂劫以兵②。子闾曰：“王孙若安靖楚国，匡正王室，而后庇③焉，启之愿也，敢不听从？若将专利④以倾王室，不顾楚国，有死不能⑤。”遂杀之⑥，而以王如⑦高府⑧，石乞尹门⑨。圉公阳⑩穴宫⑪，负王以如⑫昭夫人⑬之宫。

叶公亦至，及北门，或遇之⑭，曰：“君胡不胄⑮？国人望君如望慈父母焉。盗贼之矢若伤君，是绝民望也，若之何不胄？”乃胄而进。又遇一人曰：“君胡胄？国人望君如望岁⑯焉，日日以几⑰。若见君面，是得艾⑱也。民知不死，其亦夫有奋心⑲，犹将旌⑳君以徇于国㉑，而反掩面以绝民望㉒，不亦甚乎！”乃免胄而进。遇箴尹固帅其属，将与㉓白公。子高曰：“微二子㉔者，楚不国㉕矣。弃德㉖从贼㉗，其可保乎？”乃从叶公。使与国人以攻白公，白公奔山而缢㉘。其徒微之㉙。生拘石乞而问白公之死㉚焉。对曰：“余知其死所，而长者㉛使余勿言。”曰：“不言将烹。”乞曰：“此事克则为卿，不克则烹，固其所也㉜，何害？”乃烹石乞。王孙燕㉝奔頯黄氏㉞。

沈诸梁兼二事㉟，国宁，乃使宁㊱为令尹，使宽㊲为司马，而老于叶㊳。

注释

①子闾：楚平王儿子启，曾五次推辞王位。②遂劫以兵：以武力相胁迫。③庇：庇护，保护。④专利：专谋私利。⑤有死不能：宁死不从。⑥遂杀之：杀子闾。⑦而以王如：指囚禁楚惠王。⑧高府：楚国离宫。⑨尹门：镇守高府之门。⑩圉公阳：楚国大夫。⑪穴宫：在墙上挖洞。⑫负王以如：指圉公阳救走惠王。⑬昭夫人：惠王母亲。⑭或遇之：有人遇见叶公。⑮不胄：不戴头盔。⑯望岁：盼望好收成。⑰几：同“冀”，期望。⑱艾：安心。古人戴头盔连脸部都包着，脱了头盔，才可以见到脸部。⑲其亦夫有

奋心：人人有奋战之心。⑳旌：表扬，宣布。㉑君以徇于国：将表彰叶公，遍告国人。㉒而反掩面以绝民望：戴头盔则看不到脸部，百姓会失望。㉓与：帮助。此句主语是叶公。㉔二子：子西、子期。㉕不国：不成一个国家。㉖德：指子西等人。㉗贼：指白公胜。㉘奔山而缢：逃至山中自缢。㉙微之：藏匿其尸。㉚死：同“尸”。㉛长者：白公胜。㉜固其所也：必然的结果，预料中的事。㉝王孙燕：白公胜弟弟。㉞頯（kuí）黄氏：吴国地名，在今安徽省宣城市境内。㉟沈诸梁兼二事：叶公身兼令尹、司马二职。㊱宁：子西儿子子国。㊲宽：子期儿子。㊳而老于叶：国家安定之后，将二职让给宁、宽二人，叶公自己于叶地退休。

译文

白公胜想立子闾（楚平王儿子启）当楚王，子闾不答应，白公胜就用武力胁迫他。子闾说：“王孙如果以安定楚国为要，倾力整顿王室，然后对我加以庇护，那么这正是我所希望的，我怎能不听从？王孙要是打算专谋私利来倾覆王室，不顾及楚国安危，我宁死不从。”白公胜大怒杀了子闾，然后带着楚惠王到了楚国离宫，石乞把守宫门。楚国大夫圉公阳在宫墙上挖了个洞，背着惠王逃到昭夫人（惠王的母亲）的宫中。

叶公也带人赶到了，在北门有人遇见他，说：“您怎么不戴头盔？国人盼望您就像盼望慈祥的父母一样。盗贼的箭矢要是伤害了您，就是断绝了民众的希望，为何不戴头盔？”叶公于是戴了头盔继续前行。又遇到一个人说：“您怎么戴头盔？国人盼望您就像盼望好年成一样，天天等待着。要是望见您的脸，就能安心了。民众知道可以没有生命危险，就有奋进之心，还想打着您的旗号在国内巡行，您反而把脸遮起来使民众断绝希望，不也太过分了吗！”叶公于是又脱下头盔行进。途中遇到箴尹固带领部属，打算去帮助白公胜。叶公劝说：“如果没有子西、子期这两人，楚国就不存在了。你放弃德行而跟从乱贼，难道能有保障吗？”箴尹固于是决定随从叶公。叶公委派箴尹固和国人一起进攻白公胜，白公胜大败，逃到山上自缢而死。石乞等手下人把白公胜的尸体藏了起来。叶公的人活捉了石乞而追问白公胜的尸体下落。石乞说：“我知道它在哪里，但是白公胜要我不要说。”叶公说：“不说的话就被煮了你。”石乞说：“这是必然的结果，都在预料之中。这样的事成功了就是卿，不成功就要煮死，本来就是这样的结局，有什么妨害？”于是，叶公下令煮死了石乞。白公胜的弟弟王孙燕出逃到頯黄氏。

叶公自己兼任令尹、司马二职，国家安定后，任命宁（子西儿子子国）为令尹，任命宽（子期儿子）为司马，自己退休到叶地养老。

精彩点拨

白公胜是楚平王太子建之子，因父在楚受谗，逃至郑又为郑人所杀，故对楚王室和郑国怀有复仇心理。他回国后即请求令尹子西讨伐郑国。子西从楚、郑的战略利益考虑，不理会白公胜的要求，而和郑结盟。白公胜难以容忍，发难后即杀子西、子期，并劫持楚惠王，因子闾不肯接受王位，又杀子闾，狭隘的复仇心理和残忍滥杀的面目，暴露无遗，被后人视为叛逆之臣。

阅读积累

叶公让贤

公元前475年，是中国历史上春秋与战国分界的年份。此时的叶公，感到年轻一代朝气蓬勃，如果把权力交给他们，会更有利于楚国兴旺。于是他毅然把令尹一职让给公孙宁，把司马一职让给公孙宽，这就是历史上有名的叶公让贤。而叶公本人又向楚王上书，希望楚王能批准其重回叶地，继续担任叶地的县尹。楚王实在无法挽留，就批准了叶公的请辞，让其重回叶地，担任县尹，以安度晚年。

悦享摘抄

悦享摘抄

悦享摘抄